RÉPERTOIRE ANNOTÉ

DES LOIS, ACTES OFFICIELS

ET DOCUMENTS HISTORIQUES

DEPUIS 1789 JUSQU'EN 1880

RÉPERTOIRE ANNOTÉ

DES

LOIS, ACTES OFFICIELS

ET DOCUMENTS HISTORIQUES

D'APRÈS LE BULLETIN DES LOIS, DEPUIS LE 4 AOUT 1789
JUSQU'AU 1er JANVIER 1880

PAR J.-B. GLUCK

ANCIEN ÉLÈVE DE L'ÉCOLE NORMALE SUPÉRIEURE,
LICENCIÉ ÈS-LETTRES,
AGRÉGÉ DES CLASSES DE GRAMMAIRE ET D'HISTOIRE.

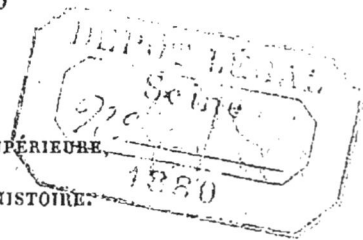

Des suppléments annuels tiendront ce Recueil au courant des documents.

PARIS

A. COTILLON & Cie, ÉDITEURS,

Libraires du Conseil d'État,

24, RUE SOUFFLOT, 24.

1881

©

RÉPERTOIRE ANNOTÉ

DES

LOIS, ACTES OFFICIELS

ET DOCUMENTS HISTORIQUES

D'APRÈS LE BULLETIN DES LOIS

(1789-1878)

1789

4-11 août, décret de l'Assemblée nationale : le droit exclusif des fuies et colombiers est aboli. Les pigeons seront enfermés aux époques fixées par les communautés (communes) et, durant ce temps, ils seront regardés comme gibier et chacun aura le droit de les tuer sur son terrain. Toutes les justices seigneuriales sont supprimées. — Les dîmes de toute nature sont abolies. Toutes les rentes foncières perpétuelles seront rachetables. Tous les priviléges particuliers des provinces, principautés, pays, cantons, villes et communautés sont abolis. Toutes capitaineries, même royales, et toute réserve de chasse, sous quelque dénomination que ce soit, sont pareillement abolies. La vénalité des offices de judicature et de municipalité est supprimée. Tous les citoyens, sans distinction de naissance, pourront être admis à tous les emplois et dignités ecclésiastiques, civiles et militaires. Nulle profession utile n'emportera dérogeance. La perception des impôts se fera sur tous les citoyens et sur tous les biens, de la même manière et de la même forme. Le droit exclusif de la chasse et des garennes ouvertes est aboli. La pluralité des bénéfices n'aura plus lieu à l'avenir. (Parmi les signataires de ce décret, on remarque l'abbé Siéyès, le comte de Lally-Tollendal, Pétion de Villeneuve et l'abbé Montesquiou.)

21 septembre, arrêt, etc : Toute exportation de grains et farines, toute opposition à leur vente et libre circulation dans l'intérieur du royaume seront considérées comme des attentats contre la sûreté du peuple. Ceux qui auront importé des blés auront (s'ils peuvent le prouver) la liberté de les exporter, si bon leur semble.

octobre : Lettres-patentes du roi en forme d'édit : Dans les 24 heures de l'emprisonnement (d'un) accusé, le juge le fera paraître devant lui, lui fera lire la plainte, la déclaration du nom du dénonciateur, s'il y en a; il lui demandera s'il a choisi ou s'il entend choisir un conseil (avocat) ou s'il veut qu'il en soit nommé un d'office. La question (torture) est abolie. La condamnation à mort ne pourra être prononcée par les juges en dernier ressort qu'aux 4 cinquièmes (des voix).

3 novembre, proclamation du roi (défense d'entrer dans les forêts par groupes armés et d'y couper du bois pour le vendre ensuite). Permet Sa Majesté d'enlever le bois sec et gisant ; défense d'introduire (dans les forêts) vaches et chevaux.

4 novembre : l'Assemblée nationale décrète que tous les biens ecclésiastiques sont à la disposition de la nation, à la charge de pourvoir d'une manière convenable aux frais du culte, à l'entretien de ses ministres et au soulagement des pauvres. Il ne pourra être assuré à la dotation d'aucune cure moins de 1,200 livres par année, non compris le logement et les jardins en dépendant.

29 novembre, les ci-devant privilégiés seront imposés en raison de leurs biens. — Il ne sera permis à aucun agent de l'administration de rien recevoir à titre d'étrennes, gratifications, vins de ville, etc.

14 décembre, seront (électeurs municipaux) tous les français âgés de 25 ans, domiciliés dans le lieu au moins depuis un an, payant une contribution directe de la valeur locale de 3 trois journées de travail, n'étant ni serviteurs à gages, ni banqueroutiers, faillis ou débiteurs insolvables. Pour être éligible à l'administration municipale il faut payer une contribution directe au moins de la valeur locale de dix journées de travail. Le conseil municipal s'assemblera une fois par mois; il sera renouvelable par moitié chaque année. Le maire restera en exercice pendant deux ans ; il pourra être réélu pour deux autres années ; mais ensuite il ne sera permis de l'élire de nouveau qu'après un intervalle de deux ans. Les père et fils, beau-père et gendre, frère et beau-frère, oncle et neveu, ne pourront siéger dans le même conseil municipal. Ne pourront être conseillers municipaux les juges ni les percepteurs des contributions directes. Maires et conseillers, avant d'entrer en exercice, prêteront le serment de maintenir de tout leur pouvoir la constitution du royaume, d'être fidèles à la nation, à la loi et au roi et de bien remplir leurs fonctions.

1790

16 janvier, lettres-patentes du roi : dans la fixation des journées de travail, l'on ne pourra excéder la somme de vingt sous.

16 janvier, lettres-patentes du roi : l'île de Corse fait partie de l'empire (sic) français ; ses habitants sont régis par la même constitution que les autres Français. — Tous les Juifs portugais, espagnols et avignonnais jouissent des droits de citoyen.

Décret de l'Assemblée nationale : les délits du même genre seront punis par le même genre de peines, quels que soient le rang et l'état des coupables. — La confiscation des biens des condamnés ne pourra jamais être prononcée.

19 février : Les ordres et congrégations, dans lesquels on fait des vœux monastiques solennels (c'est-à-dire perpétuels) sont et demeurent supprimés.

4 mars : la France est partagée en 83 départements.

7 avril : tous les citoyens, sans exception, sont et devront être soumis au logement des gens de guerre.

22 avril : les assignats auront cours de monnaie dans toute l'étendue du royaume et seront reçus comme espèces sonnantes dans toutes les caisses publiques et particulières. A compter du 15 avril (dernier), il leur sera alloué (un intérêt de) 3 0/0 (par an). Les assignats seront de 200 à 1,000 livres. L'intérêt se comptera par jour. L'assignat de mille livres vaudra un sou huit deniers par jour; celui de 200 livres, 4 deniers. L'assignat vaudra chaque jour son principal (capital), plus l'intérêt acquis et on le prendra pour cette somme. Les assignats seront numérotés et les remboursements auront lieu successivement par la voie du sort.

30 avril : il est défendu de chasser sur le terrain d'autrui ou même sur ses propres terres non-closes (en temps prohibé). Il est libre à tout propriétaire de chasser ou faire chasser en tout temps, dans ses lacs et étangs et dans celles de ses possessions qui sont séparées par des murs ou par des haies vives d'avec les héritages d'autrui.

2 mai : tous ceux qui, nés, hors du royaume, de parents français, sont établis en France, sont réputés français après 5 ans de domicile continu dans le royaume, s'ils ont, en outre, ou acquis des immeubles ou épousé une française et formé un établissement de commerce.

2 mai : le commerce de l'Inde au-delà du cap de Bonne-Espérance est libre pour tous les Français.

3 juin, lettres-patentes du roi : l'Assemblée nationale a autorisé les acquéreurs de domaines nationaux à ne payer comptant qu'une partie du prix, à condition qu'ils acquitteront le reste en douze paiements égaux faits d'année en année.

13 juin . tous les mendiants et gens sans aveu étrangers au royaume, non domiciliés à Paris depuis un an, seront tenus de demander des passeports où sera indiquée la route qu'ils devront suivre pour sortir du royaume. Tout mendiant, né dans le royaume mais non domicilié à Paris, depuis six mois et qui ne voudra pas prendre d'ouvrage, sera tenu de demander un passeport où sera indiquée la route qu'il devra suivre pour se rendre à sa municipalité. Il sera accordé trois sous par lieue à tout individu porteur d'un passeport.; ce secours sera donné par les municipalités successivement de dix lieues en dix lieues.

7 août : suppression de la redevance annuelle de 20,000 livres levée sur les Juifs du Pays Messin et des redevances de même nature qui se lèvent partout ailleurs sur les Juifs.

18 août, le droit d'aubaine est aboli.

(Les conseils généraux s'appelaient alors assemblées administratives des départements et les conseils d'arrondissements, assemblées administratives des districts).

20 août, proclamation du roi sur une. instruction de l'Assemblée nationale,concernant les fonctions des assemblées administratives. (6 pages de texte).

22 août, nul ne pourra recevoir en même temps une pension (de retraite) et un traitement (d'activité). Aucun citoyen, hors le cas de blessures reçues, ou d'infirmités contractées dans l'exercice des fonctions publiques, ne pourra obtenir de pension qu'il n'ait 30 ans de service effectif et ne soit âgé de 50 ans. La pension accordée à 30 ans de service sera du quart du traitement, sans toutefois qu'elle puisse être moindre de 150 livres. Chaque année de service, ajoutée à ces 30 ans, produira une augmentation progressive du 20e des trois quarts restants. Après 50 ans de service, le montant de la pension sera de la totalité des appointements, sans que néanmoins cette pension puisse jamais excéder la somme de dix mille livres.

22 août, code pénal des marins. (16 pages de texte).

24 août, les juges seront élus par les justiciables pour 6 ans, après lesquels ils pourront être réélus. Les officiers chargés des fonctions du ministère public, seront nommés à vie par le roi et ne pourront, ainsi que les juges, être destitués que pour forfaiture dûment jugée. La procédure par jurés aura lieu en matière criminelle. Tous. les citoyens (sont) égaux devant la loi. Il y aura dans chaque canton un juge de paix et des prud'hommes assesseurs du juge de paix. Le juge de paix sera élu à la pluralité des suffrages. Il connaîtra sans appel jusqu'à la valeur de 50 livres et, à charge d'appel jusqu'à la valeur de 100 livres. Il sera établi en chaque district (arrondissement) un tribunal (de 1re instance). Les juges de district seront juges d'appel les uns à l'égard des autres. Les greffiers seront nommés par les juges. (Il y aura) des juges en matière de police et des juges en matière de commerce.

12 septembre, loi relative aux archives nationales.

21 septembre : « Les propriétés foncières du prince, qui parvient au trône, et celles qu'il acquiert pendant son règne sont de plein droit unies et incorporées au domaine de la couronne et l'effet de cette réunion est perpétuel et irrévocable.»

12 octobre, proclamation du roi ; l'Assemblée nationale décrète : la dette non constituée de l'État, celle du ci-devant clergé seront remboursées en assignats-monnaie(qui ne porteront plus intérêts à partir du 16 octobre).

12 octobre, il n'y aura pas une circulation au-delà de 1,200 millions d'assignats, compris les 400 millions déjà décrétés.

26 octobre, loi contenant règlement pour la procédure en la justice de paix.

29 octobre, proclamation du roi sur un décret de l'Assemblée nationale, concernant l'avancement aux grades militaires.

29 octobre, proclamation du roi sur un décret de l'Assemblée nationale, qui fixe la compétence des tribunaux militaires, leur organisation et la manière de procéder devant eux.

29 octobre, proclamation du roi sur un décret de l'Assemblée nationale, concernant la discipline militaire.

1er décembre, il y aura un tribunal de cassation établi auprès du Corps législatif. Les membres du tribunal de cassation ne seront élus (par les départements) que pour 4 ans ; ils pourront être réélus

1er décembre, il sera établi, à compter du 1er janvier 1791, une contribution foncière, qui sera répartie sur toutes les propriétés (terres et maisons) à raison de leur revenu net.

12 décembre, loi relative aux pêcheurs des différents ports du royaume, notamment de Marseille.

19 décembre, loi qui accorde une somme de 15 millions pour l'établissement d'ateliers de charité.

19 décembre, loi relative au droit d'enregistrement des actes civils et judiciaires et des titres de propriété. (30 pages de texte).

25 décembre, loi relative à la poursuite des délits forestiers.

1791

5 janvier, loi relative au desséchement des marais.

7 janvier, loi relative aux découvertes utiles et aux moyens d'en assurer la propriété aux auteurs (Voir au 25 mai 1791).

7 janvier, loi relative à l'avancement des gens de mer, employés sur les vaisseaux de l'État.

19 janvier, loi relative aux messageries et voitures publiques, tant par eau que par terre.

19 janvier, loi relative à l'organisation des ponts et chaussées.

30 janvier, loi portant que les fonctions de maire ou officier municipal sont incompatibles avec celles de juge de paix et de greffier de juge de paix.

4 février, loi portant établissement d'un tribunal de commerce dans la ville de Paris.

11 février, loi relative à la fixation des masses (sommes d'argent) destinées à l'entretien des différentes parties de l'armée (17 pages de texte).

18 février, loi relative au timbre (papier timbré).

18 février, loi : il sera établi, à partir du 1er janvier 1791, une contribution mobilière (35 pages de texte).

12 mars, instruction sur le timbre et l'enregistrement (11 pages de texte).

17 mars, loi : à compter du 1er avril prochain, les brevets et les lettres de maîtrise, les droits perçus pour la réception des maîtrises et jurandes sont supprimés (contre indemnité) (voir pour les maîtrises, au 28 juillet 1791).

17 mars, loi portant établissement de patentes (pour les commerçants et les artisans).

20 mars, loi créant les avoués.

27 mars, loi relative au nouvel ordre judiciaire.

27 mars, loi sur l'administration départementale.

6 avril, loi supprimant les apanages (des princes de la famille royale).

10 avril, proclamation du roi sur le service des messageries nationales, coches, et voitures.

15 avril, loi relative au partage des successions *ab intestat*.

17 avril, instruction concernant le service des ponts et chaussées (22 pages de texte).

17 avril, loi relative à l'hôtel des invalides (d'où pourront sortir ceux qui préféreront des pensions de 227 fr. 50 c. à 1200 fr., suivant les grades).

23 avril, loi concernant le tabac importé.

27 avril, loi relative à l'avancement dans le corps de l'artillerie.

1er mai, loi relative à la perception des droits d'entrée et de sortie.

8 mai, loi relative aux offices et commissions d'agents et courtiers de change, de banque, et d'assurances, conducteurs-interprètes etc.

13 mai, loi relative à la caisse des invalides de la marine (11 pages de texte).

15 mai, loi relative à l'organisation de la marine.

15 mai, loi relative à la régie des droits d'enregistrement, de timbre et des douanes (domaines?).

20 mai, loi relative aux officiers de la marine (les lois des 6 et 20 juillet ont le même objet).

22 mai, loi relative aux assemblées de communes (droit de réunion) et aux pétitions.

25 mai, loi relative à l'organisation des ministères.

25 mai, loi établissant les brevets d'invention.

27 mai, loi relative à l'organisation de la régie des droits d'enregistrement, timbre, hypothèques et des domaines nationaux, (loi complétée par celles des 1er et 17 juin 1791).

27 mai, loi relative à l'organisation des monnaies et à la surveillance et vérification du travail de la fabrication des espèces d'or et d'argent (23 pages de texte).

1er juin, loi sur la liste civile : « Il sera payé (tous les ans) par le trésor public une somme de 25 millions pour la dépense du roi et de sa maison. »

5 juin, loi sur les travaux des champs, les saisies de bestiaux, les baux, etc.

17 juin, loi sur les grèves d'ouvriers et les coalitions de patrons.

10 juillet, loi concernant les places de guerre et postes militaires, la police des fortifications etc, (43 pages de texte).

17 juillet, loi autorisant les armements des vaisseaux destinés pour le commerce des îles et colonies françaises.

18 juillet, loi contre les débiteurs.

18 juillet, loi permettant aux juges de paix de faire arrêter ou relâcher des personnes.

22 juillet, loi sur la police municipale et correctionnelle (24 pages de texte).

28 juillet, loi relative aux mines.

28 juillet, loi sur les contributions : « Anciennement « lorsqu'un homme voulait « faire un métier dans une « ville, il était obligé de débourser pour la maîtrise

« une somme considérable,
« qui lui aurait été très-utile
« pour son commerce. S'il ve-
« nait à mourir, le capital em-
« ployé à sa maîtrise était
« perdu pour ses enfants. S'il
« voulait changer de métier
« ou de commerce, il fallait
« payer une nouvelle maîtrise.
« S'il passait dans une autre
« ville, il lui fallait une mai-
« trise nouvelle ».

29 juillet, loi : le commerce des échelles du Levant
et de Barbarie est libre à tous
les Français.

1er août, loi sur le commerce de Marseille.

3 août, loi relative à l'emploi de la force publique contre les attroupements.

6 août, loi supprimant les
ordres de chevalerie.

10 août, loi relative aux
écoles de la marine à créer
dans 34 ports de France.

13 août, loi relative à la
police de la navigation et des
ports de commerce.

22 août, loi qui fixe le prix
de transport, par la poste, des
lettres, paquets, or et argent.

22 août, loi sur les droits
d'importation et d'exportation
(42 pages de texte).

28 août, loi relative aux
décharges et réductions sur
la contribution foncière.

14 septembre, loi portant
réunion du comtat d'Avignon
à la France.

Extraits de la constitution
du 14 septembre 1791, précédés
de la déclaration des droits de
l'homme : « Les hommes nais-
sent et demeurent libres et
égaux en droits. Les droits
naturels et imprescriptibles
de l'homme sont la liberté, la
propriété, la sûreté et la résistance à l'oppression. Le
principe de toute souveraineté
réside essentiellement dans la

nation. Nul corps, nul individu ne peut exercer d'autorité qui n'en émane expressé-
ment. La liberté consiste à
pouvoir faire tout ce qui ne
nuit pas à autrui. Nul ne doit
être inquiété pour ses opinions, même religieuses,
pourvu que leur manifestation
ne trouble pas l'ordre public.
Tout citoyen peut parler,
écrire, imprimer librement,
sauf à répondre de l'abus de
cette liberté dans les cas déterminés par la loi. La force publique est instituée pour l'a-
vantage de tous. Il n'y a plus
ni noblesse, ni pairie, ni distinction héréditaire. Liberté
aux citoyens de s'assembler
paisiblement et sans armes,
en satisfaisant aux lois de
police. Les citoyens ont le
droit d'élire les ministres de
leur culte. La loi ne considère
le mariage que comme contrat
civil. Le Corps législatif ne
pourra être dissous par le roi.
Le nombre des représentants
au Corps législatif est de 745.
Les assemblées primaires
nommeront un électeur par
cent citoyens. (Aux membres
du Corps législatif) il ne
pourra être donné aucun mandat. « La nation française
« renonce à entreprendre
« aucune guerre dans la vue
« de faire des conquêtes et
« n'emploiera jamais ses for-
« ces contre la liberté d'au-
« cun peuple. »

23 septembre, les tribunaux auront deux mois de
vacances, du 15 septembre au
15 novembre.

23 septembre, travaux
préparatoires ordonnés en
vue d'un cadastre général.

29 septembre, loi concernant la police de sûreté, la
justice criminelle et les jurés.

29 septembre : « Il sera

établi par le Corps législatif des commissaires de police dans toutes les villes où on le jugera nécessaire. »

29 septembre : « L'institution du jury commencera à être mise en exécution au 1er janvier 1792 » (il y avait des jurys d'accusation et d'arrestation, et, comme aujourd'hui, un jury d'acquittement ou de condamnation).

29 septembre, loi sur l'administration forestière (32 p. de texte).

6 octobre, loi sur la police rurale (20 pages de texte).

6 octobre, loi sur le notariat (20 pages de texte).

6 octobre, Code pénal (31 pages de texte) : le condamné à mort sera conduit, en chemise rouge, au lieu du supplice. Le parricide aura la tête et le visage voilés d'une étoffe noire. Peine du carcan : (on) sera attaché à un poteau, placé sur un échafaud et (on) y demeurera, suivant la culpabilité, exposé aux regards du peuple (pendant 2, 4 ou 6 heures). Au-dessus de la tête, un écriteau fera connaître (les nom, profession, domicile et délit du condamné).

12 octobre, loi sur l'organisation d'une cour martiale maritime.

12 octobre, loi concernant l'administration des ports.

14 octobre, loi relative à l'organisation de la garde nationale (18 pages de texte).

16 octobre : « Tout individu est libre aussitôt qu'il est entré en France, de quelque couleur qu'il soit. »

19 octobre, loi relative aux poudres et salpêtres.

19 octobre, Code militaire (7 pages de texte).

21 octobre, loi sur la procédure crim. (86 pag. de texte.)

13 novembre, loi relative aux finances (31 p. de texte).

1792

(AN 1er DE LA RÉPUBLIQUE).

1er janvier, la somme des assignats en circulation ne doit pas excéder 1600 millions.

22 janvier, loi relative aux hôpitaux et maisons de secours.

29 janvier, loi relative « aux fabricants de faux assignats. »

12 février, « les biens des émigrés sont mis sous la main de la nation et sous la surveillance des corps administrat. »

12 février, loi relative à l'organisation du bureau de comptabilité.

27 février, « il y a incompatibilité de fait entre les fonctions de député à l'Assemblée nationale et celles de juré. »

25 mars, établissement de la guillotine pour que « la peine de mort soit la moins douloureuse possible. »

28 mars, loi relative aux passeports à l'intérieur.

20 avril, déclaration de guerre à l'emperur d'Allemagne, qui « n'a cessé d'accorder une protection ouverte aux Français rebelles, qui a provoqué et formé un concert avec plusieurs puissances de l'Europe contre l'indépendance et la sûreté de la nation française. »

2 mai, un brevet d'invention est accordé à Jean Fitch, de Philadelphie, pour son bateau à vapeur.

11 et 12 mai, loi relative aux jugements des militaires en campagne.

16 mai, loi relative à l'Hôtel des Invalides.

23 mai, loi relative aux

moyens de constater les noms, qualités et demeures des individus qui arrivent à Paris.

8 juin, « l'élection des commissaires de police se fera au scrutin individuel et à la pluralité absolue des suffrages. Le renouvellement en sera fait tous les deux ans. »

24 juin, « tous les titres généalogiques (de noblesse qui se trouvent dans un dépôt public, quel qu'il soit, seront brûlés. »

26 juillet, loi : « Tout commandant de place forte ou bastionnée, qui la rendra à l'ennemi, avant qu'il y ait brèche accessible et praticable et avant (d'avoir) soutenu au moins un assaut, sera puni de mort, à moins qu'il (ne) manque de munitions ou de vivres. Les habitants ni corps administratifs ne pourront requérir un commandant de place de la rendre, sous peine d'être traités comme des révoltés et des traîtres à la patrie. »

3 août, création de 300 millions d'assignats.

7 août, loi qui approuve un règlement relatif aux prisonniers de guerre.

14 août, loi relative au mode de vente des biens des émigrés.

19 août, loi relative aux manufactures nationales d'armes de guerre.

25 août, la contrainte par corps ne pourra être exercée pour dettes de mois de nourrice.

26 août, loi : « Tout citoyen qui, dans une place assiégée, parlera de se rendre sera puni de mort. »

2 septembre, les biens des émigrés, mis provisoirement sous le séquestre, sont acquis et confisqués à la nation. (On vendra maisons, terres et meubles au profit de l'État).

7 septembre, loi sur le Code monétaire.

12 septembre, les pères et mères d'émigrés seront tenus de fournir l'habillement et la solde de deux hommes par chaque enfant émigré.

14 septembre, tous les baux des biens nationaux passés au profit des émigrés et des prêtres, dont la déportation a été décrétée, le 26 août dernier, « demeurent annulés et résiliés. »

16 septembre, « l'âge de 30 ans exigé jusqu'à présent pour être juge de paix, est réduit à 25 ans. »

20 septembre, loi permettant le divorce.

20 septembre, les registres des naissances, mariages et décès seront tenus par les municipalités (et non plus par les curés).

9 octobre, loi : « Les émigrés, pris les armes à la main. seront mis à mort dans les 24 heures. »

23 novembre, loi qui supprime la place de directeur de l'école de Rome.

27 novembre, la Savoie, réunie à la République française, formera le département du Mont-Blanc.

1793

31 janvier, le ci-devant comté de Nice fait partie intégrante de la République.

1er février, déclaration de guerre au roi d'Angleterre et au Statbouder des Provinces-Unies (royaume actuel de Hollande).

4 février, le comté de Nice devient le département des Alpes-Maritimes.

14 février, la ci-devant principauté de Monaco est réunie au département des Alpes-Maritimes.

2 mars, le pays de Hainaut formera le département de Jemmapes.

2 mars, la ci-devant principauté de Salm est réunie au département des Vosges.

7 mars, « La République française est en guerre avec l'Espagne. »

9 mars, loi qui ordonne l'élargissement des prisonniers détenus pour dettes et qui abolit la contrainte par corps.

14 mars, l'arrondissement de Landau est réuni au département du Bas-Rhin.

19 mars, loi qui donne à l'île Bourbon le nom d'île de la Réunion.

19 mars, loi sur l'assistance publique.

23 mars, le pays de Porrentruy formera le département du Mont-Terrible.

28 mars, loi contre les émigrés (23 pages de texte.)

11 avril, loi qui défend la vente du numéraire et déclare que les achats et ventes ne devront contenir d'obligation qu'en assignats.

23 avril, loi contre les fabricateurs et distributeurs de faux assignats.

23 avril, « loi qui ordonne la déportation des ecclésiastiques et religieux, qui n'ont pas prêté le serment de maintenir la liberté et l'égalité. »

30 avril, loi qui ordonne de congédier des armées les femmes inutiles.

12 mai, code militaire (24 pages de texte).

26 mai, il y a incompatibilité entre les fonctions de notaire et celles d'avoué et de greffier.

6 juin, « la Convention Nationale décrète la peine de deux ans de fers contre quiconque dégradera les monuments des arts dépendant des propriétés nationales. »

10 juin, loi qui détermine le mode de partage des biens communaux.

10 juin, organisation du Jardin-des-Plantes, à Paris.

14 juin, loi qui déclare incompatibles les fonctions de juge et celles d'administrateur de département (aujourd'hui préfet).

25 juin, formation du département de Vaucluse.

28 juin, organisation des secours pour les enfants, les vieillards et les indigents.

8 juillet, loi qui dispense les indigents de la consignation de 150 livres pour se pourvoir en cassation.

17 juillet, loi qui supprime, sans indemnité, toutes redevances ci-devant seigneuriales et droits féodaux, même ceux conservés par le décret du 25 août 1792.

19 juillet, loi relative aux droits de propriété des auteurs d'écrits en tout genre, des compositeurs de musique, des peintres et des dessinateurs.

24 juillet, organisation des postes et messageries (13 pages de texte).

26 juillet, loi contre les accapareurs.

27 juillet, supplément au code pénal et militaire.

27 juillet, loi qui supprime toutes les primes accordées jusqu'à présent pour la traite des esclaves.

1er août, loi qui établit le système métrique.

1er août, loi portant des peines pour refus d'assignats-monnaie.

8 août, loi portant suppression de toutes les académies et sociétés littéraires, patentées ou dotées par la nation.

11 août, loi qui divise l'île de Corse en deux départements, celui du Golo et celui du Liamone.

14 août, établissement de la régie des droits d'enregistrement et autres droits y réunis.

16 août, il sera payé aux jurés une indemnité de 3 livres par chaque jour de séance et de 15 sous par lieue, quand ils seront forcés de se déplacer.

23 août, loi qui établit un mode de comptabilité.

24 août, « Les assignats, ayant cours de monnaie, pourront être convertis en une inscription sur le grand livre de la dette publique. Le capital à fournir ne pourra être moindre de mille livres.

24 août, loi qui ordonne la formation d'un grand livre de la dette publique (44 pages de texte).

5 septembre, « Loi contre « les personnes prévenues « d'avoir vendu ou acheté des « assignats, d'avoir arrêté ou « proposé différents prix d'a« près le paiement en numé« raire ou en assignats ; d'a« voir tenu des discours ten« dant à discréditer les assi« gnats ; d'avoir refusé les « assignats en paiement, de « les avoir donnés ou reçus « à une perte quelconque.»

11 et 29 septembre et 2 octobre, loi qui fixe un *maximum* du prix des grains, farines et fourrages.

17 septembre, loi relative aux suspects.

26 septembre, loi qui fixe un *maximum* du prix des denrées et marchandises de première nécessité.

1er octobre, loi qui détermine le mode de répartition des prises faites par les vaisseaux français sur les ennemis de la république, (12 pages de texte.)

(Ici finit le calendrier grégorien pour recommencer au 1er janvier 1806. Toutefois les deux calendriers, vont, jusqu'à cette date là marcher de front dans le présent ouvrage.)

5 octobre, (14 vendémiaire an II) (commencement du calendrier républicain, devenant officiel).

15 octobre (24 vendémiaire an II) mesures prises pour l'extinction de la mendicité.

19 octobre (28 vendémiaire an II), loi qui supprime toutes les loteries autres que celles de France.

22 octobre (1er brumaire an II), la condamnation pour crime de fabrication de faux assignats et de fausse monnaie emporte (entraîne) confiscation des biens.

22 octobre (1er brumaire an II), les fonctions de notaire et celles de juge de paix sont incompatibles.

24 octobre (3 brumaire an II), loi qui supprime les fonctions d'avoué.

2 novembre (12 brumaire an II), les enfants, nés hors du mariage, ont les mêmes droits de successibilité que les autres enfants.

3 novembre (13 brumaire an II), loi qui prononce la peine de mort contre les geoliers et gardiens, convaincus d'avoir favorisé l'évasion de personnes détenues.

3 novembre (13 brumaire an II), loi qui déclare propriété nationale les biens des fabriques (des églises).

8 novembre (18 brumaire an II), « Tout notaire, qui, « à l'avenir, recevra un acte « hors de son département, « sera puni, pour la première « fois, d'une amende de mille « livres et, en cas de récidive, « destitué ».

15 novembre (25 brumaire an II), « Les loteries, de « quelque nature qu'elles « soient et sous quelque dé- « nomination qu'elles existent « sont supprimées. »

19 novembre (29 brumaire an II), loi qui divise le ci-devant département de Rhône-et-Loire en deux : *Rhône* et *Loire*.

22 novembre (2 frimaire an II), loi : « il est de la lo- « yauté française, relative- « ment au crime de fabrica- « tion de monnaie étrangère, « crime qui blesse aussi es- « sentiellement les intérêts de « toutes les nations, de ne « mettre aucune différence « entre la punition d'un fa- « bricant de fausse monnaie « étrangère et celle d'un fabri- « cant de fausse monnaie na- « tionale. »

23 novembre (3 frimaire an II), loi qui accorde un sup- plément de traitement aux exécuteurs des jugements cri- minels.

7 décembre (17 frimaire an II), loi qui ordonne le sé- questre des biens des pères et mères dont les enfants sont émigrés.

1794 (an II et an III).

5 janvier (16 nivôse an II), loi qui approuve un arrêté pris par les représentants du peuple pour le rétablissement de la discipline à bord des vaisseaux de la république.

6 janvier (17 nivôse an II), les coupons d'assignats et les billets de la caisse d'escompte représentant les assignats qui sont en circulation seront re- çus dans toutes les caisses publiques.

6 janvier (17 nivôse an II), loi relative aux donations et successions.

22 janvier (3 pluviôse an II), loi sur l'organisation de la justice militaire.

28 janvier (9 pluviôse an II), loi qui punit le faux té- moignage, en matière crimi- nelle, soit à mort, soit à 20 ans de fers.

4 février (16 pluviôse an II), loi qui établit un institu- teur à bord d'un vaisseau de 20 canons et au dessus.

4 février (16 pluviôse an II), loi qui abolit l'esclavage des nègres dans les colonies.

15 février (27 pluviôse an II), loi portant qu'aucun cito- yen ne sera promu à des gra- des militaires, s'il ne sait lire et écrire.

24 février (3 ventôse an II), loi relative au service de santé des armées et des hôpi- taux militaires. (54 p. de texte).

11 avril (22 germinal an II), : « celui qui aura recelé « un ecclésiastique, sujet à la « déportation ou réclusion, « ou ayant encouru la peine « de mort, sera puni de la dé- « portation. »

23 avril (4 floréal an II), loi sur le divorce.

10 mai (21 floréal an II), : « les personnes, prévenues « d'avoir vendu ou acheté du « numéraire, d'avoir arrêté ou « proposé différents prix d'a- « près le paiement en numé- « raire ou en assignats, d'a- « voir tenu des discours ten- « dant à discréditer les assi- « gnats, d'avoir refusé les assi-

« gnats en paiement, de les
« avoir donnés ou reçus à une
« perte quelconque ou d'avoir
« demandé, avant de conclure
« ou même d'entamer un
« marché, en quelle monnaie
« le paiement serait effectué »
(seront punies sévèrement).

12 mai (23 floréal an II) :
les rentes viagères, (duement
constatées,) sont déclarées
dettes nationales. (24 pages de
texte).

5 juin (17 prairial an II' :
« Il sera établi, pour cette an-
« née seulement, une contri-
« bution extraordinaire de
« guerre ; elle sera du dixième
« des sommes portées aux rô-
« les de l'emprunt forcé, éta-
« bli par la loi du 23 septem-
« dernier, vieux style.»

10 juin (22 prairial an II) :
« Il y aura au tribunal révo-
« lutionnaire un président et
« quatre vice-présidents, un
« accusateur public, quatre
« substituts de l'accusateur
« public et douze juges. Les
« jurés sont au nombre de 50.
« La peine portée contre tous
« les délits, dont la connais-
« sance appartient au tribunal
« révolutionnaire, est la mort.»

14 juin (26 prairial an II),
le tribunal révolutionnaire,
par ordre de la Convention
Nationale, jugera sans délai
Lamiral et la fille Renaud,
Sombreuil père et fils, Rohan-
-Rochefort, Laval - Montmorency, le ci-devant comte de
Pons, Jardin, ci-devant page
du tyran (Louis XVI), Sar-
tène fils, la femme Sainte-
Amarante, sa fille et son fils,
le ci-devant prince de Rohan-
Saint-Maurice, la femme d'Esprémesnil, etc (en tout 39 personnes), tous prévenus d'être
complices de Batz ou de la
conjuration de l'étranger et
d'avoir voulu, par l'assassinat

la famine, l'introduction de
faux assignats, le soulèvement
des prisons, etc, faire éclater
la guerre civile, dissoudre la
représentation nationale, rétablir la royauté ou autre domination tyrannique.

15 juin (27 prairial an II),
loi portant que Dom Gerle,
Catherine Théos, se disant la
mère de Dieu et (3) autres, seront traduits au tribunal révolutionnaire pour y être jugés sur les faits de conspiration dont ils sont prévenus.

19 juin (1er messidor an II),
loi portant que le commandant d'un vaisseau, au poste
duquel la ligne serait coupée,
sera puni de mort.

19 juin (1er messidor an II),
« il est créé 200 millions en
assignats de 5 livres, 300 millions en assignats de 125 livres, 400 millions en assignats
de 250 livres ; 200 millions en
assignats de 1000 livres, 100
millions en assignats de 2,000
livres.

26 juin (8 messidor an II),
on accordera des secours aux
vieillards infirmes cultivateurs
ou artisans, aux mères et aux
veuves ayant des enfants dans
les campagnes.

27 juin (9 messidor an II),
« La Convention nationale aux
« citoyens et aux communes de
« la république : (nous avons
« cette année) la récolte la
« plus belle qu'ait produit une
« terre libre, (un recensement
« en sera fait, parce que) la
« Convention a voulu con-
« naître les ressources de la
« République. (Espoir que
chacun par patriotisme décla-
rera sincèrement le montant
de sa récolte. Cambacérès
était alors secrétaire de la
Convention).

29 juin (11 messidor an II),
loi portant que les armées du

Nord, des Ardennes et de la Moselle ne cessent de bien mériter de la patrie et qu'elles se nommeront désormais armées de Sambre et Meuse.

9 juillet (21 messidor an II), Traitements des agents et employés de l'enregistrement et des domaines. (De 400 francs à 6000).

11 juillet (23 messidor, an II), loi sur la réunion de l'actif et du passif des hôpitaux au domaine national.

19 juillet (1er thermidor an II), loi sur l'avancement de l'armée (ancienneté, élection et choix fait par la Convention).

20 juillet (2 thermidor an II), rapport et loi sur la solde des troupes (94 pages de texte).

22 juillet (4 thermidor an II), loi sur les contumaces : « La peine infligée sera prescrite par 20 ans (après) la condamnation ».

27 juillet (9 thermidor an II), « La Convention nationale « au peuple français : citoyens, « les formes du pouvoir répu- « blicain touchent à leur ruine « l'aristocratie semble triom- « pher et les royalistes sont « prêts à reparaître. Voulez- « vous revenir sous le joug « que vous avez brisé ? Non, « sans doute. (Veillez prin- « cipalement sur) l'autorité « militaire, toujours ambi- « tieuse et souvent usurpa- « trice. La liberté n'est rien « dans le pays, où le militaire « commande au civil. Enten- « dez la voix de la patrie au « lieu de mêler vos cris à ceux « des malveillants, des aristo- « crates et des ennemis du « peuple et la patrie sera en- « core une fois sauvée. » « Le représentant du peu- « ple, Barras, est nommé com-

« mandant général de la force « armée de Paris. »

La Convention décrète que Maximilien Robespierre, l'un de ses membres, sera sur le champ mis en arrestation, ainsi que Robespierre le jeune, Saint-Just, Couthon, Lebas, Dumas, Henriot, Boulanger, Lavalette, Dufraise (Dufraisse ?) etc.

28 juillet, (10 thermidor an II), Proclamation de la Convention : « Des conspira- « teurs hypocrites s'étaient « réfugiés dans le sein d'une « municipalité (la commune « de Paris) perfide... Ils ras- « semblaient une force armée « (et) provoquaient les citoyens « contre la représentation na- « tionale. Mais les sections « de Paris ont environné la « Convention nationale ; les « citoyens ont fait aux repré- « sentants du peuple un rem- « part de leurs corps. Puisse « cette époque terrible être le « dernier orage de la révolu- « tion ! »

31 juillet (13 thermidor an II), loi qui rapporte (abroge) celle par laquelle les comités de salut public et de sûreté générale étaient investis du pouvoir de mettre en état d'arrestation des membres de la Convention Nationale.

1er août (14 thermidor an II), loi portant que Fouquier-Tainville sera traduit au tribunal révolutionnaire.

2 août (15 thermidor an II), loi qui ordonne l'arrestation de Rossignol, ci-devant général de l'armée de l'Ouest.

2 août (15 thermidor an II), loi portant que Joseph Lebon, représentant du peuple, sera mis en état d'arrestation.

5 août (18 thermidor an II), loi qui met Coffinal en jugement.

5 août (18 thermidor an II), loi qui ordonne d'élargir les suspects, sauf exceptions.

5 août (18 thermidor an II), loi permettant (le cumul) jusqu'à concurrence de mille liv.

5 août (18 thermidor an II), loi sur la solde des troupes du génie.

6 août (19 thermidor an II), loi relative à la garde nationale de Paris.

8 août (21 thermidor an II), loi portant que l'armée des Pyrénées Occidentales a bien mérité de la patrie.

12 août (25 thermidor an II), loi portant que l'armée de la Moselle ne cesse de bien mériter de la patrie.

13 août (26 thermidor an II), loi : les missions des représentants du peuple auprès des armées ne peuvent durer plus de six mois ; celles des représentants du peuple dans les départements, plus de trois mois.

19 août (2 fructidor an II). loi relative à l'habillement et à l'équipement des troupes de la république.

22 août (5 fructidor an II), loi portant que l'armée des Pyrénées Orientales ne cesse de bien mériter de la patrie.

24 août (7 fructidor an II), loi relative à la réorganisation des comités de la Convention (comités de salut public, de sûreté générale des finances, de législation, de l'instruction publique, des pétitions etc., en tout 16 comités).

24 août (7 fructidor an II), loi : il y aura un comité révolutionnaire dans chaque chef-lieu de district (et dans chaque ville de 8.000 âmes et plus). Chaque comité révolutionnaire sera composé de 12 membres. (Ils pourront décerner des mandats d'amener).

26 août (9 fructidor an II), loi sur les donations, successions et substitutions.

30 août (13 fructidor an II), le télégraphe vient d'apprendre la restitution de Condé à la République ; désormais cette commune portera le nom de Nord-Libre.

31 août (14 fructidor an II), proclamation de la Convention pour rassurer le public à propos de l'explosion de la poudrerie de Grenelle.

31 août (14 fructidor an II), loi qui détermine comment et par qui sera administrée la commune de Paris.

12 septembre (26 fructidor an II) loi portant qu'au 5e jour sans-culotide, un décret accordera à Marat, l'ami du peuple, les honneurs du Panthéon et les retirera à Mirabeau (en punition de sa *Grande trahison!*).

15 septembre (29 fructidor an II), le second décadi de Vendémiaire, les cendres de J.-J. Rousseau seront transportées au Panthéon.

20 septembre (4e des jours sans-culotides), loi portant que le refus des certificats de civisme devra être motivé.

28 septembre (7 vendémiaire an III), l'école centrale des travaux publics (devenue un an plus tard l'école polytechnique), sera ouverte le 10 frimaire (30 novembre). Les élèves, à compter du jour de leur arrivée, jouiront du traitement de 1200 livres par an pour tout le temps qu'ils passeront à l'école.

30 septembre (9 vendémiaire an III), loi qui continue les secours accordés aux Belges et autres réfugiés, auxquels la faculté de rentrer dans leur pays est interdite.

7 octobre (16 vendémiaire

an III), loi qui rend à Commune affranchie son ancien nom de Lyon. (Cette ville n'étant plus ni insurgée ni assiégée).

8 octobre (17 vendémiaire an III), loi qui accorde des secours provisoires aux patriotes Corses, réfugiés sur le continent.

9 octobre (18 vendémiaire an III), la Convention Nationale au peuple français: « les héritiers des crimes de Robespierre et de tous les conspirateurs que vous avez terrassés s'agitent en tous sens pour ébranler la République...C'est par la seule autorité des lois qu'une nation doit être conduite.... Il faut que la liberté individuelle ne trouve des limites qu'au point où elle commence à blesser la liberté d'autrui... Les propriétés doivent être sacrées ».

10 octobre (19 vendémiaire an III), loi relative au tribunal de la police correctionnelle de Paris.

12 octobre (21 vendémiaire an III), loi: ceux qui, ayant fait faillite, ne seront point libérés, ne pourront exercer aucune fonction publique.

15 octobre (24 vendémiaire an III): incompatibilité des fonctions administratives et des fonctions judiciaires.

16 octobre (25 vendémiaire an III): liberté des entreprises des messageries, diligences, coches etc.

16 octobre (25 vendémiaire an III), loi interdisant les pétitions collectives.

26 octobre (5 brumaire an III), réintégration provisoire de quelques émigrés, en vertu d'une loi.

30 octobre (9 brumaire an III), création de l'école. Normale (supérieure).

9 novembre (19 brumaire an III), loi autorisant les réquisitions de denrées nécessaires à la République. « Chaque réquisition désignera l'espèce, la quantité des objets requis, le délai dans lequel se fera la livraison et l'époque du paiement. »

15 novembre (25 brumaire an III), loi concernant les émigrés.

17 novembre (27 brumaire an III), loi relative aux écoles primaires.

25 novembre (5 frimaire an III), loi contenant l'acte d'accusation contre Carrier: « il a autorisé une commission militaire à faire fusiller les gens de la campagne, dont une partie n'avait jamais pris les armes. Il a fait investir, dans la nuit, différentes communes, dont ensuite les habitants qui depuis plus de deux mois, restaient tranquilles, cultivant leurs champs, ont été tous fusillés indistinctement sans avoir été interrogés. Il a fait noyer ou fusiller un très grand nombre de brigands (Vendéens), qui s'étaient rendus à Nantes sur la foi d'une amnistie etc. »

2 décembre (12 frimaire an III), amnistie accordée aux Vendéens qui voudront se soumettre.

4 décembre (14 frimaire an III), « loi portant qu'il sera établi à Paris, à Montpellier et à Strasbourg des écoles destinées à former des officiers de santé pour le service des hôpitaux de l'armée de terre et de mer. »

16 décembre (26 frimaire an III), loi qui met à la disposition de la marine tous les jeunes gens de 16 ans et au dessous, détenus par jugement de police correctionnelle et ceux du même âge, non encore jugés.

24 décembre (4 nivôse an III), suppression du *maximum*.

28 décembre (8 nivôse an III), loi : « le tribunal révolutionnaire connaîtra de tous les attentats contre la sûreté de l'Etat, de tous complots tendant au rétablissement de la royauté. Il sera composé de 12 juges et de 30 jurés. Le tribunal et le jury seront renouvelés en entier tous les 3 mois.

29 décembre (9 nivôse an III), loi qui fixe le mode des paiements à faire aux maîtres de postes aux chevaux.

29 décembre (9 nivôse an III), proclamation de la Convention : « la raison, l'équité, l'intérêt de la République réprouvaient depuis longtemps la loi du *maximum*, qui anéantissait de jour en jour le commerce et l'agriculture ».

1795 (an III et an IV).

2 janvier (13 nivôse an III), loi sur les finances et le crédit public.

3 janvier (14 nivôse an III), «Les procédés, nouvellement découverts par le citoyen Armand Séguin, pour le tannage des cuirs, réduisent à un petit nombre de jours une fabrication qui exigeait deux années.» Facilités accordées à l'inventeur pour utiliser son procédé.

6 janvier (17 nivôse an III), organisation de la gendarmerie de Paris.

10 janvier (21 nivôse an III), « loi portant que l'anniversaire de la juste punition du dernier roi des Français sera célébré le 2 pluviôse prochain, correspondant au 21 janvier, par toutes les communes de la république et par les armées de terre et de mer. Le tyran Louis expia sur l'échafaud les crimes dont il avait souillé sa vie ».

16 janvier (27 nivôse an III), loi qui augmente le port de lettres.

16 janvier (27 nivôse an III), loi qui ordonne de renouveler les cartes de sûreté.

Tout citoyen, qui sera arrêté sans être porteur d'une carte de sûreté sera détenu comme suspect, s'il n'est pas inscrit à la section qu'il dit habiter... Tout citoyen qui, au renouvellement des cartes ou après, sera trouvé porteur d'une carte qui ne sera pas à lui, sera sur le champ arrêté et détenu comme suspect ainsi que celui qui serait convaincu d'avoir vendu ou prêté sa carte. »

17 janvier (28 nivôse an III), loi relative aux commissaires des guerres (intendants militaires) (39 pages de texte).

22 janvier (3 pluviôse an III), « Les malveillants (répandent le bruit) dans les campagnes que l'on va retirer tous les assignats et que si les citoyens gardent leurs denrées, ils seront bientôt payés en argent. Ces bruits sont faux et contraires aux intérêts de la Nation. »

22 janvier (3 pluviôse an III) : Tout propriétaire ou cultivateur, soumis à une réquisition en grains et qui n'y satisfera pas dans le délai de 8 jours, sera arrêté, détenu et soumis à une amende égale à la valeur des grains qu'il aura refusé de fournir. »

9 février (21 pluviôse an III), loi qui accorde un secours de dix millions pour être reparti entre tous les districts de la république.

13 février (25 pluviôse an III), paix avec le grand-duc Ferdinand de Toscane.

14 février (26 pluviôse an III), loi sur la gendarmerie.

16 février (28 pluviôse an III), loi sur la comptabilité.

17 février (29 pluviôse an III), solde provisoire de la marine.

21 février (3 ventôse an III), « L'exercice d'aucun culte ne peut être troublé. La république n'en salarie aucun.

26 février (7 ventôse an III), création d'écoles centrales, où l'on doit enseigner «les mathématiques, la physique, la chimie, l'histoire naturelle, l'agriculture, le commerce, la logique, la psychologie, l'économie politique, la législation, l'histoire, l'hygiène, les arts et métiers, la grammaire générale, les belles-lettres, les langues anciennes, les langues vivantes et le dessin.»

1er mars (11 ventôse an III), primes de 100, 200, 250 et 300 francs pour la destruction des loups.

3 mars (13 ventôse an III), à cette époque, Pichegru commandait l'armée de Rhin et Moselle; Jourdan, celle de Sambre-et-Meuse; Moreau, celle du Nord; Kellermann, les deux armées des Alpes et d'Italie; Schérer, l'armée des Pyrénées occidentales; Canclaux, l'armée des côtes de l'ouest; Hoche, celle des côtes de Brest et de Cherbourg.

4 mars (14 ventôse an III), loi sur le génie militaire.

6 mars (16 ventôse an III), loi qui augmente le traitement des ingénieurs des ponts et chaussées.

21 mars (1er germinal an III), loi contre les émeutes.

22 mars (2 germinal an III), établissement de dépôts d'étalons.

30 mars (10 germinal an III), loi portant qu'il sera établi dans l'enceinte de la bibliothèque Nationale une école publique destinée à l'enseignement des langues orientales.

1er avril (12 germinal an III), loi qui nomme Pichegru général en chef de la garde nationale de Paris.

1er avril (12 germinal an III), loi qui ordonne que les représentants du peuple Collot d'Herbois, Billaud-Varennes et Barrère soient à l'instant déportés, (9 autres sont arrêtés et transférés au château de Ham) « Le 12 germinal, dit la « Convention au peuple fran- « çais, a failli éclairer le tom- « beau de la représentation na- « tionale et de la république. « Une poignée de factieux avait « médité cet attentat. Ils trai- « taient de faction thermido- « rienne la majorité pure et « courageuse de la Convention « Nationale, qui a renversé les « échafauds. (Ils avaient orga- « nisé une disette factice). (En « sauvant la Convention), la « garde nationale parisienne a « bien mérité de la patrie. »

3 avril (14 germinal an III), loi sur l'avancement militaire (23 pages de texte).

4 avril (15 germinal an III), loi relative aux baux à cheptel.

4 avril (15 germinal an III), loi sur les pensionnaires et les invalides de la marine.

5 avril (16 germinal an III), loi qui ordonne l'arrestation de 9 représentants du peuple, (Cambon, Levasseur de la Sarthe, Lecointre de Versailles, etc.

5 avril (16 germinal an III),

paix de Bâle, signée avec la Prusse.

6 avril (17 germinal an III), les fonctionnaires publics seront, s'il y a lieu, jugés devant les mêmes tribunaux et dans les mêmes formes que les autres citoyens.

7 avril (18 germinal an III), création de 95 écoles centrales.

12 avril (23 germinal an III), loi portant qu'à l'avenir aucune femme, prévenue de crime emportant peine de mort ne pourra être mise en jugement qu'il n'ait été vérifié qu'elle n'est pas enceinte.

17 avril (28 germinal an III), loi relative à la réorganisation des administrations de département et de district.

17 avril (28 germinal an III), loi qui ordonne la fabrication de 150 millions de monnaie de cuivre.

18 avril (29 germinal an III), «les maisons et bâtiments appartenant à la nation, seront aliénés successivement par voie de loterie, à raison de 50 livres le billet.

18 avril (29 germinal an III), loi créant les écoles vétérinaires de Versailles et de Lyon.

20 avril (1er floréal an III), loi relative aux créances et droits sur les biens nationaux provenant des émigrés.

25 avril (6 floréal an III), « tous les lieux, connus sous le nom de Bourses, où se tenaient les assemblées pour la banque, le commerce et le change, seront rouverts.

7 mai (18 floréal an III), réorganisation de l'artillerie.

17 mai (28 floréal an III) les assignats de dix livres ne sont pas démonétisés.

17 mai (28 floréal an III), date exacte du traité de paix,

conclu à Bâle entre la république française et le roi de Prusse, (au reste le texte diffère du traité, conclu le 5 avril précédent).

20 mai (1er prairial an III), la Convention Nationale aux citoyens de Paris : « (on) n'ouvri-« ra ni les Jacobins ni le Temple « … (plaintes contre les provocateurs de troubles)..... « Prouvez à l'Europe que vous « ne voulez pas d'une liberté « souillée de sang et d'opprobre, « maintenez le bon ordre, afin « que les propriétés et les subsistances soient assurées et « conservez à la France le dépôt de la représentation nationale. »

20 mai (1er prairial an III), loi qui ordonne l'arrestation de 14 représentants du peuple (Bourbotte, Romme etc.)

20 mai (1er prairial an III), loi qui nomme le représentant du peuple Delmas pour diriger en chef la force armée de Paris.

20 mai (1er prairial an III), loi portant que les représentants du peuple délibéreront en costume armé.

21 mai (2 prairial an III), alliance avec les Provinces-Unies (la Hollande actuelle).

21 mai (2 prairial an III), « toutes les cloches (de Paris) « à l'exception d'une par église, « seront brisées et converties « en canons… La cocarde nationale est le seul signe de « ralliement des bons cito-« yens ».

21 mai (2 prairial an III), nouvelle proclamation de la Convention aux citoyens de Paris : « on vous trompe lors-« qu'on vous dit que la Convention Nationale a fait fu-« siller les femmes qui se sont « présentées à sa barre ; la vérité est que, si le sang a cou-

« lé dans la journée d'hier,
« c'est celui d'un représentant
« qui a été assassiné à son pos-
« te. La Convention Nationale
« appelle autour d'elle tous
« ceux qui ne veulent pas qu'on
« déshonore par le pillage et
« l'assassinat la plus belle des
« révolutions. De mauvais ci-
« toyens disent qu'elle a dans
« Paris des magasins pleins
« de subsistances, tandis qu'on
« les distribue à mesure qu'el-
« les arrivent....Les Parisiens
« ne voient-ils pas que les
« mouvements, auxquels on les
« pousse ne tendent qu'à aug-
« menter la disette, puisqu'en
« portant l'alarme dans les
« campagnes, ils rendent plus
« difficile encore l'arrivage des
« subsistances? La Convention
« Nationale ne néglige aucune
« mesure pour que le pain ne
« manque pas à la commune
« de Paris ; mais les hommes
« de sang, qui ont assassiné
« tant de cultivateurs, sont les
« véritables auteurs de la di-
« sette qui se manifeste au-
« jourd'hui..... Vive la répu-
« blique ! vivent les amis de
« la justice et des lois ! Eux
« seuls sont des Français, eux
« seuls sont des républicains.
23 mai (4 prairial an III),
loi qui enjoint aux femmes de
se retirer dans leur domicile
et ordonne l'arrestation de celles qui se trouveraient attrou-
pées au dessus du nombre de
5.

23 mai (4 prairial an III),
loi portant que les femmes ne
pourront assister à aucune assemblée politique.

23 mai (4 prairial an III),
loi qui ordonne la recherche
des assassins du représentant
Ferraud (ou Ferrand?) et le désarmement de tous les rebelles.

25 mai (6 prairial an III),

Paix avec la régence de Tunis.

27-28 mai (8-9 prairial an
III), seront arrêtés les représentants Ruhl, Forestier, Prieur,
Salicetti, Charbonnier, Thirion, Panis, Jean Bon St André, Elie Lacoste, Lavicomte-
rie etc.

29 mai (10 prairial an III),
loi qui dispense les citoyens
les plus pauvres du service
de la garde nationale.

31 mai (12 prairial an III),
loi qui supprime le tribunal
révolutionnaire.

1er juin (13 prairial an III),
arrestation des représentants
du peuple Monestier, Allard,
Javogues Mallarmé, Sergent,
Baudot, Lejeune, d'Artigoyte,
etc.

4-5 juin (16-17 prairial an
III), lois réprimant tous pilla-
ges de grains, farines ou subsistances.

8 juin (20 prairial an III),
loi qui ordonne l'exposition
des antiques à la bibliothèque
nationale et établit des cours
publics sur les inscriptions et
médailles.

9 juin (21 prairial an III),
loi qui détermine le mode de
restitution des biens des condamnés.

11 juin (23 prairial an III),
loi qui prononce la déchéance
contre tous créanciers de la
république, qui n'ont point
encore formé de réclamation.

16 juin (28 prairial an III),
loi sur la réorganisation de la
garde nationale des départements.

17 juin (29 prairial an III),
loi qui réduit d'un tiers le
nombre des employés dans
les administrations publiques.

25 juin (7 messidor an III),
il sera formé un bureau des
longitudes, dont feront partie
Lagrange, Laplace, Lalande,
Cassini, Méchain, Delambre,

Borda, Bougainville, etc., etc.

27 juin (9 messidor an III), publication d'un Code hypothécaire (77 pages de texte).

30 juin (12 messidor an III), loi portant que la fille du dernier roi des Français (plus tard la duchesse d'Angoulême) sera remise à l'Autriche à l'instant où les représentants du peuple, détenus par l'ordre de ce gouvernement seront rendus à la liberté.

2 juillet (14 messidor an III), loi permettant le cumul jusqu'à concurrence de 3,000 livres.

3 juillet (15 messidor an III), loi qui fixe le prix des papiers timbrés.

8 juillet (20 messidor an III), loi qui ordonne l'établissement de gardes-champêtres dans toutes les communes rurales.

10 juillet (22 messidor an III), mise en accusation de Lebon.

13 juillet (25 messidor an III), loi qui ordonne la célébration de l'anniversaire du 14 juillet 1789.

14 juillet (26 messidor an III), loi relative à l'établissement d'une tontine nationale. « A la mort de chaque « actionnaire, la moitié de la « rente primitive de ses actions se trouvera éteinte au « profit de la nation et l'autre « moitié, avec tous ses accroissements, tournera au profit « des autres actionnaires de « sa division (composée de « 4,000 actions de mille livres « chacune). La rente de chaque « action ne pourra excéder « 12,000 livres. »

14 juillet (26 messidor an III), loi portant qu'il sera ouvert un emprunt d'un milliard à 3 0/0 d'intérêt annuel et perpétuel.

21 juillet (3 thermidor an III), loi qui fixe le port des lettres (de 12 à 50 sous) et le tarif de la poste aux chevaux.

22 juillet (4 thermidor an III), loi établissant des patentes pour toute espèce de commerce.

24 juillet (6 thermidor an III), loi qui accorde des secours provisoires aux pères et mères des émigrés sur les produits nets de leurs biens séquestrés. (Parmi les signataires, on remarque Merlin de Thionville).

25 juillet (7 thermidor an III), pour le transport des personnes, il sera perçu, par lieue, de 5 à 20 livres par personne, en diligences ou malles-postes, suivant les places. Pour le transport des effets, on paiera 300 livres par quintal pour cent lieues.

25 juillet (7 thermidor an III), il sera payé par tous les Français et étrangers une contribution personnelle de 5 livres chaque année. D'autres taxes sont établies sur les cheminées, les poêles, les domestiques, les chevaux et mulets de luxe et les voitures.

1er août (14 thermidor an III), loi qui autorise l'émission des assignats de 2,000 francs pour l'échange, à bureau ouvert, de ceux de 10,000 francs.

1er août (14 thermidor an III), paix signée à Bâle avec l'Espagne qui nous donne la partie espagnole de St.-Domingue (aujourd'hui république dominicaine).

2 août (15 thermidor an III), le 23 thermidor, jour correspondant au 10 août (1792), moment auquel le trône a été renversé, une salve d'artillerie annoncera la victoire du peuple sur la tyrannie. L'anni-

22   RÉPERTOIRE CHRONOLOGIQUE.

versaire du 10 août sera célébré dans toutes les communes de la république et aux armées avec toute la pompe et la solemnité que les localités comportent.

3 août (16 thermidor an III), établissement du conservatoire de musique, à Paris.

5 août (18 thermidor an III), loi qui abolit la formalité des certificats de civisme.

8-9 août (21-22 thermidor an III), arrestation de dix représentants du peuple : Bo, Dupin, Fouché de Nantes, etc.

10 août (23 thermidor an III), loi qui permet à tous les citoyens français d'armer en course pour courir sur les bâtiments ennemis.

10 août (23 thermidor an III), loi, portant que, par 50 hommes sous les drapeaux, on pourra accorder un congé d'un mois, aller et retour non compris.

15 août (28 thermidor an III), il sera fabriqué des pièces d'or, d'argent et de bronze épuré.

20 août (3 fructidor an III), nouveau tarif pour les postes et les messageries (de 4 à 15 fr., par place et par lieue ; 250 fr., par quintal de bagages pour 100 lieues).

22 août (5 fructidor an III), tous les membres (actuels) de la Convention sont rééligibles. Les assemblées électorales ne pourront en prendre moins de deux tiers pour former le corps législatif. Chaque armée exprimera son vœu.

23 août (6 fructidor an III), loi qui dissout les clubs.

24 août (7 fructidor an III), les jours sans-culotides seront désormais appelés complémentaires (signé, entre autres par Joseph Chénier).

30 août (13 fructidor an III),

aucun député en mission ou en congé ne sera éligible dans le département où il se trouvera pendant la tenue de l'assemblée électorale.

30 août (13 fructidor an III), il est défendu de vendre de l'or ou de l'argent ailleurs qu'à la Bourse.

31 août (14 fructidor an III), « la somme de 442,800 livres, « montant des prix décernés, « sera distribuée aux artistes, « qui ont obtenu les prix soit « d'architecture, soit de peinture, soit de sculpture. »

1er septembre (15 fructidor an III), l'école centrale des travaux publics portera à l'avenir le nom d'école polytechnique.

2 septembre (16 fructidor an III) : « Les savants, les gens de lettres et les artistes, qui remplissent plusieurs fonctions relatives à l'instruction publique pourront en cumuler les traitements. »

6 septembre (20 fructidor an III), loi qui ordonne le bannissement à perpétuité des prêtres déportés et rentrés sur le territoire français.

7 septembre (21 fructidor an III) : les administrateurs de départements (plus tard préfets) recevront un traitement de 1,500 myriagrammes (15,000 kilogrammes) de froment, s'ils résident dans une commune au-dessus de 50,000 âmes et de mille myriagrammes, dans toutes les autres.

14 septembre (28 fructidor an III) : à compter du 1er vendémiaire (23 septembre) prochain, les officiers de tous grades des armées de terre et de mer, en activité de service jouiront d'un supplément de solde de 8 livres en numéraire par mois.

18 septembre (2e jour

complémentaire de l'an III),
loi qui établit un nouveau
mode pour le jugement des
délits militaires.

20 septembre (4e jour
complémentaire de l'an III),
les assesseurs des juges de
paix, les instituteurs publics,
les receveurs des domaines
nationaux, les professeurs des
écoles de Montpellier, Paris
et Strasbourg sont dispensés
du service de la garde nationale.

22 septembre (6e jour
complémentaire de l'an III) :
les pères, fils, frères, oncles,
neveux et époux d'émigrés ne
pourront continuer d'exercer
des fonctions publiques.

23 septembre (1er vendémiaire an IV), promulgation
de la constitution de 1795, dite
de l'an III : Le conseil des
500 présentera 50 candidats
pour former le directoire exécutif. Les 5 membres, qui le
composeront, seront nommés
par le conseil des anciens. La
distribution des députés entre
le conseil des 500 et le conseil
des anciens sera faite, pour
cette fois, par la totalité de
ceux qui seront élus pour
former le corps législatif. Les
assemblées électorales (dure-
ront 9 jours au plus). Les
électeurs, se réunissant d'ordinaire au chef-lieu du département ou dans telle autre
ville désignée, recevront par
étape une livre et demie de
pain et une livre de viande
par jour. Il leur sera de plus
payé 15 livres d'indemnité par
jour et en outre 5 livres par
lieue de poste pour chacun
des deux voyages qu'ils auront à faire.

25 septembre (3 vendémiaire an IV), la Convention
nationale aux Parisiens : si la
voix paternelle des représen-

tants de la France était mé-
connue, si la Convention abandonnée devait périr dans vos
murs, quoique l'assassinat de
ses membres ne pût jamais
vous appartenir, quoiqu'il fût
le crime des infâmes royalistes,
n'en doutez pas. la France entière vous demanderait compte
de votre faiblesse... Si un attentat était commis sur la représentation, l'Assemblée déclare que le nouveau Corps
législatif et le Directoire exécutif devront se réunir à Châlons.

26 septembre (4 vendémiaire an IV), chaque représentant du peuple sera tenu
de déclarer par écrit la fortune
qu'il avait au commencement
de la Révolution et celle qu'il
possède actuellement.

27 septembre (5 vendémiaire an IV), le nombre des
juges au tribunal de cassation
sera porté à 50 dont 20 seront
élus par un nombre égal de
départements.

29 septembre (7 vendémiaire an IV) : « Ceux qui ou-
trageront les objets d'un culte
quelconque dans les lieux destinés à son exercice ou ses ministres en fonctions, ou inter-
rompront par un trouble public les cérémonies religieuses,
seront passibles d'une amende
de 50 à 500 livres et d'un emprisonnement d'un mois à
deux ans. Les cérémonies de
tout culte sont interdites hors
l'enceinte de l'édifice choisi
pour leur exercice. »

29 septembre (7 vendémiaire an IV), loi sur la police
du commerce des grains et
l'approvisionnement des marchés et des armées.

1er octobre (9 vendémiaire
an IV), le pays de Liège est
réuni à la république française. Le département de la

Dyle aura pour chef-lieu Bruxelles ; celui de l'Escaut, Gand ; celui de la Lys, Bruges ; celui de Jemmapes, Mons ; celui des Forêts, Luxembourg ; celui de Sambre-et-Meuse, Namur ; celui de l'Ourthe, Liége ; celui de la Meuse-Inférieure, Maëstricht ; celui des Deux-Nèthes, Anvers.

2 octobre (10 vendémiaire an IV), loi sur la police intérieure des communes de la République.

2 octobre (10 vendémiaire an IV), loi sur l'organisation des ministères (justice, intérieur, finances, guerre, marine et colonies, relations intérieures).

5 octobre (13 vendémiaire an IV), la Convention nationale aux Français : depuis longtemps, les royalistes avaient préparé leurs complots ; ils avaient essayé de diviser les représentants du peuple entre eux. Sommés de déposer les armes et d'obéir aux lois, ils ont résisté. Ils ont marché près de 30,000 ; ils sont venus de toutes parts cerner les représentants du peuple au lieu de leurs séances. Les républicains, forcés de vaincre, ont vaincu. Les rebelles sont soumis, même dans le quartier-général de la section Lepelletier, principal foyer de la révolte.

5 octobre (13 vendémiaire an IV), loi sur la police de la Bourse

11 octobre (19 vendémiaire an IV), Paris aura 12 municipalités.

14 octobre (22 vendémiaire an IV), loi sur les monnaies.

16 octobre (24 vendémiaire an IX), arrestation des représentants du peuple, Rovère et Saladin.

21 octobre (29 vendémiaire an IV), les maires qui n'ont pas dénoncé les auteurs et complices des assassinats commis dans plusieurs parties de la république, par les Compagnies de Jésus, les Compagnies du Soleil et autres associations royalistes, seront destitués.

22 octobre (30 vendémiaire an IV), arrestation des représentants Aubry et Lomont, du général Miranda et du nommé Gault.

24 octobre (2 brumaire an IV), loi concernant l'administration des ports et arsenaux de la marine.

24 octobre (2 brumaire an IV), loi concernant l'organisation du tribunal de cassation.

25 octobre (3 brumaire an IV), costumes du conseil des 500, de celui des anciens, du Directoire exécutif, des ministres, juges, administrateurs (préfets), maires, etc.

25 octobre (3 brumaire an IV), loi sur l'organisation de l'instruction publique.

25 octobre (3 brumaire an IV), Code des délits et des peines (152 pages de texte).

25 octobre (3 brumaire an IV), loi concernant l'inscription maritime.

26 octobre (4 brumaire an IV), arrêté du Directoire exécutif, qui ordonne l'arrestation de plusieurs ouvriers (meneurs ou chefs de grève), employés à la fabrication des assignats et enjoint aux autres de reprendre à l'instant leurs travaux. « Par une suite de « conspirations, on excite les « ouvriers, employés à la fabrication des assignats, à « cesser leurs travaux pour « faire manquer tous les ser-« vices et amener la dissolu-« tion de la république. »

27 octobre (5 brumaire an

IV), nouveau mode pour le jugement des délits militaires.

3 novembre (12 brumaire an IV), le Directoire exécutif nomme Aubert-Dubayet ministre de la guerre.

4 novembre (13 brumaire an IV), le Directoire exécutif nomme Truguet ministre de la marine et des colonies.

5 novembre (14 brumaire an IV), proclamation du Directoire exécutif : Français, nous voulons consolider la république, livrer une guerre active au royalisme, réprimer toutes les factions, faire régner la concorde, ramener la paix, régénérer les mœurs, ranimer l'industrie et le commerce, etc.

8 novembre (17 brumaire an IV), le conseil des 500 accorde au Directoire exécutif, pour les différents ministères un total de 3 milliards, dont 1100 millions au ministre de la guerre et 1900 millions au ministre de l'intérieur (le tout probablement en assignats).

14 novembre (23 brumaire an IV), loi qui ordonne le prélèvement de 250,000 quintaux de grains à compte de la contribution foncière.

28 novembre (7 frimaire an IV). « Les fonctionnaires publics dont le traitement est composé de la valeur d'une certaine quantité de myriagrammes de froment, en recevront provisoirement et à titre d'à-compte le montant calculé à raison de 60 livres (francs) le myriagramme. »

29 novembre (8 frimaire an IV), loi relative à la fabrication des monnaies.

10 décembre (19 frimaire an IV), emprunt forcé de 50 à 6,000 livres, suivant la proportion des richesses de chacun. « Les assignats seront reçus, en place de numéraire, pour le centième de leur valeur nominale. »

13 décembre (22 frimaire an IV), le Directoire exécutif commence à nommer des juges, les électeurs ne s'étant pas réunis pour procéder à cette besogne.

16 décembre (25 frimaire an IV). (La même chose a lieu pour les maires).

23 décembre (2 nivôse an IV) : « Les assignats existants ou à mettre en circulation ne pourront excéder 40 milliards. »

25 décembre (4 nivôse an IV), loi qui détermine les peines à infliger aux embaucheurs et aux provocateurs à la désertion.

27 décembre (6 nivôse an IV), nouveaux et plus forts tarifs pour la poste aux chevaux, la poste aux lettres et les messageries.

1796 (an IV et an V).

2 janvier (12 nivôse an IV), création du ministère de la police.

11 janvier (21 nivôse an IV), loi additionnelle au Code hypothécaire.

19 février (30 pluviôse an IV), les travaux de la fabrication des assignats ont cessé.

23 février (4 ventôse an IV), arrêté du Directoire exécutif sur l'obligation du service militaire.

26 février (7 ventôse an IV), les passeports à l'étranger seront délivrés par les administrations de départements.

N. B. Depuis l'établissement du Directoire exécutif, on trouve souvent des lois dans le genre de celle-ci : loi par laquelle le citoyen Gau (ou

Gault) est exclu de toute fonction législative, jusqu'à la paix générale ou jusqu'à la radiation de son beau-frère de la liste des émigrés.

9 mars (19 ventôse) an IV), « Aucun membre des autorités constituées de la république ne pourra désormais entrer en exercice de ses fonctions, sans avoir préalablement prêté serment de haine à la royauté. Ceux qui exerceraient leurs fonctions sans avoir prêté ce serment seront punis de la peine de la déportation. »

9 mars (19 ventôse an IV), la fête de la jeunesse sera célébrée le 10 germinal (30 mars). On armera les jeunes gens parvenus à l'âge de 16 ans ; on accordera des récompenses aux élèves méritants des écoles ; le tout se fera autant que les localités pourront le permettre, devant un autel de la patrie. Il y aura des chants patriotiques, des discours sur la morale du citoyen, des jeux et des exercices publics.

10 mars (20 ventôse an IV), loi portant des peines contre ceux qui décrieraient ou refuseraient de recevoir les monnaies métalliques, frappées au coin de la république.

11 mars (21 ventôse an IV), arrêté concernant l'inscription maritime.

12 mars (22 ventôse an IV), le conseil des 500 déclare : le Directoire exécutif est chargé de nommer provisoirement, jusqu'aux élections de l'an V, et pour exercer jusqu'à cette époque, les administrateurs de département, dans le cas où tous les membres d'une de ces administrations se seront démis.

14 mars (24 ventôse an IV), organisation de la manufac-

ture nationale d'horlogerie à Besançon et mode d'admission des élèves.

17 mars (27 ventôse an IV), loi relative aux Français ou étrangers arrivés et séjournant à Paris.

18 mars (28 ventôse an IV), « le conseil des 500, considé-« rant que le discrédit des as-« signats a rompu tout rapport « entre les obligations parti-« culières et les moyens de se « libérer, considérant que la « dépréciation des assignats « prend sa source dans leur « trop grande abondance, dans « les exagérations de la mal-« veillance et les manœuvres « de l'agiotage, déclare : il sera « créé pour deux milliards « quatre cents millions de « mandats territoriaux (hypo-« théqués) sur tous les domai-« nes nationaux. »

22 mars (2 germinal an IV), arrêté du Directoire exécutif, relatif à l'organisation des gardes nationales sédentaires.

27 mars (7 germinal an IV), loi contenant des peines contre les fabricateurs et distributeurs de faux mandats territoriaux.

3 avril (14 germinal an IV), « Le citoyen Pichegru, ci-devant général en chef de l'armée du Rhin, est nommé ambassadeur de la République Française en Suède.

4 avril (15 germinal an IV), loi contenant règlement pour l'Institut (national des sciences et arts).

8 avril (19 germinal an IV), il sera ouvert un cours d'astronomie pratique dans le ci-devant collège des quatre nations (aujourd'hui palais de l'Institut).

11 avril (22 germinal an IV), loi qui interdit l'usage des cloches pour l'exercice d'un culte

11 avril (22 germinal an IV), peines sévères contre ceux qui coupent, arrachent ou mutilent les arbres de la liberté.

16 avril (27 germinal an IV), « Dans toutes les municipalités de la République, une fête des époux sera célébrée le 10 floréal (29 avril). »

17 avril (28 germinal an IV), loi contre les délits de presse.

22 avril (3 floréal an IV), loi portant que l'armée d'Italie ne cesse de bien mériter de la patrie.

23 avril (4 floréal an IV), « la ci-devant église de Saint-Louis à Versailles sera rouverte. »

28 avril (9 floréal an IV), « il sera payé un secours annuel aux veuves ou enfants des citoyens Valazé, Carra, Gorsas, Brissot, Camille Desmoulins, Pétion ou Péthion, Buzot, etc., et à la mère du citoyen Barbaroux. »

4 mai (15 floréal an IV), une pension est accordée à la veuve et aux enfants du représentant Gensonné.

19 mai (30 floréal an IV), paix avec le roi de Sardaigne.

23 mai (4 prairial an IV), il sera procédé à l'échange des assignats, à trois capitaux pour un, contre des mandats ou coupons de mandats (territoriaux).

30 mai (11 prairial an IV), loi contre les témoins qui ne comparaissent pas.

8 juin (20 prairial an IV), « la fête de l'agriculture sera célébrée le 10 messidor (28 juin). »

24 juin (6 messidor an IV), loi qui destine quatre millions aux encouragements des fabriques et manufactures nationales.

5 juillet (17 messidor an IV), « l'intention du législa-

teur, en plaçant les fêtes de la liberté aux 9 et 18 thermidor (27 et 28 juillet), a été de célébrer la destruction de toutes les espèces de tyrannie qui ont pesé sur la France. »

6 août (19 thermidor an IV), loi concernant l'importation des marchandises.

7 août (20 thermidor an IV), loi sur l'organisation de la haute cour de justice.

7 août (20 thermidor an IV), paix avec le duc de Wurtemberg.

14 août (27 thermidor an IV), le 10 fructidor (27 août) prochain, sera célébrée la fête des vieillards.

16 août (29 thermidor an IV), la fondation de la République sera fêtée, le 1er vendémiaire (22 septembre), dans toutes les communes.

23 août (6 fructidor an IV), loi sur les patentes.

2 septembre (16 fructidor an IV), police des papeteries.

12 septembre (26 fructidor an IV), alliance offensive et défensive avec l'Espagne contre l'Angleterre.

12 octobre (21 vendémiaire an V), loi qui autorise la perception d'un droit de navigation sur le canal du Midi.

19 octobre (28 vendémiaire an V), la chasse dans les forêts nationales est interdite à tous particuliers sans distinction.

20 octobre (29 vendémiaire an V), fixation du nombre et du traitement des employés, parce que « la multiplicité des affaires a introduit, à diverses époques de la révolution, un nombre de commis, secrétaires ou autres agents, bien supérieur à celui réellement nécessaire aujourd'hui pour assurer le service qui leur est respectivement confié. »

24 octobre (3 brumaire

an V), paix avec le roi des Deux Siciles (textes français et italien).

25 octobre (4 brumaire an V), loi qui accorde pour indemnité, un mois de leur traitement aux employés supprimés.

30 octobre (9 brumaire an V), les manufacturiers seront désormais soumis au droit de patente.

31 octobre (10 brumaire an V), loi qui prohibe l'importation et la vente des marchandises anglaises.

3 novembre (13 brumaire an V), nouveau Code militaire.

6 novembre (16 brumaire an V), budget de l'an V.

10 novembre (20 brumaire an V), « Tout fabricant devra marquer d'un signe distinctif de sa fabrique toutes les marchandises qui en seront susceptibles. »

11 novembre (21 brumaire an V), Code militaire (16 pages de texte).

11 novembre (21 brumaire an V), poinçon pour la marque des ouvrages d'or et d'argent.

18 novembre (28 brumaire an V), paix avec le duc de Parme et Plaisance.

9 décembre (19 frimaire an V), loi qui autorise la formation de 200 nouvelles compagnies de vétérans.

17 décembre (27 frimaire an V), loi relative aux enfants abandonnés.

22 décembre (2 nivôse an V), à compter du 1er nivôse (21 décembre) la totalité du traitement des fonctionnaires publics et employés leur sera payée en numéraire métallique.

24 décembre (4 nivôse an V), relativement aux passeports des étrangers.

25 décembre (5 nivôse an V), « il est défendu à tout individu d'annoncer dans les rues, carrefours et autres lieux publics aucun journal ou écrit périodique autrement que par le titre général et habituel qui le distingue des autres journaux. »

1797 (an V et an VI).

13 janvier (24 nivôse an V), loi qui permet l'exportation et fixe les droits de sortie de diverses marchandises.

16 janvier (27 nivôse an V), loi qui fixe les droits de navigation sur les canaux d'Orléans et du Loing.

21 janvier (2 pluviôse an V), on imprimera en placards, à la fin de chaque mois, un état sommaire des jugements rendus par les tribunaux criminels.

26 janvier (7 pluviôse an V), loi qui donne, à titre de récompense nationale, deux drapeaux aux généraux Bonaparte et Augereau.

6 février (18 pluviôse an V), loi relative aux successions.

6 février (18 pluviôse an V), conspiration des agents « du soi-disant Louis XVIII.»

7 février (19 pluviôse an V), arrêté du Directoire exécutif concernant la chasse des animaux nuisibles.

13 février (25 pluviôse an V), réorganisation de la gendarmerie nationale.

22 février (4 ventôse an V), manière de juger les embaucheurs.

23 février (5 ventôse an V), Code électoral (51 pages de texte).

14 mars (24 ventôse an V), loi qui rétablit la contrainte par corps en matière civile.

20 mars (30 ventôse an V), arrêté du Directoire exécutif concernant la manière d'élever et d'instruire les enfants abandonnés.

30 mars 10 (germinal an V), « tout juré d'accusation, qui fait défaut, est condamné sans appel, par le directeur du jury, à dix jours d'emprisonnement et à 25 francs d'amende. Le juré de jugement est condamné par le tribunal criminel à vingt jours d'emprisonnement et à 50 francs d'amende. »

1 avril (12 germinal an V), arrêté du Directoire exécutif concernant les passeports des étrangers arrivant en France.

12 avril (23 germinal an V), loi relative à l'organisation des douanes.

24 avril (2 floréal an V). «Loi qui proroge pendant six mois la perception, en faveur des indigents, d'un droit sur les billets de spectacle, bals, feux d'artifices, courses et exercices de chevaux. »

28 avril (9 floréal an V), le paiement des secours accordés par les lois aux réfugiés de la Corse cessera d'avoir lieu en raison de la faculté qu'ont ces réfugiés de retourner dans leurs foyers depuis l'évacuation de cette île par les Anglais.

29 avril (10 floréal an V), ratification du traité de Tolentino avec le pape.

12 mai (23 floréal an V), à partir du 1er prairial (20 mai), la solde des troupes sera payée en numéraire.

14 mai (25 floréal an V), arrêté du Directoire exécutif sur l'artillerie de marine.

20 mai (1er prairial an V), les départements ont élu membres du conseil des Cinq-Cents Châteauvieux (Ardèche), Cornudet (Creuse), Marmontel (Eure), Laboulaye (Eure et Loir), Chabaud-Latour (Gard), Thouret (Hérault), Ponsard (Ille-et-Vilaine), Pichegru (Jura), Royer-Collard (Marne), Boulay (Meurthe), Villaret-Joyeuse (Morbihan) Corne, (Pas-de-Calais), Camille Jordan (Rhône), Ferrand (Haute-Saône), Changarnier (Saône-et-Loire), Quatremère-Quincy et Boissy-d'Anglas (Seine), général Jourdan (Haute-Vienne), Tarbé (Yonne).

21 mai, (2 prairial an V), loi qui ôte aux communes la faculté d'aliéner ou d'échanger leurs biens.

26 mai (7 prairial an V), le conseil des Cinq-Cents, sur la liste décuple, présentée par le conseil des Cinq-Cents, nomme le citoyen Barthélemy membre du Directoire exécutif de la République française en remplacement du citoyen Le Tourneur.

30 mai (11 prairial an V), loi sur la solde de la marine.

11 juin (23 prairial an V), loi portant que ceux des citoyens qui, avant la prise de la ville de Toulon par les Anglais, étaient employés dans différentes armées de la République ou habitaient d'autres communes, qui n'ont jamais été portés sur aucune liste d'émigrés et ne se sont point trouvés à Toulon, à l'époque de la révolte, sont déchargés définitivement du sequestre établi sur leurs biens, après la reprise de cette commune par les Français.

16 juin (28 prairial an V), le citoyen Joseph Bonaparte est admis, pour le département du Liamone comme représentant du peuple au conseil des Cinq-Cents.

28 juin (10 messidor an V), il sera accordé à tout citoyen une prime de 50 livres par chaque tête de louve pleine, 40 livres par chaque tête de loup et 20 livres par chaque tête de louveteau. Lorsqu'il sera constaté qu'un loup, enragé ou non s'est jeté sur des hommes ou sur des enfants, celui qui le tuera aura une prime de 150 livres.

7 juillet (19 messidor an V), l'armée du Nord de Saint-Domingue a bien mérité de la patrie. (Dans cette armée de 20,000 hommes, commandée par le général Desfournaux, le noir Toussaint - Louverture avait le grade de général de division).

15 juillet (27 messidor an V), arrêté du Directoire exécutif concernant les épizooties.

16 juillet (28 messidor an V), arrêté du Directoire exécutif qui nomme le citoyen François (de Neufchâteau) ministre de l'intérieur et le citoyen Talleyrand-Périgord ministre des relations extérieures.

21 juillet (3 thermidor an V), loi relative aux 60 fantassins et 60 cavaliers de la garde constitutionnelle du Directoire exécutif.

22 juillet (4 thermidor an V), loi qui accorde un supplément de solde à la garnison de Paris, considérant que le séjour de Paris est plus dispendieux que celui des autres communes de la République.

25 juillet (7 thermidor an V), loi qui défend provisoirement les sociétés particulières s'occupant de questions de politique.

12 août (25 thermidor an V), loi concernant l'organisation de la garde nationale sédentaire.

30 août (13 fructidor an V), loi relative à l'exploitation, à la fabrication et à la vente des poudres et salpêtres.

30 août (13 fructidor an V), loi relative à la nature du service de la garde nationale.

31 août (14 fructidor an V), paix avec le margrave de Bade.

5 septembre (19 fructidor an V), vu les menées et les intrigues des royalistes, les opérations des assemblées primaires communales et électorales sont déclarées nulles dans 49 départements. Sont déportés à la Guyane : Boissy d'Anglas, Bourdon de l'Oise, Camille Jourdan, Pastoret, Pichegru, Quatremère-Quincy, Siméon, Villaret-Joyeuse (tous du conseil des Cinq-Cents); Barbé-Marbois, Lafont-Ladebat, Portalis, Tronçon Ducoudray (tous du conseil des Anciens); Carnot et Barthélemy, membres du Directoire exécutif ; Suard, journaliste ; Miranda, général ; Ramel, commandant des grenadiers du Corps législatif, en tout 65 personnes. Les journaux sont mis, pendant un an, sous l'inspection de la police qui pourra les prohiber.

7 septembre (21 fructidor an V), adresse du Corps législatif aux départements et aux armées : une conspiration royaliste a été découverte à temps ; elle était tramée par les agents du prétendu Louis XVIII... Justice, morale, humanité, vertus sociales et publiques, où vous êtes-vous réfugiées ? Elles vivent aux armées.... Dans la mémorable journée du 18 fructidor (4 septembre), les conspirateurs ont été arrêtés.

8 septembre (22 fructidor an V), seront déportés les propriétaires, entrepreneurs, directeurs, auteurs, rédacteurs de 42 journaux, parmi lesquels on remarque *la Quotidienne, le Spectateur du Nord, l'Argus, les Actes des Apôtres, le Courrier républicain, l'Echo, l'Eclair, l'Europe littéraire, la Gazette française, le Grondeur, le Journal des Journaux*, etc.

9 septembre (23 fructidor an V), le citoyen François (de Neufchâteau) est élu membre du Directoire.

17 septembre (1er jour complémentaire de l'an V), loi relative aux demandes de divorce pour incompatibilité d'humeur... Considérant qu'il importe de remédier sans délai à la trop grande facilité de dissoudre les liens du mariage...

19 septembre (3e jour complémentaire de l'an V), loi qui accorde une pension de 2,000 fr. à la mère du général Marceau.

24 septembre (3 vendémiaire an VI) : arrêté du Directoire exécutif qui nomme le citoyen Lambrechts ministre de l'intérieur.

27 septembre (6 vendémiaire an VI), loi qui ordonne la célébration d'une pompe funèbre à l'occasion de la mort du général Hoche.

30 septembre (9 vendémiaire an VI), le budget de l'an VI, pour les recettes, est d'environ 616 millions. Le déficit est à peu près de 100 millions de francs.

30 septembre (9 vendémiaire an VI), chaque inscription au grand livre de la dette publique, tant perpétuelle que viagère, liquidée ou à liquider, sera remboursée pour les deux tiers en bons au porteur, délivrés par la trésorerie natio-

nale ; l'autre tiers sera conservé en inscriptions au grand livre et payé sur ce pied, à partir du deuxième semestre de l'an V.

4 octobre (13 vendémiaire an VI), établissement d'un droit de timbre fixe sur les journaux et affiches.

8 octobre (17 vendémiaire an VI), arrêté du Directoire exécutif concernant l'organisation de la loterie nationale : la loterie est composée de 90 nombres et les 5 qui sont tirés de la roue de fortune produisent 5 lots d'extraits, 10 lots d'ambes, dix lots de ternes, 5 lots de quaternes, 1 lot de quine, 5 lots d'extraits déterminés, 10 ambes déterminés. L'extrait simple sera payé 15 fois la mise ; l'ambe 270 fois ; le terne, 5,500 fois ; le quaterne, 75 000 fois ; le quine, 1 million de fois ; l'extrait déterminé, 70 fois ; l'ambe déterminé, 5,100 fois. Le tirage sera fait publiquement, le 16 et le 1er de chaque mois, dans le lieu de la Bourse en présence et sous les ordres du ministre de la police et des administrateurs de la loterie. La moindre mise sera de 50 centimes.

9 octobre (18 vendémiaire an VI), loi portant établissements de conseils permanents pour la révision des jugements des conseils de guerre.

19 octobre (28 vendémiaire an VI), loi relative aux passeports.

28 octobre (7 brumaire an VI), loi modifiant celles qui ont déjà paru sur les patentes.

3 novembre (13 brumaire an VI), ratification du traité de paix de Campo-Formio avec l'Autriche. Cette puissance reconnaît la république cisalpine, cède la Belgique à la France et acquiert pour elle-même la Vénétie et les îles Ioniennes.

5 novembre (15 brumaire an VI), loi relative à la révision des jugements militaires.

9 novembre (19 brumaire an VI), loi relative à la surveillance du titre et à la perception des droits de garantie des matières et ouvrages d'or et d'argent.

11 Novembre (21 brumaire an VI), loi accordant une pension au père du général Hoche qui, âgé et infirme et ayant perdu, par la mort de son fils, tout moyen de subsistance, éprouve un dénûment absolu.

12 novembre (22 brumaire an VI), loi portant création d'une agence (direction générale) des contributions indirectes (19 pages de texte).

17 novembre (26 brumaire an VI), arrêté du directoire exécutif, qui ordonne l'impression et l'affiche (l'affichage) d'un état sommaire des jugements rendus par les tribunaux criminels.

1er décembre (11 frimaire an VI), loi qui fixe le traitement des officiers des armées.

1er décembre (11 frimaire an VI), loi relative à la formation des conseils de guerre et de révision dans les places de guerre investies et assiégées.

3 décembre (13 frimaire an VI), arrêté du Directoire exécutif, qui supprime le *Défenseur de la vérité et des principes* et le *Journal du matin* comme mensongers et séditieux.

6 décembre (16 frimaire an VI), loi concernant l'organisation de la gendarmerie dans l'île de Corse.

10 décembre (20 frimaire an VI), il y eut ce jour, au palais du Luxembourg, une grande fête donnée par le Directoire exécutif, en l'honneur du général Napoléon Bonaparte, revenu victorieux de sa glorieuse campagne d'Italie (1796-1797). Le ministre des relations extérieures, Talleyrand prononça, dans cette occasion, un discours où l'on remarque les passages suivants : « Tous les Français « ont vaincu en Bonaparte, sa « gloire est la propriété de « tous ; il n'est aucun républi- « cain qui ne puisse en reven- « diquer sa part... Il est bien « vrai qu'il faudra lui laisser « ce coup d'œil, qui dérobait « tout au hasard et cette pré- « voyance, qui le rendait maî- « tre de l'avenir et ces soudai- « nes inspirations qui décon- « certaient, par des ressources « inespérées, les plus savantes « combinaisons de l'ennemi « et cet art de ranimer en un « instant les courages ébran- « lés, sans que lui perdît rien « de son sang-froid, et ces « traits d'une audace sublime « qui nous faisaient frémir « encore pour ses jours, long- « temps après qu'il avait « vaincu, et cet héroïsme si « nouveau, qui plus d'une fois « lui a fait mettre un frein à « la victoire, alors qu'elle lui « promettait ses plus belles « palmes triomphales. Et « quand je pense à tout ce « qu'il fait pour se faire par- « donner cette gloire, à ce « goût antique de la simpli- « cité qui le distingue, à son « amour pour les sciences « abstraites, à ses lectures fa- « vorites, à ce sublime Ossian, « qui semble le détacher de la « terre, quand personne n'i- « gnore son mépris profond « pour l'éclat, pour le luxe, « pour le faste, ces méprisa-

« bles ambitions des âmes
« communes, ah! loin de re-
« douter ce qu'on voudrait
« appeler son ambition, je
« sens qu'il nous faudra peut-
« être le solliciter un jour
« pour l'arracher aux douceurs
« de sa studieuse retraite.
« Dans ce moment, un nou-
« vel ennemi l'appelle. Mais
« entraîné par le plaisir de
« parler de vous, général, je
« m'aperçois trop tard que le
« public immense qui vous
« entoure est impatient de
« vous entendre. » Bonaparte
prit alors la parole : « Ci-
« toyens directeurs, dit-il, le
« peuple français, pour être
« libre, avait les rois à com-
« battre. Pour obtenir une
« constitution, fondée sur la
« raison, il avait 8 siècles de
« préjugés à ⌠ vaincre. La
« constitution de l'an III et
« vous, avez triomphé de ces
« obstacles... De la paix, que
« vous venez de conclure, date
« l'ère des gouvernements re-
« présentatifs...Vous êtes par-
« venus à organiser la grande
« nation... J'ai l'honneur de
« vous remettre le traité signé
« à Campo-Formio. La paix
« assure la liberté, la prospérité
« et la gloire de la république.
« Lorsque le bonheur du peu-
« ple français sera assis sur les
« meilleures lois organiques
« l'Europe entière sera libre. »
(Acclamations : vive la république ! vive Bonaparte ! »
Barras répond au général :
« la nature, avare de ses pro-
« diges, ne donne que de loin
« en loin de grands hommes à
« la terre : la sublime révolu-
« tion du peuple français devait
« présenter un génie nouveau
« dans l'histoire des hommes
« célèbres... Vous avez semé
« sur vos traces la victoire et
« la liberté... César apporta

« dans nos champs l'asservis-
« sement et la destruction,
« vous avez porté dans son
« antique patrie la liberté et la
« vie... La conquête de l'inso-
« lente Angleterre vous ap-
« pelle... Immortel Hoche !
« comme nous, Bonaparte
« cherche en vain ici son ami,
« la patrie l'a perdu. Quel
« spectacle touchant pour la
« nation si, dans cette mémo-
« rable journée le Directoire
« pouvait presser dans ses
« bras le pacificateur de l'Eu-
« rope et le pacificateur de la
« Vendée ! » (Barras et les
autres Directeurs serrent
Bonaparte dans leurs bras).Le
ministre de la guerre dit à
Bonaparte : « Jeune héros,
« chef magnanime, au prin-
« temps de ton âge, tu allies
« l'audace d'Achille à la sa-
« gesse de Nestor.» Le général
Joubert présente un drapeau
au Directoire avec ces mots :
« Que dirai-je de Bonaparte ?
« que dirai-je de ses campa-
« gnes de l'an IV et de l'an V ?
« L'univers entier en reten-
« tit. » Au banquet qui suivit
la cérémonie, le Conservatoire
de Musique chanta la strophe
de la *Marseillaise* qui commence par les mots *amour
sacré de la patrie ;* puis elle
chanta *veillons au salut de
l'Empire, mourir pour la Patrie, où peut-on être mieux ?
le chant du départ, etc.*

14 décembre (24 frimaire an
VI), loi sur la dette publique.
23 décembre (3 nivôse
an VI), tarif des droits à percevoir, sur les grandes routes
par les diligences, messageries
etc., qui les desservent.
28 décembre (8 nivôse
an VI), loi relative à la formation d'un nouveau grand
livre du tiers consolidé de la
dette publique.

1798 (an VI et an VII).

1er janvier (12 nivôse an VI), loi concernant l'organisation constitutionnelle des colonies.

18 janvier (29 nivôse an VI), loi réprimant les vols et attentats sur les grandes routes.

1er février (13 pluviôse an VI) : « Il sera célébré, le 30 ven-« tôse (20 mars) de chaque an-« née, dans toutes les com-« munes de la République, une « fête, qui sera nommée la fête « de la souveraineté du peu-« ple. »

7 février (19 pluviôse an VI), arrêté du Directoire exé-cutif concernant les officiers de santé de la marine.

17 février (29 pluviôse an VI), arrêté du Directoire exé-cutif sur la liquidation de l'ar-riéré de la dette publique.

8 mars (11 ventôse an VI), réunion de la petite républi-que suisse de Mühlhausen ou Mulhouse à la France.

17 mars (27 ventôse an VI), alliance avec la République cisalpine en vertu d'une loi.

18 mars (28 ventôse an VI), loi relative aux dépenses de l'Hôtel des Invalides (3,722,985 fr. par an).

22 mars (2 germinal an VI), le Directoire exécutif aux élec-teurs de l'an VI : « (ne faites « pas)tomber vos choix sur des « hommes de parti, toujours « prêts à bouleverser l'Etat « pour s'emparer des trésors, « du crédit et de la puissance, « les uns sous le prétexte de « rétablir la monarchie et la « religion dans tout leur éclat « et les autres au contraire « sous celui de tout soumettre

« à un nivellement universel « et absolu dont,au surplus, ils « ont bien soin de s'excepter... « Républicanisme, probité, lu-« mières, énergie, sagesse sont « les qualités indispensables « à ceux que vous allez revêtir « des caractères augustes de « législateurs... Ce qui a le plus « nui aux progrès et à la con-« solidation de la Révolution, « c'est que jusqu'ici nous n'a-« vons pas su nous maintenir « dans une juste mesure... Dé-« jouez la funeste ambition de « ces dénonciateurs à gages « qui ne connaissent de répu-« blique que celle qui s'envi-« ronne de victimes et de bour-« reaux, pour qui tout ordre « social est une servitude... Partout où (royalistes ou anar-« chistes) n'ont pas la faculté « d'être oppresseurs, ils se di-« sent opprimés. »

26 mars (6 germinal an VI), loi contenant instruction sur la tenue des assemblées électorales. (51 pages de texte.)

26 mars (6 germinal an VI), loi interdisant la vente de billets de loteries étrangè-res ou particulières.

26 mars (6 germinal an VI), loi relative à la liquidation des pensions militaires,

29 mars (9 germinal an VI), proclamation du Directoire exécutif : « Une vaste conspira-« tion, savamment ourdie, avait « fait tomber une grande par-« tie des choix de l'an V sur « des royalistes déhontés ; l'é-« nergie des législateurs fidèles « à leur mission a foudroyé « les conspirateurs et déjoué « leurs odieux projets.... Le « gouvernement prend l'enga-« gement solennel de purger « le sol de la république de « tous brigands de quelque « parti qu'ils soient. »

4 avril (15 germinal an VI),

loi relative à la contrainte par corps.

17 avril (28 germinal an VI), loi relative à l'organisation de la gendarmerie nationale.

23 avril (4 floréal an VI), « Tout étranger, résidant en « France, y est soumis à la « contrainte par corps pour « tout engagement qu'il con- « tractera, sur toute l'étendue « de la république avec un « Français. »

15 mai (26 floréal an VI), le citoyen Treilhard est pro- clamé membre du Directoire exécutif.

16 mai (27 floréal an VI), le citoyen Lescalier est nommé ministre de la police générale.

17 mai (28 floréal an VI). réunion de Genève à la répu- blique française.

18 mai (29 floréal an VI). établissement d'un timbre sur les cartes à jouer.

18 mai (29 floréal an VI), loi qui permet au Directoire exécutif de nommer, jusqu'aux élections de l'an VII, les pré- sidents, accusateurs publics et greffiers des tribunaux cri- minels.

25 mai (6 prairial an VI), loi qui déclare valable l'élec- tion faite par le département du Liamone, de Lucien Bo- naparte comme membre pour 3 ans du conseil des 500.

26 mai (7 prairial an VI, relativement au bélier hydrau- lique inventé par les citoyens Ami - Argand et Montgolfier frères.

31 mai (12 prairial an VI), loi qui détermine le mode de remplacement provisoire des juges de paix non élus par les assemblées primaires ou dont la nomination a été annu- lée.

4 juin (16 prairial an VI), loi qui accorde un dédomma-

gement, pour frais de voyage, aux citoyens dont les nomina- tions au corps législatif (an- ciens et 500) ont été annulées.

17 juin (29 prairial an VI), arrêté du Directoire exécutif qui nomme le citoyen Fran- çois (de Neufchâteau) minis- tre de l'intérieur.

24 juin (6 messidor an VI), arrêté du Directoire exécutif concernant la taxe, la vérifi- cation et l'acquit des frais de justice.

6 juillet (18 messidor an VI), loi qui autorise des visi- tes domiciliaires pour l'arres- tation des agents de l'Angle- terre, des émigrés rentrés etc.

16 juillet (28 messidor an VI), arrêté du Directoire exé- cutif relatif à la pêche.

20 juillet (2 thermidor an VI), loi relative aux baux à cheptel.

25 août (8 fructidor an VI), Genève sera le chef-lieu du dé- partement du Léman.

30 août (13 fructidor an VI), loi relative à la célébration des décadis.

1er septembre (15 fructi- dor an VI) arrêté du Direc- toire exécutif qui établit un mode pour la comptabilité militaire.

5 septembre (19 fructidor an VI), loi relative au mode de formation de l'armée de terre (enrôlement volontaire, conscription).

9 septembre (23 fructidor an VI), alliance offensive et défensive avec la république helvétique.

24 septembre (3 vendé- miaire an VII), « Les enlève- « ments nocturnes de cada- « vres inhumés (pour être dis- « séqués par les étudiants en « médecine) continueront d'ê- « tre prohibés et punis suivant « la rigueur des lois.»

24 septembre (3 vendémiaire an VII)', levée de 200,000 conscrits.

26 septembre (5 vendémiaire an VII), arrêté du Directoire exécutif concernant l'ordre du travail dans les bureaux et les rétributions des employés.

17 octobre (26 vendémiaire an VII), aliénation de domaines nationaux jusqu'à concurrence de 125 millions.

18 octobre (27 vendémiaire an VII), loi sur l'octroi de Paris.

22 octobre (1er brumaire an VII), loi qui maintient la contribution des patentes et en règle la perception pour l'an VII.

24 octobre (3 brumaire an VII), arrêté du Directoire exécutif, qui établit une régie de l'octroi de Paris

29 octobre (8 brumaire an VII), Duval est nommé ministre de la police générale, en remplacement de Lescalier démissionnaire

1er novembre (11 brumaire an VII), loi qui met 1,500,000 fr. à la disposition du Directoire exécutif pour dépenses secrètes.

1er novembre (11 brumaire an VII), loi sur le régime hypothécaire.

3 novembre (13 brumaire an VII), loi sur le timbre.

12 novembre (22 brumaire an VII), loi portant établissement d'une taxe sur le tabac.

23 novembre (3 frimaire an VII), loi relative à la répartition, à l'assiette et au recouvrement de la contribution foncière.

24 novembre (4 frimaire an VII), loi portant établissement d'une contribution sur les portes et fenêtres.

24 novembre (6 frimaire an VII), police des bacs et bateaux sur les fleuves, rivières et canaux.

1er décembre (11 frimaire an VII), recettes et dépenses départementales et communales (28 pages de texte).

6 décembre (16 frimaire an VII), déclaration de guerre aux rois des Deux-Siciles et de Sardaigne.

9 décembre (19 frimaire an VII), loi sur la poste aux chevaux.

12 décembre (22 frimaire an VII), loi sur l'enregistrement. (42 pages de texte).

23 décembre (3 nivôse an VII), loi sur la répartition des contributions personnelle, mobilière et somptuaire. (20 pages de texte).

23 décembre (3 nivôse an VII), loi qui ordonne le rétablissement d'un hôtel des monnaies à Marseille.

1799 (an VII et an VIII).

Dans le cours de cette année, beaucoup de villes furent autorisées à avoir un octroi. Telles furent Bordeaux, Nantes, Rouen, Poitiers, Versailles, Châlons-sur-Marne, Sedan, Troyes, Lorient, Dijon , Bayonne, Dieppe, Dunkerque, etc.

L'an VII eut 6 jours complémentaires.

9 février (21 pluviôse an VII) loi portant que l'armée de Naples, ci-devant armée de Rome, ne cesse de bien mériter de la patrie. « L'armée de Ro- « me fût attaquée, le 2 pluviôse « (21 janvier) par une foule in- « nombrable, formée des débris « de l'armée napolitaine, des « lazzaroni et des paysans, « tous bien armés. Les sol-

« dats de la liberté ont enfon-
« cé les assaillants et, après
« trois jours de prodiges, de
« valeur, l'armée s'est éta-
« blie dans Naples, où la Ré-
« publique est proclamée.»

15 février (27 pluviôse an VII), arrêté du Directoire exécutif, qui autorise la capture des bâtiments de guerre ou de commerce portant pavillon algérien, tunisien ou tripolitain.

17 février (29 pluviôse an VII) il sera fabriqué pour 5 millions de décimes et 5 millions de pièces de cinq centimes.

26 février (8 ventôse an VII). loi contenant fixation du traitement des juges de paix (de 800 à 2400 francs).

11 mars (21 ventôse an VII), loi relative aux hypothèques.

11 mars (21 ventôse an VII), loi établissant des droits de greffe dans les tribunaux.

12 mars (22 ventôse an VII), déclaration de guerre à l'Empereur d'Allemagne et au grand-duc de Toscane.

16 mars (26 ventôse an VII), arrêté relatif au transport des lettres.

12 avril (23 germinal an VII), arrêté du Directoire exécutif, qui nomme le citoyen Masséna général en chef des armées du Danube, et de l'Helvétie.

16 avril (27 germinal an VII), loi : nul ne peut être élu greffier ou commis-greffier assermenté d'un tribunal auquel la loi attribue la nomination du premier de ces fonctionnaires, s'il est parent ou allié, jusqu'au 3e degré inclusivement, de l'un des juges, quand même ce dernier se serait abstenu de voter dans cette élection. Mais si un parent ou allié du greffier ou d'un commis-greffier vient à être nommé

juge ou suppléant, ils peuvent simultanément exercer leurs fonctions respectives.

17 avril (28 germinal an VII), loi : à compter du 1er vendémiaire (23 septembre) de cette année, les secours accordés aux réfugiés et déportés des colonies seront, au-dessus de 21 ans, 30 francs par mois ; aux enfants au-dessous de 12 ans, 15 francs par mois ; de 12 ans à 21 ans, 20 francs par mois.

26 avril (7 floréal an VII), arrêté du Directoire exécutif : le citoyen Robert Fulton a obtenu un brevet pour dix années à l'effet de peindre, établir et exposer dans toute l'étendue de la république, des tableaux circulaires qu'il a nommés panoramas et dont il a déclaré être l'importateur.

29 avril (9 floréal an VII), loi sur le tarif des douanes.

2 mai (13 floréal an VII), arrêté du Directoire exécutif concernant la garde nationale, sédentaire (20 pages de texte).

6 mai (17 floréal an VII), proclamation du Directoire exécutif, sur l'assassinat des plénipotentiaires français au congrès de Rastadt, (assassinat dont le Directoire accuse formellement l'Autriche et ses agents).

12 mai (23 floréal an VII), loi qui établit à Bordeaux un octroi « municipal et de bienfaisance.»

16 mai (27 floréal an VII), le citoyen Sieyès est proclamé membre du Directoire exécutif en remplacement du citoyen Reubell ou Rewbell.

16 mai (27 floréal an VII), loi qui ordonne une retenue de 5 à 10 p. % sur le traitement des fonctionnaires publics (touchant plus de 3000 francs par an).

18 mai (29 floréal an VII), arrêté du Directoire exécutif concernant les sources et fontaines d'eaux minérales.

20 mai (1er prairial an VII), arrêté du Directoire exécutif contenant réglement sur le service de la poste aux chevaux.

28 mai (9 prairial an VII), loi qui ordonne l'établissement d'un octroi municipal à Nantes.

16 juin (28 prairial an VII), loi qui accorde 200,000 francs pour être distribués aux patriotes cisalpins réfugiés en France.

17 juin (29 prairial an VII), le citoyen Gohier juge au tribunal de cassation, est nommé membre du Directoire exécutif, à la place du citoyen Treilhard, dont la nomination est cassée comme inconstitutionnelle.

19 juin (1er messidor an VII), Roger Ducos est nommé membre du Directoire exécutif.

20 juin (2 messidor an VII), le général Moulin est nommé membre du Directoire exécutif.

20 juin (2 messidor an VII), loi sur les réclamations en matière de contribution foncière (68 pages de texte).

28 juin (10 messidor an VII), loi qui met les conscrits de toutes les classes de la réserve en activité de service et ordonne un emprunt forcé de cent millions sur la classe aisée des citoyens.

2 juillet (14 messidor an VII), arrêté du Directoire exécutif qui nomme le général Bernadotte ministre de la guerre.

2 juillet (14 messidor an VII), loi relative à l'administration des hospices civils.

12 juillet (24 messidor an VII), loi (appliquée à un très-grand nombre de départements) sur la répression des brigandages et des assassinats dans l'intérieur.

20 juillet (2 thermidor an VII), arrêtés du Directoire exécutif, qui nomment le citoyen Cambacérès ministre de la justice et le citoyen Fouché ministre de la police générale.

30 juillet (12 thermidor an VII), le serment civique sera prêté dans la forme suivante : « Je jure fidélité à la République et à la constitution de l'an III. Je jure de m'opposer de tout mon pouvoir au rétablissement de la royauté en France et à celui de toute espèce de tyrannie. »

13 août (26 thermidor an VII), loi qui autorise, pendant un mois, des visites domiciliaires pour l'arrestation des embaucheurs, des émigrés rentrés, des égorgeurs et des brigands.

15 août (28 thermider an VII), loi qui affecte un fonds de 100,000 francs pour être distribué, à titre de secours, aux autorités constituées de Piémont et aux italiens réfugiés en France.

3 septembre (17 fructidor an VII), proclamation du Directoire exécutif : « le retour de la royauté déculperait les maux et les sacrifices dont vous vous plaignez. Vous ne savez pas combien les royalistes, sous le pouvoir desquels les puissances coalisées veulent vous faire rentrer, sont rigoureux dans l'examen de la conduite, dans le jugement des opinions. Combien peu parmi vous seraient innocents et purs à leurs yeux ! »

5 septembre (19 fructidor an VII), loi portant que les

autorités civiles, militaires, et les citoyens qui ont concouru à étouffer la conspiration royale dans le département de la Haute-Garonne, ont bien mérité de la patrie.

8 septembre (22 fructidor an VII), loi qui autorise la création d'une légion étrangère, sous la dénomination d'italique (un peu plus de 2,000 hommes).

9 septembre (23 fructidor an VII), loi sur l'effectif des troupes de terre et de mer (72 pages de texte).

(Outre les villes citées plus haut, comme ayant été autorisées à établir un octroi, il faut encore citer Toulouse, Morlaix, Grenoble, Genève, Rochefort, Saintes, Tours, Brest, Amiens, La Rochelle, Beauvais, Langres, Pontivy, Courtrai, Reims, Metz, Lille, Calais, Fontenai - le - peuple, Limoges et Epinal).

14 septembre (28 fructidor an VII), arrêté du Directoire exécutif qui nomme le citoyen Dubois-Crancé ministre de la guerre.

19 septembre (3ᵉ jour complémentaire de l'an VII), formation dans 7 départements, de légions ou bataillons, parceque le nombre et l'audace des chouans augmentent chaque jour dans l'ouest.

29 septembre (7 vendémiaire an VIII) arrêté du Directoire exécutif sur le service de santé de la marine (42 pages de texte).

Révolution du 9 novembre (18 brumaire an VIII).

9 novembre (18 brumaire an VIII), décret signé par le ministre de la justice Cambacérès et voté par le conseil des anciens : le corps législatif (anciens et 500) est transféré dans la commune de Saint-Cloud. Le général Bonaparte est chargé de l'exécution du présent décret. — Le conseil des anciens aux Français : le conseil des anciens use du droit, qui lui est délégué par l'article 102 de la constitution, de changer la résidence du corps législatif. Il use de ce droit pour enchaîner les factions, qui prétendent subjuguer la représentation nationale et pour vous rendre la paix intérieure. Il use de ce droit pour amener la paix extérieure que vos longs sacrifices et l'humanité réclament... Et vous, habitants de Paris, soyez calmes : dans peu la présence du corps législatif vous sera rendue.

10 novembre (19 brumaire an VIII), le conseil des 500 : il n'y a plus de Directoire et ne sont plus membres de la représentation nationale (en punition de leurs excès et attentats) Aréna (et 60 autres personnes). — Sieyès, Roger Ducos et le général Bonaparte sont nommés consuls de la République française. Le Corps législatif s'ajourne au 1ᵉʳ ventôse (19 février 1800) prochain. Il se réunira de plein droit à cette époque, à Paris, dans son palais. Pendant l'ajournement du Corps législatif, les membres ajournés conservent leur indemnité et leur garantie constitutionnelle. Ils peuvent, sans perdre leur qualité de représentants du peuple, être employés comme ministres, agents diplomatiques, etc. Ils sont même invités, au nom du bien public, à accepter ces fonctions.

11 novembre (20 frimaire an VIII), le citoyen Cambacérès est nommé ministre de la justice. — Sont exilées 35 personnes. — Sont internées à

La Rochelle 20 autres personnes.

16 novembre (25 brumaire an VIII), la formule du serment à prêter par tous les fonctionnaires sera : je jure d'être fidèle à la République une et indivisible, fondée sur l'égalité, la liberté et le système représentatif.

22 novembre (1er frimaire an VIII), arrêté des consuls : le citoyen Talleyrand - Périgord est nommé ministre des relations extérieures.

9 décembre (18 frimaire an VIII), arrêté des consuls qui ordonne la déportation hors de la république, des émigrés, naufragés à Calais,

13 décembre (22 frimaire an VIII), constitution de la République française : l'exercice des droits de citoyen français est suspendu par l'état de débiteur failli, par l'état de domestique à gages, par l'état d'interdiction judiciaire, d'accusation ou de contumace. Le Sénat conservateur est composé de 80 membres inamovibles et à vie, âgés de 40 ans au moins. Les séances du Sénat ne sont pas publiques. Le tribunat est composé de cent membres, âgés de 25 ans au moins ; ils sont renouvelés par cinquième tous les ans. Le tribunat discute les projets de lois ; il en vote l'adoption ou le rejet. Le Corps législatif est composé de 300 membres, âgés de trente ans au moins, ils sont renouvelés par cinquième tous les ans. Les séances du tribunat et celles du Corps législatif sont publiques ; le nombre des assistants ne peut excéder 200. Des revenus de domaines nationaux déterminés sont affectés aux dépenses du Sénat. Le traitement annuel de chacun de ses membres se prend sur ces revenus et il est égal au vingtième de celui du premier consul (Bonaparte). Le traitement annuel d'un tribun est de 15,000 fr. ; celui d'un législateur, de 10,000 fr. Nul corps armé ne peut délibérer.

15 décembre (24 frimaire an VIII), proclamation des consuls : citoyens, la révolution est fixée aux principes qui l'ont commencée : elle est finie. On ouvrira deux registres sur papier libre, l'un d'acceptation, l'autre de non-acceptation de la constitution (nouvelle).

16 décembre (25 frimaire an VIII), loi abrogeant la retenue progressive sur le traitement des fonctionnaires publics.

16 décembre (25 frimaire an VIII), loi relative à l'organisation de l'Ecole polytechnique (11 pages de texte).

18 décembre (27 frimaire an VIII), loi qui fixe un nouveau tarif pour la poste aux lettres.

20 décembre (29 frimaire an VIII), arrêté des consuls qui suspend provisoirement l'admission des bons de réquisition en paiement des contributions directes.

22 décembre (1er nivôse an VIII), loi qui décerne une récompense nationale au citoyen Sieyès.

24 décembre (3 nivôse an VIII), loi qui accorde une pension de 600 francs aux citoyens Thomas Thomé et Jean-Baptiste Poiret, qui, le 19 brumaire, ont couvert de leurs corps et de leurs armes le général Bonaparte et l'ont préservé du poignard des assassins.

24 décembre (3 nivôse an VIII), on ne célébrera plus que le 14 juillet (prise de la Bastille) et le 22 septembre (proclamation de la République).

24 décembre (3 nivôse an VIII), sont nommés sénateurs : Berthollet, Cabanis, Destutt-Tracy, Ducis, Hatry, Kellermann, Lacépède, Lambrechts, Laplace, Monge, Volney, Casa-Bianca, Choiseul-Praslin, Clément de Ris, Cornudet, Darcet, Daubenton, François (de Neufchâteau), Lagrange, Vien, etc.

25 décembre (4 nivôse an VIII), Lucien Bonaparte (frère du 1er consul) est nommé ministre de l'Intérieur.

25 décembre (4 nivôse an VIII), création des fusils et sabres d'honneur, de la haute paie, de la double paie, etc.

25 décembre (4 nivôse an VIII), Bonaparte, premier consul, arrête : sont nommés conseillers d'État : Brune, Dejean, Marmont, Gantheaume, Boulay (de la Meurthe), Chaptal, Regnaud (de Saint-Jean d'Angely), Fourcroy (et 20 autres moins connus).

25 décembre (4 nivôse an VIII), Abrial est nommé ministre de la justice.

26 décembre (5 nivôse an VIII), règlement pour l'organisation du conseil d'État. Amnistie accordée à Carnot, Boissy d'Anglas, Barthélemy, Pastoret, Portalis, Cochon (de Lapparent), Quatremère-Quincy, Siméon, Barbé Marbois (et à 32 autres personnes moins connues). Le Sénat conservateur a élu pour composer le Corps législatif les 200 citoyens, dont les noms suivent : Joseph Bonaparte, Clary, Clavier, Girod (de l'Ain), etc., etc. Le Sénat conservateur a élu pour composer le tribunat les 100 citoyens dont les noms suivent : Benjamin Constant, Chabaud-Latour, Chénier, Gin-

guené, Laromiguière, etc., etc.

28 décembre (7 nivôse an VIII), proclamation des consuls aux départements de l'Ouest (pour engager les Vendéens et Chouans à se soumettre).

28 décembre (7 nivôse an VIII), le serment sera désormais : je promets fidélité à la Constitution.

29 décembre (8 nivôse an VIII, l'Hôtel des Invalides sera embelli.

Dans l'année 1799, plusieurs émigrés obtinrent nominativement l'autorisation de rentrer en France.

N. B. Le 13 novembre 1799 (22 brumaire an VIII), une loi abrogea celle du 14 juillet 1799 (24 messidor an VII) sur les ôtages, qui furent sur-le-champ remis en liberté.

1800 (an VIII et an IX).

3 et 5 janvier et 3 février (13 et 15 nivôse an VIII, 14 pluviôse an VIII), arrêté des consuls relatif à l'artillerie.

5 janvier (15 nivôse an VIII), arrêté des consuls, concernant le corps du génie.

16 janvier (26 nivôse an VIII), arrêté des consuls, qui suspend l'empire de la constitution dans les départements des Côtes-du-Nord, d'Ille-et-Vilaine, du Morbihan et de la Loire-Inférieure.

17 janvier (27 nivôse an VIII) : « ne pourront paraître, outre les journaux spéciaux, que le *Moniteur universel*, le *Journal des débats et des décrets*, l'*Ami des lois*, la *Gazette de France* (et 9 autres journaux moins connus).

19 janvier (29 nivôse an VIII), arrêté des consuls qui destine (le temple actuel de l'oratoire) à l'établissement de la Banque de France.

19 janvier (29 nivôse an VIII), arrêté des consuls : « tous les fonds que recevra la caisse d'amortissement, seront versés par elle à la Banque de France. »

21 janvier (1er pluviôse an VIII), arrêté des consuls, concernant l'administration du Trésor public.

24 janvier (4 pluviôse an VIII), trois arrêtés, relatifs aux conscrits. Par un 4e, Bernadotte est nommé conseiller d'Etat.

29 janvier (9 pluviôse an VIII), arrêté des consuls qui règle les fonctions des commissaires des guerres et des inspecteurs aux revues.

7 février (18 pluviôse an VIII), rapport du ministre de l'intérieur sur l'acceptation de la nouvelle constitution. Il y a eu 3,011,007 oui et 1562 non.

10 février (21 pluviôse an VIII), arrêté qui ordonne la réunion en une seule des deux légions polonaises, employées à l'armée d'Italie.

16 février (27 pluviôse an VIII), arrêté relatif aux poudres et salpêtres.

17 février (28 pluviôse an VIII), loi créant ou organisant les préfets, conseils généraux, conseils d'arrondissements, maires, adjoints, conseillers municipaux, conseillers de préfecture (94 pages de texte) : « Le premier consul nommera « les préfets, les conseillers de « préfecture, les membres des « conseils généraux, le secré-« taire-général de préfecture, « les membres des conseils « d'arrondissement, les maires « et adjoints des villes de plus « de 5,000 habitants, etc. Les « préfets nommeront et pour-

« ront suspendre les membres « des conseils municipaux, les « maires et adjoints dans les « villes dont la population est « au-dessous de 5,000 habi-« tants. »

18 février (29 pluviôse an VIII), « les citoyens Boissy « d'Anglas, Noailles, Pastoret, « Saladin, Portalis, Suard (et « 19 autres, moins connus) « cesseront d'être en surveil-« lance et seront rendus à tous « les droits de citoyen. »

18 février (29 pluviôse an VIII), « le citoyen Camille Jor-« dan sera mis en surveillance « à Grenoble. »

26 février (7 ventôse an VIII), arrêté qui détermine la manière dont il sera procédé sur les demandes en radiation de la liste des émigrés.

2 mars (11 ventôse an VIII), arrêté nommant 31 préfets (Français de Nantes, Piétri, Verninac, Frochot, Beugnot, Pelet de la Lozère, etc.).

3 mars (12 ventôse an VIII), loi relative aux émigrés.

5 mars (14 ventôse an VIII), amnistie accordée aux insurgés de l'Ouest.

8 mars (17 ventôse an VIII), « le département, qui, à la fin de germinal (avril et mai), aura payé la plus forte partie de ses contributions, sera proclamé comme ayant bien mérité de la patrie. »

8 mars (17 ventôse an VIII), réglement relatif au complément de l'armée de terre.

8 mars (17 ventôse an VIII), loi : « Tous les Français qui « ont terminé leur 20e année « au 1er vendémiaire dernier, « sont à la disposition du gou-« vernement pour être mis en « activité de service, à mesure « que les besoins de l'armée « le requerront. »

13 mars (22 ventôse an VIII),

arrêté qui nomme 49 commissaires de police de la commune de Paris, (Frémy, Alletz
Taine, Hua, Lebas, etc.

15 mars (24 ventôse an VIII),
arrêté contenant réglement
sur les revues des troupes de
la République.

15 mars (24 ventôse an VIII),
acte du Sénat conservateur,
nommant sénateur le général
Darçon.

18 mars (27 ventôse an
VIII), loi sur l'organisation des
tribunaux.

18 mars (27 ventôse an
VIII), loi portant établissement,
dans chaque sous-préfecture,
de receveurs particuliers des
contributions.

22 mars (1er germinal an
VIII), établissement (mort-né)
du prytanée français, composé
des 4 écoles de Paris, Fontainebleau, Versailles et Saint-
Germain.

28 mars (7 germinal an
VIII), loi diminuant la taxe
d'entretien des routes.

2 avril (12 germinal an
VIII), Carnot est nommé ministre de la guerre.

3-8 avril (13-18 germinal an
VIII) acte du Sénat conservateur, qui nomme les 48
membres du tribunal de cassation (Brillat-Savarin, Coffinhal, Goupil-Prefeln, Henrion de Pansey, Malleville,
Target, Tronchet, Vieillard,
Zangiacomi, etc.).

24 avril (1er floréal an VIII),
l'empire de la constitution
cesse d'être suspendu dans
quatre départements (voir 16
janvier 1800).

27 avril (7 floréal an VIII),
règlement sur l'organisation
de la marine.

5 mai (15 floréal an VIII),
arrêté qui nomme le citoyen
Joseph Bonaparte conseiller
d'Etat.

7 mai (17 floréal an VIII),
arrêté qui répartit entre les
départements la somme de
5 millions en dégrèvements
provisoires sur la contribution
foncière.

9 mai (19 floréal an VIII),
modèles des actes de naissance, décès, mariage, divorce
et adoption.

21 mai (1er prairial an VIII),
arrêté relatif au paiement de
la solde arriérée de l'an VIII
(1798-1799).

24 mai (4 prairial an VIII).
règlement sur le service du
tribunal de cassation.

29 mai (9 prairial an VIII),
arrêté qui supprime le journal
l'*Ami des lois*, « pour avoir
versé le ridicule et le sar-
casme sur l'Institut. »

16 juin (27 prairial an VIII),
arrêté portant règlement sur
les franchises (de la poste aux
lettres) et contre-seings.

18 juin (29 prairial an VIII),
« le *Bulletin des lois* sera envoyé aux maires de toutes les
communes de la République,
au moyen d'un abonnement. »

24 juin (5 messidor an VIII),
arrêté relatif aux honneurs
qui seront rendus à la mémoire du général Desaix.

27 juin (8 messidor an VIII),
arrêté relatif au traitement
des greffiers des tribunaux.

1er juillet (12 messidor an
VIII) arrêté qui détermine les
fonctions du préfet de police.

20 juillet (1er thermidor an
VIII), « il est accordé à la ci-
toyenne Beaufranchet, mère
du général Desaix, une pension viagère de 3,000 francs,
payable à compter du jour de
la mort de son fils. »

26 juillet (7 thermidor an
VIII), arrêté relatif aux enfants
de troupe et aux femmes à la
suite de l'armée.

26 juillet (7 thermidor an

VIII), portant règlement sur l'organisation et le service général de la marine (20 pages de texte).

26 juillet (7 thermidor an VIII), création de préfets maritimes à Brest, Toulon, Lorient, Rochefort et au Hâvre.

26 juillet (7 thermidor an VIII), arrêté relatif aux cautionnements des payeurs et caissiers du Trésor public (ces cautionnements varient de 28,000 à 400,000 francs, partie en numéraire, partie en immeubles).

4 août (16 thermidor an VIII), arrêté sur le recouvrement des contributions directes et l'exercice des contraintes (15 pages de texte).

10 août (22 thermidor an VIII), arrêté relatif à la nomination, à l'installation et au service des huissiers.

11 août (23 thermidor an VIII), la commune de Pont-de-Vaux est autorisée à élever, à ses frais, un monument au général Joubert.

11 août (23 thermidor an VIII), « à compter du second « semestre de l'an VIII), les « rentes et pensions sur l'État « seront acquittées en numé-« raire. »

25 août (7 fructidor an VIII), « il sera successivement donné « 4 succursales à l'hôtel des « Invalides. »

2 septembre (15 fructidor an VIII (« le corps de Turenne « sera solennellement transfé-« ré au Temple de Mars (église « de l'hôtel des Invalides) ·

5 septembre (18 fructidor en VIII), « les habitants du dé-« partement du Finistère sont « autorisés à élever, à Carhaix, « un monument à la mémoire « de la Tour d'Auvergne. »

6 septembre (19 fructidor an VIII), arrêté portant que

tous les individus, déportés à la Guyane, seront transférés et mis en surveillance dans les îles « de Ré et d'Oléron. »

10 septembre (23 fructidor an VIII), arrêté concernant les masses (partie de la solde) des soldats (16 pages de texte).

22 septembre (5e jour complémentaire de l'an VIII), arrêté qui nomme « les citoyens» Portalis, Thibaudeau, et Français de Nantes, conseillers d'État.

25 septembre (3 vendémiaire an IX), **28 septembre** (6 vendémiaire an IX), **29 septembre** (7 vendémiaire an IX) et **1er octobre** (9 vendémiaire an IX), arrêtés relatifs à la marine militaire.

26 septembre (4 vendémiaire an IX), il y aura par mois trois tirages de « la loterie nationale. »

8 octobre (16 vendémiaire an IX), « Le général Alexan-« dre Berthier est nommé mi-« nistre de la guerre en rem-« placement du citoyen Car-« not démissionnaire.»

8 octobre (16 vendémiaire an IX), arrêté relatif à l'état-major général de l'armée.

15 octobre (23 vendémiaire an IX), arrêté concernant une nouvelle organisation des bureaux de la liquidation générale de la dette publique.

19 octobre (27 vendémiaire an IX), « la retenue du 1/20 sur les traitements et salaires publics ne peut avoir lieu pour l'an IX.

25 octobre (3 brumaire an IX), « l'autorité du Préfet de Police s'étendra sur tout le département de la Seine et sur les communes de Saint-Cloud, Meudon et Sèvres.

26 octobre (4 brumaire an IX), « le sénat conservateur

« nomme le citoyen Lacretelle
« aîné membre du Corps Légis-
« latif. »

27 octobre (5 brumaire
an IX), arrêté qui détermine
les fonctions des commissaires généraux de police.

29 octobre (7 brumaire
an IX), arrêté sur la solde
de retraite pour l'armée navale.

22 novembre (1er frimaire an IX), exposé de la situation de la république : « l'é-
« tablissement d'une gendar-
« merie à pied (dans les dé-
« partements de l'Ouest) achè-
« vera de les purger d'un reste
« de brigands, accoutumés au
« pillage et couverts de crimes
« que l'amnistie n'a pu par-
« donner. Dans les départe-
« ments du Midi, les délits sont
« encore multipliés et souvent
« atroces ; mais là, comme ail-
« lieurs, ils sont dus à des scé-
« lérats que la gendarmerie
« aura bientôt tous atteints.
« Les administrateurs (préfets)
« ont été choisis pour le peuple
« et non pour l'intérêt de telle
« ou telle faction, de tel ou tel
« parti. Le gouvernement n'a
« point demandé ce qu'un
« homme avait fait, ce qu'il
« avait dit dans telle circons-
« ance et à telle époque ; il a
« demandé s'il avait des vertus,
« et des talents, s'il était inac-
« cessible à la haine, à la ven-
« geance ; s'il savait être tou-
« jours impartial et juste....
« L'an IX marche avec ses pro-
« pres revenus, sans emprunt
« sur le passé, sans anticipa-
« tion sur l'avenir. »

4 décembre (13 frimaire an
IX), arrêté qui établit une
chambre des avoués auprès
du tribunal de cassation et de
chaque tribunal d'appel et de
première instance.

10 décembre (19 frimaire

an IX), arrêté relatif à l'ho-
tel des Invalides.

14 et 16 décembre (23 et
25 frimaire an IX), arrêtés relatifs à la marine.

20 décembre (29 frimaire
an IX), arrêté qui ordonne la
formation dans les départements du Var et des Bou-
ches du Rhône de deux corps
d'éclaireurs pour la poursuite
des brigands.

22 décembre (1er nivôse an
IX), arrêté relatif aux comptes
à rendre par les ministres.

28 décembre (7 nivôse an
IX), loi relative à la reconstruction de la place Bellecour
à Lyon.

De nombreuses foires ont
été autorisées par le gouvernement, dans le cours de l'année 1800 : à Saint-Amand,
Chantilly, Coutances, Sourdeval, Tourny, La Rochelle, etc

1801 (an IX et an X).

4 janvier (14 nivôse an IX),
sénatusconsulte : seront mis
en surveillance spéciale hors
du territoire européen de la
république, les (130) citoyens
dont les noms suivent : Ducatel; Fournier l'américain; Marlet, septembriseur ; Ceyrat,
présidant aux massacres de
septembre ; Gabriel, septembriseur : Gaspard, septembriseur ; Jolly, septembriseur ;
Lefebvre, colonel de gendarmerie ; Marchand, orateur du
manège; Rossignol, général de
l'armée révolutionnaire, etc.

6 janvier 16 nivôse an IX)
loi relative à l'organisation
d'une nouvelle administration
forestière.

15 janvier (25 nivôse an IX)
arrêté relatif à la réparation
des grandes routes.

21 janvier (1er nivôse an

IX), le citoyen Chaptal, conseiller d'Etat, est nommé ministre de l'intérieur.

22 janvier (2 pluviôse an IX), arrêté des consuls : le maire de chaque commune est de droit membre du conseil municipal ; il en a la présidence.

23 janvier (3 pluviôse an IX), un brevet d'invention est accordé à Jacquard, de Lyon.

26 janvier (6 pluviôse an IX), établissement de 27 conservateurs des bois et forêts.

27 janvier (7 pluviôse an IX), loi relative à la poursuite des délits en matière criminelle et correctionnelle.

28 janvier (7 pluviôse an IX), loi portant réduction du nombre des justices de paix (dans un grand nombre de départements).

4 février (15 pluviôse an IX) arrêté des consuls relatif aux lazarets de Toulon et autres ports du midi.

7 février (18 pluviôse an IX), loi relative à l'établissement de tribunaux spéciaux (ou extraordinaires, pour réprimer le brigandage).

18 février (29 pluviôse an IX), loi relative aux fonctions des avoués.

23 février (4 ventôse an IX), établissement de tribunaux spéciaux ou extraordinaires dans 27 départements soit de l'ouest soit du midi.

24 février (5 ventôse an IX), arrêté des consuls qui nomme le citoyen Barbé-Marbois directeur général du trésor public.

27 février (8 ventôse an IV), acte du sénat conservateur qui nomme le citoyen Tronchet membre du sénat.

4 mars (13 ventôse an IX), il y aura chaque année une exposition publique des produits de l'industrie française pendant les cinq jours complémentaires.

4 mars (13 ventôse an IX), publication des listes d'éligibilité (24 pages de texte).

12 mars (21 ventôse an IX), les traitements des fonctionnaires publics et employés civils seront saisissables jusqu'à concurrence du cinquième sur les premiers mille francs et au-dessous, du quart sur les 5,000 francs suivants, et du tiers pour tout ce qui dépassera 6,000 francs.

15 mars (24 ventôse an IX), loi qui autorise la construction de trois ponts à Paris (le pont des arts, le pont de la cité, et celui qui s'appelle aujourd'hui le pont d'Austerlitz).

18 mars (27 ventôse an IX), loi portant établissement de 80 commissaires-priseurs, vendeurs de meubles, à Paris.

19 mars (28 ventôse an IX), promulgation de la paix de Lunéville, signée le 9 février 1801, avec l'Autriche. La Belgique est cédée à la France qui évacue tout ce qu'elle possède sur la rive droite du Rhin. L'Autriche conserve la Vénétie.

19 mars (28 ventôse an IX), loi relative à l'établissement de nouvelles bourses de commerce. (En 1801, on en établit à Lorient, Paris, Nantes, Lille, Toulouse, Douai, Bordeaux, Dunkerque, Valenciennes, Carcassonne, Nîmes, Marseille, Bruxelles, Dijon, Reims, Amiens, Anvers, Gand, Ostende, Bourges, Le Havre, Rouen, Saint-Amand, Boulogne, Bayonne, Agen, Clermont-Ferrand, Rodez, Toulon, Niort, Blois, Brest, Arras, Lyon, Montpellier, Avignon, Honfleur, Caen, Orléans,

Tours, Grenoble, Nice, Strasbourg, Saint-Malo, Rennes, Alby, Castres, Morlaix, Cette, Auch, Dieppe, Montauban, Tournai, Mons, Cherbourg, Rochefort, Pézenas, La Rochelle, Angoulème.)

20 mars (29 ventôse an IX), loi qui supprime les assesseurs des juges de paix et donne deux suppléants à chacun de ces juges. Les citoyens du ressort d'un juge de paix procèderont seuls à son élection.

21 mars (30 ventôse an IX), loi relative à la liquidation de la dette publique : il est créé 2,700,000 francs de rentes perpétuelles, exclusivement affectées au paiement des dépenses non encore acquittées des années V, VI, et VII (1796, 1797, 1798 et 1799). Ces rentes seront de 3 0/0. Il est créé un million de rentes perpétuelles 5 0/0, exclusivement affectées à l'échange des deux tiers mobilisés de la dette publique.

25 mars (4 germinal an IX), acte du sénat conservateur qui nomme le citoyen Boissy d'Anglas membre du tribunal.

29 mars (8 germinal an IX), acte du sénat conservateur qui nomme le citoyen général Pérignon membre du Sénat.

5 avril (15 germinal an IX), arrêté des consuls, qui accorde une pension de 600 francs à la veuve du capitaine de vaisseau tué sur *l'Africaine* qu'il commandait.

13 avril (23 germinal an IX), deux arrêtés des consuls, relatifs à l'artillerie.

19 avril (29 germinal an IX), arrêté des consuls relatifs à l'organisation et à la police des Bourses de commerce.

19 avril (29 germinal an IX), arrêté des consuls qui nomme le citoyen Montalivet préfet de la Manche.

19 avril (29 germinal an IX), qui détermine la manière dont sera régie la colonie de la Guadeloupe.

16 juin (27 prairial an IX), arrêté des consuls, relatif à l'administration des biens affectés à la nourriture, à l'entretien et au logement des hospitalières et des filles de charité.

16 juin (27 prairial an IX), arrêté des consuls, qui renouvelle les défenses, faites aux entrepreneurs de voitures libres, de transporter lettres, journaux, etc., dont le port est exclusivement confié à l'administration des postes aux lettres.

2 juillet (13 messidor an IX), brevet d'invention accordé au citoyen Armand Séguin, membre de l'Institut national, pour des procédés propres à faire des papiers avec de la paille et des matières végétales.

2 juillet (13 messidor an IX), il sera pris des mesures pour continuer de fixer et planter en bois les dunes (Landes) de Cascogne.

6 juillet (17 messidor an IX), arrêté des consuls, qui organise militairement les 293 pompiers de Paris.

10 juillet (21 messidor an IX), les consuls de la République aux Français : Le 14 juillet est destiné à célébrer cette époque d'espérance et de gloire, où tombèrent des institutions barbares, où vous cessâtes d'être divisés en deux peuples, l'un condamné aux humiliations, l'autre marqué pour les distinctions et pour les grandeurs; où la féodalité fut détruite et avec elle ces nombreux abus que des siècles avaient accumulés sur vos têtes... Les factions sont comprimées; l'intérêt de la patrie règne sur tous les intérêts. Le gouvernement ne connaît d'ennemis que ceux qui le sont de la tranquillité du peuple... un Code civil, mûri par la sage lenteur des discussions, protégera vos propriétés et vos droits. Tous les peuples envient vos destinées.

24 juillet (2 thermidor an IX), arrêté des consuls, contenant organisation des bureaux du ministère de la guerre.

28 juillet (9 thermidor an IX), arrêté des consuls, qui accorde une pension de 600 fr. à la veuve du capitaine Laindet-Lalande, tué sur *le Formidable*, dans le combat glorieux soutenu devant Algésiras.

31 juillet (12 thermidor an IX), arrêté des consuls sur l'organisation de la gendarmerie nationale.

4 août (16 thermidor an IX), arrêté des consuls sur le train d'artillerie.

7 août (19 thermidor an IX), arrêté des consuls relatif au régime et à l'administration des colléges des Irlandais et des Écossais établis à Paris.

24 août (3 fructidor an IX), arrêté des consuls relatif à la solde de la marine.

29 août (11 fructidor an IX): 7,500,000 francs seront prelevés sur l'exercice de l'an X pour le rétablissement de 20 grandes routes.

10 septembre (23 fructidor an IX), arrêté des consuls, qui fixe le traitement des commissaires de police (de 1,000 à 4,000 francs).

12 septembre (25 fructidor an IX), les gardes-champêtres seront à l'avenir choisis parmi les anciens militaires.

20 septembre (3e jour complémentaire de l'an IX), arrêté des consuls, contenant organisation de l'administration de l'enregistrement et des domaines.

27 septembre (5 vendémiaire an X), le citoyen Barbé-Marbois est nommé ministre du trésor public.

3 octobre (11 vendémiaire an X), arrêté des consuls qui nomme le contre amiral Décrès ministre de la marine et des colonies.

8 octobre (16 vendémiaire an X), le citoyen Portalis, conseiller d'Etat, est chargé, auprès du gouvernement, de toutes les affaires concernant les cultes.

25 octobre (3 brumaire an X), brevet d'invention accordé aux citoyens Nicolas Dollfus et Alexandre Jaegerschmid, fabricants (à Mulhouse), pour des procédés relatifs à la fabrication de l'acide muriatique oxygéné et son emploi dans le blanchiment des toiles. D'autres brevets d'invention, de la même année, sont relatifs aux moyens de rendre les étoffes imperméables à l'eau.

9 novembre (18 brumaire an X), proclamation des consuls : Français, vous l'avez enfin tout entière cette paix que vous avez méritée par de si longs et de si généreux efforts... sur toutes les mers s'ouvrent pour vos vaisseaux des ports hospitaliers. (Des préliminaires de paix avaient été signés avec l'Angleterre.)

22 novembre (1er frimaire an X), exposé de la situation de la République : le brigandage a été détruit, grâce aux tribunaux spéciaux... (Dans l'Ouest et dans le midi), jusqu'au sein des tribunaux, si quelquefois ils y étaient traduits, l'audace (des brigands) glaçait d'effroi les accusateurs et les témoins, les jurés et les juges. Des mains de la justice, ces monstres impunis s'élançaient, à de nouveaux forfaits. Des mesures ont été concertées avec le souverain pontife de l'Eglise catholique pour réunir dans les mêmes sentiments ceux qui professent une commune croyance... Des mesures pourvoiront à l'entretien de tous les cultes... Les étrangers, les ennemis de la patrie ont reconnu que la République était dans le cœur des Français et qu'elle y avait déjà toute la maturité des siècles... sans le retour de la paix, il était permis à notre marine d'espérer qu'elle vengerait ses malheurs passés et les fautes qui les avaient produits. En Égypte, les soldats de l'armée d'Orient ont cédé ; mais ils ont cédé aux circonstances plus qu'aux forces de la Turquie et de l'Angleterre et certainement ils eussent vaincu s'ils avaient combattu réunis... A St.-Domingue, il n'est plus, (il n'y aura plus) d'esclaves. La Martinique a conservé l'esclavage et l'esclavage y sera conservé... Les îles de France et de la Réunion ne craignent plus que la métropole, en donnant la liberté aux noirs, ne constitue l'esclavage des blancs.... Une surveillance active a porté la lumière sur des dilapidations passées et sur des abus présents ; des coupables ont été dénoncés à l'opinion publique et aux tribunaux.... Des mesures ont été prises pour accélérer les versements dans les caisses publiques. .... L'instruction publique a fait quelques pas à Paris et dans un petit nombre de départements : (mais)

dans tous les autres, elle est ou languissante ou nulle. (On va créer) des écoles primaires, des écoles secondaires, des écoles supérieures. (Il y aura 6,000 bourses entières) dans les lycées. (Il y a déjà des) écoles spéciales ; d'autres seront établies.

6 décembre (15 frimaire an IX), loi qui ordonne la promulgation de la convention conclue avec les États-Unis. Les bâtiments d'État, qui ont été pris de part et d'autre ou qui pourraient être pris avant l'échange des ratification, seront rendus. Les dettes contractées de part et d'autre seront acquittées comme s'il n'y avait eu aucune mésintelligence entre les deux États. Dans les ports réciproques on jouira du traitement des nations les plus favorisées.

7 décembre (16 frimaire an IX), loi qui ordonne la promulgation d'un traité de paix conclu avec le roi des Deux-Siciles.

8 décembre (17 frimaire an IX), loi qui ordonne la promulgation du traité de paix conclu avec l'électeur palatin de Bavière.

9 décembre (18 frimaire an IX), loi qui ordonne la promulgation du traité conclu avec l'Empereur de toutes les Russies.

10 décembre (19 frimaire an IX), loi qui ordonne la promulgation du traité de paix conclu avec le prince-régent de Portugal.

29 décembre (8 nivôse an IX), la peine de mort continuera d'être appliquée jusqu'à ce qu'il ait été ordonné autrement.

30 décembre (9 nivôse an IX), la loi du 27 mai 1792, qui accorde une prime de 50 francs par tonneau de port de chacun des bâtiments expédiés, par les armateurs français pour la pêche de la baleine et du cachalot, sera exécutée.

En 1801, des foires furent établies à Toulon-sur-Arrou (Saône-et-Loire), à Dammartin (Seine-et-Marne), Dormelles, Nangis, Egreville, Anet, Gisors, La Tour-du-Pin, les Andelys, Châtellerault et dans environ 120 autres communes.

Un grand nombre d'hospices furent autorisés à faire des échanges de terrains. Le gouvernement approuva de nombreuses donations faites à des hôpitaux ou à des établissements de bienfaisance.

Des arrêtés, relatifs à la marine, furent publiés les 17 nivôse (7 janvier), 15 pluviôse (4 février), 24 et 29 pluviôse (13 et 18 février), 9 et 23 ventôse (28 février et 14 mars).

Beaucoup de concessions autorisèrent l'exploitation de mines de houille.

Enfin, dans les années 1801 et 1802 quantité de villes obtinrent la permission de faire des échanges, ventes, acquisitions et locations de terrains.

1802 (an X et an XI).

3 janvier (13 nivôse an X), arrêté des consuls de la république : il est accordé aux armateurs du *Grand-Décidé* 40 francs pour chaque prisonnier provenant des deux navires anglais le *Duc de Kent* et le *Diamant*, chargés de 500 hommes de troupes, pris après un combat et échangés pour autant de prisonniers français.

3 janvier (13 nivôse an X), loi portant établissement du péage au pont Saint-Esprit-lès-Bayonne.

23 janvier (3 pluviôse an X), arrêté des consuls : le ministre de la justice fera traduire devant les tribunaux le citoyen Brostaret, ex-receveur général des contributions du département de Seine-et-Oise, prévenu d'avoir détourné les deniers et valeurs de sa caisse.

3 février (14 pluviôse an X), acte du sénat conservateur, qui nomme le citoyen Fontanes (des Deux-Sèvres) membre du corps législatif.

22 février (3 ventôse an X), la valeur des bons deux-tiers, avec lesquels on peut payer des maisons et usines nationales, a, de l'an VII à l'an X, varié, pour chacun, de 1 franc 50 à 2 francs 50.

4 mars (13 ventôse an X), arrêté des consuls : l'Institut national de France formera un tableau général de l'état et des progrès des sciences, des lettres, et des arts, depuis 1789 jusqu'au 1er vendémiaire an X (23 septembre 1801).

8 mars (17 ventôse an X), pendant 3 ans, à compter de l'an X, il sera accordé une prime aux armateurs pour la pêche de la morue.

12 mars (21 ventôse an X), arrêté portant que le citoyen Rœderer est attaché au ministère de l'intérieur pour être chargé du département de l'instruction publique.

27 mars (6 germinal an X), le sénat nomme tribuns Lucien Bonaparte (frère du Premier consul), ex-ministre de l'intérieur, Carnot, Daru, Koch, Pictet, (et 15 autres personnes moins connues).

27 mars (6 germinal an X), paix d'Amiens avec l'Angleterre : la république batave conservera la colonie du cap de Bonne-Espérance. L'Angleterre évacuera Malte. L'Espagne cédera l'île de la Trinité aux Anglais. La France évacuera le royaume de Naples et l'État romain. (On verra plus loin que cette paix fut de courte durée).

28 mars (7 germinal an X), arrêté des consuls : à dater du 15 floréal (5 mai) prochain, il ne sera perçu aucun droit sur les bâtiments français à l'entrée de la rivière du Sénégal ; à partir de la même époque et à la sortie de la rivière seulement, il sera perçu sur la gomme un droit de 5 francs par quintal. Ceux sur le morfil (ivoire) et autres productions de ce pays seront de cinq pour cent de leur valeur.

LE CONCORDAT.

8 avril (18 germinal an X), loi relative à l'organisation des cultes (28 pages de texte) : au nom du peuple français, Bonaparte, Premier consul, proclame loi de la république le décret suivant, rendu par le corps législatif : la convention du 23 fructidor an IX (10 septembre 1801), passée avec le pape, sera promulguée et exécutée comme loi de la république.... Le gouvernement de la république française reconnaît que la religion catholique, apostolique et romaine est la religion de la grande majorité des citoyens français. Elle sera librement exercée en France.... Le Premier consul nommera aux archevêchés et évêchés de la circonscription nouvelle. Sa Sainteté confirmera l'institution canonique. Les évêques, avant d'entrer en fonctions, prêteront directement, entre les mains du Premier consul, le serment suivant : je jure et promets à Dieu, sur les saints Évangiles, de garder obéissance et fidélité au gouvernement établi par la constitution de la république française. Je promets aussi de n'avoir aucune intelligence, de n'assister à aucun conseil, de n'entretenir aucune ligue, soit au dedans soit au dehors, qui soit contraire à la tranquillité publique et si, dans mon diocèse ou ailleurs, j'apprends qu'il se trame quelque chose au préjudice de l'État, je le ferai savoir au gouvernement. (On récitera) à la fin de l'office divin, dans toutes les églises catholiques de France : *Domine salvam fac rempublicam ; Domine salvos fac consules.* Les évêques nommeront aux cures ; leur choix ne pourra tomber que sur des personnes agréées par le gouvernement. Les évêques pourront avoir un chapitre dans leur cathédrale et un séminaire pour leur diocèse, sans que le gouvernement s'oblige à les doter. Toutes les églises, non aliénées, nécessaires au culte, seront remises à la disposition des évêques. Sa Sainteté déclare que ni elle ni ses successeurs ne troubleront en aucune manière les acquéreurs des biens ecclésiastiques aliénés. Le gouvernement assurera un traitement convenable aux évêques et aux curés. Il prendra également des mesures pour que les catholiques français puissent, s'ils le veulent, faire, en faveur des églises des fondations. Aucune bulle, bref, rescrit, décision, (etc.) de la Cour de Rome ne pourront être reçus, publiés, imprimés, et mis en exécution, sans l'autorisation du gouvernement. Aucun individu se disant nonce, légat, vicaire ou commissaire apostolique ne pourra, sans la même autorisation, exercer sur le sol français aucune fonction relative aux offices de l'église gallicane. Les décrets des synodes étrangers, même ceux des conciles généraux ne pourront être publiés en France avant (l'autorisation du) gouvernement. Aucun concile national ou métropolitain, aucun synode diocésain, aucune assemblée délibérante n'aura lieu sans la permission expresse du gouvernement. Il y aura recours au Conseil d'État dans tous les cas d'abus de la part des ecclésiastiques. Il sera libre aux archevêques et évêques d'ajouter à leur nom le titre de citoyen ou celui de monsieur. Toutes les autres qualifications sont interdites. Les archevêques consacreront et installeront leurs suffragants; ils connaîtront des réclamations et des plaintes portées contre la conduite et les décisions des évêques suffragants. On ne peut être nommé évêque avant l'âge de 30 ans et si on n'est originaire français. Les évêques seront tenus de résider dans leur diocèse ; ils ne pourront en sortir qu'avec la permission du Premier consul. Ils visiteront annuellement une partie de leur diocèse et, dans l'espace de 5 ans, le diocèse entier. En cas d'empêchement légitime, la visite sera faite par un vicaire général. Les évêques seront chargés de l'organisation de leurs séminaires et les règlements de cette organisation seront soumis à l'approbation du Premier consul. Ceux qui seront choisis pour l'enseignement dans les séminaires souscriront la déclaration faite par le clergé de France en 1682. Les évêques enverront toutes les années (au gouvernement) le nom des personnes qui étudieront dans les séminaires et qui se destineront à l'état ecclésiastique. Ils ne pourront ordonner aucun ecclésiastique, s'il ne justifie d'une propriété produisant au moins un revenu annuel de 300 francs (et) s'il n'a atteint l'âge de 25 ans. Les évêques ne feront aucune ordination avant que le nombre des personnes à ordonner ait été soumis au gouvernement et par lui agréé. Les vicaires exerceront leur ministère sous la surveillance et la direction des curés. Ils seront approuvés par l'évêque et révocables par lui...Un prêtre ne pourra quitter son diocèse pour aller desservir dans un autre, sans la permission de son évêque.... Il n'y aura qu'une liturgie et un cathéchisme pour toutes les églises catholiques de France Aucun curé ne pourra faire des prières publiques extraordinaires dans sa paroisse sans la permission spéciale de l'évêque. Aucune fête, à l'exception du dimanche, ne pourra être établie sans la permission du gouvernement. Les chapelles domestiques, les oratoires particuliers, ne pourront être établis sans une permission expresse du gouvernement, accordée sur la demande de l'évêque... Aucune cérémonie religieuse n'aura lieu hors des édifices consacrés au culte catholique, dans les villes où il y a des temples destinés à différents cultes.... Les curés ne se permettront, dans leurs instructions, aucune inculpation directe ou indirecte soit contre les personnes soit contre les autres cultes autorisés dans l'État.... Ils ne donneront la bénédiction nuptiale qu'à ceux qui justifieront, en bonne et due forme, avoir contracté mariage devant l'officier civil. Les registres tenus par les ministres du culte, n'étant et ne pouvant être relatifs qu'à des sacrements, ne peuvent, dans aucun cas, suppléer les registres ordonnés par la loi pour constater l'état civil des Français.... Le repos des fonctionnaires publics sera fixé au dimanche. Il y aura en France 10 archevêchés et 50 évêchés. Il y aura au moins une paroisse dans chaque justice de paix. Le traitement des archevêques sera de 15,000 francs ; le traitement des évêques sera de 10,000 francs. Le traitement des curés de la 1re classe sera porté à 1500 francs ; celui des curés de la seconde classe, à 1000 francs. Les conseils généraux de départements sont autorisés à procurer aux archevêques et évêques un logement convenable ..... Les pasteurs et ministres des diverses communions protestantes prieront et feront prier, dans la récitation de leurs offices, pour la prospérité de la république française et pour les consuls.... Les églises réformées de France auront des pasteurs, des consistoires locaux et des synodes ... Les pasteurs ne pourront être destitués qu'à la charge de présenter les motifs de la destitution (au gouvernement) qui les approuvera ou les rejettera. (Un pasteur) ne pourra exercer qu'après avoir prêté entre les mains du préfet le serment exigé des ministres du culte catholique.

13 avril (24 germinal an X), le citoyen Mounier ex-consti-

tuant, est nommé préfet d'Ille-et-Vilaine et le citoyen Alexandre Lameth, préfet des Basses-Alpes.

17 avril (27 germinal an X), (les consuls, en publiant le concordat, font appel à l'union de tous les Français et à la bonne harmonie des différents cultes).

17 avril (27 germinal an X), le citoyen Dacier, de l'Institut, est nommé membre du tribunat.

19 avril (29 germinal an X), loi qui autorise l'acquisition de terrains destinés au jardin du Luxembourg.

26 avril (6 floréal an X), sénatus-consulte : amnistie est accordée pour fait d'émigration. (On prêtera le) serment d'être fidèle au gouvernement établi par la constitution et de n'entretenir ni directement ni indirectement aucune liaison ni correspondance avec les ennemis de l'État.

1er mai (11 floréal an X), loi sur l'instruction publique (écoles primaires, écoles secondaires, lycées, écoles spéciales), (10 pages de texte).

3 mai (13 floréal an X), arrêté des consuls : les publications de mariages ne pourront avoir lieu que les jours de dimanche (et non plus les décadis).

11 mai (21 floréal an X), loi relative aux 5 % consolidés et à la dette viagère : la partie de la dette publique, constituée en perpétuel, portera à l'avenir le nom de 5 % consolidés. La somme à prélever pour le paiement de ces intérêts passera même avant le traitement des ministres. Les 5 % consolidés ne pourront, dans aucun temps, excéder 50 millions et si jamais la dette se trouvait augmentée au delà des 50 millions, cette augmentation ne pourra être faite sans qu'il soit affecté un fonds d'amortissement suffisant pour amortir, au plus tard en 15 ans, l'excédant des 50 millions. La dette viagère est fixée à 20 millions en intérêts annuels.

12 mai (22 floréal an X), (le département de la Seine comptait 629,763 habitants. Il y avait à Paris la section du contrat social, celle de Brutus, celle des amis de la Patrie, des droits de l'homme, de l'indivisibilité, de la fraternité etc.)

17 mai (27 floréal an X), acte du sénat conservateur, qui nomme le général Menou membre du tribunat.

19 mai (29 floréal an X), loi portant création de la Légion d'honneur.

19 mai (29 floréal an X), loi relative au poids des messageries et des voitures employées au roulage.

19 mai (29 floréal an X), loi qui autorise l'ouverture d'un canal de dérivation de la rivière d'Ourcq (qui) sera amenée, à Paris par un bassin près la Villette.

21 mai (1er prairial an X), les rabbins ne pourront donner la bénédiction qu'à ceux qui justifieront, en bonne et due forme, avoir contracté mariage devant l'officier civil.

26 mai (6 prairial an X), arrêté des consuls qui détermine la manière dont seront régies les îles de la Martinique et de Sainte-Lucie.

11 juin (22 prairial an X), arrêté des consuls qui accorde aux armateurs et équipage du corsaire l'*Alliance*, de Saint-Malo, 40 francs d'indemnité pour chacun des 187 prisonniers de guerre provenant du navire anglais l'*Ajax*, chargé de troupes, pris en ventôse an VIII.

16 juin (27 prairial an X), arrêté des consuls concernant les Bourses de commerce.

25 juin (6 messidor an X), arrêté des consuls portant établissement d'un entrepôt de marchandises étrangères dans le port de Marseille.

2 juillet (13 messidor an X), arrêté des consuls relatif à l'organisation de la Légion d'honneur.

12 juillet (23 messidor an X), arrêté des consuls relatif à l'administration des biens affectés à la Légion d'honneur.

2 août (14 thermidor an X), sénatus-consulte qui proclame Napoléon Bonaparte, premier consul à vie, en se basant sur le vote affirmatif, de 3,568,885 électeurs sur 3,577,259 votants.

4 août (16 thermidor an X), sénatus-consulte organique de la constitution de l'an X : l'assemblée de canton désigne deux citoyens sur lesquels le premier consul choisit le juge de paix du canton. Les juges de paix sont nommés pour dix ans. Dans les villes de 5,000 âmes, l'assemblée de canton présente deux citoyens pour chacune des places du conseil municipal. Les conseils municipaux se renouvellent tous les dix ans par moitié. Le premier consul choisit les maires et adjoints dans les conseils municipaux ; ils sont 5 ans en place ; ils peuvent être renommés. Les collèges électoraux d'arrondissement ont un membre pour 500 habitants domiciliés dans l'arrondissement. Le nombre des membres ne peut néanmoins excéder 200 ni être au-dessous de 120. Les collèges électoraux de départements ont un membre par mille habitants domiciliés dans le département et néanmoins ces membres ne peuvent excéder 300 ni être au-dessous de 200. Les membres des colléges électoraux sont à vie. Le premier consul nomme les présidents des colléges électoraux à chaque session. Les colléges électoraux de départements et d'arrondissements présentent chacun 2 citoyens, domiciliés dans le département, pour former la liste sur laquelle doivent être nommés les membres de la députation au corps législatif. Les consuls sont à vie ; ils sont membres du sénat (qu'ils) président. Le sénat dissout le corps législatif et le tribunat. Les conseillers d'Etat n'excèderont jamais le nombre de 50. Le premier consul a le droit de faire grâce. (Il y aura 300 députés au corps législatif).

6 août (18 thermidor an X), arrêté des consuls relatif aux conscrits (48 pages de texte).

20 août (2 fructidor an X), il y aura une Bourse de commerce à Agde (Hérault).

20 août (2 fructidor an X) le bref du pape Pie VII, donné à Saint-Pierre de Rome, le 29 juin 1802, par lequel le citoyen Charles Maurice Talleyrand, ministre des relations extérieures, est rendu à la vie séculière et laïque, aura son plein et entier effet.

26 août (8 fructidor an X), sénatus-consulte organique pour la réunion de l'Ile d'Elbe au territoire de la république.

11 septembre (24 fructidor an X), sénatus-consulte organique portant réunion des départements du Pô, de la Doire de Marengo, de la Sezia, de la Stura, et du Tanaro au territoire de la république française.

14 septembre (27 fructidor an X), le citoyen Regnier, conseiller d'Etat, est nommé grand-juge et ministre de la justice.

14 septembre (27 fructidor an X), sont nommés sénateurs Abrial, ex-ministre de la justice ; Dubelloy archevèque de Paris ; Aboville 1er inspecteur d'artillerie ; Fouché, ministre de la police et Roederer conseiller d'Etat.

15 septembre (28 fructidor an X), arrêté des consuls qui supprime le ministère de la police générale.

30 septembre (8 vendémiaire an XI), arrêté des consuls portant réglement pour l'exercice de la profession de boucher à Paris.

4 octobre (12 vendémiaire an XI), arrêté des consuls relatif à la formation d'une garde municipale pour la ville de Paris (2154 fantassins et 180 cavaliers).

18 octobre (26 vendémiaire), sénatus-consulte organique relatif à l'admission des étrangers aux droits de citoyens français pour services rendus à la république, importation d'inventions utiles ou formation de grands établissements.

18 octobre (26 vendémiaire an XI), suspension du jury dans 14 départements (Bretagne, Provence et Piémont).

16 novembre (25 brumaire an XI), arrêté des consuls portant réglement sur la solde de l'armée navale.

23 décembre (2 nivôse an XI), arrêté des consuls qui règle le costume des membres des tribunaux, des gens de loi et des avoués.

24 décembre (3 nivôse an XI), arrêté des consuls, portant établissement de chambres de commerce dans les villes de

Lyon, Rouen, Bordeaux, Marseille, Bruxelles, Anvers, Nantes, Dunkerque, Lille, Mayence, Nîmes, Avignon, Strasbourg, Turin, Montpellier, Genève, Bayonne, Toulouse, Tours, Carcassonne, Amiens, et le Havre. Il y aura à Paris un conseil général de commerce établi près du ministre de l'Intérieur.

En 1802, furent promulguées des lois qui autorisaient les hospices à faire des échanges de terrains et à accepter des donations.

Le nombre des justices de paix fut réduit dans 8 départements : Meuse-inférieure, Pyrénées - Orientales, Dyle, Basses-Pyrénées, Haut-Rhin, Ourthe, Deux-Nèthes, et Forêts.

Cent communes différentes obtinrent l'établissement de nouvelles foires.

Trois arrêtés des consuls limitèrent le territoire d'un nombre égal de communes. Des lois autorisèrent un grand nombre de communes à s'imposer elles-mêmes pour réparation de la mairie, de ponts, de fontaines, de routes, etc.

Des lycées furent établis dans les villes de Bruxelles, Douai, Lyon, Mayence, Moulins, Besançon, Rouen, Bordeaux, Marseille et Strasbourg.

1803 (an XI et an XII).

3 janvier (13 nivôse an XI), arrêté des consuls, qui nomme Rochambeau général en chef de l'armée et capitaine général à Saint-Domingue.

4 janvier (14 nivôse an XI), il y aura une sénatorerie par arrondissement de tribunal d'appel. Chaque sénatorerie sera dotée d'une maison et d'un revenu annuel, en domaines nationaux, de 20 à 25,000 fr. Les sénatoreries seront possédées à vie. Les sénateurs qui en seront pourvus, seront tenus d'y résider au moins 3 mois chaque année. Ils rempliront les missions extraordinaires que le premier consul jugera à propos de leur donner dans leur arrondissement et ils lui en rendront compte directement.

8 janvier (18 nivôse an XI), arrêté des consuls qui déclare les traitements ecclésiastiques insaisissables dans leur totalité.

14 janvier (24 nivôse an XI), brevet d'invention accordé au citoyen Garnerin, demeurant à Paris, rue Plumet, pour la machine nommée parachûte.

17 janvier (27 nivôse an XI), arrêté portant réglement pour les forges d'artillerie.

23 janvier (3 pluviôse an XI), arrêté contenant une nouvelle organisation de l'Institut national.

28 janvier (8 pluviôse an XI), arrêté portant organisation de l'école spéciale militaire, alors placée à Fontainebleau.

2 février (13 pluviôse an XI), arrêté qui détermine la manière dont seront régies les îles de France et de la Réunion.

4 février (15 pluviôse an XI), arrêté concernant la police de la pêche de la morue à l'île de Terre-Neuve.

20 février (1er ventôse an XI), exposé de la situation de la république : (grâce au Concordat), l'enfance redevient plus docile à la voix de ses parents, la jeunesse plus soumise à l'autorité des magistrats; la conscription s'exécute aux lieux où le seul nom de la conscription soulevait les esprits et servir la patrie y est une partie de la religion. L'instruction publique est partout demandée avec ardeur. Tous les citoyens sentent qu'il n'est point de bonheur sans lumières; que sans talents et sans connaissances, il n'y a d'égalité que celle de la misère et de la servitude... Le dessèchement des marais de la Charente-Inférieure est commencé. Les îles de la Martinique, de Tabago, de Sainte-Lucie nous ont été rendues (ainsi que la Guadeloupe et la Guyane).

25 février (6 ventôse an XI) arrêté des consuls portant organisation d'une école d'arts et métiers à Compiègne.

26 février (7 ventôse an XI), arrêté des consuls relatif aux ouvriers employés pour le service de la marine.

4 mars (13 ventôse an XI), les dépenses des hôpitaux, dit un arrêté, seront réglées, sauf la confirmation du gouvernement, par les préfets, sur la proposition des commissions administratives et (s'il y a lieu) l'avis des sous-préfets.

5 mars (14 ventôse an XI), arrêté des consuls : des gratifications extraordinaires seront accordées aux troupes, après les prochaines revues d'inspection.

8 mars (17 ventôse an XI), loi sur la jouissance et la privation des droits civils.

10 mars (19 ventôse an XI), loi relative à l'exercice de la médecine.

11 mars (20 ventôse an XI), loi relative aux actes de l'état civil (14 pages de texte).

14 mars (23 ventôse an XI), loi relative au domicile.

14 mars (23 ventôse an XI),

arrêté des consuls, qui crée des chambres d'agriculture dans nos colonies.

14 mars (23 ventôse an XI), arrêté des consuls, qui ordonne la levée de 2,000 conscrits pour le service des arsenaux de la marine.

15 mars (24 ventôse an XI), loi relative aux absents (7 p. de texte).

16 mars (25 ventôse an XI), loi contenant l'organisation du notariat.

17 mars (26 ventôse an XI), loi relative au mariage (douze pages de texte).

19 mars (28 ventôse an XI), loi relative aux droits de pâturage, pacage et autres usages dans les forêts nationales.

21 mars (30 ventôse an XI), loi sur le divorce (16 pages de texte).

23 mars (2 germinal an XI), loi sur la paternité et la filiation (6 pages de texte).

23 mars (2 germinal an XI), loi relative à l'adoption et à la tutelle officieuse (6 pages de texte).

23 mars (2 germinal an XI), arrêté des consuls contenant réglement sur l'artillerie (9 pages de texte).

24 mars (3 germinal an XI), loi relative à la puissance paternelle (4 pages de texte).

25 mars (4 germinal an XI), le budget de l'an IX est de 526,477,041 francs; celui de l'an XI, de 610,500,000 francs, y compris les dépenses extraordinaires.

26 mars (5 germinal an XI), loi sur la minorité, la tutelle et l'émancipation (18 pages de texte).

28 mars (7 germinal an XI), loi sur la fabrication et la vérification des monnaies (6 pages de texte).

29 mars (8 germinal an XI),

loi sur la majorité, l'interdiction et le conseil judiciaire (5 pages de texte).

1er avril (11 germinal an XI), loi relative aux prénoms et changements de noms.

7 avril (17 germinal an XI), arrêté des consuls, relatif aux dépenses des communes.

11 avril (21 germinal an XI), loi contenant organisation des écoles de pharmacie (9 pages de texte).

12 avril (22 germinal an XI), loi relative aux manufactures, fabriques et ateliers.

14 avril (24 germinal an XI), loi relative à la Banque de France (5 pages de texte).

19 avril (21 germinal an XI), loi relative aux successions (31 pages de texte).

28 avril (8 floréal an XI), loi relative aux douanes. — Autre loi relative au mode d'admission à la solde de retraite et au traitement de réforme.

3 mai (13 floréal an XI), loi relative aux donations et aux testaments (36 pages de texte).

5 mai (15 floréal an XI), arrêté des consuls, contenant organisation des troupes d'artillerie de la marine (36 pages de texte).

22 mai (2 prairial an XI), arrêté des consuls, contenant réglement sur les armements en masse (42 pages de texte).

22 mai (2 prairial an XI), (les hostilités vont recommencer entre la France et l'Angleterre).

28 mai (8 prairial an XI), arrêté des consuls, contenant organisation des compagnies de canonniers-gardes-côtes (10 pages de texte).

30 mai (10 prairial an XI), arrêté des consuls, portant réglement sur l'administration des monnaies (28 p. de texte).

9 juin (20 prairial an XI), arrêté des consuls, qui ordonne l'établissement d'écoles de médecine à Turin et à Mayence, et réglement général sur ces écoles.

8 août (20 thermidor an XI), arrêté des consuls, qui ordonne le rétablissement de fondations faites pour les Sœurs Grises d'Equilly (Manche).

13 août (25 thermidor an XI). arrêté des consuls, contenant règlement sur les écoles de pharmacie.

17 août (29 thermidor an XI), arrêté contenant réglement pour le tribunal d'appel de Paris (9 pages de texte).

17 août (29 thermidor an XI), arrêté des consuls, contenant réglement sur les prisons militaires (4 pages de texte).

29 août (11 fructidor an XI), arrêté des consuls, contenant réglement sur la solde de retraite et traitement de réforme dans la marine (12 pages de texte).

16 septembre (20 fructidor an XI), arrêté des consuls, sur la conscription de l'an XI et de l'an XII (51 pages de texte).

28 septembre (5 vendémiaire an XI), arrêté des consuls, qui nomme le citoyen Joseph Bonaparte à la sénatorerie de Bruxelles : le sénateur Lucien Bonaparte, à celle de Trèves ; le sénateur Fouché, à celle d'Aix ; le sénateur Monge, à celle de Liège, etc.

8 octobre (15 vendémiaire an XII), arrêté des consuls, relatif à une nouvelle organisation du ci-devant collège de Saint-Cyr, qui portera désormais seul le nom de prytanée français et recevra 250 élèves, fils des militaires morts sur le champ de bataille.

12 octobre (19 vendémiaire an XII), arrêté des consuls, contenant réglement pour les écoles secondaires communales (10 pages de texte).

12 octobre (19 vendémiaire an XII), arrêté des consuls, concernant les dépôts de conscrits déclarés réfractaires, la composition et la compétence des conseils de guerre spéciaux, la procédure devant ces conseils et les peines (mort, boulet, travaux publics, amendé dans tous les cas) contre la désertion.

14 octobre (21 vendémiaire an XII), brevet d'invention, accordé au citoyen Rouval, demeurant à Paris, pour une machine à semer toute sorte de grains et applicable à toute charrue montée sur des roues.

29 octobre (6 brumaire an XII), en cas de reprise d'un condamné aux fers, évadé d'un bagne, il sera alloué en gratification à tout individu, qui aura arrêté et amené le condamné, 100 francs, s'il est repris dans la campagne ; 50 fr., s'il est repris dans la ville et 25 francs, s'il est saisi dans le port.

7 novembre (15 brumaire an XII), arrêté des consuls, qui fixe le traitement des fonctionnaires et professeurs des lycées (minimum 500 francs, maximum 4,000 francs), les lycées de Paris étant hors ligne.

23 novembre (1er frimaire an XII), amnistie accordée à ceux qui ont déserté à l'intérieur, avant le renouvellement des hostilités.

24 novembre (2 frimaire an XII), « arrêté des consuls : les maires et les adjoints de la ville de Paris seront choisis par le premier consul, parmi les citoyens inscrits sur la liste des 600 plus imposés. »

30 novembre (8 frimaire an XII), (15 sénatoreries n'ont pas encore de titulaires).

1er décembre (9 frimaire an XII), arrêté des consuls, relatif au livret dont les ouvriers devront être pourvus.

1er décembre (9 frimaire an XII), arrêté des consuls, contenant nouveau réglement sur le service de santé (dans l'armée).

24 décembre (2 nivôse an XII), arrêté des consuls relatif à l'établissement et à l'organisation des chambres de notaires (8 pages de texte).

En 1803, furent établis plusieurs entrepôts réels de marchandises et denrées étrangères à Rouen, Strasbourg et Bruges, par exemple.

Des Bourses de commerce furent fondées à Libourne et à Châlons-sur-Saône. On créa des chambres de commerce à La Rochelle, Paris, St.-Malo, Orléans, Bruges, Ostende, Gand, Cologne et Nice.

De nouvelles foires furent accordées dans les départements d'Eure-et-Loire, Gironde, Indre-et-Loire, Léman, Loire, Orne, Charente, Finistère, Loiret, Loir-et-Cher, Hérault, etc.

Des lycées furent établis à Rennes, Amiens, Grenoble, Liège, Nancy, Orléans, Bourges, Caen, Cahors, Dijon, Limoges, Metz, Montpellier, Nîmes, Pau, Poitiers, Angers, Reims, Toulouse, Bonn, Gand, Bruges, Clermont-Ferrand, Avignon, Rodez, Nantes, Nice, Pontivy, Versailles, Turin et Alexandrie (de la Paille).

Le gouvernement approuva les donations et legs faits en faveur de religieux et de religieuses, telles que les filles de charité à Saint-Félix de Valence (Drôme).

Plusieurs arrêtés des consuls furent relatifs aux dons patriotiques, offerts pour combattre les Anglais par un grand nombre de conseils, tant généraux que municipaux.

Des arrêtés des mêmes consuls fixèrent, pour l'an XII, les dépenses d'un grand nombre de communes.

1804 (an XII et an XIII).

16 janvier (25 nivôse an XII), exposé de la situation de la république : dans tous les départements, les ministres du culte ont usé de l'influence de la religion pour consacrer le mouvement spontané d'indignation contre l'Angleterre. Une misérable tentative a été faite dans la Vendée ; la conscription en était le prétexte. Mais citoyens, prêtres, soldats, tout s'est ébranlé pour la défense commune... La bienfaisance se déploie tous les jours davantage ; de tous côtés, on offre des dons à l'infortune et des fondations à des établissements utiles... Dès cette année, les voitures franchissent le Simplon et le Mont-Cenis... Le dessèchement des marais de Rochefort, souvent tenté, souvent abandonné, s'exécute avec constance. Un million sera destiné cette année à porter la salubrité dans ce port, qui dévorait nos marins et ses habitants. La culture et les hommes s'étendront sur des terrains voués depuis longtemps aux maladies et à la dépopulation... La digue de Cherbourg, longtemps abandonnée, longtemps l'objet de l'incertitude et du doute, sort enfin du sein des eaux et déjà elle est un écueil pour nos ennemis et une protection pour nos navigateurs.. A l'abri de cette digue, au fond d'une rade immense, un port se creuse où, dans quelques années la république aura des arsenaux et des flottes... C'est l'Angleterre qui commence la guerre et qui la commence sans la déclarer... De 200 millions que les croiseurs anglais pouvaient ravir à notre commerce, plus des deux tiers ont été sauvés.. Nos corsaires ont vengé nos pertes par des prises importantes... L'Hanovre (sic) est en notre pouvoir. 25,000 hommes des meilleures troupes ennemies ont posé les armes et sont restés prisonniers de guerre. Notre cavalerie s'est remontée aux dépens de la cavalerie ennemie, et une possession chère au roi d'Angleterre est entre nos mains... La Louisiane (vendue aux Etats-Unis par la France, pour une somme de 80 millions de fr.), est désormais associée à l'indépendance des Etats-Unis. Nous conservons là des amis, que le souvenir d'une commune origine attachera toujours à nos intérêts.

25 janvier (4 pluviôse an XII), loi sur la distinction des des biens (meubles ou immeubles).

27 janvier (6 pluviôse an XII), loi relative à la propriété (8 pages de texte).

28 janvier (7 pluviôse an XII), loi sur la modération des droits d'enregistrement et hypothèques pour les donations en faveur des hospices.

30 janvier (9 pluviôse an XII), loi sur l'usufruit, l'usage et l'habitation. (Cette loi se trouve dans le Code civil).

31 janvier (10 pluviôse an XII), loi sur les servitudes ou services fonciers. (Cette loi se trouve dans le Code civil).

6 février (16 pluviôse an XII), loi : aucune maison de prêt sur nantissement ne pourra être établie qu'au profit des pauvres et avec l'autorisation du gouvernement. Tous les établissements de ce genre actuellement existants, qui, dans 6 mois n'auront pas été autorisés, (seront fermés).

7 février (17 pluviôse an XII), loi relative aux contrats et obligations conventionnelles en général. (Cette loi se trouve dans le Code civil).

9 février (19 pluviôse an XII), loi sur les engagements qui se forment sans convention. (Cette loi se trouve dans le Code civil).

10 février (20 pluviôse an XII), loi relative aux contrats de mariage et aux droits respectifs des époux. (Cette loi se trouve dans le Code civil).

13 février (23 pluviôse an XII), loi relative à la contrainte par corps en matière civile.

14 février (24 pluviôse an XII), loi sur le cautionnement (caution). (Cette loi se trouve dans le Code civil).

25 février (5 ventôse an XII) loi sur les finances, de laquelle il appert que les dépenses de l'Etat, pour l'an XII, sont de 700 millions de francs.

28 février (8 ventôse an XII), sénatusconsulte, qui suspend les fonctions du jury, pendant les années XII et XIII, pour le jugement des crimes de trahison.

29 février (9 ventôse an XII), loi : le recèlement (sic) du nommé Georges (Cadoudal) et des 60 brigands, actuellement cachés dans Paris ou les environs, soudoyés par l'Angleterre pour attenter à la vie du premier consul et à la sûreté de la république, sera jugé et puni comme le crime principal.

6 mars (15 ventôse an XII), loi relative à la vente (18 pages de texte). (Cette loi est reproduite par le Code civil).

7 mars (16 ventôse an XII), loi relative à l'échange (18 pages de texte). — Loi sur le contrat de louage. (Cette loi est reproduite par le Code civil).

8 mars (17 ventôse an XII), loi sur le contrat de société (18 pages de texte). (Cette loi est reproduite par le Code civil).

9 mars (18 ventôse an XII), loi relative au prêt (18 pages de texte). Cette loi est reproduite par le Code civil).

10 mars (19 ventôse an XII), loi relative au mandat (ou procuration). — Loi sur les contrats aléatoires. (Cette loi est reproduite par le Code civil).

12 mars (21 ventôse an XII), loi relative aux actes respectueux.

13 mars (22 ventôse an XII), loi relative aux douanes. — Loi relative aux Ecoles de Droit.

14 mars (23 ventôse an XII), loi relative au dépôt et au séquestre. (Cette loi est reproduite par le Code civil).

14 mars (23 ventôse an XII), loi qui attribue exclusivement au tribunal criminel du département de la Seine la connaissance des crimes de contrefaçon du timbre national et de fabrication de faux billets de banque.

14 mars (23 ventôse an XII), loi relative à l'établissement de séminaires.

15 mars (24 ventôse an XII), loi relative à la prescription (voir le Code civil).

15 mars (24 ventôse an XII),

arrêté relatif à la perte de la qualité et à la suspension de l'exercice des droits de membre de la légion d'honneur.

16 mars (25 ventôse an XII). arrêté relatif au nantissement (voir le Code civil).

19 mars (28 ventôse an XII), arrêté relatif aux privilèges et hypothèques (id.). — Loi relative à l'expropriation forcée (voir le Code civil).

20 mars (29 ventôse an XII), loi sur les transactions (id.).

21 mars (30 ventôse an XII), les lois des 14, 17, 20, 23, 24, 26 et 30 ventôse an XI, 2, 3, 5, 8 et 29 germinal an XI, 4, 6, 9, 10 pluviôse an XII, 15, 16, 17, 18, 19, 23, 24, 25, 28 et 29 ventôse an XII seront réunies en un seul corps de lois, sous le titre de Code civil (des Français).

26 mars (5 germinal an XII), arrêté des consuls, relatif aux conseils de guerre maritimes spéciaux (13 pages de texte).

26 mars (5 germinal an XII), arrêté des consuls concernant l'organisation de la régie des droits réunis (octrois municipaux et de bienfaisance, droit de passe sur les routes, droit de navigation intérieure, droits et revenus des bacs, bateaux et canaux).

2 avril (12 germinal an XII), il sera établi des chambres consultatives de manufactures, fabriques, arts et métiers dans les (154) villes de Saint-Quentin, Moulins, Annonay, Sedan, Troyes, Aix, Caen, Angoulême, Aubusson, Besançon, Louvain, Louviers, Evreux, Lodève, Rennes, Grenoble, Mons, Tournay, Saint-Etienne, Roanne, Saint-Chamond, le Puy, Angers, Reims, Maestricht, Malines, Nevers, Valenciennes, Tourcoing, Roubaix, Beauvais, Liège, Verviers, Tarbes,

Mulhouse, Elbeuf, Castres, etc.

11 mai (21 floréal an XII), arrêté des consuls, réunissant au domaine national les biens dévolus à la France par le traité de Lunéville et le recès de l'Empire d'Allemagne, biens appartenant à l'Empereur d'Allemagne, au roi de Prusse, aux électeurs de Bavière, de Bade, de Wurtemberg, de Hesse-Cassel, de Hesse-Darmstadt, de Hohenlohe-Bartenstein, de Linange, de Sayn-Wittgenstein, de Metternich, de Nesselrode, de Stadion, etc.

17 mai (27 floréal an XII), arrêté des consuls, qui destine le château de Villers-Cotterets à servir de maison de réclusion aux mendiants et gens sans aveu.

PREMIER EMPIRE

(1804 - 1814 et 1815).

18 mai (28 floréal an XII), Napoléon, par la grâce de Dieu et les constitutions de la République, empereur des Français, à tous présents et à venir salut : le sénat, après avoir entendu les orateurs du conseil d'Etat, a décrété et nous ordonnons ce qui suit : la justice se rend au nom de l'Empereur. La dignité impériale est héréditaire dans la descendance directe, naturelle et légitime de Napoléon Bonaparte, de mâle en mâle, par ordre de primogéniture, et à l'exclusion perpétuelle des femmes et de leur descendance. Napoléon Bonaparte peut adopter les enfants ou petits-enfants de ses frères. L'adoption est interdite aux successeurs de Napoléon Bonaparte et à leurs descendants. (Joseph et Louis Bonaparte ou leurs descendants pourront succéder à Napoléon Bonaparte; mais il n'est question ni de Lucien ni de Jérôme)... L'Empereur visite les départements; en conséquence, des palais impériaux sont établis aux 4 points principaux de l'Empire. (Les grands dignitaires de l'Empire sont) le grand électeur, l'archichancelier de l'empire, l'archichancelier de l'Etat, l'archi-trésorier, le connétable, le grand amiral... Le sénat et le conseil d'Etat sont présidés par l'Empereur. Le grand-électeur reçoit le serment des présidents des collèges électoraux des départements et des assemblées de cantons. L'archi-chancelier de l'empire préside la haute Cour impériale. L'archichancelier d'Etat fait les fonctions de chancelier pour la promulgation des traités de paix et d'alliance et pour les déclarations de guerre. L'archi-trésorier arrête tous les ans le grand livre de la dette publique. En l'absence de l'Empereur, le connétable passe les grandes revues de la garde impériale. Il installe les maréchaux de l'empire. Chaque titulaire des grandes dignités de l'empire préside un collège électoral de département (à Bruxelles, Bordeaux, Nantes, Lyon, Turin et Marseille). Le serment de l'Empereur est: Je jure de maintenir l'intégrité du territoire de la République, de respecter et faire respecter les lois du concordat et la liberté des cultes, de respecter et de faire respecter l'égalité des droits, la liberté politique et civile, l'irrévocabilité des ventes des biens nationaux, de ne lever aucun impôt, de n'établir aucune taxe qu'en vertu de la loi, de maintenir l'institution de la

légion d'honneur, de gouverner dans la seule vue de l'intérêt, du bonheur et de la gloire du peuple français. Tous les fonctionnaires publics jurent obéissance aux constitutions de l'empire et fidélité à l'Empereur.

18 mai (28 floréal an XII), S. A. I. le prince Joseph Bonaparte est nommé grand-électeur. S. A. I. le prince Louis Bonaparte est nommé connétable. Le consul Cambacérès est nommé archi-chancelier de l'Empire; le consul Lebrun, archi-trésorier.

19 mai (29 floréal an XII), décret impérial portant réglement sur le mode de présentation, à l'acceptation du peuple, du sénatus-consulte organique de l'Empire.

19 mai (29 floréal an XII), décret impérial qui nomme le sénateur François de Neufchâteau président du Sénat; M. Muraire premier président de la Cour de cassation et MM. Malleville et Viellart présidents de la même cour.

22 mai (2 prairial an XII), décret impérial qui nomme les sénateurs Casabianca à la sénatorerie d'Ajaccio, Kellermann à celle de Colmar, François de Neufchâteau à celle de Dijon, Berthollet à celle de Montpellier, Lacépède à celle de Paris, etc.

25 mai (5 prairial an XII), décret impérial qui accorde une indemnité (de 44,345 francs 10 cent.) aux habitants des départements du Pas-de-Calais, de la Seine-Inférieure, de la Manche et des Côtes-du-Nord, qui ont éprouvé des pertes par les bombardements ou invasions des Anglais.

27 mai (7 prairial an XII), décret impérial concernant réglement sur l'uniforme des officiers et des fonctionnaires civils de la marine (18 pages de texte).

2 juin (13 prairial an XII), décret impérial daté du palais de Saint-Cloud et contenant des actes d'indulgence (une amnistie) et de bienfaisance (dotations de filles pauvres).

12 juin (23 prairial an XII), décret impérial sur les sépultures : aucune inhumation n'aura lieu dans les églises, temples, synagogues, hôpitaux, chapelles publiques et généralement dans aucun des édifices clos et fermés, où les citoyens se réunissent pour la célébration de leurs cultes ni dans l'enceinte des villes et bourgs.

19 juin (30 prairial an XII), décret impérial relatif à l'établissement thermal de Baréges (Hautes-Pyrénées).

22 juin (3 messidor an XII), décret impérial : à compter du jour de la publication du présent décret, l'agrégation ou association, connue sous le nom de pères de la foi, d'adorateurs de Jésus ou Paccanaristes, actuellement établis à Belley, à Amiens et dans quelques autres villes de l'empire, sera et demeurera dissoute... Les lois qui s'opposent à l'admission de tout ordre religieux, dans lequel on se lie par des vœux perpétuels, continueront d'être exécutées selon leur forme et teneur... Les agrégations, connues sous les noms de sœurs de la charité, de sœurs hospitalières, de sœurs de Saint-Thomas, de sœurs de Saint-Charles et de sœurs Vatelottes continueront d'exister, en conformité des arrêtés des 1er nivôse an XI, 24 vendémiaire an XI, etc., à la charge par les dites agrégations de présenter, sous le

délai de 6 mois, leurs statuts et réglements pour être vus et vérifiés en conseil d'Etat.

6 juillet (17 messidor an XII), décret impérial relatif à l'établissement de commissions spéciales pour le jugement des espions et des embaucheurs.

6 juillet (17 messidor an XII), décret impérial : le vice-amiral Bruix est nommé inspecteur des Côtes de l'Océan ; le vice-amiral Latouche Tréville, inspecteur des côtes de la Méditerranée ; le général Songis, inspecteur-général de l'artillerie ; Marescot, inspecteur général du génie ; le général Gouvion Saint-Cyr, colonel général des cuirassiers ; le colonel Beauharnais, colonel-général des chasseurs ; le général Baraguey d'Hilliers, colonel-général des dragons ; le général Junot, colonel-général des hussards.

6 juillet (17 messidor an XII), M. Regnaud de Saint-Jean d'Angély, conseiller d'Etat, est nommé procureur général de la haute Cour impériale.

10 juillet (21 messidor an XII), décrets impériaux qui rétablissent le ministère de la police générale, y nomment Fouché et confient à M. Portalis, conseiller d'Etat, le ministère des cultes.

10 juillet (21 messidor an XII), décret impérial sur la prestation du serment et le couronnement de l'Empereur.

11 juillet (22 messidor an XII), décret impérial sur la décoration des membres de la légion d'honneur.

13 juillet (24 messidor an XII), décret impérial concernant les monts de piété et les maisons de prêt sur nantissement.

13 juillet (24 messidor an XII), décret impérial relatif aux cérémonies publiques, préséances, honneurs civils et militaires (46 pages de texte).

30 juillet (11 thermidor an XII), décret impérial qui autorise les dames de la ci-devant congrégation de Notre-Dame de Châlons (Marne) à reprendre l'exercice de leurs fonctions (éducation des jeunes filles).

3 août (15 thermidor an XII), sénatus-consulte, qui proroge pour l'an XIII et l'an XIV la suspension des fonctions du jury dans les Côtes-du-Nord, le Morbihan, Vaucluse, les Bouches-du-Rhône, le Var, les Alpes-Maritimes, le Golo, le Liamone, le Pô, la Doire, la Sesia, la Stura, Marengo et le Tanaro.

25 août (7 fructidor an XII), décret impérial contenant organisation du corps des ingénieurs des ponts et chaussées (43 pages de texte).

1er septembre (14 fructidor an XII), décret impérial, concernant les entrepreneurs de voitures publiques à destination fixe.

11 septembre (24 fructidor an XII), décret impérial, daté du palais d'Aix-la-Chapelle, qui institue des prix décennaux (5 de 10,000 francs et 13 de 5,000) pour les ouvrages de sciences, de littérature, d'arts, etc.

16 septembre (29 fructidor an XII), décret impérial daté de Cologne, qui établit dans cette ville un entrepôt de marchandises et denrées étrangères.

21 septembre (4e jour complémentaire de l'an XII), décret impérial daté du palais de Mayence et concernant l'organisation des écoles de droit (11 pages de texte).

1 octobre (9 vendémiaire an XIII), décret impérial, qui établit à Mayence un entrepôt de marchandises et denrées étrangères.

18 octobre (26 vendémiaire an XIII), décret impérial qui convertit en maison de réclusion l'ancienne abbaye de Fontevrault (Maine-et-Loire).

18 octobre (26 vendémiaire an XIII), décret impérial, qui prohibe l'importation des nankins de l'Inde.

22 octobre (30 vendémiaire an XIII), acte du sénat conservateur, qui nomme le général Canclaux sénateur.

31 octobre (9 brumaire an XIII), décret impérial, relatif au mode de jouissance des biens communaux.

6 novembre (15 brumaire an XIII), sénatus-consulte : l'hérédité de la dignité impériale a été votée par 3,521,675 citoyens sur 3,524,254 votants. Il y a eu un *non* dans les Basses-Alpes, le Finistère, le Golo, le Morbihan et 204 *non* (maximum) dans le Pô. On a voté dans 109 départements, celui de la Seine a donné 120,947 *oui* (maximum) et l'île d'Elbe, 486 (minimum).

27 novembre (6 frimaire an XIII), décret impérial, relatif aux honneurs militaires à rendre dans les ports et arsenaux de la marine à l'empereur, aux princes, aux ministres, etc (23 pages de texte) « tous les équipages des vaisseaux devant lesquels Sa Majesté passera salueront de 7 cris de *vive l'empereur* ! »

27 novembre (6 frimaire an XIII), décret impérial : à l'avenir, les budgets des communes devront être adressés au Ministre de l'intérieur avant le 1er prairial (24 mai) de chaque année.

5

15 décembre (24 frimaire an XIII), décret impérial : M. Daunou, membre de l'Institut, est nommé archiviste en remplacement de M. Camus décédé.

29 décembre (8 nivôse an XIII), décret impérial relatif à la levée des conscrits de l'an XIII (25 pages de texte).

En 1804, outre les donations faites aux hôpitaux et aux bureaux de bienfaisance, on trouve des dons faits aux communes, aux églises, aux écoles, etc.

1805 (an XIII et an XIV).

7 janvier (17 nivôse an XIII) décret impérial relatif au mode de jouissance des droits de pâturage et parcours dans les bois et forêts.

17 janvier (27 nivôse an XIII), loi relative à la conscription de l'an XIV.

18 janvier (28 nivôse an XIII), loi relative aux consignations

19 janvier (29 nivôse an XIII), loi relative à l'éducation aux frais de l'État d'un enfant dans chaque famille qui en a 7 vivants.

24 janvier (1er pluviôse an XIII) loi sur les douanes.

25 janvier (5 pluviôse an XIII), loi relative à la diminution des frais de justice en matière criminelle ou de police correctionnelle.

31 janvier (11 pluviôse an XIII), loi concernant la dotation définitive de la Légion d'honneur.

4 février (15 pluviôse an XIII), loi relative à la tutelle des enfants, admis dans les hospices.

6 février (17 pluviôse an XIII), décret impérial contenant un tarif sur les douanes.

12 février (23 pluviôse an XIII) décret impérial qui interdit la vente des poudres de guerre.

21 février (2 ventôse an XIII), le budget de l'an IX est porté à 545 millions; celui de l'an XI est de 624,500,000 fr.; celui de l'an XII, de 762 millions; celui de l'an XIII, de 684 millions.

2 mars (11 ventôse an XIII) décret impérial : « défenses sont faites à tous les officiers de l'état civil de l'Empire de recevoir sur leurs registres la transcription de l'acte de célébration d'un prétendu mariage que M. Jérôme Bonaparte aurait contracté en pays étranger.

6 mars (15 ventôse an XIII) loi : l'administration municipale des villes de Lyon, Marseille et Bordeaux sera organisée comme celle des autres villes de l'Empire. Chacune d'elles aura un maire et six adjoints.

10 mars (19 ventôse an XIII), tout forçat libéré sera tenu de déclarer dans quel département et dans quelle commune il veut établir sa résidence. Il ne pourra l'établir ni dans une ville de guerre ni à moins de 3 myriamètres de la frontière.

14 mars (23 ventôse an XIII) décret impérial: à l'avenir, tout militaire ou autre individu employé à la suite de l'armée, qui sera convaincu d'avoir excité ses camarades à déserter, soit à l'ennemi, soit à l'étranger, soit à l'intérieur, sera réputé chef de complot et, comme tel, puni de mort.

22 mars (1er germinal an XIII) décret impérial sur la taxe des vins, cidres, poirés, tabacs, cartes à jouer, distilleries et bières.

25 mars (4 germinal an XIII), décret impérial qui autorise le rétablissement, à St-Lô (Manche), des filles du Bon Sauveur (qui se chargent de l'éducation des filles pauvres).

27 mars (4 germinal an XIII), le prince Camille Borghèse, beau-frère (comme époux de Pauline Bonaparte) de Sa Majesté l'Empereur est admis aux droits de citoyen français.

28 mars (7 germinal an XIII), les livres d'églises, les heures et prières ne pourront être imprimés ou réimprimés que d'après la permission donnée par les évêques diocésains, laquelle permission sera textuellement imprimée en tête de chaque exemplaire.

15 avril (25 germinal an XIII) décret impérial contenant règlement sur les revues, la solde et les masses (73 pages de texte).

10 mai (20 prairial an XIII), décret impérial, daté du palais de Milan qui établit à Lyon un dépôt de marchandises étrangères, non prohibées, et de denrées coloniales.

14 mai (24 prairial an XIII), décret impérial portant création de compagnies de la réserve (27 pages de texte).

6 juin (18 prairial an XIII), décret impérial contenant organisation de la ci-devant république Ligurienne (Gênes, Savone, Chiavari, Novi, Bobbio, Voghera, Tortone, Ceva, Acqui etc.).

7 juin (18 prairial an XIII), décret impérial, contenant fixation des limites entre l'empire et le royaume d'Italie.

16 juillet (27 messidor an XIII), avis du conseil d'Etat

sur des formalités relatives au mariage.

23 juillet (4 thermidor an XIII), décret impérial, relatif aux autorisations des officiers de l'état civil pour les inhumations.

27 juillet (8 thermidor an XIII), deux décrets impériaux concernant les maisons de prêt (qui sont supprimées) et les monts de piété (qui sont maintenus) (19 pages de texte).

4 août (16 thermidor an XIII), décret impérial: la donation faite par Mme Desbassayns autorisée par son mari pour le rétablissement de l'institution et de la nomination annuelle d'une rosière à Suresne, sera acceptée par le maire de cette ville. (C'était le don d'un capital de 6,000 francs produisant 300 fr. par an).

5 août (17 thermidor an XIII), décret impérial sur la peine de la récidive contre les forçats.

26 août (8 fructidor an XIII), décrets impériaux relatifs à la levée de la conscription de l'an XIV (103 pages de texte).

9 septembre (22 fructidor an XIII) sénatus-consulte: à compter du 11 nivôse prochain (1er janvier 1806), le calendrier grégorien sera mis en usage dans tout l'empire français.

10 septembre (23 fructidor an XIII), décret impérial sur les commissaires généraux de police.

24 septembre (2 vendémiaire an XIV), sénatus-consulte, qui ordonne une levée de 80,000 conscrits en l'an 1806.

24 septembre (2 vendémiaire an XIV), sénatus-consulte qui ordonne la réorganisation des gardes nationales.

1er novembre (10 brumaire an XIV), décret impérial qui

autorise la course (contre les navires suédois).

7 décembre (16 frimaire an XIV), décret impérial : les veuves des généraux français tués à la bataille d'Austerlitz jouiront d'une pension de 6.000 francs leur vie durant; les veuves des colonels et majors, d'une pension de 2,400 francs; les veuves des capitaines, d'une pension de 1,200 francs; les veuves des lieutenants et sous-lieutenants, d'une pension de 800 francs; les veuves des soldats, d'une pension de 200 francs.

7 décembre (16 frimaire an XIV), décret impérial qui établit une Bourse de commerce à Nevers.

7 décembre (16 frimaire an XIV), décret impérial : nous adoptons tous les enfants des généraux, officiers et soldats français morts à la bataille d'Austerlitz.

23 décembre (2 nivôse an XIV), décret impérial, daté de Schœnbrunn, qui interdit l'usage et le port des fusils et pistolets à vent.

26 décembre (5 nivôse an XIV), traité de Presbourg entre la France et l'Autriche: Venise sera réunie au royaume d'Italie. L'empereur d'Allemagne reconnaît comme rois les électeurs de Bavière et de Wurtemberg. Il cède à la Bavière le Tyrol; à l'électeur de Bade, le Brisgau et la ville de Constance. La Bavière acquiert de plus la ville d'Augsbourg. Dès ce moment, l'Empereur d'Allemagne prendra le titre d'empereur d'Autriche.

1806

15 février, décret impérial :

« il y aura, au 25 mai, une « exposition générale et publi- « que de tous les produits de « l'industrie. Elle fera partie « des fêtes consacrées à célé- « brer les triomphes des ar- « mées française. »

19 février, décret impérial: « la fête de Saint Napoléon et « celle du rétablissement de la « religion catholique en Fran- « ce seront célébrées dans tou- « te l'étendue de l'empire, le « 15 août de chaque année, « jour de de l'assomption et « époque de la conclusion du « concordat. Les autorités mi- « litaires, civiles et judiciaires « assisteront (à la procession « de ce jour). La fête de l'an- « niversaire de notre couron- « nement et celle de la batail- « le d'Austerlitz seront célé- « brées le 1er dimanche du mois « de décembre dans toute l'é- « tendue de l'empire; les au- « torités militaires, civiles et « judiciaires y assisteront. Il « sera prononcé dans les égli- « ses, dans les temples (et sy- « nagogues), par un ministre « du culte, un discours sur la « gloire des armées françaises « et sur l'étendue du devoir « imposé à chaque citoyen de « consacrer sa vie à son prin- « ce et à la patrie. »

Décret impérial : nos sujets de l'empire français sont affranchis, dans notre royaume d'Italie, du droit d'aubaine ainsi que de tous autres droits, de par nature, quelle qu'en soit la dénomination. Par récipro- cité, nos sujets du royaume d'Italie jouiront du même af- franchissement dans l'empire français. Pourront en consé- quence nos sujets de l'un des deux États recueillir librement les successions ouvertes à leur profit dans l'autre. Ces dispo- sitions sont déclarées communes aux états de Parme, Plaisance et Guastalla.

20 février, décret impérial : « l'église de Saint Denis est « consacrée à la sépulture des « empereurs. Il (y) sera formé « un chapitre, composé de 10 « chanoines, chargés de des- « servir cette église. » L'église de Sainte Geneviève sera terminée et rendue au culte, conformément à l'intention de son fondateur. Elle conservera la destination qui lui avait été donnée par l'assemblée constituante.

15 mars, Napoléon Ier nomme Murat, grand-amiral de France, duc de Clèves et de Berg.

18 mars, loi portant établissement d'un conseil de prud'hommes à Lyon.

30 mars, message de sa Majesté l'Empereur au Sénat conservateur : l'Empereur est le chef et le père commun de sa famille. A ce titre, il exerce sur ceux qui la composent la puissance paternelle pendant leur minorité et conserve toujours à leur égard un pouvoir de surveillance, de police et de discipline. Le mariage des princes et princesses de la maison impériale, à quelque âge qu'ils soient parvenus, sera nul et de nul effet, de plein droit et sans qu'il soit besoin de jugement, toutes les fois qu'il aura été contracté sans le consentement formel de l'Empereur. Le divorce est interdit aux membres de la famille impériale de tout sexe et de tout âge. Ils pourront néanmoins demander la séparation de corps.

Nous avons érigé en duchés-grands-fiefs de notre empire la Dalmatie, l'Istrie, le Frioul, Cadore, Bellune, Conégliano, Trévise, Feltri (Feltre), Bassa-

no, Vicence, Padoue et Rovigo (pour Soult, Bessières, Duroc, Victor, Moncey, Mortier, Clarke, Maret, Caulaincourt, Arrighi, Champagny et Savary).

Napoléon Ier nomma son frère Joseph Bonaparte roi de Naples, le prince et la princesse Borghèse duc et duchesse de Guastalla et le maréchal Berthier prince de Neuchâtel (Suisse).

4 avril, « le catéchisme annexé au présent décret, sera publié et seul en usage dans toutes les églises catholiques de l'empire. »

14-29 avril, loi contenant le code de procédure civile.

22 avril, loi relative à la Banque de France.

24 avril, loi : le budget de 1806 est de 894, 240, 359 francs.

30 avril, loi sur les douanes (31 pages de texte).

3 mai, décret impérial qui nomme Alexandre Lameth préfet du département de la Roër, chef-lieu Cologne.

5 mai, décret impérial sur les boissons.

10 mai, « loi : il sera formé, « sous le nom d'Université im- « périale, un corps chargé uni- « quement de l'enseignement « et de l'éducation publique « dans tout l'empire. »

12 mai, loi : « tout individu, « qui sera convaincu d'avoir « menacé, par écrit anonyme « ou signé, d'incendier une ha- « bitation ou toute autre pro- « priété, si la personne ne dé- « pose une somme d'argent « dans un lieu indiqué ou ne « remplit toute autre condi- « tion, sera puni de 24 ans de « fer et flétri, sur l'épaule gau- « che, de la lettre S.»

13 mai, réglement relatif aux élections (13 pages de texte).

30 mai, décret impérial :

« certains juifs, n'exerçant « d'autre profession que celle « de l'usure, ont mis beaucoup « de cultivateurs dans un état « de grande détresse. » (Mesures pour remédier au mal, sans persécuter les Juifs, comme on faisait auparavant).

5 juin, Louis Bonaparte est nommé, par Napoléon Ier, roi de Hollande ; Talleyrand, duc de Bénévent et le maréchal Bernadotte, duc de Ponte-Corvo.

8 juin, décret impérial concernant les théâtres.

11 juin, décret impérial sur l'organisation et les attributions du Conseil d'état.

Décret impérial, concernant les rapports entre les fonctions des gardes champêtres et celles des gendarmes.

Décret impérial concernant les sels.

20 juin, décret impérial qui augmente le traitement des fonctionnaires de l'ordre judiciaire.

23 juin, décret impérial concernant le poids des voitures et la police du roulage.

24 juin, décret impérial qui prohibe les maisons de jeux de hasard.

30 juin, décret impérial concernant l'administration du bureau des nourrices de la ville de Paris.

30 juin, décret impérial concernant règlement sur le mont-de-piété de Bordeaux (24 pages de texte).

3 juillet, décret impérial concernant les examens prescrits aux étudiants en droit.

3 juillet, décret impérial concernant le conseil des prud'hommes de Lyon.

14 juillet, décret impérial concernant les haras.

17 juillet, décret impérial concernant les forçats libérés.

22 juillet, décret impérial concernant les actes de l'état civil pour les Français professant le culte luthérien.

22 juillet, décret impérial contenant règlement sur les affaires contentieuses portées au Conseil d'Etat (11 pages de texte).

22 juillet, décret impérial relatif à l'organisation des conseils de marine et à l'exercice de la police et de la justice à bord des vaisseaux (14 pages de texte).

3 août, décret impérial qui ordonne la levée de 80,000 hommes de la conscription de 1806 (43 pages de texte).

4 août, décret impérial relatif au temps de nuit pendant lequel la gendarmerie ne peut entrer dans les maisons des citoyens.

9 août, décret impérial relatif aux formalités à observer pour la mise en jugement des agents du gouvernement.

12 août, décret impérial qui fixe l'époque où doivent être envoyés les budgets des communes ayant plus de 20,000 francs de revenus.

21 août, décret impérial portant que les certificats de vie nécessaires pour le paiement des rentes viagères et pensions sur l'État seront délivrés par les notaires.

7 octobre, décret impérial qui rappelle tous les Français au service de la Prusse.

25 octobre, décret impérial portant que les capitaines commandant des navires ou barques faisant le cabotage ou la pêche ne seront pas assujettis au droit de patente.

12 novembre, décret impérial contenant création et organisation de tribunaux maritimes.

21 novembre, décret impérial daté de Berlin, qui déclaré les Iles Britanniques en état de blocus.

4 décembre, sénatus-consulte : 80,000 conscrits seront levés en 1807.

11 décembre, traité de paix et d'alliance, conclu avec le roi de Saxe (qui entre dans la confédération du Rhin).

12 décembre, décret impérial daté de Posen et contenant réglement sur le service du pilotage (13 pages de texte).

18 décembre, décret impérial relatif à la levée de la conscription de 1807.

1807

25 janvier, 23 avril, 11 mai, 1ᵉʳ juin, 20 juillet, 12 août, 30 septembre, décrets impériaux qui autorisent à se réunir en communautés les sœurs de l'instruction chrétienne de Dourdan (Seine-et-Oise); les dames charitables, connues dans le diocèse d'Aix, sous le nom de sœurs hospitalières ou de sœurs de Notre-Dame de grâce, les dames charitables, connues dans la ville de Bergerac (Dordogne) sous le nom de sœurs de la Miséricorde; les sœurs de la Congrégation de Saint-Roch, établies à Felletin (Creuse); les dames hospitalières connues dans le diocèse de Poitiers sous le nom de Sœurs de la congrégation de Saint-Joseph de l'ordre de Saint-Augustin; les dames charitables connues dans le diocèse de Metz sous le nom de sœurs de l'enfance de Jésus et de Marie; enfin les dames charitables, dites du refuge de Saint-Michel.

29 janvier, promulgation du traité de Posen (15 décembre 1806), en vertu duquel les ducs de Saxe-Weimar, Saxe-Gotha, Saxe-Meiningen, Saxe-Hildbourghausen et Saxe-Cobourg entrent dans la Confédération du Rhin.

16 février, décret impérial daté de Preuszisch-Eylau, accordant un brevet d'invention au sieur Dalmas, conducteur des ponts et chaussées, pour une machine à battre les grains, les vanner, cribler et hacher la paille.

16 février, décret impérial contenant le tarif des frais et dépens pour le ressort de la Cour d'appel de Paris (64 pages de texte).

7 avril, sénatus-consulte qui met à la disposition du gouvernement 80,000 conscrits de 1808.

28 mai, Napoléon Iᵉʳ nomme le maréchal Lefebvre duc de Dantzig

20 juin et **27 septembre,** décrets impériaux qui établissent des conseils de prud'hommes à Rouen et à Nîmes.

1ᵉʳ juillet, décret impérial qui nomme « M. Lacépède (*sic*) président du Sénat. »

7 juillet, paix de Tilsitt: Napoléon rend aux Prussiens les provinces qu'il a conquises sur eux; il donne au roi de Saxe le duché de Varsovie; Dantzig redevient une ville libre. « Les ports des duchés « d'Oldembourg et de Mecklembourg continueront d'être occupés par des garnisons françaises jusqu'à l'échange des ratifications du futur traité de paix définitif « entre la France et l'Angleterre. » L'Empereur de Russie reconnait les rois de Naples et de Hollande ainsi que la confédération du Rhin. « S. « M. l'Empereur de Russie re-

« connaît aussi S. A. I. le « prince Jérôme Napoléon « comme roi de Westphalie. »

9 juillet, « S. M. le roi de « Prusse reconnaît » les rois de Naples, de Hollande et de Westphalie ainsi que la confédération du Rhin : « Jusqu'au « jour de l'échange des ratifi- « cations du futur traité de « paix entre la France et l'An- « gleterre, tous les pays de la « domination de S. M. le roi « de Prusse seront, sans ex- « ception, fermés à la naviga- « tion et au commerce des An- « glais. »

29 juillet, décret impérial : « le maximum du nombre des « théâtres de notre bonne ville « de Paris est fixé à huit. »

12 août, décret impérial : les assignats de 100 francs seront payés 6 sous 6 deniers, et les mandats territoriaux de 100 francs seront payés 2 livres 4 deniers.

3 septembre, loi : « l'inté- « rêt conventionnel ne pourra « excéder, en matière civile, « 5 0/0, ni en matière de com- « merce, 6 0/0, le tout sans « retenue. »

5 septembre, loi relative au mode de recouvrement des frais de justice au profit du trésor public en matière criminelle, correctionnelle et de police.

10 septembre, publication du code de commerce (124 pages de texte).

15 septembre, budget de 1807 pour les 110 départements : 720 millions, dont 75,159,000 fr. pour la dette publique.

16 et 28 septembre, loi et décret relatifs à l'organisation de la cour des comptes.

16 septembre, loi relative au dessèchement des marais.

18 septembre, décret impérial qui défend la mendicité

dans le département de la Côte-d'Or.

21 septembre, décret impérial contenant réglement pour la fabrication et l'estampillage des draps destinés au commerce du Levant.

30 septembre, décret impérial portant établissement de 800 bourses et 1,600 demi-bourses dans les séminaires diocésains.

30 septembre, décret impérial : l'état des succursales (catholiques) à la charge du trésor public sera porté de 24,000 à 30,000.

12 octobre, sénatus-consulte relatif à l'ordre judiciaire.

1808

16 janvier 18 mai et 24 juin, décrets impériaux arrêtant définitivement les statuts de la Banque de France et autorisant cette institution financière à établir des comptoirs d'escompte à Lyon et à Rouen.

21 janvier et 10 septembre, sénatus-consultes mettant à la disposition du gouvernement, le 1er 80,000 conscrits et le 2e 160,000.

2 février, 7 mai, 19 août, 23 août, 22 octobre et 24 décembre, décrets impériaux qui ordonnent l'établissement de conseils de prud'hommes à Avignon, Troyes, Mulhouse, Thiers, Sedan, Carcassonne et Saint-Quentin.

19 février, sénatus-consulte organique sur l'admissibilité des étrangers aux droits de citoyen français.

1er mars, décret impérial concernant les majorats (voir 9 avril 1809, févr. 1810, 3 mars 1810, 29 mars 1810, etc., etc.)

1er mars, décret impérial concernant les titres de prince, altesse sérénissime, duc de l'Empire, comte, baron, etc.

14 mars, décret impérial concernant les gardes de commerce.

17 mars, décret impérial : « le sieur Fontanes, président « du Corps Législatif, est « nommé grand-maître de l'U- « niversité. »

17 mars, décret impérial portant organisation de l'Université (27 pages de texte).

17 mars et **13 octobre,** décrets impériaux, organisant le culte israélite, principalement à Paris et dirigés contre l'usure.

30 mars, décret impérial contenant règlement pour la police et la discipline des cours et tribunaux (21 pages de texte).

25 avril, décret impérial relatif aux améliorations projetées par le gouvernement impérial en faveur de la ville de Bordeaux (13 pages de texte).

24 mai, sénatus-consulte organique réunissant à l'empire français les duchés de Parme et de Plaisance et les États de Toscane, et en formant les quatre départements du Taro, de l'Arno, de la Méditerranée et de l'Ombrone.

16 juin, décrets impériaux, dont le 1er est relatif à la culture, à la fabrication et à la vente du tabac ; le 2e, à l'établissement d'une maison centrale de détention dans la ci-devant abbaye de Clairvaux (Aube).

2 juillet, décret impérial qui autorise la continuation de la société anonyme, formée le 28 fructidor an VI, à Paris, rue Notre-Dame des Victoires et Montmartre pour l'entre-

prise générale des messageries.

5 juillet, décret impérial sur l'extirpation de la mendicité.

12 juillet, décret impérial, concernant les droits de greffe.

20 juillet, décret impérial : les Juifs auront désormais chacun un nom et un prénom légaux, choisis et déclarés par eux.

3 août, décret impérial qui autorise l'association des sœurs de la doctrine chrétienne de Nancy, dite sœurs Vatelottes.

4 septembre, message de l'Empereur au Sénat : « je suis « résolu à presser les affaires « d'Espagne avec la plus gran- « de activité et à détruire les « armées que l'Angleterre a « débarquées dans ce pays. « Mon alliance avec la Russie « ne laisse à l'Angleterre au- « cun espoir dans ses projets. « Puisque nos voisins aug- « mentent leurs armées, il est « de mon devoir d'augmenter « les miennes..... Le sultan « Sélim, le meilleur empereur « qu'aient eu depuis longtemps « les Ottomans, vient de mou- « rir de la main de ses propres « neveux ; cette catastrophe « m'a été sensible... Français, « je n'ai (dans mes projets qu'un « but, votre bonheur et la sé- « curité de vos enfants et, si « je vous connais bien, vous « vous hâterez de répondre au « nouvel appel qu'exige l'in- « térêt de la patrie. Vous m'a- « vez dit si souvent que vous « m'aimiez ! Je reconnaîtrai « la vérité de vos sentiments « à l'empressement que vous « mettrez à seconder des pro- « jets si intimement liés à vos « plus chers intérêts, à l'hon- « neur de l'Empire et à ma « gloire. »

10 septembre, sénatus-consulte, qui proroge la suspension du jury dans les départements du ci-devant Piémont et de la Corse.

11 septembre, décret impérial sur la comptabilité de la Caisse d'amortissement.

17 septembre, décret impérial contenant réglement pour l'université impériale.

27 octobre, décret impérial concernant un nouveau tarif des droits de voirie pour la ville de Paris.

4 novembre. Sénatus-consulte, qui dédouble le département du Lot et forme celui de Tarn-et-Garonne, chef-lieu Montauban.

14 novembre, loi relative à la saisie immobilière des biens d'un débiteur situés dans plusieurs arrondissements.

25 novembre, loi : le budget de l'année 1808 est fixé à 730 millions.

10 décembre, loi qui autorise la ville de Paris à emprunter 8 millions, remboursables en 16 ans, à partir de 1809.

21 décembre, décret impérial sur les conseils d'administration des régiments.

21 décembre, décret impérial concernant les boissons.

22 décembre, lettres (datées de Madrid) de création du dépôt de mendicité du département de la Seine au château de Villers-Cotterets (Aisne).

1809

2, 9 et 17 février, 3, 16 et 24 mars, 28 mai, 14 juin, 1er juillet, 6 et 29 août, 20 et 29 septembre, 13, 15, 21 et 29 octobre, lettres de création des dépôts de mendicité de Coutances, Châlons-sur-Marne, Clairvaux, Digne, Vesoul, Laon, Epinal, la Charité-sur-Loire, Saint-Dizier, Meaux, Montpellier, Alençon, Amiens, Besançon, Luçon, Mouzon, Savigneux (Loire), Rennes, Limoges, Montauban, Saint-Lizier (Ariège), Saint-Maixent (Deux-Sèvres), Caen, Nantes et Poitiers.

7 février, décret impérial, qui établit une chambre de commerce à Dieppe.

17 février, réglement établissant les droits d'examen et de diplôme pour le baccalauréat, la licence et le doctorat.

18 février et 8 novembre, décrets impériaux relatifs aux congrégations des maisons hospitalières de femmes, en général et des sœurs hospitalières de la charité dites de de Saint-Vincent-de-Paul, en particulier.

28 février, 6 avril et 30 décembre, décrets impériaux relatifs au jugement des conscrits réfractaires qui s'évadent, aux Français, qui auront porté les armes contre la France ; aux Français qui, rappelés de l'étranger, ne rentreront pas en France ; loi contre les recéleurs de déserteurs et contre les conscrits réfractaires du royaume d'Italie.

3 mars, décret impérial qui confère à la princesse Elisa Bonaparte le gouvernement général de la Toscane.

9 avril, lettres patentes nommant baron M. Séguier, 1er président de la cour d'appel de Paris et érigeant en sa faveur un majorat de 5,000 livres de rentes.

9 avril, décret impérial concernant les élèves des séminaires.

25 avril, sénatus-consulte, qui met à la disposition du gouvernement 40,000 conscrits pour faire partie des régiments de la Garde impériale.

17 mai, réglement relatif aux octrois municipaux et de bienfaisance (31 pages de texte).

17 mai, décret impérial, portant création d'une garde municipale à Bordeaux (80 fantassins et 15 cavaliers).

4 juin, décret impérial, relatif aux facultés de droit et de médecine, aux lycées et aux collèges.

14 juin, 15 octobre, 28 novembre et 22 décembre, décrets impériaux contenant réglements sur les conseils de prud'hommes en général et établissant en particulier ceux de Limoux, Reims et Tarare (Rhône).

15 août, lettres patentes (datées de Schœnbrunn), qui nomment M. le comte Régnier, grand juge et ministre de la justice, duc de Massa di Carrara : M. le comte de Nompère de Champagny, ministre des relations extérieures, duc de Cadore ; M. le comte Gaudin, ministre des finances, duc de Gaëte ; M. le comte Fouché ; ministre de la police générale, duc d'Otrante ; M. le comte Maret, ministre secrétaire d'Etat, duc de Bassano ; M. Clarke, comte d'Hunebourg et ministre de la guerre, duc de Feltre.

1er octobre, décret impérial, qui nomme M. le comte Montalivet ministre de l'Intérieur.

5 octobre, sénatus-consulte qui met 36,000 conscrits à la disposition du gouvernement.

6 octobre, décret impérial concernant l'organisation des tribunaux de commerce.

7 octobre, décret impérial concernant les dépenses variables des départements pour 1809.

13 octobre et d'abord **29 septembre**, lettres-patentes portant collation du titre de comte à M. Molé, conseiller d'Etat, membre de la légion d'honneur et érection du majorat de Champlatreux, produisant un revenu annuel de 10,212 francs.

14 octobre, traité de Vienne : l'Autriche cède à Napoléon Salzbourg, Berchtolsgaden, Trieste, la Carniole, le cercle de Willach en Carinthie, une partie de la Croatie, l'Istrie, etc. ; au roi de Saxe, une portion de la Bohême et de la Gallicie ; à la Russie, une autre partie de la Gallicie.

4 décembre, décret impérial contenant le tarif des droits dus aux avocats au conseil d'Etat, pour les affaires sur lesquelles le conseil du sceau des titres est appelé à délibérer.

14 décembre, acte du Sénat qui nomme sénateur le chevalier Pastoret présenté par le collége électoral du département de la Seine.

16 décembre, sénatus-consulte portant dissolution du mariage contracté entre l'empereur Napoléon et l'impératrice Joséphine. « La politique « de ma monarchie, dit l'em- « pereur, l'intérêt et le besoin « de mes peuples, qui ont « guidé toutes mes actions, « veulent qu'après moi je « laisse à des enfants, héri- « tiers de mon amour pour « mes peuples, ce trône où la « Providence m'a placé. Ce- « pendant, depuis plusieurs « années, j'ai perdu l'espé- « rance d'avoir des enfants de « mon mariage avec ma bien-

« aimée épouse, l'impératrice
« Joséphine ; c'est ce qui me
« porte à sacrifier les plus
« douces affections de mon
« cœur, à n'écouter que le
« bien de l'Etat et à vouloir
« la dissolution de notre ma-
« riage. Parvenu à l'âge de
« 40 ans, je puis concevoir
« l'espérance de vivre assez
« pour élever dans mon esprit
« et dans ma pensée, les en-
« fants qu'il plaira à la Provi-
« dence de me donner. Dieu
« sait combien une pareille
« résolution a coûté à mon
« cœur ; mais il n'est aucun
« sacrifice qui soit au-dessus
« de mon courage, lorsqu'il
« m'est démontré qu'il est
« utile au bien de la France.
« J'ai le besoin d'ajouter que
« loin d'avoir jamais eu à me
« plaindre, je n'ai, au contraire,
« qu'à me louer de l'attache-
« ment et de la tendresse de
« ma bien-aimée épouse : elle
« a embelli 15 ans de ma vie ;
« le souvenir en restera tou-
« jours gravé dans mon cœur.
« Elle a été couronnée de ma
« main ; je veux qu'elle con-
« serve le rang et le titre d'im-
« pératrice, mais surtout
« qu'elle ne doute jamais de
« mes sentiments et qu'elle me
« tienne toujours pour son
« meilleur et son plus cher
« ami. » Etaient présents les
princes, les princesses, l'archi-
chancelier prince Cambacérès,
etc. Parmi les signataires de
l'acte, on remarque Madame
mère, (Letizia, mère de Napoléon Ier). Joséphine prononça
ces paroles : « Avec la permis-
« sion de notre auguste et cher
« époux, je dois déclarer que,
« ne conservant aucun espoir
« d'avoir des enfants qui puis-
« sent satisfaire les besoins de
« sa politique et l'intérêt de la
« France, je me plais à lui

« donner la plus grande preuve
« d'attachement et de dévoue-
« ment qui ait jamais été don-
« née sur la terre. Je tiens tout
« de ses bontés ; c'est sa main
« qui m'a couronnée et du
« haut de ce trône, je n'ai reçu
« que des témoignages d'af-
« fection et d'amour du peuple
« français. Je crois reconnaître
« tous ces sentiments en con-
« sentant à la dissolution d'un
« mariage, qui désormais est
« un obstacle au bien de la
« France, qui la prive du bon-
« heur d'être un jour gouver-
« née par les descendants
« d'un grand homme, si évi-
« demment suscité par la Pro-
« vidence pour effacer les
« maux d'une terrible révolu-
« tion et rétablir l'autel, le
« trône et l'ordre social. Mais
« la dissolution de mon ma-
« riage ne changera rien aux
« sentiments de mon cœur.
« L'Empereur aura toujours
« en moi sa meilleure amie.
« Je sais combien cet acte
« commandé par la politique
« et par de si grands intérêts,
« a froissé son cœur ; mais
« l'un et l'autre nous sommes
« glorieux du sacrifice que
« nous faisons au bien de la
« patrie. » Le douaire de Joséphine fut fixé à une rente annuelle de 2 millions.

23 décembre, loi : le gouvernement est autorisé à vendre (sa part d'actions) du canal du midi, ainsi que les
canaux d'Orléans, du Loing,
du centre et de Saint-Quentin.

23 et 26 décembre, lois
qui autorisent des aliénations,
acquisitions, concessions à
(de) rentes, échanges, etc.,
faits par des bureaux de bienfaisance, des commissions
administratives d'hospices et
des maires.

26 décembre, décret impérial concernant les auditeurs près le Conseil d'Etat.

27 décembre, loi concernant des impositions pour confection de diverses routes.

1810

12 janvier, loi sur les taxes d'importation et d'exportation.

15 janvier, les dépenses de l'année 1806 restent fixées à 899,015,000 fr., celles de 1807 à 733,880,000 fr., celles de 1808, à 740,000,000 fr. ; celles de 1809, à 730,000,000 fr.

21 janvier, décret impérial relatif aux auditeurs du Ministère de la police générale et de la préfecture de police.

25 janvier, 5 septembre, 9 octobre, 22 octobre, 31 octobre, 5 et 22 novembre, 8, 20, et 29 décembre, des dépôts de mendicité sont créés à Aix en Provence, Evreux, Agen, Cahors, Gap, Auxerre, au Château de la Voûte (Ardèche), à l'abbaye de Saint-Yon (Seine-Inférieure), à Fains, Bourg, Angoulême, Nîmes et au château de Monistrol (Haute-Loire).

30 janvier, sénatus-consulte relatif à la dotation de la couronne.

5 et 12 février, 3 mai, 3 août, et 14 décembre, l'imprimerie et la librairie ayant été réorganisées, M. le conseiller d'Etat Portalis est nommé directeur-général de la librairie. 36,000 fr. sont alloués, pour 1819, aux censeurs de la presse, qui recevront, avec le titre de censeurs impériaux un traitement fixe et une rétribution personnelle. « Il n'y aura qu'un seul journal dans chacun des départements autres que celui de

« la Seine. Ce journal sera « sous l'autorité du préfet et « ne pourra paraître que sous « son approbation, » (Exception est faite pour les journaux non-politiques.

5 février, l'Empereur nomme sénateur le comte Fontanes.

12 février, publication du Code pénal.

14 février, loi relative aux revenus des fabriques d'églises.

17 février, sénatus-consulte organique, portant réunion des Etats romains à l'empire français.

20 février, 29 mai, 22 juin, 6 juillet, 3 et 7 août, 5 septembre, nouveaux réglements sur les conseils de prud'hommes. On en crée à Lille, Lodève, Saint-Etienne, Clermont (Hérault), Louviers, Roubaix et Marseille.

23 février, promulgation du traité de paix conclu avec la Suède. Ce pays adopte le système continental et s'engage à fermer ses ports au commerce anglais. La France restitue la Poméranie aux Suédois.

25 février, décret impérial qui déclare loi générale de l'empire l'édit du mois de mars 1682 sur la déclaration, faite par le clergé de France, de ses sentiments touchant la puissance ecclésiastique.

Février, création de majorats en faveur de MM. le comte Jacques de Maleville et les barons Champy et Pavée de Vendeuvre.

3 mars, décret impérial concernant le siége des majorats, les fils des titulaires de majorats, les biens des majorats et le titre de chevalier.

3 mars, décret impérial concernant les prisons d'Etat.

« il est un certain nombre de
« nos sujets détenus dans les
« prisons de l'Etat, sans qu'il
« soit convenable ni de les
« faire traduire devant les tri-
« bunaux ni de les faire mettre
« en liberté. »

8 mars, loi sur les expropriations pour cause d'utilité
publique.

12 mars, loi qui autorise
la ville de Paris à faire un
emprunt (de 7 millions pour
creuser le canal de l'Ourcq).

16 mars, décret impérial
concernant la propriété et
l'administration des canaux
d'Orléans et du Loing, cédés
au domaine extraordinaire.

23 mars, décret impérial
qui ordonne (par représailles)
la saisie et la vente des bâtiments sous le pavillon des
Etats-Unis, entrés dans les
ports de l'empire, à compter
du 20 mai 1809.

25 mars, décret impérial
contenant des actes de bienfaisance et d'indulgence à l'occasion du mariage de S. M.
l'Empereur (des Français) et roi
(d'Italie), avec l'archiduchesse
Marie-Louise).

25-29 mars, concession au
comte Chaptal d'un majorat
donnant un revenu annuel de
11,665 francs.

20 avril, budget de l'année
1810 : 740,000,000 de francs.

20 avril, loi sur l'organisation de l'ordre judiciaire et
l'administration de la justice.

21 avril, loi concernant les
mines, les minières et les
carrières (20 pages de texte).

24 avril, sénatus-consulte
créant le département des
Bouches-du-Rhin, chef-lieu
Bois-le-duc.

15 mai, décret impérial
portant création du département des Bouches-de-l'Es-
caut, chef-lieu Middelbourg.

16 mai, décret impérial
sur le mode de paiement de la
solde et des masses de l'armée.

**5 juin, 14 juin, 16 juil-
let, 28 août, 22 octobre,
2, 8, 13, 15, 22, 24 et 25
novembre, 14 et 26 décem-
bre,** approbation accordée par
décrets impériaux à 182 communautés de religieuses :
sœurs de Sainte Marthe, sœurs
de Saint-Joseph, sœurs de la
Charité, sœurs de la Providence, hospitalières augustines,
hospitalières de la Sain-
te-Trinité, sœurs noires de
Bailleul, sœurs de l'instruction chrétienne, sœurs hospitalières de Saint-Charles, hospitalières de Sainte-Anne,
dames hospitalières de la miséricorde, etc. (C'est surtout
Maret, duc de Bassano, qui
multiplia ainsi les couvents
de femmes. L'impératrice Marie-Louise y fut aussi, sans
doute, pour quelque chose).

11 juin, décret impérial sur
la fixation des dépenses départementales (22 pages de
texte).

30 juin, décret impérial,
contenant le tarif des rations
de vivres, de chauffage et de
fourrages, à distribuer soit
sur le pied de paix, soit sur le
pied de guerre et de rassem-
blement (15 pages de texte).

6 juillet, décret impérial
contenant règlement sur l'organisation et le service des
cours impériales, des cours
d'assises et des cours spéciales.

9 juillet, Louis Bonaparte,
roi de Hollande, ayant abdi-
qué, ce pays est réuni à l'empire.

11 juillet, décret impérial :
un passeport à l'intérieur
coûtera deux francs ; un passeport à l'étranger, 10 francs ;

un port d'armes de chasse, 30 francs.

19 juillet : au sieur Jean Louis Duplat, graveur, demeurant à Paris rue du marché Palu n° 26, il a été délivré, le 27 avril 1810, « le certificat de sa demande d'un brevet d'invention de 15 ans, pour faire sur la pierre calcaire une gravure imitant la taille douce. »

18 août, décret impérial concernant les remèdes secrets.

18 août, décret impérial contenant réglement sur l'organisation des tribunaux de 1re instance et des tribunaux de police.

13 septembre, décret impérial, qui divise la Hollande en 9 départements.

23 septembre, décret relatif au Mont (de piété) Napoléon de Milan.

3 octobre, décret impérial concernant les individus des deux sexes qui sont ou qui voudront se mettre en service à Paris en qualité de domestiques. (Ce décret fut, le 2 septembre 1813, déclaré applicable à toutes les villes ayant 50,000 habitants ou plus.)

8 octobre, décret impérial sur la pêche du hareng et du maquereau.

15 octobre, décret impérial relatif aux manufactures et ateliers qui répandent une odeur insalubre ou incommode.

18 octobre, décret impérial créant les cours prévotales des douanes.

12 novembre, décret impérial qui réunit le Valais à l'empire ; « (nous voulons) « mettre un terme à l'anarchie « qui afflige ce pays, qui d'ail-« leurs) n'a tenu aucun des « engagments qu'il avait con-« tractés (à propos de la rou-« te du Simplon). »

18 novembre, décret impérial contenant organisation du corps impérial des ingénieurs des mines (21 pages de texte).

13 décembre, un sénatusconsulte fixe l'apanage de l'ex-roi de Hollande à un revenu annuel de 2 millions.

13 décembre, sénatus-consulte qui ordonne la levée de 120,000 hommes de la conscription de 1811.

14 décembre, décret impérial contenant réglement sur l'exercice de la profession d'avocat et la discipline du barreau.

14 décembre, décret impérial contenant réglement sur les armes à feu fabriquées en France et destinées pour le commerce.

20 décembre, décret impérial portant que le droit d'aubaine ne sera exercé sur la succession d'aucun sujet autrichien, mort en France pendant la guerre (1792—1810).

26 décembre, décret impérial contenant brevet d'institution publique des maisons dites de refuge (pour les repenties) et approbation de leurs statuts. « Ces maisons seront, « comme les maisons hospita-« lières de femmes, placées « sous la protection de Mada-« me notre chère et auguste « mère. »

29 décembre, décret impérial, qui attribue à la régie des droits réunis, exclusivement, l'achat des tabacs en feuilles, la fabrication et la vente des tabacs fabriqués.

30 décembre, décret impérial sur la solde des troupes.

1811

6 janvier, 12 avril et 14 juillet, décrets impériaux qui ordonnent l'établissement de conseils de prud'hommes à Amplepuis (Rhône), Orléans, Alais et Saint - Chamond (Loire).

6, 11, 19, 22 et 29 janvier, 16 et 27 février, 9 avril, 23 juillet, 30 septembre et 12 novembre, autorisation de 29 communautés de religieuses, savoir : sœurs hospitalières, sœurs de la Providence, sœurs de la Présentation de la Vierge, sœurs de l'Institution charitable dites de Saint - Maur, filles de la sagesse, sœurs de Sainte-Marthe, sœurs de Saint-Joseph, sœurs du Verbe Incarné, sœurs de Saint-Alexis, sœurs du bon Pasteur, sœurs de Saint-Maurice, etc.

12 janvier, décret impérial qui accorde une gratification de 25 fr. pour chaque arrestation de réfractaire ou de déserteur.

12 janvier, décret impérial relatif à l'installation des tribunaux de première instance.

18 janvier, 8 février, 5 avril, 8 mai, 12 et 13 juillet, 8 et 22 août, 25 novembre, lettres de création de dépôts de mendicité à Tours, Toulouse, Angers, La Rochelle, Semur, Dôle, Poissy, Noyon, Iseure (Allier) et Bordeaux.

19 janvier, décret impérial concernant les enfants trouvés ou abandonnés et les orphelins pauvres.

24 janvier et 21 août, 1° décret impérial portant création d'une maison centrale de détention, à Clairvaux, pour les départements de la Marne, de la Haute - Marne, de la Meuse, des Ardennes, de la Nièvre, de la Côte-d'Or, de l'Aube, de l'Yonne, et de Saône-et-Loire ; 2° lettres de création d'une maison centrale de détention à Melun, pour les départements de Seine-et-Marne, Aisne, Oise, Seine-et-Oise et Loiret.

30 janvier, décret impérial relatif aux marchés de Paris.

2 février, décret impérial qui fixe l'indemnité accordée aux imprimeurs supprimés de Paris.

6 février, décret impérial relatif au commerce de la boucherie dans le département de la Seine.

10 février, décret impérial qui réunit au département du Jura le terrain dépendant de la vallée des Dapes, cédé par la Suisse à la France.

23 février et 29 avril, (décrets impériaux) les prisonniers de guerre seront organisés en 35 bataillons, savoir 15 pour les travaux de fortifications, 15 pour ceux des ponts et chaussées et 5 pour des travaux de la marine.

8 mars, décret impérial qui affecte divers emplois civils aux militaires admis à la retraite ou réformés pour cause d'infirmités ou de blessures.

25 mars, décret impérial concernant la dotation, l'administration, la police et les dépenses de l'Hôtel des Invalides.

25 mars, décret impérial contenant règlement sur l'organisation de la police de l'Empire (8 pages de texte).

5 avril et 14 octobre, décrets impériaux contre les

conscrits réfractaires et les déserteurs, surtout des nouveaux départements.

7 avril, décret impérial relatif à la classification des 350 auditeurs près le conseil d'Etat.

17 avril, le comte Daru est nommé ministre d'Etat et le duc de Bassano, ministre des Relations extérieures.

19 avril, sénatus-consulte organique, portant réunion des départements du Golo et du Liamone en un seul département (Corse), dont le chef-lieu sera Ajaccio.

2 mai, décret impérial concernant les boursiers des lycées (4 pages de texte).

6 mai, décret impérial relatif à l'assiette des redevances fixes et proportionnelles sur les mines.

18 juin, décret impérial contenant un réglement pour l'administration de la justice en matière criminelle, de police correctionnelle et de simple police et tarif général des frais (48 pages de texte).

22 juin, décret impérial portant création d'un Ministère des manufactures et du commerce.

29 juin, 23 juillet, 14 août et 10 octobre, décrets impériaux qui approuvent l'institution des maisons de refuge établies à Caen, Versailles, La Rochelle, Rennes et Saint-Brieuc.

4 juillet, décret impérial concernant l'organisation générale des départements hanséatiques (Ems supérieur, Bouches-du-Wéser et Bouches de l'Elbe).

15 juillet, loi contenant le budget de l'Etat pour 1811 et la fixation des contributions pour 1812 (de plus une partie rétrospective, où l'on

trouve) : exercice 1808, dépenses 772,744,445 fr. ; exercice 1809, dépenses : 786,740,214 fr. ; exercice 1810, dépenses : 795,414,093 fr. ; exercice 1811, dépenses : 954,000,000 de fr.

19 juillet, loi qui crée les sous-préfectures de Rambouillet et Cherbourg.

25 juillet, décret impérial relatif à la société de charité maternelle.

13 août, décret impérial qui soumet les petits théâtres à une taxe au profit du Grand-Opéra (Académie impériale de musique).

18 août, décret impérial relatif aux enterrements et pompes funèbres.

18 septembre, décret impérial : « Il sera formé, avant « le 1er janvier 1812, un batail- « lon de sapeurs (1568 hommes), « chargé spécialement du ser- « vice des pompes à incendie « dans notre bonne ville de « Paris. »

3 octobre, « il sera perçu « un droit de 25 fr. sur chaque « prestation de serment des « avocats qui seront reçus à « notre Cour impériale de Pa- « ris. Le produit de ce droit « sera spécialement affecté aux « dépenses de la bibliothèque « des avocats et du bureau de « consultation gratuite et aux « secours que l'ordre des avo- « cats jugera convenable d'ac- « corder à d'anciens confrères « qui seraient dans le besoin « ainsi qu'à leurs veuves et « orphelins. »

15 novembre, décret impérial concernant le régime de l'université (32 pages de texte).

2 décembre, décret impérial portant abolition des droits d'aubaine et de détraction à l'égard des sujets prussiens. (De son côté, le roi de Prusse abolit le *jus albinagii* (droit d'aubaine), et la *gabella hereditaria* (droit de détraction) perçus en Prusse au préjudice des Français.

16 décembre, décret impérial concernant réglement sur la construction, la réparation et l'entretien des routes (60 pages de texte).

20 décembre, sénatus-consulte qui met à la disposition du ministre de la guerre 120,000 hommes de la conscription de 1812.

24 décembre, décret impérial relatif à l'organisation et au service des Etats-majors des places (38 pages de texte).

1812

5 janvier et 28 août, décrets impériaux portant création : 1° d'une maison centrale de détention (dans le château de Gaillon (Eure), pour les départements de l'Eure, de la Somme, de la Seine-Inférieure, de l'Orne et d'Eure-et-Loir ; 2° à Rennes pour les départements d'Ille-et-Vilaine, des Côtes-du-Nord, du Morbihan et du Finistère.

12 janvier, 2 février, 4 mai, 13 octobre, et **22 décembre.** décrets impériaux contre les escroqueries commises en matière de conscription, les complots de désertion, les déserteurs de la marine et les conscrits réfractaires du royaume d'Italie et du grand-duché de Berg.

15 janvier, décret impérial concernant la fabrication du sucre de betterave.

8 février, décret impérial qui charge l'administration des droits-réunis de la perception des octrois municipaux.

8 février, 20 juin et 7 août, décrets impériaux portant création de tribunaux de commerce à Saint Hippolyte (Gard) et à Saint Jean de Losne (Côte-d'Or) et supprimant celui des Sables d'Olonne, « qu'il a été impossible d'organiser. »

18 février, 27 février, 10 avril et 24 août, autorisations accordées à 85 communautés de religieuses.

8 mars, 18 avril, 7 mai, et 14 juillet, lettres de création de dépôts de mendicité à l'ancienne abbaye de Loos (Nord); au Mans ; dans l'ancien couvent des Bénédictins de Saint-Robert (Isère) et dans l'ancienne abbaye de Brantôme (Dordogne).

13 mars, sénatus-consulte : « la garde nationale de l'em- « pire se divise en 1er ban (de « 20 à 26 ans), 2e ban (de 26 à « 40 ans) et arrière-ban (de 40 « à 60 ans). Cent cohortes du « 1er ban (chacune de 1032 « hommes, dont 100 artilleurs) « sont mises à la disposition « du Ministre de la guerre. »

14 mars, décret impérial relatif à la levée et à l'organisation de 88 cohortes.

10 avril, décret impérial qui ordonne l'établissement de cours spéciales extraordinaires dans les cours impériales de Rouen, Douai et Amiens. « Dans les ressorts des dites « cours, il se commet des at- « tentats multipliés, contre les « personnes et les propriétés, « par des rassemblements « d'individus, dont les uns se « font délivrer les grains et les « farines à un prix forcé et les « autres se livrent au pillage « de ces denrées sur les che- « mins publics, dans les fer- « mes ou les marchés. Dans « les mêmes ressorts, il s'est

« déjà commis plusieurs incen-
« dies et il s'y fait fréquem-
« ment des sommations de dé-
« poser de l'argent dans les
« lieux indiqués avec menace
« d'assassinat en cas de refus. »

17 avril, décret impérial
sur le mode de paiement et la
comptabilité des dépenses de
la marine.

1er mai, décret impérial qui
détermine les cas où les généraux ou commandants militaires peuvent capituler et la
manière dont seront jugés et
punis ceux qui capituleraient,
hors les cas où la capitulation
est permise.

4 mai et **21 septembre**,
décrets impériaux portant
création de conseils de prud-
hommes à Mamers (Sarthe)
et à Cambrai (Nord).

4 mai, décret impérial :
« quiconque sera trouvé chas-
« sant et ne justifiant point
« d'un permis de port d'armes
« de chasse, délivré confor-
« mément à notre décret du
« 11 juillet 1810, sera traduit
« devant le tribunal de police
« correctionnelle et puni d'une
« amende qui ne pourra être
« moindre de 30 francs ni
« excéder 60 francs. Dans tous
« les cas, il y aura lieu à la
« confiscation des armes.»

8 mai, décret impérial :
« les blés, dans les marchés
« des départements de la Sei-
« ne, Seine-et-Oise, Seine-et-
« Marne, Aisne, Oise, Eure-et-
« Loir ne pourront être ven-
« dus à un prix excédant 30
« francs l'hectolitre. »

28 mai, décret impérial portant (à titre de réciprocité),
abolition du droit d'aubaine
à l'égard des sujets de son
Altesse Sérénissime le duc de
Mecklembourg-Schwérin.

15 juin, décret impérial :
« aucun militaire ne peut jouir

« d'un traitement de réforme
« pendant plus de 5 années
« consécutives. »

2 juillet, décret impérial
sur la plaidoirie dans les tribunaux.

11 juillet, décret impérial
qui déclare communes aux
libraires les dispositions de
celui du 2 février 1811, relatives aux brevets des imprimeurs.

**14 juillet, 24 août, 21 sep-
tembre, 3 et 22 décembre**,
décrets impériaux qui ordonnent la perception de centimes
additionnels pour les dépenses
à faire aux routes de 3e classe.

7 août, décret impérial qui
déclare communes aux avocats
près la Cour impériale de
Nancy les dispositions du
décret du 3 octobre 1811.

24 août, décret impérial
concernant les pensions des
veuves de titulaires de majorats ou dotations.

1er septembre, sénatus-
consulte mettant 120,000 hommes de la conscription de 1813
à la disposition du Ministre
de la guerre.

21 septembre, décret impérial qui règle les attributions
du ministère de l'Intérieur.

7 octobre, décret impérial
qui rend à la commune de
Bourg-égalité son ancien nom
de Bourg-la-reine (Seine).

15 octobre, décret impérial, daté de Moscou, sur la
surveillance, l'organisation,
l'administration, la police et
la discipline du Théâtre-fran-
çais (17 pages de texte).

22 décembre, décret impérial, contenant règlement sur
l'exercice de la profession de
boulanger dans les villes de
Marseille et Bordeaux.

A cette époque, l'empire
français se composait de 130
départements.

1813

3 janvier, décret impérial, contenant des dispositions de police relatives à l'exploitation des mines.

5, 12 et 13 janvier, 6 juillet, 21 et 28 septembre et 11 décembre, autorisation de 51 communautés religieuses : sœurs de Sainte-Chrétienne, sœurs du Saint-Sacrement, sœurs de la Sainte-Trinité, etc.

5 janvier, décret impérial, contenant tarif des droits sur les boissons.

11 janvier, 3 avril, 24 août, 9 octobre et 15 novembre, sénatus-consultes mettant successivement 350,000 hommes, 180,000 hommes, 30,000 hommes, 280,000 hommes, enfin 300,000 hommes, total 1,140,000 au service du Ministre de la guerre. Ces hommes sont pris sur le 1er ban de la garde nationale, sur les classes de 1802, 1803, 1804, 1805, 1806, 1807, 1808, 1809, 1810, 1811. 1812, 1813, 1814, 1815.

Les 10,000 gardes d'honneur à cheval, créés le 3 avril, devaient s'habiller, s'équiper et se monter à leurs frais. « Ils « auront, disait le sénatus-con- « sulte, la solde de chasseurs « de la garde ; après 12 mois « de service, ils auront le gra- « de de sous-lieutenant. »

14 janvier, décret impérial portant création d'une maison centrale de détention à Riom, pour les départements de l'Allier, du Cantal, de la Corrèze, de la Creuse, de la Loire, de la Haute-Loire, du Puy de Dôme et du Rhône.

15 janvier, décret impérial sur l'enseignement et l'exercice de l'art vétérinaire.

23 janvier, décret impérial portant autorisation définitive de l'établissement d'une école secondaire ecclésiastique (petit séminaire) à Saint Jean d'Angély (Charente Inférieure).

5 février, sénatus-consulte organique concernant la régence de l'empire et le sacre et couronnement de l'Impératrice et du prince impérial, roi de Rome.

7 février, décret impérial, qui ordonne la perception de 25 francs sur chaque prestation de serment des avocats qui seront reçus à la Cour impériale de Montpellier. (Un décret du 6 novembre établit le même impôt dans les Cours impériales de Nîmes et d'Agen. Un décret du 5 mars 1814 en fait autant pour la Cour impériale de Bordeaux.)

13 février, publication, comme loi de l'empire, du concordat de Fontainebleau.

22 février, décret impérial contenant réglement pour la police et la conservation des canaux d'Orléans et du Loing.

16 mars, décret impérial qui charge la régie des droits réunis (contributions indirectes) de surveiller la fabrication, la circulation et la vente des salpêtres.

18 mars et 15 mai, décrets impériaux abolissant (à titre de réciprocité) les droits d'aubaine et de détraction à l'égard des sujets des principautés de Schwarzbourg - Sondershausen, Lippe-Detmold, Schwarzbourg-Rudolstadt, Waldeck et des duchés de Mecklembourg - Strélitz et d'Anhalt-Bernbourg.

18 mars, décret impérial relatif aux pensions de retraite et secours des pharmaciens des hospices et hôpitaux de Paris.

20 mars, loi concernant les finances : budget de 1810, 785,060,443; budget de 1811, 1,000,000,000; budget de 1812, 1,030,000,000; budget de 1813, 1,150,000,000.

22 mars, décret impérial, concernant les conseillers-auditeurs et les juges-auditeurs

22 mars, décret impérial contenant réglementation spéciale sur l'exploitation des carrières de pierre à plâtre dans les départements de la Seine et de Seine-et-Oise.

22 mars, loi qui autorise des préfectures, mairies et hospices à faire des échanges.

5 avril, 11 novembre, et 17 décembre, décrets impériaux sur la garde nationale : « les officiers sont nommés « par nous, sur la présentation « de notre ministre de l'inté- « rieur, qui pourra délivrer « des brevets provisoires. Dans « les départements, où la garde « nationale a déjà été organi- « sée, ils seront pris parmi les « anciens officiers qui ont le « mieux servi. » Indemnité à payer par les individus déclarés susceptibles du service de la garde nationale « et qui « n'y seront point appelés. » Des cohortes garderont des places de guerre et y maintiendront la tranquillité publique.

5 avril, 14 juin, 29 août, 25 et 27 septembre, 6, 16 et 23 novembre, 3 et 26 décembre décrets impériaux portant réglement sur l'exercice de la profession de boulanger dans les villes de Besançon, Lille, Nantes, Troyes, La Rochelle, Dijon, Rouen, Lyon, Versailles, Amiens, Avignon et Lorient.

7 avril, décret impérial : le vice-amiral Verhuel est nommé grand-officier de l'empire et inspecteur-général des côtes de la mer du Nord.

7 avril, décret impérial qui modifie quelques dispositions de celui du 18 juin 1811, contenant réglement sur les frais de justice criminelle, correctionnelle et de simple police.

10 avril, décret impérial portant création et organisation d'un corps de gendarmerie pour la garde de Paris.

28 avril et 8 octobre, décrets impériaux qui établissent des conseils de prud'hommes à Alençon et à Bolbec (Seine Inférieure).

14 mai et 29 août, lettres de création de dépôts de mendicité à Valence (Drôme) et à Orléans.

14 juin mesures de clémence en faveur des déserteurs.

14 juin, décret impérial portant réglement sur l'organisation et le service des huissiers (23 pages de texte).

10 juillet, traité d'alliance offensive et défensive entre la France et le Danemark.

26 septembre, décret impérial qui autorise l'application d'une portion de l'amende et des deniers saisis, au profit de ceux qui ont coopéré à la découverte de loteries clandestines.

14 octobre, sénatus-consulte : « il ne sera conclu au- « cun traité de paix entre « l'Empire français et la Suède « qu'au préalable la Suède « n'ait renoncé à la possession « de l'île française de la Gua- « deloupe. Il est défendu à « tout Français de la Guade- « loupe, sous peine de déshon- « neur, de prêter aucun ser- « ment au gouvernement sué- « dois, d'accepter de lui aucun « emploi, et de lui prêter au- « cune assistance. »

2 novembre, lettres patentes, datées de Mayence et portant prorogation des pouvoirs de la régence de Sa Majesté l'impératrice et reine Marie-Louise.

6 novembre, décret impérial sur l'administration des biens du clergé dans plusieurs parties de l'empire.

6 novembre, décret impérial organisant l'état-major de la place de Paris.

11 novembre, décret impérial établissant des centimes additionnels au principal de la contribution foncière, des portes et fenêtres et des patentes, doublant la contribution personnelle et une partie de la contribution mobilière, diminuant les remises des percepteurs et des receveurs et frappant le sel d'un nouveau droit de 2 centimes par kilogramme. (Voir les décrets des 7 janvier et 13 août 1813).

18 novembre, décrets impériaux qui nomment le comte Bertrand grand-maréchal du palais et le maréchal (Suchet) duc d'Albuféra, à la place de colonel-général de la garde impériale, vacante par la mort du maréchal (Bessières), duc d'Istrie.

20 novembre, décrets impériaux qui nomment le comte Molé grand-juge ministre de la justice, le duc de Bassano ministre-secrétaire d'État, le duc de Vicence ministre des relations extérieures et le comte Daru ministre-directeur de l'administration de la guerre.

23 novembre, décret impérial qui nomme le duc de Massa président du Corps législatif.

3 décembre, décret impérial, qui ordonne l'établissement d'un mont-de-piété dans la ville de Nantes.

5 et 15 décembre, décret impérial, portant réglement sur le commerce des vins à Paris.

26 décembre, décret impérial relatif à l'envoi des sénateurs ou conseillers d'État dans les divisions militaires en qualité de commissaires extraordinaires pour accélérer les levées de la conscription, l'habillement, l'équipement, l'armement des troupes etc.

26 décembre, décret impérial concernant le partage (entre les prêtres et les fabriques d'églises), des cierges employés aux enterrements et aux services funèbres.

1814

4 janvier, décret impérial, relatif au jugement des déserteurs.

6 janvier, décret impérial portant fixation des droits que le greffier du tribunal de commerce de Paris pourra percevoir à son profit.

6 janvier, 29 janvier, 12 février, décrets impériaux portant réglement sur l'exercice de la profession de boulanger à Nîmes, Rochefort, Perpignan, Grasse, Arles et Tours.

8 janvier, décret impérial qui nomme le comte Rambuteau préfet de la Loire.

15 janvier, décret impérial: « il sera formé des régiments « de volontaires composés des « ouvriers des manufactures de « Paris, Rouen, Amiens, Alen-« çon, Caen, Lille, Reims, St-« Quentin, Louviers, Elbeuf, « etc. qui se trouvent sans tra-« vail. Les volontaires, qui « se présenteront pour entrer

« dans les dits corps, contrac-
« teront l'engagement de ser-
« vir jusqu'à ce que l'ennemi
« ait été chassé du territoire
« français. »

18 janvier, décret impérial :
la loi de 1807 contre l'usure
est suspendue jusqu'au 1er
janvier 1815.

23 janvier, lettres-patentes, qui confèrent à S. M. l'impératrice et reine Marie -
Louise le titre de régente,
« attendu que nous sommes
« dans l'intention d'aller in-
« cessamment nous mettre à
« la tête de nos armées pour
« délivrer notre territoire de la
« présence des ennemis. »

28 janvier, décret impérial, qui nomme le duc de
Cadore secrétaire de la régence et le roi (d'Espagne)
Joseph (Bonaparte), lieutenant-général de l'Empereur.

21 février, et **3 mars,** décrets impériaux relatifs au desséchement des marais voi-
sins de Bordeaux.

22 février, « Nous, comte
« Molé, grand-juge, ministre
« de la justice, officier de la
« légion d'honneur, grand-cor-
« don de l'ordre impérial de
« la réunion, vu la lettre
« à nous adressée, le 17 février
« 1815, par M. le duc de Vi-
« cence, ministre des relations
« extérieures et par laquelle il
« nous informe, d'après les
« ordres de S. M. l'Empereur
« et Roi, que le roi de Naples
« (Joachim Murat) a déclaré
« la guerre à la France et que
« l'intention de S. M. Impé-
« riale et Royale est que nous
« rappellions (sic), par une
« déclaration formelle et con-
« forme aux lois existantes,
« tous les Français qui se
« trouvent au service civil ou
« militaire du gouvernement
« napolitain, déclarons, etc. »

24 février, décret impérial
daté de Troyes (menace de
mort et de confiscation des
biens contre les Français servant dans les armées ennemies ; Napoléon menace surtout les royalistes ou partisans
« de l'ancienne dynastie. »)

26 février, décret impérial
portant suspension de la
masse d'habillement (pour les
troupes) pendant l'année 1814.

5 mars, décrets impériaux :
« tous les citoyens français
« sont non-seulement autori-
« sés à courir aux armes,
« mais requis de le faire, de
« sonner le tocsin aussitôt
« qu'ils entendront le canon
« de nos troupes s'approcher
« d'eux, de se rassembler, de
« fouiller les bois, de couper
« les ponts, d'intercepter les
« routes et de tomber sur les
« flancs ou sur les derrières
« de l'ennemi. Tout citoyen
« français, pris par l'ennemi
« et qui serait mis à mort,
« sera sur le champ vengé
« par la mort, en représailles,
« d'un prisonnier ennemi.
« Tous les maires, fonction-
« naires publics et habitants
« qui, au lieu d'exciter l'élan
« patriotique du peuple, le
« refroidissent, seront consi-
« dérés comme traîtres et
« (punis) comme tels. »

15 mars, budget des dépenses relatives à l'organisation et au service de la garde
nationale sédentaire de Paris.

26 mars, décret impérial
qui prescrit des mesures d'exécution pour la levée des conscrits de 1815 dans les départements occupés, en totalité
ou en partie, par l'ennemi.

PREMIÈRE RESTAURATION
(1814-1815).

1er avril, un sénatus-con

sulte nomme membres d'un gouvernement provisoire le prince de Talleyrand, les comtes de Beurnonville et de Jaucourt, le duc de Dalberg, et M. de Montesquiou.

2 avril, le gouvernement provisoire nomme le général Dessoles commandant en chef de la garde nationale de Paris et du département de la Seine. Il ordonne de laisser partir Pie VII pour Rome et Don Carlos, frère de Ferdinand VII, pour l'Espagne. Il adresse à l'armée française une proclamation, dans laquelle on lit : « Soldats, la « France vient de briser le « joug, sous lequel elle gémit « avec vous depuis tant d'an- « nées. Vous n'avez jamais « combattu que pour la pa- « trie ; vous ne pouvez plus « combattre que contre elle « sous les drapeaux de « l'homme qui vous conduit. « Vous étiez naguère un mil- « lion, presque tous ont péri « de misère et de faim. Vous « n'êtes plus les soldats de « Napoléon ; le Sénat et la « France entière vous déga- « gent de vos serments. »

3 avril, le gouvernement provisoire nomme Henrion de Pansey ministre de la justice ; le comte Beugnot, ministre de l'intérieur ; le général Dupont, ministre de la guerre ; le baron Malouet, ministre de la marine ; le baron Louis, ministre des finances ; M. Anglès, ministre de la police générale et M. de Bourrienne, directeur-général des postes.

Le même jour un sénatus-consulte porte que Napoléon Bonaparte est déchu du trône et que le droit d'hérédité, établi dans sa famille, est aboli. « Il (Napoléon) a levé des im-
« pôts autrement qu'en vertu « de la loi ; il a entrepris une « suite de guerres ; il a incons- « titutionnellement rendu plu- « sieurs décrets portant peine « de mort ; il a violé les lois « constitutionnelles par ses « décrets sur les prisons d'E- « tat ; il a détruit l'indépen- « dance des corps judiciaires. « La liberté de la presse a « été constammemt soumise « à la censure arbitraire de « la police. Des actes et rap- « ports entendus par le Sénat « ont subi des altérations « dans la publication qui en « a été faite. (Il a refusé) de « traiter à des conditions que « l'intérêt national obligeait « d'accepter et qui ne compro- « mettaient pas l'honneur fran- « çais. »

4 avril, le gouvernement provisoire permet aux conscrits de rentrer dans leurs foyers. Il dit, dans une proclamation au peuple français : « Sur les ruines de l'anar- « chie, il (Napoléon) n'a fondé « que le despotisme. Il n'a « cessé d'entreprendre, sans « but et sans motif, des guer- « res injustes. Il a dévoré vos « richesses et votre popula- « tion. Il ne croyait qu'à la « force ; la force l'accable « aujourd'hui, juste retour « d'une ambition insensée. « (Nous désirons) que la jeu- « nesse ne soit plus mois- « sonnée par les armes, avant « d'avoir la force de les por- « ter. »

7 avril, un arrêté du gouvernement provisoire ordonne la mise en liberté et le renvoi en Espagne de 800 paysans, faits prisonniers au fort de Figuières et détenus dans les bagnes de Brest et de Rochefort.

7 avril, M. Michaud est

nommé censeur des journaux autres que le *Moniteur* (journal officiel).

8 avril, des arrêtés du gouvernement provisoire ordonnent la remise à la Russie des prisonniers russes et la délivrance des prêtres belges détenus dans différentes prisons de France.

9 avril, les prisonniers prussiens sont rendus à la Prusse; ils étaient détenus au château de Saumur. Le gouvernement provisoire rend aussi la liberté à des cardinaux détenus dans plusieurs villes de France.

11 avril, abdication de Napoléon, signée par lui au palais de Fontainebleau : « les « puissances alliées ayant pro- « clamé Napoléon comme le « seul obstacle au rétablisse- « ment de la paix en Europe, « l'Empereur Napoléon, fidèle « à son serment, déclare qu'il « renonce pour lui et ses hé- « ritiers, aux trônes de France « et d'Italie et qu'il n'est aucun « sacrifice personnel, même « celui de la vie, qu'il ne soit « prêt à faire à l'intérêt de la « France ».

13 avril, arrêté du gouvernement provisoire portant que la cocarde blanche est la cocarde française, et qu'elle sera prise par toute l'armée.

14 avril, décret du Sénat qui défère le gouvernement provisoire de la France à S. A. R. Mʳ le comte d'Artois sous le titre de lieutenant-général du royaume.

22 avril, « Nous Charles-Philippe de France, fils de France, Monsieur, frère du roi, lieutenant-général du royaume : sont nommés commissaires extraordinaires dans les divisions militaires : les maréchaux de Pérignon, Kel-

lermann et Mortier, le comte Roger de Damas, Mathieu de Montmorency, le comte Jules de Polignac, aide de camp de S. A. R. le duc de Plaisance etc.,

22 avril, décret qui nomme M. Jules Pasquier préfet de la Sarthe.

23 avril, arrêté de Monsieur : « Les corps de pion- « niers espagnols, portugais, « hollandais, croates et illy- « riens, qui ont été formés en « exécution du décret du 25 « novembre 1813 seront dis- « sous et les hommes ren- « voyés dans leur patrie. »

25 avril, décret de S. A. R. portant que la ville de Napo-léon-(Vendée), prendra le nom de Bourbon-Vendée.

27 avril, décret de S. A. R. qui diminue les droits perçus par la régie des Droits-réunis.

29 avril, décret de S. A. R. émission de dix millions de bons, payables au porteur, à 3 mois de leur date. Les bons ainsi délivrés en paiement comprendront la somme portée dans l'ordonnance et 20 % en sus.

2 mai, déclaration de St-Ouen (faite par Louis XVIII); « rappelé par l'amour de « notre peuple au trône de « nos pères, éclairé par les mal- « heurs de la nation, que nous « sommes appelé à gouver- « ner, notre première pensée « est d'invoquer cette confiance « mutuelle, si nécessaire à « notre repos, à son bonheur. « Le gouvernement représen- « tatif sera maintenu. L'impôt « sera librement consenti. La « liberté publique et indivi- « duelle est assurée; la liberté « des cultes, garantie. La « vente des biens nationaux « restera irrévocable. Les

« juges seront inamovibles.
« La dette publique sera ga-
« rantie. L'ancienne et la nou-
« velle noblesse(seront)conser-
« vées. La légion d'honneur
« sera maintenue. Tout Fran-
« çais sera admissible aux
« emplois civils et militaires.
« Enfin nul individu ne pourra
« être inquiété pour ses opi-
« nions et ses votes. »

2 mai, le comte d'Artois
nomme Voyer d'Argenson
préfet des Bouches du Rhône
et Siméon préfet du Nord.

6 mai, arrêté du roi : « les
corps de partisans sont dissous. »

6 mai, ordonnance du roi
qui crée un conseil de la
guerre dont Ney, Augereau,
Macdonald, Dupont, etc. font
partie.

10 mai, proclamation du
roi :(mon intention est d'adou-
cir les droits-réunis ; mais,
en attendant, il faut payer).

10 mai proclamation du
roi : « le 10ᵉ régiment de li-
« gne prendra la dénomina-
« tion de régiment de colo-
« nel-général et sera sous les
« ordres immédiats de notre
« cousin, le prince de Condé,
« colonel-général de l'infante-
« rie française. »

12 mai, ordonnance du roi:
il y aura 90 régiments de
ligne, 15 régiments d'infanterie légère, 56 régiments de cavalerie (2 de carabiniers, 12
de cuirassiers, 15 de dragons,
6 de lanciers, 15 de chasseurs,
6 de hussards), 8 régiments
d'artillerie à pied, 4 régiments
d'artillerie à cheval, un bataillon de pontonniers et 3 régiments du génie.

13 mai, Monsieur est nommé colonel-général de toutes
les gardes nationales de
France ; M. Dambray, chancelier de France ; M. le prince

de Bénévent, ministre et secrétaire d'État des affaires étrangères ; M. l'abbé de Montés-
quiou, ministre et secrétaire
d'État de l'intérieur; le général
Dupont, ministre de la guerre;
le baron Louis, ministre des
finances ; le baron Malouet,
de la marine et le comte Beugnot, directeur-général de la
police.

15 mai, ordonnance du roi:
Monsieur est nommé colonel-
général des suisses ; le duc
d'Angoulême, colonel-général
des cuirassiers et des dragons;
le duc de Berry, colonel-général des chasseurs et des chè-
vau (sic)-légers lanciers ; le
duc d'Orléans, colonel-général des hussards.

16 mai, décret royal qui
réunit sous le titre de Direction générale de la police du
royaume le ministère de la
police générale et la préfecture
de police de Paris. —Ordonnance du roi qui nomme M.
Étienne Denis Pasquier directeur des ponts et chaussées.

17 mai, ordonnance du roi
qui substitue aux douanes et
droits-réunis la direction générale des contributions indirectes.

18 mai, le duc d'Angoulème est nommé amiral de
France. —Une ordonnance du
roi établit 100 compagnies de
vétérans.

20 mai, le maréchal Ney
est nommé commandant en
chef des cuirassiers, dragons,
chasseurs et chevau-légers
lanciers.

23 mai, ordonnance du roi
rétablissant les gardes du
corps.

24 mai, « le sieur Guizot
« est nommé secrétaire-général
« du ministère de l'intérieur.»

25 mai, ordonnance du roi:
« pourront être admis dans

« notre marine royale ceux des
« anciens officiers qui, après
« avoir quitté le service de
« France, auraient continué
« de naviguer au service d'une
« des puissances maritimes(et)
« ceux qui ont échappé aux
« d'sastres de Quiberon. »

30 mai, la paix de Paris laisse à la France Chimay, Saarbruck, Landau, Chambéry et Annecy.

4 juin, ordonnance du roi: la chambre des pairs siégera au palais du Luxembourg et celle des députés, au palais Bourbon. — Parmi les 154 pairs nommés à vie on remarque l'archevêque de Reims, les évêques de Langres et de Châlons, les princes de Bénévent, Wagram, Poix, et Châlais; 43 ducs, tels que d'Uzès, Richelieu, Grammont, Mortemart, Noailles, Fitz-James, La Rochefoucauld, Broglie, Montmorency, Polignac, etc ; 13 maréchaux, le reste comtes, marquis, barons, (Chasseloup-Laubat, d'Aguesı au, Pastoret etc.). « Les membres du sénat ɑ nés français, conserveront « une pension annuelle de » 36,000 fr. »

6 juin, ordonnance du roi organisant le dépôt (des cartes, plans et archives) de la marine.

8 juin, décision et **1er juillet** ordonnance du roi sur la marine (38 pages de texte).

10 juin, nomination de 18 préfets (de Nicolay, de Goyon, de Villeneuve Bargemont, etc)

10 juin, charte octroyée par Louis XVIII : les Français sont égaux devant la loi, quels que soient d'ailleurs leurs titres et leurs rangs. Ils contribueront indistinctement, dans la proportion de leur fortune, aux charges de l'État. Ils sont également admissibles aux emplois civils et militaires. Chacun professe sa religion avec une égale liberté ; cependant la religion catholique, apostolique et romaine, est la religion de l'État. Les ministres chrétiens reçoivent seuls des traitements.... Toutes les propriétés sont inviolables.... La personne du roi est inviolable. et sacrée. Ses ministres sont responsables... La nomination des pairs de France appartient au roi. Leur nombre est illimité. Ils n'ont voix délibérative qu'à 30 ans. Toutes les délibérations de la chambre des pairs sont secrètes.... Les députés seront élus pour 5 ans et de manière que la chambre soit renouvelée chaque année par cinquième. Aucun député ne peut être admis dans la chambre, s'il n'est âgé de 40 ans et s'il ne paie une contribution de mille francs. Les électeurs, qui concourent à la nomination des députés, ne peuvent avoir droit de suffrage s'ils ne paient une contribution directe de 300 francs et s'ils ont moins de 30 ans. Les séances de la chambre des députés sont publiques ; mais la demande de cinq membres suffit pour qu'elle se forme en comité secret .... Aucun impôt ne peut être établi ni perçu s'il n'a été consenti par les deux chambres et sanctionné par le roi.... Le roi peut dissoudre la chambre des députés ; mais, dans ce cas, il doit en convoquer une nouvelle dans le délai de trois mois. La chambre des députés a le droit d'accuser les ministres et de les traduire devant la chambre des pairs qui a celui de les juger.... Les juges nommés par le roi sont inamovibles.... Nul ne pourra être distrait de ses juges naturels.... La dette publique est garantie. Toute espèce d'engagement pris par l'État avec ses créanciers est inviolable.

11 juin, ordonnance du roi qui nomme M. Laisné président de la chambre des députés.

15 juin, dissolution du corps des marins de la garde.— Rétablissement des chevau-légers de la garde (256 hommes dont le moindre touchera 50 francs par mois) et des mousquetaires de la garde royale (512 homms dont le moindre touchera aussi 50 francs par mois).

18 juin, « le sieur de Tocqueville est nommé(par ordonnance du roi) préfet de Maine et-Loire. »

29 juin, ordonnance du roi concernant l'organisation du conseil d'Etat, dont sont nommés membres MM. Beugnot, Henrion de Pansey, Français (de Nantes), Pelet (de la Lozère), de Gérando, Cuvier (maître des requêtes au précédent conseil d'État); Royer-Collard (directeur-général de la librairie), de Chabrol Séguier, Portalis, de Chauvelin, Gilbert de Voisin , Maleville , d'Argout, etc.

1er juillet, ordonnance du roi sur les canonniers de la marine (47 pages de texte).

10 juillet, ordonnance du roi portant nomination des avocats et huissiers au conseil d'État.

11 juillet, ordonnance du roi concernant l'organisation de la gendarmerie.

11 juillet, 30 septembre et 26 octobre, ordonnance du roi concernant l'exercice de la profession de boulanger à Toulon, Dunkerque, St. Germain en Laye, Aix (Bouches-du-Rhône), Orléans, Evreux et Douai.

15 juillet, ordonnance du roi, qui nomme M. Alexandre de Lameth préfet de la Somme. — Sont rétablis les 130 gardes de la porte (du roi) et les cent (en réalité 134)suisses. Parmi ces derniers, un simple soldat touchait 60 francs par mois. 184 gardes du corps et 203 grenadiers à cheval de la garde de S. M. sont donnés à Monsieur.

26 juillet, ordonnance du roi concernant les gardes nationales du royaume.

27 août, ordonnance du roi qui fixe la solde de retraite pour chaque grade dans l'armée.

2 septembre, ordonnance du roi qui crée les gardes du génie, de Metz.

23 septembre, loi sur les finances , budget de 1814 : 827,415,000 francs.

23 septembre, ordonnance du roi portant organisation des écoles royales militaires (de la Flèche et de Saint-Cyr).

1er octobre, ordonnance du roi portant qu'il sera attaché un aumônier à chacun des hopitaux militaires.

10 octobre, ordonnance du roi portant création de 2 bataillons de chasseurs corses (pour la police de l'ile).

12 octobre, ordonnance du roi qui anoblit le sieur Joseph Cadoudal, père de feu Georges Cadoudal.

21 octobre, loi sur la presse : « tout écrit de plus de 20 feuilles pourra être publié librement et sans examen ou censure préalable. Les journaux et écrits périodiques ne pourront paraître qu'avec l'autorisation du roi. Nul ne sera imprimeur ni libraire s'il n'est breveté par le roi et assermenté. Le défaut d'indication de la part de l'imprimeur, de son nom et de sa demeure, sera puni d'une amende de 3,000 francs. »

24 octobre, ordonnance du roi qui nomme 20 censeurs (Auger, Campenon, Clavier, Delvincourt, Guizot, Charles Lacretelle, Lemontey, Quatremère de Quincy, Silvestre de Sacy, Vanderbourg, etc).

25 octobre, ordonnance du roi, qui permet au comte de Ségur, pair de France, d'ajouter à son nom celui de d'Aguesseau.

26 octobre, ordonnance du roi portant établissement de conseils de prud'hommes à Amiens, Vire et Bar-le-duc.

8 novembre, loi : « il sera « payé annuellement une som- « me de 25 millions pour la dé- « pense du roi et de sa maison « civile, (plus) une somme de « 8 millions pour les princes « et princesses de la famille « royale. »

18 novembre, loi : « les « travaux ordinaires seront in- « terrompus les dimanches et « jours de fête reconnus par la « loi de l'état. Les contraven- « tions seront punies d'une « amende qui, pour la 1ᵉ fois « ne pourra pas excéder 5 « francs. En cas de récidive, « les contrevenants pourront « être condamnés au maxi- « mum des peines de police. »

8 décembre, loi sur les boissons.

9 décembre, ordonnance du roi portant règlements sur les octrois. (30 pages de texte).

16 décembre, loi qui rétablit la franchise du port, de la ville et du territoire de Marseille.

17 décembre, loi relative aux douanes.

21 décembre, loi: « les som-

« mes dont le roi se reconnait « personnellement débiteur « envers divers particuliers « (étrangers) sont reconnues « comme dettes de l'Etat, « jusqu'à la concurrence de 30 « millions. »

23 décembre, ordonnance du roi créant l'école d'équitation de Saumur.

24 décembre, loi sur les tabacs.

30 décembre, loi qui érige en hôpitaux d'instruction, les hôpitaux militaires du Val de grâce, de Lille, Metz et Strasbourg.

En décembre, de grandes lettres de naturalisation furent accordées au maréchal Masséna, au comte Lambrechts, ancien ministre de la justice, ex-sénateur, né à Saint-Tronc (ancien département de la Meuse inférieure), en 1753, au vice-amiral Verhuell et au comte Corvetto.

En 1814, fut autorisée une communauté des sœurs de la charité maternelle, à Metz.

1815

4 et 11 janvier, 4 février, ordonnances du roi portant réglement sur l'exercice de la profession de boulanger à Reims, Rennes, Paris et Arras.

13 janvier, amnistie à tous ceux qui se sont insurgés à propos des Droits-réunis.

13 février, ordon. du roi sur la police de la pêche de la morue à l'île de Terre-Neuve.

15 février, ordonnance du roi nommant les membres de la Cour de cassation.

17 février, ordonnances du roi relatives 1° à la Légion d'honneur; 2° à l'instruction publique.

27 février, ordonnance du roi qui nomme les membres de la Cour des comptes.

1er mars, proclamation de Napoléon 1er : « Français, la « défection du duc de Casti- « glione livra Lyon sans dé- « fense à nos ennemis. L'ar- « mée, dont je lui avais confié « le commandement, était, par « le nombre de ses bataillons, « la bravoure et le patriotisme « des troupes qui la compo- « saient, à même de battre le « corps d'armée autrichien, « qui lui était opposé et d'ar- » river sur les derrières du « flanc gauche de l'armée en- « nemie, qui menaçait Paris. « Les victoires de Champ-Au- « bert, Montmirail, Château- « Thierry, Vauchamp, Mor- « mans, Montereau, Craonne « Reims, Arcy-sur-Aube et « Saint-Dizier, l'insurrection « des braves paysans de la « Lorraine, de la Champagne, « de l'Alsace, de la Franche- « Comté et de la Bourgogne, « et la position que j'avais « prise sur les derrières de « l'armée ennemie, en la sé- « parant de ses magasins, de « ses parcs de réserve, de ses « convois et de tous ses équi- « pages, l'avaient placée dans « une situation désespérée. « Elle eût trouvé son tom- « beau dans ces vastes con- « trées qu'elle avait si impi- « toyablement saccagées, lors- « que la trahison du duc de « Raguse livra la capitale et « désorganisa l'armée..... Un « prince, qui règnerait sur « vous, qui serait assis sur « mon trône par la force des « mêmes armées qui ont rava- « gé notre territoire, cherche- « rait en vain à s'étayer des « principes du droit féodal : il « ne pourrait rassurer l'hon- « neur et les droits que d'un « petit nombre d'individus, « ennemis du peuple, qui, de- « puis 25 ans, les a condamnés « dans toutes nos assemblées « nationales... J'arrive parmi « vous pour reprendre mes « droits, qui sont les vôtres... « Lorsque Charles VII rentra « à Paris et renversa le trône « éphémère de Henri VI, il « reconnut tenir son trône de « la vaillance de ses braves et « non d'un prince régent d'An- « gleterre. C'est aussi à vous « seuls et aux braves de l'ar- « mée que je fais et ferai tou- « jours gloire de tout devoir. « — Soldats, nous n'avons « point été vaincus. Deux hom- « mes, sortis de nos rangs, ont « trahi nos lauriers, leur pays, « leur prince et leur bienfai- « teur...... Votre général, ap- « pelé au trône par le choix « du peuple et élevé sur vos « pavois, vous est rendu : ve- « nez le rejoindre, arrachez les « couleurs, que la nation a « proscrites et qui, pendant « 25 ans, servirent de ralliement « à tous les ennemis de la « France. Arborez cette cocar- « de tricolore, (que) vous por- « tiez dans nos grandes jour- « nées. Pensez-vous que cette « poignée de Français, aujour- « d'hui si arrogants, puissent « soutenir la vue de vos ai- « gles ? Ils retourneront d'où « ils viennent et là, s'ils le « veulent, ils règneront, com- « me ils prétendent l'avoir fait « depuis 19 ans........ Soldats, « venez vous ranger sous les « drapeaux de votre chef. La « victoire marchera au pas de « charge. L'aigle, avec les « couleurs nationales, volera « de clocher en clocher jus- « qu'aux tours de Notre-Dame. « Honneur à nos braves sol- « dats, la gloire de la patrie, « et honte éternelle aux Fran-

« çais criminels, dans quelque
« rang que la fortune les ait
« fait naître, qui combattirent,
« 25 ans, avec l'étranger pour
« déchirer le sein de la patrie !»
6 mars, proclamation de
Louis XVIII (qui parle de
la 21e année de son règne): les
chambres sont convoquées extraordinairement. Napoléon
Bonaparte est déclaré traître
et rebelle pour s'être introduit
à main armée dans le département du Var. Il est enjoint,
même aux simples citoyens, de
lui courir sus. (Menaces contre
ses fauteurs et complices.)
11, 12 et 19 mars, procla-
mations de Louis XVIII :
« Après 25 ans de révolution,
« nous avions, par un bienfait
« signalé de la Providence, ra-
« mené la France à un état de
« bonheur et de tranquillité.
« Pour rendre cet état durable
« et solide, nous avons don-
« né à nos peuples une charte
« qui assurait la liberté de cha-
« cun de nos sujets. Tous les
« Français, égaux par la consti-
« tution, doivent l'être aussi
« pour la défendre (contre Na-
« poléon). Le moment est ve-
« nu de donner un grand exem-
« ple. Des mesures sont prises
« pour arrêter l'ennemi (Napo-
« léon) entre Lyon et Paris.
« La France ne sera pas vain-
« cue dans cette lutte de la li-
« berté contre la tyrannie, de
« la fidélité contre la trahison,
« de Louis XVIII contre *Buo-*
« *naparte.* Braves soldats, vous
« ne trahirez pas vos serments.
« Je m'associais à la gloire de
« vos triomphes, alors même
« qu'ils n'étaient pas pour ma
« cause...... Soldats, c'est vo-
« tre amour que j'invoque,
« c'est votre fidélité que je ré-
« clame.... Le trône est ébran-
« lé par la défection d'une par-
« tie de la force armée, qui

« avait juré de le défendre.
« Nous nous retirons avec
« quelques braves, que l'intri-
« gue et la perfidie ne par-
« viendront point à détacher
« de leurs devoirs. La crise
« actuelle s'apaisera. Nous
« reviendrons bientôt au mi-
« lieu de ce bon peuple, à qui
« nous ramènerons encore une
« fois la paix et le bonheur. »
13 mars, Lyon, décret impérial : la chambre des pairs
est dissoute. La chambre des
communes est dissoute. L'assemblée du Champ de Mai, à
Paris, composée de tous les
collèges électoraux, (prendra)
les mesures nécessaires pour
corriger et modifier nos constitutions selon l'intérêt et la
volonté de la nation. — Décret
impérial qui abolit l'ancienne
noblesse et les titres féodaux.
« Nous nous réservons de
« donner des titres aux descen-
« dants des hommes qui ont
« (jadis) illustré le nom fran-
« çais. » — Décret impérial,
qui expulse tous les émigrés
du territoire de l'Empire et
ordonne le séquestre de leurs
biens — Décret impérial, qui
rétablit la garde impériale,
supprime les cent-suisses
etc... — Décret impérial, qui
ordonne, sous peine d'être
traités comme fauteurs de
guerre civile, à tous les individus armés « se disant gardes
« nationales de Marseille, qui
« ont violé les confins du
« Dauphiné, de rentrer dans
« le sein de leur commune. »
15 mars, loi promulguée
par Louis XVIII : les garnisons
de la Fère, de Lille et de Cambrai, les maréchaux Mortier
et Macdonald ont bien mérité
de la patrie. Il sera donné une
pension aux militaires qui
seront blessés et aux familles
de ceux qui seront tués en

combattant Napoléon Bona-
parte.

20 mars, palais des Tuileries, décret impérial qui
nomme le duc de Gaëte mi-
nistre des finances, le duc
d'Otrante ministre de 'la police générale, le duc de Vicence ministre des affaires
étrangères , le général comte
Carnot ministre de l'intérieur.

21 mars, décret impérial,
qui nomme le comte Molé
directeur-général des ponts-
et-chaussées.

24 mars, décret impérial,
qui supprime les censeurs (de
la presse).

29 mars, décret impérial,
qui abolit la traite des noirs.
(Louis XVIII avait annoncé
qu'il s'entendrait à cet effet
avec l'Angleterre.)

4 avril, décret impérial
contre les fonctionnaires civils ou militaires (qui font
partie des bandes royalistes
du Midi).

22 avril, actes additionnels aux Constitutions de
l'Empire.

22 mai, décret impérial,
portant réglement sur l'exercice de la profession de boulanger à Poitiers, Moulins et
Nancy.

26 mai, décret impérial,
créant des compagnies et,
s'il se peut, des bataillons de
nègres à Bordeaux.

1er juin, décret impérial,
qui convoque la chambre des
pairs *(sic)* et celle des *représentants* pour le 3 juin.

9 juin, décret impérial, qui
crée des bataillons de chasseurs des Pyrénées dans le
Gers, les Landes, la Haute-
Garonne, l'Aude, les Hautes-
Pyrénées, les Pyrénées-Orientales, etc.

10 juin, décret impérial,
qui nomme le sieur Cavai-
gnac préfet de la Somme

10 juin, décret impérial,
qui établit dans les villes de
Marseille, Rouen et Amiens
des chambres consultatives de
manufactures, fabriques et
métiers.

22 juin, palais de l'Elysée,
déclaration (de Napoléon) au
peuple français: « en commen-
mençant la guerre, je comptais
sur la réunion de tous les efforts, de toutes les volontés...
Les circonstances paraissent
changées... Je m'offre en sacrifice aux ennemis de la
France. Puissent-ils être sincères dans leurs déclarations
et n'en avoir jamais voulu
qu'à ma personne! Ma vie
politique est terminée et je
proclame mon fils sous le titre
de Napoléon II. Unissez-
vous tous pour le salut public et pour rester une nation
indépendante.

LOUIS XVIII RÉTABLI.

26 juin, la commission du
gouvernement décrète ce qui
suit : « Les arrêts et jugements des cours et tribunaux,
les actes des notaires seront
provisoirement intitulés : *au
nom du peuple français.* »

28 juin, la commission a
proposé et les Chambres ont
adopté : la ville de Paris est
en état de siège.

12 juillet, le roi nomme
28 préfets, savoir : MM. Malouet, Vaublanc, de Rémuzat,
d'Allonville, Bacot, de Mezy,
de Caze, Nicolaï, de Tocqueville, Malleville, etc.

13 juillet, ordonnance du
roi portant dissolution de la
Chambre des députés, convocation des collèges électoraux
et réglements provisoires pour
les élections : il y aura 402 dé-

putés, ils pourront être élus à l'âge de 25 ans accomplis. Quiconque n'aura pas la moitié des suffrages plus un ne sera pas réputé élu. Un député doit payer au moins mille francs d'impôt.

14 juillet, le roi nomme 37 préfets: Chassepot de Chapelaine, de Lessert, le duc de Massa, d'Argou *(sic)*. Dubouchage, Vaulchier. etc.

14 juillet, ordonnance du roi nommant M. Guizot secrétaire-général du ministère de l'intérieur.

16 juillet, ordonnance du roi : l'armée se compose de 86 légions d'infanterie, 8 régiments d'artillerie à pied, 4 d'artillerie à cheval, un de carabiniers royaux, 1 de cuirassiers, 12 de dragons. 24 de chasseurs, 6 de hussards.

19 juillet, ordonnance du roi qui met fin aux pouvoirs des commissaires extraordinaires envoyés dans les départements.

20 juillet, ordonn. du roi qui licencie les corps francs.

24 juillet, 28 pairs, ayant suiv « l'usurpateur » pendant les Cent jours, sont exclus de la chambre : le comte Clément de Ris, le maréchal (Lefebvre), duc de Dantzig, le comte Lacépède, le comte de Latour-Maubourg, les ducs de Praslin et de Plaisance, les maréchaux (Ney, Suchet, Moncey, Mortier), ducs d'Elchingen, d'Albuféra, de Conegliano et de Trévise, le comte Boissy d'Anglas, etc.

24 juillet, ordonnance du roi qui traduit devant les conseils de guerre Ney, Labédovère, les deux frères Lallemant, Mouton - Duvernet, Grouchy, Clausel, Drouot, Cambronne, Rovigo, etc. (en tout 19). Seront internés

Soult, Excelmans, Bassano, Boulay (de la Meurthe), Thibaudeau, Carnot. Vandamme, Lamarque, Lobau, Arnault, Regnaud de Saint-Jean-d'Angély, Merlin (de Douai), etc. (en tout 38).

26 juillet, ordonnance du roi nommant les présidents des collèges électoraux : Lauriston, Flaugergues, le général Dupont, le duc de Raguse, le comte de Malleville. l'évêque d'Evreux, le duc d'Angoulème, de Lally-Tolendal, Lanjuinais, le maréchal duc de Bellune, Châteaubriand, l'évêque de Mende, le duc de Doudeauville, le comte Beugnot, le duc de Reggio, le auc de Berry, S. A. R. Monsieur, le comte Fontanes, le comte Pastoret, Bourienne, Ternaux, Ravez, Bertin de Vaux, Molé, le général Foy, etc.

1er août, et 4 septembre, ordonnance et instruction du roi concernant les mises à la retraite de militaires.

3 août, ordonnance et instruction du roi: chaque légion (de 3 bataillons) prendra le nom du département où elle sera formée.

7 août, ordonnance et instruction du roi, supprimant ou à peu près les majorats.

8 août, ordonnance et instruction du roi : le ministre de la police générale autorisera les journaux, dont tous les numéros seront soumis à l'examen d'une commission.

10 août, ordonnance et instruction du roi, qui déclare nulles les nominations et promotions faites dans le département de la marine « par le « gouvernement usurpateur. »

16 août, ordonnance et instruction du roi, qui établit une contribution extraordinaire de cent millions : « les

« puissances étrangères occu-
« pant notre territoire, les cir-
« constances sont telles que
« nous n'avons pas le choix
« des moyens. »

17 août, ordonnance du
roi nommant 94 pairs : les marquis d'Aligre, de Brézé, de
Chabannes, de Gontaut-Biron,
de Mortemart, etc., Berthier,
Bessières, Dambray, Lannes,
de Sèze, etc. ; les comtes Boissy d'Anglas, de Choiseul-
Gouffier, de Crillon, de Durfort, de la Ferronnais, d'Haussonville, de Lally-Tolendal,
Lauriston, Molé, Jules de l'o-
lignac, de la Roche-Jacquelin,
(*sic*), etc. ; les vicomtes de
Châteaubriant, Mathieu de
Montmorency, etc. ; l'amiral
Gantheaume, le baron Séguier,
l'abbé de Montesquiou, etc.

19 août, ordonnance du
roi, « la dignité de pair est et
« demeure héréditaire par or-
« dre de primogéniture. »

23 août, ordonnance du
roi, nommant conseillers d'E-
tat MM. Becquey, Corvetto,
de St-Cricq, Cuvier, de Gérando, Portalis, Royer Col-
lard, etc.

29 août, ordonnance du
roi : M le maréchal Moncey
est destitué (pour n'avoir pas
voulu présider le conseil de
guerre qui devait juger le maréchal Ney) ; « il subira une
« peine de 3 mois d'emprison-
« nement. »

30 et 31 août, ordonnances du roi réorganisant la cavalerie et l'artillerie (35 pages
de texte).

1er septembre, proclamation du roi : « nous avons ap-
« pris avec douleur que, dans
« les départements du midi,
« plusieurs de nos sujets s'é-
« taient récemment portés aux
« plus coupables excès. Certes,
« de grands crimes, d'infâmes

« trahisons ont été commis ;
« mais la punition doit être
« nationale, solennelle et ré-
« gulière. Nous avons (donc)
« recommandé à nos ministres
« et à nos magistrats de faire
« strictement respecter les
« lois »

1er septembre, ordonnance
du roi : la garde royale se composera de 26,268 fantassins,
cavaliers, artilleurs, soldats
du génie, plus 2 régiments de
Suisses.

2 septembre, brevets d'invention : « M. Schwickhard,
« pour étriers auxquels il adap-
« te des lanternes pour éclairer
« le cavalier et lui tenir les
« pieds chauds. «

5 septembre, ordonnance
du roi, rétablissant la légion
étrangère avec un état-major
et 3 bataillons.

6 et 22 septembre, ordonnance du roi, réorganisant le
corps du génie (18 p. de texte).

10 septembre, ordonnance du roi, concernant la gendarmerie 13 pages de texte).

13 septembre, ordonnance
du roi, autorisant la ville de
Paris à emprunter 20 millions
à 5 %.

18 septembre, ordonnance
du roi, nommant les membres
de la cour royale (d'appel) de
Paris.

19 septembre, ordonnance
du roi, créant un conseil
privé du roi, (nombre de
membres illimité).

23 septembre, ordonnance
du roi : il y aura 600 élèves à
l'école militaire de la Flèche
et 400 à l'école de St-Cyr.

25 septembre, ordonnance
du roi, concernant l'organisation de ses 4 compagnies des
gardes du corps.

26-28 septembre, sont
nommés ministres par le roi
MM. de Barante, prince de

Talleyrand, comte de Jau-
court, maréchal Gouvion de
St.-Cyr, barons Louis et Pasquier.

**29 septembre et 1er oc-
tobre,** le comte Anglès est
nommé préfet de police, avec
M Bertin de Vaux pour se-
crétaire général.

2 octobre, M le marquis
d'Herbouville est nommé directeur-général des postes.

5 octobre, M. de St. Cricq
est nommé directeur-général
des douanes.

9 octobre, le maréchal duc
de Regg o est nommé général
en chef de la garde nationale
de Paris avec le duc de Mortemart pour chef de l'état ma-
jor.

12 octobre, ordonnances
du roi, dont l'une charge une
commission, présidée par le
duc de Bellune, ayant pour
assesseur le maréchal de camp
prince de Broglie, d'examiner
la conduite des officiers de
tout grade, « qui ont servi
pendant l'usurpation »; l'autre
nomme M. Laîné président
de la chambre des députés.

18 octobre, ordonnance du
roi qui nomme M. de Barante
directeur-général des contributions indirectes.

23 octobre, ordonnance du
roi licenciant et réorganisant
le train des équipages milit.

29 octobre, loi de sûreté
générale: « tout conspirateur)
« pourra être détenu (pendant
« un an) si, avant cette épo-
« que, il n'a été traduit devant
« les tribunaux »

9 novembre, loi contre les
cris sédit eux et les provoca-
tions à la révolte.

21 novembre, ordonnance
du roi portant qu'il sera procédé sans délai contre l'auteur
de l'assassinat commis sur la
personne du général Lagarde

et contre les auteurs et complices de l'émeute qui a eu lieu
à `imes le 12 novembre.

14 décembre, ordonnance
du roi : le ministre de l'intérieur réunira à ses attributions l'agriculture, le commerce, les arts et manufactures,
les monuments publics, etc.

15 décembre, ordonnance
du roi, relative aux consuls et
aux élèves vice-consuls.

20 décembre, loi établissant une cour prévôtale par
département pour punir les
séditieux.

20 décembre, ordonnance
du roi, supprimant les sous-
préfets dans les chefs-lieux de
département (par mesure d'é-
conomie).

21 et 28 décembre, ordonnance du roi contenant réglement sur l'exercice de la profession de boulanger à St-
Quentin, Montpellier et Limô-
ges.

23 décembre, loi relative
à la création d'une rente perpétuelle de 7 millions, au capital de 140 millions, qui « sera
« donnée en garantie de la ré-
« gularité des paiements à aire
« aux puissances alliées » (en
vertu du traité du 20 novembre 1815)

27 décembre, ordonnance
du roi sur la garde nationale.

28 décembre, ordonnance
du roi contenant règlement
sur l'exercice de la profession
de boucher à Versailles.

1816

3 et 10 janvier, ordonnances du roi relatives à l'Hôtel
des invalides.

10 janvier, ordonnance du
roi : « si le coupable (de l'as-
« sassinat du général Lagarde

« que la justice réclame, n'est
« pas encore sous sa main,
« des recherches sévères ont
« été faites. (L'ordre étant ré-
« tabli à Nimes', les troupes,
« mises en garnison chez les
« habitants, seront retirées
« sans délai. »

10 janvier, ordonnance du roi sur la gendarmerie de Paris.

10 et 31 janvier, ordonnances du roi concernant l'exercice de la profession de boulanger à Alby et à Abbeville.

12 janvier, loi d'amnistie (avec exceptions pour les partisans de l'*usurpateur*.)

18 janvier, ordonnance du roi supprimant, par mesure d'économie et vu le petit nombre d'étudiants, les facultés des lettres d'Amiens, Bordeaux, Bourges, Cahors, Clermont, Douai, Grenoble, Limoges, Lyon, Montpellier, Nancy, Nîmes, Orléans, Pau, Poitiers, Rennes et Rouen et les facultés des sciences de Besançon, Lyon et Metz.

19 janvier, loi : « le 21 janvier (anniversaire de la mort de Louis XVI), il y aura dans le royaume un deuil général. »

31 janvier, ordonnance du roi qui crée le collège royal de marine d'Angoulême.

3 février, ordonnance du roi : « notre ordonnance du 2 « mars 1815, (qui rétablit) la « congrégation des missions « étrangères) est applicable « aux missions de St-Lazare « et du St. Esprit. »

8 février, ordonnance du roi accordant des primes pour la pêche de la morue et de la baleine.

14 février, publication du traité de Paris du 20 novembre 1815, signé par le duc de Richelieu, lord Castlereagh et le duc de Wellington. La France perd Philippeville, Marienbourg, Bouillon, Sarrelouis, Landau, etc. ; les fortifications d'Huningue sont rasées. « La partie pécuniaire « de l'indemnité à fournir par « la France aux puissances « alliées est fixée à la somme « de 700 millions. » 150,000 alliés occuperont, pendant 3 mois au moins et 5 ans au plus, Condé, Valenciennes, Bouchain, Cambrai, le Quesnoi, Maubeuge, Landrécies, Avesne, Rocroi, Givet, Charlemont, Mézières, Sedan, Montmédy, Thionville, Longwy, Bitche, et la tête de pont du fort Louis. Ces 150,000 hommes seront entretenus par la France. Chaque soldat recevra par jour 2 livres de pain, une demi-livre de viande, des légumes, un demi-litre de vin, un peu de sel et du tabac à prix réduit. « La somme de 700 millions sera acquittée dans le courant de cinq années, » De plus, la France eut à répondre aux réclamations de tous ses créanciers étrangers, grands et petits. Ainsi la maison des comtes de Bentheim et Steinfurt obtint à elle seule, 1,310,000 francs. « Dans « tous les pays, qui change- « ront de maître, il sera « accordé aux habitants un « espace de six ans, pour dis- « poser s'ils le jugent conve- « nable, de leurs propriétés et « se retirer dans tel pays qu'il « leur plaira de choisir. »

21 février, ordonnance du roi portant création d'un corps royal d'artillerie de la marine (77 pages de texte).

27 février, ordonnance du roi portant qu'il sera élevé des statues aux généraux Moreau et Pichegru.

29 février, ordonnance du roi portant qu'il sera formé dans chaque canton un comité gratuit et de charité pour surveiller et encourager l'instruction primaire.

9 mars, ordonnance du roi réorganisant la maison royale de St. Denis.

16 mars, ordonnance du roi : « à compter de 1817, les budgets des villes, ayant au moins 30,000 francs de rentes ordinaires, seront réglés par nous, sur la proposition de notre ministre secrétaire d'État de l'intérieur ; (les budgets moindres) seront réglés par nos préfets. »

21 mars, ordonnance du roi réorganisant l'Institut.

26 mars, ordonnance du roi réorganisant la Légion d'honneur.

27 mars, ordonnance du roi accordant des fonds pour continuer le recueil des ordonnances des rois de France et celui des historiens de la Gaule et de la France.

28 mars, loi : (le duc de Berry épousant la princesse Marie-Caroline des Deux-Siciles), il sera payé annuellement une somme d'un million (à ce prince, en sus de ce qu'il touchait auparavant).

28 avril, 2 lois, dont l'une porte établissement d'une caisse d'amortissement et d'une caisse des dépôts et consignations ; l'autre, dite loi sur les finances, porte : « le « budget des neuf derniers « mois de 1814 est : recettes « 543,713,940 francs 04 cent. « dépenses 637,432,562 fr. 65. « Recettes de 1815 753.510,000 « francs ; dépenses 883,943.000 « francs. »

7 mai, ordonnance du roi qui nomme M. Lainé ministre de l'intérieur.

8 mai, loi qui abolit le divorce.

8 mai, ordonnance du roi qui institue une commission pour la répartition des dix millions accordées par S. M. et les princes de sa famille pour secourir les départements qui ont le plus souffert des événements de la guerre.

9 mai, ordonnances du roi, qui nomment des sous-secrétaires d'État à la justice, à la guerre, à l'intérieur et aux finances.

16 mai, ordonnance du roi qui nomme M. Guizot maître des requêtes ordinaire au Conseil d'État.

16 mai, ordonnance du roi portant organisation des succursales de la maison royale de St. Denis.

22 mai, ordonnance du roi, relative à la caisse des invalides de la marine.

29 mai, ordonnance du roi relative aux agents de change de Paris.

5 juin, ordonnance du roi créant mille bourses nouvelles dans les séminaires.

9 juin, ordonnance du roi : « les princes de Hohenlohe « n'ont cessé de témoigner, « depuis 1792, à nous et à « notre famille le dévouement « le plus vrai. Le prince « Louis Aloys de Hohenlohe- « Bartenstein est nommé com- « mandeur de nos ordres de « St-Michel et du St-Esprit. Ce « prince prendra rang dans « nos armées en qualité de « lieutenant-général à dater « du 28 février 1806. Il sera « employé cette année comme « inspecteur d'infanterie. Une « partie du château de Luné- « ville sera affectée au loge- « ment dudit prince et de sa « famille, sa vie durant. Il

« sera colonel de notre légion « étrangère. »

19 juin, ordonnance du roi relative aux fabriques de sel par l'évaporation de l'eau de la mer au moyen du feu.

26 juin, ordonnance du roi établissant un grand nombre de commissaires-priseurs.

2 juillet, ordonnance du roi portant création de 12 bureaux de charité à Paris.

3 juillet, ordonnance du roi qui règle le mode de transmission des fonctions d'agents de change et de courtiers de commerce, en cas de démission ou de décès.

3 juillet, ordonnance du roi relative à la caisse des dépôts et consignations.

3 juillet, ordonnance du roi qui nomme maréchaux de France les ducs de Coigny et de Feltre et les comtes de Bournonville et de Viomesnil.

10 juillet, brevets d'invention : le sieur Preuss, demeurant à Paris pour procédés relatifs à l'éclairage par le gaz hydrogène.

17 juillet, ordonnances du roi, relatives aux gardes nationales et au port d'armes.

18 juillet, ordonnance du roi concernant l'organisation des régiments d'infanterie de ligne suisses.

24 juillet, ordonnance du roi qui nomme un aumônier par régiment.

24 juillet, ordonnance du roi qui prescrit de faire rentrer dans les arsenaux les armes de guerre détenues par des particuliers

31 juillet, et 4 décembre ordonnances du roi qui exemptent des droits de tonnage les navires étrangers venant sur lest, chargés de sel, dans nos ports.

2 août, ordonnance du roi portant création d'une école des mines à St-Étienne.

7 août, ordonnance du roi qui exempte de tous droits d'entrée les grains, farines, pains et biscuits de mer.

14 août, ordonnance du roi : les militaires sous les drapeaux, qui seront autorisés à se faire remplacer, paieront, suivant les corps, de 100 à 200, francs.

14 août, ordonnance du roi portant règlement sur la pêche du hareng et du maquereau.

28 août ordonnance du roi concernant le martelage et la conservation des bois nécessaires aux constructions navales.

4 septembre, ordonnance du roi, portant réorganisation de l'école polytechnique, dont « nous avons été forcé de « licencier les élèves pour « cause d'insubordination. « (Nous ne voulons) admettre « dans les services publics que « des sujets attachés à leurs « devoirs et dévoués à notre « personne. L'école royale po- « lytechnique sera désormais « sous la protection de notre « bien-aimé neveu le duc « d'Angoulême. »

4 et 11 septembre, ordonnances du roi qui autorisent les compagnies d'assurances mutuelles contre l'incendie et d'assurances maritimes fondées à Paris.

5 septembre, ordonnance du roi portant dissolution de la chambre des députés et convocation des collèges électoraux : « Nous nous som- « mes convaincu que les be- « soins et les vœux de nos « sujets se réunissaient pour « conserver intacte cette char- « te constitutionnelle, base du « droit public en France et

« garantie du repos général. »
Il devait y avoir 258 députés
pour une population de
29,322,857 habitants. Parmi les
présidents des colléges électoraux nommés par le roi, on
remarque Camille Jordan Anglès, Maine de Biran, Bastard
de Lestang, Ravez, André (de
la Lozère), le marquis d'Anti-
champ, Royer-Collard, Becquey, le baron Pasquier, le
duc de Mouchy, Gaëtan de la
Rochefoucauld, le prince de
Broglie, de Serres, le marquis
de Gramont, St-Cricq, le comte Beugnot, etc.

25 septembre, ordonnance
du roi portant autorisation
de la société des prêtres-mis-
sionnaires à l'intérieur, fondée
par l'abbé Rauzan, chapelain
du roi.

16 octobre, ordonnance du
roi qui nomme l'ex-questeur
de la chambre des députés,
M. Maine de Biran, conseiller
d'État en service ordinaire.

12 novembre, ordonnance
du roi qui nomme M. le baron
Pasquier président de la chambre des députés.

13 novembre, ordonnance
du roi qui nomme M. Dupleix
de Mézy directeur-général des
postes.

14 novembre, ordonnance
du roi qui nomme MM. Du-
vergier de Hauranne et Fornier de St-Lary, questeurs de
la chambre des députés.

22 nov. et 9 déc. or-
donnances du roi qui (vu la
disette) accordent une prime
d'importation pour les grains
ou farines de froment, seigle
ou orge, le riz et le maïs.

5 décembre, ordonnance
du roi relative à l'école des
mines, de Paris.

23 décembre, ordonnance
du roi qui établit le chapitre
royal de St-Denis.

31 décembre, ordonnance
du roi nommant chevaliers
de St-Michel : MM. de Jussieu, Delambre, Suard, Mirbel,
Broussonnet, Sue, Dacier,
Dupuytren, Quatremère-de
Quincy, de Prony, Bron-
gniard, Girodet, Gérard, Lemot, Didot aîné, Collin de
Bar, etc.

Cette année, fut remanié
le personnel des cours royales
de Dijon, Rennes, Bordeaux,
Orléans, Aix, Metz, Nancy,
Ajaccio, Grénoble, Toulouse,
Paris, Besançon et Douai.

14 communautés de reli-
gieuses furent autorisées : bénédictines du St-Sacrement,
Ursulines, etc.

1817

2 janvier, loi autorisant
les donations et legs aux établissements ecclésiastiques.

8 janvier, ordonnance du
roi : tout bâtiment négrier,
entrant dans une de nos colonies sera confisqué et «le capi-
« taine, s'il est français, sera
« interdit de tout commande-
« ment. »

13 janvier, loi relative aux
moyens de constater le sort
des militaires absents.

19 janvier loi qui nomme
M. le baron Pasquier ministre de la justice.

22 janvier, loi portant établissement d'une chambre de
commerce dans la ville de
Reims Les 7 mars et 9 avril,
Troyes et Laval eurent aussi
leurs chambres de commerce.

24 janvier, ordonnance du
roi qui nomme président de
la chambre des députés M. de
Serre, choisi entre 5 candidats
désignés par la chambre (Ravez, Bellard, Royer-Collard,

Paget de Beaune, de Serre).

5 février, loi électorale : les électeurs devront avoir 33 ans et payer 300 francs de contributions » Les députés « ne recevront ni traitement « ni indemnités. »

5 février, ordonnance du roi, qui charge une commission d'examiner la conduite des élèves et des professeurs de la faculté de droit de Rennes (où il y avait eu des désordres) et porte qu'il sera soumis à l'approbation de S. M. un règlement général sur la discipline des diverses facultés du royaume.

5, 16 et 19 février, et 19 mars, ordonnances du roi qui nomment MM. le comte de Rémusat, Dargout (sic), le comte de Tocqueville et M. de Goyon préfets de la Haute-Garonne, du Gard, de la Moselle et de l'Eure.

12 février, loi (valable seulement pour 1817) : « tout individu, prévenu de complots « ou de machinations contre « la personne du roi, la sûreté « de l'Etat ou les personnes « de la famille royale, pourra, « sans qu'il y ait nécessité de « le traduire devant les tribunaux, être arrêté et détenu « en vertu d'un ordre signé du « président de notre conseil « des ministres et de notre « secrétaire ministre d'Etat au « département de la police générale. »

12 février, ordonnance du roi portant que la communauté des huissiers de Paris sera réduite à 150 membres.

26 février, ordonnance du roi relative à l'organisation des écoles royales d'arts et métiers de Chalons-sur-Marne et d'Angers.

28 février, loi sur la presse : « les journaux et écrits « périodiques ne pourront (d'ici au 1er janvier 1818) pa- « raître qu'avec l'autorisation « du roi.»

19 mars, loi modifiant les articles 115 et 165 du Code de commerce, relatifs aux lettres de change.

25 mars, les dépenses de l'exercice 1815 ont été de 791,317,660 francs; celles de 1816, de 884.492,520 francs. Le budget de 1817 est : recettes 1,069,260,258 francs et dépenses 1,067,260.258 francs.

26 mars, ordonnance du roi qui autorise les préfets à assister aux séances des conseils généraux et les sous-préfets à celles des conseils d'arrondissements.

27 mars, loi relative aux douanes.

2 avril, ordonnance du roi, portant règlement sur les maisons centrales de détention.

9 avril, ordonnance du roi : à partir du 1er janvier 1817 (sic), le traitement des archevêques sera porté à 25,000 fr., et celui des évêques à 15,000 francs, sauf les retenues au profit du trésor. Les desservants recevront 700 francs par an.

16 avril, ordonnance du roi qui nomme M. Ravez conseiller d'Etat et sous-secrétaire d'Etat au département de la justice.

16 avril, ordonnance du roi contenant règlement pour le conservatoire royal des arts et métiers.

19 avril, ordonnance du roi relative au conseil d'Etat.

24 mai, ordonnance du roi, qui autorise la ville de Paris à créer 33,000 obligations au porteur, de 1,000 francs chacune, remboursables dans l'espace de 12 années. Elles porteront intérêt à 6 °/₀. Il sera en outre attaché à ces obligations des primes (variant de 5 a 50 000 francs) montant à 6,081,235 francs. (Ces obligations furent toutes souscrites par les maisons Cottier, Busoni, Goupy, Hentsch-Blanc, de Rothschild et Worms de Romilly).

2 juin, ordonnance du roi, qui nomme M. le comte Beugnot directeur-général de la caisse d'amortissement et de celle des dépôts et consignations. (Le 19 mars, M. Roy avait été nommé membre de la commission de surveillance de ces deux caisses).

9 juillet, brevets d'invention : « M. Urbain Sartoris « pour des procédés de fabri-« cation d'une arme à feu qui « se charge par la culasse. »

29 juillet, ordonn. du roi, qui crée les intendants militaires après avoir supprimé les inspecteurs aux revues et les commissaires des guerres.

6 août, ordonn. du roi, concernant les franchises postales.

13 août, ordonnance du roi, portant amnistie pour les délits auxquels la rareté des subsistances a pu entraîner depuis le 1er septembre 1816.

25 août, ordonnance du roi, prescrivant aux futurs pairs de France la formation de majorats.

10 septembre, ordonnance du roi, relative au service des douanes à Marseille

10 septembre, ordonnance du roi, relative aux avocats de la Cour de cassation.

12 septembre, ordonnance du roi qui nomme M. le maréchal Gouvion St-Cyr ministre de la guerre

8 octobre, ordonnance du roi, relative à la lithographie.

22 octobre, ordonnances du roi relatives : 1° aux ingénieurs géographes ; 2° aux officiers de la marine.

29 octobre, ordonnance du roi, autorisant la ville de Bordeaux à créer 2,129 obligations de 1.000 francs chacune, remboursables avec primes en 12 ans et portant intérêt à 6 °/₀.

6 novembre, ordonnance du roi, relative à un traité postal avec la Sardaigne.

12 novembre, ordonnance du roi qui renomme M. de Serre président de la Chambre des députés. (Ses compétiteurs, élus comme lui par la Chambre, étaient Royer-Collard, Beugnot, Camille Jordan et Roy).

18 novembre, trois ordonnances du roi relatives à la comptabilité générale.

3 décembre, réglement sur le pavillon des navires de commerce.

17 décembre, ordonnance du roi concernant le corps royal du génie et celui de l'artillerie.

30 décembre, loi sur la presse : « les journaux et au-« tres ouvrages périodiques, « qui traitent de matières et « nouvelles politiques, ne pour-« ront, jusqu'à la fin de la « session des Chambres de « 1818, paraître qu'avec l'au-« torisation du roi. »

31 décembre, ordonnance du roi concernant l'organisation des écoles militaires.

4 communautés de religieuses furent autorisées cette année.

1818

9 janvier, ordonnance du roi concernant les facilités

accordées au commerce maritime pour l'entrepôt des marchandises importées en France.

9 janvier, réglement relatif aux ingénieurs de la marine

31 janvier, ordonnance du roi qui élève à la dignité de pair du royaume M. le comte Decazes, ministre et secrétaire d'État au département de la police générale.

6 février, ordonnance du roi relative à la convention postale avec la Prusse.

18 février, ordonnance du roi relative aux hospices de Paris.

10 mars, loi sur le recrutement de l'armée.

25 mars, loi électorale : « Nul ne pourra être membre « de la Chambre des députés « si, au jour de son élection, il « n'est âgé de 40 ans et ne « paie 1,000 francs de contri- « butions. »

25 mars, ordonnance du roi : « à dater du 1er juin pro- « chain, la vente des poudres « de chasse, de mine et de « commerce sera exclusive- « ment exploitée par la direc- « tion générale des contribu- « tions indirectes. »

1er avril, ordonnance du roi qui établit des compagnies de discipline.

10 avril, loi qui autorise l'acceptation de l'offre faite par plusieurs négociants et capitalistes de prêter deux millions pour l'achèvement du pont de Bordeaux.

15 avril, loi qui ordonne la confiscation des navires négriers et l'interdiction de leurs capitaines.

21 avril, loi sur les douanes.

23 avril, ordonnance du roi : « à l'avenir, nul ne pourra

« être élu membre de la Cham- « bre des avoués près la Cour « royale de Paris, s'il n'exerce « depuis plus de dix ans les « fonctions d'avoué. »

6 mai, 22 juillet et 5 août, ordonnance du roi portant formation d'un corps royal d'état-major et d'une école d'application pour le service de l'état-major général de l'armée.

13 mai, loi qui accepte l'offre, faite par une société de négociants et capitalistes, de prêter 1,950,000 francs à l'effet de concourir à l'exécution des travaux du port du Havre.

15 mai, loi sur les finances : « le montant des créan- « ces de 1801 à 1810, restant à « ordonnancer au 1er août 1817, « est limité à la somme de « 61,785,000 francs. Le montant « des créances de 1810 à 1816, « restant à acquitter à la même « époque, est limité à........ « 297,630,000 francs. »
Dépenses de 1818........ 1,098,362,693 francs.

20 mai, ordonnances du roi qui 1° augmentent le traitement des vicaires généraux, des chanoines et des desservants et accordent un secours aux religieuses âgées et infirmes ; 2° qui règlent les droits des officiers en non-activité et prescrivent des mesures pour la fixation de leurs divers traitements ; 3° instructions sur les engagements volontaires.

20 mai, loi qui autorise la ville de Paris à emprunter 7 millions pour l'achèvement du canal de l'Ourcq.

1er juin, convention commerciale avec le royaume des Deux-Siciles.

3 juin, conventions postales avec l'Autriche et la Suisse.

10 juin, ordonnances du roi sur l'administration des

écoles royales militaires.

15 juin, convention par laquelle le gouvernement français reconnaît devoir 240,900,000 francs à l'Autriche, à l'Angleterre, à la Prusse et à la Russie. On inscrira « sur le grand-« livre de la dette publique, « avec jouissance du 22 mars « 1818, une rente de 12,040,000 « francs, sur lesquels la Prusse « touchera 2,655,000 francs; « l'Autriche 1,250,000 francs; « l'Angleterre 3,150,000 francs; « l'Espagne 850,000 francs et « Hambourg 1 million, la Rus-« sie 3,135,000 francs (?) »

24 juin, ordonnance du roi qui établit sur les côtes d'Afrique une croisière pour empêcher la traite des noirs.

25 juin, ordonnance du roi qui établit à Rive-de-Gier (Loire), une caisse de prévoyance en faveur des ouvriers des mines.

8 juillet, brevets d'invention: Winsor fils importe le kaléidoscope, qui est perfectionné par Alphonse Giroux et Allard. Déoder et Baradelle ont inventé un appareil destiné à la condensation du gaz hydrogène qui est rendu « trans-« portable et commercial. »

8 juillet, ordonnance du roi relative aux écoles d'artillerie.

15 juillet, ordonn. du roi sur l'administration des poudres et salpêtres, dont M. Gay-Lussac est nommé membre.

22 juillet, ordonnances du roi approuvant les assurances mutuelles de Rouen contre l'incendie et les assurances maritimes de Bordeaux.

28 juillet, ordonnance du roi autorisant la caisse d'épargne et de prévoyance fondée à Paris.

29 juillet, convention postale avec les Pays-Bas.

2 août, ordonnance du roi concernant l'avancement dans l'armée (56 pages de texte).

19 août, ordonnance du roi qui autorise la ville de Paris à accepter à titre d'emprunt la somme de 1,200,000 francs que des négociants de l'entrepôt général des vins et autres capitalistes ont offert de prêter pour l'exécution des travaux de cet établissement.

26 août, ordonnance du roi qui appelle au service militaire 40,000 hommes sur chacune des classes de 1816 et 1817.

30 août, ordonnance du roi contenant la nouvelle édition du Code de commerce (148 pages de texte).

23 septembre, ordonnance du roi relative à la marque des tissus fabriqués dans le royaume.

30 septembre, ordonnance du roi relative à la garde nationale.

24 octobre, ordonnances du roi relatives 1° aux primes d'encouragement pour la pêche de la morue; 2° à l'établissement d'un magasin de sauvetage à Granville (Manche).

26 octobre, convention d'Aix-la-Chapelle, en vertu de laquelle les 150,000 alliés évacuent la France.

18 novembre, ordonnance du roi qui crée une bourse de commerce à Calais.

7 décembre, ordonnance du roi qui nomme M. Roy ministre des finances.

17 décembre, ordonnance du roi relative aux écoles de catholiques Anglais, Irlandais et Écossais en France

18 décembre, ordonnance du roi qui crée M. Ravez président de la Chambre des députés (ses compétiteurs étaient MM. de Serre, le contre-ami-

ral Dangier, Dupont et Planelli-Lavalette).

23 décembre, ordonnance
du roi modifiant les droits
d'octroi de Paris.

29 décembre, ordonnance
du roi supprimant le ministère
de la police et nommant le
marquis Dessolle aux affaires
étrangères, M. de Serre à la
justice, le comte Decazes à
l'intérieur, le baron Portal à
la marine et le baron Louis
aux finances,

En 1818, furent établis les
conseils de prud'hommes de
Bédarrieux, Niort, Toury et
Bolbec. On remarqua l'habileté
et l'activité du ministre de la
guerre, maréchal Gouvion de
Saint-Cyr. Un grand nombre
de Polonais, Belges, Hollandais, Allemands, Suisses, Italiens, Espagnols, Portugais,
etc., qui avaient servi dans les
armées de Napoléon, furent
naturalisés français. Le roi
approuva beaucoup de legs
faits aux hospices, couvents,
églises, séminaires, bureaux
de bienfaisance, etc.

Une instruction de 120 pages
de texte, sans date, s'occupe
des appels de contingents et
de classes militaires.

1819

13 janvier, ordonnance du
roi : « Il y aura, le 25 août,
« (jour de la Saint-Louis) et les
« jours suivants, une exposi-
« tion publique des produits
« de l'industrie française. »

2 février, loi portant qu'il
sera érigé en faveur de M. le
duc de Richelieu à titre de récompense nationale, un majorat de 50,000 francs de revenus.

3 février, ordonnance du
roi qui accorde une prime
d'exportation aux fabricants
de Marseille pour le soufre
épuré ou sublimé dans leurs
manufactures.

11 février, ordonnance du
roi autorisant la compagnie
d'assurances maritimes fondée
à Paris.

5 mars, ordonnance du roi
nommant 59 pairs de France :
« notre cousin, le maréchal
« duc d'Albuféra le comte d'Ar-
« gout, le baron de Barante; no-
« tre cousin le maréchal duc
« de Conégliano · les comtes
« Claparède et Chaptal ; notre
« cousin, le maréchal duc de
« Dantzig; les comtes Daru,
« Lacépède, de Latour Mau-
« bourg, de Montalembert, de
« Montalivet, Pelet de la Lo-
« zère, Reille, Rapp ; nos cou-
« sins, les maréchaux prince
« d'Eckmüh', comte Jourdan,
« duc de Trévise, le comte
« Verhuel, vice-amiral ; notre
« cousin le duc de Plaisance,»
etc.

10 mars, loi relative au
commerce et à l'exploitation
du salpêtre.

16 mars, loi : « la poudre
« de chasse superfine se ven-
« dra 8 francs le kilogramme ;
« la poudre de chasse fine
« 6 fr. 50 le kilog; la poudre
« de guerre 3 fr. 45. »

24 mars, ordonnance du
roi qui autorise a caisse d'é-
pargnes de Bordeaux-Autre,
relative à l'École de droit de
Paris.

5 avril, ordonnance du roi
qui nomme censeurs MM.
Raoul Rochette, Pariset, Landrieux et Vieillard.

7 avril, brevets d'invention : M. Joanne, pour des
moyens de dételer des chevaux qui s'emportent et d'enrayer en même temps les
roues de la voiture.

9 avril, ordonnance du roi : les ventes publiques de marchandises à l'enchère, faites par le ministère des courtiers, pourront avoir lieu au domicile du vendeur ou en tout autre lieu convenable.

14 avril, loi relative à l'ouverture, dans chaque département, d'un livre auxiliaire du grand-livre de la dette publique.

21 avril et **19 mai,** ordonnances du roi, portant établissement des conseils de prud'hommes à Elbeuf et à Abbeville.

28 avril, ordonnance du roi, qui appelle 40,000 hommes sur la classe de 1818.

28 avril, loi qui proroge, au profit de l'État, le monopole des tabacs, jusqu'au 1er juin 1826.

12, 19 mai et **7 juillet,** ordonnances du roi, portant établissement de chambres de commerce à Besançon, à Boulogne-sur-Mer et à St-Brieuc.

17 mai, 26 mai et **9 juin,** nouvelle loi sur ou plutôt contre la presse périodique.

27 juin, loi relative au réglement définitif des budgets de 1815, 1816 et 1817 et à la rectification provisoire de celui de 1818. Budgets définitifs de 1815 : 798,590,859 ; de 1816 : 895,577,205 ; de 1817 : .... 1,036,810,583.

30 juin et **20 octobre,** ordonnance du roi, créant les petits séminaires de Bazas (Gironde) et d'Ecouis (Eure).

7 juillet et **13 octobre,** brevets d'invention : Gabry, pour veilleuses-horloges ; Jennepin, pour une machine à naviguer par l'action (de la pesanteur) de l'eau, accumulée sur un bateau moteur ; Coolidge, de Boston, pour une arme à feu à l'aide de la-quelle on peut tirer plusieurs coups sans qu'il soit besoin de recharger.

14 juillet, loi relative à l'abolition du droit d'aubaine et de détraction et abrogeant les articles 726 et 912 du Code civil

15 juillet, ordonnance du roi, contenant réglement sur les digues et dunes dans le département du Pas-de-Calais.

16 juillet, loi sur l'importation des grains (qui sont frappés de 1 fr. 25 par hectolitre de grains et 2 fr. 50 par quintal métrique de farine, importés par navires étrangers ; ces taxes sont réduites des 4/5 pour les navires français). A cette époque, le prix moyen de l'hectolitre des céréales variait de 19 à 23 fr.

17 juillet, loi relative aux servitudes militaires.

4 août, ordonnance du roi, concernant les chirurgiens qui s'embarquent sur les navires de commerce et la visite des coffres de médicaments et des caisses d'instruments de chirurgie dont ces navires doivent être pourvus.

18 août, ordonnance du roi qui fixe à 50 le nombre des avoués à la Cour royale de Paris.

18 août, ordonnance du roi, qui règle la solde des officiers et sous-officiers du corps du génie.

23 août, ordonnance du roi, concernant les conseils généraux du commerce et des manufactures établis par le ministre de l'intérieur.

25 août jour de la fête du roi, ordonnance du roi, qui érige 500 succursales nouvelles dans les diocèses.

1er septembre, ordonnance du roi, qui autorise, à Paris.

la compagnie d'assurances contre l'incendie, dite le *Phénix*.

24 septembre, ordonnance du roi, qui nomme coadjuteur de M. le cardinal de Périgord, archevêque de Paris, M. de Quélen, évêque de Samosate.

24 septembre, ordonnance du roi, qui détermine le mode de construction des fosses d'aisance dans la ville de Paris.

13 octobre, ordonnance du roi, concernant le paiement (dans un délai de cinq ans), des arrérages de la dette publique et des pensions.

31 octobre, ordonnance du roi, sur la composition, l'avancement, les appointements et l'uniforme du corps de la marine

3 novembre, ordonnance du roi, concernant la comptabilité des frais de justice à recouvrer sur les condamnés.

19 novembre, ordonnance du roi, qui nomme le baron Pasquier, ministre des affaires étrangères, le marquis de Latour-Maubourg, ministre de la guerre, M. Roy, ministre des finances et donne la présidence du conseil des ministres au comte Decazes, ministre de l'intérieur.

21 novembre, ordonnance du roi, nommant 8 pairs de France (les comtes Clément de Ris, Fabre (de l'Aude), Gassendi, de Ségur et Casa-Bianca, le duc de Praslin, etc.

22 novembre, ordonnance du roi, créant des comités consultatifs à la Martinique, à la Guadeloupe, à l'île Bourbon et à Cayenne.

25 novembre, ordonnance du roi, portant établissement, au Conservatoire des Arts-et-Métiers, d'un enseignement public et gratuit pour l'application des sciences aux arts industriels.

1er décembre, ordonnance du roi, qui permet de rentrer en France à ceux qui ont été bannis par l'ordonnance du 24 juillet 1815.

8 décembre, ordonnance du roi, qui nomme président de la Chambre des députés, M. Ravez (dont les compétiteurs désignés par la Chambre avaient été MM. Courvoisier Lainé, Bellart et Savoie-Rollin.

16 décembre, ordonnance du roi, qui nomme (sur une liste de 3 membres désignés par la Chambre) M. le baron Chabaud-Latour questeur de la Chambre des députés.

25 décembre, ordonnance du roi, relative aux bourses dans les collèges royaux.

En 1819, le roi autorisa la communauté des sœurs de Saint-Joseph, à Bailleul-sur-Thérain (Oise).

1820

12 janvier, ordonnance du roi, concernant l'imprimerie royale.

19 janvier, ordonnance du roi, portant fixation du nombre des avoués et des huissiers près les tribunaux de 1re instance dans le ressort de la Cour royale de Paris.

4 février, ordonnance du roi, relative aux diligences, messageries, etc.

11 février, 23 février, 3, 19 et 24 mars, 14 avril, 12 mai, 2 août et 13 septembre, ordonnances du roi, fixant le nombre des avoués et des huissiers dans le ressort des Cours royales d'Aix, Rouen, Bordeaux, Caen, Lyon,

Rennes, Metz, Limoges, Toulouse, Grenoble, Nimes, Agen, Nancy, Orléans, Amiens, Douai, Montpelier, Angers, Pau, Poitiers, Riom, Colmar, Bourges, Dijon, Besançon

20 février, ordonnance du roi, qui nomme le duc de Richelieu président du conseil des ministres et le comte de Decazes membre du conseil privé et duc.

21 février, ordonnance du roi, qui nomme M. le comte Siméon ministre de l'intérieur.

3 mars, ordonnance du roi, qui appelle 40,000 hommes sur la classe de 1819.

12 mars, loi sur la libération des diverses classes d'acquéreurs du domaine de l'Etat.

26 mars, loi sur (ou plutôt contre) la liberté individuelle.

30 mars et 19 avril ordonnances du roi, qui autorisent l'ouverture des petits séminaires de Viviers-le-Sec (Calvados) et de Reims.

30 mars, ordonnance du roi, qui établit une caisse d'épargnes à Rouen.

31 mars, loi sur (ou plutôt contre) la publication des journaux et écrits périodiques.

1er avril, ordonnance du roi, qui nomme 17 censeurs des journaux et écrits périodiques : Voysin de Gartempe, d'Andrezel, Auger, Baudus, Lourdoueix, Mazure, etc.

6 avril, ordonnance du roi, qui nomme, M. le duc de Gaëte gouverneur de la Banque de France.

28 mai, loi : le budget de 1818 est fixé à 1,414,433,736 fr.

7 juin, loi sur les douanes.

29 juin, loi sur les élections.

4 juillet, loi sur les bénéfices mis en réserve de la Banque de France.

5 juillet, ordonnance du roi, sur (ou plutôt contre) les Facultés de droit et de médecine.

6 juillet, loi relative au traitement des membres de la Légion d'honneur.

13 juillet, ordonnance du roi, qui impose aux veuves de militaires résidant en pays étranger, la retenue d'un tiers sur leurs pensions.

22 juillet, ordonnance du roi qui porte à 7 le nombre des membres de la commission de l'instruction publique et nomme membres de cette commission MM. l'abbé Nicolle, Rendu et Poisson.

23 juillet, loi sur le budget de 1820 (25 pages de texte).

24 juillet, loi ordonnant de payer 7 millions à la régence d'Alger, pour l'exécution du traité du 17 décembre 1801 entre la France et le Dey.

26 juillet, ordonnance du roi qui accorde une prime d'importation pour les cotons des deux Amériques.

28 juillet, ordonnance du roi qui fixe à 40,000 francs le traitement des maréchaux de France et en accorde 40,000 autres aux maréchaux qui sont en même temps majors-généraux de la garde royale.

9 août, ordonnance du roi, relative à l'ordre royal et militaire de Saint-Louis.

14 août, ordonnance du roi, qui autorise l'acceptation de l'offre faite par M. le duc de Richelieu d'appliquer le produit du majorat, qui lui a été conféré, à la construction d'un hôpital à Bordeaux et à l'établissement d'autres objets d'utilité publique dans cette ville.

21 août, ordonnance du

roi, qui convoque la Cour des pairs pour juger les individus arrêtés à Paris, le 19 août au soir.

28 août, ordonnance du roi, relative à la prime de sortie sur les tissus de laine de fabrication française.

27 septembre, ordonnances du roi, relatives au corps des intendants militaires (16 pages de texte).

4 octobre, ordonnance du roi, qui nomme M. Lainé, ministre d'Etat, président de la commission royale d'instruction publique.

4 octobre, ordonnance du roi, relative aux facultés de droit.

7 octobre, ordonnance du roi, concernant les cérémonies du baptème de S. A. R. Mgr. le duc de Bordeaux.

Des actes de clémence et des grâces auront lieu à cette occasion.

11 octobre, ordonnance du roi: les jeunes soldats, qui se seront mutilés pour se soustraire à la loi du recrutement, seront envoyés dans les compagnies de pionniers.

11 octobre, ordonnance du roi, relative à l'administration des forêts.

23 octobre, ordonnance du roi: les légions départementales seront remplacées par des régiments, où l'on mêlera les hommes de tous les départements.

25 octobre, proclamation du roi (à l'occasion des élections): « Français, une liberté « forte et légitime vous est ac- « quise; elle est fondée sur des « lois émanées de mon amour « pour mes peuples et de mon « expérience des temps où « nous vivons..... La liberté « ne se conserve que par la « sagesse et la loyauté ; écar-

« tez des nobles fonctions de « député les fauteurs de trou- « bles, les artisans de discor- « des..... Cette France, si ac- « cablée il y a 5 ans, si mira- « culeusement restaurée de- « puis, (jouit d') une félicité « que tous les peuples de la « terre envient..... (Choisissez « des députés), amis sincères « et zélés de la charte, égale- « ment dévoués au trône et à « la patrie, également ennemis « du despotisme et de l'anar- « chie. Montrez au monde que « ce n'est pas sur des ruines « et des débris, mais sur la « justice et le respect des « droits, que les institutions « libres se fondent et s'affer- « missent. C'est ainsi que, « marchant à la tête de la ci- « vilisation, la France, au mi- « lieu des agitations qui l'en- « vironnent, doit rester calme « et confiante. »

29 octobre, ordonnance du roi sur la gendarmerie (91 pages de texte).

1er novembre, ordonnance du roi qui crée le conseil royal de l'instruction publique. Autre, qui organise la maison civile de S. M.

8 novembre, ordonnance du roi qui modifie la comptabilité au Ministère des finances.

22 novembre, ordonnance du roi portant que les contraventions au réglement du 23 juin 1806, concernant le poids des voitures et la police du roulage, doivent être jugées par les conseils de préfecture.

29 novembre, ordonnance du roi, relative aux gardes-champêtres: choisis par les municipalité, ils seront nommés ou destitués par les préfets et les sous-préfets.

11 décembre, convention avec la Sardaigne pour l'extradition réciproque des déserteurs.

20 décembre, ordonnance du roi, qui établit à Paris pour tout le royaume, une académie royale de médecine.

23 décembre, ordonnance du roi, qui supprime, pour cause d'abus, un mandement de l'évêque de Poitiers, (relatif à des prêtres dissidents).

En 1820 un grand nombre de pairs constituèrent des majorats, pour se conformer à une ordonnance du roi, en date du 25 août 1817.

1821

3 janvier, 23 janvier, 1er et 27 août, ordonnances du roi, autorisant les caisses d'épargnes de Marseille, Nantes, Troyes et Brest.

3 janvier, ordonnance du roi, concernant la régie des contributions directes et celle de l'enregistrement et des domaines.

23 janvier, brevets d'invention : M. Manjot, docteur en médecine, pour appareils destinés à convertir le suif et les graisses en une matière qui a tous les caractères et les propriétés de la cire.

30 janvier, ordonnance du roi portant réorganisation de la Direction générale des subsistances militaires.

17 février, ordonnance du roi concernant l'instruction publique.

14 mars, ordonnance du roi qui règle les circonscriptions des chambres de commerce du Hàvre, de Rouen et de Dieppe.

2 avril, ordonnance du roi, qui supprime la faculté de droit de Grenoble.

4 avril, ordonnance du roi, qui appelle à l'activité 40,000 hommes de la classe de 1820.

18 avril, 23 mai, 22 août, 31 octobre, ordonnances du roi établissant des tribunaux de commerce à Neufchâtel (Seine-inférieure)et à Saint-Gaudens (Haute-Garonne), une chambre de commerce à Caen et une bourse de commerce à Marennes (Charente-inférieure).

23 avril, loi qui fixe les dépenses de l'exercice 1819 à 863,853,109 francs et reporte sur l'exercice 1821, l'excédant de recettes de 1819 s'élevant à 4,459,463 francs.

16 mai, loi relative aux arrondissements électoraux.

24 mai, loi modifiant l'article 351 du code d'instruction criminelle.

30 mai, ordonnance du roi autorisant la société d'assurances mutuelles contre la grêle, formée à Nancy.

4 juillet, loi relative à l'exportation des grains.

14 juillet, ordonnance du roi, établissant un conseil de prud'hommes à Tourcoing (Nord).

26 juillet, loi qui maintient la censure des journaux.

26 juillet, loi relative à ceux qui avaient reçu de Napoléon Ier, Jérôme, Joseph, Murat, etc. des dotations en pays étranger.

29 juillet, ordonnance du roi qui accepte les legs (pour œuvres de bienfaisance et autres) faits par M. le baron de Monthyon, ancien conseiller d'Etat.

31 juillet, loi augmentant le nombre des juges du tribunal de 1re instance de la Seine.

31 juillet, proclamation du roi, déclarant close la session des chambres.

31 juillet, loi sur le budget de 1821 (33 pages de texte).

1er août, ordonnance du roi sur les servitudes militaires (35 pages de texte).

5 août, loi: l'offre faite par MM. Humann, Saglio et Renouard de Bussière, négociants à Strasbourg, (un député et d'autres capitalistes), de fournir dix millions de francs pour concourir à l'achèvement du canal Monsieur, est acceptée; (d'autres lois analogues, de la même date, concernent les canaux Crozat, Manicamps et des Ardennes, la canalisation de l'Isle entre Périgueux et Libourne, enfin le canal Saint-Martin, à Paris).

8 août, ordonnance du roi, modifiant l'administration des villes et des communes rurales.

15 août, ordonnance du roi, qui règle et améliore le mode d'avancement des officiers employés aux colonies.

22 août, convention postale avec la Bavière.

31 août, à cette date, le prix de l'hectolitre de grains variait de 20 à 26 francs.

19 septembre, ordonnance du roi relative à l'horlogerie.

24 septembre, ordonnance du roi qui nomme pair M. le baron Pasquier.

26 septembre, ordonnance du roi portant qu'il sera accordé chaque année une pension de 300 francs à 3 élèves, choisis parmi ceux qui se seront le plus distingués à l'école spéciale militaire.

27 septembre, ordonnance du roi qui prescrit un cordon sanitaire sur les frontières d'Espagne, à cause de la fièvre jaune et des quarantaines contre la peste dans tous les ports.

3 octobre, ordonnance du roi, qui crée la maison centrale de Poissy.

12 octobre et **7 novembre**, ordonnances du roi relatives aux collèges royaux.

17 octobre, ordonnance du roi, relative au baccalauréat ès-lettres.

19 octobre, ordonn. du roi, qui détermine la circonscription des archevêchés de Reims Sens, et Avignon et des évêchés de Chartres, Perpignan, Nîmes et Luçon.

20 octobre, convention avec le roi des Pays-Bas pour l'extradition réciproque des déserteurs.

31 octobre, ordonnance du roi établissant un mont de piété à Toulon.

31 octobre, ordonnance du roi, relative aux hospices et aux bureaux de bienfaisance. — Autre relative aux écoles supérieures de filles.

7 novembre, ordonnance du roi, portant réorganisation des sapeurs-pompiers de Paris.

14 novembre, ordonnance du roi : les agences de remplacement militaire devront obtenir l'autorisation du gouvernement.

19 novembre, ordonnance du roi qui nomme M. Ravez président de la chambre des députés, (ses compétiteurs étaient MM. de Villèle, Corbières, de Bonald et de Vaublanc).

20 novembre, ordonnance du roi, relative à la pêche de la morue à l'île de Terre-Neuve.

14 décembre, ordonnance du roi, qui nomme M. Peyronnet, député, ministre de la justice ; le vicomte de Montmorency, pair, ministre des affaires étrangères ; le maréchal duc de Bellune, pair, ministre de la guerre; M.Corbières, député, ministre de l'intérieur, le marquis de Clermont-Tonnerre, pair, ministre de la marine ; M. de Villèle, député, ministre des finances.

20 décembre, ordonnance du roi qui nomme M. Delaveau préfet de police.

26 décembre, ordonnance du roi qui nomme M. le duc de Doudeauville directeur-général des postes.

1822

3 janvier, ordonnance du roi, qui nomme M. Vatimesnil secrétaire-général du ministère de la justice.

3 janvier, ordonn. du roi, qui établit un tribunal de commerce à Brives (Corrèze).

3 janvier et 12 juin, ordonnances du roi, contenant réglement sur l'exercice de la profession de boulanger à Falaise, Honfleur(Calvados), Aire (Pas-de-Calais), Sens (Yonne), Draguignan, Bergues (Nord) et Lons-le-Saulnier.

4 janvier, ordonnance du roi, accordant liberté illimitée pour la pêche du hareng.

7 janvier, ordonnance du roi, concernant l'organisation judiciaire du Sénégal.

9 janvier, ordonnance du roi, qui nomme membres du conseil privé : MM. les ducs de Laval - Montmorency, de Doudeauville et de Narbonne-Pelet et M. le vicomte de Bonald.

9 janvier, ordonnance du roi relative aux postes.

16 janvier, ordonnance du roi, autorisant le tableau, d'après lequel la population de la France est de 30.465,291 habitants.

16 janvier et 11 septembre, ordonnances du roi établissant les caisses d'épargne du Hâvre et de Lyon.

23 janvier, ordonnances du roi, qui appellent à l'activité 40,000 hommes sur la classe de 1821 et de jeunes soldats des classes de 1819 et 1820.

30 janvier, ordonnances du roi, concernant la réorganisation de l'administration des douanes.

6 février et 4 septembre, ordonnances du roi portant établissement d'un mont de piété à Dijon et à Reims.

13 février, ordonnance du roi, créant un inspecteur-général de l'artillerie et un inspecteur-général du génie.

3 mars et 7 août, loi et ordonnance relatives à la police sanitaire.

3 mars, ordonnance qui supprime l'école d'équitation de Saumur.

17 et 25 mars, loi contre la presse périodique et autre.

31 mars, loi sur le budget de 1820. Dépenses : 875,342,252 francs; recettes 913,313,872 fr. Il y a donc un excédant de recettes de 37,971,620 francs.

3 avril, convention postale avec le Wurtemberg.

3 avril, loi qui accorde des pensions aux médecins et sœurs (qui avaient été envoyés à Barcelone, pour y soigner les personnes atteintes de la fièvre jaune) : MM. Pariset, Bally, François et Audouard reçurent chacun une pension de 2,000 francs, la mère de M. Mazet mort à Barcelone, même somme ; M. Jouvin, élève interne de l'hôpital de Perpignan, 500 francs par an, de même que les sœurs Josèphe, Morelle et Anne Merlin.

23 avril, ordonnance du roi relative aux douanes.

1er mai, ordonnances du roi qui nomment MM. Poisson et Arago, examinateurs pour l'artillerie et le génie, chacun avec un traitement de 3,000 fr. par an. La 2e ordonnance disait : « l'examen des jeunes gens, qui se présenteront pour être admis à l'école militaire sera fait par trois examinateurs spéciaux.

15 mai, ordonnance du roi qui règle le traitement des préfets (le minimum est de 18,000 francs et le maximum, de 45,000).

28 mai, ordonnance du roi qui nomme M. de Castelbajac administrateur-général des haras et de l'agriculture.

1er juin, ordonnance du roi qui nomme l'abbé Frayssinous grand-maître de l'Université.

5 juin, convention postale avec le grand-duché de Bade.

8 juin, ordonnance du roi concernant la fabrication des soudes factices provenant du sel marin.

8 juin, ordonnance du roi, qui nomme M. Ravez président de la chambre des députés (en le préférant à MM. de la Bourdonnaye, de Bonald, de Vaublanc, et Chabrol de Crussol).

24 juin, convention de navigation et de commerce avec les États-Unis.

3 juillet, ordonnance du roi qui appelle à l'activité les jeunes soldats de la classe de 1821.

3 juillet, ordonnance du roi qui autorise la société d'assurance contre la grêle formée à Dijon.

27 juillet, loi sur les douanes.

14 août, loi relative à l'achèvement du canal d'Aire à la Bassée, du canal de Bourgogne, du canal de Nantes à Brest, du canal d'Ille et Rance, du canal de Blavet, d'Arles à Bouc, du Nivernais, du bec d'Allier à Tours, de Digoin à Briare.

21 août et **4 septembre**, ordonnances du roi qui établissent des conseils de prud'hommes à Caen et à Cholet (Maine-et-Loire).

22 août, convention financière avec l'Espagne en faveur des Français créanciers de ce pays.

3 septembre, ordonnance du roi, diminuant les droits de tonnage pour les navires des Etats-Unis.

4 septembre, ordonnance du roi, qui nomme président du conseil des ministres M. le comte de Villèle, ministre des finances.

6 septembre, ordonnance du roi, qui supprime l'Ecole normale supérieure et porte qu'elle sera remplacée par les écoles normales, partielles, des Académies. — Autre, relative à la Faculté de droit de Paris.

13 septembre, ordonnance du roi, qui dispose du Mont-Valérien en faveur des prêtres des missions de France.

14 septembre, ordonnance du roi, concernant la comptabilité et les justifications des dépenses publiques.

17 septembre, ordonnance du roi, qui nomme le lieutenant-général comte de Bordesoulle gouverneur, et le baron Rohault de Fleury, colonel d'état-major dans le corps du génie, sous-gouverneur de l'Ecole polytechnique, placée sous la protection de S. A. R. le duc d'Angoulême et sous l'autorité du ministre de l'intérieur.

18 septembre, ordonnance du roi, portant réorganisation de l'intendance militaire.

2 et 30 octobre et **6 novembre**, ordonnances du roi, qui autorisent l'établissement des petits séminaires de Semur, Gourdan en Polignan (Haute-Garonne), Fontainebleau et Bourg-d'Oisans (Isère).

9 octobre, brevets d'invention : M. Selligue, ingénieur-mécanicien à Genève, domicilié à Paris, pour une presse à mouvement continu, propre à imprimer des deux côtés et mue par une machine à vapeur. MM. Erard frères, pour perfectionnement des pianos.

16 octobre, ordonnance du roi, accordant un traitement de 15,000 francs au procureur-général de Bastia et des traitements de 1,600 à 9,000 francs, à différents juges de tribunaux de 1er instance.

20 octobre, ordonnance portant réglement sur l'Ecole polytechnique.

31 octobre, ordonnance du roi, qui élève huit prélats à la dignité de pairs de France : Messeigneurs de Chillian, archevêque de Tours ; de la Fare, archevêque de Sens ; de Coucy, archevêque de Reims ; de Quélen, archevêque de Paris; de Boulogne, évêque de Troyes ; le prince de Croy, évêque de Strasbourg, de Latil, évêque de Chartres et de Frayssinous, évêque d'Hermopolis.

31 octobre, ordonnance du roi, qui prescrit la publication de la bulle relative à la circonscription des diocèses du royaume.

6 novembre, ordonnance du roi, créant un bataillon de voltigeurs corses, qui sera employé comme auxiliaire de la gendarmerie.

13 novembre, ordonnance du roi, qui prescrit la formation de deux équipages de ligne pour le service des vaisseaux et frégates.

20 novembre, ordonnance du roi, concernant l'exploitation des carrières de Loir-et-Cher.

20 novembre, ordonnance du roi, qui prescrit une levée de 40,000 hommes sur la classe de 1822.

20 novembre, ordonnance du roi, contenant réglement sur l'exercice de la profession d'avocat et la discipline du barreau.

21 novembre, ordonnance du roi, qui supprime la Faculté de médecine de Paris et prescrit au Ministère de l'intérieur de présenter un plan de réorganisation de cette faculté. « Considérant que des « désordres scandaleux ont « éclaté dans la séance solen- « nelle de la Faculté de méde- « cine du 18 de ce mois, et « que ce n'est pas la première « fois que les étudiants de « cette école ont été entraî- « nés à des mouvements qui « peuvent devenir dangereux « pour l'ordre public .»

27 novembre, ordonnance du roi portant établissement à Boulogne-sur-mer, d'un mont-de-piété.

27 novembre, ordonnance du roi, qui appelle à l'activité tous les jeunes soldats disponibles de la classe de 1821.

4 décembre, ordonnance du roi, portant réorganisation des 8 escadrons du train d'artillerie de la ligne.

4 décembre, ordonnance du roi qui modifie l'organisation actuelle du service de l'administration des contributions indirectes.

11 décembre, décision du roi qui accorde une augmentation de solde à différents corps de l'armée.

11 décembre, ordonnance du roi, concernant le mode de mesurage et de perception pour les bateaux à vapeur, qui sont ou seront établis sur les différents bassins de navigation et canaux appartenant à l'Etat.

18 décembre, ordonnance du roi, portant autorisation de la compagnie parisienne pour l'exploitation de l'usine royale d'éclairage par le gaz.

18 décembre, ordonnance du roi, relative à la nouvelle formation de l'escadron du train des équipages militaires.

22 décembre, ordonnance du roi qui nomme ministre des affaires étrangères M. le vicomte de Chateaubriand, pair de France.

25 décembre, ordonnance du roi, relative aux produits importés directement du Sénégal par navires français.

25 décembre, ordonnance du roi, relative à l'artillerie de la garde royale.

1823

8 janvier, avis du Conseil d'Etat sur la réhabilitation des militaires.

15 janvier, ordonnance du roi, relative aux primes d'exportation sur le sucre.

15 janvier, 18 mai, 21 juin, 16 et 30 juillet, 6 et 13 août, 5 novembre, ordonnances du roi, portant règlement sur l'exercice de la profession de boulanger à Nîmes, Saint-Chamond (Loire), Maubeuge (Nord), Blaye (Gironde), Vendôme (Loir-et-Cher), Saint-Martin de Ré (Charente - Inférieure), Lyon

(la Guillotière, la Croix-Rousse et Vaise), Auch, Beauvais, Gien (Loiret), Saint-Jean d'Angély, Montargis (Loiret), et Saint-Gilles (Gard).

18 janvier, ordonn. du roi, relative à la traite des noirs.

29 janvier, ordonnance du roi, accordant des mulets de bât à l'armée d'observation des Pyrénées, organisant le 2e escadron du train des équipages militaires et formant 4 compagnies de soldats d'ambulance pour le service des armées.

29 janvier, ordonnance du roi : « L'exposition publique « des produits de l'industrie « française aura lieu, cette « année, le 25 août et jours sui- « vants, dans les salles et gale- « ries de notre palais du Lou- « vre. »

2 février, ordonnances du roi, qui déterminent la formation du 3e bataillon des 20 derniers régiments d'infanterie de ligne ; portent création des 61e, 62e, 63e, et 64e régiments de ligne, chacun à 3 bataillons et appellent à l'activité tous les jeunes soldats disponibles de la classe de 1822.

2 février, ordonnance du roi, qui nomme M. Ravez, président de la Chambre des députés (avaient aussi été proposés par la Chambre des députés MM. de Bonald, Florian de Kergorlay, de Cousans et de Martignac).

2 février, ordonnance du roi, réorganisant la Faculté de médecine de Paris.

5 février, ordonnance du roi, relativement au traitement des officiers en réforme.

5 février, ordonnance du roi, portant formation de 4 compagnies d'ouvriers pour le service des subsistances de l'armée.

19 février, ordonnance du roi, créant une 3e compagnie d'ouvriers du train des équipages militaires.

26 février, ordonnance du roi, portant création d'un 3e et d'un 4e escadron du train des équipages militaires.

26 février, ordonnance du roi, relative au chemin de fer de Roanne à Saint-Etienne.

26 février, et **16 avril,** ordonnances du roi, établissant des conseils de prud'hommes à Louviers et à Castres.

26 février, ordonnance du roi, créant 60 escadrons de cavalerie.

26 mars, 2 avril, 14 mai, 25 juin, 3 septembre, 1er octobre, 5 et **26 novembre, 10** et **17 décembre,** ordonnances du roi, autorisant la formation des petits séminaires de Bergerac, Moissac, Oléron, Pontcroix (Finistère), Saint-Pons (Hérault), Combrée (Maine-et-Loire), Narbonne, Felletin (Creuse), Pons (Charente - Inférieure), Guérande (Loire-Inférieure) et Dôle (Jura).

2 avril, ordonnance du roi, relative aux bateaux à vapeur.

8 avril, loi : le budget de 1821 est pour les dépenses, de 882,321,254 francs et pour les recettes de 915,591,435 fr. Excédant de recettes 33,370,181 francs.

9 avril, ordonnance du roi, relative aux services d'artillerie, aux soldats d'ambulance et aux compagnies d'ouvriers.

9 avril, ordonnance du roi, relative à l'exercice du commerce de la boucherie et de la charcuterie dans la ville de Lyon.

10 avril, ordonnance du roi, contre les Français qui combattraient dans les rangs espagnols.

10 et 11 avril, ordonnances du roi, relatives aux vétérans.

23 avril, ordonnance du roi portant création d'une compagnie d'armuriers à l'armée des Pyrénées.

23 avril, ordonnance du roi, relative à la comptabilité des communes.

7 mai, loi relative à l'appel des jeunes français de la classe de 1823.

14 mai, ordonnance du roi, contenant un nouveau tarif des droits que les laines étrangères paieront à l'entrée du royaume.

14 mai, ordonnance du roi, portant réorganisation de l'escadron du train du génie.

6 juin, ordonnance du roi, qui nomme maréchal de France le lieutenant-général marquis Law de Lauriston.

18 juin, ordonnance du roi, relative à la comptabilité des monts de piété.

18 juin, ordonnance du roi, portant réglement sur la police des eaux minérales.

25 juin, ordonnance du roi, relative aux ardoisières d'Angers.

25 juin, ordonnance du roi, relative aux poudres détonantes et fulminantes.

25 juin, ordonnance du roi, qui nomme M. de Martignac, membre du conseil privé.

26 juin, ordonnance du roi, qui transfère à Toulouse l'école des arts-et-métiers de Châlons-sur-Marne.

16 juillet, ordonnance du roi, qui fixe définitivement à 60 le nombre des avoués à la cour royale de Paris.

13 août, ordonnance du roi, relative aux comités consultatifs des colonies françaises.

20 août, ordonnance du

roi, relative aux Israélites.

17 septembre, ordonnance du roi, portant établissement d'un mont de piété à Besançon.

9 octobre, ordonnances du roi, qui nomment maréchal de France le lieutenant général comte Molitor et pairs de France le maréchal Molitor, le baron de Dumas et les comtes Bordesoulle, Guilleminot, Bourck et Bourmont, tous de l'armée expéditionnaire d'Espagne.

29 octobre, ordonnance du roi, relative aux machines à vapeur à haute pression.

5 novembre, ordonnance du roi, qui établit à Versailles une école d'application de cavalerie.

14 novembre, ordonnance du roi, portant autorisation de coter sur le cours authentique de la Bourse de Paris les emprunts des gouvernements étrangers.

26 novembre, ordonnance du roi, qui fixe définitivement à 25 le nombre des avoués au tribunal de première instance de Bordeaux.

26 novembre, ordonnance du roi, portant réglement sur la vérification des registres de l'état civil.

3 décembre, ordonnance du roi, amnistiant les déserteurs.

3 décembre, ordonnance du roi, qui règle le mode de distribution des récompenses à accorder aux militaires des écoles royales de l'Ouest et aux veuves ou orphelins de ces militaires.

10 décembre, ordonnance du roi, relative à la comptabilité des ministères.

10 décembre, ordonnance du roi, qui autorise le duc d'Orléans à vendre l'ancien canal de l'Ourcq à la ville de Paris.

23 décembre, ordonnance du roi, nommant 27 nouveaux pairs : l'archevêque de Besançon, l'évêque d'Autun, le comte de Puységur, le vicomte Dode de la Brunerie, le vicomte de Bouchage, le marquis de Coislin, Lainé, le vicomte de Bonald, le comte de Marcellus, etc.

24 décembre, ordonnances du roi qui déclarent la chambre des députés dissoute et nomment pour présidents et vice-présidents des colléges électoraux: MM. Dudon, de Nicolay, de Vogué, Poupart de Neuflize, de Vandeuvre, vicomte de Bonald, Donadieu, de Vaublanc, de Castellane, général Dupont, Mangin, de Noailles, de Vallon, duc de Brissac, Maine de Biran, de Labretonnière, de Vatimesnil, duc Mathieu de Montmorency, duc de Crussol, l'abbé duc de Montesquiou, comte de Sèze, Ravez, marquis de Rivière, duc de Dumas, de Vaulchier, de Salaberry, duc de Polignac, de Martignac, de Kergorlay, duc de Doudeauville, l'abbé, duc de Rohan, Halgan, comte Chabrol de Crussol, de St-Cricq, de Beaurepaire, Héricart de Thury, Cochin, de Malartic, Bertin de Veaux, duc de Fitzjames, duc de Mortemart, Bourdeau, Jacquinot de Pampelune, etc.

24 décembre, ordonnance du roi, portant réglement sur les saillies, auvents, etc. dans Paris.

1824

6 janvier, ordonnance du roi, portant institution d'un

conseil supérieur du commerce et des colonies.

7 janvier, réglement sur les équipages de ligne.

10 janvier, ordonnance du roi, déclarant qu'il y a abus dans la lettre pastorale de l'archevêque de Toulouse, en date du 15 octobre 1823 et la supprimant. (Cette lettre renfermait des propositions contraires au droit public et aux lois du royaume, aux prérogatives et à l'indépendance de la couronne).

22 janvier et 8 septembre, ordonnances concernant le collège royal de la marine.

4 février, ordonnance du roi sur le commerce du charbon à Paris.

3 mars, ordonnance du roi, portant que les fondations faites en France pour l'instruction des jeunes catholiques d'Ecosse, seront distraites des fondations anglaises et irlandaises, et administrées séparément.

17 mars, 12 avril, 19 mai, 15 juillet, 4 août et 17 novembre, ordonnances du roi, qui autorisent les petits séminaires de Ste-Garde-des-Champs (Vaucluse), St-Maixent (Deux-Sèvres), Bellay (Ain), Massals (Tarn), Billom (Puy-de-Dôme), Guérande (Loire-Inférieure), et Marciac (Gers).

17 mars et 23 juin, ordonnance du roi, sur la solde et l'avancement des gens de mer.

20 mars, ordonnances du roi, qui nomment M. le marquis de Vaulchier directeur général des douanes et l'archevêque de Bourges, pair de France.

31 mars, ordonnance du roi, qui nomme M. Ravez président de la chambre des députés (compétiteurs MM. Chilhaud de la Rigaudie, prince de Montmorency, de Cardonnel, Ollivier).

7 avril, 26 mai, 11 août, 20 octobre et 8 décembre, ordonnances du roi, contenant réglement sur l'exercice de la profession de boulanger aux Sables-d'Olonne, à Blois, à Toulouse, à Vienne (Isère), et à Mirecourt (Vosges).

8 avril, ordonnance du roi, relative à l'instruction publique.

16 avril, ordonnance du roi, sur le port des décorations françaises ou étrangères.

26 mai, ordonnance du roi, créant un conseil de prud'hommes à Vienne (Isère).

26 mai, ordonnance du roi, relative à la Légion d'honneur.

2 juin et 11 août, ordonnances du roi: il y aura 8 avoués près le tribunal de première instance de Langres (Haute-Marne) et 5 à Provins (Seine-et-Marne).

9 juin, loi sur le recrutement de l'armée.

9 juin, loi relative au renouvellement intégral et septennal de la chambre des députés.

16 juin, loi relative aux droits d'enregistrement et de timbre.

16 juin, loi concernant l'admission, à la retraite des juges atteints d'infirmités graves et permanentes.

17 juin, loi prorogeant au 1er janvier 1831 le monopole des tabacs.

24 juin, loi relative aux vins et liqueurs.

25 juin, loi contenant diverses modifications au code pénal.

30 juin, ordonnance du roi, qui nomme une commission chargée de recueillir les do-

cuments nécessaires à la jus-
tification des dépenses (marchés Ouvrard), dont la campagne d'Espagne a été l'objet.
(Membres de la commission :
le maréchal duc de Tarente,
les comtes de Villemanzy,
Daru et Vaublanc, le baron de
la Bouillerie, M. Halgan).

13 juillet, loi : les dépenses de 1822 se sont élevées
à 949,174,982 francs: les recettes à 991,892,682 francs ; excédant des recettes : 42,717,900.
francs.

18 juillet, ordonnance du
roi, qui autorise le remplacement dans l'apanage de la
branche d'Orléans, du prix de
l'ancien canal de l'Ourcq par
trois arcades du Palais-Royal
et quatre maisons situées rue
St-Honoré.

21 juillet, lois qui autorisent
les villes de Nantes, Poitiers,
St-Quentin, Caen, Orléans,
Boulogne-sur-mer, et St-Germain-en-Laye, à emprunter des
sommes variant de 150,000 fr.
(minimum) à 800,000 fr. (maximum).

28 juillet, loi relative aux
altérations et suppositions de
noms sur les produits fabriqués.

28 juillet, loi relative aux
droits à payer pour le chô-
mage des moulins et l'empile-
ment des bois sur des terres
en labour ou des prés.

28 juillet, loi relative aux
chemins vicinaux.

4 août, ordonnances du roi,
qui nomment le baron de
Damas ministre des affaires
étrangères ; le marquis de
Clermont-Tonnerre ministre
de la guerre ; le comte de
Chabrol de Crussol ministre
de la marine et des colonies ;
M. de Martignac directeur
général de l'enregistrement et
des domaines ; M. le marquis

de Vaulchier directeur général
des postes et M. de Castelbajac directeur - général des
douanes.

4 août, ordonnance du roi,
qui crée un conseil d'ami-
rauté.

11 août, ordonnance du roi,
qui crée à Brest et à Toulon
deux nouveaux équipages de
ligne.

15 août, ordonnance du roi,
qui remet en vigueur les
lois des 31 mars 1820 et 26 juillet
1821, relatives aux journaux
et écrits périodiques.

16 août, ordonnance du roi,
rétablissant la censure des
journaux.

17 août, ordonnance du roi
relative aux pensions des
juges et employés du ministère de la justice.

20 août, ordonnance du roi
relative à l'éclairage par le gaz
hydrogène.

26 août, ordonnances du roi,
dont l'une réorganise le conseil d'Etat, l'autre réorganise
l'administration des forêts et
la troisième nomme l'abbé
comte Frayssinous, ministre
des affaires ecclésiastiques et
de l'instruction publique.

CHARLES X (1824-1830).

18 septembre, ordonnance
du roi, portant réorganisation
du personnel du service de
santé et des hôpitaux de l'armée de terre.

22 septembre, ordonnance
du roi, qui rétablit la faculté
de droit de Grenoble.

23 septembre, ordonnance
du roi, qui nomme S. A. R. le
duc de Bordeaux (âgé de quatre ans) colonel-général des
Suisses.

29 septembre, ordonn. du
roi, qui supprime la censure.

29 septembre, ordonn. du roi, relative à l'arme du génie.

20 octobre, ordonnance du roi, qui révoque celle du 15 janvier 1817 et contient un nouveau réglement pour le commerce de la boulangerie à Vienne (Isère).

11 novembre, ordonnance du roi, qui transfère à Saumur l'école de cavalerie de Versailles.

1er décembre, ordonnance du roi, qui établit à Nancy l'école forestière créée par l'ordonnance du 26 août 1824 et contient organisation de cette école.

1er décembre, convention postale avec le grand-duché de Bade.

1er et 4 décembre, ordonnances relatives à l'armée.

5 décembre, ordonnance, qui nomme pairs de France : de Villèle, archevêque de Bourges et les évêques d'Amiens et d'Evreux.

8 décembre, ordonnance relative à l'organisation des théâtres dans les départements.

12 décembre, ordonnance réorganisant la faculté de médecine de Montpellier.

15 décembre, ordonnance qui appelle 60,000 hommes sur la classe de 1824.

20 décembre, ordonnance du roi, qui accorde des primes à l'exportation et tarife l'importation des laines.

26 décembre, ordonnance du roi, qui nomme M. Ravez président de la chambre des députés, (ses compétiteurs étaient MM. Chilhaud de la Rigaudie, le prince de Montmorency, Henry de Languève et Bailly).

29 décembre, ordonnance du roi, relative aux sapeurs-pompiers de Paris.

29 décembre, ordonnance du roi, allouant 500,000 francs par an (aux anciens Vendéens.)

1825

6 janvier, ordonnance du roi, établissant une bourse de commerce à Angers.

12 janvier, ordonnance du roi, portant réglement sur l'exercice de la profession de boucher à Paris.

12 janvier, ordonnance du roi, portant réglement général sur les pensions de retraite des fonctionnaires et employés du département des finances.

12 janvier, ordonnance du roi, relative aux conseils de fabriques des églises.

15 janvier, loi fixant à 25 millions par an la liste civile du roi et à 7 millions par an les apanages des princes et princesses de la famille royale.

16 janvier, ordonnance du roi, concernant les haras.

19 janvier, 3 mars, 13 avril, et **22 mai,** ordonnances du roi, portant établissement de conseils de prud'hommes à Calais, Réthel (Ardennes), Douai, Limoges, et Armentières (Nord).

26 janvier et **20 avril,** ordonnances du roi, qui fixent à douze le nombre des avoués de Villefranche (Rhône), et Vienne (Isère).

30 janvier, ordonnance du roi, relative à la garde nationale de Paris.

9 février, ordonnance du roi, relative à la classification des établissements dangereux, insalubres ou incommodes.

24 février, ordonnance du roi, concernant les primes

d'encouragement pour la pêche de la morue et de la baleine.

24 février, 24 mars, 13 avril, 8 juin, et 20 novembre, ordonnances du roi, autorisant les petits séminaires de St-Germer (Oise), Brignoles (Var), Brives (Corrèze), Langogne (Lozère), la Motte-Chalençon (Drôme) et Chavagnes-en-Pailliers. (Vendée).

27 février, ordonnance du roi, sur l'armée de terre (24 pages de texte).

3 mars, ordonnance du roi, relative aux presbytères.

10 mars, ordonnance du roi, relative à l'article 421 du Code de procédure civile et à l'article 627 du Code de commerce.

10 mars, ordonnance du roi, portant organisation de l'école de cavalerie - de Saumur.

10 mars, ordonnance du roi, autorisant les frères de l'instruction chrétienne du diocèse de Viviers (Ardèche).

10 avril, loi contre la piraterie et la baraterie.

17 avril, ordonnance du roi, qui concède à St-Domingue son indépendance en échange d'une somme de 150 millions, payable en 5 ans et destinée à dédommager les anciens colons qui réclameront une indemnité.

20 avril, loi contre le sacrilège.

27 avril, loi relative au milliard d'indemnité acordé aux émigrés.

1er mai, loi sur la dette publique et sur l'amortissement.—Ordonnance du roi relative au milliard d'indemnité.

4 mai, amnistie aux soldats, à propos du sacre de Charles X.

4 mai, ordonnance du roi,

relative aux hôpitaux et aux bureaux de bienfaisance.

12 mai, loi sur les arbres bordant les routes.

13 mai, loi d'indemnité pour les Suisses de la garde de Louis XVI.

21 mai, loi : budget de 1823 : Dépenses, 1,118,025.162 francs. Recettes, 1,123,456,392 francs. Excédant de recettes 5,431,230 francs.

22 mai, ordonnance du roi, portant à soixante le nombre des conseillers de la Cour royale de Paris.

22 mai, ordonnance du roi, portant réglement sur l'exercice de la profession de boulanger à Soissons (Aisne).

24 mai, loi relative à l'autorisation et à l'existence légale des congrégations et communautés religieuses de femmes.

28 mai, ordonnances, datées de Reims, accordant amnistie à 58 condamnés, 72 transfuges, amnistie pour délits politiques et forestiers, amnistie aux déserteurs de la marine.

8 juin, loi relative à la navigation de la Seine et de l'Aube et à la canalisation de la Voire.

6 juillet, ordonnance du roi qui annule celle du 26 juin 1823, transférant de Châlons à Toulouse, l'école royale des arts et métiers et porte qu'il sera établi dans cette dernière ville une école vétérinaire.

13 juillet, ordonnance du roi : le traitement du premier président et du procureur général de notre Cour séant à Rouen est fixé à 25,000 francs; celui des conseillers en la même Cour, à 4,200 francs.

13 juillet, ordonnance du roi, relative aux douanes.

17 juillet et **9 octobre,**

ordonnances du roi, portant réglement sur les frais et émoluments à percevoir par les greffiers de justice de paix et les droits que percevront les greffiers des tribunaux de commerce.

20 juillet, ordonnance du roi, relative à l'établissement à Paris d'une maison centrale de hautes études ecclésiastiques.

31 juillet, convention postale avec l'Autriche.

7 août, ordonnance du roi, sur les écoles d'hydrographie et sur la réception des capitaines de commerce.

17 août, 28 septembre, 3 novembre, 20 novembre, 25 et 28 décembre, ordonnances du roi, autorisant six communautés de religieuses : sœurs du Saint-Esprit, dames de la Visitation, etc.

21 août, ordonnance du roi concernant l'administration de l'île Bourbon et de ses dépendances.

1er septembre, ordonnance du roi, portant organisation des écoles vétérinaires.

23 septembre, ordonnance du roi : l'anniversaire du 16 octobre 1793 sera désormais réuni à celui du 21 janvier.

2 octobre, ordonnances du roi, relatives aux invalides de la marine et aux équipages de ligne (cette dernière a 52 pages de texte.

26 octobre, ordonnance du roi, qui appelle à l'activité 32,000 hommes de la classe de 1824.

23 novembre, ordonnance du roi, relative aux primes de sortie du sel ammoniac et des beurres salés.

14 décembre, ordonnance du roi, concernant les franchises postales (30 pages de texte).

18 décembre, ordonnance du roi, concernant les poids et mesures.

21 décembre, ordonnance du roi, qui nomme pair de France M. de Bausset-Roquefort, archevêque d'Aix.

21 décembre, ordonnance du roi, qui règle l'avancement aux grades supérieurs de l'armée.

1826

2 janvier, ordonnance du roi, qui appelle 60,000 hommes sur la classe de 1825.

15 janvier, ordonnance du roi, portant réglement pour le service de la Cour de cassation (13 pages de texte).

18 janvier, ordonnance du roi, relative au tarif des dépens pour les procédures qui s'instruisent au Conseil d'État.

18 janvier, ordonnance du roi, relative aux droits de navigation sur canaux entre Dôle et Besançon et entre Saint-Jean de Losne et Pont de Pany.

18 janvier, 22 mars, 9 août, ordonnances du roi, portant réglement sur l'exercice de la profession de boulanger au Puy, à Fontenay-le-Comte (Vendée), et à Chinon (Indre-et-Loire).

26 janvier, convention de navigation avec la Grande-Bretagne.

29 janvier, 8 février, 16 février, 22 février, 5 mars, 16 mars, 9 avril, 30 avril, 14 mai, 28 mai, 4 juin, 7 juin, 21 juin, 5 juillet, 19 juillet, 23 juillet, 26 juillet, 30 juillet, 5 août, 13 août, 20 août, 27 août, 30 août, 3 septembre, 6 septembre, 17 septembre,

24 septembre, 1er octobre, 4 octobre, 8 octobre, 15 octobre, 22 octobre, 1er novembre, 19 novembre, 10 décembre, 20 décembre, 24 décembre et 31 décembre, ordonnances du roi, autorisant 151 communautés de religieuses : Notre-Dame du Refuge, filles de la Sagesse, religieuses du Verbe incarné, religieuses de la Visitation, sœurs de Sainte-Marthe, filles de la Doctrine Chrétienne, sœurs de la Providence, filles de la Sainte Famille, filles de la Croix, filles de la Conception, sœurs de la Nativité de Notre-Seigneur, sœurs de la réunion au Sacré-Cœur de Jésus, sœurs blanches, dites du Saint-Esprit, Ursulines. etc., etc.

2 février, ordonnance du roi, relative au tabac (16 pages de texte).

5 février, ordonnance du roi qui nomme M. Ravez président de la Chambre des députés. (Ses compétiteurs étaient : MM. Chilhaud de la Rigaudie, le prince de Montmorency, le marquis de Courtarvel et le baron de la Bouillerie).

5 février, ordonnance du roi, relative aux importations faites à la Martinique et à la Guadeloupe.

22 février, ordonnance du roi, fixant les traitements des professeurs de l'école d'application de Metz (de 4,800 francs à 6,000 francs).

9 mars, ordonnance du roi, relative aux élèves qui désireraient suivre la carrière de l'enseignement.

9 mars, 7 juin et **14 juin,** ordonn. du roi, établissant des conseils de prud'hommes à Châlons-sur-Marne, Laval et Orange (Vaucluse).

12 mars, ordonnance du roi, sur les pensions de retraite militaires, la demi-solde, etc.

26 mars, ordonnance du roi, réorganisant le corps des ingénieurs-géographes militaires.

17 mai, loi sur les substitutions. — Autre loi, sur les douanes.

7 juin, loi relative au canal des Alpines.

14 juin, ordonnance du roi nommant M. de Tocqueville préfet de Seine-et-Oise.

21 juin, loi sur le budget de 1824. Dépenses : 986,073,842 fr.; recettes, 994,971,962 francs; excédant de recettes 8,898,120 francs.

21 juin, ordonnance du roi nommant M. Walckenaër préfet de la Nièvre. — Autre, établissant une chambre de commerce à Clermont-Ferrand.

19 juillet, brevet d'invention accordé à M. Pape pour un piano perfectionné.

26 juillet, ordonnance du roi, qui fixe la quotité des primes accordées pour l'exportation du plomb et du cuivre battus, laminés ou autrement ouvrés et des peaux apprêtées.

26 juillet, ordonnance du roi, qui détermine le mode de surveillance auquel seront assujetties les fabriques de sulfate de soude.

26 juillet, ordonnance du roi, qui désigne les ports et les bureaux de douane par lesquels les laines étrangères pourront être introduites.

26 juillet, ordonnance du roi, relative aux écoles vétérinaires.

30 août, ordonnance du roi, qui introduit à la Martinique et à la Guadeloupe le système monétaire de la métropole, au lieu des piastres, gourdes, demi-gourdes, quarts de gourdes, etc.

4 octobre, ordonnance du roi : une exposition des produits de l'industrie française s'ouvrira au Louvre le 1er août 1827.

4 octobre, traité de navigation et de commerce avec le Brésil.

15 octobre, ordonnance du roi, qui autorise le petit séminaire de Larochefoucauld (Charente).

25 octobre, ordonnance du roi, créant les volontaires de la marine.

1er novembre, ordonnance du roi, portant que, dans les ports, où il n'y a pas de tribunal de commerce, les procès-verbaux de visites de navires pourront être reçus par le juge de paix.

5 novembre, ordonnance du roi, qui nomme pair de France, M. le comte de Chéverus, archevêque de Bordeaux.

5 novembre, ordonnance du roi, relative aux fabriques dangereuses, insalubres ou incommodes.

19 novembre, ordonnance du roi, qui appelle à l'activité 45,000 jeunes soldats de la classe de 1825.

22 novembre, et **6 décembre**, ordonnances du roi, créant des monts de piété à Rouen et à Brest.

6 décembre, ordonnance du roi, relative à la garde royale.

27 décembre, ordonnance du roi, créant 5 préfets maritimes.

31 décembre, ordonnance du roi, réorganisant les écoles d'arts et métiers de Châlons-sur-Marne et d'Angers.

1827

3 janvier, 10 janvier, 14 janvier, 17 janvier, 24 janvier, 9 février, 11 février, 25 février, 18 mars, 22 mars, 25 mars, 1er avril 5 avril, 8 avril, 22 avril, 25 avril, 6 mai, 27 mai, 10 juin, 13 juin, 20 juin, 24 juin, 1er juillet, 21 juillet, 1er août, 15 août, 28 août, 1er septembre, 21 septembre, 30 septembre, 14 octobre, 24 octobre, 28 octobre, 11 novembre, 18 novembre, 6 décembre, 12 décembre, ordonnances du roi qui autorisent 180 communautés de religieuses, carmélites, ursulines, bénédictines, pénitentes franciscaines, chartreuses, visitandines, bernardines, etc.

11 janvier et 29 mars, ordonnances du roi, relatives aux importations et exportations, particulièrement aux fers et aciers étrangers.

21 janvier, ordonnance du roi, relative à l'école de cavalerie de Saumur.

9 février, ordonnance du roi, concernant l'administration de la Martinique et de la Guadeloupe.

16 février, ordonnance du roi, portant que le jugement d'un forçat libéré, accusé d'un délit commis et poursuivi avant sa libération, appartient au tribunal maritime spécial.

21 février, loi qui autorise 11 départements à s'imposer extraordinairement (Aisne, Ariége, Loire-Inférieure, Lot, Puy-de-Dôme, Sarthe, Ain, Eure-et-Loir, Haute-Garonne, Jura et Manche).

8 mars, ordonnance du roi,

qui élève à la dignité de maréchal de France le lieutenant-général prince d'Hohenlohe-Bartenstein.

11 mars, loi portant réduction du droit de circulation sur le cidre, le poiré et l'hydromel.

15 mars, loi relative au tarif de la poste aux lettres (une lettre, qui parcourait 300 kilomètres était taxée à 1 franc 40 centimes.)

15 mars, ordonnance du roi : la population du royaume est de 31,845,428 individus. Paris avait alors 890,000 habitants, Lyon et Marseille, de 100,000 à 200,000 ; Bordeaux et Rouen, de 90,000 à 100,000 ; Nantes de 70,000 à 80,000 ; Lille et Toulouse, de 60,000 à 70,000 ; Amiens, Metz, Orléans et Strasbourg, de 40,000 à 50,000 ; Avignon, Caen, Clermont-Ferrand, Montpellier, Nimes, Reims, St-Etienne, Toulon, de 30,000 à 40,000 ; Aix, Angers, Arras, Besançon, Brest, Dijon, Dunkerque, Grenoble, (le) Hâvre, Limoges, Montauban, Nancy, Poitiers, Rennes, Tours, Troyes, Versailles de 20,000 à 30,000 ; Abbeville, Agen, Alais, Alby, Alençon, Angoulême, Arles, Auch, Auxerre, Bar-le duc, Bayonne, Beauvais, Béziers, Blois, Boulogne-sur-Mer, Bourges, Cahors, Cambrai, Carcassonne, Castres, Cette, Châlons-sur-Marne, Châlons-sur-Saône, Chartres, Châteauroux, Cherbourg, Colmar, Dieppe, Douai, Elbeuf, Falaise, Grasse, (la) Guillotière, Issoudun, Laval, Lisieux, Lorient, Lunéville, Mâcon, (le) Mans, Moissac, Moulins, Narbonne, Nevers, Niort, Pau, Perpignan, (le) Puy, Quimper, Riom, Rochefort, (la) Rochelle, Roubaix, Saint-Germain-en-Laye, Saintes, Saint-Omer, Saint-Quentin, Sedan, Tarascon, Thiers, Tourcoing, Valence, Valenciennes, Vannes, Vienne, de 10, 000 à 20,000,

22 mars, ordonnance du roi, portant augmentation du traitement des pasteurs protestants.

5 avril, ordonnance du roi, établissant à Nancy, un conseil de prud'hommes.

11 avril, et 23 mai, ordonnances, du roi, portant réglement pour l'exercice de la profession de boulanger à Antibes et à Bernay (Eure).

25 avril, loi relative à la répression de la traite des noirs.

28 avril, ordonnance du roi, qui appelle 60,000 hommes sur la classe de 1826.

9 mai, loi relative à l'organisation du jury.

9 mai, loi autorisant 8 départements à s'imposer extraordinairement (Cher, Corrèze, Creuse, Haute-Garonne, Haute-Loire, Maine-et-Loire, Marne, Seine).

9 mai, loi autorisant la ville de Lyon, à emprunter 3,400,000 francs remboursables en 12 ans.

9 mai, convention avec la Bavière pour l'extradition réciproque des déserteurs.

21 mai, 1er août, publication du code forestier (104 pages de texte).

29 mai, loi qui autorise la concession d'un canal de Digoin à Roanne.

29 mai, loi relative aux canaux de St-Quentin et de Crozat.

6 juin, loi sur le budget de 1825. Dépenses, 981,972,609 fr. Recettes, 985,673,751 francs. Excédant de recettes, 3,701,142 francs.

20 juin, loi qui ouvre au

Ministère de l'Intérieur un crédit extraordinaire de 5,250,000 fr. exclusivement destiné à acquérir, au nom de l'Etat, pour la chambre des députés, une partie du Palais Bourbon.

20 juin, ordonnance du roi, sur les pensions de retraite et secours annuels pour les employés des haras et écoles vétérinaires.

24 juin, ordonnance du roi rétablissant la censure.

4 juillet, ordonnance du roi, qui détermine le code de procédure, en matière criminelle, à la Martinique et à la Guadeloupe.

10 juillet, ordonnance du roi, relative à l'octroi de Paris.

18 juillet, ordonnance du roi, nommant censeur Berchoux.

29 juillet, ordonnance du roi relative à la cour des comptes.

1es août, ordonnance du roi, relative à 200,000 francs à partager entre les anciens Vendéens et Chouans.

28 août, ordonnance du roi, relative aux bourses des collèges royaux.

23 septembre, convention avec le gouvernement helvétique sur l'établissement des Suisses en France et des Français en Suisse.

27 septembre, ordonnance du roi, sur les voitures publiques.

30 septembre, ordonnance du roi, concernant l'organisation de l'ordre judiciaire dans l'île Bourbon.

31 octobre, ordonnance du roi, relative à la marine militaire (176 pages de texte).

5 novembre, deux ordonnances du roi, dont la 1re dissout la Chambre des députés et nomme les présidents des collèges électoraux ; la 2e nomme 76 nouveaux pairs de France. On remarque parmi les présidents de collèges électoraux, les noms suivants : Dudon, de Nicolay, d'Aboville, de Vandœuvres, vicomte de Bonald, de Vaublanc, duc de Rivière, de Valon, duc de Damas, de Lorgeril, de Caux, de Belleyme, de Vatimesnil, ducs de Crussol et de Sabran, de Montbel, comte de Noé, Ravez, de Lur-Saluces, duc de Duras, d'Effiat, de Quinsonas, de Vaulchier, de Rancogne, duc de Polignac, comte d'Andigné, de Martignac, de Kergorlay, duc de Doudeauville, de Lorencez, marquis de Coislin, de Caraman, duc de Castries, de Courvoisier, comte de Sèze, du Sommerard, de Pastoret, Héricart de Thury, Cochin, Dambray, de Martinville, de Malartic, de Gouy d'Arcy, Jacquinot de Pampelune, etc. — Parmi les 76 nouveaux pairs, on remarque les comtes de Sainte-Aldegonde, Humbert de Sesmaisons, de Tocqueville, de Bouillé, de Nansouty, les marquis de Lévis-Mirepoix et de Mac-Mahon, le vicomte de Castelbajac, les princes de Montmorency et d'Aremberg et « nos « cousins les maréchaux « prince de Hohenlohe-Bar- « tenstein et le maréchal « Soult, duc de Dalmatie, « etc »

18 novembre, ordonnance du roi qui crée des conseils nautiques dans les ports de mer.

18 novembre, ordonnance du roi qui appelle à l'activité 55,000 jeunes soldats de la classe de 1826.

21 novembre, ordonnance du roi, qui porte le traitement

des curés de 2e classe à 1200 francs, à partir du 1er janvier 1828.

30 novembre, ordonnance du roi, approuvant un nouveau tarif postal.

9 décembre, ordonnance du roi, portant établissement d'un tribunal de commerce à Evreux.

1828

3 janvier, ordonnance du roi, relative aux harengs de pêche étrangère.

4 janvier, ordonnance du roi, qui nomme le comte Portalis, ministre de la justice ; le comte de la Ferronnays, ministre des affaires étrangères ; le vicomte de Caux, ministre de la guerre ; le vicomte de Martignac, ministre de l'Intérieur; le comte Roy, ministre des finances ; le comte de Saint-Cricq, ministre secrétaire d'Etat, président du conseil supérieur du commerce et des colonies. Les comtes de Villèle, de Peyronnet et Corbière sont nommés pairs et membres du conseil privé.

6 janvier, ordonnance du roi, qui nomme M. de Belleyme, préfet de police.

9 janvier, ordonnance du roi, relative aux dépôts des livres et estampes.

13, 23 et 27 janvier, 3, 10 et 24 février, 9, 20, 23 et 30 mars, 13, 20 et 27 avril, 18 mai, 1er, 15 et 29 juin, 6 et 13 juillet, ordonnances du roi, qui autorisent 120 communautés de religieuses : annonciades, ursulines, dames du saint sépulcre, etc.

20 janvier, ordonnance du roi: M. le comte de Saint-Cricq prendra le titre de ministre-secrétaire d'Etat, au département du commerce et des manufactures.

20 janvier, brevets d'invention : à M. Testemain, pour une machine-moissonneuse; à MM. Rollé et Schwilgué, pour une balance à pont, propre à peser les voitures chargées.

23 janvier, ordonnance du roi, punissant de 6 années de fer les militaires, qui volent leurs camarades.

1er février, ordonnance du roi, qui nomme M. de Vatimesnil, grand-maître de l'Université, ministre d'Etat et membre du conseil des ministres.

10 février, ordonnance du roi, qui nomme M. de Vatimesnil, ministre-secrétaire d'Etat au département de l'instruction publique.

25 février, ordonnance du roi, qui nomme M. Royer-Collard, président de la Chambre des députés, (de préférence à MM. le baron Hyde de Neuville, Gautier, Casimir-Périer, et Delalot.

3 mars, ordonnance du roi, qui nomme M. le baron Hyde de Neuville, ministre de la marine et des colonies.

3 mars, ordonnance du roi, qui nomme M. Feutrier, évêque de Beauvais, ministre des affaires ecclésiastiques.

6 mars, ordonn. du roi, établissant un mont-de-piété et une caisse d'épargne à Nîmes.

13 avril, brevets d'invention : MM. Lechartier et Labove-Delille, une vanneuse-mécanique ; M. Hirigoyen, papier et carton de paille.

24 avril, ordonnance du roi, concernant l'instruction primaire.

7 mai, ordonnance du roi, concernant les machines à vapeur à haute pression.

11 mai, ordonnance du roi, qui appelle 60,000 hommes sur la classe de 1827.

17 mai, loi :« il sera accordé «à la demoiselle Bisson, sœur « de l'enseigne de ce nom, mort «glorieusement, le 4 novem- «bre 1827, à bord de la prise «*Panayoti* qu'il commandait, «une pension de 1500 francs «sur la caisse des invalides de «la marine. Cette pension sera « acquittée à dater du 4 no- « vembre 1827. »

18 mai, lois qui autorisent 5 départements à s'imposer extraordinairement (Ardennes, Charente, Drôme, Puy-de-Dôme et Deux-Sèvres).

25 mai, ordonnance du roi relative aux chaudières des machines à vapeur à basse pression.

1er juin, loi qui autorise à s'imposer extraordinairement pour les travaux des routes départementales, 15 départements, dont l'un, l'Isère, avec un emprunt (Ardèche, Calvados, Cantal, Charente, Charente-Inférieure, Indre, Isère, Landes, Loire, Loiret, Marne, Haute-Marne, Oise, Tarn, Vosges.)

1er juin, ordonnance du roi, qui établit une Chambre de commerce à Calais.

5 juin, ordonnance du roi, relative à la composition des conseils de révision pour le recrutement de l'armée.

12 juin, ordonnance du roi, relative aux conflits d'attribution entre les tribunaux et l'autorité administrative.

16 juin, ordonnance du roi, contenant diverses mesures relatives aux écoles secondaires ecclésiastiques (petits séminaires) et autres établissements d'instruction publique.

19 juin, loi relative à un emprunt de 80 millions au taux de 5 %.

29 juin, ordonnance du roi, relative aux marins.

2 juillet, loi sur la révision annuelle des listes électorales et du jury.

6 juillet, 2 ordonnances du roi relatives aux franchises postales.

16 juillet, ordonnance du roi, portant réglement sur les voitures publiques.

16 juillet, brevet d'invention accordé à M. Fusz, pour une mécanique propre à enrayer les voitures sans que le conducteur et le postillon soient obligés de descendre.

18 juillet, loi sur les journaux et écrits périodiques.

20 juillet, ordonnance du roi relative à l'instruction et au jugement des affaires criminelles dans la Guyane française.

30 juillet, loi relative à l'interprétation des lois.

6 août, loi : Budget de 1826. Dépenses, 976,948.919 francs. Recettes, 987,620.580 francs. Excédant de recettes, 10,671,661 francs.

17 août, ordonnance du roi, créant trois régiments d'infanterie pour les colonies.

20 août, loi qui accorde, sur les fonds de l'année 1829, un crédit extraordinaire de 1,200,000 francs spécialement affecté à l'instruction ecclésiastique secondaire.

20 août, loi portant concession à la ville de Paris de la place Louis XVI et de la promenade dite des Champs-Elysées.

20 août, ordonnance du roi relative aux bagnes.

24 août, convention postale avec la Suisse.

27 août, ordonnance du roi relative au chemin de fer d'Andrezieux à Roanne.

27 août, ordonnance du roi concernant le gouvernement de la Guyane française (61 pages de texte).

27 août, ordonnance du roi qui autorise l'établissement à Toulouse d'une société de prêt gratuit.

27 août, ordonnance du roi, relative aux tarifs de pilotage (87 pages de texte).

30 août, ordonnance du roi, relative aux élèves-graveurs de l'école de Rome.

31 août, ordonnance du roi, relative au conservatoire des arts et métiers.

31 août, ordonnance du roi, sur le mode de procéder devant les conseils privés des colonies.

20 septembre, ordonnance du roi, relative à l'indemnité de Saint-Domingue.

20 septembre, ordonnance du roi, relative au classement des fabriques, usines, etc., comme établissements dangereux, insalubres ou incommodes.

21 septembre, ordonnance du roi, qui prescrit la publication de la convention conclue entre la France et la Prusse pour l'extradition réciproque des déserteurs.

24 septembre, ordonnance du roi, relative aux Cours royales (Cours d'appel).

24 septembre, ordonnance du roi relative à la Martinique et à la Guadeloupe (69 pages de texte).

2 novembre, ordonnance du roi relative aux officiers réformés.

5 novembre, ordonnance du roi, concernant l'organisation du Conseil d'État.

13 novembre, ordonnance du roi, nommant M. le marquis de Vaulchier directeur-général des douanes.

13 novembre, ordonnance du roi, nommant M. le baron de Villeneuve, directeur-général des postes.

14 décembre, ordonnance du roi, relative aux officiers de marine.

17 décembre, ordonnance du roi, sur le service des ports de mer.

21 décembre, ordonnance du roi, relative à la Guyane (46 pages de texte).

24 décembre, ordonnance du roi, relative à l'Académie des inscriptions et belles-lettres.

28 décembre, ordonnance du roi, relative à la commission mixte des travaux publics.

31 décembre, traité de bon voisinage avec la Suisse. — Cette année, on a construit beaucoup d'abattoirs, de ponts à péage et de routes départementales.

1829

18 janvier, brevets d'invention : M. Sudre, compositeur de musique pour une télégraphie musicale. — M. Lemaire d'Angerville : appareil et procédés propres à plonger au fond de la mer à une grande profondeur.

21 janvier, 30 août, et **10 octobre**, ordonnances du roi, relatives aux bourses des collèges royaux.

24 janvier, ordonnance du roi, qui nomme pairs de France l'archevêque d'Auch et l'évêque de Beauvais.

1er février, ordonnance du roi, qui appelle 60,000 hommes sur la classe de 1828.

1er février, ordonnance du roi, qui nomme M. Royer-Collard, président de la Chambre des députés (concurrents Casimir Périer, de Berbis, Sébastiani et Delalot).

8 février, ordonnance du roi, relative aux officiers réformés.

22 février, ordonnance du roi relative à la loterie.

22 février, ordonnance du roi, relative aux effets déposés dans les greffes, à l'occasion des procès civils ou criminels définitivement jugés.

22 février, ordonnance du roi, qui élève à la dignité de maréchal de France M. le lieutenant-général marquis Maison, commandant l'expédition de Morée.

22 février, ordonnance du roi, qui établit un tribunal de commerce à Elbœuf.

1er mars, ordonnance du roi, qui modifie le tarif de la poste aux chevaux.

8 mars, convention postale avec la Suisse.

12 mars, ordonnance du roi qui reconnaît comme établissement d'utilité publique la société protestante de prévoyance et de secours mutuels de Paris et approuve les statuts de cette société.

26 mars, ordonnance du roi concernant l'instruction publique.

5 avril, ordonnance du roi, qui réduit de moitié les droits de navigation sur le canal de Bourgogne.

8 avril, ordonnance du roi, relative aux cotons filés.

12 avril, brevet d'invention accordé à M. Pottet, arquebusier à Paris, rue Neuve du Luxembourg n° 1, pour un fusil de chasse à deux coups pouvant se charger et s'armer en trois temps et avec lequel on tire dix coups dans une minute.

15 avril, loi relative à la pêche fluviale.

15 avril, ordonnance du roi, relative aux bateaux de poste du canal du Midi.

15 avril, ordonnance du roi, portant approbation du réglement de la société asiatique.

24 avril, ordonnance du roi, qui nomme M. le duc de Laval-Montmorency ministre des affaires étrangères.

14 mai, ordonnance du roi, qui nomme M. le comte de Portalis, ministre des affaires étrangères et M. Bourdeau ministre de la justice.

24 mai, ordonnance du roi, portant réduction du cadre des officiers-généraux de l'armée de terre.

28 mai, loi relative à la dotation de l'ancien Sénat.

28 mai, ordonnance du roi, sur les équipages de ligne (marine).

31 mai, ordonnance du roi, relative aux états-majors des places de guerre.

31 mai, ordonnance du roi, qui nomme M. Calmon directeur-général de l'administration de l'enregistrement et des domaines.

3 juin, ordonnance du roi, qui établit des tribunaux de commerce à Argentan et à Vimoutiers (Orne).

3 juin, loi relative à l'établissement d'un service de poste dans toutes les communes du royaume.

10 juin, ordonnance du roi, portant réorganisation du corps de l'intendance militaire.

10 juin, ordonnance du roi, supprimant le tribunal de commerce de Martigues (Bouches-du-Rhône).

14 juin, loi relative au cours des anciennes monnaies.

24 juin, ordonnance du roi, relative à l'Hôtel des invalides.

28 juin, loi sur les voitures publiques.

28 juin, lois relatives à des travaux dans les ports du Hâvre et de Boulogne.

4 juillet, loi relative au service des postes par voie de mer.

15 juillet, loi relative au code militaire.

15 juillet, ordonnance du roi, qui crée un conseil de prud'hommes, pour les manufactures des trois cantons de Péronne, Roisel et Combles (Somme).

19 juillet et 20 septembre, ordonnances du roi, relatives aux poudres de chasse et autres, ainsi qu'au salpêtre.

22 juillet, ordonnance du roi, relative aux omnibus.

26 juillet, loi : Budget de 1827. Dépenses, 986,534,765 fr. Recettes, 957,431,769 fr. Déficit, 32,016,283 francs.

26 juillet, ordonnance du roi, relative au pilotage (31 pages de texte).

29 juillet, loi relative au canal d'Aire à la Bassée (Pas-de-Calais), au port de Granville et au hâvre de Courserolles (Calvados).

5 août, ordonnance du roi, réorganisant l'artillerie (26 pages de texte).

8 août, ordonnances du roi qui nomment le prince de Polignac ministre des affaires étrangères ; M. Courvoisier ministre de la justice, le comte de Chabrol de Crussol, des finances ; le comte de Bourmont, de la guerre ; le vice-amiral de Rigny, de la marine et des colonies ; le comte de la Bourdonnaye, de l'intérieur ; le baron de Montbel, des affaires ecclésiastiques et de l'instruction publique et qui suppriment le ministère du commerce et des manufactures dont les attributions sont partagées entre l'intérieur, les finances, etc.; les vicomtes de Caux et de Martignac sont nommés grand' croix de la Légion d'honneur.

10 août, ordonnance du roi qui nomme M. Ravez pair de France.

13 août, ordonnance du roi qui nomme M. Mangin préfet de police.

16 août, article additionnel au traité du 8 janvier 1826 avec le Brésil.

23 août, ordonnance du roi nommant le baron d'Haussez ministre de la marine et des colonies.

23 août, ordonnance du roi relative aux prix Monthyon.

20 septembre, ordonnance du roi, réduisant le traitement des préfets.

23 septembre, ordonnance relative aux chaudières à haute pression.

27 septembre, ordonnance du roi, qui crée à Toulouse une chaire de droit administratif.

10 octobre, rapport au roi sur les pensions militaires.

15 octobre, ordonnance du roi : « un délai de six mois est accordé à ceux qui, ayant obtenu de notre grâce des ordonnances portant anoblissement, sont en retard de retirer les lettres patentes nécessaires à ce sujet.

18 octobre, ordonnance du roi, portant organisation de l'académie de médecine.

18 octobre, ordonnance

du roi portant règlement sur la boucherie de Paris.

25 octobre, ordonnance du roi, concernnnt le service des douanes à la Martinique et à la Guadeloupe.

1er novembre, ordonnance du roi qui organise le service des payeurs du trésor.

11 novembre, ordonnance du roi qui organise l'école des chartes.

17 novembre, ordonnance du roi qui nomme le prince de Polignac, président du conseil des ministres.

18 novembre, ordonnance du roi qui nomme le baron de Montbel, ministre de l'intérieur et M. de Guernon de Ranville, ministre des affaires ecclésiastiques et de l'instruction publique.

29 novembre, ordonnance du roi relative aux receveurs-généraux et particuliers des finances.

6 décembre, ordonnance du roi qui autorise la vente de la somme de rentes nécessaires pour produire un capital de 80 millions de francs.

7 décembre, ordonnance du roi relative à la pêche de la morue et de la baleine.

13 décembre, ordonnance du roi réorganisant le corps du génie.

16 décembre, ordonnance du roi qui crée une chaire de droit administratif à Caen.

17 décembre, ordonnance du roi qui nomme M. le marquis de Pastoret chancelier de France en remplacement de M. Dambray, décédé.

Beaucoup d'ordonnances de cette année, comme des années précédentes, autorisent des exploitations (coupes) dans des bois.

D'autres ordonnances de l'année 1829 approuvent l'éta-blissement de 35 nouvelles communautés de religieuses: filles du Saint-Esprit, ursulines, carmélites, sœurs de Saint-Joseph, sœurs de Saint-André, sœurs de Saint-Maurice, etc.

Une ordonnance royale du 1er février 1829 approuva la fondation du petit séminaire de Montbrison.

1830

10 janvier, ordonnance du roi, relative au transport des journaux par mer.

17 janvier, ordonnance du roi qui appelle 60,000 hommes sur la classe de 1829.

17 janvier, ordonnance du roi relative aux importations et exportations des grains, farines et légumes secs.

27 janvier, ordonnance du roi qui nomme 7 pairs de France (les comtes de La Bourdonnaye et Beugnot, le baron de Vitrolles, le lieutenant-général comte Vallée etc.

27 janvier, ordonnance du roi établissant à Rennes une caisse d'épargne.

14 février, ordonnance du roi concernant l'instruction primaire.

7 mars, ordonnance du roi qui nomme M. Royer-Collard président de la chambre des députés (de préférence à MM. Casimir Périer, Delalot, Agier et Sébastiani).

19 mars, proclamation du roi, prorogeant la session des chambres au 1er septembre.

25 mars, ordonnance du roi, nommant M. le vicomte de Champagny sous-secrétaire d'Etat au département de la guerre.

25 mars, ordonnance du roi, prescrivant des mesures de précaution à l'égard des chaudières à vapeur, destinées aux établissements publics ou industriels.

1er avril, ordonnance du roi, portant que des pensions pourront être accordées aux veuves des membres de l'Université.

2 avril, ordonnance du roi qui nomme M. le vicomte de Suleau, directeur-général de l'enregistrement et des domaines, en remplacement de M. Calmon, conseiller d'Etat.

4 avril, ordonnance du roi, portant approbation des statuts des sœurs de la Providence de Ligny-le-Châtel (Yonne). (15 autres communautés de sœurs de Saint-Joseph, sœurs de Saint-Dominique, religieuses claristes, sœurs de Nevers, sœurs de St-Vincent-de-Paul, religieuses de l'Enfant Jésus et sœurs de la présentation de Marie furent autorisées avant la révolution de juillet 1830).

7 avril, ordonnance du roi, qui autorise MM. Samuel Blum et fils à établir à leurs frais, un chemin de fer d'Epinac (Saône-et-Loire) au canal de Bourgogne.

11 avril, ordonnance du roi qui nomme commandant en chef de l'armée d'expédition d'Afrique, M. le comte de Bourmont, ministre de la guerre.

21 et 25 avril, rapport au roi et réglement pour déterminer le mode et les conditions d'admission dans la carrière diplomatique.

5 mai, ordonnance du roi qui autorise la régie des contributions indirectes à vendre des cigares fabriqués à la Havane.

5 mai, ordonnance du roi relative aux indemnités payables par l'Espagne à des français, en vertu de la convention du 30 avril 1822.

16 mai, ordonnance du roi portant dissolution de la chambre des députés.

16 mai, ordonnance du roi, qui déclare colléges royaux, les colléges communaux de Tours et du Puy.

19 mai, ordonnance du roi, qui supprime la direction générale des ponts-et-chaussées et des mines.

19 mai, ordonnance du roi portant création d'un ministère des travaux publics.

19 mai, ordonnance du roi nommant M. Chantelauze, ministre de la justice ; le baron de Montbel, ministre des finances ; le comte de Peyronnet, ministre de l'intérieur et le baron Capelle, ministre des travaux publics.

29 mai, ordonnance du roi créant à Paris une chaire de procédure et de législation criminelles.

6 juin, ordonnance du roi relative à l'avancement dans le corps expéditionnaire d'Afrique.

6 juin, ordonnance du roi relative à l'administration et à la comptabilité des hospices et des établissements de bienfaisance.

6 juin, ordonnance du roi relative aux maisons centrales de détention.

6 juin, ordonnance du roi qui nomme présidents des colléges électoraux : MM. de Chamisso, comte Desèze, d'Hautpoul, vicomte de Bonald, le général Dupont, de Valon, de Carcaradec, de Courson, marquis de Dreux-Brézé, marquis d'Aligre, comte de Villèle, de Gontaut-Biron, comte Ravez,

de Lur-Saluces, comtes Claparède et Corbières, prince
d'Aremberg, Babey, de Vaulchier, Berryer, de Marti-
gnac, comte de la Bourdonnaye, marquis de Civrac,
comte de Tocqueville, ducs de
Doudeauville et de Reggio,
contre-amiral de Mackau, de
Saint-Albin, duc de Damas,
comte de Caraman, duc de
Mouchy, Héricart de Thury,
Chabrol de Volvic, Renouard
de Bussières, maréchal duc
de Bellune, marquis de Juigné, d'Audiffret, prince de
Montmorency, de Gouy d'Arcy, de Lastours, etc.

13 juin, proclamation du
roi : « Français, la dernière
Chambre des députés a mé-
connu mes intentions. Maintenir la charte a été et sera
toujours le but de mes efforts... Électeurs, remplissez
vos devoirs, je saurai remplir
les miens. »

13 juin, ordonnance du
roi, relative au baccalauréat
(ès-lettres).

16 juin, ordonnance du
roi, relative au sel marin et
prohibant les chaudières en
cuivre.

4 juillet, ordonnance du
roi, relative à l'octroi et aux
bestiaux.

6 juillet, ordonnance du
roi, relative à l'île Bourbon
(tribunaux).

14 juillet, ordonnance du
roi, qui nomme le comte de
Bourmont maréchal de France
et le vice-amiral, baron Duperré pair de France.

19 juillet, ordonnance du
roi, relative aux tribunaux de
la Désirade, dépendance de la
Guadeloupe.

25 juillet, ordonnance du
roi, qui suspend la liberté de
la presse périodique et se-
mi-périodique.

25 juillet, ordonnance du
roi, qui dissout la (nouvelle)
Chambre des députés.

25 juillet, ordonnance du
roi, qui prescrit l'exécution
de l'article 46 de la charte
(« aucun amendement ne
« pourra être fait à une loi,
« dans la Chambre, s'il n'a
« été proposé ou consenti par
« nous et s'il n'a été renvoyé
« et discuté dans les bu-
« reaux. »)

25 juillet, ordonnance du
roi qui convoque les colléges
électoraux pour les 6 et 13 septembre et les Chambres pour
le 28 septembre.

27 juillet, protestation des
députés résidant à Paris contre
les ordonnances du 25 juillet.
Ont signé : Sébastiani, Casimir
Périer, Guizot, Villemain,
Firmin Didot, Daunou, Persil,
Benjamin Delessert, comte de
Lobau, général Gérard, Jac-
ques Laffitte, Dugas-Montbel,
Alexandre Delaborde, Eusèbe
Salverte, Bavoux, Dupin (Char-
les), Dupin aîné, général La-
fayette, Georges Lafayette,
Bertin de Vaux, Kératry, Ter-
naux, Jacques Odier, Benja-
min Constant, etc.

28 juillet, ordonnance du
roi, qui met Paris en état de
siége.

29 juillet, des députés
nomment membres du gou-
vernement provisoire : Jacques Laffitte, Casimir Périer,
comte de Lobau, Audry de
Puyraveau, Schonen, Mau-
guin. — La garde nationale de
Paris est rétablie par un acte
du gouvernement provisoire.—
La réunion des députés
nomme le duc d'Orléans lieutenant-général du royaume.

31 juillet, le gouvernement provisoire proroge de
dix jours l'échéance des effets
et billets de commerce. Il dé-

clare que Charles X a cessé de régner. Le général Lafayette crée des gardes nationaux mobiles, payés à raison de 30 sous par jour. Sont nommés ministres provisoires: Dupont de l'Eure (justice) ; baron Louis (finances), Gérard (guerre), de Rigny (marine), Bignon (affaires étrangères), Guizot (instruction publique), Casimir Périer (intérieur et travaux publics). Proclamation adressée au peuple français par les députés Cunin Gridaine, Corcelles, Bignon, Charles Lameth, Kœchlin, général Clausel, Labbey de Pompières, Hély d'Oissel, Vatimesnil, Cormenin, Paixhans, Duvergier de Hauranne, Méchin, Naude Champlouis, etc. Le duc d'Orléans accepte le titre de lieutenant-général du royaume.

1er août, le duc d'Orléans ordonne de reprendre la cocarde et le drapeau tricolore. Il laisse à Dupont de l'Eure, à Gérard et au baron Louis, leurs portefeuilles, mais il nomme Guizot ministre de l'intérieur et Girod (de l'Ain), préfet de police.

2 août, amnistie pour les délits de presse. Charles X et le duc d'Angoulême abdiquent en faveur de Henri V.

3 août, le duc d'Orléans assiste à la réunion des Chambres. Il nomme ses deux fils, les ducs de Chartres et de Nemours, grand'croix de la Légion d'honneur. Il remplace le marquis de Pastoret démissionnaire, par le baron Pasquier, à la présidence de la Chambre des pairs.

4 août, il rend à M. Calmon la direction générale de l'enregistrement et des domaines.

6 août, il décide que « l'é-cole, destinée à former des « professeurs et désignée de-« puis quelques années, sous « le nom d'école préparatoire, « reprendra le titre d'école « normale. »

6 août, tous les élèves de l'école polytechnique, qui ont concouru à la défense de Paris, sont nommés au grade de lieutenant. Ils ne passeront point d'examen pour leur sortie de l'école ; un congé de 3 mois leur est accordé ; ils désigneront 12 d'entre eux (pour être décorés).

6 août, 4 décorations de la Légion d'honneur sont accordées à l'école de médecine et autant à l'école de droit.

6 août, M. Amédée Thierry, est nommé préfet de la Haute-Saône et M. Romieu sous-préfet de Quimperlé.

LOUIS-PHILIPPE (1830-1848).

7 août, les deux Chambres, après avoir modifié la charte de Louis XVIII, proclament roi le duc d'Orléans, sous le titre de Louis-Philippe Ier, roi des Français.

14 août, le roi promulgue la nouvelle charte: Les Français sont égaux devant la loi, quels que soient d'ailleurs leurs titres et leurs rangs. Ils contribuent indistinctement, dans la proportion de leur fortune, aux charges de l'Etat. Ils sont tous également admissibles aux emplois civils et militaires. La liberté individuelle est garantie, personne ne pouvant être poursuivi ni arrêté que dans les cas prévus par la loi et dans la forme qu'elle présente. Chacun professe sa religion avec une égale liberté et obtient pour son culte la même protection... La religion catholique (est) professée par la majorité des Français. Les Français ont le droit de publier et de faire imprimer leurs opinions, en se conformant aux lois. La censure ne pourra jamais être rétablie. Toutes les propriétés (même celles dites nationales) sont inviolables.... L'État peut exiger le sacrifice d'une propriété pour cause d'intérêt public légalement constaté, mais avec une indemnité préalable.... La personne du roi est inviolable et sacrée ; ses ministres sont responsables... Le roi déclare la guerre, fait les traités, nomme à tous les emplois. Aucune troupe étrangère ne pourra être admise au service de l'Etat. Toute loi d'impôt doit être d'abord votée par la Chambre des députés. Si une proposition de loi a été rejetée par l'un des trois pouvoirs, elle ne pourra être représentée dans la même session... La Chambre des pairs, réunie comme Cour de justice ne peut exercer que des fonctions judiciaires. La nomination des pairs de France appartient au roi. Les princes du sang sont pairs par droit de naissance. (Entrés dans la Chambre) à 25 ans, ils ont voix délibérative à 30 ans seulement. Les séances de la Chambre des pairs sont publiques comme celles de la Chambre des députés. Aucun pair ne peut être jugé en matière criminelle (que par la Chambre des pairs). Les députés sont élus pour 5 ans; (ils doivent avoir 30 ans au moins. Nul n'est électeur s'il a moins de 25 ans (et s'il ne paie 200 francs de contributions). Les présidents des collèges électoraux sont nommés par les électeurs. La moitié au moins des députés sera choisie par les éligibles (payant 500 francs de contributions), qui ont leur domicile politique dans le département. Le président de la Chambre des députés est élu par elle. La demande de 5 (députés) suffit pour que (la Chambre) se forme en comité secret. L'impôt foncier n'est consenti que pour un an, les impositions indirectes peuvent l'être pour plusieurs années. Le roi peut dissoudre (la chambre des députés), mais il doit en convoquer une nouvelle dans le délai de trois mois. La loi interdit d'apporter (des pétitions) en personne. Les ministres peuvent être pairs ou députés; ils ont en outre leur entrée dans l'une ou l'autre Chambre et doivent être entendus quand ils le demandent. La Chambre des députés a le droit (de les accuser); la Chambre des pairs a seule(le droit de les juger). Les juges, nommés par le roi, sont inamovibles, (mais non les juges de paix). Toutes les nominations de pairs, faites sous le règne de Charles X, sont déclarées nulles et non avenues.

20 août, sont mis en non-activité avec traitement de réforme, 81 tant lieutenants-généraux que maréchaux-de-camp, tels que le vicomte Donnadieu, le vicomte Pamphile Lacroix, le duc de Mouchy, 4 Polignacs (le prince, le duc et 2 comtes), le baron Keuzinger, etc.

30 août, loi créant la médaille de juillet et accordant des pensions aux familles des individus tués en se battant contre les troupes de Charles X.

31 août, loi : Les fonctionnaires publics prêteront le

serment : « Je jure fidélité au « roi des Français, obéissance « à la Charte constitutionnelle « et aux lois du royaume. »

8 septembre, loi relative à l'enregistrement.

11 septembre, loi : nul ne sera juré avant l'âge de 30 ans accomplis, — une autre loi (même date) rappelle les bannis de 1816.

12 septembre, loi qui soumet à la réélection les députés acceptant des fonctions publiques salariées.

8 octobre, loi : la connaissance de tous les délits de presse est attribuée aux cours d'assises ainsi que la connaissance des délits politiques.

11 octobre, loi : la force du contingent militaire sera déterminée par les Chambres dans chaque session.

11 octobre, loi qui abolit celle sur le sacrilége et sur le vol dans les églises.

11 octobre, ordonnance du roi, qui approuve l'adjudication du canal de Digoin à Roanne.

17 octobre, loi qui prête 30 millions au commerce.

17 octobre, loi sur les boissons.

20 octobre, loi sur les grains.

1er novembre, ordonnance du roi, portant organisation de l'école navale (transportée d'Angoulême) à Brest.

29 novembre, loi contre les délits de presse s'attaquant au roi et aux Chambres (de 3 mois à 5 ans de prison et de 300 francs à 5,000 d'amende).

10 décembre, loi sur les afficheurs et les crieurs publics.

11 décembre, loi qui appelle 80,000 hommes sur la classe de 1830.

13 décembre, loi sur les récompenses nationales.

14 décembre, loi sur le cautionnement, le droit de timbre et le port des journaux ou écrits périodiques.

25 décembre, ordonnance du roi : la société (ecclésiastique) des missions (à l'intérieur) est déclarée éteinte à compter de ce jour.

31 décembre, ordonnance du roi qui dissout l'artillerie de la garde nationale de Paris.

31 décembre, ordonnance du roi qui accorde aux pauvres de Paris, 180,000 francs pour dégager des effets déposés aux monts-de-piété.

En 1830, plusieurs ordonnances du roi autorisèrent des coupes de bois, et beaucoup de brevets d'invention furent accordés pour pétrins mécaniques.

1831

6 janvier, ordonnance du roi, qui modifie la commission de l'indemnité de Saint-Domingue.

14 janvier, ordonnance du roi, restreignant pour le clergé et les couvents la faculté de s'enrichir par donations, legs, acquisitions et aliénations de biens.

18 janvier, ordonnance du roi, qui dispense les futurs étudiants en médecine du grade de bachelier ès-sciences.

22 janvier, ordonnance du roi, sur la comptabilité des hospices et des établissements de bienfaisance.

23 janvier, ordonnance du roi, qui réduit de 120,000 francs à 100.000 le traitement des ministres.

29 janvier. loi : Budget de 1828. Dépenses, 1,024,000,637 francs ; recettes, 1,032,782,145 francs. Excédant des recettes 8,681,508 francs.

8 février, loi qui met à la charge de l'Etat le traitement des ministres du culte israélite.

10 février, ordonnance du roi, portant réorganisation de l'artillerie de la garde nationale de Paris.

16 février, ordonnances du roi qui créent une chaire de pathologie et de thérapeutique générales à Paris et des chaires de droit commercial à Rennes et à Dijon.

19 février. ordonnance du roi, portant réorganisation de la cavalerie française, qui se composera désormais de 50 régiments, savoir 2 de carabiniers, 10 de cuirassiers, 12 de dragons, 6 de lanciers, 14 de chasseurs et 6 de hussards.

1er mars. ordonnance du roi réorganisant la marine.

4 mars, loi relative à la composition des cours d'assises et aux déclarations du jury.

4 mars, loi concernant la répression de la traite des noirs.

7 mars, ordonnance du roi réorganisant l'école des mines de Saint-Etienne.

9 et 10 mars, lois autorisant en Algérie la formation d'une légion étrangère et de corps d'indigènes.

10 mars, ordonnance du roi qui appelle à l'activité les 80,000 hommes de la classe de 1830.

12 mars, ordonnance du roi relative au conseil d'Etat.

12 mars, ordonnances du roi, qui nomment Champollion jeune, professeur d'archéologie ; J.-B. Say professeur d'économie politique et Lerminier professeur de législation comparée, tous les trois au Collége de France.

13 mars, ordonnance du roi, qui constitue un nouveau ministère : Casimir Périer, ministre de l'intérieur et président du conseil des ministres ; Barthe, justice ; baron Louis, finances ; comte de Montalivet, instruction publique et cultes ; vice-amiral de Rigny, marine et colonies ; comte d'Argout, commerce et travaux publics.

15 mars, loi relative à la liquidation de la liste civile de Charles X.

20 mars, loi qui autorise la ville de Paris à emprunter 15 millions.

21 mars, loi sur l'organisation municipale : « les maires « et adjoints sont nommés par « le roi ou, en son nom, par « (les préfets). » (Ils sont nommés) pour 3 ans et doivent avoir au moins 25 ans. « Les « conseillers municipaux sont « élus par l'assemblée (suffrage « restreint) des électeurs com- « munaux. »

21 mars, ordonnance du roi. qui autorise, en Algérie la formation des zouaves et des chasseurs d'Afrique.

22 mars, loi sur la garde nationale, (44 pages de texte): les officiers sont élus par les gardes nationaux ; les commandants supérieurs sont nommés par le roi.

25 mars, loi qui autorise la création de 200 millions d'obligations du trésor et l'aliénation de bois de l'Etat jusqu'à concurrence de 4 millions de revenu.

26 mars, loi relative aux contributions personnelle et mobilière, des portes et fenêtres et des patentes.

30 mars, loi relative aux officiers de marine.

30 mars, loi relative à l'expropriation et à l'occupation temporaire, en cas d'urgence, des propriétés privées, nécessaires aux travaux des fortifications.

8 avril, loi sur la procédure en matière de délits de presse, d'affichage et de criage publics.

8 avril, loi sur le cautionnement des journaux ou écrits périodiques, paraissant même irrégulièrement.

8 avril, ordonnance du roi portant que la statue de Napoléon sera rétablie sur la colonne Vendôme.

10 avril, loi contre les attroupements (séditieux).

11 avril, loi sur les pensions de l'armée de terre.

11 avril, ordonnance du roi, organisant la remonte (de la cavalerie).

12 avril, ordonnance du roi, concernant l'école militaire de la Flèche.

18 avril, loi sur diverses contributions.

18 avril, loi sur les pensions de l'armée de mer.

19 avril, loi sur les élections des députés; il y aura 459 députés pour toute la France.

21 avril, loi autorisant le gouvernement à emprunter éventuellement 120 millions.

28 avril, loi relative à la caisse d'amortissement.

29 avril, ordonnance du roi, sur le transit et les marchandises prohibées.

29 avril, ordonnance du roi, créant à Paris des bureaux de bienfaisance.

30 avril, ordonn. du roi. relative à la croix de juillet.

4 mai, ordonnance du roi créant le 67me de ligne.

7 mai et **28 juillet,** ordonnances du roi, relatives aux compagnies hors rang, de l'infanterie et du génie.

14 mai, ordonnance du roi, qui appelle 80,000 hommes sur la classe de 1831. — Autre, qui crée 2 régiments d'infanterie de marine.

30 mai, ordonnance du roi, portant création d'une compagnie d'ouvriers pour le service des bateaux à vapeur de la marine, à Toulon.

31 mai, ordonnances du roi, dont l'une dissout la chambre des députés et dont l'autre amnistie des gardes nationaux.

5 juin, ordonnance du roi, relative à l'école d'application de l'artillerie et du génie, de Metz.

7 juin, ordonnance du roi, relative au chemin de fer (à construire) de St-Etienne à Lyon.

9 juin, ordonnance du roi, relative à la vente des dépôts des greffes.

11 juin, ordonnance du roi, sur le traitement des officiers de marine.

1er juillet, ordonnance du roi, relative au matériel de la marine.

2 juillet, ordonnance du roi, relative aux pensions de retraite militaires.

6 juillet, ordonnance du roi, relative à la célébration des fêtes nationales des 27, 28 et 29 juillet.

10 juillet, ordonnance du roi, relative à l'île Bourbon.

12 juillet, ordonnance du roi. relative au Sénégal.

16 juillet, ordonnance du roi, qui réduit le traitement des aumôniers de collèges.

17 juillet, ordonnance du roi, fixant à 16 le nombre des huissiers de St-Malo. (Ont été réduits antérieurement ceux de Mirecourt, ainsi que les avoués de St-Malo, Vienne et Ruffec).

19 juillet, ordonnance du roi : un million de francs sera employé à secourir les réfugiés espagnols, portugais, etc.

22 juillet, ordonn. du roi, relative à l'octroi de Paris.

30 juillet, ordonnance du roi, qui nomme les lieutenants-généraux Clausel, (ou Clauzel) et Lobau, maréchaux de France.

5 août, ordonnance du roi relative à l'artillerie.

12 août, ordonnance du roi, sur l'avancement dans la gendarmerie.

15 août et 3 décembre : il y aura 9 avoués à Moulins et 8 à Lodève (Hérault).

16 août, ordonnance du roi, relative à des précautions contre le choléra.

17 août, ordonnance du roi, nommant une commission au sujet des secours accordés aux anciens Vendéens et Chouans.

19 août, ordonnance du roi, convoquant la Cour des pairs, pour juger le comte de Montalembert et l'abbé Lacordaire. qui ont ouvert et tenu une école publique sans autorisation.

25 août, ordonnance du roi, relative aux orphelins et orphelines de juillet.

27 août, ordonn. du roi, relative aux gardes-forestiers.

7 septembre, ordonnance du roi, relative au génie maritime.

8 septembre, ordonnance du roi, relative aux pensions de retraite des employés des prisons.

11 septembre, ordonnance du roi, nommant le maréchal duc de Trévise grand-chancelier de la légion d'honneur.

13 octobre, ordonnance du roi, établissant un mont-de-piété à Dieppe.

18 octobre, ordonnance du roi, décidant la construction du pont des Saints-Pères à Paris.

6 novembre, loi accordant au gouvernement un crédit de 18 millions pour travaux d'utilité publique, secours au commerce et à l'industrie et pour dépenses imprévues.

19 novembre, ordonnance du roi, nommant 36 pairs de France, (le duc de Bassano, le baron Cuvier, le général Excelmans, le duc de Grammont-Caderousse, le prince de la Moskowa, etc.)

25 novembre, ordonnance du roi, réorganisant l'école polytechnique.

6 décembre, loi relative à la répartition (entre les actionnaires) de la réserve (de la Banque de France).

14 décembre et 19 décembre, ordonnances du roi : il y aura 16 huissiers à Gaillac (Tarn) et 14 à Loudéac (Côtes-du-Nord).

14 décembre, ordonnance du roi, relative à l'Hôtel des invalides. (même chose les 10 mars, 1er, 16 et 25 mai 1832).

23 décembre, loi portant allocation de 1,500,000 fr. pour secours aux étrangers réfugiés en France.

27 décembre, ordonnance relative aux mariages des gardes municipaux.

29 décembre, loi : la pairie n'est plus héréditaire; le roi pourra choisir les pairs.

1832

9 janvier, 1er août, 2 sep-

tembre et **21 décembre**, ordonnances du roi, dont la 1re établit une chaire de droit commercial à Aix et à Grenoble ; la 2e supprime la chaire d'anatomie au collège de France ; la 3e crée à Poitiers une chaire de droit administratif; la 4e nomme au collège de France M. Jouffroy professeur de philosophie grecque et latine, et M. Eugène Burnouf professeur de sanscrit.

9 janvier, 1er mars, et 8 avril, ordonnances du roi, établissant des conseils de prud'hommes à Condé-sur Noireau (Calvados), Villefranche (Rhône) et Bapaume (Pas de-Calais.)

19 janvier, 1er mars, 20 avril, 24 avril, lois et ordonnances du roi, relatives à la marine : 1° artillerie (21 pages de texte); 2° équipages de ligne (85 pages de texte); 3° avancement.

19 janvier, ordonnance du roi, qui autorise la société protestante de prévoyance de Bordeaux, en faveur des veuves et orphelins des pasteurs protestants.

20 janvier, ordonnance du roi, relative aux sapeurs-pompiers de Paris.

8 février, loi portant qu'il sera fait un appel de 80,000 hommes, sur la classe de 1831.

9 et 27 février, loi sur le transit et les entrepôts.

17 février, 24 février, 29 février, 21 mars, 5 avril, 14 avril, 28 avril, 3 juin, 9 juin, 22 août, 20 septembre, 15 octobre, 3 décembre, lois et ordonnances relatives à l'armée ; 1° engagés volontaires, et rengagés ; 2° pensions militaires; 3° recrutement ; 4° avance-

ment dans la garde municipale de Paris ; 5° enfants de troupe; 6° compagnies de discipline en Algérie ; 7° artillerie ; 8° école de St-Cyr ; 9° corps de la remonte ; 10° pénitenciers militaires.

20 février, loi qui autorise la construction du canal des Pyrénées (de Toulouse à Bayonne).

1er mars, ordonnance du roi relative aux travaux de l'école des chartes.

2 mars, loi sur la liste civile (12 millions).

29 mars, loi qui autorise la ville de Paris à créer pour 40 millions d'obligations municipales.

3 avril, loi qui autorise la société géologique.

8 avril, ordonnance du roi, qui établit à Rive-de-Gier (Loire), une chambre consultative des manufactures, fabriques, arts et métiers.

10 avril, loi exilant Charles X et sa famille.

15 avril, loi relative à l'importation et à l'exportation des céréales.

16 avril, loi qui modifie l'article 164 du Code civil.

17 avril, loi sur la contrainte par corps.

19 avril, lois relatives : 1° aux corps détachés de la garde nationale ; 2° à l'ordre de la Légion d'honneur.

21 avril, lois relatives: 1° aux réfugiés étrangers ; 2° à la navigation du Rhin.

22 avril, lois relatives: 1° à la pêche de la morue ; 2° de la baleine ; 3° au canal latéral de la Garonne.

24 avril, ordonnances du roi qui: 1° réduisent à 12,000 francs le traitement des conseillers d'État ; 2° fixent à 25,000 francs le traitement du 1er président et du procureur-général de la Cour de cassation.

27 et **30 avril**, ordonnances nommant : 1° M. le comte de Montalivet ministre de l'intérieur ; 2° M. Girod de l'Ain ministre de l'instruction publique et des cultes.

28 avril, ordonnances du roi, contenant:1° le Code d'instruction criminelle (135 pages de texte) ; 2° le Code pénal (122 pages de texte).

28 avril, loi contenant des modifications au Code pénal et au Code d'instruction criminelle (39 pages de texte). Admission des circonstances atténuantes dans le verdict du Jury.

1er mai, ordonnance du roi qui supprime les secrétaires-généraux de préfecture dans 80 départements.

11 mai, ordonnance du roi : la population de la France est de 32,560,934 habitants. Paris 774,000 ; Marseille 145,000 ; Lyon, 133,000 ; Bordeaux, 109,000 ; Nantes et Rouen, de 80,000 à 90,000 ; Lille, de 60,000 à 70,000 ; Toulouse, de 50,000 à 60,000 ; Amiens, Metz, Nîmes, Orléans, Strasbourg, de 40,000 à 50,000 ; Angers, Caen, Montpellier, Reims, Saint-Étienne, Troyes, de 30 à 40,000 ; Aix, Arles, Arras, Avignon, Besançon, Boulogne - sur - mer, Brest, Clermont - Ferrand, Dijon, Dunkerque, Grenoble, le Hâvre, Limoges, Montauban, Nancy, Poitiers, Rennes, Toulon, Tours, Versailles, de 20 à 30,000 ; Abbeville, Agen, Alais, Alby, Alençon, Angoulème, Auxerre, Bar-le-Duc, Bayeux, Bayonne, Beauvais, Béziers, Blois, Bourges, Cahors, Calais, Cambrai, Carcassonne, Castres, Cette, Châlons-sur-Marne, Châlons-sur-

Saône, Chartres, Châteauroux, Cherbourg, Colmar, Dieppe, Douai, Elbeuf, Grasse, la Guillotière, Hyères, Issoudun, La Rochelle, Laval, Lisieux, Lorient, Lunéville, Mâcon, Le Mans, Moissac, Narbonne, Nevers, Niort, Perpignan, Le Puy, Riom, Rochefort, Roubaix, Saintes, Saint-Brieuc, Saint-Germain en Laye, Saint-Omer, Saint-Quentin, Saumur, Sedan, Tarascon, Tourcoing, Valence, Valenciennes, Vienne, Villeneuve - sur-Lot, de 10 à 20,000.

14 mai, ordonnance du roi qui appelle 80,000 hommes de la classe de 1831.

25 mai, ordonnance du roi : le traitement de l'archevêque de Paris sera de 40,000 francs, celui des autres archevêques, de 15,000 ; celui des évêques, de 10,000.

1er juin, ordonnance du roi, qui met en état de siège trois arrondissements du département de la Mayenne.

3 juin, ordonnance du roi, qui met en état de siège le Maine-et-Loire, la Vendée, la Loire-Inférieure et les Deux-Sèvres.

6 juin, ordonnance du roi, qui licencie l'école polytechnique et met Paris en état de siège.

6 juin, ordonnance du roi, qui licencie l'artillerie de la garde nationale de Paris.

6 juin, ordonnance du roi, qui licencie l'école vétérinaire d'Alfort.

8 juin, ordonnance du roi, relative aux ponts et chaussées et aux mines.

16 juin, ordonnance du roi relative aux chambres de commerce et aux chambres consultatives des arts et manufactures.

29 juin, ordonnance du roi,

qui lève l'état de siège à Paris.

7 juillet, ordonnance du roi, relative à l'emprunt de 150 millions.

10 juillet, ordonnance du roi qui prescrit la réorganisation de l'école vétérinaire d'Alfort.

12 juillet, ordonnance du roi, relative à l'affranchissement dans les colonies.

17 juillet, ordonnance du roi qui divise la France en 40 conservations forestières.

24 juillet et **18 septembre,** ordonnances du roi, qui créent des monts de piété à Calais et à St-Germain-en Laye.

24 juillet, ordonnance du roi : le droit de chasse dans les forêts de l'État sera affermé et loué aux enchères.

12 août, ordonnance du roi, relative aux chambres d'avoués.

17 août, ordonnance du roi, relative à l'octroi de Paris.

31 août, ordonnance du roi relative au Conservatoire de musique.

11 septembre, ordonnance du roi relative à la cour royale de Pondichéry.

23 septembre, ordonnance du roi qui réorganise les écoles des arts-et-métiers à Angers et à Châlons-sur-Marne.

6 octobre, ordonnance du roi relative aux chambres de discipline des huissiers.

7 octobre, ordonnance du roi relative aux bourreaux et à leurs aides.

11 octobre, nouveau ministère : le maréchal Soult duc de Dalmatie, pair de France, président du conseil ; le duc de Broglie, affaires étrangères ; M. Humann, finances ;

M. Thiers, intérieur ; M. Guizot, instruction publique ; M. Barthe, cultes. D'autres ordonnances du même jour nomment 62 pairs de France : baron Louis, Girod de l'Ain (qui devient en outre président du contentieux au Conseil d'État), baron Berthezène, Bertin de Vaux, général Brayer, Cousin (Victor), maréchaux Gérard et Grouchy, général Haxo, vice-amiral Jurien-Lagravière, général Lallemand, comte de Montlosier, généraux Neigre et Ornano, comte Rœderer, ancien constituant ; vice-amiral Roussin, Silvestre de Sacy, baron Thénard, Villemain, etc. — Une ordonnance du même jour nomme M. de Montalivet administrateur général de la liste civile. Enfin une autre ordonnance fixe les attributions de 3 ministères (commerce et travaux publics, intérieur, instruction publique).

26 octobre, ordonnance du roi qui rétablit l'académie des sciences morales et politiques et en nomme les 30 membres, Dacier, Daunou, marquis de Pastoret, prince de Talleyrand, comte Destut-Tracy, baron de Gérando, Dupin aîné, Cousin, Naudet, Laromiguière, Bignon, Charles Dupin, Guizot, etc.

30 octobre, ordonnance du roi réorganisant l'école polytechnique.

14 novembre, ordonnance du roi relative à la bibliothèque royale.

15 novembre, ordonnance du roi, qui autorise l'établissement d'un collége communal à Gannat (Allier).

31 décembre, ordonnance du roi, qui nomme M. le comte d'Argout ministre de l'intérieur et des cultes et M. Thiers ministre du commerce et des travaux publics.

En 1832, un grand nombre de départements furent autorisés à faire des emprunts et à s'imposer extraordinairement. — Plusieurs ordonnances du roi fixèrent le prix des tabacs.

1833

15 janvier, 13 juin, 23 juin, 23 décembre, ordonnances du roi, qui établissent des tribunaux de commerce à Oloron (Basses-Pyrénées), Villeneuve-sur-Lot(Lot-et-Garonne) et à Morlaix (Finistère) et une chambre de commerce à Toulon.

26 janvier, loi qui abroge celle du 19 janvier 1816.

31 janvier, loi : Budget de 1829. Recettes:1,030,463,529 fr. : dépenses : 1,014,914,432. Excédant des recettes 15,549,097 fr.

23 février, ordonnance du roi, sur l'organisation du corps d'état-major.

4 mars, 18 mars, 26 juillet, ordonnances du roi relatives au droit de navigation sur le Tarn, entre Gaillac et Alby et sur le bassin de la Gironde. — Publication de la convention conclue le 31 mars 1831, avec l'Allemagne relativement à la navigation du Rhin.

5 mars, ordonnance du roi, qui approuve le réglement de l'académie des sciences morales et politiques.

6 mars, lettres de grande naturalisation accordées à M. le comte de Reinhard, natif du Wurtemberg.

22 mars, ordonnance du roi, sur l'entrepôt général des boissons de la ville de Paris.

22 mars, convention avec la Grande-Bretagne pour la répression de la traite des noirs: « le droit de visite réciproque pourra être exercé à bord des navires de l'une et de l'autre nation (mais dans un rayon déterminé). »

3 avril, loi qui ouvre des crédits pour les indemnités à payer aux personnes dont les propriétés ont souffert par suite des évènements de juillet 1830.

12 avril, loi portant qu'il sera fait un appel de 80,000 hommes sur la classe de 1832.

24 avril, lois relatives aux colonies.

24 avril, lois ordonnant d'acheter : 1° pour 72,500 francs la bibliothèque de Georges Cuvier et accordant à sa veuve une pension viagère de 6,000 francs ; 2° ordonnant d'acheter pour 50,000 francs la bibliothèque de Champollion jeune, et accordant à sa veuve une pension viagère de 3,000 francs.

24 avril, loi. Budget de 1830 Recettes, 1,031,796,504 francs. Dépenses, 1,095,142,115 francs. Déficit, 63,346,051 francs.

26 avril, loi relative à l'importation et à l'exportation.

26 avril, loi qui accorde des pensions aux vainqueurs de la Bastille.

26 avril, loi relative à l'établissement d'un chemin de fer, de Montbrison à Montrond.

4 mai, ordonnance du roi, relative à l'école navale de Brest.

5 mai, ordonnance du roi créant un mont-de-piété à St-Quentin (Aisne).

13 mai, ordonnance du roi, relative aux élections des conseils coloniaux.

10 juin, ordonnance du roi, qui lève l'état de siège dans les départements de l'Ouest.

10 juin, loi : la caisse d'amortissement renferme aujourd'hui 44,616,413 francs.

14 juin, loi : la France, l'Angleterre et la Russie garantissent l'emprunt qui sera contracté par le gouvernement de la Grèce.

22 juin, loi sur les conseils généraux et sur les conseils d'arrondissements. (Les membres de ces conseils seront élus par les électeurs à 200 francs et par la liste du jury).

27 juin, ordonnance du roi, qui élève le maréchal comte de Lobau à la pairie.

28 juin, loi sur l'instruction primaire (14 pages de texte).

28 juin, ordonnance du roi, relative au recouvrement des rentes dues à des hospices.

28 juin, loi qui ouvre un crédit de 220,000 fr. à distribuer aux condamnés pour cause politique sous la Restauration.

29 juin, ordonnance du roi relative au tarif des douanes.

29 juin, loi relative à l'établissement d'un chemin de fer d'Alais à Beaucaire.

5 juillet, ordonnance du roi, portant réduction de l'armée et organisation de la réserve.

7 juillet, loi sur l'expropriation pour cause d'utilité publique (20 pages de texte).

9 juillet, ordonnance du roi, qui divise la France en 32 conservations forestières (traitements des conservateurs, 9,000 fr. par an, 8,000 fr. et 6,000 fr.).

9 juillet, ordonnance du roi, portant garantie pour la France du tiers de l'emprunt de 60 millions de fr. contrac-

té par le gouvernement de la Grèce.

11 juillet, ordonnance du roi, qui fixe les frais d'administration des préfectures (minimum ; 22,000 fr.; Nord, 55,000 fr.; Seine, 210,000 fr.).

12 juillet, ordonnance du roi portant qu'il n'y a pas lieu d'autoriser la fondation faite par feu S. A. R. le duc de Bourbon, prince de Condé (en faveur des Vendéens, Chouans et leurs descendants). cette fondation étant de nature à « entretenir des semences de « discordes civiles. »

16 juillet, ordonnances du roi, relatives : 1° à l'instruction primaire ; 2° aux caisses d'épargne.

26 juillet, ordonnance du roi, relative aux tribunaux des îles St-Pierre et Miquelon et à d'autres intérêts de ces deux îles (24 pages de texte).

4 août, ordonnance du roi, concernant les recensements des esclaves dans les colonies.

4 août, ordonnance du roi, relative à la caisse d'amortissement et à celle des dépôts et consignations.

9 août et 12 septembre, ordonnances du roi, qui accordent des entrepôts réels des douanes aux villes de Toulouse et de Mulhouse.

20 août, ordonnance du roi sur le personnel des consulats.

20 août, ordonnance du roi, relative aux conseils d'arrondissements,

22 août, ordonnance du roi, relative à la Martinique et à la Guadeloupe, (modifiant celle du 9 février 1827).

22 août, ordonnance du roi, relative à la Guyane (modifiant celle du 27 août 1828.

22 août, ordonnance du

roi, relative à l'île Bourbon (modifiant celle du 21 août 1825).

24 août, ordonnance du roi, portant réglement sur le service de la télégraphie.

24 août, ordonnance du roi, augmentant le traitement des professeurs après 5 ans d'exercice dans les colléges royaux.

24 août, ordonnance du roi, relative au dessèchement des marais des Deux-Sèvres, de la Vendée et de la Charente-Inférieure.

15 septembre, 2 ordonnances du roi, relatives à l'académie de médecine.

18 septembre, 2 ordonnances du roi, relatives : 1e à l'expropriation pour cause d'utilité publique, 2º à l'artillerie.

19 septembre, ordonnance du roi qui rapporte celle du 23 juillet 1826, laquelle autorisait l'établissement à St-Servan (Ille-et-Vilaine), d'une communauté de religieuses ursulines.

1er octobre, -convention avec l'Angleterre et la Russie au sujet de la Grèce.

1er octobre, ordonnances du roi, relatives à l'école (d'arts et métiers) Lamartinière, à Lyon.

4 octobre, ordonnance du roi : une exposition des produits de l'industrie française sera ouverte à Paris, le 1er mai 1834, puis de 5 en 5 ans.

6 octobre, ordonnance du roi, relative à M. Victor Jacquemont, voyageur naturaliste du muséum d'histoire naturelle (de Paris).

7 octobre, convention postale avec l'Angleterre.

17 octobre, ordonnance du roi, créant en Algérie 2 nouvelles compagnies de canonniers gardes-côtes.

18 octobre, ordonnance du roi, changeant le collége communal d'Auch en collége royal de 3e classe,

23, 24, 25 et **26 octobre**, ordonnances du roi, sur les consuls et les Français à l'étranger.

29 octobre et **28 novembre**, même sujet.

12 novembre, ordonnance du roi, relative aux routes stratégiques à construire dans les départements de l'Ouest.

9 décembre, ordonnance du roi, qui rétablit la Faculté des sciences de Lyon.

10 et **15 décembre**, ordonnance du roi, relat. aux haras.

17 décembre, ordonnance du roi, nommant gouverneur de l'Hôtel des Invalides le maréchal duc de Conegliano.

1834

7 janvier, ordonnance du roi, sur la composition des conseils d'administration (de l'armée).

7 janvier et **22 août**, ordonnances du roi, qui créent : 1º à l'école de pharmacie de Paris un cours de physique élémentaire et un cours de toxicologie ; 2º à l'école de droit une chaire de droit constitutionnel français.

16 février, loi sur les crieurs publics.

18 février, loi qui accorde une pension de 12,000 fr., comme récompense nationale à la veuve du maréchal Jourdan.

23 février, loi sur la gendarmerie dans l'Ouest.

11 mars, ordonnance du roi, portant établissement d'un conseil de prud'hommes à Aubusson (Creuse).

19 mars, ordonnance du roi, portant établissement d'un mont de piété à Nancy.

4 avril, ordonnances du roi, nommant : M. Barthe pair de France et premier président de la cour des comptes ; M. le comte d'Argout directeur de la Banque de France ; M. Persil ministre de la justice et des cultes ; M. Thiers ministre de l'intérieur ; M. le vice-amiral comte de Rigny ministre des affaires étrangères ; M. le vice-amiral baron Roussin ministre de la marine et des colonies.

8 avril, loi relative à la liquidation de l'ancienne liste civile (de Charles X).

10 avril, loi sur (ou plutôt contre) les associations (non autorisées).

15 avril, ordonnance du roi, portant convocation de la cour des pairs, pour juger les insurgés de Lyon, St-Etienne et Paris.

20 avril, loi municipale pour le départem. de la Seine.

4 mai, loi. Budget de 1831 : recettes, 1,305,550,970 fr.; dépenses, 1,218,610,975 fr.; excédant des recettes, 86,239,995 francs.

5 mai et 7 juin, loi et ordonnance : 80,000 hommes sont appelés sur la classe de 1833.

17 mai, loi relative à la Banque de France.

19 mai, loi sur l'état des officiers de l'armée.

19 mai, ordonnance du roi, qui nomme M. le vice-amiral comte Jacob ministre de la marine et des colonies.

23 mai, lettres de grande naturalisation accordées à M. Orfila, espagnol de naissance.

24 mai, loi sur (contre) les détenteurs d'armes ou de munitions de guerre.

25 mai, ordonnance du roi qui dissout la chambre des députés.

27 mai, loi ouvrant un crédit de 400,000 fr. pour les blessés (ou leurs enfants), qui ont défendu les lois contre les insurgés d'avril 1834.

5 juin, traités d'amitié, commerce et navigation, avec le Venezuela et la Nouvelle-Grenade.

8 juillet, ordonnances du roi : 1° sur la prime d'exportation des sucres ; 2° sur les douanes.

18 juillet, ordonnance du roi, qui nomme M. le maréchal comte Gérard ministre de la guerre et président du conseil des ministres.

22 juillet, 27 juillet et **10 août,** ordonnances du roi, relatives à l'Algérie, dont le lieutenant-général Drouet, comte d'Erlon, est nommé gouverneur-général.

10 septembre, ordonnance du roi, qui crée les spahis en Algérie.

16 septembre, ordonnance du roi, relative à la solde de non-activité.

10 octobre, ordonnance du roi : « il est ouvert, sur « l'exercice de 1834, un crédit « extraordinaire de 252,100 fr., « applicable au complément « du remboursement dû par « l'État à la famille Lesur- « ques. »

10 novembre, nouveau ministère : M. Bresson aux affaires étrangères ; M. le baron Bernard, à la guerre ; M. le baron Charles Dupin, à la marine et aux colonies ; M. Teste, au commerce ; M. Passy, aux finances ; M. le duc de Bassano, à l'intérieur.

18 novembre, ordonnances du roi, qui nomment M. le maréchal duc de Trévise, ministre de la guerre et président du conseil ; M. le vice-amiral comte de Rigny, aux affaires étrangères ; M. Duchâtel, au commerce ; M Humann, aux finances : M. Thiers, à l'intérieur ; M. l'amiral baron Duperré, à la marine et aux colonies (cette dernière nomination est du 22 novembre).

9 décembre, ordonnance du roi, qui publie la quadruple alliance (Angleterre, France, Espagne, Portugal).

19 décembre, ordonnance du roi, qui publie la convention pour l'extradition réciproque des malfaiteurs, conclue avec la Belgique.

24 décembre, ordonnance du roi, annonçant que le Danemark, se joint à la France et à l'Angletere, pour réprimer la traite des noirs.

En 1834 fut autorisée la construction de nombreux ponts suspendus.

1835

3 janvier, ordonnance du roi, créant le commissariat de la marine.

19 janvier, ordonnance du roi relative à la caisse des dépôts et consignations.

22 janvier, ordonnance du roi : « les individus, com-«damnés à la déportation et à « la détention, seront enfermés « dans la citadelle de Doullens « (Somme). »

24 janvier, 24 juin, ordonnances du roi, qui créent un collége communal à Condé (Nord) et à Boulogne (Pas-de-Calais).

10 février, ordonnance du roi, relative au nouvau collége communal de Lesneven (Finistère).

12 février, loi sur les tabacs.

26 février, ordonnance du roi, qui crée dans chaque département un inspecteur spécial de l'instruction primaire.

4 mars, ordonnance du roi : « il y a abus dans le mémoire « livré à l'impression par l'évê-« que de Moulins, sous le titre « de *Mémoire présenté au roi* « *par l'évêque de Moulins,* for-« mant opposition au nou-« veau mode d'administration « des séminaires etc ; portant « la date du 29 octobre 1834, « et dans l'envoi qui en a été « fait à tous les évêques du « royaume. Le dit mémoire « est et demeure supprimé. »

12 mars, ordonnance du roi, qui nomme M. le duc de Broglie ministre - secrétaire d'État des affaires étrangères et président du conseil des ministres.

22 mars, ordonnance du roi qui crée un mont de piété à Lunéville.

24 mars et **25 avril,** ordonnances du roi, qui établissent à Grasse et à Privas des chambres consultatives des arts et manufactures.

31 mars et **6 mai,** ordonnances du roi qui établissent à Salins (Jura) et à Roanne (Loiret) des tribunaux de commerce.

1er avril, ordonnance du roi, relative aux élèves des écoles secondaires de médecine, qui se présenteront devant les facultés de médecine pour y obtenir le grade de docteur.

18 avril, ordonnance du roi : « il ne sera plus exigé « d'autorisation ni de caution-« nement des Français, qui « forment des établissements « commerciaux aux échelles « du Levant et de la Barbarie « ou qui s'y rendent pour le

« fait de leur commerce. »

30 avril, ordonnance du roi, qui nomme M. le maréchal, marquis Maison, ministre secrétaire d'État de la guerre.

12 mai, loi : « toute institution de majorat est interdite à l'avenir. »

30 mai, ordonnance du roi portant établissement d'un conseil de prud'hommes à Valenciennes.

5 juin, loi relative aux caisses d'épargne.

10 juin, ordonnance du roi relative à l'intendance militaire.

14 juin, loi relative aux 25 millions que la France paiera aux États-Unis.

14 juin, loi accordant 304,628 francs aux incendiés de la ville de Salins.

14 juin, loi. Budget de 1832 : Recettes. 1,149,340,204 francs. Dépenses. 1,174,350,197 francs; Déficit, 25,900,993 francs.

26 juin, loi portant qu'il sera fait un appel de 80,000 hommes sur la classe de 1834.

26 juin, lois relatives 1° aux entrepôts des marchandises prohibées 2° à la répression de la contrebande en Corse.

29 juin, et **27 septembre**, ordonnances du roi qui autorisent l'établissement de banques à Lyon et à Marseille. Elles émettront « des billets « de banque payables à vue « et au porteur. »

30 juin, ordonnance du roi, qui approuve les tarifs des prix auxquels doivent être payées, au change des monnaies, les espèces et matières d'or et d'argent de France et des pays étrangers (21 pages de texte).

2 juillet, loi : « il est accordé au ministre des finances « un crédit de 5,971,600 francs

« applicable aux frais de cons-
« truction et de premier établis-
« sement de dix paquebots à
« vapeur, destinés au trans-
« port des dépêches dans la
« Méditerranée, entre la Fran-
« ce et le Levant. »

5 juillet, ordonnance du roi, qui autorise l'acceptation du legs fait par le baron Dupuytren à la faculté de médecine de Paris pour l'institution d'une chaire d'anatomie pathologique.

8 juillet, ordonnance du roi, qui nomme le maréchal Clauzel gouverneur-général de l'Algérie.

9 juillet et **24 octobre**, loi et ordonnances relatives aux chemins de fer de Paris à St-Germain-en-Laye, de St-Waast-le-Haut à Denain et d'Abscon à Denain (ces deux derniers furent construits par la compagnie des mines d'Anzin.)

11 juillet, ordonnance du roi, relative à la pêche fluviale.

17 juillet, ordonnance du roi, portant organisation du corps des officiers de santé de la marine.

27 juillet, ordonnance du roi, relative au cadre de l'État-major-général de l'armée.

28 juillet, ordonnance du roi, portant que la chambre des pairs, constituée en cour de justice, procédera sans délai au jugement de l'attentat commis le 28 juillet 1835 contre le roi et les princes de sa famille.

4 septembre, loi accordant des pensions viagères et des secours (aux victimes de Fieschi, 16 tués, 13 blessés grièvement).

9 septembre, loi contre les délits de presse, sur les cours d'assises, et rectifiant les articles 341, 345, 347 et 352 du Code d'instruction criminelle et l'article 17 du Code pénal.

11 septembre, ordonnances du roi, qui créent 29 pairs de France : vicomte de Rohan-Chabot, comte de Danremont; baron de Prony, comte de Rambuteau, lieutenant-général comte Vallée, etc.

12 septembre, ordonnance du roi, qui suspend l'exécution des traités existant entre la France et la Suisse, à l'égard de Bâle-Campagne, qui avait interdit à MM. Wahl, israélites de Mulhouse, de s'établir dans le canton.

14 septembre, ordonnance du roi, relative à l'organisation du corps royal d'artillerie de la marine.

14 septembre, réglement pour le service des bateaux à vap. entre Toulon et l'Algérie.

26 septembre, ordonnance du roi : « S. M. le roi de Sardaigne accède aux conventions signées entre la France et l'Angleterre pour la répression de la traite des noirs. »

3 octobre, ordonnance du roi : convention postale avec le Grand-Duché de Bade.

10 octobre, ordonnance du roi, relative aux douanes (18 pages de texte).

12 novembre, ordonnance du roi, qui licencie, à compter du 1er janvier 1836, le corps de la remonte générale.

18 novembre, ordonnance du roi, relative au cautionnement des journaux.

28 novembre, ordonnance du roi, relative à l'organisation de l'école de pharmacie de Strasbourg.

1er décembre, ordonnance du roi, qui établit une chaire de droit administratif dans la faculté d'Aix.

7 décembre, ordonnance du roi, relative à l'Algérie : « jusqu'à ce qu'il en soit au« trement ordonné, l'intérêt « légal sera de 10 %. »

16 décembre, ordonnance du roi, qui crée une nouvelle légion étrangère.

25 décembre, ordonnance du roi, qui prescrit la formation d'un 2e bataillon de zouaves en Algérie.

En 1835, le roi autorisa 6 communautés de religieuses : religieuses de Marie-Thérèse, dites servantes de Jésus-Christ; filles de la croix; religieuses hospitalières de l'instruction chrétienne, dites de la Providence; sœurs de la charité, d'Evron.

1836

1er janvier, ordonnance du roi, qui prescrit la formation d'un dépôt de recrutement et de réserve au chef-lieu de chaque département.

18 janvier, ordonnance du roi, qui nomme M. le comte d'Argout ministre des finances.

2 février, ordonnance du roi, portant établissement d'un conseil de prud'hommes à Evreux.

2 février, brevets d'invention : M. Galy-Cazalat a fait une voiture à vapeur pouvant servir à tous les usages et marcher sur toutes les routes.

4 février, ordonnance du roi : M. le maréchal comte Gérard est nommé grand-chancelier de la Légion d'honneur.

13 février, ordonnance du roi, fixant à 13, le nombre des huissiers attachés au tribunal de 1re instance de Château-Thierry.

22 février, ordonnances du roi, qui nomment M. Thiers, président du conseil et ministre des affaires étrangères : M. Sauzet, ministre de la justice et des cultes; M. de Montalivet, ministre de l'intérieur; M. Passy, ministre du commerce et des travaux publics; M. Pelet de la Lozère, ministre de l'instruction publique.

23 février, ordonnance du roi, qui nomme M. le baron Fain intendant général et administrateur de la liste civile.

25 février, ordonnance du roi, qui nomme M. le baron Davillier gouverneur de la Banque de France.

2 mars, ordonnance du roi, qui attribue les ponts et chaussées et les mines au ministère du commerce et des travaux publics.

31 mars, ordonnance du roi, qui crée à Corté (Corse), l'école Paoli, fondée et dotée par Pascal Paoli.

29 avril, ordonnance du roi, relative aux affranchissements d'esclaves dans les colonies.

6 mai et **17 juin,** ordonnances du roi, qui autorisent la Banque de France à établir un comptoir d'escompte à Reims et à St-Etienne.

18 mai, ordonnance du roi, qui règle d'une manière définitive (par le paiement de 25 millions), les difficultés avec les Etats-Unis.

21 mai, lois : 1° prohibant les loteries autres que celles de bienfaisance ou d'encouragement pour les arts; 2° relative aux chemins vicinaux.

21 mai, ordonnance du roi, relative aux conseils d'enquêtes militaires.

28 mai, loi relative aux crimes commis par des Fran-

çais aux échelles du Levant et de Barbarie (24 pages de texte).

6 juin, ordonnance du roi, qui autorise l'établissement d'un chemin de fer de Villers-Cotterets au port aux perches sur la rivière d'Ourcq.

17 juin, ordonnance du roi, relative au transport des dépêches et journaux entre la France et la Grande-Bretagne.

17 juin, loi qui autorise l'établissement d'un canal latéral à la Loire entre Combleux et l'embouchure de la Maine.

21 juin, loi sur les maîtres au cabotage.

23 juin, ordonnance du roi, relative aux écoles primaires de filles.

25 juin et **27 décembre,** ordonnances du roi, portant que la chambre des pairs, constituée en cour de justice procédera sans délai au jugement des attentats commis les 25 juin et 27 décembre 1836 contre la personne du roi.

29 juin, ordonnance du roi, qui autorise l'établissement d'une banque à Lille.

2 et **5 juillet,** loi et ordonnance sur les douanes (27 pages de texte.)

5 juillet, ordonnance du roi, qui appelle 80,000 hommes sur la classe de 1835.

Une loi accorda, pour la réparation de la cathédrale de Chartres, partiellement incendiée, un crédit de 400.000 fr.; mais 67,003 fr. 52 c. suffirent à cette dépense.

9 juillet. loi. Budget de 1833; Recettes, 1,157,274,314 fr.; Excédant des recettes sur les dépenses, 28,280.010 fr.

9 juillet, lois relatives aux droits de navigation intérieure, à la pêche de la morue et à celle de la baleine.

9 juillet, lois qui autorisent

les deux chemins de fer (rive droite et rive gauche) de Paris à Versailles et celui de Montpellier à Cette.

9 août, ordonnance du roi: le baccalauréat ès-lettres sera nécessaire pour la 1re inscription de droit et le baccalauréat ès-sciences pour la 1re inscription de médecine.

12 août, ordonnance du roi, relative à l'organisation du corps des officiers de santé militaires.

12 août, ordonnance du roi, créant 4 escadrons de spahis à Oran.

19 août, ordonnance du roi, sur l'uniforme des maréchaux de France et des officiers généraux.

20 août, ordonnance du roi: la Suède accède au traité ayant pour but de réprimer la traite des noirs.

20 août, convention postale entre la France et la Belgique.

25 août, ordonnance du roi, qui établit au Conservatoire des arts et métiers un enseignement public et gratuit pour l'agriculture.

2 septembre, ordonnance du roi, qui accorde des primes pour la pêche de la morue.

5 septembre, ordonnance du roi, qui nomme le comte d'Argout gouverneur de la Banque de France.

6 septembre, ordonnances du roi, qui nomment M. Duchâtel ministre des finances; M. le comte Molé président du conseil et ministre des affaires étrangères; M. Persil, ministre de la justice et des cultes; M. le vice-amiral de Rosamel, ministre de la marine et des colonies; M. de Gasparin, ministre de l'intérieur et M. Guizot, ministre de l'instruction publique.

8 septembre, ordonnance du roi, qui nomme M. Charles de Rémusat sous-secrétaire d'Etat au département de l'intérieur.

19 septembre, ordonnances du roi, qui nomment M. le lieutenant-général baron Bernard, ministre de la guerre et M. Martin (du Nord), ministre des travaux publics, de l'agriculture et du commerce.

19 septembre, ordonnance du roi: convention de commerce et de navigation avec le grand-duché de Mecklembourg-Schwérin.

30 septembre, ordonnance du roi: convention postale avec la Prusse.

11 octobre, ordonnances du roi, relatives: 1º à l'organisation des équipages de ligne (97 pages de texte); 2º au commissariat de la marine; 3º au pilotage (39 pages de texte); 4e au collége communal que la ville de Landerneau (Finistère) est autorisée à établir.

25 octobre, ordonnance du roi, qui crée à Montpellier une chaire de pathologie et de thérapeutique générales.

30 octobre, ordonnance du roi, relative aux fabriques de fulminate de mercure.

1er novembre, ordonnance du roi, qui nomme le général Voirol pair de France.

1er novembre, ordonnance du roi, qui accorde une prime d'exportation pour les acides sulfurique et nitrique.

9 novembre, ordonnance du roi, qui autorise le petit séminaire d'Ajaccio.

9 novembre, ordonnance du roi qui nomme M. Pouillet administrateur du Conservatoire des arts et métiers.

19 novembre, ordonnance du roi, qui crée une chambre de commerce à Valenciennes,

23 novembre et **18 décembre,** ordonnances du roi, relatives aux forges et fonderies de la marine (53 pages de texte).

4 décembre, ordonnance du roi, portant réglement sur les marchés passés au nom de l'Etat.

14 décembre, ordonnance du roi : convention postale avec le royaume de Hollande.

15 décembre, ordonnance du roi, qui établit une chambre de commerce à Cherbourg.

29 et **30 décembre,** ordonnance du roi, qui supprime le grade de capitaine de frégate et modifie l'organisation du corps de la marine.

30 décembre, ordonnance du roi : la population de la France est de 33,540,910 habitants. Le département le moins peuplé, celui des Hautes-Alpes, en a 131,162 ; le département le plus peuplé, celui de la Seine, en a 1,106,891. Paris en compte 909,000; Lyon 150,000; Marseille, 146,000; Bordeaux, 98,000 ; Rouen, 92,000; Toulouse, 77,000 ; Nantes, 73,000; Lille, 72,000; Strasbourg, 57,000; Amiens, 46,000; Nîmes, 45,000; Metz, 42,000; Caen et St-Etienne, 41,000 ; Reims, 38,000; Montpellier, Rennes, Angers, Toulon, 35,000; Clermont-Ferrand, 32,000; Nancy, et Avignon, 31,000; Besançon, Brest, Versailles, Limoges, 29,000; Grenoble, 28,000; Tours, 26,000 ; St-Quentin, Troyes, Bourges, Boulogne, le Hàvre, 25,000; Arles, Dijon, 24.000 ; Arras, le Mans, Dunkerque, Montauban, 23,000; la Guillotière, Poitiers, 22,000; Cherbourg, Douai, Roubaix, Tourcoing, Valenciennes, Calais, St-Omer, 19,000; Abbeville, Carcassonne, Verdun, Lorient,

St-Germain-en-Laye, Niort, 18,000; Laval, Cambrai, Perpignan, la Croix-Rousse, Castres, 17,000 ; Aurillac, Angoulème, Mulhouse, Auch, Béziers, Vienne, Nevers, Belleville, Dieppe, 16,000; Moulins, Rochefort, Colmar, Bayonne, 15,000; la Rochelle, Valence, Chartres, Evreux, le Puy, 14.000; Sedan, Bastia, Alais, Châteauroux, Dôle, Blois, Agen, Beauvais, Alençon, Elbeuf, 13,000; Cahors, Châlons-s.-Marne, Lunéville, Bar-le-Duc, Pau, Tarbes, Autun, Châlons-s.-Saône, Moissac, Grasse, 12,000; Batignolles, Albi, Auxerre, Périgueux, Cette, Lodève, Issoudun, Villeneuve-sur-Lot, Saumur, Vannes, Riom, Mâcon, Milhau, Tarascon, Lisieux, Ste-Marie-aux-Mines, Beaune, St-Brieuc. 11,000; Castelnaudary, Narbonne, 10,000.

En 1836, on construisit en France 13 ponts suspendus. Le roi autorisa 37 communautés de religieuses; 43 commissariats de police furent créés dans les départements et une dizaine d'autres, supprimés ; 33 départements et plusieurs villes furent autorisés à s'imposer extraordinairement.

1837

15 janvier, ordonnance du roi, qui modifie celle du 28 avril 1832, relative aux engagements volontaires et aux rengagements.

28 janvier, ordonnance du roi, relative aux remplacements dans les corps de troupes.

31 janvier, ordonnance du roi, qui modifie celle du 5 février 1823, relative aux rations de la marine.

1ᵉʳ février, ordonnance du roi : la marine française en temps de paix, se composera de 40 vaisseaux de ligne, 50 frégates, 220 corvettes, bricks, goëlettes, cutters, gabares, etc. portant 8,201 canons.

12 février, ordonnance du roi, qui nomme le lieutenant-général comte de Damrémont gouverneur-général de l'Algérie.

13 février, ordonnance du roi : les transports entre la France et l'Algérie pourront s'effectuer par navires étrangers.

23 février, ordonnance du roi, prohibant le port des pistolets de poche.

20 mars, ordonnance du roi, qui prescrit l'organisation en Afrique d'un 3ᵉ bataillon de zouaves.

21 mars, ordonnance du roi : il y a abus dans la déclaration de l'archevêque de Paris, en date du 4 mars 1837, et dans tous les actes qui ont eu pour objet de lui donner effet et publicité. La dite déclaration est et demeure supprimée.

31 mars, loi relative aux caisses d'épargne.

1ᵉʳ avril, loi relative à la Cour de cassation.

7 avril, ordonnance du roi, fixant les tarifs de pilotage pour Dunkerque, Calais, Boulogne, St-Valéry-sur-Somme, Dieppe, Fécamp, le Hâvre, Honfleur, Rouen, la Hougue et Cherbourg (78 pages de texte).

15 avril, ordonnances du roi qui nomment M. Barthe ministre de la justice ; M. le comte de Montalivet ministre de l'intérieur; M. de Salvandy ministre de l'instruction publique ; M. Lacave-Laplagne ministre des finances.

16 avril, ordonnance du roi, organisant le service des douanes à l'île Bourbon.

19 avril, loi qui accorde une pension viagère de 2,400 francs au sieur David, ex-contrôleur vérificateur au bureau de garantie de Paris, comme inventeur du poinçon-bigorne, servant de contremarque, avec jouissance du 10 septembre 1835. Cette pension sera reversible par moitié à sa veuve.

24 avril, ordonnance du roi portant réglement pour la fabrication, l'épreuve et la réception des bouches à feu en fonte de fer, dans les fonderies de la marine (16 pages de texte).

2 mai, loi sur les lignes télégraphiques (privées que l'on voudrait établir). Elles sont interdites sous peine d'un emprisonnement d'un mois à un an et d'une amende de mille à dix mille francs.

4 mai, loi contenant des modifications au Code forestier.

7 mai, loi qui augmente (d'un million) la dotation de Son Altesse Royale, Monseigneur le duc d'Orléans, prince royal, à l'occasion de son mariage.

8 mai, ordonnance du roi : amnistie politique. La peine prononcée par la Cour des pairs contre les nommés Victor Boireau et François Meunier est commuée en celle de dix ans de bannissement.

8 mai, loi portant qu'il sera fait un appel de 80,000 hommes sur la classe de 1836.

14 mai, loi contenant des modifications à la loi du 20 avril 1832 sur l'avancement dans l'armée navale.

19 mai, loi accordant un million pour la dot de Sa Majesté la reine des Belges.

24 mai, ordonnance du roi, concernant l'organisation judiciaire du Sénégal.

30 mai, ordonnance du roi : amnistie pour les délits de pêche, de chasse, forestiers, de roulage et de grande voirie.

6 juin, loi qui accorde une pension de 6,000 francs à la veuve d'Antoine Laurent de Jussieu.

9 juin et **24 novembre**, conventions entre la France, la Grande-Bretagne, Lübeck, Brème, Hambourg et la Toscane pour la répression de la traite des noirs.

4 juillet, loi : à partir du 1er janvier 1840, tous poids et mesures, autres que ceux du système métrique, seront interdits.

8 juillet, loi : le budget de 1834 se solde par un excédant de recettes de 3,430,099 fr. 78 c. sur les dépenses qui sont de 1,032,345,259 fr. 11 c.

10 juillet, ordonnance du roi, relative aux enfants de troupe.

12 juillet, loi qui autorise la création d'entrepôts réels de douanes dans les colonies des Antilles et à l'île Bourbon.

14 juillet, loi concernant la garde nationale du département de la Seine.

17 juillet, lois qui autorisent l'établissement des chemins de fer de Bordeaux à la Teste, d'Epinac au canal du Centre et de Mulhouse à Thann.

18 juillet, loi sur l'administration municipale (24 pages de texte).

18 juillet, loi qui établit un impôt sur les sucres indigènes.

19 juillet, lois relatives au perfectionnement de la navigation de la Meuse, de la Marne, de la Seine, de l'Yonne, de la Charente, de la Dordogne, du Tarn, du Lot, de la Saône, de l'Aisne, etc. et à l'amélioration des ports de Dunkerque, Calais, Boulogne, St-Valéry, le Crotoy, Granville, St-Malo, St-Servan, Landerneau, Lorient, Vannes, St-Gilles (Vendée), Cannes, Honfleur, Dieppe, Port-Vendres, Fécamp, etc.; enfin, à l'établissement d'un canal de Caen à la mer.

26 juillet, traité de commerce avec la Bolivie.

17 août, ordonnance du roi, fixant les tarifs de pilotage pour Granville, St-Malo, St-Brieuc, Paimpol, Morlaix, Brest et Quimper (26 pages de texte).

25 août, ordonnance du roi, qui autorise l'établissement d'une banque au Hâvre.

3 octobre, ordonnances du roi, qui nomment 50 pairs de France, dont les plus connus sont : le marquis d'Audiffret, le baron Charles Dupin, le baron de Gérando, M. Humann et M. Poisson.

9 octobre, ordonnance du roi, relative aux pensions dites demi-soldes des marins pêcheurs.

16 octobre, ordonnance du roi, qui autorise la Banque de France à établir un comptoir d'escompte à St-Quentin.

11 novembre, ordonnance du roi, qui nomme le lieutenant-général comte Vallée maréchal de France.

13 novembre, ordonnance du roi, créant 60 sous-inspecteurs des écoles primaires.

16 novembre, ordonnance du roi, supprimant les hôtels des monnaies de Bayonne, Perpignan, Toulouse, Nantes, Limoges et La Rochelle.

25 novembre, ordonnance

du roi, organisant l'administration centrale du ministère de la guerre.

12 décembre, ordonnances du roi, qui créent une chaire de droit administratif à Dijon, Grenoble, Rennes, Strasbourg et Toulouse ; une chaire de législation pénale comparée et une chaire de mécanique physique et expérimentale à Paris.

20 décembre, ordonnance du roi, relative aux militaires voyageant isolément et aux avances qui pourront leur être faites (48 pages de texte).

22 décembre, ordonnance du roi, concernant les salles d'asile.

25 décembre, ordonnance du roi, sur la solde et les revues (260 pages de texte).

26 décembre, ordonnance du roi, qui autorise l'établissement d'un chemin de fer du Creusot au canal du Centre.

En 1837, le roi autorisa 39 communautés religieuses. On construisit 25 ponts suspendus; 42 commissariats de police furent créés et 3 supprimés ; 26 départements furent autorisés à s'imposer extraordinairement.

1838

19 janvier, ordonnance du roi, qui autorise la Banque de France à établir un comptoir d'escompte à Montpellier.

2 février, (ce jour-là ont été payés, y compris les 5 termes précédents, les 25 millions dus aux États-Unis),

12 février, 2 traités conclus avec Haïti, dont l'un relatif à l'indemnité de 150 millions.

14 février, le roi des Deux-Siciles accède à la convention qui a pour but de réprimer la traite des noirs.

28 février, ordonnances du roi, relatives aux commis d'intendances militaires et au corps des officiers d'administration (hôpitaux, subsistances, habillements et campement.)

2 mars, ordonnance du roi, sur l'organisation du corps royal du génie maritime.

6 mars, 6 juillet, 7 juillet, lois autorisant les chemins de fer de Strasbourg à Bâle, de Paris à Rouen, au Hâvre et à Dieppe, avec embranchements sur Elbeuf et Louviers ; de Paris à Orléans.

16 mars, ordonnance du roi sur l'avancement dans l'armée (126 pages de texte).

21 mars, loi qui accorde à la veuve du lieutenant-général comte Damrémont une pension de 6,000 francs à titre de récompense nationale.

23 mars, ordonnance du roi, qui établit une chambre de commerce à Gray.

31 mars, 27 août et 18 novembre, convention postale avec la Grèce, la Sardaigne et le Saint-Siége.

2 avril, loi qui accorde à la veuve du lieutenant-général Daumesnil, une pension de 3,000 fr., à titre de récompense nationale.

11 avril, loi sur les tribunaux civils de 1re instance.

24 avril, loi relative à l'emprunt grec.

27 avril, loi portant qu'il sera fait un appel de 80,000 hommes sur la classe de 1837.

27 avril, loi relative à l'assèchement et à l'exploitation des mines.

10 mai, loi sur les attributions des conseils généraux et

des conseils d'arrondissements.

20 mai, loi concernant les
vices redhibitoires dans les
ventes d'animaux domesti-
ques.

22 mai, ordonnance du roi,
relative à l'organisation de l'é-
cole royale des langues orientales vivantes.

23 mai, convention avec la
Sardaigne pour l'extradition
réciproque des malfaiteurs.

25 mai, loi sur les justices
de paix.

28 mai, loi sur les faillites
et banqueroutes (48 pages de
texte).

31 mai, ordonnance du roi,
sur la comptabilité publique
(166 pages de texte).

10 juin, loi. Budget de 1835
Recettes, 1,045,416,624 francs.
Dépenses, 1,021,082,403 fr. 78 c.
L'excédant des recettes........
(24,334,222 fr. 32) « est trans-
« porté et affecté au budget de
« l'exercice de 1836. »

11 juin et **8 novembre,**
ordonnances du roi, qui autorisent l'établissement de
banques à Toulouse et à Orléans.

19 juin, loi qui accorde
une pension de 100,000 francs.
à Mme la comtesse de Lipona.

24 juin, loi relative à l'a-
mélioration des ports de Cherbourg, Bayonne, Toulon. etc.

30 juin, loi sur les aliénés
(16 pages de texte).

3 juillet, loi relative à l'éta-
blissement d'un canal de la
Marne au Rhin (de Vitry à
Strasbourg par Nancy) et d'un
canal latéral à la Garonne (de
Toulouse à Castets).

4 juillet, loi et ordonnance
sur les sucres indigènes.

23 juillet, ordonnance du
roi, relative aux douanes.

31 juillet, ordonnance du
roi, qui autorise la réduction

des droits établis sur le canal
d'Arles à Bouc.

8 août, lettres de grande
naturalisation accordées à
M. Rossi.

24 août, ordonnance du
roi sur l'organisation de la
garde municipale de Paris (16
pages de texte).

24 août, ordonnances du
roi, qui créent une faculté des
sciences à Bordeaux et de nouvelles chaires dans les facultés des sciences de Caen. Dijon, Strasbourg et Grenoble,
des facultés des lettres à Bordeaux, Lyon, Montpellier,
Rennes, etc.

25 août, ordonnance du
roi, relative à l'établissement
d'un évêché à Alger.

31 août, ordonnance du
roi, portant création d'entrepôts réels de douanes à la Martinique et à la Guadeloupe.

31 octobre, ordonnance du
roi, relative à l'administration
civile de l'Algérie.

20 novembre, ordonnance du roi, concernant l'infanterie de marine.

25 novembre, convention
avec la Turquie, comme ap-
pendice aux capitulations (taxes d'importation et d'exportation, liberté commerciale pour
les Français en Turquie.)

20 décembre, ordonnance
du roi, qui crée une chaire de
zoologie dans chacune des facultés des sciences de Toulouse et de Grenoble.

30 décembre, ordonnance
du roi, qui déclare qu'il y a eu
abus dans le refus de sépulture catholique faite au comte
de Montlosier par l'évêque de
Clermont-Ferrand.

En 1838, le roi a autorisé 37
communautés de religieuses:
filles de la retraite, sœurs du
tiers-ordre de St-Dominique,
etc.

1839

2 février, ordonnance du roi, qui dissout la chambre des députés.

6 février, ordonnance du roi : le nombre des correspondants de l'académie des inscriptions et belles-lettres, tant régnicoles qu'étrangers est porté à 50.

22 février, ordonn. du roi, organisant l'administration des bibliothèques publiques.

23 février, réglement du roi, concernant l'administration et la police des équipages des paquebots de poste de la Méditerranée (30 pages de texte).

26 février, ordonnance du roi, sur l'organisation du service des poudres et salpêtres.

7 mars, ordonnance du roi, qui nomme 8 pairs de France (le vice-amiral de Rosamel, M. Gay-Lussac, etc.)

9 mars, traité de paix conclu entre la France et le Mexique.

10 mars, ordonnance du roi, qui crée une chaire de minéralogie et de géologie à la faculté des sciences de Toulouse.

30 mars, ordonnance du roi, portant réglement sur l'administration et le service de l'établissement de la marine à Indret (Loire-inférieure).

31 mars, ordonnances du roi, qui nomment M. Barthe, premier président de la Cour des comptes et M. le comte de Montalivet intendant-général de la liste civile.

11 avril, ordonnance du roi portant établissement d'un conseil de prud'hommes dans le canton de Privas.

17 avril, ordonnance du roi, relative à la vérification des poids et mesures.

19 avril, traité de Londres, séparant définitivement la Belgique d'avec la Hollande et signé par la France, l'Autriche, l'Angleterre, la Prusse et la Russie.

3 mai, ordonnance du roi, relative aux ouvriers employés dans les arsenaux de la marine.

12 mai, nouveau ministère : Soult, affaires étrangères et présidence du conseil ; Teste, justice et cultes ; général Schneider, guerre ; amiral Duperré, marine et colonies ; Duchâtel, intérieur ; Cunin-Gridaine, commerce ; Dufaure, travaux publics ; Villemain, instruction publique ; Passy, finances.

14 mai, ordonnance du roi, portant que la Chambre des pairs constituée en Cour de justice procédera sans délai au jugement des attentats commis à Paris les 12 et 13 mai 1839.

5 juin, convention relative au passage par la France de la malle Anglaise des Indes orientales (une 1re convention de ce genre datait du 30 mars 1836).

11 juin, ordonnance du roi, sur les recensements dans les colonies et sur les affranchissements d'esclaves dans ces mêmes colonies.

26 juin, loi : 80,000 hommes seront appelés sur la classe de 1838.

2 juillet, ordonnance du roi, relative à la Bibliothèque royale et aux bibliothèques des départements.

9 juillet, ordonnance du roi qui interdit l'exportation des sucres de la Guadeloupe à l'étranger.

18 juillet et 26 juillet, loi qui augmente de 1552 hommes l'effectif de la garde municipale de Paris (ce qui fait, suivant l'ordonnance du 26 juillet, 2,996 hommes et 452 chevaux).

25 juillet, ordonnance du roi, relative à la solde et aux indemnités des officiers de l'armée.

26 juillet, lois relatives à l'emprunt grec et à la colonne de Juillet.

31 juillet, ordonnance du roi relative au transport des correspondances entre la France et les Indes orientales.

3 août, loi. Budget de 1836 : Recettes, 1,077,523,708 fr. 53 c. Dépenses, 1,046,906,909 fr. 37 c. L'excédant de recettes........ (30,616,799, fr. 16 c.) sera reporté sur les exercices 1837 et 1838.

4 août, loi sur l'organisation de l'état-major général de l'armée.

4 août, ordonnance du roi, qui autorise l'établissement d'une banque à Dijon.

7 août, loi qui accorde à M. Daguerre une pension annuelle et viagère de 6,000 fr, et à M. Niepce fils, une pension annuelle et viagère de 4,000 francs pour la cession faite par eux du procédé servant à fixer les images de la chambre obscure.

9 août, loi qui accorde 40,660,000 francs pour améliorer les ports de Calais, Boulogne, Dieppe, le Hâvre, Rouen, Brest, Redon, le Croisic, Nantes, La Rochelle, Rochefort, Oléron, Verdon, Cette, Marseille, Ajaccio, Ile Rousse.

10 août, loi portant cession d'une pension de 1,375 fr. au sieur Harper, matelot à bord du steamer de guerre la *Mé-*

dée, appartenant à S. M. Britannique, lequel a eu la cuisse fracassée et a subi l'amputation, par suite de l'accident arrivé lors de la rencontre de ce steamer avec le brick français *le Griffon.*

21 août, ordonnance du roi sur l'organisation du système financier en Algérie (40 pages de texte).

21 août, ordonnance du roi qui porte le nombre des capitaines de corvette, de 150 à 160 ; celui des lieutenants de vaisseau, de 450 à 500 ; celui des enseignes de vaisseau, de 550 à 600.

27 août, ordonnance du roi qui prescrit la publication de la convention conclue à Paris le 2 août 1839, entre la France et la Grande-Bretagne pour la délimitation des pêcheries sur les côtes respectives des deux pays.

28 août, ordonnance du roi, créant les tirailleurs ou chasseurs d'Orléans.

18 septembre, ordonnance du roi, sur l'organisation du Conseil d'Etat.

26 septembre, ordonnances du roi, créant les volontaires de la marine et établissant 5 nouveaux cours au Conservatoire des arts et métiers.

10 octobre, ordonnance du roi relative aux mines de bitume d'Armentieu, commune de Bastènes (Landes).

7 novembre, ordonnance du roi, créant 20 nouveaux pairs de France (Daunou, Étienne, Lebrun, Persil, Rossi Viennet, etc.)

17 décembre, ordonnance du roi, créant 10 nouveaux sous-inspecteurs des écoles primaires.

18 décembre, ordonnance du roi relative aux asiles publics et privés d'aliénés.

25 décembre, ordonnance du roi, concernant la poste aux chevaux.

En 1839, le roi autorisa 26 communautés de religieuses : sœurs de Sainte-Chrétienne, filles de Sainte-Marie, etc.

1840

5 janvier, ordonnance du roi, relative à l'instruction morale et religieuse des esclaves dans les colonies françaises, ainsi qu'au patronage que doivent exercer les officiers du ministère public à l'égard de la même classe de la population.

8 janvier, ordonnance du roi : le nombre des compagnies de sous-officiers vétérans est réduit de 10 à 8 et celui des compagnies de fusiliers vétérans, de 16 à 10.

9 janvier, ordonnance du roi, relative aux conducteurs des ponts-et-chaussées.

16 janvier, (à cette époque Mgr Sibour, plus tard archevêque de Paris, était évêque de Digne.)

15 février, publication d'une convention avec le Portugal, relative à des indemnités dues à des sujets portugais ou français, pour faits se rattachant à la guerre de 1808-1814.

1er mars, nouveau ministère : M. Thiers, affaires étrangères et présidence ; Vivien, justice et cultes ; Despans-Cubières, guerre ; vice-amiral baron Roussin, marine et colonies ; de Rémusat, intérieur ; Gouin, commerce ; comte Jaubert, travaux publics ; Cousin instruction publique ; Pelet (de la Lozère), finances.

2 mars et **3 mars**, ordon-nances du roi, qui nomment M. Léon de Maleville, député, sous-secrétaire d'Etat à l'intérieur et M. Billaut, député, sous-secrétaire d'Etat à l'agriculture et au commerce.

3 mars, loi sur les tribunaux de commerce.

3 mars, ordonnance du roi (l'installation d'un cardinal coûtait à cette époque 45,000 francs à l'Etat).

17 mars, ordonnance du roi, portant institution de prix dans les facultés de droit.

18 mars, loi qui accorde une pension de 2,000 francs à la veuve du colonel Combe, tué devant Constantine le 15 octobre 1837.

23 mars, loi qui ouvre un crédit extraordinaire de 100,000 francs pour concourir à l'érection d'une statue et d'un monument en l'honneur de Molière.

31 mars et **24 avril**, ordonnances du roi, qui autorisent la Banque de France à établir des comptoirs d'escompte à Grenoble et à Angoulême.

1er avril, ordonnance du roi : M. d'Anthès (Georges-Charles), né à Colmar, le 5 février 1822, est autorisé à s'appeler désormais (baron de) Heeckeren.

19 avril, loi appelant 80,000 hommes sur la classe de 1839.

23 avril, loi sur les tabacs dits de cantine.

6 mai, loi qui affecte une somme de 3,600,000 francs à la transformation de 700,000 armes à silex en armes à percussion.

10 mai et **31 juillet**, ordonnances du roi, portant établissement d'un conseil de prud'hommes à Mayenne (Mayenne) et à Nantes.

24 mai, ordonnance du roi, portant création d'un corps

militaire d'ouvriers mécaniciens et d'ouvriers chauffeurs affectés au service des bâtiments à vapeur de la marine royale (25 pages de texte).

24 mai, ordonnance du roi portant organisation des milices à la Guyane française.

31 mai, ordonnance du roi, relative à une délimitation de frontières entre la France et le grand-duché de Bade.

6 juin, loi. Budget de 1837 : Recettes, 1,080,732,724 fr. 38 c. Dépenses, 1,067,820,314. fr. 66 c. Excédant de recettes, 12,912,409 francs 72 c.

6 juin, loi qui modifie celle du 15 avril 1829 sur la pêche fluviale.

10 juin, loi relative à la translation aux Invalides, des restes mortels de l'empereur Napoléon.

10 juin, loi qui accorde à M. Crevel (ou Cretel ?) un secours de 30,000 fr. à raison de sa conduite lors de l'évacuation de St-Domingue.

10 juin, loi qui accorde une pension de 500 francs à la veuve du matelot hollandais Kuyper, lequel a péri victime de son dévouement pour sauver des marins français, lors du naufrage, sur les côtes de Scheveningen, du navire *la Providence.*

17 juin, loi sur le sel.

19 juin, ordonnance du roi, relative au Conseil d'Etat.

24 juin, ordonnance du roi qui publie le traité d'amitié conclu le 25 septembre 1839, entre la France et la république du Texas.

25 juin, 15 juillet, 27 septembre et **13 octobre,** loi et ordonnances qui créent à la faculté de droit de Paris une chaire d'introduction générale à l'étude du droit ; au collége de France, une chaire de lan-

gues et de littératures slaves ; à Rennes, une faculté des sciences et s'occupent des écoles de pharmacie et des écoles secondaires de médecine.

30 juin, loi qui proroge au 31 décembre 1867, le privilége de la Banque de France.

3 juillet, loi sur les sucres et **24 août** ordonnance du roi sur les sucres indigènes.

8 juillet, loi qui affecte une somme de 23,400,000 francs aux travaux du canal de la Haute-Seine, entre Troyes et Marcilly ; à ceux de la canalisation de l'Yonne et de la Saône ; au canal de l'Aisne à la Marne et à la canalisation de la Vilaine.

14 juillet, liste des 504 individus tués dans les journées de juillet 1830.

15 juillet, loi relative aux chemins de fer de Paris à Orléans, de Montpellier à Nîmes, de Paris à Rouen (pour ce dernier « l'Etat pourra prêter 14 millions de francs). »

16 juillet, loi relative à l'établissement de plusieurs lignes de bateaux à vapeur pour le service des correspondances entre la France et l'Amérique.

23 juillet, ordonnance du roi, concernant le gouvernement des établissements français dans l'Inde.

9 août, ordonnance du roi portant convocation de la Chambre des pairs.

12 août, 2 septembre, 10 septembre. 28 septembre, 29 septembre, ordonnances du roi, qui appellent à l'activité les réserves des classes de 1834 et 1835, déclarent d'utilité publique et d'urgence les travaux de fortification à exécuter autour de Paris et chargent le général Dode de la Brunerie de la direction de ces travaux ; en outre ces ordonnances prescrivent la formation de 10 bataillons de chasseurs, de 12 régiments d'infanterie et de 6 régiments de cavalerie légère (3 de chasseurs et 3 de hussards).

5 septembre, ordonnance du roi : articles additionnels à la convention postale avec la Sardaigne.

7 septembre, ordonnance du roi concernant le gouvernement du Sénégal et dépendances.

16 septembre, ordonnance du roi, qui accorde à la ville d'Avignon un entrepôt réel des douanes.

6 octobre, ordonnance du roi, qui fait un collége royal du collége communal d'Angoulème.

16 octobre, ordonnance du roi, convoquant la Cour des pairs, « attendu que, dans la « journée du 15 octobre, un « attentat a été commis contre « notre personne. »

21 octobre, ordonnance du roi : le général Sébastiani est nommé maréchal de France.

21 octobre, ordonnance du roi, réorganisant l'école de St-Cyr.

29 octobre, nouveau ministère : Soult, guerre et présidence ; Martin (du Nord), justice et cultes ; Guizot, affaires étrangères ; l'amiral baron Duperré, marine et colonies ; Duchâtel, intérieur ; Cunin-Gridaine, commerce et agriculture ; Teste, travaux publics ; Villemain, instruction publique ; Humann, finances.

31 octobre, ordonnance du roi, qui fixe les traitements des fonctionnaires dans les colonies.

5 décembre, ordonnance du roi, qui augmente la solde de l'armée.

29 décembre, ordonnance du roi, qui nomme M. le lieutenant-général Bugeaud gouverneur-général de l'Algérie.

En 1840, furent créés les agrégés près les facultés des lettres et des sciences. Cette même année, le roi autorisa 13 communautés de religieuses : sœurs de St-François, sœurs de la Miséricorde, etc.

1840

15 janvier, loi. Budget de 1838: Recettes, 1,149,612,632 fr. 62 c. Dépenses, 1,135,184,820 fr. 42 c. Excédant des recettes 14,428,112 fr. 20.

31 janvier, ordonnance du roi, contenant le texte officiel du Code de commerce (146 pages de texte).

31 janvier, ordonnance du roi, qui autorise la compagnie des mines d'Anzin à prolonger jusqu'à Anzin le chemin de fer de St-Waast-le-haut à Denain.

14 février et autres dates, des ordonnances du roi établissent des écoles préparatoires de médecine et de pharmacie dans les villes d'Amiens, Caen, Poitiers, Rennes, Rouen, Angers, Besançon, Clermont-Ferrand, Limoges, Marseille, Nantes, Toulouse, Lyon, Arras, Grenoble et Dijon.

28 février, ordonnance du roi, sur l'organisation de la justice en Algérie.

22 mars, loi relative au travail des enfants employés dans les manufactures, usines ou ateliers.

25 mars, ordonnance du roi portant réglement sur les comptoirs d'escompte de la Banque de France.

25 mars, loi appelant

80,000 hommes sur la classe de 1840.

3 avril, loi qui affecte une somme de 140 millions aux travaux des fortifications de Paris.

23 avril, ordonnance du roi, relative à la condition publique des soies de Lyon.

30 avril, ordonnance du roi, qui augmente la solde de la gendarmerie.

3 mai, loi sur l'expropriation, pour cause d'utilité publique (23 pages de texte).

6 mai, loi relative aux douanes.

7 mai, ordonnance du roi, relative à l'école spéciale militaire.

2 juin, loi sur les ventes judiciaires de biens immeubles (30 pages de texte).

14 juin, loi relative à l'établissement de deux nouveaux services de paquebots à vapeur sur la Méditerranée.

17 juin, loi sur l'organisation de l'état-major général de l'armée navale.

25 juin, loi : une somme de 40 millions est affectée à l'achèvement des travaux extraordinaires du service des ponts et chaussées.

25 juin, loi relative au régime financier de la Martinique, de la Guadeloupe, de la Guyane et de Bourbon.

25 juin, loi sur les ventes aux enchères des marchandises neuves.

25 juin, loi qui affecte une somme de 400,000 francs, aux réparations de la cathédrale de Troyes.

25 juin, 2 lois, et le **10 août,** une ordonnance du roi sont relatives à la pêche de la morue et de la baleine.

28 juin, ordonnance du roi, créant deux chaires au collège de France : 1° sur les langues germaniques ; 2° sur celles de l'Europe méridionnale.

30 juin, ordonnance du roi, qui prescrit la publication du traité de commerce et de navigation, conclu le 25 juillet 1841, avec la Hollande.

1er juillet, ordonnance du roi : le complet de la garde municipale de Paris est porté à 3,244 hommes et 692 chevaux.

10 juillet, ordonnance du roi, qui prescrit la publication de la convention conclue, le 29 août 1840, avec Haïti pour réprimer la traite des noirs.

20 juillet, ordonnance du roi créant 6 nouveaux pairs, parmi lesquels le vice-amiral baron Mackau.

25 juillet, ordonnance du roi : convention postale avec la Bavière, le grand-duché de Bade et l'Autriche.

3 août, ordonnance du roi, portant qu'il sera dressé et publié un catalogue de tous les manuscrits existant dans les bibliothèques publiques des départements.

21 août, ordonnance du roi, qui autorise la Banque de France à établir des comptoirs d'escompte à Caen, Clermont-Ferrand, Besançon et Châteauroux.

3 septembre, ordonnance du roi, qui prescrit la publication de la convention provisoire de commerce et de navigation, conclue avec la république de la Nouvelle-Grenade,

8 septembre, ordonnance du roi, organisant les cadres de l'armée (pied de paix et pied de guerre) et la réserve (35 pages de texte).

13 septembre, ordonnance du roi, convoquant la Cour des pairs, pour l'attentat commis, le même jour, « contre

« la personne de nos fils, les « ducs d'Orléans, de Nemours « et d'Aumale. »

18 septembre, ordonnance du roi, qui autorise la vente de la somme de rente de 3 % nécessaire pour produire un capital de 150 millions de fr.

23 septembre, ordonnance du roi sur l'organisation du bataillon des sapeurs - pompiers de la ville de Paris.

24 septembre, ordonnance du roi, portant organisation du personnel des forges et fonderies de la marine.

3 octobre, ordonnance du roi: à partir du 1er janvier 1843, nul ne pourra obtenir le grade de docteur dans une faculté de médecine, s'il n'a suivi, pendant une année au moins, le service d'un hôpital.

10 octobre, ordonnance du roi: frais et dépens des ventes judiciaires de biens immeubles.

16 octobre, ordonnance du roi : paix du 29 octobre 1840 avec Buénos-Ayres.

19 octobre, ordonnance du roi, concernant le corps des officiers de santé de l'armée de terre.

19 octobre, ordonnance du roi, qui charge M. Hébert, procureur - général près la Cour royale de Paris, des fonctions de procureur - général près la Cour des pairs.

21 octobre, ordonnance du roi : le nombre des pharmaciens-professeurs de la marine est fixé à 4 ; celui des pharmaciens de 1re classe est fixé à 6.

12 novembre, ordonnances du roi, qui érigent en collèges royaux les collèges communaux de Laval et de Mâcon.

22 novembre, ordonnance du roi, sur la comptabilité à la Martinique, la Guadeloupe, la Guyane et Bourbon.

23 novembre, ordonnance du roi, qui augmente de...... 1,910,220 fr. la dotation de la caisse d'amortissement.

2 décembre, ordonnance du roi, qui change en archevêché l'évêché de Cambrai.

7 décembre, ordonnances du roi, qui créent, en Algérie, 3 bataillons de tirailleurs indigènes (turcos) et 20 escadrons de spahis.

25 décembre, ordonnances du roi, qui créent 20 nouveaux pairs (comte Beugnot, baron de Bourgoing, le général baron Gourgaud, Amédée Jaubert, etc.).

30 décembre, ordonnance du roi : la convention conclue entre la France, l'Autriche, la Grande-Bretagne, la Russie et la Turquie, ferme les détroits des Dardanelles et du Bosphore aux bâtiments de guerre de toutes les nations.

En 1841, le roi autorisa 40 communautés de religieuses : sœurs de la Providence, Ursulines, dames du Sacré-Cœur, sœur du St-Esprit, Bénédictines de l'adoration perpétuelle du St-Sacrement, etc.

1842

4 janvier, ordonnance du roi, concernant le corps royal d'artillerie de la marine.

4 janvier, ordonnance du roi, la ville de Bourg (Ain), est autorisée à élever un monument à la mémoire de Bichat, né à Thoirette - en - Bresse, en 1771 et mort à Paris en 1802.

9 janvier, ordonnance du roi, qui établit une école préparatoire de médecine et de pharmacie à Bordeaux.

11 janvier, ordonnance du

roi, sur l'organisation du corps des équipages militaires.

7 février, ordonnance du roi, organisant les tribunaux de l'Inde française.

11 février, ordonnance du roi, qui accorde un entrepôt réel de douanes à la ville de St-Etienne.

25 février et 24 avril, ordonnances du roi, relatives à la pêche de la morue à l'île de Terre-Neuve.

28 février, ordonnance du roi : « à partir du 15 avril « 1842, la Cour des comptes « tiendra ses séances dans le « palais du quai d'Orsay. »

5 avril, ordonnance du roi, relative à la convention de commerce et de navigation conclue, le 9 février 1842, avec le Danemark.

12 avril, ordonnance du roi, qui établit une chambre consultative des arts et manufactures à Montbéliard (Doubs).

25 avril, ordonnance du roi : M. Lacave - Laplagne, député, remplace comme ministre des finances, M. Humann décédé.

3 mai, loi. Budget de 1839 : Recettes . 1,195,190,251 fr. 58 c. Dépenses, 1,178,690,602 fr. 38 c. Excédant des recettes, ... 16,499,549, fr. 20 c.

24 mai, loi relative à la saisie des rentes constituées sur particuliers.

11 juin, loi sur le prolongement jusqu'au Hâvre du chemin de fer de Paris à Rouen.

12 juin, ordonnance du roi : la chambre des députés est dissoute.

15 juin, loi qui ouvre un crédit spécial et extraordinaire de 40,000 francs pour la réimpression des œuvres scientifiques de Laplace.

11 juillet, convention postale avec les Deux-Siciles.

18 juillet, ordonnance du roi : « Il est ouvert à notre « ministre secrétaire d'État de « l'Intérieur, sur l'exercice « 1842, un crédit extraordinaire « de 400,000 francs pour la dé- « pense des obsèques de notre « bien-aimé fils, le duc d'Or- « léans, prince royal. La régu- « larisation de ce crédit sera « proposée aux chambres, lors « de leur prochaine session. » Une ordonnance du 6 décembre 1842 demanda un supplément de 65,000 francs.

19 juillet, ordonnance du roi : « les bataillons de chas- « seurs prendront la dénomi- « nation de chasseurs d'Or- « léans. »

20 juillet, ordonnance du roi, qui ouvre sur l'exercice 1842, un crédit extraordinaire de 139,166 francs 66 centimes applicable au douaire de S. A. R. Mme la duchesse d'Orléans. (La régularisation de ce crédit, etc. voir le 18 juillet 1842).

13 août, ordonnance du roi, qui prescrit la publication de la convention de commerce, conclue le 16 juillet 1842, avec la Belgique.

16 août, ordonnance du roi, concernant la perception de l'impôt sur le sucre indigène.

20 août, ordonnance du roi, qui établit une chambre de commerce à Châlons-sur-Saône.

30 août, loi sur la régence.

30 août, ordonnances du roi, qui créent à Lons-le-Saulnier et à Nevers des écoles normales d'institutrices.

26 septembre, ordonnance du roi, sur l'organisation de la justice en Algérie.

8 octobre, ordonnance du roi, contenant le texte officiel du Code de procédure civile (213 pages de texte).

13 octobre, ordonnance du roi, qui fixe le tarif des droits à percevoir par les courtiers-interprètes et conducteurs de navires des ports de Nantes et de Paimbœuf.

25 octobre, ordonnance du roi : la population de la France est de 34,194,875 indi- vidus. Paris, compte 875,000 habitants; Marseille, 147,000 ; Lyon , 143,000 ; Bordeaux, 99,000 ; Rouen, 98,000 ; Tou- louse et Nantes, 76,000 ; Lille et Strasbourg, 63,000; St-Etien- ne, 46,000 ; Amiens, 44,000 ; Nimes, 41,000 ; Orléans et Reims, 39,000 ; Caen, 37,000 ; Angers, 36,000 ; Montpellier et Nancy, 35,000 ; Toulon, 34,000; Brest,Rennes,Avignon,32,000; Boulogne et Clermont-Fer- rand, 27,000 ; Dijon, le Hàvre, Versailles, Limoges, 26,000 ; Troyes,Besançon,Tours,Rou- baix, Dunkerque, 24,000 ; Aix, 23,000 ; Tourcoing, Poitiers, la Guillotière, le Mans, 22,000; St-Quentin,Montauban,21,000; Bourges, Cherbourg, Arras, 20,000; Arles, Belleville, 19,000; Lorient, St-Omer, Perpignan, Valenciennes, la Croix-Rous- se, 18,000 ; Béziers, Cambray, Douai,Castres, 17,000; Angou- lême, Vienne, Laval, Abbe- ville, 16,000 ; Rochefort, Bayonne, Alais, Dieppe,15,000, Chartres, Blois, Agen, Bati- gnolles, Elbeuf, 14,000 ; Mou- lins, La Rochelle, Colmar, Bastia, Châteauroux, Le Puy, Châlons-sur-Marne, Nevers, Alençon, Châlons-sur-Saône, 13,000; Sedan, Cette, Lunévil- le, Bar-le-duc, Beauvais, Pau, 12,000 ; St-Brieuc, Valence, Issoudun, Roanne, Rive de Gier, Cahors, Saumur, Calais,

Tarbes, Mâcon, St-Germain- en-Laye, Albi, Auxerre,11,000; Narbonne, Tarascon, Lisieux, Beaune, Périgueux, Evreux, Lodève, St-Servan, Villeneu- ve-sur-Lot, Verdun, Vannes, Riom, Autun,Moissac, Grasse, Epinal, 10,000.

6 novembre, ordonnance du roi, qui règle les tarifs des chancelleries consulaires.

25 novembre, ordonnance du roi, créant les spahis séné- galais.

13 décembre, ordonnance du roi, relative à l'importation et au transit de la librairie.

26 décembre, ordonnance du roi, qui institue en Algé- rie des curateurs aux succes- sions vacantes.

27 décembre, ordonnance du roi, qui autorise le minis- tre de la guerre à accepter la donation d'une somme de 100,000 francs, faite à l'armée par M. le maréchal de camp baron de Feuchères.

En 1842, le roi autorisa 34 communautés de religieuses : filles de la Croix, sœurs de l'adoration perpétuelle du St- Sacrement, sœurs de la pré- sentation de Marie, ursulines de Jésus, etc.

1843

4 janvier, ordonnance du roi, relative à l'organisation des chambres de notaires, et à la discipline du notariat.

15 janvier et **17 octobre**, ordonnances du roi, qui créent des écoles préparatoires de médecine et de pharmacie à Orléans et à Nancy.

7 février, ordonnance du roi : l'amiral Roussin rem- place, comme ministre de la marine et des colonies, l'amiral Duperré, démissionnaire.

12 février, ordonnance du roi, qui crée une école normale d'institutrices à Orléans.

13 février, convention avec la Grande-Bretagne sur l'extradition réciproque des malfaiteurs.

22 février, ordonnance du roi, qui établit une chambre de commerce à Bastia et supprime la chambre consultative des arts et manufactures créée dans cette ville.

18 mars, ordonnance du roi, relative au corps des vétérinaires militaires.

19 mars, loi : un secours de 2,500,000 francs est accordé à la Guadeloupe.

3 avril, convention postale avec l'Angleterre.

9 avril, ordonnance du roi, qui nomme le général Drouet d'Erlon maréchal de France.

10 avril, loi qui augmente l'effectif de la gendarmerie.

28 avril, ordonnance du roi, relative à l'administration et aux tribunaux des îles Marquises.

6 mai et 14 mai, ordonnances du roi, qui établissent des colléges communaux à Orbec (Calvados), et à Cusset (Allier).

22 mai et 23 mai, ordonnances du roi, relatives aux machines à vapeur et aux bateaux à vapeur (41 pages de texte).

23 mai et 18 juin, ordonnances du roi, créant des conseils de prud'hommes à Roanne et au Puy.

25 mai, ordonnance du roi, qui prescrit la création d'une caisse de secours pour les ouvriers des mines de Rancié (Ariége).

6 juin. Budget de 1840: Recettes, 1,225,706,562 fr. 89 c. Dépenses, 1,363,711,102 fr. 53 c.

Déficit, 138,004,529 fr. 64 c.

9 juin, ordonnance du roi : le château de Guise ne sera plus classé que comme poste militaire.

12 juin, loi portant qu'il sera fait en 1844 un appel de 80,000 h. sur la classe de 1843.

13 juin, loi relative à l'école des arts et métiers qu'il s'agit de fonder à Aix (Bouches-du-Rhône).

18 juin, loi sur le tarif des commissaires-priseurs.

21 juin, loi sur la forme des actes notariés.

27 juin, loi relative au personnel de la cour royale de Paris.

1er juillet, loi qui ouvre un crédit de 1,500,000 fr. pour la construction du tombeau de l'empereur Napoléon Ier.

2 juillet, loi sur les sucres.

17 juillet, ordonnance du roi : « à l'avenir et en aucun cas, les tribunaux musulmans et les autorités musulmanes, quelles qu'elles soient, ne pourront prononcer, en Algérie, des jugements portant condamnation à la peine de mort. »

24 juillet, loi relative à l'emprunt grec de 1833.

24 juillet, ordonnance du roi, qui nomme le vice-amiral de Mackau ministre de la marine et des colonies, en remplacement de l'amiral Roussin démissionnaire.

24 juillet, loi qui ouvre un crédit de 15,000 fr. pour la publication des œuvres scientifiques de Fermat et un crédit de 590,000 fr. pour l'acquisition de l'hôtel de Cluny et de la collection Dusommerard.

24 juillet, loi relative à l'établissement du chemin de fer de Marseille à Avignon.

31 juillet, ordonnance du roi, qui nomme maréchal de

France le général Bugeaud de la Piconnerie.

7 août, ordonnance du roi, concernant la perception de l'impôt sur les sucres indigènes.

28 août, traités avec le royaume de Sardaigne pour le commerce, la navigation et la propriété littéraire ou artistique.

22 septembre, ordonnance du roi, qui établit à Alais (Gard), une école pratique destinée à former des maîtres ouvriers mineurs.

30 septembre, ordonnance du roi, concernant l'instruction publique dans les établissements français de l'Inde.

22 octobre, ordonnance du roi, qui crée à Paris une chaire de chinois vulgaire.

8 novembre, ordonnance du roi, qui déclare qu'il y a abus dans la déclaration de Mgr de Prilly, évêque de Châlons-sur-Marne.

9 novembre, convention entre la France et les Etats-Unis pour l'extradition réciproque des malfaiteurs.

10 novembre, traité entre la France et le duché de Lucques pour l'extradition des malfaiteurs.

6 décembre, ordonnance du roi, relative aux cimetières.

16 décembre, ordonnance du roi, qui nomme M. Dumon ministre des travaux publics, en remplacement de M. Teste qui, avec M. Hippolyte Passy, est nommé pair de France.

27 décembre, ordonnance du roi, concernant la portion accordée, sur le produit de leur travail, aux condamnés détenus dans les maisons centrales de force et de correction.

En 1843, le roi autorisa 29 communautés de religieuses : sœurs du Saint - Sacrement, sœurs de la Providence, Bernardines, sœurs de la Compassion, sœurs de la Miséricorde, etc. Il permit aussi aux frères de Saint - Joseph, du Mans, de fonder des établissements en Algérie.

1844

25 janvier, ordonnance du roi, qui crée une chambre de commerce à Fécamp (Seine-inférieure).

22 mars, loi. Budget de 1841 : recettes, 1,406,545,217 fr. 30 c. ; déficit, 18.694,405 fr. 42 c.

27 mars, ordonnance du roi, concernant l'organisation judiciaire du Sénégal.

25 avril, loi sur les patentes (48 pages de texte).

30 avril, ordonnance du roi, concernant le corps royal d'artillerie de la marine (18 pages de texte).

3 mai, loi sur la police de la chasse.

10 mai, ordonnance du roi, portant réglement sur l'administration et la comptabilité des corps de troupes (76 pages de texte).

25 mai, ordonnance du roi, portant réglement pour l'organisation du culte israélite (16 pages de texte).

8 juin, ordonnance du roi, qui érige en collège royal le collège communal de Chaumont (Haute-Marne).

11 juin, ordonnance du roi, qui autorise l'établissement d'un dépôt de mendicité dans le département de l'Indre.

14 juin, ordonnance du roi, concernant le service administratif de la marine.

29 juin, traité d'amitié, de commerce et de navigation avec le Vénézuéla.

5 juillet, loi sur les brevets d'invention.

7 juillet, loi relative au chemin de fer de Montpellier à Nimes.

18 juillet, ordonnance du roi, portant établissement d'un conseil de prud'hommes à Catenc (Câteau?) (Nord).

26 juillet, lois relatives aux chemins de fer de Paris à Lyon, de Paris à Rennes, d'Orléans à Bordeaux, de Paris à Limoges, de Bourges à Clermont-Ferrand, de Paris à Dunkerque, Calais et Boulogne, de Tours à Nantes.

2 août, loi relative au chemin de fer de Paris à Strasbourg.

3 août, loi relative au droit de propriété des veuves et des enfants des auteurs d'ouvrages dramatiques.

5 août, loi relative au chemin de fer de Paris à Sceaux.

11 août, ordonnance du roi, les 4/5 des places d'élèves inspecteurs des lignes télégraphiques seront accordés à des élèves de l'école polytechnique.

17 août, ordonnance du roi, qui licencie l'école polytechnique, « considérant les « actes de désobéissance et « de désordre qui y ont eu « lieu récemment. »

2 septembre, ordonnances du roi, qui créent au collège de France un cours d'embryogénie comparée et à l'Ecole des langues orientales vivantes une chaire de malais et de javanais.

4 septembre, ordonnance du roi, sur le service des poudres à feu en Algérie.

18 septembre, ordonnance du roi, concernant le gouvernement des îles Saint-Pierre et Miquelon (23 pag. de texte).

1er octobre, ordonnance du roi, relative au droit de propriété en Algérie.

1er octobre, ordonnance du roi, portant règlement sur l'administration et le service de l'établissement de la marine à Indret (Loire-Inférieure), (32 pages de texte).

30 octobre, ordonnance du roi, réorganisant l'école polytechnique.

7 novembre, convention avec la Hollande pour l'extradition réciproque des malfaiteurs.

17 novembre, ordonnance du roi, concernant les franchises postales.

23 novembre, ordonnance du roi, qui ouvre, sur l'exercice 1844, un crédit extraordinaire de 240,000 fr. pour un essai de télégraphie électrique.

4 décembre, ordonnance du roi, qui ouvre, sur l'exercice 1844, un crédit extraordinaire de 50,000 fr. pour les dépenses des fouilles faites et à faire sur le sol de l'ancienne Ninive.

7 décembre, ordonnance du roi : paix avec le Maroc.

28 décembre, ordonnance du roi, portant création d'une position dite commission de rade pour les bâtiments de la flotte.

En 1844, le roi autorisa 23 communautés de religieuses : sœurs de charité, ursulines de Jésus, filles de la Croix. sœurs de la Providence, sœurs de Sainte-Marthe, etc.

1845

17 janvier, ordonnance du

roi, concernant les recettes et dépenses de l'Algérie.

25 janvier, réglement sur la comptabilité des matières appartenant au département de la guerre (32 pages de texte).

1er février, ordonnance du roi, qui nomme M. le comte de Salvandy ministre de l'instruction publique et grand-maître de l'Université, en remplacement de M. Villemain.

15 février et **8 octobre,** ordonn. du roi, qui créent une faculté des sciences à Besançon et une faculté des lettres à Poitiers.

8 mars, 15, 16 et **19 juillet,** ordonnance et lois relatives à la police des chemins de fer en général et aux lignes de Lyon à Avignon, Creil à Saint-Quentin, Fampoux à Hazebrouck, etc.

28 mars, traité d'amitié, de commerce et de navigation avec la république de l'Equateur.

6 avril, 13 avril, 19 avril, 4 mai, 19 mai, 9 juillet, 14 août, 23 septembre, ordonnances du roi, qui créent en tout, 51 nouveaux pairs de France, parmi lesquels on remarque le duc de Choiseul-Praslin, Victor Hugo, etc.

13 avril, loi portant que les restes mortels des deux grands-maréchaux du palais, Bertrand et Duroc, seront placés dans l'église des Invalides.

15 avril. ordonnance du roi, qui réorganise l'administration de l'Algérie.

20 avril, loi. Budget de 1842 : recettes, 1,324,999,805 fr. 05 c. ; déficit, 103,980,263 fr. 58.

20 avril, comptabilité des paquebots de l'administration des postes.

21 avril, ordonnance du roi, qui crée une place d'inspecteur général des écoles de médecine.

26 avril, ordonnance du roi : le gouverneur du Sénégal pourra infliger, au plus, 15 jours de prison et 100 fr. d'amende.

26 avril, ordonnance du roi, relative au personnel des consulats.

29 avril, loi sur les irrigations.

9 juin et **12 juin,** lois relatives aux douanes.

10 juin, ordonnance du roi, relative à l'importation des machines et mécaniques.

11 juin et **9 septembre,** ordonnances du roi, qui érigent en colléges royaux les colléges communaux de Lille, St-Omer et Périgueux.

13 juin, ordonnance du roi, qui crée un conseil de prud'hommes à Bernay (Eure).

17 juin, ordonnance du roi, relative au bataillon de voltigeurs corses.

20 juin, loi relative à l'armement des fortifications de Paris.

20 juin, ordonnance du roi, relative à la chasse dans les forêts domaniales.

21 juin, loi relative aux juges de paix et à leurs greffiers.

22 juin, loi relative aux caisses d'épargne.

22 juin, loi qui accorde 1,318,000 fr. pour réparer l'église de St-Ouen, à Rouen; 438,000 fr. pour le château de Blois et 420,000 fr. pour l'amphithéâtre d'Arles.

10 juillet, loi retirant de la circulation et démonétisant les pièces de 6 liards, celles de 10 centimes à la lettre N et les pièces de 15 et de 30 sous.

16 juillet, loi qui accorde à M. Vicat, ingénieur en chef, une pension viagère de 6,000 fr. reversible jusqu'à concurrence de moitié sur la tête de ses enfants.

18 juillet et 26 octobre, loi et ordonnance, relatives aux esclaves de nos colonies.

19 juillet, loi sur le Conseil d'Etat.

19 juillet, loi qui autorise la Banque de France à établir un comptoir d'escompte à Alger.

19 juillet, loi sur la vente des substances vénéneuses.

11 août, ordonnance du roi, traités : 1° de commerce et de navigation; 2° pour l'extradition réciproque des malfaiteurs, conclus avec le royaume des Deux-Siciles.

23 août, traité de délimitation entre l'Algérie et le Maroc.

30 août, traité d'extradition réciproque avec la Prusse.

30 août et 30 octobre, convention postale avec Bâleville, Berne, Genève, Neuchâtel, Vaud et Zurich.

31 octobre, ordonnance du roi, sur le sequestre en Algérie.

7 novembre, ordonnance du roi, sur l'école d'équitation de Saumur.

9 novembre, ordonnances du roi: 1° sur les Israélites de l'Algérie; 2° sur le domaine de l'Etat en Algérie.

18 novembre, ordonnance du roi: il est ouvert, au ministère de l'intérieur, un crédit extraordinaire de 40,000 fr. pour les fouilles opérées sur le sol de l'ancienne Ninive.

22 novembre, ordonnance du roi: traité d'amitié, de navigation et de commerce conclu avec la Chine.

13 décembre, réglement sur la comptabilité des matières appartenant au ministère de la marine et des colonies (42 pages de texte).

En 1845, le roi autorisa 19 communautés de religieuses: sœurs de St-Thomas de Villeneuve, sœurs de la Miséricorde, sœurs de la Providence, sœurs de charité, sœurs de la Ste-Famille, etc. — Un acte officiel parle de l'incendie de l'arsenal de Toulon (1er août 1845).

1846

2 janvier, 3 ordonnances du roi, sur l'administration et la comptabilité des finances en Algérie.

17 janvier, ordonnance du roi, relative aux bateaux à vapeur français qui naviguent en mer (14 pages de texte).

27 janvier, ordonnance du roi, portant réglement sur les établissements d'éclairage par le gaz hydrogène.

28 janvier, convention avec la Grande-Bretagne pour la suppression de la traite des noirs.

22 mars, ordonnance du roi, qui autorise l'acceptation du legs d'une rente de 300 fr. fait par M. David Singer, pour la fondation d'un prix annuel en faveur du simple soldat, qui l'aura le mieux mérité par sa bonne conduite et l'ancienneté de ses services.

28 avril, 29 mai, 10 juillet, ordonnances du roi, qui autorisent la Banque de France à fonder des comptoirs d'escompte au Mans, à Nîmes, et à Valenciennes.

13 mai, convention avec le royaume de Sardaigne pour

la propriété des œuvres d'esprit et d'art.

18 mai, 4 et 5 juin, 24 juillet, ordonnances du roi, concernant l'instruction religieuse et élémentaire, le régime disciplinaire, la nourriture, l'entretien et l'affranchissement graduel des esclaves de nos colonies.

26 mai, ordonnance du roi, qui établit à Joinville (Haute-Marne), une chambre consultative des arts et manufactures.

31 mai, loi allouant 75 millions pour favoriser la navigation intérieure (Seine, Yonne, Mayenne, Sarthe, Gers, Vire, Rhône, Adour).

11 juin et **9 novembre,** ordonnances du roi, qui créent une faculté des lettres à Aix et des chaires de géométrie supérieure et de mécanique céleste, à la faculté des sciences de Paris.

11 juin, ordonnance du roi, qui approuve la fondation à Paris, d'un collége catholique arménien sous la dénomination de collége arménien de Samuel Moorat.

21 juin, loi relative aux chemins de fer de Bordeaux à Cette et de l'Ouest.

3 juillet, loi. Budget de 1843 : Recettes, 1,372,230,201 fr. 51 c. Déficit, 67,041,529 fr. 34 c. restant à la charge de la dette flottante.

3 juillet, loi qui affecte une somme de 93 millions aux constructions navales et à l'approvisionnement des arsenaux.

3 juillet, loi qui ouvre un crédit de 292,550 fr. pour être appliqué à la publication de l'ouvrage de MM. Botta et Flandin sur les découvertes provenant des fouilles opérées dans les ruines de l'ancienne Ninive.

3 juillet, loi relative à l'établissement d'une ligne de télégraphie électrique, de Paris à Lille et à la frontière de Belgique et de Douai à Valenciennes.

4 juillet, ordonnances du roi qui nomment 24 nouveaux pairs : Flourens, de Lagrené, Poinsot, Troplong, etc.

6 juillet, ordonnance du roi, qui dissout la Chambre des députés.

22 juillet, ordonnance du roi, traité d'amitié et de commerce avec l'iman de Mascate.

5 août, ordonnance du roi, convention de commerce avec la Belgique.

8 septembre, ordonnance du roi : il y aura désormais 110 capitaines de vaisseaux, 230 capitaines de corvette, 650 lieutenants de vaisseau et 550 enseignes de vaisseau.

10 septembre, ordonnance du roi, qui érige en collège royal le collége communal d'Alençon (Orne).

11 septembre, ordonnance du roi, contresignée Salvandy, qui établit l'école française d'Athènes.

1er octobre, ordonnance du roi, traité d'amitié, de commerce et de navigation avec la Nouvelle-Grenade.

29 octobre, ordonnance du roi sur la vente des substances vénéneuses.

2 ou 7 novembre, ordonnance du roi, fixant les traitements au Conseil d'Etat et dans la magistrature.

8 novembre, ordonnance du roi, qui autorise la société civile de l'union agricole d'Afrique à fonder une colonie dans la province d'Oran et lui fait concession de 3,059 hectares de terres labourables, bois et broussailles.

15 novembre, ordonnance

du roi, portant réglement sur la police, la sùreté et l'exploitation des chemins de fer.

17 novembre, ordonnance du roi : traité de commerce et de navigation avec la Russie.

17 novembre, ordonnance du roi, fixant le traitement des membres de la Cour des comptes (de 2,000 fr. à 30,000).

25 novembre, ordonnance du roi, qui fait concession à M. Dupré de St-Maur de 940 hectares de terre à prendre sur la propriété domaniale dite Agbeil, située à 27 kilomètres de la ville d'Oran.

2 décembre, ordonnance du roi, qui autorise l'acceptation de la donation d'une somme de 80,000 fr. faite à l'Université par M. et Mme Pelrin, pour la fondation de deux bourses en faveur d'étudiants des facultés ou d'élèves de l'école polytechnique.

4 décembre, ordonnance du roi, qui crée dans la subdivision d'Oran les 9 communes de Nemours, Joinville, St-Louis, St-Cloud, Ste-Adélaïde, St-Eugène, St-Leu, Ste-Barbe.

7 décembre, ordonnance du roi, sur les ouvriers employés dans les arsenaux de la marine.

9 décembre, ordonnance du roi qui ouvre un crédit extraordinaire de 461,000 fr., qui sera réparti entre les habitants indigènes de l'île Mayotte, actuellement possesseurs d'esclaves, à raison de la libération des dits esclaves.

31 décembre, ordonnance du roi, relative à l'école des chartres (sic).

En 1846, le chemin de fer de Bordeaux à Cette dut comprendre un embranchement sur Castres; le chemin de fer de Paris à Cherbourg, un embranchement sur Rouen ; le chemin de fer de Dijon à Mulhouse, des embranchements d'Auxonne sur Gray et de Dôle sur Salins ; il y eut de plus à construire un chemin de fer de Châteauroux à Limoges, du Bec d'Allier à Clermont et de St-Dizier à Gray, d'Asnières à Argenteuil, de Lyon à Avignon avec embranchement sur Grenoble.

Le roi autorisa 27 communautés de religieuses : sœurs de la Miséricorde, sœurs de St-Paul, sœurs de St-Martin, etc.

1847

28 janvier, loi favorisant l'importation des céréales.

28 janvier, ordonnance du roi : les grains et farines de maïs et de sarrasin, exportés par toutes les frontières de terre et de mer, seront soumis jusqu'au 31 juillet 1847, au maximum des droits.

29 janvier, ordonnance du roi, qui prohibe jusqu'au 31 juillet prochain, l'exportation des gruaux et fécules de toute espèce, ainsi que des marrons, châtaignes et de leurs farines.

30 janvier, ordonnance du roi : la population du royaume est de 35,455,486 habitants, répartis dans 36,819 communes, 2,847 cantons, 363 arrondissements et 86 départements Paris a 1,553,897 habitants ; Marseille, 182,000 habitants ; Lyon, 177,000 ; Bordeaux, 126,000 ; Rouen, 99,000 ; Toulouse et Nantes, 94,000 ; Lille, 75,000 ; Strasbourg, 71,000 ; Brest et Toulon, 62,000 ; Metz, 55,000 ; Nîmes, 53,000 ; Saint-Étienne, 49,000 ; Amiens, 46,000 ;

Montpellier et Orléans, 45,000; Caen et Angers, 44,000; Reims, 43,000 ; Nancy, 42,000 ; Besançon, Rennes, 39,000; Limoges, 38,000 ; Avignon, 35,000 ; Clermont-Ferrand, la Guillotière, Versailles, 34,000 ; Roubaix et le Hâvre, 31,000; Dijon, Tours, Boulogne-sur-mer , 30,000 ; Mulhouse, 29,000; Aix, Grenoble, Dunkerque, Belleville, 27,000 ; Troyes , Cherbourg , Lorient, Tourcoing, Poitiers, Arras, le Mans, 26,000 ; Montauban, 25,000; Bourges, 24,000; St - Quentin, Arles, 23,000 ; Valenciennes , Perpignan , 22,000 ; Carcassonne, St-Omer, Rochefort, 21,000 ; Angoulême, Cambrai, Douai, Colmar, Castres, 20,000; Béziers, Cette, Batignolles, la Croix-Rousse, 19,000 ; Vienne, Bayonne, Niort, Abbeville, 18,000 ; Moulins, La Rochelle, Chartres, Alais, Blois, Laval, 17,000 ; Nevers, Châlons-sur-Saône, Pau, Dieppe, Elbeuf, 16,000 ; Agen, Châlons-sur-Marne, 15,000 ; Sedan, Bastia, Châteauroux, Le Puy, Lunéville, Beauvais , La Chapelle , Alenço ., Montmartre, Alby , 14,000 ; St-Brieuc, Valence, Cahors, Villeneuve-sur-Lot, Bar-le-Duc, Verdun, Thiers, Tarbes, Mâcon, Neuilly, Vaugirard, La Villette, St-Germain-en-Laye, Auxerre, 13,000; Narbonne, Périgueux, Auch, Issoudun, Roanne, Saumur, Granville , Vannes , Riom , St-Denis, Ingouville, 12,000 ; Bourg, Annonay, Tarascon, Lisieux, Saintes, Tulle, Ajaccio, Beaune, Evreux, Morlaix, Libourne, Rive-de-Gier, Calais, St - Pierre-lès - Calais, Haguenau, Sainte-Marie-aux-Mines, Autun , Gentilly, Châtellerault, Epinal , 11,000 ; Soissons, Rodez, Aurillac, Bergerac , Louviers , Lambézellec ,

Quimper, Lodève, St-Malo, Dôle, Cholet, Bailleul, Wazemmes, Fécamp, Grasville-l'heure, Moissac, Carpentras, Sens, 10,000.

19 février, ordonnance du roi, qui crée dans la subdivision d'Oran, les trois communes de Christine, San Fernando et Isabelle.

24 février, lois : les bâtiments étrangers pourront, jusqu'au 31 juillet 1847, transporter par cabotage, aux mêmes conditions que les navires français de la Méditerranée dans l'Océan, et de l'Océan dans la Méditerranée, des grains et farines, riz, légumes secs, gruaux, fécules et pommes de terre.

14 mars, ordonnance du roi, qui nomme M. Hébert ministre de la justice et des cultes, en remplacement de M. Martin (du Nord), décédé.

20 mars, ordonnance du roi, convention postale avec le canton de St-Gall.

21 mars, ordonnance du roi, relative à l'artillerie et à l'infanterie de marine.

24 mars, ordonnance du roi, qui crée à Montpellier une école normale primaire d'institutrices pour le département de l'Hérault.

2 avril, ordonnance du roi, qui crée une faculté des lettres à Grenoble.

3 avril et **20 avril,** ordonnances du roi: convention d'extradition conclue avec le Mecklembourg-Schwérin et le Mecklembourg-Strélitz.

25 avril, loi relative à l'établissement d'un service de paquebots à vapeur entre le Hâvre et New-York.

5 mai, ordonnance du roi, qui convoque la Cour des pairs pour juger le général Despans-Cubières, inculpé de faits prévus et punis par la loi pénale.

6 mai, ordonnance du roi: convention d'extradition avec le grand-duché d'Oldenbourg.

9 mai, ordonnances du roi, qui nomment M. Dumon ministre des finances, M. le général Trézel, de la guerre ; M. le duc de Montebello, de la marine, et M. Jayr des travaux publics.

16 mai, ordonnance du roi concernant les franchises postales.

5 juin, ordonnance du roi, relative aux concessions de terre en Algérie.

9 juin, 22 juillet et 4 septembre, ordonnances du roi, qui établissent : 1º à Paris 3 nouveaux conseils de prud'hommes ; 2º un conseil de prud'hommes à Flers (Orne) ; 3º un conseil de prud'hommes à Angoulême.

10 juin, loi qui abaisse à 200 francs la moindre coupure des billets de banque.

22 juin et 23 décembre, 7 ordonnances du roi, relatives à la marine (solde, revues, administration, comptabilité, commissaires, subsistances, contrôle, établissements (249 pages de texte).

25 juin, ordonnance du roi: convention postale avec la Bavière.

11 juillet, loi sur les irrigations.

11 juillet, loi qui affecte un crédit de 8,900,000 francs, à la réparation des dommages causés par les inondations de 1846.

12 juillet, loi. Budget de 1844 : Recettes, 1,378,462,167 fr. 05c. Déficit, 43,372,435, fr. 99c.

1er août, loi qui autorise la ville de Paris à contracter un emprunt de 25 millions, remboursable de 1853 à 1858.

5 août, loi en vertu de laquelle l'État emprunte 350 millions.

8 août, loi qui accorde à titre de récompense nationale, une pension de 12,000 francs à la veuve de l'amiral Duperré.

9 août et 12 octobre, loi sur la composition des cours criminelles aux colonies, pour le jugement des crimes commis envers des esclaves. — Ordonnance du roi, qui déclare libres 218 noirs du domaine colonial.

29 août, ordonnance du roi, qui modifie le régime administratif du *théâtre français*.

11 septembre, ordonnance du roi, qui nomme S. A. R. le duc d'Aumale gouverneur-général de l'Algérie.

17 septembre, ordonnance du roi, qui nomme maréchaux de France, le comte Reille et le vicomte Dode de la Brunerie.

19 septembre, ordonnance du roi, qui nomme M. Guizot président du conseil des ministres.

26 septembre, ordonnance du roi, qui nomme Soult maréchal-général de France.

28 septembre, ordonnance du roi, relative à l'organisation municipale en Algérie.

30 septembre et 12 octobre, ordonnances du roi: conventions d'extradition avec Lubeck et Brême.

17 octobre, ordonnance du roi, qui autorise l'établissement d'un dépôt de mendicité à Nevers.

4 décembre, ordonnance du roi, concernant l'organisation judiciaire du Sénégal.

9 et 16 décembre, ordonnance du roi : convention postale avec la Belgique.

12 décembre, ordonnance du roi : la dotation annuelle de la caisse d'amortissement sera augmentée, à partir du 1er janvier 1848 de 3,322,259 fr.

En 1847, furent commencés les chemins de fer de Montereau à Troyes et de Versailles à Chartres.

Le roi autorisa la même année, 26 communautés de religieuses, dames de Sainte-Elisabeth, filles de la Sagesse, filles de la Croix, etc.

1848

8 février et **9 février**, ordonnances du roi, qui affectent le dépôt de mendicité de Montreuil-sous-Laon (Aisne) à recevoir les mendiants du département de la Marne et le dépôt de mendicité de Beaugency (Loiret), à recevoir les mendiants du département de l'Orne.

RÉPUBLIQUE, (du 24 février 1848 au 7 novembre 1852).

24 février, le gouvernement provisoire se compose de MM. Dupont (de l'Eure), Lamartine, Crémieux, François Arago, Ledru - Rollin, Garnier-Pagès, Marie, Armand Marrast, Louis Blanc, Ferdinand Flocon et Albert (ouvrier). Sont nommés ministres : Lamartine, aux affaires étrangères ; Crémieux, à la justice ; Ledru - Rollin, à l'intérieur ; Michel Goudchaux, aux finances ; François Arago, à la marine ; le général Bedeau, à la guerre ; Carnot, à l'instruction publique ; Bethmont, au commerce ; Marie, aux travaux publics. Le général Cavaignac est nommé gouverneur - général de l'Algérie ; Garnier-Pagès,

maire de Paris, ayant la préfecture de police sous sa dépendance. La garde municipale et la Chambre des députés sont dissoutes. Il est interdit à la Chambre des pairs de se réunir. Les objets engagés au Mont-de-Piété, depuis le 1er février, dont le prix ne dépassera pas dix francs, seront rendus aux déposants. Les Tuileries serviront désormais d'asile aux invalides du travail.

25 février, les tribunaux rendront la justice au nom du peuple français. Le gouvernement provisoire de la République française, informé que quelques militaires ont déserté et remis leurs armes, donne les ordres les plus sévères dans les départements pour que les militaires, qui abandonnent ainsi leurs corps, soient arrêtés et punis suivant la rigueur des lois. Le général de Subervie est nommé ministre de la guerre ; M. Etienne Arago commissaire du gouvernement provisoire près la direction-générale des postes. M. le général Duvivier est chargé de l'organisation de la garde nationale mobile, dont il est nommé commandant-général. Les gardes nationales dissoutes par le précédent gouvernement, seront réorganisées de droit. 24 bataillons de garde nationale mobile seront immédiatement recrutés dans la ville de Paris. (Ces) gardes nationaux recevront une solde de 1 fr. 50 par jour et seront habillés et armés aux frais de la patrie. Tous les détenus politiques seront mis en liberté. Le gouvernement provisoire s'engage à garantir l'existence de l'ouvrier par le travail ; il s'engage à garantir du travail à tous les citoyens ; il reconnaît que les ouvriers doivent s'associer entre eux pour jouir du bénéfice de leur travail ; il rend aux ouvriers, auxquels il appartient, le million qui vient d'échoir de la liste civile. — MM. les chefs de postes de la garde nationale prendront les mesures nécessaires pour se procurer des vivres, tels que,viande, charcuterie, fromage et vin, qu'ils feront distribuer aux citoyens selon leurs besoins. Ils donneront, en échange de ces vivres, des bons dont le prix sera remboursé à l'Hôtel-de-Ville.

26 février, les enfants des citoyens morts en combattant sont adoptés par la patrie. La République se charge de tous les secours à donner aux blessés et aux familles des victimes du gouvernement monarchique. — Établissement immédiat d'ateliers nationaux. La peine de mort est abolie en matière politique.

27 février, M. Cormenin est nommé membre du Conseil d'Etat.

28 février, M. Louis Blanc est nommé président et M. Albert (ouvrier) vice-président de la commission du gouvernement pour les travailleurs. Le siége de (cette) commission sera au palais du Luxembourg. — La nourriture des marins sera améliorée.

12 mars, les peines de la bouline, de la cale et des coups de corde sont abolies, dans la marine ; jusqu'à révision complète du Code pénal maritime, elles seront remplacées par un emprisonnement au cachot de 4 jours à un mois.

13 mars, le cumul continuera à avoir lieu jusqu'à concurrence de 700 francs.

Du **18 mars** au **1er février,**

la garde nationale de Paris se composait de 56,752 hommes ; aujourd'hui, de 190,299.

20 mars, décret qui autorise sur sa demande la compagnie des chemins de fer de Paris à Orléans, à remplacer les voitures de 3e classe découvertes par des voitures couvertes.

27 avril, décret portant réunion, à la Banque de France, des banques de Rouen, Lyon, le Hâvre, Lille, Toulouse, Orléans et Marseille; elles deviendront des succursales de la Banque de France.

5 juillet, décret qui autorise le trésor de la République à emprunter de la Banque de France une somme de 150 millions.

20 juillet, décret. Budget de 1845: Recettes, 1,323,312,174 fr. 65 c. Excédant des recettes, 4,335,329 fr. 14 c.

28 juillet, décret sur ou plutôt contre les clubs.

7 août, décret sur le jury signé par le chef du pouvoir exécutif Eugène Cavaignac.

11 août, décret contre les délits de presse.

24 août, décret : réforme postale.

15 septembre, arrêté portant organisation du dépôt des cartes et plans de la marine. (Cet arrêté fut modifié par le décret du 7 décembre 1849).

19 septembre, décret qui ouvre un crédit de 50 millions pour l'établissement de colonies agricoles en Algérie.

21 et 28 septembre, arrêtés qui érigent en lycées les colléges communaux d'Alger et de Brest.

11 octobre, décret qui permet à la famille Bonaparte de rentrer en France.

---

21 octobre, arrêté qui établit une chambre de commerce à Honfleur.

28 octobre, décret relatif à l'élection du président de la République.

4 novembre, Constitution de 1848.

11 novembre, réorganisation de l'école polytechnique.

8 décembre. Loi. Budget de 1846 : Recettes, 1,348,846,870 fr. 50 c. Déficit, 41,273,264 fr. 48 c.

13 décembre, loi qui rétablit la contrainte par corps.

19 décembre, arrêté relatif aux écoles nationales d'arts et métiers.

20 décembre, Louis-Napoléon, élu président, jure « de « rester fidèle à la République « démocratique, une et indivi- « sible et de remplir tous les « devoirs que (lui) impose la « Constitution. »

29 décembre, M. Buffet est nommé ministre de l'agriculture et du commerce.

21 communautés de religieuses furent autorisées par les différents gouvernants qui se succédèrent en 1848 : sœurs de l'immaculée Conception, sœurs d'Ernemont, etc.

1849

9 janvier, loi relative au travail (rétabli) dans les prisons.

24 janvier et **12 décembre**, 1º arrêté : les 25 bataillons de la garde nationale mobile de Paris seront reconstitués en 12 bataillons à dater du 1er février prochain ; 2º décret : les six bataillons actuellement existants de la garde nationale mobile de Paris seront licenciés à dater du 31 décembre prochain.

10 février, loi relative à la liquidation des ateliers nationaux.

3 mars, loi sur le Conseil d'Etat.

9 mars, arrêté : il n'y aura plus que 27 bourreaux dans toute la France.

15 mars, loi électorale (22 pages de texte).

30 avril, loi qui accorde 12 millions d'indemnité aux propriétaires des esclaves affranchis dans nos colonies.

8 mai, loi : convention postale avec l'Espagne.

9 mai, arrêté qui promulgue le réglement d'administration publique sur le concours pour la nomination des auditeurs au Conseil d'Etat.

26 mai, réglement intérieur du Conseil d'Etat.

2 juin, nouveau ministère : Odilon Barrot, justice et présidence du conseil en l'absence du président de la République ; Dufaure, intérieur ; de Tocqueville, affaires étrangères; général Rullière, guerre; de Falloux, instruction publique et cultes ; Passy, finances ; de Tracy, marine et colonies; Lanjuinais, agriculture et commerce ; Lacrosse, travaux publics.

13 juin, loi qui met Paris en état de siége.

15 juin, décret qui met Lyon en état de siége.

19 juin, loi : le gouvernement est autorisé, pendant l'année qui suivra la promulgation de la présente loi, à interdire les clubs et autres réunions politiques qui seraient de nature à compromettre la sûreté publique.

4 juillet, arrêté qui fixe la taxe des lettres et des échantillons de marchandises échangés entre la France et divers pays étrangers.

9 juillet, décret créant un tribunal de 1re instance à Constantine, et des justices de paix à Médéah, Ténès, Guelma et Tlemcen.

10 juillet, arrêté qui autorise la Banque de France à établir une succursale à Limoges.

11 juillet, loi portant prorogation de l'état de dissolution de la garde nationale des 8e, 9e et 12e arrondissements de Paris.

27 juillet, loi sur la presse.

9 août, loi sur l'état de siège.

15 septembre, décret qui publie et approuve les tarifs des monnaies étrangères (15 pages de texte).

4 octobre, loi relative à la jonction du Louvre et des Tuileries.

31 octobre, nouveau ministère : d'Hautpoul, guerre ; de Rayneval, affaires étangères ; Ferdinand Barrot, intérieur ; Rouher, justice ; Bineau, travaux publics; Esquirou de Parieu, instruction publique et cultes ; Dumas, commerce ; Achille Fould, finances ; contre-amiral Romain des Fossés, marine et colonies.

12 novembre, décret qui autorise l'établissement d'un petit séminaire à Sarlat (Dordogne).

16 novembre, décret qui supprime le certificat d'études exigé des aspirants au diplôme de bachelier ès-lettres.

27 novembre, loi sur les grèves et coalitions.

3 décembre, loi sur la naturalisation.

22 décembre, loi : le maximum des émissions de la Banque de France et de ses comptoirs est porté à 525 millions.

Louis-Napoléon autorisa en 1849, 34 communautés de religieuses : sœurs de St-Roch, sœurs de St-Thomas de Villeneuve, etc.

1850

11 janvier, 1er et 7 octobre et 30 décembre, loi qui met les instituteurs communaux sous la surveillance des préfets. — Décrets relatifs à l'instruction primaire et aux pensionnats primaires.

12 janvier, décret : les minerais de l'Algérie seront admis en France en exemption de droits.

24 janvier, loi relative à la transportation en Algérie des insurgés de juin 1848. D'après le décret du 31 janvier 1850, on les confina à Lambessa, dans le département de Constantine.

28 janvier, loi : le temps passé dans la garde mobile de Paris, sera compté comme service militaire.

2 février, loi qui réintègre, dans leurs fonctions, des magistrats de la Cour des comptes, révoqués par le décret du 1er mai 1848.

4 février, loi sur l'organisation du tribunal des conflits.

8 février, loi qui accorde un crédit de 900,637 fr. pour l'établissement de 7 lignes de télégraphie électrique : de Paris à Angers, à Tonnerre, à Châlons-sur-Marne, etc.

27 février, décret qui supprime, à Avignon, la succursale de l'hôtel des Invalides de Paris.

8 mars, loi. Budget de 1847 : Recettes, 1,336,303,268 fr. 74 c. Déficit, 109,417,310 fr. 92 c.

15 mars, loi sur l'enseignement (24 pages de texte).

15 mars, loi : traité d'amitié, de commerce et de navigation avec le Chili.

15 mars, décret qui nomme M. Baroche, ministre de l'intérieur.

16 mars, loi : convention postale avec la Suisse.

19 mars, décret relatif aux chambres de commerce de l'Algérie.

22 mars et **17 juillet**, décret : traités d'amitié, de commerce et de navigation avec Costa-Rica et le Guatemala.

4 avril, 26 juin, 16 septembre et **25 novembre**, décrets qui établissent des conseils de prud'hommes à Thisy (Rhône), Cette, Yvetot et Toulouse. — Celui du 16 septembre, déclare dissous, sans indiquer de motifs, un conseil de prud'hommes de Marseille.

13 avril, loi relative à l'assainissement des logements insalubres.

23 avril, décret qui supprime les hôpitaux militaires d'instruction (comme trop coûteux et ne donnant pas les résultats désirés).

25 avril, loi qui ouvre un crédit extraord. de 150.000 fr. pour secourir les familles des militaires qui ont péri lors de l'écroulement du pont suspendu d'Angers, ainsi que les militaires qui, dans cette circonstance, ont été blessés d'une manière grave.

27 avril, décret concernant le théâtre français.

27 avril, décret concernant les sapeurs-pompiers de Paris.

31 mai, loi qui modifie le suffrage universel (en diminuant le nombre des électeurs).

8 juin, loi sur la déportation.

13 juin, loi qui accorde, à titre de récompense nationale, une pension de 20,000 fr. à la veuve du général Regnault, tué à Paris, le 25 juin 1848.

13 juin, (289 gardes nationaux et 233 gardes mobiles furent blessés dans les journées de juin 1848. Tous reçurent des pensions variant de 300 francs à 1,000 francs, et autres secours furent accordés aux veuves, parents, frères et sœurs de ceux qui avaient été tués).

15 juin, réglement intérieur du Conseil d'Etat.

15 juin, loi qui ouvre un crédit de 300,000 francs pour la réparation et la consolidation de divers réservoirs et bassins de Versailles.

18 juin, loi qui crée, sous la garantie de l'Etat, une caisse de retraite ou rentes viagères pour la vieillesse.

21 juin, 8 juillet et **31 décembre**, décrets qui autorisent la Banque de France à établir des succursales à Angers, Rennes et Avignon.

24 juin, loi qui ouvre un crédit extraord. de 2,160,000 fr. pour frais de la présidence de la République.

2 juillet, loi punissant ceux qui maltraitent les animaux domestiques (amendes de 5 à 15 francs et prison de 1 à 5 jours).

5 juillet, loi sur l'admission et l'avancement dans les fonctions publiques.

6 juillet, décret qui crée une justice de paix à St-Cloud, département d'Oran.

10 juillet, loi relat. à la public. des contrats de mariage.

15 juillet, loi sur les sociétés de secours mutuels.

16 juillet, loi (rectifiée le 23 juillet) sur le cautionnement et le timbre des écrits périodiques et non périodiques.

30 juillet, loi sur la police des théâtres.

5 août, loi sur l'éducation et le patronage des jeunes détenus.

6 août, loi qui fait cesser le cours forcé des billets de la Banque de France.

7 août, loi sur la presse dans les colonies.

7 août, décret concernant l'école française d'Athènes.

11 août, décret réorganisant l'école de St-Cyr.

1er septembre, décret qui déclare vacante la chaire de M. Libri au collège de France.

7 octobre, décret réorganisant le corps de l'intendance militaire.

12 novembre, décret qui autorise l'établissement d'une ligne télégraphique électrique entre Nantes, Paimbœuf, St-Nazaire et le Croisic pour transmission de dépêches exclusivement relatives au commerce maritime.

27 novembre, loi : convention d'extradition avec le royaume de Saxe.

29 novembre, loi sur la correspondance télégraphique privée.

30 novembre, loi relative aux conducteurs des ponts et chaussées.

6 décembre, loi relative au désaveu de paternité.

10 décembre, loi ayant pour objet de faciliter le mariage des indigents, la légitimation de leurs enfants et le retrait des enfants qui ont été déposés dans des hospices.

12 décembre, décret relatif à l'établissement d'évêchés à la Martinique, à la Guadeloupe et à la Réunion.

19 décembre, droit relatif au délit d'usure.

19 décembre, décret qui autorise l'établissement d'un télégraphe électrique sous-marin entre la France et l'Angleterre.

21 décembre, le collège communal du Mans est converti en lycée.

24 décembre, décret sur la police sanitaire (lazarets).

30 décembre, lois relatives aux traités de commerce et de propriété littéraire avec le royaume de Sardaigne.

En 1850, Louis-Napoléon autorisa 52 communautés de religieuses : sœurs de la Croix, sœurs de charité, filles de la Sagesse, sœurs de la Providence, sœurs de Saint-Joseph, Ursulines, Bénédictines, dames de la Sainte-Union, Franciscaines, sœurs de Sainte-Chrétienne, etc.

1851

2 janvier, décret qui crée une bourse de commerce à Perpignan.

9 janvier, nouveau ministère : M. Drouyn de Lhuys, affaires étrangères ; Regnauld de Saint-Jean d'Angély, guerre ; Ducos, marine et colonies; Magne, travaux publics ; Bonjean, agriculture et commerce.

11 janvier, **20 janvier**, **25 avril**, **26 avril**, **16 juin**, lois et décrets concernant l'Algérie (commerce, interprètes judiciaires, concessions de terres, constitution de la propriété).

21 janvier, loi relative à l'exercice de la contrainte par corps contre les représentants du peuple (avec l'autorisation indispensable de l'assemblée législative).

21 janvier, décret qui autorise la Banque de France à établir une succursale à Troyes.

22 janvier, loi sur l'assistance judiciaire.

24 janvier, nouveau ministère : Brenier, affaires étrangères ; général Randon, guerre ; contre-amiral Vaillant, marine et colonies ; Vaïsse, intérieur ; Schneider, agriculture et commerce ; Charles Giraud, instruction publique et cultes ; de Germiny, finances.

29 janvier, loi : convention d'extradition avec l'Espagne.

31 janvier, loi : convention avec le royaume de Saxe (même sujet).

7 février, loi sur la naturalisation.

8 février, convention postale avec le royaume de Sardaigne.

22 février, loi relative aux contrats d'apprentissage.

10 mars, décret qui nomme le général Excelmans maréchal de France.

16 mars et 12 septembre, décrets qui établissent des conseils de prud'hommes à Romorantin (Loir-et-Cher) et à Brionne (Eure).

20 mars, loi sur les comices agricoles, les chambres et le conseil général d'agriculture.

24 mars, rapport et décret sur la Légion d'honneur.

24 mars, décret sur les écoles normales primaires.

27 mars, loi contre les fraudes commerciales.

31 mars et 3 septembre, décrets dont le 1er établit une chambre de commerce à Brest et dont le 2e organise les chambres de commerce.

5 avril, loi sur les pompiers.

10 avril, nouveau ministère : Rouher, justice ; Baroche, affaires étrangères ; de Chasseloup-Laubat, marine ; Léon Faucher, intérieur ; Buffet, agriculture et commerce ; Dombidau de Crouseilles, instruction publique et cultes ; Fould, finances.

14 avril, loi qui accorde 5,999,000 francs pour fortifier Cherbourg.

10 mai et 28 août, décrets qui fondent des colléges communaux à Marvejols (Lozère) et à Bar-sur-Aube.

30 mai, loi : convention postale avec la Toscane.

30 mai, loi sur le roulage et les messageries publiques.

13 juin, lois sur la garde nationale et les sucres.

14 juin, décret sur les sociétés de secours mutuels.

24 juin, loi sur les monts-de-piété.

30 juin, loi sur les caisses d'épargne.

30 juin, loi : convention littéraire avec le Portugal.

1er juillet, loi qui affecte une somme de 180,814 fr. à la publication de la *Rome souterraine* de M. Perret.

8 juillet, loi relative à l'exploitation du service postal de la Méditerranée.

10 juillet, loi relative au classement des places de guerre et aux servitudes militaires.

11 juillet et 22 décembre, loi et décret sur les banques coloniales.

12 juillet, loi qui ouvre un crédit extraordinaire de 170,000 fr. pour la réparation des dégats occasionnés à l'île de la Réunion par les ouragans des

28 février 1850 et jours suivants.

17 juillet, décret qui accorde à la ville de Tourcoing un entrepôt réel de douanes.

22 juillet, loi : convention d'extradition avec la Nouvelle-Grenade.

22 juillet et **20 août**, loi et décrets sur les grandes pêches maritimes.

4 août, loi qui autorise la ville de Paris à emprunter 50 millions.

4 août, loi relative à la fondation d'une banque en Algérie.

7 août, loi sur les hospices et les hôpitaux.

8 août, loi qui ouvre un crédit extraordinaire de 30,000 francs applicable aux travaux de déblaiement d'un temple, dédié à Sérapis et découvert parmi les ruines de Memphis.

15 août, décret sur le service à bord des bâtiments de la flotte (275 pages de texte).

23 août, décret relatif aux ponts-et-chaussées et aux conducteurs des ponts-et-chaussées.

1er septembre, 3, 5 et **8 septembre** et **6 octobre**, décrets relatifs à la garde nationale.

12 septembre, décret qui met le département de l'Ardèche en état de siège.

17 octobre, décret sur l'école Paoli de Corté (Corse).

19 octobre, décret relatif à la solde de la marine.

26 octobre, nouveau ministère : Corbin, justice ; Turgot, affaires étrangères ; Charles Giraud, instruction publique et cultes ; de Thorigny, intérieur ; de Casabianca agriculture et commerce ; Lacrosse travaux publics ; Leroy de St-Arnaud, guerre ; Fortoul, marine et colonies ; Blondel, finances.

1er novembre, M. Daviel est nommé ministre de la justice.

23 novembre, M. Casabianca est nommé ministre des finances ; Lefebvre - Duruflé ministre de l'agriculture et du commerce.

2 décembre, décrets qui nomment M. de Morny ministre de l'intérieur, dissolvent l'assemblée nationale et le Conseil d'Etat, rétablissent le suffrage universel, convoquent le peuple français dans ses comices et mettent en état de siège (toute) la 1re division militaire. — Proclamation du président de la République, appel au peuple : « Français, la « situation actuelle ne peut « durer plus longtemps. L'as- « semblée, qui devrait être le « plus ferme appui de l'ordre, « est devenue un foyer de com- « plots. Je l'ai dissoute et je « rends le peuple entier juge « entre elle et moi. » Procla- mation du président de la Ré- publique à l'armée : « Soldats! « soyez fiers de votre mission, « vous sauverez la patrie. En « 1830 comme en 1848, on vous « a traités en vaincus. » — Le peuple français est solen- nellement convoqué dans ses comices le 14 décembre, pour accepter ou rejeter le plébis- cite suivant : Le peuple fran- çais veut le maintien de l'au- rité de Louis-Napoléon Bona- parte et lui délègue les pou- voirs nécessaires pour faire une Constitution. — Membres de la commission consultative nommée par et pour le prési- dent : Baraguey -d'Hilliers, de Chasseloup - Laubat, Drouyn de Lhuys, Dumas (de l'ins- titut), de Goulard, de Heecke- ren, Ladoucette, Leverrier, Magne, Rouher, etc.

3 décembre, nouveaux membres de la même commission : Bonjean, Pascal (Frédéric), etc.—Nouveau ministère : Rouher, justice ; Turgot, affaires étrangères ; Leroy de St-Arnaud, guerre ; Théodore Ducos, marine ; Morny, intérieur ; Magne, travaux publics ; Lefebvre - Duruflé, agriculture et commerce ; H. Fortoul, instruction publique et cultes ; Fould, finances.

6 décembre, décret qui rend (le Panthéon) au culte.

7 décembre, 9, 10 et **15 décembre**, décrets qui mettent en état de siège l'Hérault, le Gard, les Basses-Alpes, le Gers, le Var, le Lot, le Lot-et-Garonne, l'Aveyron et Vaucluse.

10 décembre, décret autorisant le chemin de fer de ceinture autour de Paris.

13 décembre, composition définitive de la commission consultative : d'Audiffret, président de la Cour des comptes, Bonjean, Drouyn de Lhuys, Charles Giraud, le duc de Mouchy, Antoine Odier, Schneider, etc.

27 décembre, décret concernant les lignes télégraphiques.

27 décembre, décret qui reconstitue la commission départementale de la Seine (44 membres, dont Bonjean, Devinck, Pelouze, etc.)

31 décembre : au 14 décembre il y a eu 7,439,216 *oui ;* 640,737 *non* et 36,820 bulletins nuls.

En 1851, Louis - Napoléon autorisa les petits frères de Marie et 44 communautés de religieuses : ursulines de Jésus, filles de l'éducation chrétienne, filles du Saint-Esprit, dames de la Sainte-Union, sœurs de la Sainte-Famille, etc.

1852

3 janvier, décret relatif à la création d'établissements modèles pour bains et lavoirs publics, gratuits ou à prix réduits.

4 janvier et **27 mars**, décrets dont le 1er déclare le département des Hautes-Alpes en état de siège et dont le 2e déclare l'état de siège levé dans toute la France.

9 janvier, 2 mars, 28 mars et **7 juin**, décrets sur l'exercice de la pêche côtière, sur la police de la pêche de la morue à l'île de Terre-Neuve, sur la pêche des harengs près des côtes de l'Ecosse, etc.

11 janvier, décret sur la garde nationale, notamment de la Seine.

14 janvier. Constitution de « l'Etat : la constitution reconnaît, confirme et garantit les « grands principes proclamés « en 1789 et qui sont la base « du droit public des Fran- « çais. Le gouvernement de « la République française est « confié pour dix ans au prin- « ce Louis - Napoléon Bona- « parte, qui gouverne au « moyen des ministres, du « Conseil d'État, du Sénat et « du Corps législatif. Le prési- « dent de la République est « responsable devant le peu- « ple français, auquel il a tou- « jours le droit de faire appel. « Il a seul l'initiative des lois. « Il a le droit de faire grâce. « Les séances du Sénat ne sont « pas publiques. Il y aura un « député au Corps législatif « par 35,000 électeurs. »

15 janvier, décret relatif à l'organisation de la Cour des comptes.

22 janvier, nouveau ministère : M. Casabianca, ministre d'Etat ; M. de Maupas, ministre de la police générale ; M. Abatucci, ministre de la justice ; M. de Persigny, de l'intérieur ; M. Bineau, des finances.

22 janvier, décret portant que les membres de la famille d'Orléans seront tenus de vendre tous les biens qui leur appartiennent en France. Les biens du roi Louis-Philippe sont restitués au domaine de l'Etat, qui demeure chargé du paiement des dettes de la liste civile du dernier règne. Le douaire de 300,000 francs alloué à la duchesse d'Orléans, est maintenu. Sur les biens de Louis-Philippe qui seront vendus, on prélèvera dix millions pour les sociétés de secours mutuels, dix millions pour les logements d'ouvriers, cinq millions pour établir une caisse de retraite au profit des savants les plus pauvres, etc.

22 janvier, décret : convention sur la propriété littéraire et artistique avec les Iles Britanniques.

22 janvier, décret instituant la médaille militaire.

24 janvier, décret qui abroge celui du 29 févr. 1848 concernant les anciens titres de noblesse.

25 janvier et **30 janvier**, décrets relatifs au Conseil d'Etat.

25 janvier, décret qui réunit le ministère de l'agriculture et du commerce au ministère de l'intérieur.

26 janvier, 25 décembre, 30 décembre et **31 décembre**, décrets dont le 1er nomme 73 sénateurs : d'Audiffret, Baraguey d'Hilliers, Drouyn de Lhuys, Dumas (le chimiste), Charles Dupin, Elie de Beau-

mont, Achille Fould, de Ladoucette, Leverrier, etc.; le 2e nomme M. Troplong, président du Sénat ; le 3e crée 38 autres sénateurs : le général comte de Grouchy, M. Magne, le marquis de Larochejaquelein, M. Delangle, le duc de Mouchy, le comte Fialin de Persigny, le général Vaudrey, le prince Lucien Bonaparte, le comte Tascher de la Pagerie, M. Barthe, etc.; le 4e règle les rapports du Sénat et du Corps législatif avec l'Empereur et le Conseil d'Etat. Le 25 décembre un sénatus-consulte modifia la Constitution du 14 janvier 1852.

30 janvier, décret qui règle l'organisation du service de la justice pour Mayotte, Nossi-Bé et l'île Ste-Marie.

2 février, décret organique pour l'élection des députés au Corps législatif (262 en tout).

7 février, 9 mars et **10 avril**, décrets relatifs à l'instruction publique (bourses, bifurcation des études, etc.)

8 février, décret sur le régime commercial du Sénégal.

11 février, 24 octobre et **30 décembre**, décrets relatifs au Conseil d'Etat. M. Bonjean, est nommé président de la section de l'intérieur ; M. Baroche, président de tout le Conseil d'Etat ; et M. Rouher, vice-président (ce dernier avec 100,000 francs de traitement).

12 février, décrets relatifs aux chemins de fer de Dijon à Besançon avec embranchement sur Gray, et de Dôle à Salins.

13 février et **27 mars**, décrets relatifs à l'émigration pour s'établir dans les colonies françaises.

13 février, décret relatif aux zouaves, aux spahis et aux tirailleurs algériens.

15 février, décret : convention postale avec la Hollande et le grand-duché de Luxem-, bourg.

16 février, décret : à l'avenir, l'anniversaire du 15 août sera seul célébré comme fête nationale.

17 février, 20 février, 1er mars et **28 mars,** décrets relatifs à la presse en France, en Algérie et dans toutes les colonies.

21 février, 19 mars, 24 mars, 31 mars et **28 août,** décrets divers relatifs à la marine tant marchande que militaire.

25 février, décret relatif au chemin de fer de Strasbourg à Wissembourg.

25 février, décret relatif au travail réorganisé dans les prisons.

28 février, décret sur les sociétés de crédit foncier.

29 février, 10 mars, 16 mars, 23 mars, 23 avril, 23 octobre, 13 novembre, 1er décembre et **11 décembre,** décrets relatifs à l'armée de terre (train, musique, légion d'honneur, médecins militaires, campagne du 2 décembre 1851, régiment des guides à 6 escadrons, école du Val-de-Grâce, état-major général, garde municipale).

1er mars, 2 mars, 22 mars, 27 mars, 28 mars, 31 mai et **3 juillet,** décrets relatifs à la mise à la retraite des juges, aux juges-suppléants, aux tribunaux de commerce, aux élections du barreau, aux commissaires de police, aux arrestations de décembre 1851, aux transportés de 1848 et 1851, à la réhabilitation des condamnés.

8 mars, décret : « le refus « ou le défaut de serment à la « Constitution du 14 janvier « 1852, sera considéré comme « une démission. »

9 mars, décret qui nomme M. Billault, président du Corps législatif.

12 mars, 27 mars et **16 avril,** décrets relatifs à la réunion du Louvre et des Tuileries, au palais de l'Industrie et aux palais nationaux.

14 mars, décret relatif à la conversion des rentes 5% en rentes 4 1/2 %.

19 mars, décret qui fixe les traitements des membres de la Cour des comptes (de 2,400 à 35,000 fr. par an).

22 mars, décret : « Nul ne « sera imprimeur en taille-« douce s'il n'est breveté ou « assermenté. »

22 mars, 25 mars, 26 mars, 31 mars et **26 septembre,** décrets relatifs aux cultes, (prédicateurs du Panthéon, chapitre de St-Denis, protestants, aumôniers de la flotte ; 2,500,000 fr. accordés pour la reconstruction de la cathédrale de Marseille, et 1,500,000 fr. pour l'agrandissement de la cathédrale de Moulins).

24 mars, décret réunissant à Lyon : Vaise, la Guillotière et la Croix-Rousse.

25 mars, décret sur la décentralisation administrative.

26 mars, décret sur les sociétés de secours mutuels.

26 mars, décret sur les rues de Paris.

26 mars, décret sur le chemin de fer de Blesmes et St-Dizier à Gray.

27 mars, décret sur le chemin de fer de Montereau à Troyes.

27 mars, décret : les préfets auront 40,000 (1re classe), 30,000 (2e classe) ou 20,000 (3e classe) francs de traitement.

28 mars, rapport et décret

sur la contrefaçon d'ouvrages étrangers.

28 mars, décret : le préfet de police et le préfet de la Seine auront chacun 50,000 fr. de traitement.

1er avril, sénatus-consulte allouant 12 millions de liste civile au prince-président.

5 avril, décret qui accorde à la ville de Valenciennes un entrepôt réel des douanes.

15 avril, décret sur la surveillance des caisses d'épargne.

30 avril, décret qui retire de la circulation les pièces de 25 centimes.

6 mai, loi sur la refonte des monnaies de cuivre.

10 mai, décret : la France a 35,781,628 habitants. Paris en compte 1,053,262; Marseille, 195,000 ; Lyon, 177,000 ; Bordeaux, 130,000; Rouen, 100,000; Nantes,96,000;Toulouse,93,000; Lille et Strasbourg, 75,000 ; Toulon, 69,000 ; Brest, 61,000 ; Saint-Étienne, 56,000 ; Nimes, 53,000 ; Amiens, 52,000 ; Orléans et Angers, 46,000 ; Caen, Montpellier, Reims, Nancy, 45,000 ; la Guillotière, 43,000 ; Limoges et Besançon, 42,000 ; Rennes, 39.000 ; Versailles et Avignon, 35,000 ; Roubaix et Belleville, 34,000 ; Tours et Clermont-Ferrand, 33,000 ; Dijon, 32,000 ; Grenoble, 31,000 ; Boulogne - sur - mer, 30,000 ; Dunkerque et Poitiers, 29,000; Cherbourg, la Croix-Rousse, Batignolles, le Hàvre, 28,000 ; Troyes, Aix, le Mans, Tourcoing, 27,000; Bourges,Lorient, Arras, 25,000 ; St-Quentin, Rochefort, Montauban, 24,000 ; Arles, Valenciennes, Montmartre, 23,000; St-Omer, 22,000; Angoulème, Cambrai, Perpignan, 21,000 ; Carcassonne, Vienne, Douai, Colmar, Castres, 20,000 ; Béziers, Cette,

Laval, Abbeville, 19,000; Chartres, Alais, Bayonne, la Chapelle, St-Denis, la Villette, Niort, 18,000 ; Moulins, Blois, Nevers, Dieppe, Elbeuf, 17,000; Sedan, La Rochelle, Valence; Agen,Pau, Châlons-sur-Saône, 16,000 ; Bastia, Châteauroux, le Puy, Châlons-sur-Marne, Neuilly, St-Denis, Vaugirard, 15,000 ; St-Brieuc, Saumur; Bar-le-duc, Beauvais, Alençon, Tarbes, Mâcon, Ingouville, Auxerre, 14,000 ; Verdun, Vannes, Wazemmes, Thiers, Gentilly, Alby, Annonay, Narbonne, Périgueux, Issoudun, Roanne, Rive-de-Gier, Cahors, Villeneuve - sur - Lot, 13,000 ; St-Germain-en-Laye, Châtellerault, Bourg, Tarascon, Evreux, Morlaix, Auch, Libourne, Riom, Graville d'Eure, 12,000; Lisieux, Saintes, Tulle, Ajaccio, Lambézellec, Beaucaire, Lodève, Granville, Langres, St-Pierre-lès-Calais, Autun, Passy, Fécamp, Grasse, 11.000 ; Carpentras, Epinal, Sens, Laon, Millau, Rodez, Aurillac, Beaune, Bergerac, Romans, Louviers, Quimper, Dôle, Cholet, Bailleul, Compiègne, Calais, Tarare, Bercy, Fontainebleau, Melun, Moissac, 10.000.

2 juin et 28 novembre, traités de commerce avec le royaume de Sardaigne et la République Dominicaine.

17 juin, décret relatif aux dépêches privées télégraphiques.

17 juin, décret relatif à l'administration des haras.

29 juin, loi. Budget de 1848: Recettes, 1,762,258,396 fr. 10 c. Excéd. des recettes, 15,597,891 fr. 49 c,

29 juin, loi. Budget de 1849: Recettes, 1,426,002,831 fr. 11 c. Déficit, 193,599,443 fr. 11 c.

29 juin, loi qui ouvre un

crédit de 360,000 fr. pour travaux d'amélioration dans la Sologne.

7 juillet, loi sur le renouvellement des conseils généraux, des conseils d'arrondissements et des conseils municipaux et sur la nomination des maires et adjoints.

7 juillet, décret qui autorise la Banque de France à établir une succursale à Amiens.

8 juillet, loi relative au chemin de fer de Paris à Cherbourg, avec embranchements sur le Mans et Rouen.

8 juillet, loi relative à la juridiction des consuls de France en Chine et dans les Etats de l'iman de Mascate.

8 juillet, loi qui ouvre un crédit de 615,300 fr. destiné à acheter la *Conception de la Vierge*, tableau de Murillo.

9 juillet, loi autorisant le canal d'irrigation de Carpentras (Vaucluse).

9 juillet, loi relative aux interdictions de séjour dans le département de la Seine et dans les communes de l'agglomération lyonnaise.

28 juillet, décret relatif au chemin de fer de Provins aux Ormes.

28 juillet, nouveau ministère : Drouyn de Lhuys, affaires étrangères; Magne, travaux publics; Fould, ministère d'Etat : de Casabianca, Lefebvre-Duruflé et le marquis Turgot sont nommés sénateurs.

10 août, convention d'extradition avec la Nouvelle-Grenade.

10 août, décret sur la police du roulage et des messageries publiques.

12 août, décret qui crée à Lille une école préparatoire de médecine et de pharmacie.

21 août, décret sur la navigation dans le bassin de la Seine.

24 août, décret relatif au canal latéral de la Garonne et aux chemins de fer de Bordeaux à Cette et à Bayonne, et de Narbonne à Perpignan.

25 août, décret sur l'affichage.

1er septembre, décret sur les fabriques et les raffineries de sucre.

19 octobre et 23 novembre, conventions sur la propriété littéraire et artistique avec le duché de Brunswick, le gr.-duché de Hesse-Darmstadt et le landgraviat de Hesse-Hambourg.

1er novembre, décret réorganisant l'école polytechnique.

7 novembre, sénatus-consulte ; le prince Louis-Napoléon prendra le titre de Napoléon (III), empereur des Français.

7 novembre, décret qui convoque le peuple français dans ses comices (pour approuver ou rejeter ce sénatus-consulte).

NAPOLÉON III
(du 7 nov. 1852 au 4 sept. 1870).

17 novembre, décret impérial relatif aux banques coloniales.

24 novembre, décret impérial créant (pour M. Haase) une chaire de grammaire comparée, à la faculté des lettres de Paris.

1er décembre, déclaration du Corps législatif : il y a eu pour l'empire 7,824,189 *oui* et 253,145 *non*, 63,326 bulletins nuls. Paris et la Seine ont donné 208,658 *oui* et 53,761 *non*.

2 décembre, décret impérial qui nomme maréchaux de France : Leroy de St-Arnaud, Magnan et Castellane.

8 décembre, décret impérial qui supprime à Paris la chaire de droit constitutionnel et y substitue une chaire d'Institutes de Justinien.

15 décembre, décret impérial concernant l'école d'Athènes.

En 1852, le chef du pouvoir exécutif autorisa 67 communautés de religieuses : sœurs de Marie-Joseph, sœurs de la Visitation, sœurs de St-Charles, sœurs de la Ste-Famille, Ursulines de Jésus, dames oratoriennes de St-Philippe de Néri, sœurs de l'enfant Jésus, dames du Bon-Pasteur, etc. De plus des frères de St-Yon, dits des écoles chrétiennes, furent établis en Algérie.

1853

8, 15 et **22 janvier, 10 novembre** et **29 décembre,** décrets dont le 1er autorise les archevêques et évêques à tenir des conciles métropolitains et des synodes diocésains en 1853 ; le 2me donne 50,000 fr. à l'archevêque de Paris, 20,000 fr. aux autres archevêques et 12,000 fr. aux évêques ; le 3me augmente les traitements des vicaires-généraux qui varient de 2,500 à 4,500 fr.; le 4me règle la fixation des circonscriptions consistoriales des églises protestantes; le 5me supprime le collége de St-Michel, à Montaut (Loire). — Un décret du 28 juin créa des pensions pour les prêtres âgés ou infirmes.

12 janvier,19 et **23 mars, 14** et **28 mai, 2 juillet,** décrets sur la marine militaire et marchande (1° inspection des services administratifs ; 2° infirmiers maritimes ; 3° commissariat de la marine ; 4° état-major général ; 5° chirurgiens à bord des navires de commerce).

14 janvier. 17 février, 23 mai, 11 et **15 juin, 10 août, 30 septembre, 17 octobre, 1er** et **22 novembre,** décrets sur l'armée de terre (1° discipline des sous-officiers ; 2° augmentation de la solde de tous les sous-officiers : 3° prytanée de la Flèche; 4° troupes de l'administration ; 5° frais de route des officiers et soldats voyageant isolément ; 6° places de guerre et servitudes militaires ; 7° établissement d'une section de cavalerie à l'école de St-Cyr; 8° réorganisation de l'école de Saumur; 9° intendance militaire ; 10° formation de dix nouveaux bataillons de chasseurs à pied).

17 janvier. 21 juin et **24 décembre,** décrets relatifs à la police (1° création des commissaires de police cantonaux; 2° suppression du ministère de la police générale ; 3° établissement d'une commission de surveillance pour l'exposition universelle de 1855).

25 janvier, décret impérial qui nomme M. Billault président du Corps législatif pour l'année 1853.

25 janvier, 30 avril et **17 août,** décrets relatifs aux chemins de fer (1° transit entre la France, la Belgique et la Hollande ; 2° chemin de fer de Lyon à Genève ; 3° chemin de fer de Laroche à Auxerre, de Besançon à Belfort, de Paris à Mulhouse et à St-Maur, de Nancy à Gray, etc.).

2 février, 18 avril et **14 décembre,** décrets relatifs à la Banque de France, autorisée à établir des succursales : 1° à La Rochelle ; 2° à Nancy et à Toulon ; 3° à Nevers.

7 février, 25 et 28 avril, 28 mai et 29 juillet, décrets relatifs aux télégraphes (1° dépêches échangées avec la Suisse ; 2° avec la Belgique et la Prusse ; 3° avec la Sardaigne ; 4° loi sur la correspondance télégraphique privée ; 5° dépêches échangées avec la Bavière).

8 février, décret impérial qui nomme le duc de Bellune sénateur.

4 mars, décret impérial qui nomme 15 nouveaux sénateurs : Ferdinand Barrot, le marquis de Boissy, M. de Thorigny, le duc de Trévise, etc.

10 et 22 mars, 24 mai et **30 juin,** conventions d'extradition conclues : 1° avec le Wurtemberg ; 2° avec le grand-duché de Hesse ; 3° avec la ville libre de Francfort ; 4° avec le landgraviat de Hesse-Hombourg.

12 mars, 30 juillet, 10 et **17 août, 3** et **10 décembre,** décrets relatifs à l'instruction publique (1° création d'une école préparatoire de médecine et de pharmacie à Reims ; 2° et 3° création des lycées de Coutances (Manche), Tarbes, Carcassonne, Châteauroux, St-Quentin et Troyes ; 4° substitution des maîtres-répétiteurs aux maîtres d'études ; 5° écoles primaires ; 6° Conservatoire des arts et métiers.

15 mars, 8 août et **17 décembre,** traités de commerce avec 1° la Toscane ; 2° le Chili ; 3° le Portugal.

23 mars, 13 août et **24 décembre,** décrets : 1° sur les banques de la Guyane et du Sénégal ; 2° sur les succursales de la Banque de l'Algérie.

27 et 29 avril, 17 mai, 8, 10 et 21 juin et **30 novembre,** conventions relatives à la propriété littéraire, artistique, musicale et contre les contrefaçons conclues avec : 1° le duché de Nassau ; 2° la principauté de Reuss, branche aînée ; 3° le Hanovre ; 4° le duché de Brunswick ; 5° la principauté de Reuss, branche cadette ; 6° le grand-duché de Saxe-Weimar ; 7° le grand-duché d'Oldenbourg.

7 et 28 mai, 9 juin, 9 novembre, 10, 21 et **27 décembre,** lois et décrets concernant les finances et les institutions financières (1° caisses d'épargne ; 2° caisses des retraites ou rentes viagères pour la vieillesse ; 3° loi et décret sur les pensions civiles ; 4° crédit foncier : 5° caisse de service pour la boulangerie de Paris).

27 mai, convention sanitaire entre la France, l'Angleterre, l'Autriche, les États d'Italie, etc.

28 mai et **7 juin,** lois qui accordent des pensions viagères de 12,000 fr. à la veuve du maréchal Excelmans, à la veuve du maréchal Oudinot, une de 5,000 fr. à la veuve de l'orientaliste Burnouf et deux de 6,000 aux héritiers de Philippe de Girard, inventeur de la filature mécanique du lin. — Loi. Budget de 1850 : Recettes, 1,426,185,571 fr. 46 c. Déficit, 41,014,767 fr. 28 c.

31 mai et **11 septembre,** décrets qui autorisent la ville de Lyon à ériger une statue en l'honneur du maréchal Suchet et la ville de Corté en l'honneur de Pascal Paoli.

1er juin, loi sur les conseils de prud'hommes.

4 et 9 juin, loi sur la composit. et la déclarat. du jury.

10 juin, lois qui modifient les articles 86 et 87 du Code pénal, 299 et 391 du Code d'instruction criminelle, prohibent le port d'armes en Corse et concernent les comptoirs et sous-comptoirs d'escompte.

13 juin, décret impérial relatif aux décorations étrangères.

21 juin, statut réglant la condition et les obligations des membres de la famille impériale.

22 juin, décret impérial relatif à l'échange des dépêches entre la France, la Martinique, la Guadeloupe, le Sénégal et les établissements français dans l'Inde par la voie des services étrangers.

22 juin, décret impérial relatif à l'exposition universelle de 1855.

23 juin, décret impérial qui nomme M. Magne ministre de l'agriculture, du commerce et des travaux publics, et 4 sénateurs (Prosper Mérimée, etc.)

25 et 29 juin, 1er juillet, conventions postales avec la Prusse et les États-Unis.

16 août, décret sur la commission mixte des travaux publics.

17 août, décret sur les éclusiers, gardiens des phares, etc.

1er septembre, décret qui lève le séquestre mis, le 30 octobre 1848, sur le chemin de fer de Bordeaux à la Teste.

11 septembre, convention consulaire avec les État-Unis.

16 octobre, décret : primes de 2 à 5,000 francs accordées pour la culture du coton en Algérie.

15 novembre, décret impérial qui autorise l'acceptation du legs de 100,000 francs fait par M. Bréant pour le meilleur remède contre le choléra.

25 novembre, décret impérial concernant les maîtres des requêtes et les auditeurs au Conseil d'Etat.

7 décembre, décret impérial qui crée des justices de paix à Sidi-Bel-Abbès (département d'Oran), Aumale (département d'Alger), Batna, (département de Constantine).

11 décembre, décret impérial qui accorde à la ville de Nîmes un entrepôt réel de marchandises prohibées et non prohibées.

22 décembre, décret impérial sur l'organisation de la maison impériale de St-Denis.

En 1853, Napoléon III autorisa 113 comunautés de religieuses : sœurs de l'Ange gardien, servantes de Marie, filles du saint et immaculé cœur de Marie, Augustines, sœurs de l'adoration de la justice de Dieu, filles de Jésus, Dominicaines, sœurs de St-Roch, dames Célestines, sœurs Trinitaires, dames anglaises de la Conception, Bénédictines, etc. Les donations faites aux frères de St-Antoine à Paris furent approuvées et les frères de St-Joseph ainsi que les frères de l'instruction chrétienne du St-Esprit reçurent la permission de s'établir éventuellement dans toute la France.

1854

4 janvier, 11 avril, 4 et 15 juillet, 22 septembre, décrets relatifs à la marine (1° invalides, 2° génie maritime ; 3° convention avec l'Angleterre pour l'extradition réciproque des matelots déserteurs ; 4° maîtres de ports ; 5° comptabilité).

12 janvier, 12 décembre, décrets relatifs à la fabrication de pièces d'or, de 5, 50 et 100 francs.

16 janvier, 3 mai, 9 août et **16 août,** décrets relatifs à la propriété foncière à Pondichéry ; à l'assistance judiciaire à la Martinique, à la Guadeloupe et à la Réunion ; à la constitution de ces trois îles et à leur service judiciaire; à l'organisation du service judiciaire en Guyane et au Sénégal.

30 janvier, décret impérial sur le bureau des longitudes et sur l'Observatoire de Paris.

2 février, 13 avril, 30 novembre, traités de commerce avec le Paraguay, la Belgique et la république Argentine.

4 février, 9 février, 24 février, 13 avril, 30 mai, conventions en faveur de la propriété littéraire, artistique, etc., conclues avec l'Espagne, la Belgique, le grand-duché de Bade et les deux principautés de Schwarzbourg (Rudolstat et Sondershausen).

4 février, 12 et 19 août, 21 et 25 octobre, décrets relatifs à l'Algérie (interprètes, service sanitaire, justice, établissement d'une justice de paix à Sétif (département de Constantine) et engagements volontaires.

14 février, 25 février, 1er et 10 mars, 13 avril, 1er mai, 24 juin, 14 août, 29 août, 24 octobre et 23 décembre, décrets relatifs à l'armée de terre (artillerie, génie, armuriers militaires, gendarmerie, aumôniers de l'armée d'Orient, contingent de 140,000 hommes sur la classe de

1853, rétablissement de la garde impériale, 600 élèves à St-Cyr, ouvriers militaires d'administration, justice militaire, les 25 régiments d'infanterie légère convertis en infanterie de ligne). La garde impériale, renforcée, le 23 décembre, d'un régiment de zouaves, se composait de 2 régiments de grenadiers, 2 régiments de voltigeurs, 1 régiment de chasseurs, 1 régiment de cuirassiers, 1 régiment de guides, 1 régiment de gendarmes, un escadron de gendarmes, 1 régiment d'artillerie et 1 régiment du génie.

4 mars, décret impérial relatif au chemin de fer de Carmaux à Albi.

4 mars, 12 octobre, 9 décembre, décrets impériaux établissant des conseils de prud'hommes à Lunéville, au Hâvre et à Anduze (Gard).

11 mars, 20 mars, 7 novembre, 30 décembre : 1° loi qui autorise le ministre des finances à emprunter une somme de 250 millions ; 2° décret impérial qui autorise le ministre des finances à faire au gouvernement ottoman une avance de dix millions ; 3° décret impérial qui autorise le ministre des finances à élever à 350 millions la somme des bons du Trésor à émettre pour le service de 1854 et 1855 ; 4° loi qui autorise le ministre des finances à emprunter une somme de 500 millions.

11 mars, le maréchal Vaillant, grand-maréchal du palais, est nommé ministre de la guerre, en remplacement du maréchal Leroy de St-Arnaud, nommé général en chef de l'armée d'Orient.

17 mars, 4 avril, 10 mai, 14 juin, 22 août : 1° décret

qui nomme M. Claude Bernard professeur de physiologie générale à la faculté des sciences de Paris ; 2° les colléges communaux d'Agen, Bar-le-Duc, Bourg, Evreux et Sens sont convertis en lycées impériaux ; 3° les salles d'asiles sont placées sous la protection de l'impératrice ; 4° loi sur l'instruction publique ; 5° recteurs d'académie, écoles de droit et de médecine.

27 mars, message de S.M. l'empereur au Sénat et au Corps législatif : le gouvernement de l'empereur et celui de S. M. Britannique avaient déclaré au cabinet de St-Pétersbourg que, si le démélé avec la Sublime-Porte n'était pas replacé dans des termes purement diplomatiques, de même que, si l'évacuation des principautés de Moldavie et de Valachie n'était pas commencée immédiatement et effectuée à une date fixe, ils se verraient forcés de considérer une réponse négative ou le silence comme une déclaration de guerre. Le cabinet de St-Pétersbourg ayant décidé qu'il ne répondrait pas à la communication précédente, l'Empereur me charge de vous faire connaître cette résolution qui constitue la Russie avec nous dans un état de guerre, dont la responsabilité appartient tout entière à cette puissance. Par ordre de l'Empereur, le ministre d'Etat *signé* Achille Fould.

27 mars, un délai de 6 semaines est accordé aux navires de commerce russes pour sortir des ports français.

29 mars, S.M. n'a pas pour le moment l'intention de délivrer des lettres de marque pour autoriser les armements en course.

6 avril, décret impérial qui autorise M. Godeaux à établir un service de touage sur chaine noyée dans la Seine et dans l'Oise.

6 avril, décret impérial qui approuve le réglement général pour l'exposition universelle de 1855.

8 avril, loi sur le droit de propriété garanti aux veuves et aux enfants des auteurs, des compositeurs et des artistes.

21 avril, 22 mai, 19 décembre, traités d'alliance entre l'Angleterre, la France, la Turquie et l'Autriche contre la Russie.

29 avril, comptabilité du ministère de l'agriculture et du commerce.

8 mai, loi. Budget de 1851 : Recettes, 1,355,123,476 fr. 86 c. Déficit, 100,728,868 fr. 78 c.

20 mai, loi sur les justices de paix.

20 mai, réforme postale : une lettre simple ne coûte plus que 20 centimes d'affranchissement.

24 mai, décret sur les greffiers des tribunaux de 1re instance et des cours impériales.

30 mai, loi sur l'exécution de la peine des travaux forcés.

31 mai, loi portant abolition de la mort civile.

7 juin, décret impérial sur le chemin de fer de Bessèges à Alais par St-Ambroise (Gard).

10 juin, loi sur le libre écoulement des eaux provenant du drainage.

14 juin, loi qui modifie l'art. 377 du Code de commerce.

17 juin, décret impérial concernant les inspecteurs-généraux et le conseil général des ponts-et-chaussées.

22 juin, loi sur les livrets d'ouvriers.

1er, 4 et 22 juin, 6 décembre, décrets, loi et décret sur les télégraphes.

23 juin, décret impérial qui nomme M. Billault ministre de l'intérieur.

27 juin, 5 août, 11 novembre et 3 décembre, allocation de 300,000 francs pour les dépenses relatives au choléra.

28 juin, décret impérial, qui autorise l'établissement d'un petit séminaire à Saint-Lo.

5 juillet, décret impérial, qui ouvre un crédit extraordinaire de 75,000 francs applicable aux dépenses de l'exploration artistique et scientifique de la Mésopotamie et de la Médie.

6 juillet, décret impérial, organisant le Crédit foncier de France.

5 août, décret impérial: un crédit extraordinaire de 8 millions de francs est ouvert à notre ministre d'Etat, sur l'exercice 1854, pour être affecté à l'exécution des dispositions testamentaires de notre auguste prédécesseur, l'empereur Napoléon Ier.

24 août, décret impérial, établissant l'hippodrome de Longchamps.

7 septembre, décret impérial, qui institue une commission pour recueillir, coordonner et publier la correspondance de Napoléon Ier.

17 septembre, décrets relatifs à l'organisation de la police de Paris.

17 octobre, décrets relatifs aux chemins de fer de Noyelles à Saint-Valery et de Montluçon à Moulins.

1er novembre, décret impérial, relatif à la boulangerie de Paris et de la Seine.

11 novembre, convention d'extradition avec le Portugal.

12 novembre, décret impérial, qui nomme M. le comte de Morny président du Corps législatif.

17 novembre, décret impérial, qui autorise la culture du tabac dans le département de la Gironde.

4 décembre, décret impérial, qui nomme M. Troplong président du Sénat pour 1855 et crée 7 nouveaux sénateurs (M. Billault, le prince Poniatowski, etc.)

15 décembre, décret impérial : convention postale avec la Suède-Norwège.

20 décembre, convention avec Haïti pour les 150 millions d'indemnité.

En 1854, Napoléon III autorisa 103 communautés de religieuses : dames Bernardines, Dominicaines, Franciscaines, sœurs de Saint-Régis, Bénédictines, sœurs de Ste-Philomène, Augustines, filles du divin Rédempteur, Trappistines de N.-D. des gardes, etc. Il autorisa aussi les frères de la croix de Jésus et les frères de Saint-François d'Assises.

1855

13 janvier, décret impérial, relatif au chemin de fer de Grenoble à Saint-Rambert.

15 janvier et 28 avril, décrets impériaux relatifs aux émigrants allemands, suisses, italiens, etc. traversant la France pour aller s'embarquer au Hâvre, à Bordeaux, etc.

20 janvier, décret impérial, qui autorise la caisse de service de la boulangerie de

Paris à contracter un emprunt de 6 millions.

20 janvier, décret impérial, qui nomme M. le comte de Nieuwerkerque président du jury d'examen et d'admission des œuvres d'art, qui seront présentées à l'exposition universelle de 1855.

24 janvier, 17 février, 21 mars, 24 mars, 2 avril, 26 avril, 16 mai, 27 juin, 11 juillet, 4 août, 11 août et **20 décembre**, décrets impériaux relatifs à l'armée de terre : (1° 140,000 hommes sont appelés sur la classe de 1854 ; 2° il est créé dans la garde impériale un 3e bataillon pour le régiment de gendarmerie, un 4e bataillon dans chaque régiment de grenadiers et de voltigeurs, une 6e batterie dans le régiment d'artillerie à cheval, une 2e compagnie du génie et un escadron du train des équipages, plus un régiment d'artillerie à pied ; 3° le prix de la pension à Saint-Cyr sera de 1,500 francs : 4° chaque régiment d'infanterie sera augmenté d'un 4e bataillon ; 5° sont créés les régiments de ligne 101 et 102 : 6° loi relative à la création d'une dotation de l'armée, au rengagement, au remplacement et aux pensions militaires ; 7° la solde de la gendarmerie est augmentée ; 8° chacun des 4 régiments de chasseurs d'Afrique est augmenté d'un 7e et d'un 8e escadron ; 9° 140,000 hommes sont appelés sur la classe de 1855 ; 10° il y aura des aumôniers dans les hôpitaux français en Orient ; 11° sont créés un 21e et un 22e bataillon de chasseurs à pied ; 12° la garde impériale se composera de 3 régiments de grenadiers, chacun de 4 bataillons, de 4 régiments de voltigeurs, chacun de 4 bataillons, d'un régiment de gendarmerie à deux bataillons, d'un régiment de zouaves à 2 bataillons, d'un bataillon de chasseurs, d'un escadron de gendarmerie, de 2 régiments de cuirassiers, d'un régiment de dragons, d'un régiment de lanciers, du régiment des guides, tous de 6 escadrons, d'artillerie, de génie et de train).

27 janvier et **26 septembre**, décrets impériaux sur les colonies : 1° successions vacantes à la Martinique, à la Guadeloupe et à la Réunion ; 2° service financier.

2 février, décret impérial : une subvention de 175,000 fr. est accordée pour 15 ans à la compagnie Clebsattel et Churchward pour le transport des dépêches entre Calais et Douvres.

3 février, décret impérial, qui nomme M. Magne ministre des finances, et M. Rouher ministre de l'agriculture, du commerce et des travaux publics.

10 février, décret impérial : le bataillon des sapeurs-pompiers de Paris, augmenté d'une 6e compagnie, sera formé de 994 hommes.

12 février, loi qui accorde, à titre de récompense nationale, à la veuve de M. le maréchal Bugeaud de la Piconnerie, une pension de 20,000 francs, reversible jusqu'à concurrence de 6,000 fr. sur la tête de son fils.

16 février, décret impérial, qui nomme sénateur M. Bonjean, président d'une section du Conseil d'Etat.

21 février et **19 novembre**, décrets impériaux qui établissent des conseils de prud'hommes à Charlière (Loire) et à La Ferté-Macé (Orne).

22 février et **6 novembre**, conventions au sujet des correspondances télégraphiques conclues : 1° avec l'Espagne ; 2° avec la Prusse et la Belgique,

8 mars, décrets impériaux, établissant les asiles de Vincennes et du Vésinet.

9 mars, 17 juillet et **10 août**, décrets et loi relatifs à la guerre d'Orient : 1° Victor-Emmanuel, roi de Sardaigne, entre dans l'alliance anglo-française et s'engage à fournir 15,000 hommes pour combattre les Russes ; 2° la France et l'Angleterre garantissent un emprunt de 125 millions contracté par la Turquie.

21 mars, loi qui modifie l'article 253 du Code d'instruction criminelle.

21 mars, décret impérial, sur les salles d'asile.

23 mars, loi sur la transcription en matière hypothécaire.

30 mars, 31 mars, 7 juillet et **26 décembre**, décrets impériaux sur l'instruction publique : 1° création d'écoles préparatoires à l'enseignement supérieur des lettres et des sciences à Nantes, Rouen et Angers ; 2° écoles normales primaires.

4 avril, loi qui modifie l'article 94 du Code d'instruction criminelle.

4 avril, loi. Budget de 1852 : Recettes, 1,407,993,014 fr. 19 c. Déficit, 42,575,709 fr. 57 c.

14 avril, décret impérial, relatif aux séances publiques de l'Institut et aux prix qu'il décerne.

23 avril, décret impérial, qui crée des justices de paix à Mascara, département d'Oran ; Orléansville et Milianah, département d'Alger ; et

Bougie, département de Constantine.

26 avril, décret impérial, qui nomme sénateur le comte Colonna Walewski.

30 avril, décret impérial, sur les livrets d'ouvriers.

2 mai, loi relative au chemin de fer de Nantes à Châteaulin, avec embranchement sur Napoléonville.

2 mai, loi sur les justices de paix.

2 mai, loi établissant une taxe municipale sur les chiens.

2 mai, 11 août, 6 octobre et **3 novembre**, 1° loi qui autorise la ville de Paris à emprunter 60 millions ; 2° décrets qui autorisent la reconstruction de la Sorbonne, frappent d'un impôt le tarif de l'octroi de Paris et déclarent d'utilité publique la création de nouvelles promenades au bois de Boulogne et d'un hippodrome d'entraînement.

5 mai, loi sur l'organisation municipale.

7 mai, le comte Walewski est nommé ministre des affaires étrangères en remplacement de M. Drouyn de Lhuys ; M. le comte de Persigny, sénateur, est nommé ambassadeur à Londres, en remplacement de M. le comte Walewski.

2 juin et **13 juin**, décrets impériaux qui autorisent les petits séminaires de La Ferté-Macé (Orne) et Vico (Corse).

9 juin, décret impérial : il est ouvert à notre ministre d'Etat, sur l'exercice 1855, un crédit extraordin. de 29,529 fr. 05 c. pour acquitter les frais des funérailles de M. Ducos, ministre de la marine et des colonies.

11 juillet, loi qui autorise le ministre des finances à emprunter une somme de 750 millions.

14 juillet, loi qui frappe d'un impôt l'alcool et les billets de chemins de fer.

16 juillet, décret impérial relatif aux douanes.

20 juillet, décret impérial. relatif aux consuls de France en Hollande et dans les colonies hollandaises, et *vice versa*.

25 juillet, décret imp., qui fait de Saint-Etienne, au lieu de Montbrison, le chef-lieu du département de la Loire.

4 août, décret impérial qui augmente les pensions de retraite pour la marine.

4 août, décret impérial qui approuve le legs de 150,000 fr. fait par M. Jecker à l'Académie des sciences.

10 août, convention avec la Hollande au sujet de la propriété littéraire, artistique, etc.

17 août, décret impérial qui nomme sénateur le maréchal Canrobert.

29 août, décret impérial, sur le régime des transportés.

30 août, décret impérial créant un évêché à Laval.

22 septembre, décret impérial : crédit de dix millions pour travaux municipaux et bureaux de bienfaisance.

29 septembre, décret impérial sur la comptabilité du ministère de la marine et des colonies.

10 novembre, décret impérial qui nomme M. le comte de Morny président du Corps législatif pour 1856.

19 décembre, traité par lequel la France et l'Angleterre promettent à la Suéde - Norwège leur protection éventuelle contre la Russie.

22 décembre, décret impérial sur l'organisation des archives de l'Empire.

24 décembre, décret impérial qui nomme M. Troplong président du Sénat pour 1856. (L'empereur nommait aussi les vice-présidents des deux Chambres ainsi que les questeurs du Corps législatif).

En 1855, Napoléon III autorisa 90 communautés de religieuses : sœurs de St-Jacut, sœurs de la Ste-enfance de Jésus et de Marie, demoiselles de l'instruction de l'enfant Jésus, sœurs de St-Martin, dames religieuses de St-Paul, dames Trinitaires, etc.

1856

30 janvier, décret impérial qui autorise la caisse de service de la boulangerie de Paris à emprunter 10 millions (elle devra ainsi 50 millions).

2 février, 26 mai et **15 octobre**, conventions d'extradition conclues avec l'Autriche, le Vénézuéla et la Belgique.

6 février, 22 mars, 7 septembre, 3, 30 et **31 décembre**, décrets impériaux relatifs à l'Algérie, (1o établissement d'un tribunal de 1re instance à Mostaganem ; 2o d'une chambre de commerce à Constantine ; 3o commerce de l'Algérie avec le Maroc et la Tunisie ; 4o établissement d'une succursale de la Banque de l'Algérie à Constantine ; 5o décentralisation administrative en Algérie ; 6o création de 28 nouvelles communes : Orléansville, Arzew, la Calle, etc.)

9 février, décret impérial, qui fixe à 15 francs par kilogramme le droit de l'importation de l'hydrochlorate ou muriate de potasse.

9 février, 12 et **24 juin,** décrets impériaux qui nomment sénateurs le général Bosquet, M. Rouher et le général de Mac-Mahon.

29 février, décret impérial qui modifie l'organisation des cent-gardes à cheval, créés par décret du 24 mars 1854.

5 mars, décret impérial, sur le régime des concessions à Mayotte.

5 mars, décret impérial sur les ingénieurs-géographes.

12 mars, décret impérial : le complet de la garde de Paris est fixé à 2,423 hommes et 612 chevaux.

12 avril, convention pour les dépêches télégraphiques, avec la Belgique, l'Espagne, la Sardaigne et la Suisse.

16 avril, décret impérial : autorisation du petit séminaire de Fénétrange(Meurthe).

23 avril, décret impérial, relatif au chemin de fer de St-Gobain à Chauny.

26 avril, 7 et **17 juillet,** décret impérial établissant des conseils de prud'hommes à Mazamet (Tarn), Boulogne-sur-mer et Epinal.

26 avril, loi : les veuves des militaires tués à la guerre auront droit à la moitié du maximum de pension auquel leurs maris pouvaient prétendre.

28 avril, décret impérial promulguant le traité de paix du 30 mars 1856 : la Russie restitue Kars à la Turquie ; la mer Noire est fermée aux vaisseaux de guerre de toute nation. La Russie cédera à la Moldavie une partie de la Bessarabie. Les provinces roumaines seront indépendantes sous la suzeraineté de la Porte. Il en sera de même de la Servie. Les îles d'Aland ne seront pas fortifiées.

14 mai, décret impérial, qui crée une caisse spéciale de pensions de retraite pour le théâtre de l'Opéra.

17 mai, convention avec la Suède pour l'extradition des matelots déserteurs.

26 mai, loi qui ouvre un crédit de 400,000 francs pour le baptême du prince impérial.

31 mai, loi sur les brevets d'invention.

5 juin et **11 août,** décrets impériaux sur les équipages de la flotte (239 pages de texte).

7 juin et **10 juillet,** lois accordant 12 millions pour les inondés.

12 juin, décret impérial sur les écoles du service de santé militaire.

13 juin et **1er décembre,** conventions sur la propriété littéraire avec le royaume de Saxe et le grand-duché de Luxembourg.

13 juin, loi sur les appels des jugements correctionnels.

17 juin et **15 septembre,** décrets impériaux sur les mines et sur l'Ecole des mines, de Paris.

25 juin, loi appelant 100,000 hommes sur la classe de 1856.

25 juin, loi : tout imprimé pesant moins de 40 grammes paiera 4 centimes de port.

25 juin, loi. Budget de 1853: Recettes, 1,518,626,763 fr. 76 c. Déficit, 23,148,545 fr. 53 c.

28 juin, loi sur le tarif des sucres des colonies françaises.

28 juin, décret impérial qui modifie les statuts du Crédit foncier.

1er juillet, décret impérial qui charge M. Valenciennes du cours de zoologie, à l'Ecole supérieure de pharmacie de Paris.

7 juillet, loi concernant la caisse des retraites pour la vieillesse.

7 juillet, décret impérial : le droit à l'importation de l'outre-mer est fixé à 2 fr. 50 le kilogramme.

10 juillet, loi qui accorde 600,000 francs de rente aux héritiers des princesses Louise, Clémentine et Marie d'Orléans.

14 juillet et 8 septembre, loi et décret sur les eaux minérales.

17 juillet, loi qui modifie plusieurs dispositions du Code d'instruction criminelle.

17 juillet, sénatus-consulte sur la régence.

17 juillet, lois sur les pensions des grands fonctionnaires de l'Empire, sur le drainage, sur les sociétés en commandite, sur l'arbitrage forcé, sur les contrats par abandon.

21 juillet, loi sur les chemins de fer de Grenoble à Lyon et Valence, de Toulouse à Bayonne, d'Agen à Tarbes, de Mont-de-Marsan à Rabastens.

21 juillet, lois sur les machines et bateaux à vapeur et sur la taxe (qu'elles diminuent) des dépêches télégraphiques.

22 juillet, décret impérial qui nomme le maréchal Pélissier duc de Malakoff.

11 août, décret impérial, qui ouvre un crédit de 25,945 francs pour les funérailles de M. Fortoul, ministre de l'instruction publique et des cultes.

13 août, décret impérial, qui nomme M. Rouland, procureur-général près la Cour impériale de Paris, ministre de l'instruction publique et des cultes.

18 août, 2 décrets impériaux relatifs au ministère des affaires étrangères.

1er septembre, décrets relatifs à la conversion de la citadelle de Doullens (Somme) en maison centrale de force et de correction, à l'établissement pénitentiaire de Chiavari et à la colonie correctionnelle de St-Antoine (Corse).

8 septembre, décret impérial, autorisant l'Académie impériale de médecine à accepter le legs de M. Barbier (3,000 fr. de rentes) pour un prix à décerner à celui qui trouvera un remède infaillible contre la rage, le cancer, etc.

16 octobre, décret impérial, qui crée à Moulins une école préparatoire à l'enseignement supérieur des sciences et des lettres.

18 octobre, traité de commerce avec la république de Libéria.

31 octobre, décret impérial : Paris aura désormais 917 sapeurs-pompiers.

20 novembre, convention postale avec l'Angleterre.

29 novembre et 3 décembre, la Banque de France est autorisée à établir des succursales à Carcassonne, Poitiers et St-Lo.

14 décembre, décrets impériaux qui nomment M. Troplong président du Sénat, et M. de Morny président du Corps législatif pour 1857.

17 décembre, décret impérial, qui autorise la ville de Paris à faire payer 1 fr. et 50 centimes pour l'entrée de la Bourse.

20 décembre, la population de la France est de....... 36,039,364 habitants. Paris en a 1,174,000 ; Lyon, 292,000 ; Marseille, 283,000 ; Bordeaux, 149,000 ; Nantes, 108,000 ; Rouen et Toulouse, 103,000 ; St-Etienne, 94,000 ; Toulon, 82,000 ; Lille et Strasbourg, 78,000 ; le Hàvre, 64,000 ; Belleville, 59,000 ; Amiens, 56,000 ;

Nîmes et Brest, 54,000; Reims, 51,000 ; Angers, 50,000 ; Montpellier, 49,000 ; Nancy, 48,000 ; Limoges et Orléans, 46,000 ; Rennes, 45,000 ; les Batignolles, 44,000 ; Besançon, 43,000 ; Caen, 41,000 ; Roubaix et Versailles, 39,000 ; Tours, Cherbourg, Clermont-Ferrand, 38,000 ; Avignon, 37,000 ; Montmartre, 36,000; le Mans et Boulogne-sur-mer, 34,000; Troyes, Dijon et la Chapelle, 33,000 ; Grenoble, 32,000 ; la Villette et Poitiers, 30,000 ; Tourcoing, Dunkerque, 29,000 ; Rochefort, Lorient, 28,000 ; St-Quentin, 27,000 ; Aix, Bourges, Arras, Vaugirard, 26,000 ; Montauban, 25,000 ; Arles, Valenciennes, 24,000; Neuilly, Perpignan, Béziers, 23,000 ; Angoulême, Douai, Castres, 22,000 ; Gentilly, St-Omer, Cette, Laval, Cambrai, 21,000 ; Alais, Niort, 20,000 ; Vienne, Bayonne, Châlons-sur-Saône, Montrouge, Dieppe, Abbeville, Carcassonne, 19,000 ; Moulins, Chartres, St-Denis, Châteauroux, Wazemmes, Pau, Elbeuf, 18,000 ; Passy, Agen, Blois, Bastia, 17,000 ; La Rochelle, Beaune, Valence, le Puy, Châlons-sur-Marne, Nevers, Alençon, Mâcon, 16,000 ; Auxerre, Thiers, Lunéville, Wimille, Roanne, Sedan, Montluçon, 15,000 ; Narbonne, Périgueux, Rive-de-Gier, Saumur, Vannes, Beauvais, Tarbes, Bercy, Grenelle, Ivry, Alby, Châtellerault, 14,000; Tarare, Bar-le-Duc, Granville, Villeneuve-sur-Lot, Cahors, Issoudun, Libourne, le Creuzot, Tarascon, Annonay, 13,000; Lisieux, Ajaccio, Evreux, Lambézellec, Morlaix, Beaucaire, Auch, Lodève, St-Servan, Verdun, St-Pierre-lès-Calais, Charonne, Clichy, 12,000 ; Epinal, Grasse, Boulogne-sur-Seine, Autun, Villefranche,

Riom, Calais, Cholet, Quimper, Romans, Montélimar, Bergerac, Tulle, Saintes, Aurillac, Bourg, 11,000 ; Laon, Soissons, Millau, Rodez, Villefranche de Rouergue, Louviers, St-Malo, Dôle, St-Chamond, Langres, Mayenne, Bailleul, Armentières, Watrelos, Compiègne, Fontainebleau, Meaux, Melun, Mazamet, Moissac, Carpentras, Orange, Sens, 10,000.

Après la guerre, plusieurs régiments furent ou licenciés ou diminués, par mesure d'économie.

Dans plusieurs villes, la chambre consultative des arts et manufactures fut supprimée et remplacée par une chambre de commerce.

Napoléon III autorisa, en 1856, 108 communautés de religieuses : petites sœurs des Pauvres, petites servantes de Marie immaculée, sœurs du tiers-ordre des filles de Marie, religieuses de l'Assomption, sœurs du St-Sacrement, sœurs de Notre-Dame de Sion, sœurs du saint-nom de Joseph, sœurs de Bon-Secours, sœurs du saint-cœur de Marie, etc. Il autorisa aussi les frères de St-François-Régis et des frères des écoles chrétiennes de la Miséricorde.

1857

5 janvier, décret impérial, autorisant le petit séminaire de Mayenne, département de la Mayenne.

26 janvier, décret impérial, sur les capitaines de navires de commerce.

14 février, 30 juillet, 14 septembre, 17 octobre et **28 décembre**, traités de commerce conclus avec la Perse, la Russie, la Nouvelle-Grenade, le Honduras et le royaume de Siam.

18 mars, loi qui accorde au maréchal Pélissier une dotation annuelle de 100,000 fr.

28 mars, convention avec l'Angleterre relativement à Portendic et Albreda (Sénégambie).

4 avril, convention avec l'Angleterre relativement aux pêcheries de Terre-Neuve.

6 avril, décret impérial, qui déclare qu'il y a abus dans plusieurs actes de l'administration de l'évêque de Moulins et supprime lesdits actes.

8 avril, décret impérial, qui appelle 100,000 hommes sur la classe de 1856.

18 avril, loi sur les douanes.

20 mai, décret impérial, qui établit à Falaise une chambre consultative des arts et manufactures.

20 mai, décret impérial, qui réorganise le comité consultatif des arts et manufactures, institué près le ministère de l'agriculture, du commerce et des travaux publics.

20 mai, décret impérial, sur l'organisation de la justice musulmane au Sénégal.

20 mai, décret impérial, qui approuve, sous le nom de compagnie de l'Approuague, la société pour la recherche et l'exploitation des gisements aurifères de la Guyane française.

29 mai, décret impérial, portant dissolution du Corps législatif. (la France aura 267 députés à élire).

30 mai, loi qui autorise, à titre de réciprocité, les sociétés commerciales, industrielles ou financières, légalement constituées en Belgique, à exercer leurs droits en France.

30 mai et **4 novembre**, décrets impériaux relatifs au rachat du péage du Sund et des Belts.

3 juin, loi. Budget de 1854 : Recettes, 1,796,123,137 fr. 93 c. Déficit, 186,033,022 fr. 74 c.

6 juin, loi, en vertu de laquelle l'Etat achète pour.... 12,400,000 fr. le palais de l'Industrie.

9 juin, Code de justice militaire pour l'armée de terre (64 pages de texte).

9 juin, loi : le privilége de la Banque de France est prorogé jusqu'au 31 décembre 1897.

9 juin, décret impérial qui nomme dix sénateurs : M. Hausmann, préfet de la Seine, le général Niel et M. Piétri, le préfet de police, etc.

10 juin, décret impérial : M. le comte de Germiny, gouverneur du Crédit foncier de France, est nommé gouverneur de la Banque de France, en remplacement de M. le comte d'Argout.

17 juin, décrets impériaux qui autorisent la Banque de France à établir des succursales à Bar-le-duc, Laval, Sedan et Tours.

19 juin, traité mettant un terme au différend entre la Prusse et Neuchâtel, qui devient définitivement un canton suisse.

19 juin, loi relative aux Landes de Gascogne.

19 juin, loi qui approuve la convention passée, le 13 avril 1857, pour la cession à l'Etat de l'Ecole centrale des arts et manufactures.

2 juillet, décret impérial, qui nomme M. le comte de Morny, président du Corps législatif.

3 juillet, décret impérial, qui accorde à la ville de St-Nazaire un entrepôt réel des douanes pour les marchandises prohibées et non prohibées.

3 juillet et **8 octobre,** décrets impériaux, concernant les professeurs du collège de France.

4 août, décret impérial, qui institue, dans la ville d'Alger, une école préparatoire de médecine et de pharmacie.

5 août, décret impérial, relatif au canal prolongé de Pierrelatte (Drôme).

12 août, convention consulaire avec le Vénézuéla.

12 août, décret impérial: qui crée la médaille de Ste-Hélène pour les militaires français et étrangers, qui ont servi la France, de 1793 à 1815.

12 août, décret impérial, qui nomme sénateurs M. Laity, et le général Daumas.

14 août, statut des maisons impériales de Saint-Denis, Ecouen et les Loges.

24 août, traité de délimitation avec l'Espagne.

31 octobre et **17 novembre,** convention postale avec l'Autriche.

12 novembre, les funérailles de M. Abattucci, garde des sceaux et ministre de la justice, seront célébrées aux frais de l'État.

16 novembre, M. de Royer est nommé ministre à la place de M. Abattucci.

27 novembre, décret impérial, qui nomme M. Dupin aîné sénateur.

30 novembre, décret impérial, sur la comptabilité du ministère de la marine et des colonies.

5 décembre, décret impérial, créant les justices de paix de St-Denis du Sig (département d'Oran) et de Bouffarick (département d'Alger).

26 décembre, décret impérial, qui nomme M. Troplong président du Sénat pour 1858.

En 1857, Napoléon III autorisa 124 communautés de religieuses: sœurs de St-François d'Assise, sœurs du Sauveur et de la Ste-Vierge, dames de la Ste-Union, filles du Divin-Rédempteur, filles de l'enfant Jésus, filles du saint et immaculé cœur de Marie, sœurs aveugles de St-Paul, sœurs du St-Sacrement, etc.

1858

13 janvier, décret impérial, qui supprime la *Revue de Paris* et le *Spectateur* (ancienne *Assemblée nationale*).

20 janvier, 1er juin et **25 juin,** conventions postales avec la Belgique, la Bavière et la Prusse.

20 janvier, 24 juin, 29 juillet, 2 août, 23 août, 31 août, 15 septembre, 13 octobre, 27 octobre et **30 décembre,** décrets impériaux, relatifs à l'Algérie: toute commune ayant 50,000 fr. de revenus et plus, aura un receveur municipal; le prince Napoléon est nommé ministre de l'Algérie et des colonies; sont créées les communes de Bir-Rabala (département d'Alger), Perregaux (département d'Oran), Mleta (département d'Oran), Téniet-el-Had (département d'Alger), Aïn-el-Arba (département d'Oran), Temzoura (département d'Oran), 'Soukharas (département de Constantine), Bérard (département d'Alger), d'Ouled-Mimoun (département d'Oran), de Tizi-Ouzou (département d'Alger); le général de division Mac-Mahon est nommé commandant supérieur des forces de terre et de mer employées en Algérie ; rapport du prince Napoléon et décret impérial sur l'organisation administrative de l'Algérie.

1er février, lettres-patentes sur la régence (éventuelle) de l'Impératrice.

1er février, décrets impériaux, qui nomment membres du conseil privé : Mgr Morlot archevêque de Paris, le maréchal Pélissier, MM. Fould, Troplong, de Morny, Baroche et de Persigny, et permettent au prince Napoléon d'assister aux séances de ce conseil.

7 février, décret impérial, qui nomme M. le général Espinasse ministre de l'intérieur et de la sûreté générale.

17 février, sénatus-consulte qui exige le serment des candidats à la députation.

24 février, décret impérial sur l'exercice de la profession de boucher à Paris.

27 février, loi relative à des mesures (comminatoires) de sûreté générale.

13 mars et 24 novembre, loi qui accorde à la ville de Perpignan un entrepôt réel pour les marchandises prohibées et non prohibées; *idem* à Fécamp.

17 mars, loi sur la substitution de numéros aux tirages pour la conscription.

17 mars, décret impérial, qui fait une prison civile de la citadelle de Corté (Corse).

17 mars et 22 mai, décrets impériaux, relatifs à l'armée de terre (1° cent-gardes ; 2° enfants de troupe).

24 mars, loi qui établit une manufacture de tabacs à Châteauroux.

27 mars, 8 et 26 juillet,

décrets impériaux, qui établissent des conseils de prud'hommes à Lisieux (Calvados) et à Annonay (Ardèche), puis modifient la classification des industries soumises à la juridiction des conseils de prud'hommes de Paris.

31 mars, décret impérial, qui érige le collège communal de Niort en lycée impérial.

28 avril, décret impérial, sur les Landes de Gascogne.

6 mai, loi. Budget de 1855 : Recettes, 2,787,013,520 fr. 56 c. Excédant des recettes,........... 394,056,125 fr. 31 c.

12 mai, nouvelle loi qui prohibe le port d'armes en Corse.

12 mai, décret impérial, qui place sous séquestre le chemin de fer de Graissessac à Béziers.

21 mai, loi modifiant les articles 692, 696, 717 et 749-779 du Code de procédure civile.

21 mai, loi qui ouvre un crédit de 55,000 fr. pour l'acquisition des collections paléontologiques recueillies par Alcide d'Orbigny.

21 mai, loi qui autorise l'acquisition au nom de l'Etat et du département du Cher, de l'hôtel de Jacques Cœur à Bourges. La part contributive de l'Etat est fixée à 1,103,000fr.

28 mai, sénatus-consulte qui affecte le bois de Vincennes à une promenade publique.

28 mai, loi qui modifie l'article 259 du Code pénal.

28 mai, lois sur les magasins généraux et sur les ventes publiques de marchandises en gros.

4 juin, sénatus-consulte relatif à la haute Cour de justice. — **4 juin,** Code de justice militaire pour l'armée navale (84 pages de texte).

12 juin, décret impérial : complément du traité du 16 avril 1856 (40 pages de texte).

14 juin, décret impérial, qui nomme M. Delangle ministre de l'intérieur en remplacement du général Espinasse.

24 juin, décret impérial, qui nomme M. le comte de Morny président du Corps législatif.

26 juin, décret impérial, qui autorise la Banque de France à fonder des succursales à Agen, Bayonne, Bastia et Brest.

23 août et **31 août**, décrets impériaux, qui établissent à Avesnes (Nord) et à Foix (Ariège), des chambres consultatives des arts et manufactures.

23 août, décret impérial, qui rétablit le baccalauréat ès-lettres pour les étudiants en médecine.

28 août, décret impérial, portant que l'asile du Vésinet sera affecté aux femmes convalescentes.

7 octobre, convention européenne relative aux provinces roumaines.

29 novembre, décret impérial sur les lignes télégraphiques.

Plusieurs autres décrets impériaux de la même année sont relatifs aux droits de navigation perçus sur les rivières et canaux.

En 1858, Napoléon III autorisa 146 communautés de religieuses : dames du Sacré Cœur, filles de Marie, sœurs de la Miséricorde, sœurs gardes-malades, filles de la Conception, petites sœurs des Pauvres, filles de la Sagesse, Augustines, Ursulines, Maristes, etc.

1859

5 janvier, 15 février, 2 août et **26 août**, conventions relatives aux dépêches télégraphiques : 1° avec la Belgique et la Prusse ; 2° avec la Belgique, la Hollande, la Sardaigne et la Suisse ; 3° avec la Prusse.

8 janvier, décret impérial, rétablissant le conseil du sceau des titres.

8 janvier, convention avec le canton de Genève pour la protection de la propriété littéraire et artistique.

8 janvier, décret impérial, créant le centre de population de l'Hillil (dép. d'Oran).

9 février, décret impérial, sur l'organisation de l'école d'Athènes.

26 février, décret impérial, créant les centres de population de Guelt-Zerga (dép. d'Alger) et Rio-Salado (dép. d'Oran).

28 février, sénatus-cons. élevant de 1,500,000 francs à 2,200,000 la dotation des princes et princesses de la famille impériale; allouant 800,000 fr. au prince Napoléon, à l'occasion de son mariage avec la princesse Clotilde, fille du roi Victor-Emmanuel; et à la princesse Clotilde, un douaire éventuel de 200,000 fr. par an.

4 mars, convention d'extradition avec les États-Unis, (article additionnel).

5 mars, les titres conférés à des Français par des puissances étrangères ne pourront être portés qu'avec l'autorisation de l'empereur.

18 mars, décret impérial, modifiant les statuts de la banque de l'Algérie.

4 avril, traité de délimitation avec l'Espagne (article additionnel).

20 avril, loi qui accorde, à titre de récompense nationale, une pension de 5,000 francs à Mlle Eveillard, fille du consul de France à Djeddah, assassiné dans l'exercice de ses fonctions.

28 avril, loi qui élève de cent à cent-quarante mille hommes le contingent de la classe de 1858.

2 mai, loi qui autorise le ministre des finances à emprunter une somme de 500 millions.

3 mai, proclamation de l'Empereur au peuple français : « l'Autriche, en faisant « son entrée sur le territoire « du roi de Sardaigne, notre « allié, nous déclare la guerre. « Elle a amené les choses à « cette extrémité qu'il faut « qu'elle domine jusqu'aux « Alpes ou que l'Italie soit « libre jusqu'à l'Adriatique.»

5 mai, décret impérial : M. de Royer est nommé sénateur et vice-président du Sénat ; M. Delangle ministre de la justice ; M. le duc de Padoue ministre de l'intérieur ; et M. le maréchal Randon ministre de la guerre.

8 mai, décret impérial, qui nomme M. de Thouvenel, sénateur.

15 mai, décret impérial, créant l'archevêché de Rennes.

4 juin, loi sur le transport, par la poste, des valeurs déclarées.

16 juin, loi. Budget de 1856 : Recettes, 2,307,999,293 fr. 84 c. Excédant des recettes, 712,217,486 fr. 76 c.

16 juin, loi annexant à Paris : Auteuil, Passy, les Batignolles-Monceaux, la Cha-

pelle, St-Denis, la Villette, Belleville, Charonne, Bercy, Vaugirard et Grenelle.

18 juin, loi sur les douanes.

18 juin, loi qui modifie le Code forestier.

29 juin, décret impérial, qui nomme M. le comte de Morny président du Corps législatif.

7 juillet, décret impérial, qui transfère à Cholet (Maine-et-Loire), le tribunal de 1re instance établi à Beaupréau.

23 juillet, décret impérial, qui nomme le maréchal Pélissier grand-chancelier de la Légion d'honneur.

27 juillet, décret impérial, qui établit à Besançon un conseil de prud'hommes pour l'horlogerie.

27 juillet, décret impérial, qui règle la hauteur des maisons à Paris.

27 juillet, décret impérial, concernant les maîtres-répétiteurs et maîtres-élémentaires des lycées.

3 août, décret impérial, concernant les chemins de fer de Toulon à Draguignan et de Privas à Crest.

11 août, décret impérial, qui crée une médaille commémorative de la campagne d'Italie.

11 août, décret impérial, qui fonde un prix de 20,000 fr. à décerner tous les deux ans, par l'Institut.

16 août, décret impérial : amnistie générale pour les délits politiques.

16 août, décret impérial, qui nomme 8 sénateurs (les généraux Renault et Forey, le prince de la Moskowa, le vice-amiral Tréhouart, etc.)

16 août, décret impérial, qui modifie les statuts du Crédit foncier de France.

3 septembre, décret impérial, qui érige le collége communal de Vesoul en lycée.

11 septembre, décret impérial .relatif aux hospices des sourds-muets de Paris et de Bordeaux.

14 septembre, décret impérial, sur l'organisation des cultes protestants en Algérie.

30 septembre, convention postale avec l'Espagne.

10 octobre, décret impérial, réglant les attributions du préfet de police et du préfet de la Seine.

22 octobre, décret impérial : la garde de Paris se composera de 2,892 hommes et de 663 chevaux.

31 octobre, décret impérial : Paris est partagé en 20 arrondissements.

1ᵉʳ novembre, décret impérial : M. Billault remplace M. le duc de Padoue au ministère de l'intérieur.

8 novembre, décret impérial, concernant le prytanée de la Flèche.

14 novembre, décret impérial, qui nomme sénateurs MM. Rouland et de Saulcy.

19 novembre, décret impérial, relatif au théâtre français.

27 novembre, traité de paix avec l'Autriche, qui cède la Lombardie à la France, laquelle échange la Lombardie contre la Savoie et le comté de Nice.

7 décembre, décret impérial : le complet du bataillon des sapeurs-pompiers de Paris est fixé à 1,298 hommes.

10 décembre, décret impérial, qui établit à Montluçon une chambre consultative des arts et manufactures.

21 décembre, décret impérial, qui établit un dépôt de mendicité pour le département de Tarn-et-Garonne.

21 décembre, décret impérial, qui augmente le traitement des conducteurs des ponts et chaussées.

24 décembre, décret impérial, qui nomme M. Troplong président du Sénat pour 1860.

En 1859, Napoléon III autorisa 138 communautés de religieuses : sœurs de Sainte-Marthe, sœurs de la charité du sacré cœur de Jésus, sœurs de la Miséricorde du sacré cœur de Marie, sœurs de l'Ange gardien, sœurs des saints noms de Jésus et de Marie, sœurs blanches dites du St-Esprit, dames de St-Louis, Ursulines, Augustines, filles de la Compassion, servantes du Seigneur. etc. Au milieu de toutes ces autorisations, on lit : **19 septembre 1859**, décret impérial, qui supprime l'établissement des dames du sacré cœur de Jésus, autorisé à Autun, par ordonnance du 10 mars 1841.

1860

4 janvier, décret impérial, qui nomme M. Thouvenel ministre des affaires étrangères.

4 janvier, décret impérial, qui alloue un traitement de 100,000 fr. par an aux membres du conseil privé (qui n'ont pas d'autres fonctions en ce moment).

14 janvier, 21 janvier, 20 février, 23 mars, 26 mars, 13 avril, 25 avril, 23 mai, 18 juin, 28 juin, 14 juillet, 3 octobre, 17 novembre, décrets impériaux relatifs à l'armée de terre : (1° vétérinaires militaires ; 2° équipages de campagne des corps de troupes ; 3° et 13°

artillerie ; 4° médailles accordées par le roi de Sardaigne ; 5° musiques militaires ; 6° la taille militaire variera de 1ᵐ 56, à 1ᵐ 76 ; 7° le contingent de 1859 ne sera que de 100,000 hommes ; 8° compagnies disciplinaires des colonies autres que l'Algérie ; 9° caisse des offrandes nationales en faveur de l'armée et de la marine ; 10° cadre du corps d'état-major ; 11° fabrication et commerce des armes de guerre ; 12° auxiliaires indigènes de la gendarmerie d'Afrique).

14 janvier, décret impérial, concernant la Nouvelle-Calédonie, Taïti et les Marquises.

18 janvier, décret impérial, nommant sénateur M. Amédée Thierry.

21 janvier, 3 mars, 10 mars, 21 mars et 25 juin, traités de commerce avec le Nicaragua, les îles Sandwich, le San-Salvador, le Japon et les îles Britanniques et mesures pour faciliter le commerce de l'Algérie avec l'Afrique centrale.

28 janvier, décret impérial, relatif aux eaux minérales naturelles.

29 février, décret impérial, qui crée un tribunal de 1ʳᵉ instance à Nossi-Bé.

14 mars et 11 juillet, décrets impériaux qui nomment sénateurs Michel Chevalier et le vice-amiral Rigault de Genouilly.

7 avril, décret impérial sur le rapatriement des marins.

11 avril, 18 avril et 25 avril, décrets impériaux, relatifs aux dépôts de mendicité du Puy-de-Dôme, du Tarn et de Seine-et-Oise.

5 mai, décret impérial, concernant le tarif des laines, des cotons et autres matières premières.

9 juin et 15 décembre, décrets impériaux qui nomment M. de Morny président du Corps législatif et M. Troplong président du Sénat.

11 juin, publication du traité qui réunit à la France la Savoie et le comté de Nice.

13 juin, 14 juin, 11 août, 31 octobre, 1ᵉʳ décembre et 5 décembre, décrets impériaux qui créent à Nice un lycée, un entrepôt réel pour les marchandises prohibées et non prohibées, une chambre de commerce et une succursale de la Banque de France; à Chambéry, un lycée, une école normale primaire, un entrepôt réel pour les marchandises prohibées et non prohibées, un tribunal de commerce et une chambre de commerce; à Bonneville (Hte-Savoie), un collège communal.

20 juin, 14 juillet, 25 juillet, 28 juillet et 21 novembre, mesures diverses relatives à l'Algérie : (1° chemins de fer en Algérie ; 2° ligne télégraphique entre la France et l'Algérie ; 3° aliénation des terres domaniales en Algérie ; 4° biens communaux; 5° tribunaux de 1ʳᵉ instance établis à Tlemcen et Sétif; justices de paix, fondées à Constantine, Jemmapes, Mondovi et Cherchell).

25 juin, décret impérial : la Savoie aura pour chef-lieu Chambéry et pour sous-préfectures Albertville, St-Jean de Maurienne et Moûtiers. Les chefs-lieux de cantons seront Aix, Albens, Chambéry, Chamoux, le Châtelard, les Echelles, Montmélian, Mattes - Servolex, Pont de Beauvoisin, La Rochette, Ruffieux, Saint-Génis, Saint-Pierre d'Albigny, Yenne, Albertville, Grésy, Ugines, Aiguebelle, La Chambre, Lanslebourg, Modane, Saint-Jean de Maurienne, Saint-Michel, Aime, Bourg Saint-Maurice, Bozel et Moûtiers.

La Haute-Savoie aura pour chef-lieu Annecy et pour sous-préfectures Thonon, Bonneville et Saint-Julien. Les cantons seront ceux d'Annecy, Duingt, Faverger, Rumilly, Thones, Thorens, Abondance, Le Biot, Douvaine, Evian, Thonon, Banneville, Cluses, La Roche, Saint-Gervais, Saint-Jeorre, Sallanches, Samoëns, Taninges, Annemasse, Reignier, Saint-Julien, Seyssel.

25 juin, décret impérial, qui autorise la Banque de France à créer des succursales à Châlons-sur-Saône, Annonay et Flers (Orne).

6 juillet, loi. Budget de 1857 : Recettes, 1,911,443,325 fr. 19 c. Excédant des recettes, 38,917,108 fr. 24 c.

6 juillet, loi qui autorise le Crédit foncier à prêter éventuellement aux départements et communes.

18 juillet, loi sur l'émigration et le transport des émigrants.

21 juillet, décret impérial, qui autorise les villes de Cholet, Domfront et Saint-Yrieix à fonder des collèges communaux.

28 juillet, loi relative au reboisement des montagnes.

1er août, lois relatives aux chemins de fer de Caen à Flers, de Mayenne à Laval, d'Épinal à Remiremont, de Lunéville à Saint-Dié, de Strasbourg à Barr, Mutzig et Wasselonne par Molsheim, de Haguenau à Niederbronn

et Reichshoffen, de Vesoul et de Gray à Besançon.

1er août, loi qui autorise la ville de Paris à émettre 287,618 oblig. de 500 fr. chacune.

18 août, convention avec l'Angleterre pour les coolies se rendant à la Réunion.

8 septembre et **24 novembre**, conventions postales avec le Brésil et l'Italie.

29 septembre, décret impérial, relatif au nouveau Grand Opéra à construire.

20 octobre, décret impérial, qui supprime la *Gazette de Lyon*.

22 octobre, décret impérial, qui convertit le collège communal de Nevers en lycée impérial.

24 octobre, décret impérial, le département des Alpes-Maritimes aura pour chef-lieu Nice, pour sous-préfectures Puget-Théniers et Grasse (enlevé au Var) et pour chefs-lieux de canton, Nice-Est, Nice-Ouest, Breil, Contes, Levens, l'Escarène, Menton, St-Martin, Lantosque, Sospello, Utelle, Villefranche, Puget-Théniers, Guillaume, Villars, Roquesteron, Saint-Sauveur, Saint-Étienne, etc.

26 octobre et **30 novembre**, traité de commerce avec l'Angleterre.

23 novembre, le comte Walewski remplace M. Fould au ministère d'État.

26 novembre, M. de Persigny est nommé ministre de l'intérieur ; M. de Forcade la Roquette, ministre des finances ; MM. Magne et Billault, ministres sans portefeuille.

3 décembre, M. Baroche est nommé ministre sans portefeuille.

4 décembre, M. le maréchal Vaillant est nommé mi

nistre de la maison de l'Empereur.

19 décembre, décret impérial sur les haras.

22 décembre et 29 décembre, décrets impériaux, qui fixent les circonscriptions paroissiales des diocèses de Chambéry, Saint - Jean de Maurienne, Moûtiers de Tarentaise, Annecy et Nice.

En 1860, Napoléon III autorisa cent communautés de religieuses : sœurs de Notre-Dame du Calvaire, dames de la sainte Union, sœurs de Notre-Dame de Lorette, etc.

1861

12 janvier, 5 juin et 2 juillet, décret et lois concernant les chemins de fer de la Croix-Rousse au camp de Sathonay, d'Aigues - Mortes à Lunel et de Bergerac à Libourne.

12 janvier, 27 mai et 14 juillet, traités de commerce avec la Chine, la Belgique et la Turquie ; avec la Belgique, il a aussi été question de la propriété littéraire et artistique.

23 janvier, décret impérial, qui crée une médaille commémorative de l'expédition de Chine (1861).

3 février, décret organique, relatif au Sénat, au Corps législatif et au Conseil d'Etat.

6 février, décret impérial, sur les marais et les terres incultes appartenant aux communes.

13 février, traité avec le prince de Monaco, qui cède à la France, Menton et Roquebrune.

27 février, 11 mai et 5 août, traités qui autorisent

les sociétés légalement constituées en Portugal, Luxembourg(grand-duché de), Suisse et Espagne à exercer leurs droits en France.

6 mars, 5 juillet et 24 novembre, décrets impériaux qui nomment sénateurs Cousin de Montauban, commandant en chef le corps expéditionnaire de Chine ; le vicomte de Laguéronnière et M. Forcade la Roquette.

9 mars et 15 mars, décrets impériaux, relatifs aux agences d'émigration.

17 mars, convention consulaire avec le Brésil.

30 mars, décret impérial. déclarant qu'il y a eu abus dans le mandement de l'évêque de Poitiers, du 22 février 1861 et supprime le dit mandement.

30 mars, décret impérial, qui élève de 3 à 10 millions le capital de la Banque de l'Algérie.

31 mars, convention de délimitation avec la Sardaigne.

13 avril, décret impérial, qui modifie celui du 25 mars 1852 sur la décentralisation administrative.

27 avril, décret impérial, sur le reboisement des montagnes.

2 mai, loi qui modifie l'article 29 de la loi du 17 avril 1832 sur la contrainte par corps.

15 mai, convention d'extradition avec le Chili.

21 mai, 13 août et 28 novembre, décrets impériaux, qui créent des écoles normales primaires à Varzy (Nièvre), et à Rumilly (Haute-Savoie) et dans le département de la Charente-Inférieure.

22 mai, convention avec l'Angleterre relativement à la télégraphie sous-marine.

22 mai, convention avec

la Russie au sujet de la propriété littéraire et artistique.

7 juin et **14 décembre,**
décrets impériaux, qui nomment M. de Morny président
du Corps législatif et M. Troplong président du Sénat.

12 juin, loi relative à la
caisse des retraites pour la
vieillesse.

12 juin, loi qui accorde à
titre de récompense nationale,
une pension de 6,000 francs à
la mère du maréchal Bosquet.

25 juin et **26 juin,** lois
qui modifient celles du 11 et
18 avril 1831 sur les pensions
1º de l'armée de terre ; 2º de
l'armée de mer.

2 juillet, loi : tout avertis-
sement donné à un journal est
périmé deux ans après sa date.

2 juillet, loi qui alloue
4,800,000 francs pour l'acquisition et le transport en France
du musée Campana.

3 juillet, loi sur la correspondance télégraphique privée,

3 juillet, loi sur les paquebots transatlantiques et sur
le service postal de l'Indo-
Chine.

3 juillet, loi. Budget de 1858:
Recettes, 1,890,299,012 fr. 98 c.
Excéd. de recettes, 31,805,121
francs 54 c.

8 juillet et **25 décembre,**
décrets impériaux relatifs aux
dépôts de mendicité de Rodez
et de Montreuil - sur - Laon
(Aisne).

22 juillet et **24 août,**
création des lycées du Hâvre
et de Toulon.

5 août, décret : le lycée de
Niort prendra le nom de lycée
Fontanes.

7 août, décret impérial, qui
autorise les villes d'Arles et
La Ciotat à fonder des collèges
communaux.

16 septembre, décret impérial, qui augmente divers
traitements dans l'ordre judiciaire.

15 octobre, décret impérial, qui autorise l'établissement de routes agricoles dans
la Sologne.

20 novembre, convention
avec l'Angleterre et l'Espagne relativement à l'expédition
du Mexique.

22 novembre, décret impérial, qui supprime la taxe
d'entrée à la Bourse.

28 novembre, décret impérial, relatif au conseil des
prises institué par le décret
du 9 mai 1859.

En 1861, Napoléon III au-
torisa 34 communautés de religieuses : association religieuse de Notre-Dame des
arts à Paris ; sœurs de Marie-
Joseph ; sœurs d'Ernemont,
etc.

1862

4 janvier, décret impérial,
qui approuve le réglement général de la commission impériale, chargée d'organiser la
section française de l'exposition de Londres en 1862.

11 janvier, population de
la France : 37,382,225 habitants;
Paris, 1,696,000 ; Lyon, 318.000;
Marseille, 260,000 ; Bordeaux,
162,000 ; Lille, 131,000 ; Toulouse et Nantes, 113,000; Rouen,
102,000 ; St-Etienne, 92,000 ;
Toulon, 84,000 ; Strasbourg,
75,000 ; le Hâvre, 74,000; Brest,
67,000 ; Amiens, 58,000; Nîmes,
57,000 ; Reims, 55,000 ; Montpellier, Angers, Limoges,
51,000 ; Orléans, 50,000 ; Nancy
et Roubaix, 49,000 ; Nice,
48,000 ; Besançon, 46,000 ; Rennes, 45,000 ; Caen et Versailles,
43,000 ; Tours et Cherbourg,

41,000 ; Dijon, Clermont-Ferrand et le Mans, 37,000 ; Avignon, 36,000 ; Lorient, 35,000 ; Troyes et Grenoble, 34,000 ; Tourcoing, 33,000 ; Dunkerque, 32,000 ; St-Quentin, Rochefort et Poitiers, 30,000 ; Bourges, 28,000 ; Aix et Montauban, 27,000 ; Arles, Arras, Bayonne, 25,000 ; Angoulême, Béziers, Douai, Valenciennes, 24,000 ; Perpignan, 23,000 ; Cette, Laval, Cambrai, St-Omer, St-Denis, 22,000 : Pau et Castres, 21,000; Carcassonne, Alais, Dieppe, Elbeuf, Niort et Abbeville, 20,000 ; Bastia, Périgueux, Vienne, Châlons-sur-Saône, Chambéry, 19,000 ; La Rochelle, Valence, Nevers, Mâcon, 18,000 ; Moulins, Roanne, le Puy, Agen, Granville, Clichy, 17,000 ; Montluçon, Annonay, Narbonne, Châteauroux, Châlons-sur-Marne, Alençon, le Creusot, 16,000 ; Sedan, St-Brieuc, Lunéville, Beauvais, St-Pierre-lès-Calais, Thiers, St-Germain-en-Laye, Alby, Auxerre, 15,000 ; Bourg, Morlaix, Ajaccio, Saumur, Issoudun, Bar-le-Duc, Tarbes, Tarare, Châtellerault, 14,000 ; Tarascon, Lisieux, Cahors, Villeneuve-sur-Lot, Libourne, Boulogne-sur-Seine, Neuilly, Vincennes, 13,000 ; Grasse, Millau, Tulle, Bergerac, Montélimar, Evreux, St-Servan, Cholet, Verdun, Wattrelos, Compiègne, Calais, Fécamp, 12,000 ; Rodez, Romans, Quimper, Lodève, Armentières, Villefranche (Rhône), Autun, Fontainebleau, Melun, La Seyne, Epinal, Lens, 11,000 ; Laon, Soissons, Villefranche de Rouergue, Aurillac, Saintes, Beaune, Louviers. St-Malo, Dôle, St-Nazaire, Epernay, Mayenne, Maubeuge, Bailleul, Denain, St-Amand, Flers, Annecy, Courbevoie, Meaux, Mazamet, Moissac, Draguignan, Hyères, Carpentras et Orange, 10,000.

24 janvier, décret impérial, qui autorise l'établissement d'un petit séminaire à Oloron (Basses-Pyrénées).

15 février, décret impérial, relatif à l'acceptation des dons et legs faits aux fabriques des églises.

19 février, convention postale avec l'office des postes féodales d'Allemagne.

26 février, loi : le Crédit foncier peut prêter aux hospices et autres établissements de bienfaisance ou de religion.

26 février, traité de commerce avec le Pérou.

8 mars, décret impérial, relatif à la zone de servitude des fortifications de Paris.

18 mars et 18 juin, convention consulaire; convention pour la dette de l'Espagne envers la France, traité de délimitation avec l'Espagne.

19 mars, loi relative à la juridiction des consuls de France au Japon.

16 avril, décret impérial, concernant la faculté de médecine de Paris et les fonctions du doyen.

30 avril, 6 juillet et 8 décembre, décrets impériaux, sur les dépôts de mendicité de Castres, de la Haute-Saône et d'Albigny (Rhône).

3 mai, loi modifiant le Code de procédure civile et le Code de commerce.

10 mai, décret impérial, sur la pêche côtière.

17 mai, convention commerciale, industrielle et financière avec l'Angleterre.

25 mai et 2 novembre, décrets impériaux qui nomment sénateurs MM. Ingres et Chaix d'Estange.

31 mai, décret impérial, portant réglement général sur la comptabilité publique (144 pages de texte).

7 juin et **8 juillet**, décrets impériaux, qui nomment M. le comte de Morny président du Corps législatif et duc.

21 juin, loi qui proroge au 1er janvier 1873 le monopole du tabac.

28 juin, loi sur la marine (pensions des ouvriers et demi-soldes des marins).

2 juillet, loi qui modifie les articles 74, 75 et 90 du Code de commerce.

6 juillet, lois et décret concernant les chemins de fer de Belfort à Guebwiller, de Napoléon-Vendée à La Rochelle, de Rochefort à Saintes, de Saintes à Coutras et à Angoulême, de Valenciennes à Achette.

6 juillet, loi qui alloue une pension viagère de 6,000 fr. à la veuve du compositeur Fromental Halévy.

3 août et **23 novembre**, décrets impériaux, qui établissent à Douai et à Remiremont des chambres consultatives des arts et manufactures.

4 août, décret impérial, qui autorise la ville de Manosque (Basses-Alpes) à créer un collége communal.

14 août, décret impérial, relatif aux dotations sur le mont de piété de Milan. Liste des personnes qui toucheront de 200 à 25,000 francs par an.

29 août, décret impérial, modifiant l'organisation du culte israélite.

24 septembre, convention avec l'Italie, pour la propriété littéraire. — Convention consulaire avec le même pays.

1er octobre, décret impérial, concernant les agents de change.

18 octobre, décret impérial, relatif au bureau de poste français établi à Shang-Haï (Chine).

21 octobre, décret impérial qui convertit en lycée le collège communal d'Alby.

25 octobre, décret impérial sur les mesures de précaution à prendre, en mer, pour éviter les abordages.

15 novembre, décret impérial, sur la fondation à Brest d'un établissement dit des pupilles de la marine.

1er décembre, décret impérial, sur la comptabilité de l'armée.

8 décembre, décret impérial, qui établit un conseil de prud'hommes à Rennes.

29 décembre, décret impérial : de 1862 à 1867, le Corps législatif se composera de 283 députés,

30 décembre, décret impérial : à l'avenir, les audiences des conseils de préfecture, statuant sur les affaires contentieuses, seront publiques.

En 1862, Napoléon III autorisa 4 communautés de religieuses.

1863

3 janvier, **29 août** et **6 décembre**, décrets impériaux qui autorisent à fonder des colléges communaux, les villes de Morlaix (Finistère), Agde (Hérault), Menton (Alpes-Maritimes), Clermont (Hérault), Evron (Mayenne) et Lunel.

31 janvier et **20 mai**, lois qui accordent 6,200,000 fr. pour venir au secours des localités où l'industrie cotonnière est en souffrance.

1er février, décret impérial: M. de Royer sénateur est nommé premier président de la Cour des comptes en remplacement de M. Barthe décédé.

3 février et **2 mai**, décrets impériaux, qui érigent en lycées les collèges communaux de Lons-le-Saulnier et de Lorient.

18 février, rapport à l'Empereur et décret sur la solde, les revues, l'administration et la comptabilité de la gendarmerie (168 pages de texte).

25 février, décret impérial, portant réorganisation de l'administration du Muséum d'histoire naturelle (Jardin des Plantes), à Paris.

4 mars, 18 avril, 6 mai, 11 juin, 6 juillet, 16 et 29 août, 2 septembre, lois et décrets impériaux, concernant les chemins de fer de Napoléon-Vendée aux Sables-d'Olonne et à Bressuire, de Sathonay à Bourg, de Perpignan à Prades, d'Epinal à Remiremont, de Niederbronn à Thionville, de Châtillon-sur-Seine à Chaumont, de Ste-Marie-aux-Mines à Schlestadt, de Reims à Metz, de Caen à Flers, de Mayenne à Laval, de Napoléonville à St-Brieuc, de Castres à Alby et à Mazamet, de Carcassonne à Quillan, de Langon à Bazas, de Milhau à Rodez, de Lunel à Arles, Aigues-Mortes et Le Vigan, de Marseille à Aix, d'Aubagne à Furseau, d'Annonay à St-Rambert, de Grenoble à Montmélian, d'Annecy à Aix, de Thonon à Collonges, de Dijon à Langres, d'Auxerre à Nevers et à Cirey-la-tour, de Clermont-Ferrand à Montbrison, de Philipeville à Constantine, d'Alger à Oran par Blidah et St-Denis du Sig, de Cahors à Libos, de Tulle à Brives, d'Orsay à Limours, de Châteaulin à Landerneau, de Commentry à Gannat, de Lille à Tournay (Belgique) et à la Bassée, d'Avallon à Cravant.

15 mars, décret impérial, portant réglement intérieur de l'imprimerie impériale.

28 mars, loi. Budget de 1859 : Recettes, 2,210,544,256 fr. 46 c. Excédant des recettes, 2,883,853 fr. 26 c.

28 mars, traité avec la Suisse, relativement à la vallée des Dappes.

31 mars, décret impérial, qui nomme M. Magne membre du conseil privé.

11 avril, traité de commerce avec Madagascar.

18 avril et **11 juillet**, décrets impériaux, relatifs aux dépôts de mendicité du Mans et de Rebès (Corrèze).

22 avril, 9 mai et **23 mai** : 1° sénatus-consulte relatif à la constitution de la propriété en Algérie, dans les territoires occupés par les Arabes; 2° loi relative à la Cour impériale d'Alger; 3° décret impérial. relatif à la propriété immobilière en Algérie.

22 avril, décret impérial, qui autorise la culture du tabac dans l'arrondissement de Chambéry.

29 avril et **31 décembre** : 1° décret impérial, relatif à la délimitation des frontières franco-espagnoles (26 pages de texte) ; 2° convention avec l'Espagne sur la taxe des dépêches télégraphiques.

6 et 23 mai, lois qui modifient le Code commercial.

7 mai, décret impérial, qui nomme 8 sénateurs : MM. Drouyn de Lhuys, le comte de Germiny, gouverneur de la Banque de France, etc.

7 mai, décret impérial, qui dissout le Corps législatif ; les élections auront lieu le 31 mai.

13 mai, loi modifiant le Code pénal (18 pages de texte).

16 mai, loi sur les douanes (20 pages de texte).

20 mai, plusieurs lois concernant le rachat de différents canaux.

27 mai, loi. Budget de 1860 : Recettes, 1,965,082.469 fr. 79 c. Déficit, 119,008,884 fr. 37 c.

23 juin, décrets impériaux : M. Billault, ministre sans portefeuille, est nommé ministre d'Etat, en remplacement du comte Walewski. — M. Baroche est nommé ministre de la justice et des cultes ; M. Boudet, ministre de l'intérieur ; M. Duruy, ministre de l'instruction publique et M. Béhic, ministre de l'agriculture, du commerce et des travaux publics. — M. Rouher est nommé président du Conseil d'Etat et M. le duc de Morny, président du Corps législatif.

29 juin, décret impérial, qui rend à la classe de logique dans les lycées son ancien nom de classe de philosophie et rétablit un ordre spécial d'agrégation pour les classes de philosophie.

29 juin, rapport et décret impérial, sur l'hôtel des Invalides (107 pages de texte).

1er juillet, traité de paix entre la France et l'Espagne d'une part et le royaume d'Annam d'autre part. La France acquiert l'île de Pulo-Condor, ainsi que les trois provinces de Bien-Hoa, Gin-Dinh et Dinh-Tung ou Mitho. Le roi d'Annam paiera de plus à la France et à l'Espagne 4 millions de dollars en dix ans. 0 taël, 72 équivaudront à un dollar.

5 juillet, décrets impériaux : 1° le capital de la Banque de la Guyane est doublé et porté à 600,000 fr. : 2° organisation de la presse à la Martinique, à la Guadeloupe et à la Réunion.

22 juillet, décret impérial : les sociétés hollandaises, légalement constituées dans leur pays, pourront exercer leurs droits en France.

29 août, décret impérial, qui crée la médaille du Mexique.

9 septembre, décret impérial : le comte de Persigny est nommé duc.

7 octobre, décret impérial : un conseil de prud'hommes est établi à Tinchebray (Orne).

13 octobre, décret impérial, sur le service dans les places de guerre et les villes de garnison (158 pages de texte).

16 octobre, décret impérial, qui établit à Mazamet (Tarn) une chambre consultative des arts et manufactures.

18 octobre, décrets impériaux : M. Rouher est nommé ministre d'Etat en remplacement de M Billault, décédé ; M. Rouland devient ministre présidant le Conseil d'Etat.

20 octobre, décret impérial, qui supprime la maison centrale de force et de correction établie au mont St-Michel.

13 novembre, décret impérial, sur l'organisation de l'école des Beaux-Arts à Paris.

30 novembre, décret impérial, réorganisant l'école polytechnique.

5 décembre, décret impérial, qui institue un consul-juge à Alexandrie d'Egypte.

14 décembre, décret impérial, qui nomme M. Troplong président du Sénat pour 1864.

30 décembre, loi qui autorise le ministre des finances

à emprunter une somme de 300 millions.

Napoléon III autorisa, en 1863, seulement 3 communautés de religieuses.

1864

5 janvier, décret impérial : le traité de Londres (13 juillet 1863) a donné la couronne de Grèce à un prince danois (Georges Ier).

6 janvier, décret impérial, accordant la liberté des théâtres.

6 janvier et **20 novembre**, décrets impériaux, concernant les dépôts de mendic. de Beaugency et d'Alençon.

9 janvier et **23 janvier**, décrets impériaux, qui créent des chambres de commerce à Roanne (Loire) et à Beaune (Côte-d'Or).

9 janvier, décret impérial, qui rétablit une faculté de droit dans la ville de Nancy.

20 janvier, traité de commerce avec l'Italie.

20 janvier, décret impérial : le traité de Londres (14 novembre 1863) réunit les îles Ioniennes au royaume de Grèce.

23 janvier, décret impérial, concernant le chemin de fer de Santenay à Etang.

27 février, décret impérial, qui établit à Bourgoin (Isère) une chambre consultative des arts et manufactures.

9 mars, loi qui ouvre un crédit de 18,500 fr. pour la dépense des funérailles de M. Billault, ministre d'Etat.

19 mars, loi qui étend aux notaires, greffiers et officiers ministériels destitués le bénéfice de la loi du 3 juillet 1852 sur la réhabilitation.

16 avril et **11 décembre**, décrets impériaux, qui créent des bourses de commerce à Nice et à Fort de France (Martinique).

20 avril, décret impérial : traité avec l'Empereur du Mexique Maximilien, relatif au départ des troupes françaises.

20 avril, décret impérial, qui crée un emploi d'historiographe au ministère de la guerre.

27 avril, décret impérial, réorganisant l'école impériale du service de santé militaire.

7 mai, loi relative aux sucres.

25 mai, loi qui modifie les articles 414-416 du Code pénal (article *coalitions*).

28 mai, loi qui ouvre sur l'exercice 1864 un crédit de 5,800,000 fr. pour la construction et l'outillage de la manufacture d'armes de St-Etienne.

8 juin, loi. Budget de 1861 : Recettes, 2,006,085,443 fr. 23 c. Déficit, 164,903,163 fr. 93 c.

14 juin et **21 décembre**, décrets impériaux, qui nomment M. le duc de Morny président du Corps législatif et M. Troplong président du Sénat.

14 juin et **25 juin**, décrets impériaux, relatifs aux chemins de fer d'Orléans à Châlons-sur-Marne et d'Arras à Etaples.

7 juillet et **1er septembre**, décret sur le régime administratif de l'Algérie, qui reçoit pour gouverneur-général le maréchal Mac-Mahon.

11 juillet, décret impérial, concernant le chemin de fer de Valenciennes à Lille.

6 août, décret impérial, déclarant lycée du prince impérial le lycée de Vanves, succursale du lycée Louis-le-Grand.

13 août, décr. impér., qui réduit à 50 cent. le prix d'un télégramme à et pour Paris.

13 août, décret impérial, relatif au chemin de fer de Flers à Mayenne.

10 septembre, décret impérial, relatif au chemin de fer de Montmorency à Enghien-les-Bains.

28 septembre, décret impér., qui nomme M. Vuitry ministre présidant le Conseil d'Etat et M. Rouland sénateur.

27 novembre, décrets impériaux, relatifs : 1° au baccalauréat; 2° à l'agrégation pour l'enseignement des langues vivantes ; 3° au collège communal de Montauban converti en lycée ; 4° aux collèges communaux, fondés à Antibes, Mende et Bourgoin (Isère).

28 novembre, traité de commerce avec la Suisse.

28 novembre, traité sur la propiété littéraire et artistique conclu avec la Suisse.

11 décembre et **24 décembre,** décrets impériaux, qui établissent des conseils de prud'hommes à Pont-Audemer (Eure) et à Romilly-sur-Seine (Aube).

26 décembre, décret impérial qui détermine les attributions respectives du ministre de la guerre et du gouverneur-général de l'Algérie, en ce qui concerne le budget.

En 1864, Napoléon III autorisa 22 communautés de religieuses : sœurs du Verbe incarné, sœurs de la Compassion, servantes du Seigneur ; sœurs fidèles compagnes de Jésus, etc.

1865

7 janvier, décret impérial, qui institue à St-Pons (Hé-rault) une chambre consultative des arts et manufactures.

25 janvier et **18. septembre,** décrets impériaux relatifs aux dépôts de mendicité de Napoléon-Vendée et d'Anglet (Basses-Pyrénées).

25 janvier, décret impérial, concernant les chaudières à vapeur.

31 janvier et **10 mai,** conventions et traité avec la Prusse, le Zollverein et le reste de l'Allemagne excepté l'Autriche: 1° sur la taxe des dépêches télégraphiques ; 2° traité de commerce ; 3° sur la propriété littéraire et artistique.

1er février, décret impérial, qui institue une commission de surveillance de la future Exposition universelle de 1867.

8 février, décret impérial, portant qu'il y a abus dans la lecture, que le cardinal-archevêque de Besançon a faite en chaire, de la lettre encyclique du 8 septembre 1864. — Même censure pour l'évêque de Moulins par un autre décret impérial du même jour.

25 février, décret impérial qui autorise les sociétés légales en Russie à exercer leurs droits en France.

4 mars, 8 et 14 juillet, décret, loi et sénatus-consulte sur l'Algérie (1° création à Alger d'une école normale d'instituteurs pour les Européens et les indigènes ; 2° 2,648,398 fr, 29 cent. d'indemnité sont accordés aux colons, qni ont été victimes de l'insurrection des Arabes en 1864 ; 3° sur l'état des personnes et la naturalisation.)

25 mars, traité de commerce avec la Suède-Norwège.

28 mars, décrets impériaux qui nomment M. le marquis de la Valette ministre de l'intérieur et M. Baudet sénateur.

8 avril, 18 septembre, décrets impériaux, qui autorisent la Banque de France à créer des succursales à Chambéry, Annecy et Chaumont (Hte-Marne).

8 avril, décret impérial concernant le chemin de fer de Pithiviers à Malesherbes.

28 avril, 5 août et **31 décembre,** décrets impériaux, qui nomment sénateurs MM. Sainte-Beuve, de l'Académie française; le vice-amiral comte Bouët-Willaumez et le général Vinoy.

28 avril, décret impérial, qui établit une faculté de droit à Douai.

10 mai et **17 juin,** décrets impériaux qui établissent des conseils de prud'hommes à St-Omer, à Dunkerque et à St-Junien (Haute-Vienne).

13 mai, décret impérial, accordant les avantages du traité avec la Prusse à l'Angleterre, à la Belgique, à l'Italie et à la Suède-Norwège.

17 mai, convention avec le Pérou relativement au guano.

31 mai, loi relative à la pêche fluviale.

8 juin, décret impérial : amnistie à la presse; les avertissements donnés sont nuls et non avenus.

14 juin, loi concernant les chèques (écrits qui, sous la forme d'un mandat de paiement, servent aux tireurs à effectuer le retrait à leur profit ou au profit d'un tiers, de tout ou partie des fonds portés au crédit de leur compte chez les tirés) et (se trouvant) disponibles.

17 juin, décret impérial, relatif au chemin de fer de Toulouse à Auch.

24 juin, décr. impér. relatif au bureau de poste français, établi à Yokohama (Japon).

24 juin, lois relatives : 1° aux conseils de préfecture ; 2° à l'enseignement secondaire spécial ; 3° aux associations syndicales.

12 juillet, loi concern. les chemins de fer d'intérêt local.

12 juillet, loi qui autorise la ville de Paris à emprunter 250 millions.

14 juillet, décret impérial, relatif à la convention de Genève (secours aux blessés).

14 juillet, loi sur la mise en liberté provisoire.

26 juillet, convention de commerce avec l'Espagne.

15 août, traité de commerce avec la Hollande.

26 août, décret impérial, relatif au chemin de fer de Bar-sur-Seine à Châtillon.

30 août, décret impérial, relatif au chemin de fer de Vitré à Fougères.

1er septembre et **23 décembre,** décrets impériaux, qui nomment le comte Walewski président du Corps législatif et M. Troplong président du Sénat.

2 octobre, décret impérial, qui ouvre le port de Brest au transit des marchandises prohibées et non prohibées.

11 novembre, convention télégraphique avec l'Allemagne, l'Autriche, la Belgique, le Danemark, l'Espagne, la Grèce, l'Italie, etc., signée à Paris.

30 décembre, décret impérial, concernant les écoles d'arts et métiers de Châlons-sur-Marne, Angers et Aix.

En 1865, Napoléon III autorisa 10 communautés de religieuses.

1866

6 janvier, décrets impériaux, qui autorisent les villes de Civray (Vienne) et Parthenay (Deux-Sèvres), à établir chacune un collége communal.

7 février, décret impérial, relatif aux pouvoirs du gouverneur des établissements français dans l'Inde en matière de taxes et de contributions publiques.

20 février, décret impérial, qui nomme sénateur M. Boittelle, préfet de police.

28 février, décret impérial, qui autorise la Banque de France à créer des succursales à Evreux, Niort et Castres.

28 mars et 18 avril, loi et décret instituant un prix de 50,000 fr. pour une nouvelle application économique de la pile de Volta.

28 mars, décret impérial, qui crée à Cluny une école normale destinée à former des maîtres pour l'enseignement secondaire spécial.

7 avril et 23 mai, décrets impériaux, qui établissent des conseils de prud'hommes à St-Nazaire (Loire-Inférieure), Montalieu-Vercieu (Isère) et à la Tour du Pin (Isère).

7 avril, relativement à l'acte qui a trait à la navigation des bouches du Danube.

11 avril, décret impérial, portant réglement pour les écoles vétérinaires d'Alfort, Lyon et Toulouse.

18 avril, décret impérial, relatif à l'huile de pétrole.

16 mai, loi relat. aux orgues de Barbarie, serinettes, etc.

19 mai, loi. Budget de 1862: Recettes, 2,177,885.701 fr. 32 c. Déficit, 34,953,625 fr. 98 c.

19 mai, loi sur la marine marchande.

6 juin, convention postale avec le Portugal.

9 juin et 27 décembre, décrets impériaux, qui nomment le comte Walewski président du Corps législatif et M. Troplong, président du Sénat.

13 juin, loi sur la correspondance télégraphique privée, en France.

13 juin, loi concernant les usages commerciaux.

23 juin, décret impérial, qui fixe le contingent de l'Etat dans les frais d'entretien des rues, pavés, ponts, boulevards et places publiques de la ville de Paris.

27 juin, loi concernant les crimes, délits ou contraventions commis à l'étranger.

30 juin, loi relative aux épizooties.

2 juillet, décret impérial, sur les écoles normales primaires.

4 juillet, sénatus-consulte relatif à la Martinique, à la Guadeloupe et à la Réunion.

11 juillet, loi relative à l'amortissement.

14 juillet, loi sur la propriété littéraire et artistique.

14 juillet, convention monétaire avec la Belgique, l'Italie et la Suisse.

18 juillet, sénatus-consulte : « l'indemnité allouée aux dé- « putés du Corps législatif est « fixée à 12,500 fr. pour chaque « session ordinaire, quelle « qu'en soit la durée. »

18 juillet, loi sur les conseils généraux.

18 juillet, loi sur les courtiers de marchandises.

24 juillet, décret impérial, qui supprime la maison centrale de force et de correction, établie à Embrun.

2 août, décret impérial, qui supprime le *Courrier du Dimanche*.

28 août, décret impérial,

concernant les Français, membres de la légion romaine.

12 septembre, décret impérial, qui autorise la fondation à Tours d'un établissement de sœurs de la Présentation de la Ste-Vierge (9 communautés de religieuses furent autorisées en 1866 par l'Empereur).

19 octobre, décret impérial : les obsèques de M. Thouvenel seront célébrées aux frais du Trésor public.

27 octobre, convention commerciale avec le Japon, de concert avec les Etats-Unis, l'Angleterre et la Hollande.

21 novembre, décret impérial, qui crée à Armentières (Nord) une chambre consultative des arts et manufactures.

28 novembre, 2 décrets impériaux, relatifs à la Nouvelle-Calédonie.

5 décembre, décret impérial : les sapeurs-pompiers de Paris formeront 2 bataillons avec un total de 1,572 hommes et 15 chevaux.

13 décembre, décret impérial, qui autorise la congrégation des sœurs du St-Sacrement, existant à Romans (Drôme) à transférer à Valence le siége de la maison-mère (qui s'occupe d'hôpitaux et d'écoles).

13 et 22 décembre, décrets impériaux, relatifs aux courtiers d'un très-grand nombre de départements.

13 décembre, décret impérial, relatif à l'organisation des tribunaux musulmans en Algérie.

19 décembre, décret impérial, qui autorise les sociétés légales de Prusse à exercer leurs droits en France.

19 décembre, décret impérial, qui déclare d'utilité publique l'établissement du chemin de fer d'Hazebrouck à la frontière belge.

19 décembre, décret impérial, qui accorde à la ville d'Amiens un entrepôt réel pour les marchandises prohibées et non prohibées.

19 décembre, traités de commerce, de navigation, convention consulaire, convention sur la propriété littéraire, artistique, etc., avec l'Autriche.

27 décembre, décret impérial, sur l'organisation municipale en Algérie.

31 décembre, décret impérial, qui institue une chaire de physiologie à l'école préparatoire de médecine et de pharmacie de Grenoble.

31 décembre, 5 décrets impériaux établissent des colléges d'enseignement secondaire spécial à Montélimar (Drôme, Lectoure (Gers), Mulhouse, Tournus (Saône-et-Loire) et Bruyère (Vosges).

31 décembre, décret impérial, concernant les établissements, réputés insalubres, dangereux ou incommodes.

1867

9 janvier, décret impérial, qui crée l'archevêché d'Alger et les évêchés d'Oran et Constantine.

15 janvier, la France a 89 départements, 373 arrondissements, 2,941 cantons, 37,548 communes et 38,067,094 hab.; Paris compte 1,825,000 âmes ; Lyon, 323,000 ; Marseille, 300,000 ; Bordeaux, 194,000 ; Lille, 154,000 ; Toulouse, 126,000 ; Nantes, 111,000; Rouen, 100,000 ; St-Etienne, Brest, 79,000 ; Toulon, 77,000 ;

le Hàvre, 74,000 ; Roubaix, 65,000 ; Amiens, 61,000; Nîmes et Reims, 60,000 ; Montpellier, 55,000 ; Angers, 54.000 ; Limoges, 53,000 ; Nice, 50,000 ; Rennes, Orléans et Nancy, 49,000 ; Besançon, 46,000 ; Le Mans, 45,000 ; Versailles, 44,000 ; Tours, 42,000 ; Caen, 41,000 ; Grenoble et Boulogne-sur-mer, 40,000 ; Dijon, 39,000 ; Tourcoing, 38,000; Cherbourg, Lorient et Clermont-Ferrand, 37,000 ; Avignon, 36,000 ; Troyes, 35,000 ; Dunkerque, 33,000 ; St-Quentin, 32,000; Poitiers, 31,000.; Rochefort et Bourges, 30,000 ; Aix, 28,000; Béziers et Laval, 27,000 ; Arles, Bayonne et St-Denis, 26,000; Angoulême, Arras,Perpignan et Montauban, 25,000 ; Cette, Vienne, Douai, Valenciennes et Pau, 24,000 ; le Creuzot ; 23,000 ; Carcassonne et Cambrai, 22,000 ; Bastia, St-Omer, Elbeuf et Castres, 21,000 ; Périgueux, Valence, Blois, Nevers et Niort, 20,000; Moulins, Chartres, Alais, Roanne, le Puy, Châlons-sur-Saône, Dieppe et Abbeville, 19,000 ; Montluçon, Annonay, La Rochelle, St-Nazaire, Agen, Mâcon et Chambéry, 18,000 ; Narbonne, Châteauroux, Châlons-sur-Marne, St-Pierre-lès-Calais,Boulogne-sur-mer, Neuilly, St-Germain-en-Laye, 17,000 ; Alençon, Thiers et Alby, 16,000; Sedan, St-Brieuc,Granville,Lunéville, Bar-le-duc, Armentières, Beauvais, Tarbes, Tarare, Levallois-Perret et Auxerre, 15,000 ; Ajaccio, Issoudun, Libourne, Cahors, Vannes, Morlaix, Vincennes et Châtellerault. 14,000 ; Bourg, Millau, Villeneuve-sur-Lot, Cholet, Saumur, Halluin, Wattrelos et Clichy, 13,000; Grasse, Rodez,Tarascon,Lambézellec,

Tulle, Bergerac, Evreux, St-Servan, St-Chamond, Verdun, Bailleul, Auch, Compiègne, Calais, Autun, Quimper, Fécamp et Mazamet, 12,000 ; Soissons, Charleville, Saintes, Louviers, Montélimar, Romans, Dôle, Epernay, Denain, Annecy, Meaux, Melun, La Seyne, Epinal et Sens, 11,000; Laon,Aurillac, Brives,Beaune, Lodève, St-Malo, Voiron, St-Dizier, Mayenne, Maubeuge, St-Amand, Flers, Riom, Ivry, Sotteville, Fontainebleau, Hyères, Carpentras, Orange et St-Dié, 10,000.

17 janvier, décrets impériaux, relatifs aux courtiers de marchandises d'un grand nombre de départements.

17 janvier, 25 janvier, 13 mars, 6 avril, 18 mai, 19 juin et **3 août**, décrets impériaux qui autorisent 16 communautés de religieuses, principalement des petites sœurs des Pauvres.

17 janvier, décrets impériaux, établissant à Forbach (Moselle), et à Ste-Marie-aux-Mines (Haut-Rhin), des collèges d'enseignement secondaire spécial.

17 janvier, 30 mars, 29 mai, 15 juin, 31 juillet, 14 et 16 août, 25 septembre, 9 novembre et 12 décembre, décrets impériaux relatifs aux chemins de fer d'Aire aux mines de houille du Pas-de-Calais, de Bourg à Châlons-sur-Saône et à Cluse, d'Ambérieux à Villebois, d'Alais au Pouzin et à Aubenas, de Sarreguemines à la frontière prussienne, de Gisors à Vernonnet (Eure), de St-Chinian à Montbazin, d'Agde à Mèze, de Montpellier à Rabieux et à Palavas, de Roquossels à Pézenas, de la Flèche à Aubigné, de Mamers à St-

Calais, de Sarreguemines à Sarrebrück, d'Amagne à Vouziers, du Pont-Maugis à Raucourt et à Mouzon, de Carignan à Messempré, de Donchéry à Vrigne-aux-Bois, de la station de Monthermé à Monthermé, et d'Arches à Laveline (Vosges).

19 janvier, décret impérial qui remplace l'adresse par le droit d'interpellation et envoie les ministres au Sénat et au Corps législatif en vertu d'une délégation spéciale pour y participer à certaines discussions.

20 janvier, décret impérial portant que M. Rouher conserve les fonctions de ministre d'Etat et est nommé ministre des finances.

20 janvier, décrets impériaux, qui nomment le maréchal Niel ministre de la guerre; l'amiral Rigault de Grenouilly ministre de la marine et des colonies et M. de Forcade la Roquette ministre de l'agriculture, du commerce et des travaux publics.

22 janvier et **2 avril**, décrets impériaux qui nomment sénateurs MM. Chaix d'Estange et le comte Walewski.

30 janvier, convention avec le Pérou relativement à l'importation du guano et du borax.

1er février et **31 décembre**, décrets impériaux, qui autorisent la Banque de France à établir des succursales à Rodez, St-Brieuc, Lorient, Perpignan, Montauban, Auxerre, Périgueux, Roubaix et Tourcoing.

1er février et **23 février**, décrets impériaux accordant une indemnité aux courtiers des Côtes-du-Nord, d'Ille-et-Vilaine, de Maine-et-Loire et de la Charente-Inférieure.

1er février, décret impérial, qui supprime le mont de piété de Bergues (Nord).

5 février, décret impérial, portant réglement des rapports du Sénat et du Corps législatif avec l'Empereur et le Conseil d'État, et établissant les conditions organiques de leurs travaux.

9 février, décret impérial relatif aux gazomètres.

9 février, décret impérial, relatif aux droits de navigation intérieure.

20 février, décret impérial relatif au canal du Lagoin (Basses-Pyrénées), qui emprunte, pour l'irrigation, des eaux au gave de Pau.

14 mars, sénatus-consulte, qui modifie l'article 26 de la Constitution.

6 mars et **16 mars**, décrets impériaux qui créent des conseils de prud'hommes à Lyon (pour les industries des bâtiments) et à Hazebrouck.

27 mars, décret impérial, allouant 2,705,000 francs pour le paiement des pensions civiles.

2 avril, décret impérial qui nomme M. Schneider président du Corps législatif.

10 avril, loi sur l'enseignement primaire.

13 avril, décret impérial, relatif au canal de la Sarre.

1er mai, loi sur les douanes.

8 mai, loi qui accorde à Lamartine, à titre de récompense nationale, une somme de 500,000 francs.

8 mai, loi. Budget de 1863: Recettes, 1,828,641,749 fr. 21 c. Excéd. des recettes, 53,302,008 francs 55 c.

1er juin, traité de Londres pour régler la situation du grand-duché de Luxembourg.

19 juin, décret impérial, sur les frais de route des militaires isolés (108 pages de texte).

15 juin et **17 juillet,** décrets impériaux, relatifs aux dépôts de mendicité de Montreuil-sous-Laon (Aisne) et de Beaugency.

29 juin, loi sur la révision des procès criminels et correctionnels.

29 juin, loi sur la naturalisation.

17 juillet, loi sur le régime commercial de l'Algérie.

22 juillet, loi abolissant la contrainte par corps.

24 juillet, loi sur les conseils municipaux.

24 juillet, loi sur les sociétés en commandite et autres.

27 juillet, loi relative à la répression des fraudes dans la vente des engrais.

27 juillet, traité et convention avec le Portugal (1° commerce; 2° convention consulaire; 3e propriété littéraire).

28 juillet et **3 août,** conventions postales avec la Grèce et le Danemark.

5 octobre, traité de commerce avec les Etats pontificaux.

5 novembre, traité sur la propriété littéraire.

13 novembre, décret impérial, qui place dans les attributions du ministère d'Etat les services du *Moniteur universel,* du *Moniteur du soir* et du *Moniteur des communes.*

13 novembre, décret impérial, qui nomme M. Pinard ministre de l'intérieur et M. Magne ministre des finances.

23 novembre, convention avec l'Uruguay.

18 décembre, convention postale avec la Suède-Norwège.

18 décembre, convention postale additionnelle avec la Bavière.

25 décembre, décret impérial, qui donne à une fontaine publique à Cayenne le nom de l'affranchi Dunez, en souvenir de ses vertus.

28 décembre, convention avec le grand-duché de Luxembourg pour les pièces et papiers à légaliser.

31 décembre, décrets impériaux, qui créent une chaire nouvelle à chacune des écoles préparatoires de médecine et de pharmacie, de Marseille et de Nantes.

31 décembre, décret impérial, qui crée une chaire d'histoire naturelle à l'école préparatoire de médecine et de pharmacie, de Lyon.

1868

3 janvier, 23 janvier, 30 mai, 17, 20 et **24 juin, 18** et **26 juillet, 11** et **24 octobre** et **27 novembre,** décrets impériaux, relatifs aux chemins de fer de Marseille à la Madrague de Podestat et dans Marseille même, de Digne à Avignon et Gap, d'Achiet à Bapaume (Pas-de-Calais), de Pantin au canal de St-Denis, de Rouen au Petit-Quevilly, de Briouze à la Ferté-Macé, de Lérouville à Sedan, d'Epinal à Neufchâteau, de Besançon à la frontière Suisse, de Clermont-Ferrand à Tulle et à Vendes, d'Orléans à Châlons-sur-Marne, d'Aurillac à St-Denis-lès-Martel, de Niort à Ruffec, de Bressuire à Poitiers et à Monts, de St-Nazaire au Croisic, de Sottevast à Coutances, d'Arras à Etaples, Béthune et Abbeville, de Lyon à Montbrison, de Cercyla-Tour à Gilly-sur-Loire, d'Auxerre à la ligne du Bourbonnais, de Tours à Montluçon, de Gravelines à la ligne de Lille à Calais, de Magny à Chars, de Nancy à Vézelise, à Château-Salins et à Vic, d'Avricourt à Cirey, de Sarrebourg à Fénétrange et à Sarreguemines, de Belleville (Rhône) à Beaujeu, de Rambervillers à Charmes (Vosges), et de Bazancourt à Bétheniville.

8 janvier, convention postale additionnelle avec le grand-duché de Bade.

15 janvier, décret impérial prorogeant jusqu'au 1er novembre 1881 le privilége de la Banque de l'Algérie.

18 janvier, loi qui ouvre un crédit de 3 millions pour œuvres de bienfaisance publique.

18 janvier, loi qui ouvre un crédit de 400,000 fr. destiné à venir en aide aux populations de l'Algérie.

22 janvier, décret impérial relatif aux sociétés d'assurances.

22 janvier et 18 mars, décret impérial, qui transfère la sous-préfecture et le tribunal de 1re instance de Savenay à St-Nazaire.

25 janvier, décret impérial sur la pêche fluviale.

1er février, loi sur le recrutement de l'armée et sur l'organisation de la garde nationale mobile.

5 février, décret impérial, qui établit en Algérie des kadis avec 1,000 ou 1,200 ou 1,500 francs de traitement (il y a aussi des recettes éventuelles).

19 février, convention postale avec la Hollande.

22 février, priviléges accordés aux Italiens en France et aux Français en Italie.

29 février, traités avec le royaume de Siam relativement au royaume de Cambodge et à l'importation des vins et spiritueux dans le Siam.

29 février, 18 avril et 27 mai, décrets impériaux, qui autorisent la Banque de France à établir des succursales à Valence, Epinal et Moulins.

4 mars, convention avec la Belgique relativement aux rivières et canaux qui relient les deux pays.

7 mars, convention postale avec le grand-duché de Luxembourg.

7 mars, 8 avril et 16 mai, traités avec la Bavière, le grand-duché de Bade et le grand-duché d'Oldenbourg relativement à l'arrestation des criminels.

7 mars, décret impérial, relatif à l'admission des conducteurs des ponts et chaussées dans le corps des ingénieurs.

12 mars, décret impérial, qui nomme le général de Failly sénateur.

18 mars, décret impérial, qui nomme M. Schneider président du Corps législatif. — Autre, relatif à l'administration de la Nouvelle-Calédonie.

24 mars, loi appelant 100,000 hommes de la classe de 1867.

24 mars et 15 avril, décrets impériaux, relatifs aux dépôts de mendicité du Mans et de Lons-le-Saulnier.

24 mars, loi accordant un secours de 3 millions à l'Algérie, en proie à la disette.

28 mars, décision impériale sur l'organisation de la garde nationale mobile.

3 avril, décret impérial, relatif à l'Observatoire de Paris.

22 avril, décret impérial,

sur l'épreuve des armes à feu portatives.

6 mai, décret impérial, qui crée une chambre de commerce à Tarare (Rhône).

11 mai, loi relative à la presse.

23 mai et 20 juin, décrets impériaux qui autorisent les sociétés légalement formées dans le royaume de Saxe et en Autriche à exercer leurs droits en France.

24 mai, décret impérial, qui remplace à l'école des langues orientales vivantes la chaire d'arabe littéraire par une chaire de Japonais.

30 mai, loi. Budget de 1864: Recettes, 1,958,633,338 fr. 70 c. Déficit, 50,852,292 fr. 50 c.

30 mai, décret impérial relatif à la police des villes de France qui ont plus de 40,000 habitants.

6 juin, loi relative aux réunions publiques.

6 juin, décret impérial qui crée une seconde chaire de clinique externe à l'école préparatoire de médecine et de pharmacie de Bordeaux.

27 juin, convention avec la Belgique relative aux pêcheurs et aux engins de pêche.

27 juin, convention avec la Bavière relative à l'expulsion réciproque de Français et de Bavarois.

27 juin, convention avec la Turquie relative aux droits des Français dans l'empire Ottoman.

4 juillet, loi qui autorise la compagnie du canal de Suez à faire une émission de titres remboursables avec lots par la voie du sort.

4 juillet, loi qui fixe la taxe des dépêches télégraphiques privées.

11 juillet, loi créant deux caisses d'assurances pour les travailleurs agricoles et industriels, blessés ou tués.

11 juillet, loi portant qu'un appel de 100,000 hommes, sera fait en 1869 sur la classe de 1868.

11 juillet, lois relatives : 1º aux chemins vicinaux ; 2º aux douanes.

31 juillet, décret impérial, qui crée à Paris une école pratique des hautes études.

1er août, loi relative à un emprunt de 429 millions.

2 août, loi relative à la garantie de l'emprunt à contracter par la commission européenne du Danube.

2 août, loi qui abroge l'article 1781 du Code Napoléon.

4 août, décret impérial, qui crée à Beaufort (Maine-et-Loire), un collége pour l'enseignement secondaire spécial.

10 août, décret impérial, sur les engagements volontaires.

14 août, décret impérial, qui nomme sénateur le docteur Nélaton.

18 août, décrets impériaux, relatifs à l'organisation des tribunaux dans nos possessions de l'Océanie.

20 septembre, décret impérial sur la pisciculture.

7 novembre et 9 novembre, décrets impériaux relatifs aux sucres.

12 novembre, décret impérial, fixant divers traitements dans l'ordre judiciaire.

4 décembre, décret impérial, relatif à l'accession de la Grèce à la convention monétaire, du 23 décembre 1865.

10 décembre, décret impérial relatif à l'emprunt mexicain.

12 décembre, décret impérial, relatif à la télégraphie internationale.

17 décembre, décret impérial, qui nomme M. le marquis de La Valette, ministre des affaires étrangères ; M. de Forcade La Roquette, de l'intérieur et M. Gressier, de l'agriculture, du commerce et des travaux publics.

19 décembre, décret impérial, qui nomme M. Troplong présid ent du Sénat pour l'année 1869.

23 décembre, décret impérial qui affecte le dépôt de mendîci té de Rabès (Corrèze) au ser vice du département de la Dor dogne.

26 décembre, décr. impér., qui fixe les cautionnements des receveurs des postes dans les départem., et en Algérie.

30 décembre, décret impérial, qui fixe à 71 le nombre des commissaires de police dans la ville de Paris.

30 décembre, décret impérial qui approuve la déclaration de St-Pétersbourg (11 décembre 1868), contre l'emploi de certains projectiles en temps de guerre.

31 décembre, décret impérial, concernant la télégraphie internationale.

En 1868 Napoléon III autorisa 19 communautés de religieuses et celle des petits frères de Marie.

Il résulte de différents décrets de cette année-ci et d'autres que les mines exploitées en France, paient des annuités au Trésor.

En 1867, 1868, 1869 et 1870, le gouvernement recourut maintes fois à ce qu'on appelle virement de fonds.

1869

2 janvier, 30 janvier, 17 février, **31 mars, 24 avril, 1er et 15 mai, 4 août, 22 septembre, 1er, 18 et 22 décembre**, décrets impériaux, relatifs aux chemins de fer de Boissy St-Léger à Brie-comte-Robert, de Grenoble à la ligne d'Avignon à Gap, de Sarreguemines à Sarralbe, de Courcelles-sur-Nied à Téterchen, de Condom à Port Ste-Marie, de Colmar au Rhin, de Bordeaux à la Sauve, de Gamaches à la limite du département du Pas-de-Calais, d'Evreux à Elbeuf, de Dreux à Acquigny, de Steinbourg à Bouxwiller, d'Orléans à Rouen, de La Rochelle à Rochefort. de la Fosse St-René à Déchy (Nord), de Fougères à la baie du Mont St-Michel, du Tréport à Abancourt et de Villebois à Montolieu (Isère).

16 janvier et **24 juillet**, décrets impériaux autorisant l'établissement des petits séminaires d'Abbeville et de St-Jean en Royans (Drôme).

25 janvier, acte final de la délimitation entre la France et l'Espagne.

27 janvier, décret impérial, qui établit un concours général entre les élèves des facultés de droit.

30 janvier, décr. impér. qui autorise la Banque de France à créer une succursale à Blois.

30 janvier, décret impérial portant création d'un tribunal de commerce à Roubaix.

30 janvier et **17 mars**, décrets impériaux, relatifs à la pisciculture.

13 février, décrets impériaux, autorisant Blaye et Brioude à rétablir leurs colléges communaux.

20 février, convention avec la Belgique, relativement à la propriété littéraire et artistique.

27 février et **4 août**, décrets impériaux qui autorisent à Sarrebourg (Meurthe) et à Beaucaire (Gard), la création de colléges d'enseignement secondaire spécial.

2 mars, décrets impériaux. portant que les funérailles de MM. Troplong et Lamartine seront célébrées aux frais du Trésor public.

13 mars, traité de commerce avec Madagascar.

16 mars, 19 juin, 20 juillet et 27 décembre, décrets impériaux, qui nomment M. Schneider président du Corps législatif et M. Rouher président du Sénat.

19 mars, décret impérial, qui sépare le service des contributions indirectes de celui des douanes.

10 avril, loi qui modifie celle du 18 avril 1831 sur les pensions de l'armée de mer.

14 avril, 12 mai et **20 décembre**, conventions avec le grand-duché de Hesse, la Belgique et la Bavière pour l'extradition des malfaiteurs.

15 avril, loi portant qu'il sera fait en 1870, un appel de cent mille hommes sur la classe de 1869.

18 avril, loi relative à 465,775,195 fr. dûs par la ville de Paris au Crédit foncier.

24 avril, loi. Budget de 1865 : Recettes, 1,921,623,142 fr. 84 c. Excédant de recettes, 21,961,530 fr. 02 c.

27 avril, décret impérial, portant dissolution du Corps législatif.

28 avril, loi qui attribue à la cour impériale de Saïgon (Cochinchine) les appels des jugements des tribunaux consulaires de la Chine, du royaume de Siam et du Japon, et la connaissance des crimes commis par des Fran-

çais dans les mêmes contrées.

29 avril, décret impérial, sur les engagements volontaires et les rengagements.

5 mai, loi portant création de pensions pour les anciens militaires de la République et de l'Empire.

5 mai, loi relative aux dépenses du service des enfants assistés.

5 mai, 20 juin et 22 novembre, décrets impériaux, relatifs aux dépôts de mendicité d'Albi, le Mans et Brest.

6 mai et **21 juillet**, décrets impériaux, qui nomment sénateurs le baron Taylor, Claude Bernard, Duruy, etc.

19 mai, décret impérial sur les frais de route des militaires isolés.

2 juin, convention postale avec l'Italie.

16 juillet, décret impérial, qui crée un conseil de prud'hommes à Châtellerault.

17 juillet, décrets impériaux qui suppriment le ministère d'Etat, rétablissent le ministère de l'agriculture et du commerce, et nomment M. Duvergier garde des sceaux, ministre de la justice et des cultes ; M. le prince de la Tour d'Auvergne, ministre des affaires étrangères ; M. de Forcade la Roquette, ministre de l'intérieur ; M. Magne, ministre des finances ; M. le maréchal Niel, ministre de la guerre ; M. l'amiral Rigault de Genouilly, ministre de la marine et des colonies ; M. Bourbeau, ministre de l'instruction publique ; M. Gressier, ministre des travaux publics ; M. Alfred Leroux, ministre de l'agriculture et du commerce ; M. le marquis de Chasseloup-Laubat, ministre présidant le Conseil d'Etat.

18 juillet, décret impérial,

qui nomme le maréchal Vaillant ministre de la maison de l'Empereur et des Beaux-Arts.

28 juillet, convention avec les Etats-Unis en faveur des marques de fabrique.

7 août, décret impérial, modifiant les statuts du Crédit foncier.

11 août, décret impérial, changeant en lycée le collège communal de Guéret.

14 août, décret impérial, accordant une amnistie.

21 août, décret impérial, qui nomme M. le général Lebœuf ministre de la guerre.

8 septembre, sénatus-consulte qui modifie la Constitution.

8 septembre, décision impériale qui modifie la réorganisation, du 2 décembre 1862, de l'administration centrale du ministère de la guerre.

11 septembre, décret impérial : « il est institué des « tribunaux d'arrondissement « à Grand-Bassam, à Assinie, « à Dabou et au Gabon (Côte-« d'Or). »

22 septembre, décret impérial sur l'organisation du notariat en Cochinchine.

19 octobre, convention avec la Suisse sur la compétence judiciaire et l'exécution des jugements en matière civile.

8 novembre, décret impérial, portant réorganisation de l'école des langues orientales vivantes.

8 novembre, décret impérial, réglant les rapports entre l'Empereur, le Sénat, le Corps législatif et le Conseil d'Etat.

18 novembre, décret impérial, organisant le conseil supérieur du commerce, de l'agriculture et de l'industrie.

11, 15 et 18 décembre, décrets impériaux relatifs aux lycées.

21 décembre, décret impérial, portant organisation du personnel du service des prisons et établissements pénitentiaires.

25 décembre, décret impérial, relatif aux lycées.

En 1869, Napoléon III autorisa 9 communautés de religieuses.

1870

2 janvier, décrets impériaux, qui nomment M. Emile Ollivier garde des sceaux, ministre de la justice et des cultes ; M. le comte Daru, ministre des affaires étrangères ; M. Chevandier de Valdrôme, ministre de l'intérieur; M. Buffet, ministre des finances ; M. le général Lebœuf, ministre de la guerre ; M. l'amiral Rigault de Genouilly, ministre de la marine et des colonies ; M. Segris, ministre de l'instruction publique ; M. le marquis de Talhouet, ministre des travaux publics ; M. Louvet, ministre de l'agriculture et du commerce ; M. le maréchal Vaillant, ministre de la maison de l'Empereur ; M. Maurice Richard, ministre des Beaux-Arts et M. de Parieu, ministre présidant le Conseil d'Etat.

3 janvier, décret impérial, relatif au régime des sucres.

5 janvier, décret impérial, qui autorise la création à Brest d'un entrepôt réel des douanes.

8 janvier, 12 janvier et **29 juin**, conventions avec la Suède-Norwège, la Suisse et l'Italie, relativement à l'extradition réciproque des malfaiteurs.

9 janvier, décrets impériaux, concernant l'importation des fers, fontes et tissus de coton.

12 janvier, 19 février, 12 mars, 23, 27 et 30 avril, 11 mai, 4 juin et **15 août,** décrets impériaux, relatifs aux chemins de fer de Dunkerque à Furnes, d'Hazebrouck à Poperinghe, du Pas-des-Lanciers à Martigues, de Tarascon à Saint-Remy, d'Alençon à Condé-sur-Huisne, d'Anzin à Péruwelz, de Wisches à Schirmeck et à Mutzig, de Nizan à Saint-Symphorien (Gironde), d'Orbec à Lisieux, de Falaise à Berjon-pont d'Ouilly (Calvados), d'Armentières à Ostende et de Saint-Quentin à Guise (Aisne).

22 janvier et **6 juillet,** décrets impériaux, qui autorisent la Banque de France à créer des succursales à Bourges et à Chartres.

22 janvier et **29 juin,** décrets impériaux, qui autorisent les petits séminaires de Perpignan et de Beaupréau (Maine-et-Loire).

31 janvier, décret impérial portant que la grande-chancellerie de la Légion d'honneur est distraite du ministère des Beaux-Arts et placée dans les attributions du ministère de la justice et des cultes.

12 février, décret impérial sur les octrois.

9 mars, décret impérial, qui établit à la faculté de médecine de Paris une chaire d'histoire de la médecine et de la chirurgie.

16 mars, décret impérial, relatif au concours pour la nomination des auditeurs au Conseil d'Etat.

11 avril et **9 juillet,** dé-crets impériaux, qui créent des chambres de commerce à Fougères (Ille-et-Vilaine) et à Narbonne.

14 avril, décret impérial, qui nomme M Segris, ministre des finances.

16 avril et **16 mai,** dé-crets impériaux, qui créent des conseils de prud'hommes à Angers et à Millau (Aveyron).

21 avril, loi qui réduit à 90,000 hommes le contingent de la classe de 1869.

23 avril, décret impérial, qui convoque le peuple français dans ses comices (pour un plébiscite ; on devait voter par *oui* ou par *non* la formule : le peuple approuve, les réformes libérales, opérées dans la Constitution, depuis 1860, par l'Empereur, avec le concours des grands corps de l'Etat et ratifie le sénatus-consulte du 20 avril 1870. Suit le texte de ce sénatus-consulte).

7 mai, convention avec l'Italie, relativement à l'assistance judiciaire.

15 mai, décrets impériaux qui nomment MM. Plichon, ministre des travaux publics ; le duc de Gramont, ministre des affaires étrangères ; et Mège, ministre de l'instruction publique.

15 mai, décrets impériaux, qui distraient les haras du ministère des Beaux-Arts et les placent dans les attributions du ministère de l'agriculture et du commerce ; distraient du ministère de l'instruction publique l'Institut, l'Académie de médecine, l'Ecole des chartes, celle des langues orientales, les bibliothèques, etc., et les réunissent au ministère des lettres, sciences et beaux-arts.

18 mai, déclaration du Corps législatif : le plébiscite a donné 7,350,142 *oui* ; 1,538,825 *non ;* il y a eu 112,975 bull. nuls. Total des inscrits, 10,889,196. Total des votants, 9,001,142. Inscrits de l'armée tant de terre que de mer, 376,601. Le département du Nord a donné 235,521 *oui* (maximum). Les deux départements 1° de la Seine; 2° des Bouches-du-Rhône ont donné plus de *non* que de *oui :* 1° 184,345 *non* et 138,406 *oui* ; 2° 52,982 *non* et 39,534 *oui*. Le département du Nord a donné 30,895 *non*. Le département de la Seine a donné le maximum de *non*. En Corse, il n'y a eu que 523 *non*. (Voir plus bas, 18 juin).

25 mai, décret impérial, portant réglement d'administration publique sur les mesures à prendre pour faire concourir le service télégraphique aux envois d'argent par la poste.

8 juin, convention avec la Belgique, relativement à l'assistance judiciaire. (Des conventions analogues venaient d'être conclues avec la Bavière et le grand-duché de Luxembourg.

11 juin, convention avec la Russie, concernant les marques de fabriques.

18 juin, rectification ayant trait au plébiscite : 10,939,384 inscrits ; 9,044,703 votants ; 7,368,786 *oui* ; 1,572,939 *non :* bulletins nuls, 113,978.

18 juin et **24 juin,** convention postale avec les Iles Britanniques.

16 juillet, loi modifiant celle du 21 mars 1832 en ce qui concerne le remplacement militaire.

17 juillet, loi qui ouvre au ministre de la guerre un supplément de crédit de 50 mil-lions de francs sur le budget extraordinaire de 1870.

17 juillet, loi qui ouvre au ministre de la marine et des colonies un crédit de 16 millions de francs sur l'exercice 1870.

17 juillet, loi appelant à l'activité la garde nationale mobile et réglant les engagements volontaires en temps de guerre.

20 juillet, loi qui porte à 140,000 hommes le contingent de la classe de 1870.

21 juillet, loi interdisant de rendre compte des mouvements et opérations militaires.

21 juillet, loi relative aux chemins vicinaux.

22 juillet, loi municipale : les maires et les adjoints, nommés par l'empereur ou le préfet sont choisis dans le sein du conseil municipal. Les conseils municipaux sont élus pour 5 ans.

23 juillet, loi relative aux conseils généraux et aux conseils d'arrondissement.

23 juillet, lettres-patentes qui confèrent à l'impératrice le titre de régente pour en exercer les fonctions pendant l'absence de l'empereur.

26 juillet, décret impérial, qui déclare en état de siège les départements de la Moselle, du Haut-Rhin et du Bas-Rhin.

26 juillet, décret impérial, relatif au minimum du traitement des instituteurs et des institutrices.

3 août, loi relative aux grandes pêches maritimes. — Loi. Budget de 1866 : Recettes, 1,948,859,642 fr. 74 c. Excédant des recettes, 1,978,659 fr. 82 c.

7 août, décret impérial, qui appelle à faire partie de la garde nationale sédentaire les hommes de 30 à 40 ans.

9 août, décret impérial, qui met le département de la Hte-Garonne en état de siège.

9 août, décrets impériaux, nommant un nouveau ministère : guerre, le général Cousin de Montauban comte de Palïkao ; intérieur, Henri Chevreau ; finances, Magne ; justice et cultes, Grandperret ; affaires étrangères, le prince de la Tour-d'Auvergne ; marine et colonies, l'amiral Rigault de Genouilly ; instruction publique, Jules Brame ; travaux publics, le baron Jérôme David ; agriculture et commerce, Clément Duvernois ; Conseil d'Etat, Busson-Billault.

10 août, loi relative à l'augmentation des forces militaires pendant la guerre.

12 août, loi relative au cours légal des billets de la Banque de France.

12 août, loi autorisant le ministre des finances à se procurer un milliard.

12 août, loi rétablissant la garde nationale dans tous les départements.

13 août, loi relative aux échéances des effets de commerce.

13 et 20 août, décrets impériaux, qui déclarent en état de siège le département du Var, Cherbourg, Brest, Lorient et Rochefort, enfin le département des Pyrénées-Orientales.

14 août, loi relative aux notaires, officiers ministériels, etc., appelés sous les drapeaux.

14 août, loi relative à l'émission de billets de la Banque de France, pour une somme de 2 milliards 400 millions.

17 août, loi qui autorise la ville de Paris, à prélever une somme de 5 millions pour venir en aide aux familles de Paris, dont les soutiens sont appelés sous les drapeaux.

18 août, loi qui incorpore dans la garde nationale mobile les jeunes gens des classes de 1865 et 1866, célibataires ou veufs sans enfants et admet les anciens militaires à remplacer les citoyens appelés sous les drapeaux par la loi du 10 août 1870.

18 août, décret impérial, qui autorise la ville de Tlemcen (Algérie), à fonder un collége communal.

18 août, décret impérial, qui autorise la ville de Verneuil (Eure) à créer un collége d'enseignement secondaire spécial.

22 août, décret impérial, qui déclare les départements du Cher et de la Nièvre en état de siège.

23 août, décret impérial, qui supprime le ministère des lettres, sciences et beaux-arts.

29 août, loi relative aux forces militaires de la France pendant la guerre.

1er septembre, loi qui autorise le gouvernement à mettre en réquisition toute commande d'armes faite par l'étranger dans les fabriques françaises.

2 septembre, loi sur la garde nationale du département de la Seine.

3 septembre, loi portant de 18 à 24 millions l'émission des billets de la Banque d'Algérie.

Du 1er janvier au 4 septembre 1870, Napoléon III autorisa 16 communautés de religieuses.

RÉPUBLIQUE
(4 sept. 1870 au 1er janv. 1879).

4 septemb. La République

est proclamée par un *gouvernement de la défense nationale*, composé de MM. Emmanuel Arago, Crémieux, Dorian, Jules Favre, Jules Ferry, Guyot-Montpeyroux, Léon Gambetta, Garnier-Pagès, Magnin, Ordinaire, A. Tachard, Eugène Pelletan, Ernest Picard, Jules Simon. Le même jour, une proclamation est signée par Rochefort et le général Trochu en plus ; les noms de Dorian, Guyot-Montpeyroux, Magnin, Ordinaire, A. Tachard, n'y figurent pas. Sont nommés ministres : affaires étrangères, Jules Favre ; intérieur, Gambetta ; guerre, général Le Flô ; marine, le vice-amiral Fourichon ; justice, Crémieux ; finances, Ernest Picard ; instruction publique et cultes, Jules Simon ; travaux publics, Dorian ; agriculture et commerce, Magnin ; le général Trochu est déclaré chef du gouvernement. Un décret du même jour dissout le Corps législatif et abolit le Sénat. Un autre accorde amnistie pour crimes et délits politiques et délits de presse. Un 3ᵉ décret déclare libres la fabrication, le commerce et la vente des armes.

5 septembre, proclamation à l'armée. Décrets qui abolissent le timbre des journaux et le serment politique. Un autre décret réunit au ministère de l'instr. publiq. la division des beaux-arts et des musées.

6 septembre, décret qui délègue M. Jules Ferry près l'administration du département de la Seine.

7 septembre, décret : 1º relatif à la réhabilitation des condamnés ; 2º qui met en état de siège l'arrondissement du Hâvre ; 3º qui concerne les faillis concordataires.

8 septembre, décret qui convoque les collèges électoraux pour le 16 octobre à l'effet d'élire une assemblée nationale constituante.

9 septembre, décret, qui suspend provisoirement aux entrées de Paris la perception de l'octroi.

10 septembre, décret relatif aux effets de commerce ; — autre, qui rend libres les professions d'imprimeurs et de libraires.

11 septembre, décret relatif au serment *professionnel* des nouveaux fonctionnaires.

12 septembre, décret accordant 1 fr. 50 par jour aux gardes nationaux de Paris, qui en auront besoin. — Autre, concernant les facilités de naturalisation.

14 septembre, décret de M. Crémieux, qui délègue M. Cazot pour représenter hors Paris les services administratifs du ministère de l'intérieur.

14 septembre, décret de M. Crémieux, qui délègue M. Laurier, pour représenter hors de Paris le service politique du ministère de l'intérieur.

15 septembre, décret : l'Assemblée constituante se composera de 764 membres.

16 septembre, décret : M. Glais-Bizoin et le ministre de la marine (Fourichon) se rendront à Tours avec M. Crémieux et y formeront la délégation du gouvernement de la défense nationale.

16 septembre, arrêté, daté de Tours, de M. Crémieux, qui expulse du territoire français tous les étrangers appartenant aux pays en guerre contre la France.

17 septembre, décret : les gardes mobiles à Paris, éliront leurs officiers.

18 septembre, décret : le conseil municipal de Paris sera élu le 28 septembre ; il se composera de 80 membres.

19 septembre, décret : une commission provisoire remplacera le Conseil d'Etat.

20 septembre, décret signé Crémieux, Glais-Bizoin et Fourichon, sur la dissolution des conseils municipaux et la composition des bureaux pour les opérations électorales.

23 septembre, décret : les élections municipales de Paris sont ajournées, considérant les obstacles matériels que les évènements militaires apportent en ce moment à l'exercice des droits électoraux.

23 septembre, (Crémieux) : décret qui accorde un crédit de 23 millions à la commission d'armement.

24 septembre, Tours : (Crémieux, Glais-Bizoin et Fourichon) : les élections municipales et celles pour l'assemblée nationale sont ajournées.

26 septembre, Paris : décret qui autorise l'administration des postes à expédier, par voie d'aérostats, les lettres à destination de la France, de l'Algérie et de l'étranger.

27 septembre, Tours : la ville de Napoléon-Vendée reprendra le nom de La Roche-sur-Yon.

28 septembre, Tours (Crémieux) : décret qui ordonne l'établissement de ballons captifs et de ballons estafettes.

28 septembre, Tours (Crémieux, Glais-Bizoin et Fourichon) : les soldats et caporaux des compagnies de francs-tireurs toucheront 1 fr. par jour, les sergents 1 fr. 25 c. et les sergents-majors 1 fr. 50 c.

29 septembre, Paris : décret relatif à la réquisition de tous les blés et farines existant actuellement dans l'enceinte de Paris.

30 septembre, Tours (Crémieux, Glais-Bizoin et Fourichon) : décret qui exempte de tout service militaire les agents et employés des lignes télégraphiques.

30 septembre, Paris : décret qui supprime la commission d'examen des ouvrages dramatiques.

1er octobre, Paris : décret relatif aux réquisitions.

1er octobre, Tours : décret qui fixe au 16 octobre les élections pour l'assemblée nationale constituante.

2 octobre, Tours : décret signé Crémieux, ouvrant un crédit de 25 millions à la commission d'armement.

4 octobre, Paris : décret qui adjoint M. Gambetta à la délégation de Tours et charge M Jules Favre de l'intérim du ministère de l'intérieur à Paris.

7 octobre, Paris : décret qui autorise le ministre des finances à faire convertir en monnaie, au type de la République, l'argenterie de la liste civile.

10 octobre, Paris : décret qui abolit le cautionnement des journaux.

11 octobre, décret : signé Crémieux, Glais-Bizoin, Fourichon et Gambetta, créant à Tours un service pour l'émission et le paiement des bons du Trésor.

11 octobre, Paris : décret relatif aux corps francs.

12 octobre, décret (Tours): qui dispense les fonctionnaires de l'enseignement public

du service de la garde nationale mobilisée.

13 octobre, décret (Tours):
qui suspend les règles sur
l'avancement dans l'armée et
permet de conférer des grades
temporaires

14 octobre, décret (Tours),
signé Gambetta et C. de Freycinet, qui renvoie devant un
conseil de guerre tout chef
de corps qui se sera laissé
surprendre.

20 octobre, Tours : décret
qui déclare que Châteaudun
a bien mérité de la patrie et
qui alloue un secours de
100,000 francs à la population.

22 octobre, Tours, Gambetta : décret confiant à M.
de Kératry le commandement
des forces de Bretagne et
ouvrant un crédit de 8 millions.

23 octobre, Gambetta :
décret qui autorise le ministre
de la guerre à suspendre la
circulation des trains de marchandises et de voyageurs sur
les chemins de fer.

24 octobre, Tours: décrets
qui déclarent citoyens français les Israélites de l'Algérie
et règle la naturalisation des
musulmans et des étrangers
en Algérie.

24 octobre, Tours : décret
relatif à l'organisation politique de l'Algérie, dont M.
Henri Didier est nommé gouverneur-général civil et le
général Lallemand, commandant militaire.

25 octobre, décret des
quatuorvirs, plus de Roussy,
directeur-général de la comptabilité publique, autorisant
un emprunt de 250 millions
de francs.

26 octobre, Tours : décret
portant de 24 à 34 millions
l'émission des billets de la
Banque d'Alger.

28 octobre, décret : à l'a-
venir, la décoration de la légion d'honneur sera exclusivement réservée à la récompense des services militaires.

1er novembre, Paris : décret relatif au vote sur le
maintien des pouvoirs du gouvernement de la défense nationale.

2 novembre, Tours : décret qui mobilise tous les
hommes valides de 21 à 40
ans. — Gambetta et Stee-
nackers, décret qui réglemente
le service télégraphique dans
chaque corps d'armée.

3 novembre, décret, Gambetta : chaque département
fournira une batterie d'artillerie par cent mille habitants.
— Tout officier partira dans
les 24 heures pour le poste
qui lui est désigné.

4 novembre, Paris : le
scrutin du 5 novembre sera
exclusivement consacré à
l'élection des maires. Il sera
procédé, le 7 novembre, à
l'élection des adjoints.

5 novembre, Tours (Crémieux, Gambetta, Glais-Bizoin
et Fourichon) : décret, le conseil général de Vaucluse est
dissous et remplacé par une
commission départementale.

6 novembre, Tours, (Crémieux, Gambetta, Glais-Bizoin
et Fourichon): décret qui ouvre au ministère de l'Intérieur
un crédit extraordinaire de 60
millions.

8 novembre, décret (Paris)
relatif à la mobilisation des
bataillons de la garde nationale. (On remarque que Rochefort ne signe plus).

14 novembre, Tours (Crémieux, Gambetta, Glais-Bizoin et Fourichon): le conseil
général des Basses-Pyrénées
est dissous et remplacé par une
commission départementale.

24 novembre, décret (Paris) relatif aux pigeons, porteurs de dépêches.

25 novembre, (Tours) Crémieux : il n'y aura plus en France qu'un exécuteur en chef et 5 exécuteurs-adjoints, tous résidant (à Paris).

6 décembre, décret (Paris), qui dissout le bataillon des tirailleurs de Belleville.

8 décembre, décrets qui transportent à Bordeaux le siége de la délégation du gouvernement et instituent une commission chargée de contrôler et liquider provisoirement tous les marchés passés depuis le commencement de la guerre.

12 décembre, (Crémieux): arrêté transférant de Poitiers à Pau la section temporaire de la Cour de cassation.

12 décembre, (Crémieux, Glais-Bizoin et Fourichon) : décret (daté de Bordeaux) prononçant la dissolution du conseil général de la Loire et constituant une commission départementale.

15 décembre, (Crémieux, Glais-Bizoin et Fourichon): décret (daté de Bordeaux) créant un tribunal de commerce à Bouc.

16 décembre, décret : il est alloué aux maires et adjoints des 20 arrondissements de Paris une indemnité individuelle et mensuelle de 300 fr.

17 décembre, décret (daté de Bordeaux),(Crémieux,Glais-Bizoin et Fourichon) : le conseil général du Var est dissous et remplacé par une commission départementale.

19 décembre, (Crémieux, Glais-Bizoin et Fourichon) : décret reconnaissant établissement d'utilité publique l'asile (protestant) du Bon Secours d'Anduze (Gard).

25 décembre, (Crémieux, Gambetta , Glais-Bizoin et Fourichon) : décrets, (tous) les conseils généraux (et) d'arrondissements sont dissous.

1871

8 janvier, Bordeaux : décret réduisant de 50 à 20 centimes par mot la taxe des dépêches envoyées à Paris par pigeons-voyageurs.

22 janvier, Paris : décret qui supprime les clubs jusqu'à la fin du siége.

22 janvier, Paris : décret qui supprime le journal *le Réveil*, et le journal *le Combat.*

28 janvier, Bordeaux : décret prononçant la déchéance des magistrats qui ont pris part aux commissions mixtes de 1852 (sont déchus : Devienne, Raoul Duval, de Bigorie de Laschamps, Massot et 11 autres).

29 janvier, Paris : décret convoquant les colléges électoraux à l'effet d'élire l'assemblée nationale.

31 janvier, Bordeaux : décret : ne pourront être élus représentants du peuple à l'assemblée nationale les individus qui, depuis le 2 décembre 1851 jusqu'au 4 septembre 1870, ont accepté les fonctions de ministres, sénateurs, conseillers d'Etat et préfets.

1er février, Paris : décret, M. Hérold est nommé ministre de l'intérieur, par intérim.

4 février, Paris : décret qui annule le décret de Bordeaux du 31 janvier.

6 février, Bordeaux : décret qui nomme M. Emmanuel Arago ministre de l'intérieur et, par intérim, de la guerre.

17 février, résolution de l'assemblée nationale ayant pour objet de nommer M. Thiers chef du pouvoir exécutif de la République française.

19 février, arrêté par lequel M. Thiers nomme Dufaure à la justice ; Jules Favre, aux affaires étrangères ; Ernest Picard, à l'intérieur; Le Flô, à la guerre ; Pothuau, à la marine ; Jules Simon, à l'instruction publique et aux cultes ; Lambrecht, à l'agriculture et au commerce ; de Larcy, aux travaux publics ; et Buffet aux finances.

25 février, arrêté qui nomme M. Pouyer-Quertier ministre des finances, en remplacement de M. Buffet non-acceptant.

2 mars, loi qui ratifie les préliminaires de paix signés à Versailles, le 26 février 1871. La France perd l'Alsace et une partie de la Lorraine ; elle paiera en outre 5 milliards à S. M. l'Empereur d'Allemagne.

10 mars, résolution ayant pour objet de transporter à Versailles le siège de l'Assemblée nationale.

21 mars, loi qui met le département de Seine-et-Oise en état de siège.

23 mars, loi portant création de bataillons de volontaires.

25 mars, loi qui déclare nuls les décrets des 28 et 31 janvier 1871.

4 avril, résolution ayant pour objet de voter des remerciements aux troupes de terre et de mer, qui ont combattu (les insurgés de Paris) dans les journées des 2, 3 et 4 avril 1871.

6 avril, loi qui institue une commission chargée d'examiner tous les marchés passés par les administrations publiques à l'occasion de la guerre.

6 avril, arrêté qui nomme le général Vinoy grand-chancelier de la Légion d'honneur.

14 avril, loi relative aux élections municipales.

15 avril, loi sur les journaux.

21 avril, loi sur les loyers.

26 mai, loi portant que la maison de M. Thiers sera reconstruite aux frais de l'État.

3 juin, loi qui alloue à cet effet à M. Thiers une somme de 1,053,000 francs.

6 juin, loi portant que les funérailles de Mgr Darboy et des otages, assassinés avec lui à Paris, seront faites aux frais de l'État.

8 juin, loi qui abroge les lois bannissant les Bourbons.

8 juin, arrêté qui crée une bourse de commerce à Versailles.

20 juin, loi qui autorise le ministre des finances à emprunter une somme de deux milliards.

21 juin, loi accordant en Algérie 100,000 hectares aux Alsaciens-Lorrains ayant opté pour la France.

5 juillet, arrêté qui crée une bourse de commerce à Épinal.

6 juillet, loi qui rétablit le cautionnement pour tous les journaux.

31 juillet, arrêté qui déclare d'utilité publique l'établissement de 12 chemins de fer d'intérêt local dans le département d'Eure-et-Loir (La Loupe, Senonches, Châteauneuf, Nonancourt, Verneuil, Brou, St-Calais, Maintenon, Auneau, Dreux, Chartres, Sainville, Voves, Toury.)

4 août, arrêté qui nomme M. Charles de Rémuzat ministre des affaires étrangères.

10 août, loi relative aux conseils généraux (18 pages de texte).

24 août, loi qui augmente les tarifs de la poste aux lettres.

25 août, loi qui dissout les gardes nationales.

30 août, arrêté qui déclare d'utilité publique l'établissement du chemin de fer de Libourne à Marcenais.

4 septembre, loi portant augmentation des contributions indirectes. (*N.-B.* à cette époque, il se fait encore des virements dans les finances).

5 septembre, loi qui réduit à 120,000 hommes le contingent de la classe de 1870.

6 septembre, loi qui fait supporter par toute la nation française les contributions de guerre, réquisitions et dommages matériels de toute nature causés par l'invasion.

15 septembre, loi qui déclare d'utilité publique les chemins de fer de St-Omer à Berguette, de Berguette à Armentières, de Calais à Dunkerque, enfin de Soumain à Roubaix et à Tourcoing.

1er octobre, décret créant au collège de France une chaire d'histoire des doctrines économiques.

7 octobre, décret relatif aux Israélites de l'Algérie.

11 octobre, décret qui nomme M Casimir Périer ministre de l'intérieur.

26 octobre, décret qui déclare d'utilité publique le chemin de fer de St-Amand à Blanc-Misseron.

28 octobre, décret créant un petit séminaire à Boulogne-sur-mer.

13 novembre, décret qui crée une chambre de commerce à Mâcon.

19 novembre, règlement sur la comptabilité des matières appartenant au département de la guerre (23 pages de texte).

24 novembre, décret portant augmentation du tarif des greffiers et des huissiers,

20 décembre, décret qui reconnaît comme établissement d'utilité publique la société de secours mutuels des sauveteurs de la Seine.

27 décembre, loi qui met aux frais de l'État la dépense des funérailles de ;M. Lambrecht, décédé ministre de l'intérieur.

2 communautés de religieuses furent autorisées cette année ; des Ursulines et des sœurs de la Sainte-Famille.

1872

10 janvier, loi relative à l'avancement sur toute l'arme dans les grades inférieurs, pour l'infanterie et la cavalerie.

11 janvier, loi qui limite les effets de la loi du 21 avril 1871 sur les loyers.

11 janvier, décret qui autorise l'archevêque d'Albi à transformer l'école libre de Massals (Tarn) en école secondaire ecclésiastique.

25 janvier, loi portant rectification de la convention additionnelle au traité de paix avec l'Allemagne, signé à Francfort, le 11 décembre 1871.

1er février, décret relatif à la vente du pétrole.

3 et 10 février, décret qui crée une bourse de commerce à Nancy.

3 février, loi relative à la marine marchande.

13 février, décret portant réglement pour les concours aux grands prix de Rome.

13 février, décret qui fixe la valeur des monnaies étrangères (florin ou gulden d'Autriche 2 fr 10 (en papier) ; piastre d'Espagne, 5 fr. 40 ; dollar des États-Unis, 5 fr.20 ; florin de Hollande 2 fr. 15).

15 février, loi qui permet aux journaux de rendre compte des procès de presse.

17 février, décret qui autorise en qualité de communauté du refuge, dirigée par une supérieure locale, l'association des dames de la Miséricorde, établie à Bordeaux.

20 février, loi portant modification des articles 450 et 550 du Code de commerce.

22 février, décret qui reconnaît comme établissement d'utilité publique l'œuvre des dames de la Providence pour les filles pauvres, dites orphelines du choléra, établie à Marseille.

23 février, loi relative au rôle éventuel des conseils généraux dans des circonstances extraordinaires.

28 février et **2 mars**, décret qui reconnaît comme établissement d'utilité publique la société des agriculteurs de France.

29 février, loi concernant les droits d'enregistrement.

En février, sans indication de date précise, loi relative à la reconstitution des actes de l'état civil de Paris.

8 mars, décrets qui transfèrent à Nancy des chaires de lettres, de sciences et de droit de Strasbourg.

8 mars, décret qui autorise la ville de Mostaganem à créer un collége communal.

9 mars, loi qui règle, au point de vue de l'indemnité, la situation des fonctionnaires nommés députés.

10 mars, décret sur l'organisation des observatoires de Paris et de Marseille.

15 mars, loi qui accorde des pensions nationales : 1° aux veuves du général Lecomte et du colonel Billet ; 2° aux veuves et orphelins des gendarmes, sergents de ville, etc., tués comme otages pendant l'insurrection de la Commune de Paris.

23 mars, loi qui établit des peines contre les affiliés de l'association internationale des travailleurs.

30 mars, décret portant établissement d'un observatoire météorologique sur la montagne du Puy-de-Dôme.

3 avril, décret qui déclare d'utilité publique l'établissement d'un chemin de fer d'intérêt local de Patay à Nogent-le-Rotrou.

4 avril, loi qui élève de 34 à 48 millions la liste maximum des émissions des billets de la Banque de l'Algérie.

7 avril, décret qui approuve des modifications aux statuts de la société du Comptoir d'escompte de Paris.

9 avril, loi sur les patentes.

13 avril, décret qui reconnaît comme établissement d'utilité publique la maison de santé, protestante-évangélique, de Nîmes.

1er mai, loi qui interdit toutes fonctions publiques salariées aux membres de l'Assemblée nationale.

10 mai, décret qui autorise comme congrégation diocésaine, dirigée par une supérieure générale, l'association des sœurs gardes malades du tiers-ordre de St-Dominique existant à Albi.

14 et 24 mai, loi qui approuve une convention de poste avec l'empire d'Allemagne.

16 mai, loi relative à la composition des conseils de guerre.

24 mai, loi portant réorganisation du conseil d'Etat.

5 juin, décret qui déclare d'utilité publique l'établissement du chemin de fer de Caen à Aunay-sur-Odon. (B. d. l. 17 mars 1872).

14 juin, décret qui autorise les sociétés commerciales industrielles ou financières de Suède-Norwège à exercer leurs droits en France.

15 juin, loi relative aux titres au porteur.

29 juin, loi relative à un impôt sur le revenu des valeurs mobilières.

2 juillet, décret qui déclare d'utilité publique l'établissement du chemin de fer de Chauny à Anizy.

6 juillet, loi portant ratification d'une convention, (pour l'évacuation du territoire français) avec l'empire d'Allemagne.

15 juillet, loi relative à un emprunt national de 3 milliards, en rentes 5 %.

24 juillet, décret qui autorise, comme communauté, dirigée par une supérieure locale, l'association des sœurs du tiers-ordre de Saint-Dominique, existant à Marvéjols (Lozère).

27 juillet, loi sur le recrutement de l'armée.

1er août, décret relatif à la canalisation de la Moselle entre Toul et Pont St-Vincent.

2 août, loi qui attribue à l'Etat le monopole de la fabrication et de la vente des allumettes chimiques.

5 août, décret qui déclare d'utilité publique l'établissement d'un chemin de fer de Nantes à Machecoul, par Paimbœuf et Pornic.

10 août, décret portant organisation d'institutions municipales au Sénégal et dépendances.

27 août, décret relatif au chemin de fer d'Epinay à Luzarches et d'Arras à Étaples, avec embranchement sur Béthune et Abbeville.

15 octobre, décret qui autorise, comme communauté à supérieure générale l'association des sœurs de l'Union chrétienne, existant à Fontenai (Vendée).

31 octobre, décret relatif aux engagements volontaires.

6 novembre, décret qui déclare d'utilité publique l'établissement, dans le département de la Meuse, du chemin de fer de Nançois-le-Petit à Gondrecourt.

21 novembre, loi sur le jury.

1er décembre, décret relatif aux engagements volontaires.

7 décembre, décrets nommant M. de Goulard, ministre de l'Intérieur, M. Léon Say ministre des finances et M. de Fourtou ministre des Travaux publics.

17 décembre, décret qui autorise, comme congrégation à supérieure générale, l'association religieuse des sœurs Augustines, existant à Abbeville.

17 décembre, décret qui autorise la fondation, à Villefranche (Rhône), d'un établissement des petites sœurs des pauvres.

18 décembre, loi en faveur des Alsaciens et Lorrains qui conservent la qualité de Français.

20 décembre, loi relative au budget de 1873.

21 décembre, loi qui abroge les décrets du 22 janvier 1852, concernant les biens de la maison d'Orléans.

31 décembre, la population de la France est de 36,102,923 habitants. Ordre alphabétique : Amiens compte 63,000 habitants ; Angers, 58,000 ; Avignon 38,000; Besançon 49,000; Béziers, 31,000 ; Bordeaux. 194,000; Boulogne-sur-mer, 39,000 ; Bourges, 31,000 ; Brest, 66,000 ; Caen, 41,000; Cherbourg, 35,000; Clermont-Ferrand, 37,000; Dijon, 42,000; Dunkerque, 34,000 : Grenoble, 42,000 ; le Hâvre, 86,000 ; le Mans, 46,000; Lille, 158,000; Limoges, 55,000; Lorient, 34,000 ; Lyon, 323,000 ; Marseille, 312,000 ; Montpellier, 57,000 ; Nancy, 52,000 ; Nantes, 118,000, Nice, 52,000 ; Nimes, 62.000; Orléans, 48,000; Paris, 1,851,000 ; Poitiers, 30,000; Reims, 71,000; Rennes, 52,000; Roubaix, 75,000; Rouen 102,000 ; St-Etienne, 110,000 ; St-Quentin, 34,000 ; Toulon, 69,000 ; Toulouse, 124,000 : Tourcoing, 43,000 ; Tours, 43,000; Troyes, 38,000; Versailles, 61,000; 117 autres villes ont de 10 à 20,000 habitants ; 69 en ont de 20 à 30,000. Le territoire de Belfort renferme 56,000 habitants. Le département des Hautes-Alpes, le moins peuplé a 118,000 âmes; celui de la Seine, le plus peuplé, en a 2,220,000.

1873

Nota-Bene : pour les dernières années, outre le *Bulle-* *tin des lois*, j'ai mis à contribution le *Journal officiel*, ce dont, je l'espère, les lecteurs ne me sauront pas mauvais gré. Les articles extraits du *Journal officiel* seront désignés par l'abréviation J. O. Le *Bulletin des lois* donne la date de la signature des lois, ordonnances, décrets, etc.

12 janvier, décret relatif au chemin de fer de Caen à Courseulles.

15 janvier, décret qui déclare d'utilité publique l'établissement d'un chemin de fer de Pons à la Tremblade, avec embranchement de Saujon sur Royan.

18 janvier, décret relatif à l'agrandissement des ports du Hâvre et de Gravelines.

20 janvier, décret relatif aux chemins de fer de Port-Vendres à la frontière espagnole, de Carcassonne à Quillan et de Rodez à Millau, (voir *Bulletin des lois*, 7 février 1872).

20 janvier, décret relatif aux chemins de fer de Foix à Tarascon et de Mende à Sévérac, avec embranchement sur Marvejols.

23 janvier. loi tendant à réprimer l'ivresse publique et à combattre les progrès de l'alcoolisme.

25 janvier, décret relatif à la poste aux lettres (cartes postales, échantillons, papiers d'affaires, imprimés, etc.).

27 janvier, loi qui modifie ou abroge divers articles du Code d'instruction criminelle en ce qui concerne l'organisation des tribunaux de police.

27 janvier, loi en vertu de laquelle onze nouvelles succursales de la Banque de France fonctionneront, le 1er janvier 1875, 7 le 1er janvier 1876 et 7 le 1er janvier 1877.

1er février, décret portant

réglement pour le Collége de France.

8 février, décret qui place sous le séquestre le chemin de fer de Perpignan à Prades.

10 février, décret qui réorganise l'administration de la Cochinchine.

10 février, décret qui affecte la ferme de Fouilleuse, (Seine-et-Oise), à l'établissement d'une colonie pénitentiaire de jeunes détenus.

13 février, décret sur les observatoires appartenant à l'État (Paris, Montsouris, etc.).

18 février, loi: nul n'est élu député à l'Assemblée Nationale, au 1er tour de scrutin, s'il n'a réuni la majorité absolue des suffrages exprimés et un nombre de suffrages égal au quart de celui des électeurs inscrits. Au 2e tour de scrutin, l'élection a lieu à la majorité relative, quel que soit le nombre des votants.

11 mars, décret qui fixe la valeur des monnaies étrangères en monnaies françaises, pour la perception, en 1873, du droit de timbre établi sur les titres de rentes, emprunts, et autres effets publics des gouvernements étrangers. (Le florin d'Autriche vaut 2 francs 21 c.; la piastre d'Espagne, 5 francs, 10 c.; la lira d'Italie 0 franc 92 centimes; le dollar des États-Unis 5 francs 16 c; le florin de Hollande, 2 francs 10 c. etc.)

11 mars, décret relatif au chemin de fer qui doit relier la ligne de Rouen à Dieppe avec celle de Rouen au Hâvre.

13 mars, loi qui règle les attributions des pouvoirs publics et les conditions de la responsabilité ministérielle. (J. O.)

14 mars, loi qui proroge 'application des tarifs conven-

tionnels (avec l'Angleterre. la Belgique etc.) (J. O.)

18 mars, loi qui approuve la convention de poste conclue, le 1er novembre 1872, entre la France et la Russie.

19 mars, loi qui approuve la convention relative à l'évacuation du territoire français, conclue avec l'Allemagne, le 15 mars 1873.

19 mars, loi sur le conseil supérieur de l'instruction publique.

20 mars, décret portant qu'il ne sera fait qu'une nomination sur deux vacances en ce qui concerne la Légion d'honneur et la Médaille militaire.

25 mars, loi qui règle la condition des déportés à la Nouvelle Calédonie.

26 mars, loi qui approuve deux conventions de démarcation avec l'empire d'Allemagne.

4 et 5 avril, loi relative à la conservation des tombes des soldats morts pendant la dernière guerre.

4 avril, loi relative à l'organisation municipale de Lyon.

7 avril, loi qui alloue à la ville de Paris une indemnité de 140 millions et aux départements envahis (1870-1871) une somme de 12 millions.

15 avril et 5 juin, décrets réorganisant l'École Polytechnique.

15 avril, décret qui établit à Lille un entrepôt réel des douanes.

2 mai, décret relatif au chemin de fer d'Epéhi à Cambrai.

18 mai, décret nommant M. Casimir Périer ministre de l'Intérieur, M. de Fourtou ministre des cultes, M. Bérenger ministre des travaux publics et M. Waddington ministre de l'instruction publique.

24 mai, l'Assemblée nationale reçoit la démission de M. Thiers et élit président de la République M. le maréchal de Mac-Mahon, qui accepte.

24 mai, décret relatif au jaugeage des navires de commerce.

25 mai, décret nommant M. le duc de Broglie ministre des affaires étrangères, M. Ernoul ministre de la justice, M. Beulé ministre de l'intérieur, M. Magne ministre des finances, le général de Cissey ministre de la guerre, le vice-amiral de Dompierre d'Hornoy ministre de la marine et des colonies, M. Batbie ministre de l'instruction publique, des cultes et des beaux-arts, M. Deseilligny ministre des travaux publics, M. de la Bouillerie ministre du commerce.

29 mai, le général du Barail est nommé ministre de la guerre.

30 mai, loi relative à la reconstruction de la colonne Vendôme.

31 mai, décret qui fixe le prix de vente de la poudre dynamite.

10 juin, décret qui nomme le général de Chanzy gouverneur général de l'Algérie.

10 juin, décret relatif au chemin de fer de Tournon-St-Martin à la Châtre.

10 juin, décret relatif au chemin de fer de Vertaizon à Billom.

18 juin et **6 août,** décret relatif à la fabrication, à l'emmagasinage et à la vente en gros et en détail du pétrole et de ses dérivés.

18 juin et **6 août,** décret portant règlement pour les écoles vétérinaires.

18 juin et **6 août,** décret sur les engagements et rengagements dans la marine.

21 juin, décret qui déclare d'utilité publique l'établissement des chemins de fer d'Aillevilliers à Lure, de Belfort à Delle, de Coulommiers à la Ferté-Gaucher, de Remiremont au Thillot et à St-Maurice, de Champigneulles à Jarville. (J. O.)

24 juin et **24 juillet,** loi sur les contributions indirectes. (J. O.)

29 juin, décret relatif au chemin de fer de Vouziers à Apremont.

30 juin, loi qui proroge au 31 août 1873, pour dernier délai, les lois du 9 décembre 1872 et 14 mars 1873, relatives à la franchise accordée à la rentrée des tissus qui empruntent à l'outillage industriel de l'Alsace-Lorraine une façon supplémentaire. (J. O.)

2 juillet, décret relatif aux prud'hommes de Flers (Orne). (J. O.)

3 juillet, loi qui supprime des présidents de chambre dans plusieurs Cours d'Appel.

4 juillet, décret relatif au pilotage. (J. O.)

4 juillet, décret relatif aux douanes de l'île de la Réunion. (J. O.)

7 juillet, décret relatif au chemin de fer d'Ermont à Méry-sur-Oise.

8 juillet, le gouvernement donne une fête au Schah de Perse, à Versailles. (J. O.)

11 juillet, décret relatif aux usines à gaz en Algérie.

12 juillet, loi relative aux militaires et aux eaux minérales.

18-23 juillet, loi relative au traité de commerce conclu avec la Birmanie.

18 juillet, décret qui érige en lycée le collège de Belfort.

23 juillet, loi qui accorde

à la commission de perma-
nence le droit d'autoriser la
poursuite des délits d'offense,
commis contre l'Assemblée
nationale, pendant sa prorogation.

24 juillet, décret relatif au
traité d'extradition conclu avec
l'Italie.

24 juillet, loi relative à
l'organisation générale de l'armée.

24 juillet, loi sur les emplois civils réservés aux anciens sous-officiers des armées
de terre et de mer.

24 juillet, loi relative à
l'église du Sacré-Cœur, que
l'on construit sur la butte
Montmartre.

24 juillet, loi relative à la
propriété en Algérie.

24 juillet, décret qui approuve la déclaration signée
à Paris, le 16 juillet 1873, entre
la France et l'Italie, pour faciliter l'audition des témoins
venus d'un pays dans l'autre.

25 juillet, loi sur l'importation des matières premières.

25 juillet, loi relative aux
chemins vicinaux.

25 juillet, loi (diminuant
le prix des) poudres de chasse.

25 juillet, loi concernant
la Légion d'honneur. (J. O.)

26 juillet, loi relative aux
Conseils de guerre.

26 juillet, loi relative au
port de Honfleur.

26 juillet, loi qui autorise
la Ville de Paris à convertir
en bons de liquidation l'indemnité de 140 millions qui
lui a été accordée. (Un décret
du 23 août 1873 concerne l'exécution de cette loi.)

29 juillet-1ᵉʳ août, loi relative au traité de commerce
signé avec la Belgique.

29 juillet-1ᵉʳ août, loi relative au traité de commerce signé avec les Iles Britanniques.

30 juillet-25 septembre,
décrets relatifs aux îles St-
Pierre et Miquelon.

31 juillet, décret relatif aux
importations. (J. O.)

2 août, loi qui complète
l'art. 10 du Code de justice
militaire, relatif à la composition d'un Conseil de guerre de
l'armée de terre, suivant le
grade de l'accusé. (J. O.)

8 août, décret relatif aux
marques de fabrique et de
commerce dans les colonies.
(J. O.)

8 août, décret relatif aux
banques coloniales (J. O.)

16 août, décret relatif aux
papiers, cartons, etc. (J. O.)

20 août, décret relatif à la
colonie de Marie-Galante. (J.
O.)

23 août, décret relatif aux
officiers de santé et aux pharmaciens. (J. O.)

29 août, décret relatif à
l'importation des grains et
farines (J. O.)

1ᵉʳ septembre, décret qui
autorise la création d'un entrepôt réel des douanes à
Épinal.

11 septembre, décret relatif à l'Algérie (J. O.)

11 septembre, décret relatif
au chemin de fer de Valenciennes à Donzies par Bavai.

14 septembre, décret relatif aux chemins de fer et
aux céréales. (J. O.)

23 septembre, décrets relatifs aux ponts-et-chaussées
dans les colonies. (J. O.)

27 septembre, décret relatif à la dynamite. (J. O.)

28 septembre, décret portant création de 18 corps d'armée en France et d'un 19ᵉ
en Algérie.

29 septembre, décret relatif aux importations en Algérie. (J. O.)

29 septembre, décret portant création d'un total de 40 régiments (infanterie, cavalerie et artillerie).

10 octobre, décret relatif au chemin de fer de Lérouville à Eurville.

11 octobre, décret relatif aux marques de fabriques allemandes.

15 octobre, décret relatif au commerce avec l'Uruguay.

18 octobre, décret relatif aux chocolats importés (J O.)

18 octobre, et **16 décembre,** décrets relatifs aux tramways de Paris et de Lille.

6 novembre, décret relatif aux écoles d'Arts et Métiers. (J. O.)

15 et 26 novembre, décrets qui autorisent la banque de France à créer des succursales à Bourg, Cahors, Tarbes et Aurillac.

15 novembre, décret relatif aux pensions de retraite des employés du Ministère des finances. (J. O.)

20 novembre, loi qui confie le pouvoir exécutif pour 7 sept ans au maréchal de Mac-Mahon, duc de Magenta.

26 novembre, loi relative au poinçon de l'Etat et aux marques de fabriques. (J. O.)

26 novembre, décrets qui nomment M. le duc de Broglie ministre de l'Intérieur, M. Depeyre ministre de la justice, M. le duc Decazes ministre des affaires étrangères, M. Magne ministre des finances, M. de Fourtou ministre de l'instruction publique, des cultes et des beaux-arts, M. de Larcy ministre des travaux publics et M. Deseilligny ministre de l'agriculture et du commerce.

28 novembre, décret relatif aux débits de tabac. (J. O.)

4 décembre, décret relatif à l'artillerie. (J. O.)

4 décembre, décret qui reconnaît comme établissement d'utilité publique la société de législation comparée. (J. O.)

6 décembre, loi relative à la poste aux lettres et aux télégraphes. (J. O.)

22 décembre, décret relatif à la citadelle de Perpignan. (J. O.)

22 décembre, décret relatif à l'arme du génie.

23 décembre, décret relatif à la poste aux lettres en ce qui concerne l'Angleterre, les Etats-Unis, l'Algérie et l'Australie. (J. O.)

29 décembre, décret relatif à la faculté des lettres de Caen, où il est créé une chaire de géographie.

29 décembre, prévisions du budget de l'année 1874.

30 décembre, décret relatif à la reconstitution des actes de l'état civil de Paris. (J. O.)

30 décembre, loi et décret sur le timbre (J. O.)

30 décembre, loi qui ajoute des taxes aux impôts indirects.

31 décembre, loi qui augmente l'impôt sur les boissons et établit un droit d'entrée sur les huiles.

En 1873, le gouvernement autorisa 7 communautés de religieuses.

1874

1er janvier, décret qui crée au collège de France une chaire d'histoire de la philosophie moderne ainsi qu'une chaire de philologie et d'archéologie assyriennes.

2 janvier, décret relatif au chemin de fer de Lagny aux

carrières de Neufmoûtiers.
(J. O.)

4 janvier, décret relatif aux lettres et paquets à destination de l'Angleterre, des Etats-Unis, de l'Algérie, de la Nouvelle Zélande et de la Nouvelle Galles du sud. (J. O.)

6 janvier, décret réorganisant les spahis.

6 janvier, décret relatif aux juges de paix.

6 janvier, décret qui fonde à la faculté de médecine de Montpellier une chaire d'anatomie pathologique et d'histologie.

8 janvier, décret relatif aux monnaies.

8 janvier, décret relatif à une taxe sur le savon et les bougies. (voir J. O. 11 janvier 1874).

8 janvier, loi ouvrant au Ministre de l'intérieur un crédit complémentaire de 3,250,000 francs en faveur des Alsaciens-Lorrains qui conservent la qualité de Français.

8 janvier, décret relatif au chemin de fer de Roanne à Cluny.

9 janvier, décret allouant une indemnité aux proviseurs, censeurs et professeurs des lycées des départements.

12 janvier, décret qui fonde un chaire de poésie grecque à la faculté des lettres de Paris (voir J. O. 25 janvier 1874).

12 janvier, décret qui fonde des chaires de thérapeutique aux écoles préparatoires de médecine et de pharmacie d'Angers et de Rennes. (Voir J. O. 23 janvier 1874).

13 janvier, décret relatif aux chemins de fer du département du Pas-de-Calais.

16 janvier, décret relatif aux chemins de fer du département de Saône et Loire.

16 janvier, décret relatif à l'île Ste-Marguerite (Alpes-Maritimes).

20 janvier, loi sur la police municipale (Voir J. O. 22 janvier 1874).

20 janvier, décret qui établit une école d'artillerie à Vannes.

21 janvier, décret qui établit les sous-préfectures de Sétif, Mascara et Tlemcen et supprime celle de Guelma. (J. O.)

22 janvier, loi relative à la chasse, (voir J. O. 25 janvier 1874).

22 janvier, décret qui reconnaît comme établissement d'utilité publique la société de médecine légale. (J. O.)

23 janvier, loi relative à la surveillance de la haute police. (voir J. O. 30 janvier 1874.)

23 janvier, décret relatif à des bourses réservées dans les lycées à des enfants d'Alsaciens-Lorrains.

23 janvier, décret qui crée au Muséum de Paris une 2e chaire de botanique. (voir J. O. 31 janvier 1874).

26 janvier, décret qui autorise la Banque de France à créer une succursale au Puy. (voir J. O. 28 janvier 1874).

29 janvier, loi relative au traité de commerce conclu avec l'Angleterre, le 23 juillet 1873. (voir J. O. 31 janvier 1874).

30 janvier, décret qui rétablit le collège communal de Condé-sur-Noireau. (Calvados).

30 janvier décret et arrêté relatifs aux compagnies de discipline.

1er février, décret relatif à l'Algérie.

3 février, arrêté du Ministre de l'Intérieur qui nomme M. Ernest Daudet directeur en chef du *Journal Officiel* ainsi que du *Bulletin officiel* des communes.

4 février, décret relatif aux écoles préparatoires de médecine et de pharmacie.

7 février, décret relatif à l'établissement d'un chemin de fer de la Teste à l'étang de Cazaux (Gironde).

10 février, décret relatif au chemin de fer de Carentan à Carteret : (Voir J. O. du 14 février 1874.)

11 février, décret relatif aux mines.

12 février, décret relatif à la nomination des maires et adjoints en Algérie. (Voir J. O. du 25 février 1874.)

18 février, décret relatif à l'école vétérinaire d'Alfort.

19 février, loi portant augmentation des droits d'enregistrement et de timbre. (Voir J. O. du 20 février 1874.)

21 février, décret relatif à la gendarmerie en Cochinchine.

24 février, convention avec la Belgique relativement à la propriété littéraire, artistique et industrielle.(Voir J. O. du 7 mars 1874.)

26 février, décret relatif à la gendarmerie au Sénégal.

3 mars, décret qui fixe les traitements des magistrats de la Guyane, du Sénégal et de la Nouvelle-Calédonie.

5 mars, décret relatif au cautionnement des notaires aux Antilles. (Voir J. O. du 13 mars 1874.)

7 mars, l'Assemblée nationale autorise des poursuites contre M. Melvil-Bloncourt, député de la Guadeloupe, (accusé d'avoir été un des chefs de la commune de Paris, en 1871.)

7 mars, décret qui autorise la publication de la délaration de foi, votée par le synode général des églises réformées de France et d'Algérie.

7 mars, décrets déclarant d'utilité publique l'établissement d'un chemin de fer de Vézelise à la limite du département des Vosges et celui du chemin de fer de Mirecourt à la limite du département de Meurthe-et-Moselle.

10 mars, décret qui crée des tribunaux de première instance à Tizi-Ouzou et à Bougie (A(gérie).

11 mars, décret relatif aux commissaires de police du département de la Seine, Paris excepté.

13 mars, décret concernant la vanille.

14 mars, décret relatif aux émigrants.

14 mars, décret créant un lycée à Bayonne. (Voir J. O. du 30 mars 1874).

15 mars, décret relatif à l'organisation du bureau des longitudes. (Voir J. O. du 17 mars 1874).

16 mars, décret relatif aux prud'hommes de Bordeaux.

19 mars, convention postale avec la Russie.

20 mars, décret modifiant ceux des 6 mai 1811 et 27 juin 1866, relatifs aux redevances payées par les mines.

20 mars, décret concernant l'indemnité accordée aux départements,communes et particuliers qui ont souffert de la guerre de 1870-1871.

21 mars, convention avec la Belgique pour le raccordement des chemins de fer.

21 mars, loi relative à l'emprunt contracté par la ville de Paris en 1869.

21 mars, loi haussant des impôts anciens et en créant de nouveaux (alcool, chemins de fer, viandes salées, sucre).

23 mars, loi relative aux chemins de fer de Vichy à Thiers, de Thiers à Ambert, d'Annemasse à Annecy, d'Oloron à Pau, de Mazamet à Bédarieux, etc.

24 mars, loi relative au chemin de fer de Tours à Montluçon. (Voir J. O. du 29 mars 1874).

26 mars, loi relative aux chemins de fer de Lille à Comines et à celui de Tourcoing à Menin.

26 et 27 mars, décrets relatifs aux chemins vicinaux.

27 mars, loi relative aux nouveaux forts à construire autour de Paris. (Voir J. O. du 29 mars 1874).

27 mars, décret déclarant d'utilité publique l'établissement d'un chemin de fer d'Anduze à ou près Lezan (Gard).

28 mars, loi qui admet dans la marine, avec des grades assez élevés, les ducs de Penthièvre et d'Alençon. (Voir J. O. du 3 avril 1874).

28 mars, loi qui a pour objet de proroger les pouvoirs des conseils généraux.

28 mars, loi ayant pour objet de pourvoir à l'achèvement (du Grand) Opéra de Paris.

29 mars, loi relative au rétablissement, sur le territoire français, des voies navigables, interceptées par les nouvelles frontières.

31 mars, décret relatif aux banques coloniales.

31 mars, décret relatif à l'expropriation forcée.

31 mars, décret organisant des tribunaux en Cochinchine.

1er avril, loi relative au traité de commerce et de navigation, conclu avec la Russie, qui a signé pareillement une convention consulaire et une convention relative aux successions. (Voir J. O. des 6 et 7 avril 1874).

4 avril, décrets relatifs aux mines.

9 avril, décret relatif au baccalauréat ès-lettres. (Voir J. O. du 11 avril 1874).

10 avril, décret relatif aux titres au porteur.

11 avril, décrets relatifs aux chemins de fer de la Sarthe et de la Vendée. (Voir le J. O. du 14 avril 1874).

14 avril, décret relatif à la Légion d'honneur.

22 avril, décret autorisant l'établissement du petit séminaire de Crest (Drôme).

23 avril, décret créant en Algérie les justices de paix de Bordj-Ménaïel, Dra-el-Mizan et Fort National (département d'Alger), Akbou, Takirtount (département de Constantine) et en supprimant trois autres.

25 avril, décret classant l'Abbaye du Mont Saint-Michel parmi les monuments historiques.

28 avril, décret relatif à l'oasis de Biskra, déclarée port franc pour le sucre et le café. (Voir J. O. du 30 avril 1874).

1er mai, décret ordonnant que le lycée Condorcet s'appellera désormais Fontanes.

2 mai, rapport sur l'état des caisses d'épargne en 1872. (Il existait alors 521 de ces caisses avec un capital de 18,626,766 fr. 45 c.)

2 mai, décret déclarant d'utilité publique l'établissement, dans la province d'Oran, d'un chemin de fer d'Arzew à Saïda.

7 mai, décret déclarant d'utilité publique l'établissement d'un chemin de fer de Bone à Guelma.

9 mai, décret relatif à la

médaille militaire et aux ordres étrangers.

12 mai, réception, par le Président de la République, de la lettre par laquelle Son Excellence Don Thomas Frias lui notifie son élection à la Présidence de la République, de Bolivie. (J. O).

14 mai, décret rendant exécutoire en Algérie la loi du 12 juillet 1865 sur les chemins de fer d'intérêt local dans la métropole.

15 mai, convention postale avec l'Allemagne relativement aux échantillons de marchandises. (Voir J. O. des 27 et 29 mai 1874).

19 mai et **9 juin**, loi et décret sur le travail des enfants.

20 mai, loi créant des aumôniers militaires. (Voir J. O. du 3 juin 1874.)

20 mai, loi relative au budget de l'exercice 1867. Recettes : 1,692,176.028 francs 93 cent. Un *boni* de 153,055,903 francs, 93 centimes est affecté au budget extraordinaire de l'exercice 1867.

21 mai, décret qui crée une école d'artillerie à Châlons-sur-Marne.

22 mai, décret relatif aux transports par chemin de fer à petite vitesse.

22 mai, décret nommant le général de Cissey ministre de la guerre, M. Tailhand ministre de la justice, M. le duc Decazes, ministre des affaires étrangères, M. de Fourtou ministre de l'intérieur M. Magne ministre des finances, M. le contre-amiral, marquis de Montaignac, ministre de la marine et des colonies, M. le vicomte de Cumont, ministre de l'instruction publique, des cultes et des beaux-arts, M. Caillaux ministre des

travaux publics et M. Grivart ministre de l'agriculture et du commerce.

23 mai, décret portant organisation de l'école nationale et spéciale des beaux-arts. (J. O.)

26 mai, décret portant dissolution du Conseil général des Bouches-du-Rhône.

27 mai, loi relative à la déclaration d'utilité publique et à la concession d'un canal d'irrigation dans le département de la Drôme.

27 mai, loi relative à l'achèvement du chemin de fer de Perpignan à Prades.

28 mai, décret relatif au chemin de fer d'Orléans à Châlons-sur-Marne.

29 mai, loi sur les haras et les remontes. (Voir J. O. du 2 juin 1874).

3 juin, loi sur les enfants des deux sexes employés dans l'industrie.

7 juin, réception, par le Président de la République, de la lettre par laquelle Son Excellence Santiago Perez lui notifie son élection à la Présidence des États-Unis de Colombie.

7 juin, loi portant règlement définitif du budget de l'année 1867. Recettes : 1,703,336,462 francs, 96 centimes. Dépenses : 1,548,351,061 francs, 36 centimes.

10 juin, loi portant promulgation, aux colonies, des lois du 3 décembre 1849, et du 29 juin 1867 sur la naturalisation et le séjour des étrangers en France.

11 juin, réception, par le Président de la République, des ambassadeurs de la Birmanie et du Japon, (J. O.)

13 juin, décret relatif au chemin de fer de Carentan à Carteret.

14 juin, réception par le Président de la République, de la lettre par laquelle Son Excellence le général Gonzalez lui fait connaitre son élection à la Présidence de la République Dominicaine (J. O.)

17 juin, loi relative aux chemins de fer de Bourges à Gien et d'Argent à Beaune-la-Rolande. (Voir J. O. du 26 juin 1874).

17 juin, loi portant approbation du traité de commerce et de navigation, de la convention consulaire et de la convention pour le réglement des successions laissées par des Français en Russie et par des Russes en France. (Voir J. O. 1er avril 1874),

18 juin, loi approuvant une nouvelle convention monétaire, signée avec la Belgique, l'Italie et la Suisse.

22 juin, décrets décernant des médailles à des marins étrangers.

24 juin, loi sur les banques coloniales, (Voir, J. O. du 5 juillet 1874).

25 juin, décret sur le poinçon de l'État et sur les marques de fabrique.

25 et 29 juin, loi portant approbation de la convention postale conclue avec les États Unis, le 28 avril 1874.

30 juin, décret sur les signaux de nuit et sur les pilotes. (J. O.)

3 juillet, décret déclarant d'utilité publique l'établissement d'un chemin de fer de Confolens au chemin de fer d'Angoulême à Limoges.

3 juillet, décret relatif aux marques de fabrique italiennes.

7 juillet, loi relative à l'électorat municipal.

10 juillet, loi relative aux améliorations à apporter à la situation des sous-officiers de l'armée active.

13 juillet, loi approuvant la convention postale conclue avec l'Uruguay.

15 juillet, décret relatif aux concessions de terres en Algérie.

15 juillet, loi approuvant une nouvelle convention postale signée avec l'Italie.

17 juillet, loi relative aux mesures à prendre en vue de prévenir les incendies dans les régions boisées de l'Algérie.

17 juillet, loi relative à l'amélioration de nos frontières de l'est.

18 juillet, loi qui accorde comme récompense nationale une pension de 12,000 francs à M. Pasteur.

20 juillet, décret nommant M. le général, baron de Chabaud-Latour, ministre de la guerre et M. Mathieu Bodet ministre des finances.

22 juillet, loi qui promet une récompense de 300,000 fr. à qui pourra détruire le phylloxéra.

22 juillet, arrêté relatif au chemin de fer de Besançon à Morteau avec embranchement sur Lods.

25 juillet, décret relatif au baccalauréat ès-lettres.

28 juillet, loi accordant un dédommagement aux personnes qui ont éprouvé des préjudices, lors de la destruction opérée par le génie militaire pour les besoins de la défense nationale (un décret analogue fut publié le 22 octobre 1874).

30 juillet, décrets relatifs au reboisement des montagnes.

1er août, loi approuvant la convention postale conclue avec le Brésil le 30 mars 1874.

1er août, décret relatif au

chemin de fer de Sathonay (Rhône) à Trévoux (Ain).

1er août, loi relative à la conscription des chevaux.

1er août, loi relative au conseil d'Etat.

3 août, décret constituant dans la Nouvelle-Calédonie une banque avec privilège d'émission. (J. O.)

4 août, loi sur le casernement de l'armée.

4 août, décret relatif aux prud'hommes de Montolieu-Vercieu (Isère).

4 et 9 août, loi qui approuve le traité avec le royaume d'Annam, signé à Saïgon, le 15 mars 1874.

5 août, loi qui approuve le traité passé, le 4 août 1874, entre le ministre des finances et la Banque de France.

6 août, lois relatives à l'amélioration des ports de Marseille, Bordeaux et le Hâvre.

6 août, décret relatif aux prud'hommes de Vienne (Isère).

8 août, décret relatif aux cadis de l'Algérie.

10 août, décret qui modifie les diocèses de Nancy, Saint-Dié, Strasbourg, Metz et Besançon.

10 août, décret qui modifie sous le point de vue militaire la composition territoriale de la France.

12 et 15 août, décret qui crée à Poitiers un conseil de prud'hommes

12 et 15 août et 2 septembre, décrets qui déterminent la nomenclature des marchandises considérées comme pouvant donner lieu soit à des explosions soit à des incendies.

14 et 28 août, 30 septembre et 14 octobre, décrets relatifs à la Martinique, à la Guyane, à l'Inde française et à la Cochinchine.

15 août, décret relatif aux eaux thermales du Mont-Dore.

16 août, décret relatif aux aliénés du département de la Seine.

24 août, décrets relatifs au reboisement dans les Basses-Alpes et l'Isère.

25 août, loi portant fixation du budget général des dépenses et des recettes de l'exercice 1875.

27 août, décret qui crée une chaire de médecine opératoire à l'école préparatoire de médecine et de pharmacie de Marseille.

28 août, décret relatif au pilotage.

29 août, décret relatif à la justice en Kabylie (J. O. du 14 octobre 1874).

29 août, décret nommant M. Philippe de Rohan-Chabot comte de Jarnac, ambassadeur de France en Angleterre. (J.O.)

31 août, décret concernant les lettres chargées, envoyées de France ou d'Algérie en Hollande.

4 septembre, décret nommant M. le comte de Chaudordy ambassadeur en Espagne. (J. O.)

4 septembre, décret relatif aux cautionnements des comptables du département de la guerre.

9 septembre, arrêté du général Ladmirault, gouverneur de Paris, suspendant pour 15 jours le journal l'*Univers*. (J. O.)

10 septembre, décret relatif à l'électorat municipal en Algérie.

18 septembre, décret relatif aux signaux d'appel pendant la nuit. (J. O.)

20 septembre, décret relatif aux mines de la Loire.

25 septembre, décret relatif à la faculté de droit de Nancy.

28 septembre et **9 octobre**, décrets relatifs aux îles Saint-Pierre et Miquelon.

10 octobre, décrets relatifs aux modifications de circonscriptions diocésaines nécessitées par les conventions diplomatiques entre l'Allemagne et la France.

25 octobre, décret concernant les exécutions de militaires.

28 octobre, décret concernant les emplois civils et autres réservés aux sous-officiers de l'armée de terre et de mer (J. O. du 4 novembre 1874).

28 octobre, décrets concernant les chemins de fer d'intérêt local du département de Maine-et-Loire.

21 novembre, décret qui établit trois directions des contributions directes : à Alger, Oran et Constantine.

22 novembre, décret créant un corps de marins vétérans.

22 novembre, décret relatif aux chemins de fer de Saussay-la-Vache aux Andelys et de Neubourg à Clos-Montfort.

24 novembre, décrets déclarant d'utilité publique l'établissement d'un chemin de fer de jonction entre les docks de St-Ouen et la gare des marchandises de la plaine St-Denis.

25 novembre, décret relatif à la concession définitive du chemin de fer de Besançon à la frontière suisse par Morteau.

26 novembre, décret réorganisant l'école d'Athènes. (J. O.)

27 novembre, décret qui établit un conseil de prud'hommes à Nice.

30 novembre, décret déclarant d'utilité publique l'établissement d'un chemin de fer entre Ste-Barbe de Tlélan et Sidi-bel-Abbès (Département d'Oran).

1er décembre, décret relatif aux contributions personnelles et mobilières à Paris.

1er décembre, décret déclarant d'utilité publiq. l'étab. d'un chemin de fer de Bapaume à la limite du Nord.

2 décembre, le Président de la République a reçu la lettre par laquelle Son Excellence Don Nicolas Avellanada lui notifie son élévation à la Présidence de la République argentine. (J. O.)

4 décembre, message du maréchal, président de la République : « je me suis efforcé « de remplir scrupuleusement « la double mission qui m'était « assignée : l'affermissement « de la paix et le maintien de « l'ordre. Je n'ai accepté le pou- « voir pour servir les aspira- « tions d'aucun parti ; je ne « poursuis qu'une œuvre de « défense sociale et de répa- « ration nationale. J'appelle « à moi, pour m'aider à l'ac- « complir, sans aucun esprit « d'exclusion, tous les hom- « mes de bonne volonté. Rien « ne me découragera dans « l'accomplissement de ma tâ- « che. » (J. O.)

7 décembre, loi relative à la protection des enfants employés dans les professions ambulantes.

8 décembre, loi et décret établissant à Bordeaux et à Lyon des facultés mixtes de médecine et de pharmacie.

10 décembre, loi qui rend les navires susceptibles d'hypothèques.

11 décembre, loi et décret relatifs aux écoles des sous-officiers.

11 décembre, loi déclarant d'utilité publique les chemins de Boisleux à Masquiou (Pas de Calais) et de Gray à Bucey-les-Gy (Haute Saône).

12 décembre, décret relatif à la Nouvelle-Calédonie.

12 décembre, décrets relatifs aux tribunaux d'Oran et de Constantine et aux hôpitaux de l'Algérie.

16 décembre, l'Assemblée déclare déchus de leur mandat de députés MM. Ranc et Melvil-Bloncourt (à cause de leur participation à la commune de 1871).

16 décembre, loi modifiant celle des 7-12 février 1851, concernant les individus nés en France d'étrangers qui eux-mêmes y sont nés.

18 décembre, décret relatif aux prisons de l'Algérie.

18 décembre, décret créant une école normale d'institutrices à Milianah (Algérie).

19 décembre, décret créant à Lille une faculté de médecine et de pharmacie.

23 décembre, loi sur les nourrissons et les enfants en bas âge.

24 décembre, loi qui autorise la ville de Paris à emprunter 220 millions (emprunt dit de 1875).

28 décembre, loi établissant un droit sur les chiens de forte race exportés par la frontière de terre.

30 décembre, décret qui fixe le traitement des surveillants-généraux dans les lycées.

31 décembre, décret relatif aux monnaies.

31 décembre, décrets relatifs à la réorganisation du service de l'assistance hospitalière en Algérie.

21 communautés de religieuses ont été autorisées durant l'année 1874 et environ 85 villes ont obtenu la permission de donner une plus grande extension à leurs casernes.

1875

1er janvier, décret autorisant la compagnie concessionnaire du monopole des allumettes chimiques à mettre en vente des allumettes dites de luxe.

5 janvier, loi relative aux commandants militaires de Paris et de Lyon.

5 janvier, loi autorisant le département de la Loire inférieure à faire à l'Etat l'avance d'une somme de dix millions pour être affectés à l'achèvement du bassin de Penhouët, en cours d'exécution dans le port de St-Nazaire.

5 janvier, décret qui autorise la Banque de France à créer une succursale à Mende.

8 janvier, lois autorisant la ville de Paris à emprunter 220 millions et celle de Marseille, 16 millions.

8 janvier, loi relative à la protection des enfants du premier âge et en particulier des nourrissons.

9 janvier, rapport du ministre de la justice au président de la République, présentant le compte-général de l'administration de la justice civile et commerciale en France et en Algérie, pendant l'année 1872.

11 janvier, décret accordant à la ville d'Annecy un entrepôt réel des douanes.

12 janvier, décret relatif à la pêche.

16 janvier, loi relative aux hypothèques.

17 janvier, décrets relatifs à des chemins de fer à construire dans les départements du Nord et du Pas de Calais.

18 janvier, décret sur la justice en Algérie et notamment en Kabylie.

21 janvier, décret qui institue la banque de l'Indo-Chine.

26 janvier, décret autorisant la société industrielle du Nord de la France à accepter une donation.

28 janvier, loi relative au monopole des allumettes chimiques.

17 février, décret relatif à l'échange des actes de l'état civil entre la France et l'Italie.

24 février, loi relative à l'organisation du Sénat.

25 février, loi relative au Président de la République, au Sénat et à la Chambre des députés.

4 mars, décret accordant à la ville de Laon un entrepôt pour les sucres indigènes.

8 et 31 mars, loi et décret concernant la dynamite.

10 mars, décrets nommant un nouveau ministère : M. Buffet, président de l'Assemblée Nationale, ministre de l'intérieur; Dufaure, ministre de la justice; M. le duc Decazes, ministre des affaires étrangères; M. Léon Say, ministre des finances; M. le général de Cissey, ministre de la guerre; M. le contre-amiral, marquis de Montaignac, ministre de la Marine et des Colonies; M. Wallon, ministre de l'instruction publique, des cultes et des beaux-arts: M. Caillaux, ministre des travaux publics ; M. Grivart, ministre de l'agriculture et du commerce.

13 mars, loi relative à la constitution des cadres et des effectifs de l'armée active et de l'armée territoriale.

17 mars, rapport au Président de la République sur les opérations des caisses d'épargne en 1873 (J. O.).

18 mars et 31 mai, lois relatives à l'emprunt Morgan.

20 mars et 3 avril, loi et décrets relatifs à l'extradition entre la France et la Belgique.

20 mars, le Président de la République a reçu la lettre par laquelle Son Excellence don Pedro Varela lui notifie son élection à la Présidence de la République orientale de l'Uruguay.

22 mars, loi tendant à proroger celle du 16 septembre 1871 sur le conseil général du département de la Seine.

23 mars, décrets relatifs aux chemins vicinaux.

26 mars, décret autorisant la société des mines de Marsanges à établir un chemin de fer d'embranchement destiné à relier la dite mine à la ligne de Brioude à Alais.

26 mars, loi portant approbation de la convention signée à Rome, le 10 décembre 1874, entre la France et l'Italie pour la délimitation de la frontière des deux pays à l'intérieur du tunnel des Alpes (au Mont-Cenis).

27 mars et 25 mai, décrets relatifs à la dette publique.

27 mars, décret prohibant l'importation des pommes de terre des Etats-Unis et du Canada.

28 mars, décret relatif à l'emploi et à l'admission des enfants dans les manufactures.

30 mars, loi créant une chaire de chimie organique à la faculté des sciences de Paris.

2 et 30 avril, décrets organisant militairement les douaniers, les forestiers et les vétérinaires.

8 avril, loi relative à la poudre dynamite.

12 avril, décret relatif au chemin de fer de Miramas à Port de Blanc.

15 avril, loi modifiant celle du 10 juillet 1874, relative à l'amélioration de la situation des sous-officiers de l'armée de terre.

16 avril, arrêté du Ministre de l'Intérieur autorisant l'usage du langage secret dans la correspondance télégraphique privée.

21 avril, décret ouvrant au public la Bibliothèque Nationale toute l'année, excepté 8 jours aux fêtes de Pâques.

22 et 24 avril, décret qui autorise la Banque de France à créer des succursales à Belfort, Digne et Tulle.

22 et 24 avril, décret qui autorise la Banque de l'Algérie à créer des succursales à Philippeville et à Tlemcen.

24 avril, décision autorisant l'ouverture du chemin de fer d'Angoulême à Limoges.

26 avril, convention monétaire avec la Belgique, la Suisse et l'Italie.

12 mai, M. le marquis d'Harcourt est nommé ambassadeur à Londres, M. le comte de Bourgoing à Constantinople.

15 mai, décret établissant une justice de paix à Saïgon (Cochinchine).

18 mai et 21 juin, loi portant modification du Code de justice militaire.

24 mai, décision de l'Assemblée Nationale, modifiant le titre et le texte de la loi du 10 juillet 1874, relative aux sous-officiers.

29 mai, loi ayant pour objet de rapporter (c'est-à-dire d'abroger) celle du 5 janvier 1872 relative aux pensions des officiers et assimilés.

5 juin, loi relative aux tramways de Paris (région sud).

5 juin, loi ajoutant des décimes additionnels à divers droits de douanes, de contributions indirectes et de timbres.

5 juin, loi sur le régime des prisons départementales.

6 juin, loi relative à la canalisation de la Mayenne.

13 juin, décret autorisant la caisse d'épargne de Lasseube (Basses-Pyrénées).

15 juin, l'Assemblée nationale a adopté la résolution suivante: M. Habin, député d'Indre-et-Loire, est déchu de sa qualité de membre de l'Assemblée nationale. (J. O.)

16 juin, loi sur la reconstitution des actes de l'état civil, à Paris.

17 juin, décret portant approbation et prescrivant la promulgation de la déclaration signée à Paris, le 14 juin 1875, avec le grand-Duché de Luxembourg pour assurer la communication réciproque des actes de l'état civil.

19 juin, déc. relat. au chem. de fer de Canaples à Amiens.

21 juin, loi relative à divers droits d'enregistrement.

21 juin, décret relatif aux chemins de fer de Moûtier à Albertville (Savoie) et de Bayonne à Biarritz.

21 juin, loi allouant 600,000 francs pour les dépenses de l'exposition internationale de Philadelphie.

22 juin, loi relative à la répartition des indemnités pour dommages résultant des mesures de défense prises par l'autorité militaire française en 1870-1871.

22 juin, décret relatif à la Belgique, à la Suisse et à l'Angleterre en ce qui concerne les sucres.

28 juin, loi accordant deux millions aux inondés du midi.(juin 1875)

4 juillet, décret relatif à la durée des études des élèves en pharmacie.

6 juillet, loi portant approbation d'un traité de commerce conclu à Saïgon, le 31 août 1871, avec le royaume d'Annam.

12 juillet, loi relative à l'enseignement supérieur.

13 juillet, loi relative au chemin de fer de Cambrai à Douai.

16 juillet, loi constitutionnelle sur les rapports des pouvoirs publics.

19 juillet, loi relative au traitement des instituteurs primaires.

24 juillet, décret relatif au chemin de fer de Gorcy (Meurthe et Moselle) à la frontière Belge.

28 juillet, loi relative aux consignations judiciaires.

29 juillet, loi sur les sucres.

30 juillet, loi sur l'enseignement élémentaire pratique de l'agriculture.

31 juillet, loi relative aux allumettes chimiques.

31 juillet, décret sur le transport par eau de matières explosibles ou incendiaires.

31 juillet, loi modifiant celle du 21 novembre 1872 sur le jury.

1er août, loi établissant un impôt sur le vinaigre. (J. O.)

2 août, loi portant approbation d'une convention passée entre l'Etat et la Compagnie des Messageries maritimes.

3 août, loi relative au chemin de fer de Douai à Orchies et à la frontière Belge.

3 août, loi relative à la poste aux lettres.

5 août, loi relative à la vérification des pouvoirs des membres des conseils généraux.

5 août, loi déclarant d'utilité publique la concession d'un chemin de fer sous-marin entre la France et l'Angleterre.

13 août, loi organique sur les élections des sénateurs.

16 août, décret : il y a dans chaque département de l'Algérie, un conseil général composé de membres français et d'assesseurs musulmans.

16 août, loi relative au budget de 1876.

16 août, décrets autorisant la Banque de France à créer des succursales à Foix et à Gap.

24 août, décret portant réglement d'administration publique sur la dynamite et la nitro-glycérine.

24 août, décret relatif aux sucres provenant d'Allemagne.

30 août, décret relatif à la surveillance de la haute police.

1er septembre, décrets créant une 2e chaire de droit romain à la faculté de Douai et une chaire de zoologie à la faculté des sciences de Marseille.

3 septembre, décret approuvant une convention signée avec l'Angleterre relativement à la propriété littéraire et artistique.

6 septembre, décret créant à Paris un observatoire d'astronomie physique.

30 septembre, décret créant une bourse de commerce à Roubaix.

8 octobre, décrets créant

des chaires de botanique et de zoologie, de mécanique rationnelle et appliquée, à la faculté des sciences de Clermont-Ferrand ; de botanique et de zoologie, à la faculté des sciences de Poitiers ; de mécanique rationnelle et appliquée, dans chacune des facultés des sciences de Grenoble et de Caen.

29 octobre, décret établissant une faculté de droit dans la ville de Lyon.

31 octobre, décret relatif à la poste aux lettres (affranchissement des lettres et paquets).

2 novembre, décret instituant 36 agrégés près les facultés des sciences et 36 près les facultés des lettres.

6 novembre, loi relative au service militaire des Français domiciliés en Algérie.

11 novembre, rectification de la loi du 2 août 1875, relative aux Messageries maritimes.

12 novembre, décret établissant à Lille une faculté mixte de médecine et de pharmacie.

16 novembre, rectification du budget de 1876.

18 novembre, loi portant approbation de la convention signée avec l'Allemagne relativement aux mandats d'argent envoyés par la poste.

22 novembre, décrets relativement aux échantillons expédiés par la poste. (J. O.)

22 novembre, décret créant une Bourse de commerce à Tourcoing (Nord).

23 novembre, décret relatif aux affranchissements de lettres et journaux. (J. O.)

24 novembre, loi concernant le traitement des greffiers de justices de paix. (J. O.)

30 novembre, loi organi-

que sur l'élection des députés.

1er décembre, loi relative aux tabacs.

2 décembre, loi relative au chemin de Marmande à Angoulême.

3 décembre, décret relatif au chemin de fer de Grange à Gérardmer (Vosges).

4 décembre, décret relatif à l'armée.

4 décembre, loi relative à des chemins de fer dans le Midi et l'Ouest, notamment au chemin de fer d'Alais au Rhône.

4 décembre, loi relative à l'amélioration du port de Dunkerque.

9 décembre, loi modifiant celle du 27 juillet 1872 sur le recrutement de l'armée.

9 décembre, loi portant approbation de la convention télégraphique, signée à Saint-Pétersbourg, le 22 juillet 1875, entre la France, l'Allemagne, l'Autriche-Hongrie, la Belgique, le Danemark, la Grèce, l'Italie, les Pays-Bas, la Perse, le Portugal, la Russie, la Suède-Norwège, la Suisse et la Turquie.

9 décembre, décret relatif à la banque de la Nouvelle-Calédonie. (J. O.)

10 décembre, loi relative aux sociétés commerciales et industrielles.

13 décembre, rapport sur les travaux de la justice commerciale et de la justice civile en 1873. (J. O.)

14 décembre, loi relative aux bouilleurs de cru.

14 décembre, loi concernant les ports de Calais, Dunkerque, Gravelines et Rouen.

15 décembre, décret autorisant la Banque de France à créer une succursale à Mont-de-Marsan (Landes).

15 décembre, loi modifiant le recrutement de l'armée.

15 décembre, loi relative au chemin de fer de Constantine à Sétif.

16 décembre, loi portant approbation de la convention signée à Paris, le 20 mai 1875, entre la France, l'Allemagne, l'Autriche-Hongrie, la Belgique, le Brésil, la Confédération Argentine, le Danemark, l'Espagne, les Etats-Unis, l'Italie, le Pérou, le Portugal, la Russie, la Suède - Norwège, la Suisse et la Turquie pour la création d'un bureau international des poids et mesures.

17 décembre, loi relative au port de Philippeville (Algérie).

17 décembre, loi rel. à la réforme judiciaire en Egypte.

18 décembre, loi relative à l'extradition : 1° Pérou ; 2° Grand-Duché de Luxembourg.

18 décembre, décret prescrivant l'exécution de la convention d'extradition conclue avec le Pérou.

27 décembre, loi portant règlement définitif du budget de 1868.

29 décembre, loi sur la répression des délits qui peuvent être commis par la voie de la presse ou partout autre moyen de publication.

29 décembre, décret relatif au service et à l'organisation des corps de sapeurs-pompiers.

29 décembre, loi : les collèges électoraux, chargés d'élire les sénateurs, se réuniront au chef-lieu de chaque département, le dimanche, 30 janvier 1876. Les collèges électoraux chargés d'élire les députés, se réuniront le 20 février 1876.

30 décembre, loi sur le régime des sucres 1876.

31 décembre, loi relative au recrutement de l'armée.

1876

2 janvier, loi sur la levée de l'état de siège.

4 janvier, loi portant approbation de la convention sur le régime des sucres, signée à Bruxelles, le 11 août 1875, avec la Belgique, la Grande-Bretagne et les Pays-Bas.

7 janvier, décret supprimant le tribunal de commerce de Souillac.

7 janvier, décret portant réglement sur les rangs, préséances et honneurs des autorités militaires dans les cérémonies publiques.

11 janvier, décret créant une chaire de géographie à la Faculté des lettres de Lyon.

12 janvier, loi relative à de nouveaux chemins de fer à construire, notamment dans le Nord.

12 janvier, décret prescrivant la promulgation de la convention conclue avec l'Allemagne pour l'échange des mandats de poste.

13 janvier, proclamation, à propos des élections, du maréchal de Mac-Mahon, président de la République.

14 janvier, loi relative à la Faculté de médecine de Paris.

18 janvier, loi relative à la Compagnie des chemins de l'Ouest.

20 janvier, décret créant un conseil de prud'hommes à Alby.

24 janvier, loi modifiant celle sur les cadres et effectifs de l'armée. (J. O.)

25 janvier, décrets créant une chaire d'astronomie physique à la Faculté des sciences de Bordeaux, une chaire de chimie industrielle et agricole à la Faculté des sciences de Lyon et une chaire d'économie politique à la Faculté de droit de Toulouse.

25 janvier, décrets relatifs aux établissements libres d'enseignement supérieur.

28 janvier, décrets relatifs aux facultés de médecine de Nantes et de Marseille.

30 janvier, loi portant réglement définitif du budget de l'exercice 1869. (J. O.)

4 février, décret portant création d'une succursale de la Banque de France à La Roche-sur-Yon (Vendée).

10 février, décret nommant M. Félix Voisin préfet de police. (J. O.)

12 février, décret portant approbation et prescrivant la promulgation du protocole additionnel à la convention du 11 août 1875, sur le régime des sucres.

27 février, décret qui prescrit la pulication du traité de commerce avec le royaume d'Annam.

29 février, déc. rel. à des fabriques de dynamite et de nitro-glycér. près Port-Vendres.

29 février, décret qui autorise MM. Mangini à établir une fabrique de dynamite à Corveissiat (Ain).

5 mars, le président de la République a reçu la lettre par laquelle Son Excellence Antoine Borrero lui notifie sa nomination de président constitutionnel de la République de l'Equateur. (J. O.)

8 mars, décret créant à la Faculté des lettres de Paris une chaire d'archéologie.

9 mars, décret qui détache les cultes du ministère de l'instruction et les réunit à celui de la justice.

9 mars, décrets par lesquels M. Dufaure est nommé ministre de la justice et des cultes ; M. le duc Decazes, des affaires étrangères ; M. Ricard, de l'intérieur ; M. Léon Say, des finances ; M. de Cissey, de la guerre ; M. le vice-amiral Fourichon, de la marine et des colonies ; M. Waddington, de l'instruction publique ; M. Christophle, des travaux publics et M. Teisserenc de Bort, de l'agriculture et du commerce.

16 mars, décret relatif aux chemins de fer de Saint-Symphorien (Gironde) à la limite du département des Landes et de Sore (Landes) à la limite du département de la Gironde.

20 mars, décret déclarant applicable à l'Autriche-Hongrie l'article 4 de la convention de commerce conclue avec l'Angleterre.

24 mars, décret plaçant sous le séquestre le canal d'irrigation de Beaucaire. (J. O.)

4 avril, décret levant l'état de siège dans les départements de la Seine, de Seine-et-Oise, du Rhône et des Bouches-du-Rhône.

5 avril, décret relatif à la tenue à Paris, en 1878, d'une exposition universelle des produits agricoles et industriels.

7 avril, décret relatif à la forme de promulgation des lois. (J. O.)

16 avril, décret relatif à l'ouverture d'une exposition universelle des beaux-arts en 1878. (J. O.)

11 mai, le président de la République a reçu la lettre par laquelle Son Excellence don Andrès Valle lui notifie son élection à la présidence de la République de (San) Salvador. (J. O.)

15 mai, décret qui nomme

M. de Marcère ministre de l'intérieur.

20 mai, décret approuvant la convention relative à la protection des marques de fabrique et de commerce, signée entre la France et le Brésil.

31 mai, le président de la République a reçu la lettre par laquelle Son Excellence don Aquileos Parra lui notifie son élection à la présidence de la République des Etats-Unis de Colombie. (J. O.)

2 juin, décret relatif à la Cochinchine.

3 juin, décret déclarant d'utilité publique le chemin de d'Avesnes-le-Comte à Savy-Barlette.

25 juin, décret relatif à une convention télégraphique internationale, signée à Saint-Pétersbourg, le 10-22 juillet 1875.

27 juin, loi autorisant la ville de Paris à emprunter une somme de 120 millions. (Emprunt dit de 1876).

30 juin, décret relatif à l'administration civile de l'Algérie.

1er juillet, décret relatif à l'instruction publique en Algérie.

2 juillet, décret accordant des grâces, commutations et réductions de peines à des individus condamnés pour faits se rattachant à l'insurrection de 1871. (Des décrets analogues se trouvent dans les numéros du *Journal officiel* datés des 26 juillet, 13 et 16 août 1876).

4 juillet, décret relatif aux infirmiers de la marine. (J. O.)

4 juillet, décret relatif à la Cochinchine.

10 juillet, décret relatif à la poste aux lettres et au télégraphe.

13 juillet, décret autorisant

la caisse d'épargne de Virieu (Nord). (J. O.)

15 juillet, décret relatif à l'emprunt de 120 millions de la ville de Paris. (J. O.)

19 juillet, réglement du Sénat et de la Chambre des députés. (J. O.).

19 juillet, convention avec l'Espagne relativement aux marques de fabrique et de commerce.

22 juillet, décret érigeant en ambassade la légation de France près le roi d'Italie. (J. O.).

26 juillet, loi relative à l'exposition universelle de 1878.

3 août, décret supprimant la chambre consultative des arts et manufactures de Chalabre (Aude). (J. O.).

5 août, loi relative au droit de limiter et de suspendre la fabrication des pièces de cinq francs en argent.

6 août, décret nommant M. Krantz, sénateur, ingénieur en chef des ponts et chaussées, commissaire-général de l'exposition universelle de 1878.

7 et 31 août, loi et décret portant approbation de la convention consulaire relative aux mandats de poste internationaux entre la France et les Pays-Bas.

7 août, loi portant approbation de la convention de poste conclue avec le Pérou.

8 août, loi établissant un institut agronomique au Conservatoire des arts et métiers.

12 août, loi relative aux contributions directes à percevoir en 1877.

13 août, décrets déclarant close la session ordinaire de 1876, du Sénat et de la Chambre des députés.

15 août, le général Berthaut

est nommé ministre de la guerre.

21 août, organisation de l'armée territoriale en Algérie. (J. O.)

24 août, loi relative à la Banque de France. (J. O.)

27 août, décret prescrivant de procéder au recensement de la population de la France. (J. O.)

29 août, décret sur les distilleries.

3 septembre, convention avec la Belgique relativement à l'échange des actes de l'état civil.

9 septembre, décret relatif au génie maritime. (J. O.)

14 septembre, déclaration de la Cour des comptes sur le budget de 1871. (J. O.)

17 septembre, décr. rel. au canal de Roubaix. (J. O.)

21 septembre, décret relatif à la poste aux lettres.

22 septembre, décret relatif à la comptabilité.

25 septembre, décret relatif à la dynamite et à la nitroglycérine.

26 septembre, décrets relatifs à des chemins à construire dans les départements du Pas-de-Calais, de la Somme et de l'Aisne.

28 septembre, décret autorisant la Banque de France à établir une succursale à Meaux.

2 octobre, notification au président de la République de l'avènement au trône du sultan Abd-ul-Hamid. (J. O.)

5 octobre, décret relatif à l'ouverture de la première session annuelle des conseillers généraux en Algérie. (J. O.)

11 octobre, décret convoquant le Sénat et la Chambre des députés en session extraordinaire pour le 30 octobre 1876. (J. O.)

12 octobre, compte général de l'administration de la justice criminelle, pendant l'année 1874, présenté au président de la République par le ministre de la justice et des cultes. (J. O.)

13 octobre, décret fixant le tarif des droits de navigation à percevoir sur le canal de Seclin à la Deule. (J. O.)

20 octobre, décret portant ouverture au ministre de l'agriculture et du commerce d'un crédit de 35,313,000 francs pour l'Exposition universelle de 1878. (J. O.)

25 octobre, décrets nommant M. le baron Baude ambassadeur de France près le Saint Siège; M. le marquis de Gabriac envoyé extraordinaire et ministre plénipotentiaire en Belgique; M. le comte Duchâtel en Danemark; M. Tissot en Grèce et M. Lesourd au Maroc.

27 octobre, le président de la République a reçu la lettre par laquelle Son Excellence don Mariano Ignacio Prado lui notifie son élection à la présidence de la République du Pérou et Son Excellence don Rafael Zuldivar lui notifie son élection à la présidence de la République du Salvador. (J. O.)

28 octobre, décret reconnaissant comme établissement d'utilité publique le bureau international des poids et mesures établi à Paris.

31 octobre, décrets créant aux Facultés des lettres de Bordeaux et de Lyon une chaire d'antiquités grecques et latines et à la Faculté des sciences de Lyon une chaire d'astronomie physique.

17 novembre, décret créant à la Faculté des lettres de Toulouse une chaire d'antiquités grecques et latines. (J. O.)

27 novembre, rapport adressé au président de la République par le ministre de la justice et des cultes sur l'administration de la justice civile et commerciale en France pendant l'année 1874. (J. O.)

29 novembre, loi tendant à ouvrir au ministre de l'agriculture et du commerce, sur l'exercice 1876, un crédit de 60,000 francs pour étudier les moyens de combattre la maladie de la vigne.

5 décembre, décret organisant l'école nationale des Beaux-Arts de Lyon. (J. O.)

7 décembre, loi portant modification des articles 620 et 626 du code de commerce. (J. O.)

11 décembre, rapport adressé au président de la République par le ministre de l'agriculture et du commerce sur les opérations des caisses d'épargne en 1874. Les 529 caisses ont reçu 195,495,861, fr. 06 c. et remboursé 180,937,723, fr., 03 c. (J. O).

12 décembre, décrets nommant M. Jules Simon ministre de l'intérieur et président du conseil des ministres et M. Martel ministre de la justice et des cultes.

20 décembre, décret autorisant le sieur Granger à établir à Hamel-Bazire (Manche) un dépôt de dynamite.

21 décembre, loi ayant pour objet de modifier l'article 70 de la loi du 10 août 1871 sur les conseils généraux. (J. O.)

23 décembre, décret accordant des grâces, commutations ou réductions de peines à des individus condamnés pour faits se rattachant à l'insurrection de 1871. (Des décrets analogues avaient été rendus le 26 octobre et le 2

décembre 1876, sans compter ceux que nous avons déjà signalés).

26 et 30 décembre, le budget de 1877 montera, pour les dépenses, à 2,737,003,812 fr.; les recettes offriront un excédant (probable) de 755,850 fr. (J. O.)

31 décembre, décret créant une chaire de langue russe à l'école des langues orientales vivantes.

1877

6 janvier, loi portant ouverture au ministère de la marine et des colonies d'un crédit supplémentaire de 607,290 fr. sur l'exercice 1887. — Décret nommant 14 préfets. (J. O.)

6 janvier, grâces, commutations ou réductions de peines accordées à 54 individus, condamnés pour faits se rattachant à l'insurrection de 1871.

6 janvier, décrets relatifs aux inspecteurs généraux de l'instruction publique et aux professeurs du Collège de France, du Museum d'histoire naturelle et de l'école des langues orientales vivantes.

6 janvier, décrets déclarant d'utilité publique les chemins de fer de Crécy-Moutiers à La Fère, et d'Haironville à Triaucourt.

7 janvier, décrets accordant des remises, réductions ou commutations de peines à 131 marins. (J. O.)

8 janvier, décret concernant l'organisation municipale de la ville de Saïgon (Cochinchine).

9 janvier, loi ayant pour objet de substituer le Code pénal métropolitain au Code pénal colonial pour les Antilles et la Réunion. (J. O.)

9 janvier, loi supprimant les garnisaires employés pour le recouvrement des contributions directes.

10 janvier, décret nommant 10 magistrats. (J. O.)

14 janvier, décret nommant 7 magistrats. (J. O.)

15 janvier, décret relatif aux instituteurs primaires. (J. O.)

17 janvier, décret nommant 2 magistrats. (J. O.).

18 janvier, décret relatif au cadre des professeurs d'hydrographie. (J. O.)

21 janvier, décret relatif au traitement des juges de première instance d'Oran et de Constantine. (J. O.)

23 janvier, décret nommant 12 magistrats. (J. O.)

23 janvier, décret approuvant des modifications aux statuts du Crédit foncier de France et nommant M. Renouard, gouverneur de cet établissement à la place de M. Frémy.

26 janvier, décret nommant 24 tant maires qu'adjoints. (J. O.)

27 janvier, décret nommant 34 tant maires qu'adjoints. (J. O.)

27 et 30 janvier, décrets relatifs à l'enseignement secondaire spécial.

1er février, décret nommant 27 tant maires qu'adjoints. (J. O.)

1er février et 2 mars, loi et décret relatifs à l'extradition entre la France et la principauté de Monaco.

3 février, décret déclarant d'utilité publique le chemin de fer d'Ambarès à Saint-Ciers-la-Lande. (J. O.)

4 février, loi ouvrant un crédit de 100,000 francs pour venir en aide à nos colonies de l'Indoustan.

6 février, loi relative à des orts de Toulon. (J. O.)

7 février, décret nommant 21 tant maires qu'adjoints. (J.O.)

7 février, décret établissant une justice de paix à Cassaigne, département d'Oran, et supprimant celle de Daa.

8 février, décret modifiant l'organisation du ministère des affaires étrangères. (J.O.)

9 février, décret nommant, en Algérie, 114 tant maires qu'adjoints. (J. O.)

13 février, loi portant ouverture au ministère de la guerre d'un crédit de 4,497,598 francs. (J. O.)

17 février, décret nommant 14 tant maires qu'adjoints. (J. O.)

19 février, décret nommant 11 magistrats. (J. O.)

20 février, décret relatif à des tramways de Paris.

20 février, loi autorisant la ville de Marseille à emprunter la somme de 89 millions.

22 février, décret nommant 151 tant secrétaires-généraux que conseillers de préfecture et sous-préfets. (J. O.)

22 février, décret nommant 20 magistrats. (J. O.)

23 février, décret nommant 17 tant maires qu'adjoints. (J. O.)

25 février, décret déclarant d'utilité publique le chemin de fer de Remiremont à Cornimont. (J. O.)

27 février, décret nommant 5 tant maires qu'adjoints. (J. O.)

27 février, décret relatif aux ingénieurs des poudres et salpêtres. (J. O.)

28 février et 7 mars, décret relatif à la protection de l'enfance et au travail des enfants dans les manufactures. (J. O.)

2 mars, décret nommant 16 tant maires qu'adjoints. (J. O.)

4 mars, loi qui rend applicables aux élections consulaires les règles de procédure en cassation suivies pour les élections législatives. (J. O.)

5 mars, décret établissant à Saint-Dié un conseil de prud'hommes.

6 mars, décret sur les conseils généraux de l'Algérie. (J. O.)

6 mars, décret relatif à l'administration de la justice dans nos colonies de l'Inde et de l'Océanie.

7 mars, décret relatif à la Bourse de commerce du Hâvre. (J. O.)

7 mars, décret établissant une caisse d'épargne à Lusignan (Vienne) (J. O.)

11 mars, décrets nommant 11 magistrats, 20 tant sous-préfets que conseillers de préfecture et 25 tant maires qu'adjoints. (J. O.)

12 mars, décret fixant le cadre des mécaniciens de la flotte. (J. O.)

15 mars, loi modifiant la perception du droit de quai en Algérie. (J. O.)

15 mars, décrets nommant 12 tant maires qu'adjoints et 4 magistrats. (J. O.)

15 mars, décret relatif au port de Beni-Saff, département d'Oran.

18 mars, décret créant à la Faculté de médecine de Paris une chaire clinique de pathologie mentale et des maladies de l'encéphale.

22 mars, décret nommant 7 tant maires qu'adjoints. (J. O.)

22 mars, loi relative à l'état-major de l'armée navale.

23 mars, décrets nommant 17 tant maires qu'adjoints. (J. O.)

24 mars, décret sur la trésorerie et le service des postes à l'armée.

25 mars, loi relative au chemin de fer de la Cluse à Bellegarde (J. O.)

26 mars, loi relative aux chemins de fer de Duvivier à Souk-Aras et de Guelma à Sétif.

26 mars, décret relatif aux examens dans les écoles de droit. (J. O.)

27 mars, loi autorisant la ville de Lille à contracter un emprunt de 8 millions.

27 mars, loi accordant au ministre de l'instruction publique et des beaux-arts un crédit de 90,133 fr. 39 c. pour déterminer la parallaxe du soleil. (J. O.)

27 mars, loi relative au feu grisou. (J. O.)

27 mars, décret nommant 2 magistrats. (J. O.)

27 mars, décret transférant à Paris la Faculté mixte de théologie protestante de Strasbourg.

29 mars, décret nommant 9 tant maires qu'adjoints. (J. O.)

29 mars, décret qui prescrit la promulgation de la convention de poste, signée à Paris, le 29 septembre 1874, entre la France et le Pérou.

31 mars, rapport du comte d'Haussonville, relatif aux colons Alsaciens-Lorrains en Algérie. (J. O.)

7 avril, décret relatif aux justices de paix de l'Algérie. (J. O.)

7 avril, décret nommant 59 magistrats. (J. O.)

8 avril, loi relative aux

récompenses à décerner à l'occasion de l'exposition de Philadelphie (1876). (J. O.)

8 avril, décret déclarant d'utilité publique l'établissement d'un chemin de fer d'intérêt local de Nantes vers Cholet. (J. O.)

10 avril, décret nommant un maire et un adjoint. (J. O.)

13 avril, décret nommant 20 tant maires qu'adjoints. (J. O.)

16 avril, décret nommant un maire et deux adjoints en Algérie. (J. O.)

17 avril, décret nommant 15 tant maires qu'adjoints. (J. O.)

18 avril, décrets nommant 3 conseillers à la Cour de cassation et 52 magistrats. (J. O.)

19 avril, décret nommant 11 préfets et 9 sous-préfets. (J. O.)

24 avril, décret nommant un maire et deux adjoints en Algérie. (J. O.)

24 avril, décret constituant la Faculté mixte de médecine et de pharmacie, à Lyon.

25 avril, décret nommant 11 tant maires qu'adjoints. (J. O.)

26 avril, décret relatif à la nitro-glycérine et à la dynamite.

27 avril, décret nommant 10 magistrats dans les colonies. (J. O.)

27 avril, décret relatif aux tribunaux civils musulmans de l'Algérie.

28 avril, décret nommant 6 tant maires qu'adjoints. (J. O.)

2 mai, décret nommant 29 magistrats. (J. O.)

3, 10 et **27 mai,** décrets accordant des grâces, commutations ou réductions de peines à 12 individus condamnés pour faits se rattachant à l'insurrection de 1871. (J. O.)

8, 10 et **16 mai,** décret nommant 22 tant maires qu'adjoints. (J. O.)

8 mai, décret relatif à la pêche du corail sur les côtes de l'Algérie.

10 mai, décret autorisant la caisse d'épargne de Fourmerie (Oise). (J. O.)

11 et **12 mai,** décrets nommant 8 tant conseillers de préfecture que sous-préfets. (J. O.)

12 mai, décret relatif à la peste bovine. (J. O.) — Autre décret relatif à la dynamite.

15 mai, décret relatif aux tramways de Montpellier.

16 mai, décret relatif à la Cour d'appel de la Martinique. (J. O.)

17 mai, lettre du maréchal-président à M. Jules Simon, président du conseil des ministres. (J. O.)

17 mai, décrets nommant M. le duc de Broglie, sénateur, garde des sceaux, ministre de la justice et président du conseil des ministres; M. de Fourtou, député, ministre de l'intérieur; M. Caillaux, sénateur, ministre des finances; M. Brunet, sénateur, ministre de l'instruction publique, des cultes et des beaux-arts; M. Pâris, sénateur, ministre des travaux publics; M. le vicomte de Meaux, ministre de l'agriculture et du commerce.

19 mai, message du président de la République au Sénat et à la Chambre des députés. (J. O.) — Décret ajournant les Chambres au 16 juin. (J. O.)

20 mai, décret nommant 62 préfets. (J. O.)

22 mai, décret nommant 14 préfets. (J. O.)

23 mai, décret relatif aux

lettres, cartes postales, etc. (J. O.)

24 mai, décret nommant M. le vice-amiral Gicquel des Touches, ministre de la marine et des colonies. (J. O.)

24 mai, décret autorisant la caisse d'épargne de Rougemont-le-Château (territoire de Belfort). (J. O.)

26 et 31 mai, décrets nommant 39 magistrats. (J. O.)

27 mai, décret nommant un maire. (J. O.)

28 mai, décret nommant 71 tant préfets que sous-préfets et conseillers de préfecture. (J. O.)

30 mai, décret nommant M. Léon Riant, directeur général des postes. (J. O.) — Décret nommant 157 tant sous-préfets que secrétaires généraux de préfecture. (J. O.)

31 mai, le président de la République vient de recevoir la lettre par laquelle S. Exc. M. le général Linarez Alcantara notifie son élection à la présidence des Etats-Unis du Vénézuéla. (J. O.)

31 mai, décret relatif à une fabrique de nitro-glycérine.

2 juin, décret nommant 38 sous-préfets. (J. O.)

3 juin, décret nommant 10 sous-préfets et 11 conseillers de préfecture. (J. O.)

4 juin, décret nommant 16 magistrats. (J. O.)

8 juin, décret nommant 34 magistrats. (J. O.)

10 juin, décret nommant 5 tant maires qu'adjoints. (J. O.)

11 juin, décret nommant 3 maires et 2 adjoints. (J. O.)

12 juin, décret nommant 17 magistrats. (J. O.)

13 juin, décret nommant 25 tant préfets que sous-préfets et secrétaires généraux de préfecture. (J. O.)

14 juin, décret nommant 2 conseillers de préfecture et 3 maires. (J. O.)

16 juin, décret nommant 12 sous-préfets. (J. O.)

17 juin, message du président de la République au Sénat. (J. O.)

19 juin, décret nommant 7 maires et 3 adjoints. (J. O.)

21 juin, décret nommant 5 sous-préfets. (J. O.)

23 juin, loi contenant le tarif des droits à percevoir sur le canal de l'Est. (J. O.)

24 juin, le président de la République vient de recevoir la lettre par laquelle S. E. don Uriarte fait connaître qu'il a été nommé président de la République du Paraguay. (J. O.)

24 juin, loi relative à un port et à un chemin de fer dans l'île de la Réunion. (J. O.)

25 juin, le Sénat consent à la dissolution de la Chambre des députés, qu'un décret du président déclare dissoute : « Les collèges électoraux sont convoqués pour de nouvelles élections dans le délai de trois mois. (Note : ce délai fut dépassé.)

27 juin, loi relative aux allumettes chimiques. (J. O.)

27 juin, décret nommant 12 magistrats. (J. O.)

28 juin, rapport et décret relatif aux ouvriers des arsenaux maritimes.

28 juin, décret nommant 8 maires et 8 adjoints. (J. O.)

28 juin, grâces, commutations ou réductions de peines accordées à 48 individus condamnés pour faits se rattachant à l'insurrection de 1871. (J. O.)

28 juin, loi tendant à modifier les articles 420 et 421 du Code d'instruction criminelle.

29 juin, lois relatives à

des crédits supplémentaires.
(J. O.)

29 juin, décrets nommant
5 maires et 8 adjoints. (J. O.)

30 juin, loi relative à un
crédit de 17,472,000 francs, ouvert au ministre de la marine
et des colonies. (J. O.)

30 juin, décret nommant 8
maires et 6 adjoints. (J. O.)

1er juillet, décrets nommant 57 magistrats, 5 maires
et 5 adjoints. (J. O.)

2 juillet, décret nommant
6 maires et 4 adjoints. (J. O.)

Décret autorisant un dépôt
de dynamite à Lanos (Hérault).

3 juillet, loi relative aux
réquisitions militaires.

4 juillet, décret nommant
9 préfets. (J. O.)

4 juillet, décret nommant
11 secrétaires généraux de
préfecture et 35 sous-préfets
(J. O.)

4 juillet, décret nommant
56 conseillers de préfecture.
(J. O.)

5 juillet, décret nommant
un maire et 5 adjoints. (J. O.)

6 juillet, décret nommant
4 maires et 2 adjoints. (J. O.)

7 juillet, décret nommant
42 magistrats. (J. O.)

7 juillet, décret nommant
4 conseillers de préfecture.
(J. O.)

7 juillet, loi relative aux
hôpitaux militaires.

8 juillet, loi accordant au
ministre de la guerre un crédit de 209,181,808 francs. (J. O.)

8 juillet, décrets nommant
5 magistrats, 2 sous-préfets,
4 maires et 7 adjoints. (J. O.)

10 juillet, décret nommant
7 maires et 4 adjoints. (J. O.)

12 juillet, décret relatif à
la chicorée. (J. O.)

12 juillet, décret nommant
5 sous-préfets, un secrétaire
général et 7 conseillers de
préfecture. (J. O.)

12 juillet, décret nommant
5 maires et 3 adjoints. (J. O.)

13 juillet, décret nommant
4 maires et 7 adjoints. (J. O.)

14 juillet, décret nommant
un préfet et un sous-préfet.
(J. O.)

14 juillet, décret nommant 6 maires et 7 adjoints.
(J. O.)

15 juillet, décret nommant
3 magistrats. (J. O.)

15 juillet, décret relatif à
la licence et au doctorat ès-
sciences.

17 juillet, décrets relatifs
à des chemins de fer reliant
le département de l'Oise à
celui de Seine-et-Oise. (J. O.)

19 juillet, décret nommant
19 magistrats, 6 maires et 6
adjoints. (J. O.)

20 juillet, décret relatif au
commerce du Sénégal.

20 juillet, décret nommant 5 maires et 5 adjoints.
(J. O.)

24 juillet, décret nommant 8 maires et 9 adjoints.
(J. O.)

25 juillet, décret nommant
7 maires et 4 adjoints. (J. O.)--
Décret relatif aux colonies
de Mayotte et de Nossi-Bé.
(J. O.)

26 juillet, décret nommant
un sous-préfet et deux conseillers de préfecture. (J. O.)

28 juillet, décret nommant 17 maires et 11 adjoints.
(J. O.)

29 et 30 juillet, voyage du
maréchal de Mac-Mahon à
Bourges. (J. O.)

31 juillet, décret nommant
65 magistrats. (J. O.)

2 août, décret nommant 9
maires et 11 adjoints. (J. O.)

3 août, décret nommant un
procureur général et un conseiller de préfecture. (J. O.)

5 août, décret nommant 10
maires et 14 adjoints. (J. O.)

7 août, décret nommant un sous-préfet, 7 conseillers de préfecture et 2 maires. (J. O.)

8 août, décret nommant 14 magistrats. (J. O.)

10 août, décret nommant 5 maires et 5 adjoints. (J. O.)

12 août, décret interdisant l'entrée et le transit des pommes de terre venant d'Allemagne.

12 août, décret nommant 4 maires et 4 adjoints. (J. O.)

14 août, décret nommant un sous-préfet, 6 maires et 5 adjoints. (J. O.)

15 août, décret nommant 38 magistrats. (J. O.)

16 et 17 août, décret nommant 4 maires et un adjoint. (J. O.)

17 août, décret déclarant d'utilité publique l'établissement d'un chemin de fer de Valognes à Harfleur. (J. O.)

19 août, décret relatif au chemin de fer de Lyon à Saint-Génix d'Aoste. (J. O.)

20 août, décret nommant 2 magistrats. (J. O.)

23 août, décrets relatifs à des tramways de Paris et de Nantes. (J. O.)

25 août, décret nommant 8 maires et 7 adjoints. (J. O.)

26 août, rapport sur la justice criminelle en France. (J. O.)

26 août, décret nommant 71 magistrats. (J. O.)

26 août, décret nommant 2 conseillers de préfecture. (J. O.)

26 août, décret nommant 8 maires et 6 adjoints. (J. O.)

29 août, décret nommant 3 maires et 4 adjoints. (J. O.)

30 août, décret nommant un maire et 3 adjoints. (J. O.)

2 septembre, décret nommant 4 sous-préfets, 4 conseillers généraux et un conseiller de préfecture. (J. O.)

4 septembre, décret nommant 6 maires et 2 adjoints. (J. O.)

5 septembre, décret rendu par le président de la République, sur le rapport du ministre de l'intérieur, portant que les funérailles de M. Thiers auront lieu aux frais de l'Etat. (Mme. Thiers n'accepta point.) (J. O.)

6 septembre, décret nommant un vice-président de conseil de préfecture. (J. O.)

7 septembre, rapport approuvé, adressé au président de la République par le ministre de l'intérieur et relatif au retrait du décret portant que les funérailles de M. Thiers auront lieu par les soins et aux frais de l'Etat. (J. O.)

7 septembre, Cour des comptes : déclaration générale sur les comptes de l'année 1873.

8 septembre, décret nommant 6 maires et 6 adjoints. (J. O.)

9 septembre, décrets nommant 16 magistrats, un sous-préfet, 3 conseillers de préfecture et révoquant un conseiller de préfecture. (J. O.)

11 septembre, rapport adressé au président de la République par le ministre des travaux publics sur la question de l'aménagement des eaux au point de vue agricole. (J. O.)

13 septembre, décret relatif à la création de timbres mobiles pour les effets de commerce et warrants. (J. O.)

13 septembre, décret nommant 6 maires et 4 adjoints. (J. O.)

15 septembre, décret créant des cours annexes de clinique consacrés à l'enseignement de spécialités médicales et chirurgicales dans les Facultés de l'Etat. (J. O.)

18 septembre, décret nommant 28 magistrats (J. O.).

19 septembre, proclamation du maréchal Mac-Mahon, président de la république, au peuple français, relativement aux élections (du 14 octobre 1877), ayant pour but de renouveler la Chambre des députés (J. O.)

20 septembre, décret nommant 6 maires et 7 adjoints (J. O.).

20 septembre, (décret relatif au canal de Caen à la mer (J. O.).

20 septembre, décret relatif au tramway de Montpellier (Castelnau-lès-Lez) Hérault (J. O.).

22 septembre, décret qui convoque, pour le 14 octobre 1877, les collèges électoraux devant nommer des députés (J. O.).

22 septembre, déc. convoquant les deux Chambres pour le 7 novembre 1877 (J. O.).

23 septembre, décrets nommant un conseiller de Cour d'appel et 17 tant maires qu'adjoints (J. O.).

23 septembre, circulaire du ministre de la justice aux procureurs généraux (J. O.).

27 septembre, décret nommant 5 tant maires qu'adjoints (J O.).

28 septembre, décret relatif aux poids en force système Dosses de 5, 10 et 20 grammes (J. O.).

30 septembre, décret qui nomme gouverneur du Crédit foncier de France M. Grivart, sénateur, ancien ministre de l'agriculture et du commerce (J. O.).

3 octobre, décrets, nommant 19 tant maires qu'adjoints (20).

4 octobre, décret déclarant d'utilité publique : 1º Le chemin de fer de Lespare à Saint-Symphorien ; 2º l'embranchement de Lacanau à Bordeaux ; 3º celui d'Hostins à Beautiran.

11 octobre, décret relatif aux officiers ayant suivi les cours militaires spéciaux (voir à ce propos le rapport de M. Borel, ministre de la guerre, approuvé par le maréchal Mac-Mahon, et inséré dans le *Journal Officiel* du 23 décembre 1877).

11 octobre, décret nommant 9 tant maires qu'adjoints (J. O.).

12 octobre, nouvelle proclamation du maréchal Mac-Mahon, président de la République, au peuple français. Cette proclamation est contresignée par M. de Fourtou, ministre de l'Intérieur (J. O.).

12 octobre, décret nommant 2 magistrats (J. O.).

12 octobre, décret déclatant d'utilité publique l'établissement de 5 tramways dans la banlieue de Lille.

15 et 20 octobre, décrets sur les élections pour le renouvellement de la 2e série sortante des conseils généraux et des conseils d'arrondissement, élections qui auront lieu, dans les départements autres que celui de la Seine, le dimanche 4 novembre 1877 (J. O.).

18 octobre, décret nommant 5 tant maires qu'adjoints (J. O.).

19 octobre, décret nommant 45 magistrats (J. O.).

20 octobre, décret sur la mise à la retraite des fonctionnaires publics (J. O.).

Rapport des ministres des finances et de l'agriculture et du commerce sur l'Exposition universelle de 1878 (J. O.).

23 octobre, décret nommant un sous-préfet et 10 tant secrétaires généraux que conseillers de préfecture (J. O.).

25 octobre, convention postale entre la France et l'Uruguay.

26 octobre, rapport de M. de Meaux, ministre de l'agriculture et du commerce, sur les opérations des caisses d'épargne en 1875 (J. O)

27 octobre, décret relatif aux tramways de Calais, St-Pierre-lès-Calais, Coulogne, Hames-Bourre et Guivres (J. O.).

31 octobre, décr. nommant 2 maires et 4 adjoints (J. O.).

31 octobre, le recensement de 1876, donne à la France 36,905,788 habitants, 362 arrondissements, 2,863 cantons, et 36,056 communes. Le département de la Seine (*maximum*) a 2,410,849 habitants, celui des Hautes-Alpes (*minimum*) 119,094. Paris a 1,988,000 âmes, Lyon, 342,000 ; Marseille, 318,000 ; Bordeaux, 215,000 ; Lille, 162,000 ; Toulouse, 131,000 ; St-Etienne, 126,000 ; Nantes, 122,000 ; Rouen, 104,000 ; le Hàvre, 92,005 ; Roubaix, 83 000 ; Reims, 81,000 ; Toulon, 70,000 ; Brest, Nancy et Amiens, 66,000 ; Nîmes, 63,000 ; Limoges, 59,000 ; Rennes, 57,000 ; Angers, 56,000 ; Montpellier, 55,700 ; Besançon, 54,000 ; Nice, 53,000 ; Orléans, 52,000 ; Le Mans, 50,000 ; Versailles, 49,000 ; Tours et Tourcoing, 48,000, Dijon, 47,000 ; Grenoble, 45,000 ; Troyes, Caen et Clermont-Ferrand, 41,000 : Boulogne-sur-mer, 40,000 ; St-Quentin, Béziers et Avignon, 38,000 ; Cherbourg, 37,000 ; Bourges, Lorient et Dunkerque, 35,000 ; St-Denis, 34,000 ; Poitiers, 33,000.

1er novembre, décret nommant 66 magistrats (J. O.).

4 novembre, décret nommant 3 maires et un adjoint (J. O.).

5 novembre, 1 secrétaire général et 2 conseillers de préfecture (J. O.).

10 novembre, décret nommant 2 conseillers de préfecture, 3 maires et 1 adjoint (J. O.).

15 novembre, 2 sous-préfets, 2 maires et 2 adjoints en Algérie (J. O.).

17 novembre, décret nommant 9 magistrats dans les colonies (J. O.).

18 novembre, décret nommant 7 sous-préfets, 4 conseillers de préfecture, 1 maire et 3 adjoints (J. O.).

19 novembre, décret nommant 15 magistrats (J. O.)

19 novembre, rapport sur la justice civile et commerciale en 1875 (J. O.).

19 novembre, création d'un musée ethnographique (J. O.).

20 novembre, décrets nommant 26 magistrats et un sous-préfet (J. O.).

22 novembre, résolution (signée par M. Jules Grévy, président de la Chambre des députés, et par les secrétaires Sadi-Carnot, Lamy et Maurice Rouvier), tendant à la nomination d'une commission chargée de faire une enquête parlementaire sur les élections des 14 et 28 octobre 1877 (J. O.).

23 novembre, décret nommant un maire et 2 adjoints (J. O).

23 novembre, décrets nommant M. le général de division de Grimaudet de Rochechouet ministre de la guerre et président du conseil ; M. Lepelletier, garde des Sceaux et mi_ nistre de la Justice; M. le marquis de Banneville, ministre des Affaires étrangères; M. Welche, ministre de l'Intérieur; M. Dutilleul, ministre des Finances; M. le vice-amiral baron Roussin, ministre de la marine et des colonies; M. Faye, ministre de l'Instruction publique, des cultes et des beaux-arts; M. Graëff, ministre des Travaux publics, et M. Ozenne, ministre de l'Agriculture et du commerce (*Bulletin des lois*).

27 novembre, décret nommant un conseiller de préfecture (J. O.).

28 novembre, décret nommant 3 magistrats (J. O.).

30 novembre, décret autorisant la caisse d'épargne de Luzy (Nièvre) (J. O.).

1er décembre, le Président de la République vient de recevoir la lettre par laquelle S. E. le général Thomas Guardin notifié son élection à la présidence Caston-Ricar (J. O.).

2 décembre, décrets nommant 6 magistrats, 3 maires et 1 adjoint (J. O.)

3 décembre, exposé de la situation de l'Algérie, présentée par le gouverneur général civil à l'ouverture de la session du conseil supérieur du gouvernement, le 15 novembre 1877. (18 p. de texte).

6 décembre, décret nommant 8 magistrats.

7 décembre, décret nommant 2 magistrats.

Grâce, commutations ou réductions de peines accordées à 21 individus condamnés pour faits se rattachent à l'insurrection de 1871.

8 décembre, statistique officielle : la population de l'Algérie est de 2,867,626 individus.

8 décembre, décret relatif à la vente de la dynamite. (J. O.).

9 décembre, décret nommant 23 magistrats.

10 décembre, arrêté du ministre de l'agriculture et du commerce autorisant l'entrée et le transit des animaux de race ovine et caprine provenant de l'empire d'Allemagne. (J. O.).

10 décembre, décret créant des chambres de commerce à Angoulême et à Cognac. (B. d. L.).

11 décembre, décret relatif au comité consultatif de l'enseignement public.

13 décembre, décret nommant M. Dufaure président du conseil et ministre de la justice, M. Waddington ministre des affaires étrangères, M. de Marcère ministre de l'intérieur; M. Léon Say ministre des finances; M. le général de division Borel ministre de la guerre; M. le vice-amiral Pothuau ministre de la marine et des colonies ; M. Bardoux ministre de l'instruction publique, des cultes et des beaux-arts; M. de Freycinet ministre des travaux publics; M. Teisserenc de Bort de l'agriculture et du commerce. (B. d. L.).

14 décembre, décret déclarant d'utilité publique l'établissement d'un chemin de fer de Rivecourt à Ormoy-Villers et à Estien St-Denis, et de Compiègne vers Roye. (J. O.).

15 décembre, message du Président de la République, lu au Sénat par M. Dufaure et à la Chambre des députés par M. de Marcère (J. O.)

18 décembre, décrets qui nomment M. Voisin, préfet de la Seine, conseiller à la Cour de cassation et M. Gigot, préfet de police. (J. O.).

19 décembre, loi allouant une subvention de 100,000 fr. à nos établissements de l'Inde (en proie à la famine). (B.d.L.)

19 décembre, décret nommant 83 préfets. (J. O.)

19 décembre, loi relative aux contributions directes à percevoir en 1878. (B. d. L.)

21 décembre, décret qui distrait la direction générale des forêts du ministère des finances et la rattache au ministère de l'agriculture et du commerce. (J. O.)

21 décembre, décret nommant 4 magistrats en Algérie (J. O.)

23 décembre, décret nommant M. le comte de Saint-Vallier à l'ambassade de Berlin. (J. O.)

25 décembre, décret basé sur les lois des 5 mai 1855, 14 avril 1871 et 7 juillet 1874 et portant que les élections pour le renouvellement des conseils municipaux auront lieu dans toutes les communes, le 6 janvier 1878. (J. O.)

26 et 27 décembre, arrangement télégraphique entre la France et l'Allemagne. (J. O.)

26 et 27 décembre, décret nommant 75 secrétaires généraux de préfecture. (J. O.)

28 décembre, décret relatif au crédit de 529,500,000 fr. accordé par les deux Chambres. (J. O.)

29 décembre, décret supprimant la direction générale des postes. (J. O.)

30 décembre, décrets nommant 12 magistrats, 46 maires et 30 adjoints. (J. O.)

31 décembre, décrets nommant 4 préfets, 3 secrétaires-généraux de préfecture et 264 sous-préfets. (J. O.)

1878

1er janvier, décret nommant 100 maires et 89 adjoints. (J. O.)

2 et 3 janvier, décret qui nomme M. Fournier ambassadeur à Constantinople. (J. O.)

2 et 3 janvier, décret nommant 18 maires et 11 adjoints. (J. O.)

2 janvier, décret proposé par M. de Freycinet et relatif aux chemins de fer. (J. O.)

4 janvier, décret nommant 3 sous-préfets. (J. O.)

4 janvier, décret nommant 53 maires et 38 adjoints. (J. O.)

5 janvier, décret nommant 5 magistrats. (J. O.)

5 janvier, décret nommant 2 maires et 2 adjoints. (J. O.)

8 janvier, décret nommant un sous-préfet et deux secrétaires-généraux de préfecture. (J. O.)

8 janvier, décrets accordant des grâces, commutations ou réductions de peines à 91 individus, condamnés pour faits se rattachant à l'insurrection de 1871. (J. O.)

N. B. (Les journaux non officiels, du 9 janvier, annoncent la mort du comte de Palikao, âgé de 82 ans; de Raspail père, âgé de 84 ans; et de Victor Emmanuel, roi d'Italie.)

11 janvier, décret nommant 20 magistrats, aux colonies. (J. O.)

15 janvier, décret accordant des grâces, commutations ou réductions de peines à 32 individus, condamnés pour faits se rattachant à l'insurrection de 1871. (J. O.)

16 janvier, rapport de M. de Freycinet, ministre des

travaux publics, sur les ponts, fleuves et rivières de France. (J. O.)

16 janvier, décret nommant 25 sous-préfets et 117 conseillers de préfecture.(J.O.)

22 janvier, décret nommant les maires des 7e, 10e et. 19e arrondissement de Paris et un adjoint du 8e. (J. O.)

23 janvier, décrets nommant 26 magistrats et 18 tant secrétaires-généraux que conseillers de préfecture. (J. O.)

26 janvier, décret sur les ventes en gros et sur les facteurs de la halle. (J. O.)

27 janvier, décret établissant la caisse d'épargne pénitentiaire de la Nouvelle-Calédonie. (J. O.)

27 janvier, décret nommant 6 magistrats en Algérie. (J. O.)

(**Fin janvier**, mort de M. Mège, ancien ministre.)

30 janvier, décret nommant 2 préfets, 1 sous-préfet et 6 conseillers de préfecture. (J. O.)

31 janvier, décret nommant 146 maires et 244 adjoints. (J. O.)

31 janvier, loi relative à la fabrication des pièces de 5 francs en argent. (B. d. L.)

1er février, décret nommant 82 maires et 116 adjoints. (J. O.)

(Mort de M. Brame, sénateur et ex-ministre.)

2 février, décret nommant 10 maires et 12 adjoints. (J.O.)

3 février, décret nommant 2 sous-préfets et 4 conseillers de préfecture. (J. O.)

5 février, décret nommant 38 maires et 57 adjoints. (J. O.)

6 février, décret nommant 25 magistrats. (J. O.)

7 février, décret nommant 129 maires et 219 adjoints. (J. O.)

8 février, décret nommant 70 maires et 104 adjoints. (J. O.)

10 février, décret nommant 91 maires et 140 adjoints. (J. O·)

(Mort du savant Claude Bernard, dans sa 65e année.)

12 février, décret nommant le maire et les 4 adjoints d'Alger. (J. O.)

13 février, loi accordant 10,000 fr, pour les obsèques de Claude Bernard. (J. O.)

13 février, décret nommant 109 maires et 149 adjoints. (J. O.)

13 février, décret établissant une caisse d'épargne à Pont de Beauvoisin. (Isère).

15 février, décret nommant 107 maires et 147 adjoints. (J. O.)

16 février, décret nommant 76 maires et 110 adjoints. (J. O.)

16 février, décret accordant des grâces, commutations ou réductions de peines à 128 individus, condamnés pour faits se rattachant à l'insurrection de 1871. (J. O.)

17 février, décret nommant 23 magistrats. (J. O.)

18 février, décret nommant 75 maires et 98 adjoints. (J. O.)

19 février, décret nommant 106 maires et 149 adjoints. (J. O.)

19 février, décret relatif au concours pour la nomination des auditeurs de 2e classe au Conseil d'Etat. (B. d. L.)

20 février, décret nommant 81 maires et 111 adjoints. (J. O.)

21 février, décret nommant 175 maires et 259 adjoints. (J. O.)

22 février, décret nommant 140 maires et 201 adjoints. (J. O.)

22 février, loi approuvant la convention consulaire signée avec la Grèce, le 7 janvier 1876. (?)

23 février, décret nommant 58 maires et 81 adjoints (J.O.)

24 février, décrets nommant 3 préfets, 85 maires et 135 adjoints, tant en France qu'en Algérie. (J. O.)

26 février, loi portant autorisation de percevoir les impôts et revenus publics pendant le mois de mars 1878. (J. O.)

26 février, décret nommant 33 maires et 46 adjoints. (J. O.)

27 février, loi portant ouverture, sur l'exercice 1878, de crédits provisoires s'élevant à 321,039,431 francs. (J. O.)

27 février, décrets nommant 31 magistrats, 68 maires et 92 adjoints. (J. O.)

27 février, décret qui réunit les postes et les télégraphes. (B.d.L.)

28 février, décret nommant 38 maires et 59 adjoints. (J. O.)

1er mars, décrets nommant un magistrat, 74 maires et 96 adjoints. (J, O.)

3 mars, loi qui approuve la rétrocession, par la Suède à la France, de l'île de St-Barthélemy, qui sera considérée comme une dépendance de la Guadeloupe. (B.d.L.)

3 mars, convention postale avec la Suède et la Grèce. (B. d. L.)

4 mars, décrets nommant 83 maires et 124 adjoints. (J.O.)

4 mars, décret appliquant au commerce avec la Suède-Norwège, la convention commerciale conclue avec l'Angleterre, le 24 août 1874. (B. d. L.)

5 mars, décret nommant

2 magistrats à Pondichéry. (J.O.)

7 mars, décret nommant 146 maires et 197 adjoints. (J. O.)

7 mars, décret accordant des grâces, commutations ou réductions de peines, à 71 individus condamnés pour faits se rattachant à l'insurrection de 1871. (J. O.)

8 mars, décrets nommant 17 magistrats, 60 maires et 85 adjoints. (J. O.)

9 mars, décret nommant 11 maires et 28 adjoints en Algérie. (J. O.)

9 mars, loi relative au colportage. (B. d. L.)

10 mars, loi relative au sequestre des chemins de fer et à un crédit de 5,500,000 francs. (J. O.)

10 mars, décret nommant 71 maires et 95 adjoints. (J.O.)

11 mars, décret créant à Besançon un observatoire astronomique, météorologique et chronométrique. (B. d. L.)

11 mars, décret créant à Bordeaux et à Lyon un observatoire astronomique, météorologique, (mais non chronométrique.) (B. d. L.)

12 mars, décret nommant 71 maires et 95 adjoints. (J.O.)

12 mars, déclaration générale de la Cour des comptes sur la situation définitive de l'exercice 1873. (J. O.)

13 mars, décret nommant 57 maires et 73 adjoints. (J.O.)

14 mars, décret nommant 16 maires et 31 adjoints. (J.O.)

14 mars, décret accordant des grâces, commutations ou réductions de peines à 58 individus, condamnés pour faits se rattachant à l'insurrection de 1871. (J. O.)

15 mars, publication du texte du traité conclu avec la Suède pour la rétrocession de l'île St-Barthélemy. (J. O.)

15 mars, publication du texte de la convention signée pour l'échange des mandats de poste entre la France et la Suède. (J. O.)

16 mars, décret nommant 60 maires et 86 adjoints. (J.O.)

17 mars, décrets nommant 15 magistrats, 33 maires et 48 adjoints. (J. O.)

19 mars, décret créant en Algérie un sous-préfet, un maire et un adjoint. (J. O.)

20 mars, décret nommant 107 maires et 170 adjoints. (J. O.)

20 mars, loi sur la taxe télégraphique (50 centimes au minimum; au-delà 5 centimes par mot. (B. d. L.)

21 mars, décret nommant 70 maires et 105 adjoints.(J.O.)

23 mars, lois relatives aux chemins de fer de Gorcy à Signeulx, de St-Amand à Antoing et de Cambrai à Dour. (J. O.)

23 mars, prorogation jusqu'au 1er janvier 1879 du traité commercial du 30 juin 1864, conclu avec la Suisse. (B. d. L.)

24 mars, loi sur la composition du conseil de préfecture de la Seine. (J. O.)

27 mars, loi portant fixation du budget des recettes de l'année 1878. (J. O.)

27 mars, décret établissant à Douai une école de maîtres-mineurs, pareille à celle d'Alais (Gard). (B. d. L.)

28 mars, décret accordant des grâces, commutations ou réductions de peines à 41 individus, condamnés pour faits se rattachant à l'insurrection de 1871. (J. O.)

28 mars, publication du texte de la convention de commerce conclue avec l'Espagne. (B. d. L.)

29 mars, décret nommant

le marquis de Gabriac ambassadeur près le Saint-Siège, le comte Duchâtel ministre plénipotentiaire à Bruxelles et M. Tiby à Copenhague. (J.O.)

30 mars, convention avec la Belgique relativement aux chemins de fer qui la relient avec la France. (B. d. L.)

31 mars, loi portant fixation du budget des dépenses de l'exercice 1878. (J. O.)

31 mars, loi portant ouverture au ministre des finances de crédits supplémentaires et extraordinaires sur les exercices 1877 et 1878 (total 427,500 francs. (J. O.)

31 mars, 2 décrets relatifs à la marine. (J. O.)

31 mars, décret relatif au traitement des juges de paix. (J. O.)

31 mars, 2 décrets concernant les boissons exportées en Suisse. (J. O.)

31 mars, décrets créant deux chaires de botanique, l'une à Lille, l'autre à Rennes. (J. O.)

3 avril, loi amnistiant les délits de presse commis jusqu'au 1er janvier 1878. (J. O.) — Loi sur l'état de siège. (B. d. L.)

3 avril, décret nommant un conseiller et un avocat-général à la Cour de cassation. (J. O.)

4 et 9 avril, lois relatives à l'extradition entre la France, l'Angleterre et le Danemark. (B. d. L.)

4 avril, loi relative au chemin de fer de Châteaubriant à Rennes avec embranchement sur Vitré. (B. d. L.)

4 avril, décret accordant des grâces, commutations ou réductions de peines à 55 individus, condamnés pour faits se rattachant à l'insurrection de 1871. (J. O.)

4 avril, loi relative à une convention postale avec le Danemark. (B.d.L.)

5 avril, décret relatif au traité d'extradition entre la France et le Danemark. (J. O.)

5 avril, décret nommant 12 maires et 16 adjoints. (J. O.)

6 avril, loi fixant à 15 centimes le port d'une lettre simple de 15 grammes. (B. d. L.)

6 avril, loi accordant 3 millions pour améliorer la navigation de la Seine entre Paris et Rouen. (B. d. L.)

7 avril, loi accordant au ministère de la marine et des colonies, sur l'exercice 1878, des crédits de 27,433,932 fr. 40 c. (J. O.)

7 avril, loi relative aux abonnements en matière de correspondance télégraphique (J. O.)

7 avril, décret nommant 31 maires et 42 adjoints. (J. O.)

8 avril, décret nommant 31 tant secrétaires-généraux que conseillers de préfecture et sous-préfets. (J. O.)

10 avril, décret publiant la convention d'extradition conclue avec la Grande-Bretagne. (J. O.)

10 avril, convention postale avec le Danemark. (J. O.) (Mort du prince Lucien Murat, qui était né en 1803).

11 avril, loi ouvrant au ministère de la guerre un crédit de 120 millions sur l'exercice 1877. (J. O)

11 avril, loi ouvrant au ministère de la guerre un crédit de 224,680,000 francs sur l'exercice 1878. (J. O.)

11 avril, loi ouvrant au ministère de la guerre un crédit de 14 millions sur l'exercice 1877. (J. O.)

11 avril, loi ouvrant au ministère de la guerre un crédit de 5,977,700 francs sur l'exercice 1878 (armée territoriale.) (J. O.)

11 avril, loi ouvrant au ministère de l'agriculture et du commerce, sur l'exercice 1878, un crédit de 124,960 francs.

11 avril, loi modifiant celle du 5 juillet 1844 sur les brevets d'invention. (J. O.)

12 avril, lois relatives à des crédits supplémentaires d'un total de 7,925.821 francs 37 c. (J. O.)

13 avril, loi ouvrant des crédits supplémentaires sur les exercices 1876 et 1877, et des crédits spéciaux sur des exercices clos et périmés (pour un total de 17,024,732 francs 1 centime.) (J. O.)

14 avril, décrets nommant 42 magistrats, 12 maires et 22 adjoints.) (J. O.)

14 avril, décret accordant des grâces, commutations ou réductions de peines à 57 individus, condamnés pour faits se rattachant à l'insurrection de 1871. (J. O.)

16 avril, loi portant ouverture de crédits à divers ministères (pour un total de 1,705 513 francs 64 centimes.) (J. O.)

17 avril, décret sur les pompiers de la marine. (J. O.)

18 avril, décret nommant 3 maires et 4 adjoints en Algérie.) (J. O.)

18 avril, décret reconnaissant comme établissement d'utilité publique la société centrale des médecins vétérinaires de Paris. (J.O.)

19 avril, décrets établissant de nouveaux tarifs pour les postes et les télégraphes. (J. O)

21 avril, décret nommant 4 maires et 11 adjoints. (J. O.)

25 avril, décret nommant

278 RÉPERTOIRE CHRONOLOGIQUE.

26 maires et 41 adjoints. (J. O.)

29 avril, décret nommant 4 magistrats. (J. O.)

29 avril, décret supprimant le conseil des prud'hommes de Péronne (Somme). (B. d. L.)

30 avril, décret nommant 4 sous-préfets et 2 secrétaires-généraux de préfecture. (J. O.)

1er mai, décret nommant 18 magistrats. (J. O.)

D'après le tableau publié par le ministre de l'agriculture et du commerce, la population de la France a augmenté, en 1876, de 132,608 personnes. (J. O.)

5 mai, décret nommant 14 maires et 25 adjoints.

6 mai, décret nommant 2 magistrats aux colonies. (J. O.)

8 mai, décret nommant 2 maires et 4 adjoints en Algérie (J. O.)

10 mai, décret nommant 6 magistrats. (J. O.)

Décret accordant des grâces, commutations ou réductions de peines à 35 individus, condamnés pour faits se rattachant à l'insurrection de 1871. (J. O.)

11 mai, décret nommant 2 conseillers de préfecture. (J. O.)

12 mai, décret nommant 9 maires et 10 adjoints. (J. O.)

13 mai, loi ayant pour objet l'amélioration du Rhône entre Lyon et la mer. (B. d L.)

15 mai, loi relative à des crédits supplémentaires d'une valeur totale de 3,480,849 francs 12 centimes. (J. O.)

15 mai, décret relatif au bureau central météorologique de Paris. (J. O.)

15 mai, décret nommant M. Anatole de la Forge directeur de la presse, en remplacement de M. Hector Pessard. (J. O.)

18 mai, loi accordant au président de la République et à différents ministres des crédits extraordinaires d'un total de 3,222,500 francs, à cause de l'Exposition universelle. (J. O.)

19 mai, loi portant incorporation de divers chemins de fer d'intérêt local dans le réseau d'intérêt général et approbation de conventions passées entre le ministre des travaux publics et diverses compagnies de chemins de fer. (J. O.)

19 mai, décret nommant 24 magistrats, 11 maires et 20 adjoints. (J. O.)

19 mai, décret accordant des grâces, commutations ou réductions de peines à 17 individus, condamnés pour faits se rattachant à l'insurrection de 1871. (J. O.)

22 mai, loi accordant des crédits supplémentaires et des crédits spéciaux (pour une valeur totale de 1,751,625 fr. 78 centimes.) (J. O.)

22 mai, décret établissant une caisse d'épargne à St-Pierre-sur-Dives (Calvados). (J. O.)

23 mai, décret nommant 1 maire et 1 adjoint en Algérie. (J. O.)

23 mai, décret accordant des grâces, commutations ou réductions de peines à 39 individus, condamnés pour faits se rattachant à l'insurrection de 1871. (J. O.)

27 mai, décret relatif aux chemins de fer de l'Etat. (J. O.)

27 mai, décret nommant 9 maires et 14 adjoints. (J. O.)

28 mai, décret nommant une commission supérieure

des bâtiments civils et des palais nationaux. (J. O.)

28 mai, décret nommant M. Eugène Guillaume, directeur des Beaux-Arts, en remplacement de M. le marquis de Chennevières. (J. O.)

28 mai, décret accordant des grâces, commutations ou réductions de peines à 22 individus, condamnés pour faits se rattachant à l'insurrection de 1871. (J. O.)

30 mai, rapport de M. Teisserenc de Bort, ministre de l'agriculture et du commerce, sur les opérations des caisses d'épargnes en 1876. (J. O.)

1er juin, loi sur la construction des maisons d'écoles. (B. d. L.)

2 juin, décret nommant 24 magistrats. (J. O.)

4 juin, décret nommant 8 maires et 12 adjoints. (J. O.)

5 juin, loi relative à la réserve et à l'armée territoriale. (J. O.)

7 juin, loi accordant un crédit de 51,000 francs au ministre de l'instruction publique, des cultes et des beaux-arts. (J. O.) — Décret nommant 7 magistrats. (J. O.)

8 juin, décrets nommant 3 maires et 7 adjoints. (J. O.)

8 juin, loi relative à la convention d'extradition entre la France et l'Espagne. (B. d. L.)

8 juin, loi portant approbation d'une convention postale avec la Norwège. (B. d. L.)

(Mort du maréchal Baraguay d'Hilliers, qui était né en 1795.)

11 juin, décret nommant les membres du jury international des récompenses accordées à l'occasion de l'Exposition universelle. (J. O.)

12 juin, loi créant une dette de 331 millions de francs, amortissable par annuités et servant au rachat de chemins de fer. (J. O.)

13 juin, loi relative à une convention postale avec l'Autriche-Hongrie. (B. d. L.)

14 juin, loi relative aux contributions directes et aux taxes y assimilées de l'exercice 1879. (J. O.)

15 juin, loi relative aux chemins de fer de Ploërmel à Caulnes, de Port-de-Diles à Port-Boulet et à Preuilly, de Buzy à Laruns et de Port d'Isigny à la ligne de Caen à Cherbourg. (J. O.)

16 juin, décret nommant 17 magistrats, 7 maires et 17 adjoints.

18 juin, loi relative à l'Exposition universelle de 1878.

19 juin, loi relative au port de Boulogne-sur-mer. (J. O.)

19 juin, loi portant déclaration d'utilité publique des chemins de fer d'Ajaccio à Ucciani et de Bastia à Corté. (J. O.)

19 juin, lois autorisant les villes de Caen, Nantes, Nancy, Boulogne-sur-mer, Rouen et Mâcon à contracter des emprunts variant de 500,000 francs (Caen), à 15 millions (Rouen). (J. O.)

20 juin, lois relatives à des crédits supplémentaires. (J.O.)

20 juin, loi relative au chemin de fer de Pondichéry. (J. O.)

Décret relatif aux études médicales. (B. d. L.)

21 juin, lois relatives aux pensions de retraite des instituteurs, aux orphelins de marins et de militaires, à mesdames veuves d'Aurelle de Paladine et Denfert-Rochereau. (B. d. L.)

22 juin, loi ouvrant un crédit de 500,000 francs pour les fêtes publiques pendant l'Exposition universelle. (J. O.)

22 juin, loi sur les pensions de retraite des officiers de l'armée de terre. (B. d. L.)

23 juin, décrets nommant 18 magistrats, 8 maires et 19 adjoints. (J. O.)

26 juin, lois diverses relatives à l'Exposition universelle (conférences pédagogiques, décorations, achats de modèles, courses de chevaux). (J. O.)

30 juin, décret relatif à la marine. (J. O.)

30 juin, décrets nommant 24 magistrats, 2 maires et 6 adjoints. (J. O.)

Du 14 décembre 1877 au 30 juin 1878, 2,459 grâces, commutations ou réductions de peines ont été accordées par le Président de la République à des individus condamnés pour faits se rattachant à l'insurrection de 1871. (J. O.)

1er juillet, promulgation de la convention d'extradition avec l'Espagne. (B. d. L.)

2 juillet, décret relatif à la convention postale signée avec la Norwège. (J. O.)

3 juillet, décret permettant aux avoués de plaider conditionnellement. (J. O.)

7 juillet, convention postale avec l'Austro-Hongrie. (B. d. L.)

7 juillet, décret nommant 7 magistrats. (J. O.)

8 juillet, décret nommant 1 maire et 3 adjoints. (J. O.)

15 juillet, décret nommant 1 maire et 4 adjoints. (J. O.)

15 juillet, loi relative aux mesures à prendre pour arrêter les progrès du doryphora et du phylloxéra. (B. d. L.)

20 juillet, décret relatif aux conditions à remplir pour obtenir le diplôme de pharmacien de 1re classe. (J. O.)

20 juillet, décret relatif aux distilleries. (B. d. L.)

21 juillet, décret nommant 7 conseillers d'Etat, 2 maires et 2 adjoints. (J. O.)

24 juillet, décret accordant des grâces, commutations ou réductions de peines à 59 individus, condamnés pour faits se rattachant à l'insurrection de 1871. (J. O.)

24 juillet, décrets constituant le conseil d'Etat, nommant 24 magistrats, ou relatifs à des receveurs particuliers. (J. O.)

24 juillet, décret établissant au profit de l'Exposition universelle une loterie de plusieurs millions de francs. (J. O.)

26 juillet, décrets nommant 3 préfets, 36 tant sous-préfets que conseillers de préfecture, secrétaires-généraux de préfecture, 3 maires et 4 adjoints. (J. O.)

27 juillet, décret relatif au poinçonnage des matières d'or et d'argent. (B. d. L.)

29 juillet, décret augmentant de 192 hommes le corps des sapeurs-pompiers de Paris. (J. O.)

31 juillet, décret nommant un conseiller de préfecture, 4 maires et 5 adjoints. (J. O.)

2 août, décret relatif à l'importation et au transit du bétail. (B. d. L.)

4 août, décret relatif aux eaux minérales de Néris. (J.O.)

4 août, décret relatif aux eaux thermales de Bourbon l'Archambault. (J. O.)

6 août, décret nommant 5 maires et 9 adjoints. (J. O.)

8 août, décret relatif à la comptabilité municipale de Paris. (B. d. L.)

11 août, décrets nommant 94 magistrats, 2 maires et 6 adjoints. (J. O.)

11 août, décret accordant des grâces, commutations ou réductions de peines à 25 individus, condamnés pour faits se rattachant à l'insurrection de 1871. (J. O.)

15 août, décret nommant 3 maires et 5 adjoints. (J. O.)

19 août, décret nommant 18 magistrats. (J. O.)

23 août, décret nommant 5 conseillers de préfecture. (J. O.)

23 août, décret accordant des grâces, commutations, etc. De semblables décrets relatifs à l'insurrection de 1871 furent rendus les 12 septembre 1878, 6 novembre 1878, 13 novembre 1878, 22 et 29 novembre 1878, 15 décembre 1878, 26 et 27 décembre 1878. Ces 7 décrets comprenaient 478 individus. (J. O.)

25 août, décret nommant 7 magistrats. (J. O.)

27 août, décret nommant 6 maires et 7 adjoints. (J. O.)

28 août, décret nommant sous-secrétaire d'État au ministère des travaux publics M. Sadi-Carnot, député et ingénieur des ponts-et-chaussées. (J. O.)

31 août, décret relatif aux officiers de la réserve et à ceux de l'armée territoriale. (B. d. L.)

5 septembre, décret publiant le traité de Berlin, du 13 juillet 1878, relatif à la question d'Orient. (B. d. L.)

7 septembre, décret nommant 18 magistrats dans nos colonies des Antilles. (J. O.)

9 septembre, décret relatif à la réorganisation du Conservatoire de musique. (B. d. L.)

9 septembre, décret rela-

tif à la direction générale des Beaux-Arts. (B. d. L.)

10 septembre, décret nommant 15 maires et 31 adjoints. (J. O.)

12 septembre, décret relatif à la loterie de l'Exposition universelle. (J. O.)

13 septembre, décret nommant un juge et un sous-préfet (ce dernier en remplacement de M. Habeneck.)

15 septembre, rapport (de 34 pages de texte) de M. Bardoux, ministre de l'instruction publique, des cultes et des beaux-arts, sur l'état de l'enseignement secondaire en 1876. (J. O.)

17 septembre, décrets nommant 4 maires et 7 adjoints. (J. O.)

18 septembre, décrets nommant en Algérie 3 sous-préfets et un secrétaire-général de préfecture. (J. O.)

20 septembre, décret nommant en Algérie un adjoint. (J. O.)

25 septembre, décrets nommant 3 maires et 6 adjoints. (J. O.)

1er octobre, décret nommant 4 maires et 7 adjoints (J. O.)

1er octobre, décret relatif aux concessions de terres en Algérie. (J. O.)

9 octobre, 4 décrets relatifs aux élections sénatoriales. (J. O.)

9 octobre, décret nommant 23 magistrats. (J. O.)

13 octobre, décret nommant 4 maires et 3 adjoints. (J. O.)

17 octobre, décret nommant un 2e substitut du procureur de la République à Cayenne. (J. O.)

20 octobre, décret nommant 35 magistrats. (J. O.)

20 octobre, décret nommant 5 maires et 12 adjoints. (J. O.)

22 octobre, discours prononcés par M. le maréchal-président et par M. Teisserenc de Bort, ministre de l'agriculture et du commerce, à l'occasion de la distribution des récompenses aux lauréats de l'Exposition universelle. (J.O.)

24 octobre, décret nommant membres de la Légion d'honneur un grand nombre d'exposants, de savants et d'administrateurs de l'Exposition universelle. (J. O.)

25 octobre, décret nommant un magistrat. (J.O.)

25 octobre, décret nommant membres de la Légion d'honneur plusieurs personnes ayant pris une part active à l'Exposition universelle. (J. O.)

27 octobre, décret nommant 3 maires et 9 adjoints. (J. O.)

30 octobre. décrets nommant 12 magistrats, 2 maires et un adjoint. (J. O.)

3 novembre, décrets nommant 3 préfets, 14 conseillers de préfecture, 8 sous-préfets et 6 secrétaires-généraux de préfecture. (J. O.)

3 novembre, remise totale de leur peine, accordée à 5 déportés en Nouvelle-Calédonie pour leurs exploits contre les Canaques insurgés. (J. O.)

7 novembre, décret nommant 4 maires et 9 adjoints. (J. O.)

10 novembre, rapport de M. Dufaure sur la justice criminelle en 1876. (J. O.)

13 novembre, décret nommant 2 magistrats aux colonies. (J. O.)

15 novembre, décret nommant 14 magistrats en Algérie. (J. O.).

18 novembre, décret nom-

mant 5 maires et 3 adjoints. (J. O.)

19 novembre, loi relative à l'union postale universelle. (J. O.)

20 novembre, décrets nommant 32 magistrats, 5 maires et 4 adjoints. (J. O.)

21 novembre, rapport de M. Bardoux sur l'état de l'instruction publique. (J. O.)

23 novembre, décret nommant 5 maires et 10 adjoints. (J.O.)

25 novembre, rapport de M. Dufaure sur la justice civile et commerciale en 1876. (J.O.)

27 novembre, décret nommant 4 maires et 7 adjoints. (J. O.)

1er décembre, décrets nommant 2 maires, 4 adjoints et un secrétaire-général de préfecture. (J. O.)

2 décembre, décrets créant une chaire d'histoire du Moyen-âge à la faculté des lettres de Paris et une chaire de Pandectes à la faculté de droit de la même ville. (B. d. L.)

4 décembre, décret nommant 9 magistrats. (J. O.)

6 décembre, décrets nommant 19 magistrats, 3 maires et 4 adjoints. (J. O.)

8 décembre, décret nommant 2 magistrats. (J. O.)

9 décembre, rapport de M. Dufaure sur les travaux du Conseil d'État, du 10 août 1872 au 31 décembre 1877. (J.O.)

12 décembre, décret nommant le vice-amiral, sénateur Jaurès, ambassadeur à Madrid, en remplacement de M. le comte de Chaudordy. (J. O.)

13 décembre, décret nommant 6 maires et 9 adjoints. (J. O.)

14 décembre, décret nommant 2 maires et 5 adjoints. (J. O.)

16 décembre, décret nommant 2 maires et 5 adjoints. (J. O.)

17 décembre, loi relative au bureau (incendié) des hypothèques de la ville de Tulle. (B. d. L.)

18 décembre, décret autorisant des dépôts de dynamite. (J.O.)

19 décembre, rapport de M. Bardoux sur la situation de l'enseignement primaire. (J. O.)

19 décembre, décret adjoignant, pour les travaux de chemins de fer, aux ingénieurs et conducteurs des ponts-et-chaussées au service de l'Etat des ingénieurs et conducteurs non sortis de l'Ecole polytechnique. (J. O.)

20 décembre, loi sur les réquisitions militaires. (J. O.)

20 décembre, rapport de M. de Freycinet sur les chemins de fer projetés. (J. O.)

20 décembre, décret nommant 9 magistrats. (J. O.)

21 décembre, loi affranchissant de la formalité du dépôt au parquet les bulletins de vote dans toutes les élections. (J. O.)

21 décembre, décret autorisant une caisse d'épargne à Trélazé (Maine-et-Loire.)(J.O.)

22 décembre, décret prononçant la clôture de la session parlementaire. (J. O.)

22 décembre, décret nommant 5 maires et 12 adjoints. (J. O.)

23 décembre, loi portant fixation du budget général des dépenses de l'exercice 1879. (J. O.)

24 décembre, décret nommant 5 magistrats dans les colonies. (J. O.)

24 décembre, loi relative à la monnaie d'argent en France, Belgique, Grèce, Italie et Suisse. (B. d. L.)

25 décembre, loi relative à la police de Paris. (J. O.)

25 décembre, décret nommant 10 magistrats. (J. O.)

26 et 27 décembre, loi relative au chemin de fer de Vassy à Doulevant-le-Château (Haute-Marne).

28 décembre, décret créant à Clermont-Ferrand une chaire d'astronomie. (J. O.)

28 décembre, loi relative à des crédits supplémentaires (exercices 1877 et 1878). (J. O.)

28 décembre, décret créant à la Faculté de médecine de Paris une chaire de clinique des maladies des enfants, et une chaire de clinique opthalmologique. (B. d. L.)

29 décembre, décret nommant 4 maires et 4 adjoints. (J. O.)

29 décembre, décret relatif au doctorat en droit. (J. O.)

30 décembre, loi portant ouverture au ministre de l'intérieur d'un crédit extraordinaire de 1,100,000 francs (exercice 1878, en faveur des inondés.) (J. O.)

30 décembre, documents relatifs au budget de la ville de Paris. (J. O.)

31 décembre, décret établissant pour les beaux-arts des expositions annuelles et des expositions triennales, (J. O,)

1879

N.-B. — J. O. = *Journal officiel.* B, d. L. = *Bulletin des Lois.*

J. O. **1er janvier**, convention relative aux pièces de 5 francs en argent et conclue avec la Belgique, la Grèce, l'Italie et la Suisse. (B. d. L. 30 décembre 1878.)

J. O. Décret nommant 6 maires et 10 adjoints.

J. O. Grâces, commutations ou réductions de peines accordées à 98 individus, condamnés pour faits se rattachant à l'insurrection de 1871.

J. O. Remise pleine et entière de leur peine a été accordée à 24 déportés en raison des services qu'ils ont rendus pendant l'insurrection Canaque.

J. O. **2 et 3 janvier**, décrets nommant 9 tant sous-préfets que secrétaires-généraux ou conseillers de préfecture.

B. d. L. **6 janvier**, deux lois relatives au phylloxéra.

B. d. L. Loi relative au chemin de fer de Montmédy à Virton (Belgique).

J. O. **8 janvier**, décrets nommant 23 magistrats, 30 juges de paix ou suppléants de juges de paix, 5 maires et 7 adjoints.

J. O. **11 janvier**, réception par le président de la République de l'envoyé extraordinaire et ministre plénipotentiaire des Etats-Unis de Colombie, et de l'envoyé extraordinaire et ministre plénipotentiaire de l'empereur de Chine.

J. O. Décret nommant un adjoint en Algérie.

J. O. **12 janvier**, décrets nommant 4 magistrats dans les colonies, 5 juges de paix, 2 maires et 4 adjoints.

B. d. L. **13 janvier**, décret qui nomme M. le général de divison Gresley ministre de la guerre.

J. O. **14 janvier**, loi relative aux lettres recommandées. (B. d. L. 26 décembre 1878.)

J. O. **15 janvier**, décret nommant M. Challemel-Lacour ambassadeur de France près la Confédération Suisse.

J. O. **17 janvier**, remise de leur peine à 2,246 individus condamnés pour faits se rattachant à l'insurrection de 1871.

J. O. **18 janvier**, décret nommant 4 maires et 10 adjoints.

B. d. L. **22 janvier**, décret relatif au chemin de fer de Sablonnière à Montalieu-Vercieu (Isère).

J. O. Décret nommant M. Denormandie, sénateur, gouverneur de la Banque de France en remplacement de M. Rouland décédé.

J. O. **23 janvier**, le président de la République vient de recevoir la lettre par laquelle S. E. Don Candido Barairo lui notifie son élévation à la présidence de la République du Paraguay. (Vers ce temps, le vice-amiral Touchard meurt à l'âge de 68 ans).

J. O. **26 janvier**, décret qui nomme M. Hérold préfet de la Seine en remplacement de M. Ferdinand Duval.

J. O. **27 janvier**, décrets nommant 3 maires, 6 adjoints, 11 trésoriers-payeurs-généraux et 3 receveurs particuliers.

B. d. L. Décret qui autorise l'établissement d'un dépôt de dynamite dans la commune de Trélazé (Maine-et-Loire) (J. O. du 30 janvier 1879.)

J. O. **29 janvier**, décret nommant 6 percepteurs.

B. d. L. Décret relatif à des tramways de Paris.

B. d. L. Décret relatif à l'indemnité de route allouée aux militaires isolés.

B. d. L. Décret autorisant les tramways de Bordeaux.

J. O. **30 janvier**, décret

nommant 4 magistrats dans les colonies. — Décret relatif à la gendarmerie.

B. d. L. **30 janvier**, nomination de M. Jules Grévy à la présidence de la République en remplacement de M. le maréchal de Mac-Mahon duc de Magenta, démissionnaire (M. Jules Grévy est nommé par 563 votants sur 713; 99 voix sont données au général Chanzy. (J. O.)

J. O. Décret établissant des caisses d'épargne à Nyons (Drôme), et à Fays-Billot (Haute-Marne).

J. O. **31 janvier**, décrets nommant 6 magistrats, 2 maires et 3 adjoints.

B. d. L. **3 février**, décret relatif au quinquina. (J. O. du 12 février 1879.)

B. d. L. **4 février**, décrets qui nomment M. Waddington, ministre des affaires étrangères et président du conseil des ministres; M. Le Royer, garde des sceaux et ministre de la justice; M. de Marcère, ministre de l'intérieur et des cultes; M. le général de division Gresley, ministre de la guerre ; M. Léon Say, ministre des finances; M. le vice-amiral Jauréguiberry, ministre de la marine et des colonies; M. Jules Ferry, ministre de l'instruction publique et des beaux-arts; M. de Freycinet, ministre des travaux publics; M. Lepère, ministre de l'agriculture et du commerce; M. Develle, sous-secrétaire d'État au ministère de l'intérieur. (J. O. du 5 février 1879). (Voir pour M. Develle J. O. 14 février 1879.)

(Mort d'Ulysse Trélat, médecin, ex-ministre des travaux publics.)

B. d. L. Décret qui insti-

tue un conseil général au Sénégal.

J. O. Décret nommant un maire en Algérie.

B. d. L. Décrets qui nomment M. Cochery, ministre des postes et des télégraphes; M. Goblet, sous-secrétaire d'État au ministère de la justice; M. Turquet, sous-secrétaire d'État aux beaux-arts ; M. Sadi Carnot, sous-secrétaire d'État au ministère des travaux publics. (J. O. du 6 février 1879.)

B. d. L. Décret nommant M. Girerd, sous-secrétaire d'État au ministère de l'agriculture et du commerce. (J. O. du 8 février 1879.)

J. O. **9 février** : hier, M. le président de la République a reçu le Corps diplomatique étranger qui est venu lui offrir ses félicitations.

J. O. Décret nommant 2 maires et 8 adjoints.

J. O. **12 février**, décret nommant 20 magistrats.

B. d. L. **13 février**, décret relatif à la police de Versailles.

B. d. L. **14 février**, loi qui approuve la convention de commerce conclue, le 15 janvier 1879, entre la France et l'Italie. (J. O. du 15 février 1879.)

B. d. L. **14 février**, loi qui approuve la convention de commerce conclue, le 20 janvier 1879, avec l'Austro-Hongrie. (J. O. du 15 janvier 1879.)

(*N. B.* Dans la séance du 14 février, le Sénat nomme sénateur M. de Montalivet.)

J. O. Décret nommant un magistrat.

J. O. **15 février**, décret nommant 4 maires et 14 adjoints.

J. O. **16 février**, décret

nommant 1 maire et 1 adjoint en Algérie.

J. O. **17 février**, décret nommant 1 secrétaire-général de préfecture.

J. O. **18 février**, décret nommant 6 adjoints.

J. O. **19 février**, décret nommant 6 magistrats dans les colonies.

(Mort de M. Magne)

J. O. **22 février**, décret nommant 2 maires et 4 adjoints.

J. O. **23 février**, décret nommant le général de division Chanzy ambassadeur à Saint-Pétersbourg; M. le vice-amiral Pothuau, à Londres; et M. Teisserenc de Bort, à Vienne.

J. O. **23 février**, décret nommant 8 magistrats.

B. d. L. **25 février**, décret relatif aux réquisitions militaires.

J. O. **26 février**, décrets nommant 2 maires et 7 adjoints, et 50 receveurs particuliers des finances.

J. O. **28 février**, décrets nommant 38 magistrats ; et à Paris, 6 maires et 16 adjoints.

B. d. L. **28 février**, décret relatif à la Légion d'honneur.

B. d. L. **1er mars**, décret qui établit des justices de paix à Mahé et à Yanaon (Inde française) (J. O. 5 mai 1879.)

J. O. Décrets établissant des tramways à Nîmes et à Bordeaux.

J. O. **2 mars**, décrets nommant 92 tant juges de paix que suppléants de juges de paix, 3 maires, 6 adjoints et un receveur particulier des finances.

J. O. **2 mars**, décret nommant Mc Etienne Arago conservateur du musée du Luxembourg.

B. d. L. **3 mars**, lois sur l'amnistie partielle. (J. O. du 5 mars 1879).

B. d. L. **3 mars**, décret autorisant les Petites sœurs des Pauvres de Bouzaréah (Algérie.

B. d. L. **4 mars**, décret qui nomme M. Lepère, ministre de l'intérieur et des cultes. (Mort de M. Jules Bastide, ex-ministre.)

B. d. L. **4 mars**, décret qui nomme M. Martin Feuillée sous-secrétaire d'Etat au ministère de l'instruction publique et des cultes.

B. d. L. **5 mars**, décret qui nomme M. Tirard ministre de l'agriculture et du commerce (J. O. 6 mars 1879.)

J. O. **5 mars**, décret qui nomme M. Andrieux préfet de police.

J. O. **5 mars**, arrêtés du ministre des finances nommant 7 percepteurs.

B. d. L. **6 mars**, décret relatif au chemin de fer de Port-de-Bouc à Martigues-Ferrières (Bouches-du-Rhône).

J. O. **7 mars**, décret nommant 4 adjoints à Paris et un magistrat au Sénégal.

B. d. L. **8 mars**, décret instituant un conseil municipal à Nouméa (Nouvelle-Calédonie).

J. O. **8 mars**, décret nommant 1 préfet, 3 sous-préfets, 2 secrétaires-généraux de préfecture.

J. O. **9 mars**, décret nommant 8 maires, 7 adjoints et 54 tant juges de paix que suppléants de juges de paix.

J. O. **10 mars**, décret renommant M. Laboulaye administrateur du collège de France pour une période de trois ans.

J. O. **11 mars**, décrets

nommant à Paris 2 maires et 8 adjoints.

B. d. L. **12 mars**, décret relatif au chemin de fer de Jessains à Eclaron (J. O. 13 mars 1879.)

J. O. **12 mars**, décrets nommant 91 magistrats, 3 adjoints à Paris, 2 maires et 5 adjoints dans les départements et en Algérie.

J. O. **13 mars**, arrêtés du ministère des finances nommant 18 percepteurs.

J. O. **15 mars**, décrets nommant 2 receveurs particuliers des finances.

J. O. **15 mars**, arrêtés nommant 20 percepteurs.

J. O. **16 mars**, décret nommant M. Albert Grévy gouverneur civil de l'Algérie.

J. O. **16 mars**, décrets relatifs à l'Exposition internationale de Sydney.

J. O. **16 mars**, décret nommant 25 préfets, un secrétaire-général de préfecture et 30 magistrats.

J. O. **17 mars**, décret nommant 5 maires et 18 adjoints.

B. d. L. **18 mars**, loi qui supprime le droit de timbre sur les mandats de poste. (J. O. du 19 mars 1879).

J. O. **18 mars**, décrets nommant 1 maire et 3 adjoints à Paris et un trésorier payeur général à Auch.

J. O. **18 mars**, arrêtés nommant 24 percepteurs.

J. O. **19 mars**, décrets nommant 57 tant juges de paix que suppléants de juges de paix.

J. O. **19 mars**, décret nommant un maire *et* un adjoint à Paris.

J. O. **20 mars**, arrêtés nommant 11 percepteurs.

B. d. L. **21 mars**, décrets relatifs au chemin de fer de Cours à St-Victor. (J. O. du 23 mars 1879).

J. O. **21 mars**, décret nommant 2 receveurs particuliers des finances.

J. O. **21 mars**, arrêtés nommant 12 percepteurs.

J. O. **22 mars**, arrêtés nommant 3 percepteurs.

J. O. **23 mars**, décrets nommant 47 magistrats, un adjoint à Paris.

B. d. L. **24 mars**, loi relative au chemin de fer de Montauban à Brive par Cahors et Souillac (J. O. du 26 mars 1879).

B. d. L. **24 mars**, loi relative au chemin de fer de Mende au Puy. (J. O. du 26 mars 1879).

J. O. **24 mars**, décret nommant 5 préfets, 10 secrétaires-généraux de préfecture; 1 maire et 2 adjoints à Paris; 3 maires et 6 adjoints dans les départements.

B. d. L. **25 mars**, décret créant une justice de paix à Bouïra (Algérie). (J. O. du 28 mars 1879).

J. O. **25 mars**, décret relatif aux salles d'asile.

J. O. **25 mars**, arrêtés nommant 17 percepteurs.

J. O. **26 mars**, décrets nommant 6 préfets, 3 secrétaires-généraux de préfecture, 44 sous-préfets, 6 tant juges de paix que suppléants de juges de paix.

J. O. **26 mars**, arrêtés nommant 9 percepteurs.

J. O. **27 mars**, loi relative à 3 chemins de fer dans le département de Meurth-et-Moselle (B. d. L. du 6 mars 1879).

J. O. **27 mars**, décret nommant un juge en Algérie.

B. d. L. **27 mars**, décrets relatifs à l'union postale universelle. (J. O. du 28 mars 1879).

B. d. L. **27 mars**, décrets

relatifs à la Nouvelle-Calédonie.

B. d. L. **28 mars,** loi relative aux chemins du département de Constantine (J. O. du 29 mars 1879).

J. O. **28 mars,** décret nommant 2 préfets et 1 sous-préfet.

J. O. **28 mars,** arrêtés nommant 3 percepteurs.

B. d. L. **29 mars,** loi relative au chemin de fer de Dives à Deauville. (J. O. du 31 mars 1879).

J. O. **30 mars,** décrets nommant 26 magistrats et 57 tant juges de paix que suppléants de juges de paix.

J. O. **1er avril,** décret nommant 8 maires et 9 adjoints.

J. O. **1er avril,** arrêtés nommant 18 percepteurs.

B. d. L. **2 avril,** loi relative au chemin de fer de La Ferté-Gaucher à Sézanne. (J. O. du 3 avril 1879).

J. O. **2 avril,** décrets nommant 36 magistrats.

J. O. **2 avril,** décrets relatifs à la justice dans la Nouvelle-Calédonie. (Mort de M. Léon de Maleville, sénateur. Il était né à Montauban en 1803).

J. O. **2 avril,** décrets nommant 6 receveurs particuliers des finances.

B. d. L. **3 avril,** loi relative au canal de la Marne à la Saône. (J. O. du 4 avril 1879).

B. d. L. **3 avril,** loi relative à la Seine entre Marcilly et Montereau. (J. O. du 4 avril 1879).

J. O. **3 avril,** décrets relatifs aux tribunaux d'Oran et de Constantine.

J. O. **3 avril,** arrêtés nommant 3 percepteurs.

J. O. **4 avril,** M Faubert est accrédité en qualité de ministre résidant de la république d'Haïti à Paris.

B. d. L. **5 avril,** loi autorisant la poste à recouvrer les effets de commerce (J. O. du 8 avril 1879).

J. O. **6 avril,** décret nommant 42 magistrats.

B. d. L. **7 avril,** loi relative au canal de l'Aisne à l'Oise. (J. O. du 8 avril 1879).

B. d. L. **7 avril,** lois relatives aux chemins de fer d'Hirson à Amagne, de Cahors à Capdenac, de Lens à Don et à Armentières, de Valenciennes au Cateau, de Niort à Montreuil, de Bellayet à Moncontour.

B. d. L. **7 avril,** loi qui fixe à 36 le nombre des receveurs-percepteurs de Paris. (J. O. du 8 avril 1879).

J. O. **7 avril,** décrets nommant 2 maires.

J. O. **7 avril,** décret nommant 7 percepteurs.

B. d. L. **8 avril,** loi qui accorde un député au Sénégal, et un à la Guyane. (J. O. du 9 avril 1879).

B. d. L. **8 avril,** loi qui crée deux nouveaux cantons dans le département de Meurthe-et-Moselle (J. O. du 9 avril 1879).

B. d. L. **8 avril,** lois relatives aux canaux de Montbéliard à Conflandey et de St-Dizier à Vassy (Haute-Marne). (J. O. du 9 avril 1879).

J. O. **9 avril,** décrets nommant 16 magistrats et 67 tant juges de paix que suppléants de juges de paix.

J. O. **10 avril,** décrets nommant un adjoint en Algérie.

J. O. **10 avril,** arrêtés nommant 14 percepteurs.

J. O. **11 avril,** loi relative à une donation nouvelle de 300 millions pour la caisse des chemins vicinaux. (B. d. L. 10 avril 1879).

J. O. **11 avril**, décret nommant un receveur particulier des finances.

J. O. **11 avril**, arrêtés nommant 22 percepteurs.

B. d. L. **12 avril**, décret qui remplace à Paris la chaire d'hindoustani par une chaire d'arabe littérale. (J. O. 14 et 15 avril 1879).

J. O. **12 avril**, décrets nommant 3 maires et 2 adjoints.

J. O. **13 avril**, décrets nommant 12 magistrats et 58 conseillers de préfecture.

J. O. **14 et 15 avril**, décret établissant à Paris un cours d'Hindoustani et de Tamoul.

B. d. L. **15 avril**, loi relative à l'observatoire de Meudon. (J. O. du 16 avril 1879).

B. d. L. **17 avril**, loi relative au monument à ériger à Versailles en l'honneur de la Constituante de 1789. (J. O. du 18 avril 1879).

J. O. **18 avril**, arrêtés nommant 16 percepteurs.

J. O. **19 avril**, arrêtés nommant 15 percepteurs.

J. O. **20 avril**, décrets nommant 33 magistrats, 138 tant juges de paix que suppléants de juges de paix, 5 maires et 8 adjoints.

J. O. **21 avril**, décret nommant un trésorier-payeur-général et 14 receveurs-percepteurs à Paris.

B. d. L. **22 avril**, décret qui complète la nomenclature des établissements dangereux, insalubres ou incommodes, (J. O. du 24 avril 1879.)

J. O. **24 avril**, décrets nommant un adjoint en Algérie et 11 magistrats dans les colonies.

J. O. **25 avril**, décrets nommant 3 maires et 3 adjoints.

J. O. **25 avril**, arrêtés nommant 18 percepteurs.

B. d. L. **26 avril**, décret qui supprime le tribunal de commerce de Quintin (Côtes-du-Nord).

J. O. **26 avril**, le président de la République vient de recevoir la lettre par laquelle S. E. Don Joaquin Zavala lui notifie son élection à la présidence de la république du Nicaragua.

J. O. **27 avril**, décrets nommant 3 magistrats et 69 tant juges de paix que suppléants de juges de paix.

J. O. **28 avril**, décret nommant 4 magistrats.

J. O. **29 avril**, rapport sur les comptes de l'exercice 1874.

J. O. **30 avril**, décrets nommant 6 maires et 8 adjoints.

J. O. **1er mai**, arrêtés nommant onze percepteurs.

J. O. **1er mai**, rapport de M. Anatole de la Forge sur la liberté de la presse en France.

J. O. **2 mai**, suite et fin de ce rapport.

J. O. **3 mai**, décret nommant un maire en Algérie.

J. O. **3 mai**, arrêté nommant 3 percepteurs.

B. d. L. **4 mai**, décret relatif aux abonnements par la poste.

J. O. **4 mai**, décrets nommant 34 tant préfets que sous-préfets, secrétaires-généraux et conseillers de préfecture.

J. O. **4 mai**, arrêtés nommant 13 percepteurs.

J. O. **5 mai**, décrets nommant 5 maires et 6 adjoints.

B. d. L. **7 mai**, décret relatif au chemin de fer de Versailles à Épone.

J. O. **7 mai**, décret nommant 4 tant conseillers qu'auditeurs à la Cour des comptes.

J. O. **7 mai**, arrêtés nommant onze percepteurs.

J. O. **9 mai**, décrets nommant 41 magistrats, 93 tant juges de paix que suppléants de juges de paix et 3 sous-préfets.

Grâces, commutations, etc. accordées à 440 individus condamnés pour faits se rattachant aux insurrections *(sic)* de 1871.

B. d. L. **10 mai,** décret concernant le service des recouvrements par la poste.

J. O. **10 mai,** décrets nommant 3 magistrats dans les colonies.

J. O. **11 mai,** décret créant un tribunal de 1re instance dans l'île St-Martin (dépendance de la Guadeloupe).

J. O. **11 mai.** décrets nommant 6 maires et 7 adjoints.

J. O. **11 mai,** arrêtés nommant 12 percepteurs.

(**12 mai,** mort de M. Ferdinand de Lasteyrie.)

B. d. L. **13 mai,** décret relatif aux télégraphes.

J. O. **14 mai,** décret créant à Paris un musée pédagogique sur la proposition de M. Jules Ferry.

J. O. **14 mai,** décret nommant 13 tant juges de paix que suppléants de juges de paix en Algérie.

J. O. **14 mai,** décret nommant M. Le Myre de Villers gouverneur de la Cochinchine.

J. O. **15 mai,** arrêtés nommant 10 percepteurs.

J. O. **16 mai,** décrets nommant 26 magistrats, 90 tant juges de paix que suppléants de juges de paix, 3 maires et 4 adjoints.

J. O. **16 mai,** décret autorisant la caisse d'épargne de La Mure (Isère).

B. d. L. **17 mai,** décret relatifs aux tramways de Lyon.

J. O. **17 mai,** décret supprimant, pour abus, la lettre pastorale de l'archevêque d'Aix, en date du 13 avril 1879.

J. O. **17 mai,** décret relatif aux valeurs recouvrées par la poste.

J. O. **19 mai,** arrêté nommant M. Vaucorbeil directeur du (Grand Opéra).

B. d. L. **21 mai,** arrêté relatif à la police des chemins de fer. (J. O. 22 mai 1879.)

B. d. L. Décret établissant une chambre de commerce à St-Nazaire. (J. O. 21 mai 1879.)

J. O. Décret nommant 5 maires et 11 adjoints, et 2 suppléants de juges de paix dans l'Inde française.

J. O. **23 et 24 mai,** décret nommant un maire et 2 adjoints.

J. O. **25 mai,** décret nommant 48 magistrats, 111 tant juges de paix que suppléants de juges de paix, 8 maires et 11 adjoints.

J. O. **25 mai,** arrêtés nommant 7 percepteurs.

(Mort du vice-amiral Saisset).

B. d. L. **26 mai,** décret autorisant les sœurs du Cœur immaculé de Marie, de Châteaubourg (Ille-et-Vilaine).

J. O. **27 mai,** arrêté relatif au concours agricole de Bone (Algérie).

B. d. L. **28 mai.** décret relatif au scaferlati ou tabac de cantine. (J. O. 7 juin 1879).

J. O. **29 mai,** décret nommant un conseiller à la Cour des Comptes.

J. O. **30 mai,** arrêtés nommant 9 percepteurs.

B. d. L. **31 mai,** loi accordant un secours de 500,000 fr. à l'île de la Réunion, qui a été désolée par un cyclone.

J. O. **31 mai,** décrets nommant M. Tiby à la Haye et M. le vicomte de Croy à Copenhague, tous deux comme envoyés extraordinaires, et ministres plénipotentiaires.

J. O. **1er juin,** décrets nommant 13 sous-préfets, 14 magistrats, 72 tant juges de paix que suppléants de juges de paix, 6 maires et 19 adjoints.

(N.-B. le 1er juin, le fils de Napoléon III fut tué par les Zoulous).

J. O. 1er juin, arrêtés nommant 4 percepteurs.

B. d. L. 3 juin, décret relatif aux médecins et pharmaciens de la marine.

J. O. 5 juin, décret nommant un adjoint en Algérie.

J. O. 6 juin, décret nommant un trésorier-payeur-général.

B. d. L. 6 juin, décret relatif aux agents de change de Reims.

J. O. 7 juin, arrêtés nommant 22 percepteurs.

J. O. 8 juin, arrêtés nommant 3 percepteurs.

J. O. 8 juin, décrets nommant 2 magistrats en Algérie, 79 tant juges de paix que suppléants de juges de paix, 5 maires, 9 adjoints, 2 référendaires à la Cour des comptes et un receveur particulier des finances.

B. d. L. 10 juin, loi relative à la Légion d'honneur. (J.O. du 11 juin 1879.)

B. d. L. 10 juin, décret relatif à la pêche de la morue.

J. O. 10 juin, arrêtés nommant 4 percepteurs.

J. O. 12 juin, MM. Guzman Blanco et Guillermo notifient leur élection à la présidence de la république du Vénézuéla et à celle de la république Dominicaine.

J. O. 12 juin, décret nommant un receveur particulier des finances.

J. O. 12 juin, arrêtés nommant 2 percepteurs.

J. O. 13 juin, décrets nommant 20 magistrats.

J. O. 13 juin, arrêtés nommant 13 percepteurs.

J. O. 14 juin, décrets nommant 4 maires et 7 adjoints.

J. O. 15 juin, décret nommant 70 tant juges de paix que suppléants de juges de paix.

B. d. L. 16 juin, loi relative à l'enseignement départemental et communal de l'agriculture. (J. O. du 17 juin 1859.)

J. O. 16 juin, décret relatif aux colonies.

J. O. 16 juin, décret relatif aux postes.

J. O. 17 juin, arrêté nommant 2 percepteurs.

J. O. 18 juin, arrêté nommant 10 percepteurs.

J. O. 19 juin, arrêté nommant 6 percepteurs.

B. d. L. 20 juin, décret relatif à l'indemnité de route accordée aux militaires.

J. O. 20 juin, décret nommant 7 maires et 11 adjoints.

B. D. L. 20 juin, décret relatif aux ingénieurs des chemins de fer. (J. O. 22 juin 1879.)

B. d. L. 20 juin, décret autorisant un dépôt de dynamite à la Vernarède (Gard). (J. O. du 24 juin 1879.)

B. d. L. 21 juin, loi qui abroge l'article 9 de la loi constitutionnelle du 26 février 1875 (Paris redevient donc la capitale). (J. O. du 22 juin.)

J. O. 21 juin, décret nommant 20 magistrats et 52 tant juges de paix que suppléants de juges de paix.

J. O. 21 juin, arrêté nommant 11 percepteurs.

B. d. L. 24 juin, décret relatif à l'Inde Française. (Voir aussi 13 août).

B. d. L. 25 juin, loi qui supprime le droit spécial sur les huiles établi à Marseille, au profit de la chambre de commerce de cette ville. (J. O. du 26 juin).

J. O. **25 juin**, décret nommant 6 maires et 8 adjoints.

J. O. **25 juin**, arrêté nommant 15 percepteurs.

J. O. **28 juin**, arrêté portant à 38 le nombre des agrégés de médecine à nommer au concours.

J. O. **29 juin**, décret relatif à la justice en Cochinchine. (B. d. L. 25 juin).

J. O. **30 juin**, décret nommant 7 maires et 14 adjoints.

J. O. **2 juillet**, décret nommant 13 magistrats, 167 tant juges de paix que suppléants de juges de paix.

B. d. L. **2 juillet**, loi relative aux chemins de fer de Badonviller à Baccarat, de Colombey à Frenelles-la-Grande et de Nomény vers Frouard. (J. O. du 4 juillet 1879).

B. d. L. **3 juillet**, décret relatif à l'église réformée. (J. O. du 4 juillet 1879).

B. d. L. **3 juillet**, décret relatif aux naufrages sur les côtes tant Françaises que Britanniques. (J. O. du 4 juillet 1879).

J. O. **4 juillet**, arrêtés nommant 15 percepteurs.

J. O. **5 juillet**, arrêtés nommant 14 percepteurs.

J. O. **6 juillet**, décrets nommant 7 maires, 15 adjoints et 5 trésoriers payeurs-généraux.

J. O. **6 juillet**, grâces accordées à 117 condamnés militaires.

J. O. **8 juillet**, décrets nommant 35 tant sous-préfets que conseillers ou secrétaires-généraux de préfecture.

J. O. **9 juillet**, décret nommant 1 adjoint en Algérie. (Mort de Clément Duvernois).

J. O. **10 juillet**, décret relatif à la comptabilité des emprunts départementaux et communaux. (B. d. L. du 23 juin 1879).

J. O. **11 juillet**, décrets nommant 10 maires et 13 adjoints.

J. O. **12 juillet**, arrêté relatif à l'enseignement du dessin.

J. O. **12 juillet**, arrêtés nommant 5 percepteurs.

B. d. L. **13 juillet**, loi relative au Conseil d'Etat. (J. O. du 14 juillet 1879).

B. d. L. **13 juillet**, décret relatif au chemin de fer transsaharien. (J. O. du 14 juillet 1879).

B. d. L. **14 juillet**, loi sur la propriété indigène en Algérie. (J. O. du 15 juillet 1879).

B. d. L. **14 juillet**, décret relatif au commerce avec le Portugal. (J. O. du 15 juillet 1879).

J. O. **15 juillet**, loi (fiscale) sur les véhicules en tous genres. (B. d. L. du 11 juillet 1879).

J. O. **15 juillet**, décret nommant 20 conseillers d'Etat.

B. d. L. **15 juillet**, loi relative à la liquidation des caisses départementales et communales de retraite d'Alsace-Lorraine. (J. O. du 16 juillet 1879).

B. d. L. **15 juillet**, loi relative au chemin de fer de Besançon à la frontière Suisse par Morteau. (J. O. du 16 juillet 1879).

B. d. L. **15 juillet**, lois relatives aux chemins de fer de Velluire à Fontenai-le-comte et d'Auray à Quiberon. (J. O. du 16 juillet).

J. O. **16 juillet**, décrets révoquant 6 maîtres des requêtes au Conseil d'Etat et nommant 15 maîtres des requêtes et 8 auditeurs de 1re classe.

Décrets nommant 1 maire et 1 adjoint.

J. O. **16 juillet**, arrêtés nommant 7 percepteurs.

B. d. L. **17 juillet**, loi ayant pour objet le classement du réseau complémentaire des chemins de fer d'intérêt général. (181 chemins de fer) (J. O. du 18 juillet 1879).

B. d. L. **17 juillet**, décret établissant une justice de paix à Aïn-M'lila (Algérie).

J. O. du **18 juillet**: décrets nommant 178 tant juges de paix que suppléants de juges de paix.

B. d. L. **18 juillet**, lois relatives aux chemins de fer de Nantes à Segré et de St-Nazaire à Châteaubriant. (J. O. du 19 juillet 1879).

B. D. L. **18 juillet**, loi relative au classement du réseau complémentaire (de 18) chemins de fer d'intérêt général en Algérie. (J. O. du 19 juillet 1879).

J. O. du **19 juillet** 1879, décrets nommant 5 maires et 5 adjoints.

J. O. du **20 juillet** 1879, décrets nommant 25 magistrats.

J. O. dn **22 juillet** 1879, décrets nommant 1 maire et 1 adjoint en Algérie.

J. O. du **22 juillet** 1879, arrêtés nommant 8 percepteurs.

B. d. L. **22 juillet** 1879, loi relative au siège du pouvoir exécutif et des chambres à Paris. (J. O. du 23 juillet 1879).

B. d. L. **23 juillet** 1879, loi relative aux chemins de fer de Concarneau à Rosporden, de Morlaix à Roscoff et de Quimper à Douarnenez. (J. O. du 26 juillet 1879.)

B. d. L. **23 juillet**, décret instituant une inspection des services administratifs et financiers de la marine et des colonies. (J. O. du 25 juillet 1879.)

J. O. du **23 juillet** 1879, décrets nommant 4 maires, 7 adjoints et 6 magistrats.

B. d. L. du **25 juillet** 1879, loi relative au chemin de fer de Badancourt à Etain (J. O. du 26 juillet 1879).

J. O. du **25 juillet** 1879, décrets nommant au Conseil d'Etat 15 tant conseillers que maîtres des requêtes et auditeurs de 1re classe.

J. O. du **27 juillet** 1879, décrets divers relatifs au Conseil d'Etat.

J. O. du **27 juillet** 1879 : décret nommant 4 receveurs-particuliers des finances.

J. O. du **28 juillet** 1879 : décret relatif au Conseil d'Etat (section du Contentieux).

B. d. L. du **28 juillet** 1879, loi relative au classement des travaux à exécuter dans les ports. (J. O. du 29 juillet 1879).

B. d. L. du **28 juillet** 1879 : loi relative aux chemins de fer de Preuilly à Tournon-St-Martin et de Tournon à La Châtre. (J. O. du 29 juillet 1879).

B. d. L. du **30 juillet** 1879: loi relative aux contributions directes et aux taxes y assimilées de l'exercice 1880. (J. O. du 31 juillet 1879).

B. d. L. du **30 juillet** 1879 : décret relatif aux iles St-Pierre et Miquelon.

B. d. L. du **30 juillet** 1879, convention monétaire avec la Belgique, la Grèce, l'Italie et la Suisse. (J. O. du 31 juillet 1879).

B. d. L. du **31 juillet** 1879, loi relative aux gares internationales de Modane et de Vintimille. (J. O. du 1er août 1879).

B. d. L. du **31 juillet** 1879,

loi relative à l'Opéra-comique de Paris. (J. O. du 1er août 1879).

B. d. L. 31 juillet, loi relative aux 262,926,352 francs 80 centimes que la ville de Paris doit au Crédit. foncier. (J. O. du 1er août 1879),

B. d. L. du 31 juillet 1879, loi relative aux greffiers des tribunanx de commerce. (J. O. du 1er août 1879).

B. d L. du 31 juillet 1879, loi relative à l'achèvement du canal de l'Est. (J. O. du 1er août 1879).

B. d. L. du 31 juillet 1879, loi relative au chemin de fer d'Hirson à Busigny. (J. O. du 1er août 1879).

B. d. L. du 31 juillet 1879, loi relative à 12 chemins de fer dans le département de l'Eure. (J. O. du 1er août 1879).

J. O. du 1er août 1879, décret nommant 4 maires, 11 adjoints et 18 magistrats.

J. O. du 2 août 1879, loi relative à la Confession d'Augsbourg. (B. d. L. du 1er août 1879).

J. O. du 2 août 1879, loi et décret relatifs aux monnaies. (B. d. L. 31 juillet 1879).

J. O. du 2 août 1879, décret relatif aux hôpitaux civils et militaires. (B. d. L.1er août 1879).

J. O. du 2 août 1879, décret nommant un maire en Algérie.

B. d. L. du 2 août 1879, loi relative au phylloxéra et au doryphora. (J. O. du 4 août 1879).

B. d. L. du 2 août 1879, décret relatif au Conseil d'Etat. (J.O. du 4 août 1879).

B. d. L. 3 et 7 août, convention consulaire avec la République de San-Salvador. (J. O. des 6 et 9 août).

B. d. L. du 4 août, loi relative au port du Hâvre. (J. O. du 6 août).

B. d. L. du 4 août, loi autorisant le gouvernement à proroger les traités et conventions de commerce. (J O. du 7 août).

B. d. L. du 5 août, loi relative au classement et à l'amélioration des voies navigables. (J. O. du 6 août).

B. d. L. du 5 août, loi relative aux hospices et aux bureaux de bienfaisance. (J. O. du 7 août).

J. O. du 7 août, décrets nommant 5 maires et 10 adjoints.

B. d. L. du 8 août, loi sur le chemin de fer de Lérouville à Sedan. (J. O. du 9 août).

Loi relative au canal de Nantes à la mer. (J. O. du 9 août).

B. d. L. du 8 août, loi relative au chemin de fer d'Aillevilliers au Val d'Ajol. (J. O. du 9 août).

B. d. L. 9 août, loi autorisant la ville de Toulouse à emprunter 15 millions.

B. d. L. 9 août, loi relative aux écoles normales primaires. (J. O. du 10 août).

J. O. du 10 août, décrets nommant 5 maires et 7 adjoints.

J. O. du 11 août, décret nommant un adjoint en Algérie.

J. O. du 13 août, arrêtés nommant 26 percepteurs.

B. d. L. 14 août, décret relatif au Conseil d'Etat (auditeurs de 2e classe). (J. O. du 15 août).

J. O. du 15 août, décrets nommant 22 magistrats, 219 tant juges de paix que suppléants de juges de paix, 2 maires et 6 adjoints.

J. O. des 16 et 17 août, décret nommant 1 juge de paix.

B. d. L. **16 août**, loi relative aux lignes maritimes postales entre la France et l'Algérie. (J. O. du 19 août).

B. d. L. **17 août**, loi relative aux soldes et pensions des officiers en réforme. (J. O. du 19 août).

B. d. L. **17 août**, décret relatif à l'armée (congés et indemnités de route). (J. O. du 28 août).

B. d. L. **18 août**, loi relative aux sous-officiers de l'armée de terre. (J. O. du 19 août).

B. d. L. **18 août**, loi relative à la solde de la marine. (J. O. du 20 août).

B. d. L. **20 août**, décret établissant un tribunal criminel au Gabon. (J. O. du 26 août.)

J. O. du **20 août**, décret nommant 3 maires et 4 adjoints.

J. O. du **21 août**, rapport de M. Le Royer sur la justice criminelle en 1877.

J. O. du **21 août**, arrêtés nommant 37 percepteurs.

J. O. du **22 août**, décrets nommant 3 receveurs-particuliers des finances.

J. O. du **22 août**, arrêtés nommant 26 percepteurs.

J. O. du **23 août**, rapport (19 pages de texte) de M. Tirard, ministre de l'agriculture et du commerce, sur les opérations des caisses d'épargne durant l'année 1877.

J. O. du **24 août**, décrets nommant 2 maires et 6 adjoints.

J. O. du **24 août**, arrêtés nommant 55 percepteurs.

J. O. du **25 août**, rapport de M. Le Royer sur la justice civile et commerciale en 1877.

J. O. du **27 août**, arrêtés nommant 23 percepteurs.

J. O. du **29 août**, rapport de M. le général Gresley, ministre de la guerre : la caisse des offrandes nationales dispose tous les ans d'un revenu de 2,154,335 fr.

J. O. du **30 août**, décrets nommant 3 maires et 8 adjoints.

J. O. **31 août**, décrets nommant 38 magistrats et 100 tant juges de paix que suppléants de juges de paix.

J. O. **31 août**, arrêtés nommant 2 percepteurs.

J. O. **2 septembre**, loi accordant 150,000 fr. pour réparer et agrandir le lycée de Vanves.

J. O. du **4 septembre**, décrets nommant 59 tant préfets que sous-préfets, conseillers et secrétaires-généraux de préfecture.

J. O. du **5 septembre**, décrets nommant 1 sous-préfet, 3 maires et 5 adjoints.

(Mort du baron Taylor).

J. O. du **10 septembre**, décrets nommant 5 maires et 4 adjoints.

J. O. des **11 et 14 septembre**, décrets relatifs aux tissus soie et coton.

J. O. du **16 septembre**, décret : M. Albert Grévy, député, est chargé, à titre de mission temporaire, des fonctions de gouverneur général civil de l'Algérie, dans les conditions fixées par le décret du 15 mars 1879.

J. O. du **19 septembre**, décret nommant 3 maires et 3 adjoints.

J. O. du **20 septembre**, loi relative aux conseils généraux des départements.

J. O. du **21 septembre**, décret relatif aux distilleries. (B. d. L. 18 et 19 septembre).

J. O. du **23 septembre**, décret nommant un maire et un adjoint à Constantine (Algérie).

J. O. du **24 septembre**, décret sur le travail des enfants.

J. O. du **25 septembre**, décrets nommant 5 maires et 7 adjoints.

J. O. du **27 septembre**, décret nommant 2 magistrats dans les colonies.

J. O. du **28 septembre**, décret nommant un maire en Algérie.

B. d. L. du **1er octobre**, décrets relatifs au conseil supérieur du commerce, de l'agriculture et de l'industrie. (J. O. du 2 octobre).

J. O. du **2 octobre**, décrets nommant 7 maires et 14 adjoints.

J. O. du **8 octobre**, convention franco-belge pour la propriété littéraire, artistique et industrielle. (B. d. L. du 7 octobre 1879).

J. O. du **8 octobre**, décret relatif au comité consultatif d'hygiène publique.

J. O. du **9 octobre**, décret nommant 2 maires et 5 adjoints.

J. O. du **11 octobre**, décret nommant un sous-préfet, un conseiller et 3 secrétaires-généraux de préfecture.

J. O. du **12 octobre**, décret relatif à l'Angleterre. (B. d. L. du 11 octobre).

J. O. du **15 octobre**, décret relatif aux étudiants en médecine.

J. O. du **15 octobre**, décret relatif aux tramways de Nice.

J. O. du **16 octobre**, décret relatif au Grand-Opéra (pensions de retraite).

J. O. du **17 octobre**, décret réduisant la taxe des télégrammes échangés avec l'Algérie et la Tunisie.

J. O. du **18 octobre**, décret nommant 23 magistrats.

J. O. du **18 octobre**, décret

nommant 153 tant juges de paix que suppléants de juges de paix, 4 maires et 4 adjoints.

J. O. du **19 octobre** : le traité de commerce avec la Belgique est prorogé de six mois.

J. O. du **22 octobre**, décret nommant un magistrat, 2 maires et 7 adjoints.

J. O. du **24 octobre**, décret nommant un magistrat.

J. O. du **24 octobre**, convention avec la Belgique, relative aux actes et papiers pour mariages. (B. d. L. du 22 octobre).

J. O. du **25 octobre**, décret relatif au chemin de fer de Lérouville à Sedan.

B. d. L. du **25 octobre**, décret relatif à Mayotte et à Nossi-Bé (J. O. du 30 octobre).

J. O. du **26 octobre**, décret nommant 11 magistrats.

B. d. L. du **28 octobre**, décret créant à Bordeaux une chaire d'histoire du droit et une chaire de droit maritime. (J. O. du 29 octobre).

B. d. L. du **29 octobre**, décret relatif à la Légion d'honneur. (J. O. du 30 octobre).

J. O. du **29 octobre**, décret nommant un magistrat.

J. O. du **30 octobre**, décret établissant une caisse d'épargne à Seyne (Basses-Alpes).

J. O. du **31 octobre**, décret relatif aux ingénieurs des ponts et chaussées.

J. O. du **31 octobre**, décret nommant 3 maires et 6 adjoints.

J. O. du **31 octobre**, arrêtés de M. Jules Ferry attachant des élèves astronomes à l'observatoire de Paris.

J. O. des **2 et 3 novembre**, décret nommant 32 magistrats.

B. d. L. du **4 novembre**,

décret ayant pour but de prévenir les abordages en mer. (J. O. du 6 novembre).

B. d. L. du **6 novembre**, décret convoquant les chambres en session extraordinaire pour le 27 novembre. (J. O. du 7 novembre.)

J. O. du **7 novembre**, décrets nommant 3 maires et 6 adjoints.

J. O. du **7 novembre**, décrets relatifs à la Guadeloupe, à la Martinique, à la Réunion et à la Cochinchine.

J. O. du **8 novembre**, rapport sur les travaux des conseils généraux en 1878-1879, adressé par M. de Crisenoy au Ministre de l'Intérieur et daté du 31 octobre.

B. d. L. **8-12 novembre**, décret promulguant en Algérie les articles 12 et 13 de la loi du 30 juillet 1879, relative aux contributions directes et taxes y assimilées de l'exercice 1880.

J. O. du **13 novembre**, décrets nommant 8 maires et 10 adjoints.

J. O. du **14 novembre**, décrets nommant 13 magistrats et 58 tant juges de paix que suppléants de juges de paix.

J. O. du **15 novembre**, décrets autorisant l'entrée et le transit des pommes de terre d'Allemagne.

B. d. L. **15 novembre**, décret relatif à la Guyane, au Sénégal et à l'Inde française. (J. O. du 29 novembre).

J. O. du **19 novembre**, décrets nommant 5 magistrats aux colonies.

J. O. du **20 novembre**, décrets nommant 3 maires et 4 adjoints.

J. O. du **21 novembre**, décrets nommant 1 maire et 3 adjoints.

J. O. du **21 novembre**, dé-

cret relatif à la gendarmerie maritime,

J. O. du **21 novembre**, arrêtés nommant un receveur-percepteur à Paris et 21 percepteurs dans les départements.

J O. du **21 novembre**, arrêté de M. Jules Ferry, en date du 20 novembre, révoquant M. Duquesnel, directeur de l'Odéon.

A la date du 20 novembre 1879, l'actif et le passif de la Banque de France étaient chacun de 3,287,625,698 francs.

J. O. du **22 novembre**, décret relatif aux relations postales avec le Vénézuéla.

B. d. L. et J. O. des **5, 22 et 23 novembre**, déclaration de l'assistance réciproque qui devra être donnée aux marins anglais et français.

J. O. du **23 novembre**, décrets nommant 8 magistrats.

J. O. du **26 novembre**, décrets nommant 3 maires, 8 adjoints et 66 tant juges de paix, que suppléants de juges de paix.

J. O. du **26 novembre**, grâces accordées à 815 condamnés militaires.

J. O. du **27 novembre**, arrêtés nommant 29 percepteurs.

J. O. du **27 novembre**, les traités de commerce avec le Portugal et la Suède - Norwège sont prorogés de 6 mois.

J. O. du **28 novembre**, rapport de M. Le Royer, ministre de la justice : sur 4,311 condamnés de la commune, il en reste, dans la Nouvelle-Calédonie 830, plus ou moins indignes de pardon, suivant le ministre.

J. O. du **28 novembre**. Dans la séance du 27 novembre, M. Gambetta dit à la Chambre des députés : « Mettons-

« nous tous résolument à
« l'œuvre. Elevons-nous au-
« dessus des intérêts particu-
« liers ; écartons les incidents
« inutiles ou passionnés. Fai-
« sons converger toutes nos
« facultés, tous nos efforts
« vers le but suprême : la
« grandeur de la patrie et l'af-
« fermissement de la Répu-
« blique. » (Bravos et applau-
dissements prolongés).

Mort de Michel Chevalier.

J. O. du **29 novembre**, décret nommant 2 maires et 4
adjoints.

J. O. du **29 novembre**, décrets relatifs à des tramways
de Paris et de Lille. (B. d. L.
du 26 novembre).

J. O. du **30 novembre**, arrêtés nommant 19 percepteurs.

J. O. du **2 décembre**, décrets nommant 3 maires et 5
adjoints.

J. O. du **2 décembre**, décret supprimant l'escadron de
la légion de gendarmerie mobile. (B. d. L. du 22 novembre).

J. O. du **2 décembre**, décret relatif aux premiers maîtres (charpentiers, voiliers,
calfats) de la marine de l'E-
tat. (B. d. L. du 27 novembre).

B. d. L. **2 décembre**, prorogation indéfinie du traité
de commerce avec la Suisse.

J. O. du **3 décembre**, décrets nommant 32 tant préfets
et sous-préfets que conseillers
et secrétaires-généraux de préfecture.

J. O. du **3 décembre**, arrêtés nommant 11 percep-
teurs.

J. O. du **4 décembre**, décret établissant en Cochinchine un régiment de tirailleurs indigènes (annamites).
(B. d. L. du 2 décembre).

J. O. du **4 décembre**, dé-

cret établissant une chambr
de commerce à Valence (Drô
me).

J. O. du **5 décembre**, dan
sa séance du 4 décembre, l:
Chambre des députés a voté
à la majorité de 221 voix su
318 votants, l'ordre du jou
proposé par M. Devès et con
çu en ces termes : « La Cham
« bre des députés, aprè:
« avoir entendu le cabinet
« dans ses déclarations, per-
« suadée qu'il est fermement
« résolu à faire respecter de
« tous le gouvernement de la
« République et confiante
« dans la vigueur avec la-
« quelle il écartera des em-
« plois publics les fonction-
« naires hostiles à nos insti-
« tutions passe à l'ordre du
« jour. »

B. d. L. du **5 décembre**,
décret autorisant la caisse d'é-
pargne de Die (Drôme).

J. O. du **6 décembre**, décrets nommant 4 maires et 5
adjoints.

J. O. du **7 décembre**, arrêté du ministre de l'intérieur
et des cultes autorisant une
loterie de 2 millions de billets à 1 fr. au profit des inondés de Murcie.

J. O. du **7 décembre**, arrêtés nommant 30 percepteurs

J. O. du **9 décembre**, décrets nommant 5 maires et 8
adjoints.

J. O. du **11 décembre**, arrêtés du ministre de l'intérieur
et des cultes qui portent à 4
millions de francs la loterie
franco-espagnole (moitié pour
les inondés de Murcie, moitié pour les indigents de
France).

J. O. du **12 décembre**, décrets nommant 114 tant juges
de paix que suppléants de
juges de paix.

J. O. du **12 décembre**, démission de MM. Le Royer et Goblet.

B. d. L. du **12 décembre,** loi ouvrant (pour les victimes du froid et du manque de travail) un crédit extraordinaire de 5 millions. (J. O. du 13 décembre).

B. d. L. du **13 décembre,** décrets relatifs à l'Algérie (Kabyles, juges de paix, huissiers, interprètes judiciaires).

B. d. L. Décret : il y a abus dans l'exécution donnée par l'évêque de Grenoble aux décisions de la Cour de Rome relatives à l'érection de l'église de la Salette en basilique mineure et au couronnement de la statue de Notre-Dame de la Salette. (J. O. du 15 décembre).

J. O. du **14 décembre,** décrets nommant 1 maire et 6 adjoints.

B. d. L. du **14 décembre,** loi sur les crédits supplémentaires et extraordinaires à ouvrir par décrets pendant la prorogation des Chambres.

J. O. du **16 décembre,** décrets nommant 8 magistrats.

J. O. du **17 décembre,** décrets nommant 42 magistrats.

B. d. L. du **18 décembre,** loi relative à la reconstruction de l'hôtel des postes de Paris. (J. O. du 19 décembre).

B. d. L. du **18 décembre,** loi relative aux abonnements par la poste en France et en Belgique. (J. O. du 19 décembre).

B. d. L. du **20 décembre,** loi relative au délai légal des prescriptions et péremptions en matière civile. (J. O. du 21 décembre).

B. d. L. du **20 décembre,** loi relative à l'enseignement supérieur en Algérie. (J. O. du 21 décembre).

Loi relative à l'exposition de Melbourne. (J. O. du 21 décembre).

J. O. du **21 décembre,** décrets, arrêtés nommant deux trésoriers-payeurs-généraux et 52 percepteurs.

B d. L. du **21 décembre,** loi portant fixation du budget des dépenses de l'exercice 1880 (à 3,130,494,244 francs).(J. O. du 22 décembre).

J. O. du **22 décembre,** décrets nommant 5 maires et 7 adjoints.

B. d. L. **22 décembre,** loi sur les voitures et les chevaux. (J. O. du 23 décembre).

B. d. L. du **22 décembre,** loi sur les monnaies et les médailles. (J. O. du 23 décembre).

J. O. du **23 décembre,** décret sur les tramways de Calais, Boulogne, Guines, etc.

B d. L. du **23 décembre,** loi qui autorise la ville de Lyon à emprunter une somme de 64,774,683 francs pour la conversion de sa rente. (J. O. du 24 décembre).

B. d. L. du **24 décembre,** loi sur les crédits extraordinaires et supplémentaires des exercices 1878 et 1879.

J. O. du **25 décembre,** présentation, à M. Grévy, d'une ambassade Marocaine extraordinaire.

J. O. des **26** et **27 décembre,** décrets nommant 4 maires et 6 adjoints.

M. Grévy charge M. de Freycinet de former un nouveau ministère.

B. d. L. du **27 décembre,** lois relatives aux chemins de fer de Carmaux à Rodez, de Sablé à Sillé-le-Guillaume, et de Vougeaucourt à Saint-Hippolyte.

B. d. L. du **28 décembre,** décrets nommant M. de Freycinet président du Conseil et ministre des affaires étrangères ; M. Cazot ministre de la justice ; M. Lepère ministre de l'intérieur et des cultes ; M. Magnin ministre des finances ; M. le général Farre ministre de la guerre ; M. le vice-amiral Jauréguiberry ministre de la marine et des colonies ; M. Jules Ferry ministre de l'instruction publique et des beaux-arts ; M. Varroy ministre des travaux publics ; M. Tirard ministre de l'agriculture et du commerce ; M. Cochery ministre des postes et des télégraphes. (J. O. du 29 décembre).

J. O. du **29 décembre,** déclarations relatives au commerce avec l'Autriche-Hongrie, la Belgique et l'Italie. (B. d. L. des 23 octobre, 22 et 27 novembre).

J. O. du **29 décembre,** ar-rêtés nomm. 36 percepteurs.

J. O. du **30 décembre,** lois relatives aux chemins de fer de Tonneins à Villeneuve-sur-Lot et de Mezzana à Corté. (B. d. L. du 27 décembre).

J. O. du **30 décembre,** décrets nommant MM. Martin-Feuillée, Constans, Wilson, Turquet, Sadi-Carnot et Girard sous-secrétaires d'Etat. (Justice, intérieur, finances, beaux-arts, travaux publics, agriculture). (B. d. L. du 29 décembre).

J. O. du **31 décembre,** texte rectifié de la loi du 20 décembre, sur l'enseignement supérieur en Algérie.

J. O. du **31 décembre,** rapport de M. de Freycinet sur les chemins de fer, canaux, etc.

J. O. du **31 décembre,** ar-rêtés nomm. 39 percepteurs.

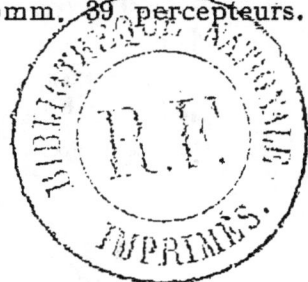

NOTES

1789

4-11 août. On lit dans le **Dictionnaire de l'Académie française** : « *Fuie*, substantif féminin, es-
« pèce de petit colombier. Ceux qui ont une cer-
« taine étendue de domaine, sans être seigneurs,
« peuvent avoir des *fuies*. »

—« *Dérogeance*, substantif féminin : action par la-
« quelle on déroge à la noblesse. On l'a mis à la
« taille (impôt), à cause de sa dérogeance. » La
dérogeance ne s'effaçait que par la réhabilitation.
(**Dictionnaire de l'Académie française**.) Un
noble ne pouvait, sans déroger, se faire négociant
ou artisan. La judicature, l'armée et la carrière
ecclésiastique lui étaient seules permises.

— On entendait ordinairement par *bénéfices* les revenus d'une abbaye accordés à un ecclésiastique,
et, abusivement, à un laïque.

— L'abbé de **Sieyes** ou **Siéyès**, né à Fréjus en
1748 et mort en 1836, se fit d'abord un nom par sa
brochure : *Qu'est-ce que le Tiers-État? rien. Que
doit-il être? tout.* Membre de la Constituante, puis
de la Convention, il vota la mort de Louis XVI,
fut nommé ambassadeur en Prusse (1797), membre
du Directoire (1798), Consul en 1799, et plus tard
sénateur. Il était, lors de sa mort, membre de
l'Institut.

— Le comte de **Lally-Tollendal** obtint, en 1778,
la réhabilitation de son père, qui avait été exécuté
en 1766 ; il émigra, fut nommé pair de France en
1815, membre de l'Académie française en 1816, et
mourut en 1830.

— **Pétion** ou **Péthion de Villeneuve**, né à Chartres en 1759, fut élu membre de la Constituante, puis maire de Paris, en remplacement de Bailly. Proscrit comme Girondin, il mourut, dit-on, de misère et fut dévoré par les loups.

— L'abbé de **Montesquiou**, membre de la Constituante, émigra, s'attacha à la personne de Louis XVIII et l'aida, dit-on, à rédiger la Charte de 1814. Né en 1757, au château de Marsan, il devint ministre, puis duc et pair. Sa mort arriva en 1832.

Octobre. La **question** ou **torture** subsista 18 siècles, quoique Cicéron l'eût déclarée cruauté inutile et souvent trompeuse. (*Multi in tormentis ementiti sunt dolorem fugientes; alii ementiti sunt in eos quos oderant*).

29 novembre. Les **Privilégiés** étaient les nobles et les prêtres, ainsi que quelques bourgeois.

1790

16 janvier. Pour comprendre le nom d'**Empire** donné alors au royaume de France, il faut se rappeler que les Anglais nomment Londres **imperial** city; les Américains appliquent la même épithète à New-York. Les journaux britanniques appellent leur Parlement **impérial** (*imperial parliament*). Enfin la célèbre chanson républicaine *veillons au salut de l'Empire*, fut composée au moins dix ans avant le règne de Napoléon Ier.

— Les **Juifs portugais** sont une secte dans le Judaïsme et rejettent l'autorité du Talmud. On les appelle aussi Caraïtes.

28 août. En vertu du prétendu droit d'**aubaine**, l'État confisquait la succession des étrangers morts en France.

1792

25 mars. Le médecin **Guillotin**, qui proposa et fit

admettre la machine à laquelle on a donné son nom, était né à Saintes, en 1738, et mourut paisiblement en 1814. Il n'était d'ailleurs pas cruel et ce ne fut pas sa faute, si l'on abusa si étrangement de la guillotine.

20 *avril*. L'**Empereur d'Allemagne** était alors François II, qui devint, en 1806, François Ier, empereur d'Autriche. Neveu de Marie-Antoinette, il fut le père de Marie-Louise. Son père, Léopold II, mort le 2 mars 1792, avait, en 1791, signé au château de Pilnitz, près de Dresde, sa célèbre déclaration contre la Révolution française. A lui s'était adjoint, dans cette circonstance, le roi de Prusse, Frédéric Guillaume II. Quant aux Français *rebelles*, on avait en vue les émigrés qui excitaient les souverains de l'Europe à faire disparaître un danger commun à tous les rois, nobles et prélats.

23 *novembre*. Ce fut le conventionnel Romme qui fit supprimer cette place. Romme se poignarda en 1795, pour ne pas être guillotiné.

1793

1er *février*. Le **Roi d'Angleterre** était alors Georges III, qui régna de 1760 à 1820. Devenu aliéné vers 1811, il ne conserva plus que le titre de roi, le pouvoir ayant passé entre les mains de son fils, le prince régent. En 1820, le prince régent devint roi lui-même sous le nom de Georges IV. Mort en 1830, il eut pour successeur son frère Guillaume IV, auquel succéda, en 1837, la reine Victoria qui est encore sur le trône.

— Quant au **Stathouder** de Hollande, alors président de la République des Provinces-Unies, c'était un prince de la famille de Nassau ou d'Orange, devenue maison royale en 1814.

2 *mars*. Le **Hainaut** fait aujourd'hui partie du royaume de Belgique. Il a pour chef-lieu Mons.

14 *mars*. **Landau** appartient, depuis 1815, à la

Bavière Rhénane. C'est une place très-forte sur la Queich.

23 *mars*. **Porrentruy** (Bruntrut), est une petite ville du Jura Bernois. Avant 1789, elle était la résidence de l'évêque de Bâle.

6 *juin*. Cette loi vint trop tard pour empêcher de nombreux actes de vandalisme, qui rappellent les excès des iconoclastes du Bas-Empire.

5 *octobre*. Les mois étaient vendémiaire (mois de la vendange), brumaire (brumes), frimaire (frimas), nivôse (neiges), pluviôse, ventôse, germinal, floréal, prairial, messidor (moissons), thermidor (chaleurs), fructidor. Chaque mois se composait de 30 jours, partagés en trois décades. Les dix jours de chaque décade se nommaient primedi ou primidi, duodi, tridi, quartidi, quintidi, sextidi, septidi, octidi, nonidi, decadi. Les cinq ou six jours devant parfaire l'année actuelle, furent appelés d'abord sans-culotides, puis complémentaires. Les noms des mois précités furent imaginés par Fabre d'Eglantine, guillotiné le 5 avril 1794. Quant au *calendrier républicain*, il avait été arrangé par l'astronome Lalande, mort en 1807.

1794.

14 *juin* (27 prairial an II). **Lamiral** ou **Ladmiral** avait tenté d'assassiner Collot d'Herbois.

— Cécile-**Renaud**, fille d'un marchand de papier, fut arrêtée, le 23 mai 1794, au moment où elle se disposait à poignarder Robespierre. Elle fut guillotinée avec son père, sa mère et toute sa famille. Quant à Collot d'Herbois, il mourut déporté en Guyane, le 8 janvier 1796.

— MM. de **Sombreuil**, père et fils, furent guillotinés, le 17 juin 1794. Lors des Septembrisades (1792), M. de Sombreuil avait été arraché à la mort par l'héroïsme de sa fille, qui mourut en 1823. Charles de Sombreuil prit part comme royaliste,

à l'affaire de Quiberon, fut pris par les républicains et fusillé, en 1795.

— Le duc de **Montmorency-Laval**, échappa à l'é-
chafaud et mourut pair de France en 1826, après
avoir été ministre de l'intérieur (1822) et gouverneur du duc de Bordeaux (comte de Chambord).

— M. et M**ᵐᵉ** **d'Eprémesnil** ou **Esprémesnil**,
moururent sur l'échafaud révolutionnaire, en 1794.

— Le baron de **Batz**, pour la tête duquel on avait
promis 300.000 livres, se sauva et ne mourut qu'en
1822. Il était, lors de son décès, maréchal de
camp.

15 *juin* (27 prairial an II). Dom **Gerle**, ancien char-
treux, s'était fait le prophète de **Catherine
Théos**, belle visionnaire, qui mourut à la Concier-
gerie en 1795. Quant à Dom Gerle, on croit qu'il
mourut en 1806.

27 *juin* (9 messidor an II). **Cambacérès**, né à Montpellier en 1753, mourut en 1824. Régis de Cambacérès vota la mort de Louis XVI avec sursis.
Quoique partisan de Robespierre, il sut éviter la
guillotine. Exilé en 1816, par Louis XVIII, il fut
rappelé en 1818. Napoléon Iᵉʳ l'avait nommé duc
de Parme. Cambacérès prit une grande part à la ré-
daction du Code civil.

29 *juin* (11 messidor an II). Ces armées avaient en
effet, depuis le commencement des hostilités, été
victorieuses à Maubeuge (11 juin 1792), Menin
(17 juin 1792), Ypres et Courtrai (20 juin 1792), à
la Croix-de-Bois (14 septembre 1792), à Valmy
(20 septembre 1792), à Spire (29 septembre 1792),
à Worms (4 octobre 1792), à Verdun (13 octobre
1792), à Mayence (21 octobre 1792), à Francfort-sur-
Main (28 octobre 1792), à Jemmapes (6 novembre
1792), à Tournai (8 novembre 1792), à Charleroi (12
novembre 1792), à Bruxelles (13 novembre 1792), à
Ostende et à Malines (16 novembre 1792), à Tirlemont (22 novembre 1792), à Liége (27 novembre
1792), à Anvers (30 novembre 1792), à Namur (2 décembre 1792), à Ruremonde (10 décembre 1792), à
Consarbrück (21 décembre 1792), à Bréda (25 février

1793), à Gertruydemberg (7 mars 1793), à Arlon
(9 juin 1793), à Hondschoot (9 septembre 1793), à
Watignies (16 octobre 1793), à Ypres (17 juin 1794),
à Fleurus (26 juin 1794).

27 *juillet* (9 thermidor an II). Le comte de **Barras**,
né en Provence (1755), mourut à Chaillot en 1829.
Il commit de grandes cruautés à Toulon, contribua
au renversement de Robespierre, favorisa les dé-
buts de Napoléon Ier, et cessa, au 18 brumaire,
d'être membre du Directoire.

— Maximilien **Robespierre,** né à Arras en 1759, était
fils d'un avocat. Parmi les anomalies de sa conduite politique, on peut citer sa proposition d'augmenter les appointements des prêtres âgés, d'a-
bolir la peine de mort (!) (lui qui fit périr toute la
famille Sainte-Amarante, chez laquelle il venait
de dîner) ; etc. Tallien, Vadier, Billaud-Varennes,
Cambon, Barras, etc., furent ceux qui contribuèrent le plus à la chute de Robespierre. La veille
de son exécution, il tenta vainement de se brûler
la cervelle.

— Robespierre le jeune, frère de Maximilien, s'était
montré féroce contre les royalistes de Toulon.

— **Saint-Just** avait fait fusiller un grand nombre
d'officiers et de soldats, parce qu'il trouvait que le
siége de Charleroi marchait avec trop de lenteur.
Il fut décapité à l'âge de 27 ans (28 juillet 1794).

— **Couthon** fut un des auteurs de la proscription des
Girondins. Il s'opposa à l'établissement du jury,
qu'il regardait comme une *utopie*. Il fut guillotiné
comme *coupable d'avoir aspiré à la royauté!*

— **Lebas** était le père de l'ingénieur qui transporta
et érigea l'obélisque de Louxor sur la place de la
Concorde, ainsi que du savant linguiste Lebas. Il se
tua d'un coup de pistolet quand il vit que Robespierre était perdu.

— **Dumas,** ex-président du tribunal révolutionnaire,
avait condamné à mort la maréchale de Noailles,
âgée de plus de 80 ans et atteinte de *surdité*, en
déclarant qu'elle avait conspiré *sourdement*. Né
en 1757, il fut guillotiné le 28 juillet 1794.

— **Henriot** avait pris part aux septembrisades et traitait Carrier de modéré.

1ᵉʳ *août* (14 thermidor an II). **Fouquier-Tainville** fut guillotiné le 7 mai 1795. Fréron avait demandé que l'ex-membre du tribunal révolutionnaire allât cuver dans les Enfers tout le sang dont il s'était enivré.

2 *août* (15 thermidor an II). **Rossignol** n'avait éprouvé que des revers en combattant les Vendéens. Impliqué à tort ou non dans le complot de la machine infernale de la rue Saint-Nicaise, il fut déporté et mourut en 1802.

— Joseph **Lebon**, ancien oratorien et curé, avait commis d'affreuses cruautés à Arras; il les expia sur l'échafaud, le 5 octobre 1795.

5 *août* (18 thermidor an II). **Coffinhal**, vice-président du tribunal révolutionnaire, avait dit à Lavoisier: « La République n'a pas besoin de savants.» Lorsqu'on le mena au supplice, la populace lui cria ce qu'il avait tant de fois crié aux accusés : « Tu n'as pas la parole. » Nous retrouvons plus tard un autre Coffinhal, probablement son frère ou son parent.

8 *août* (21 thermidor an II). Cette armée avait pris Fontarabie.

12 *août* (25 thermidor an II). **L'armée de la Moselle** avait vaincu les Autrichiens et les Prussiens à Platzberg et à Trippstadt. On vit alors déserter un grand nombre d'ennemis, entre autres une compagnie entière de grenadiers. Le 9 août, l'armée de la Moselle avait pris Trèves.

22 *août* (5 fructidor an II). **Augereau** venait de battre les Espagnols à Saint-Laurent de la Monga.

30 *août* (13 fructidor an II). C'était le **Télégraphe** optique ou par signaux, inventé par Chappe (1805).

12 *septembre* (26 fructidor an II). **Marat**, né l'an 1746, près de Neuchâtel en Suisse, fut tué par Charlotte Corday, le 13 juillet 1793. Dans le journal *l'Ami du Peuple*, qu'il rédigeait, il demandait que, pour faire le bonheur de la France, on abattît 270,000 têtes.

— **Mirabeau,** si célèbre par son éloquence, naquit au Bignon, dans le Gâtinais, et mourut en 1791, à l'âge de 42 ans.

15 *septembre* (29 fructidor an II). **Jean-Jacques Rousseau,** un de nos plus éminents prosateurs, fut, par ses ouvrages, notamment par son *Contrat social,* l'un des pères de la Révolution de 1789. Né à Genève en 1712, il mourut à Ermenonville, la même année que son rival, Voltaire (1778).

25 *novembre* (5 fructidor an III). **Carrier,** l'auteur des noyades de Nantes et de nombreuses atrocités, fut guillotiné le 16 décembre 1794. Il était né près d'Aurillac en 1756. Il disait que, pour rendre la République heureuse, il fallait détruire le tiers (!) des habitants de la France.

1795

3 *janvier* (14 nivôse an III). Armand **Séguin,** mourut en 1835.

10 *janvier* (21 nivôse an III). **Louis XVI,** né à Versailles le 23 août 1754, fut guillotiné le 21 janvier 1793, à l'âge de 38 ans et demi. Il était, par son père, le dauphin, petit-fils de Louis XV. En 1770, il épousa Marie-Antoinette d'Autriche, qui fut guillotinée le 16 octobre 1793.

13 *février* (25 pluviôse an III). **Ferdinand III,** grand-duc de Toscane, était frère de l'empereur d'Allemagne, François II. Il recouvra ses États en 1814 et mourut en 1824.

3 *mars* (13 ventôse an III). **Pichegru,** ayant conspiré en faveur des Bourbons, s'étrangla ou fut étranglé en prison (1804). Il était né à Blois en 1761. Le 21 janvier 1795, il était entré à Amsterdam avec ses troupes victorieuses. Déporté à la Guyane, d'où il s'évada, il aida, en 1799, de ses conseils, le général russe Korsakoff, qui faisait la guerre aux Français. Heureusement que Masséna fut vainqueur à Zurich.

— **Jourdan,** né à Limoges en 1762, gagna la bataille

de Fleurus (26 juin 1794), fut nommé maréchal de France par Napoléon Ier, et mourut en 1833, gouverneur de l'hôtel des Invalides.

— **Moreau,** né à Morlaix en 1763, s'illustra par ses victoires sur les Autrichiens en 1796 et en 1800. Impliqué, comme Pichegru, dans des complots en faveur des Bourbons, il fut exilé aux Etats-Unis, d'où il revint en 1813 pour aider les alliés contre Napoléon. Mais, à la bataille de Dresde (27 août 1813) il fut blessé à mort par les canonniers français.

— **Kellermann,** né à Strasbourg en 1735 et mort en 1820, avait gagné sur les Prussiens la bataille de Valmy (20 septembre 1792). Napoléon le nomma maréchal et Louis XVIII le fit pair de France. Son fils, mort en 1835, était parvenu au grade de général de division, après s'être distingué à Marengo, à Austerlitz, à Vimeira, à Bautzen et à Waterloo.

— **Schérer,** né à Delle en 1753 et mort en 1804, est connu surtout par sa victoire de Loano (24 novembre 1795).

— **Moncey,** né à Besançon en 1754 et mort en 1842, força, par ses victoires, les Espagnols à demander la paix (1795). Nommé maréchal par Napoléon, il défendit vaillamment, mais en vain, Paris (1814) contre les alliés. Il fit, en 1823, la campagne d'Espagne et mourut gouverneur des Invalides.

— **Canclaux,** né à Paris en 1741 et mort en 1817, se distingua contre les Vendéens, auxquels il fit lever le siège de Nantes. Napoléon le nomma comte et Louis XVIII le fit pair de France.

— **Hoche,** qui, s'il eût vécu plus longtemps, aurait peut-être été un rival redoutable pour Napoléon, naquit à Versailles en 1768 et mourut en 1797, à l'âge de 29 ans, après avoir battu les Prussiens et pacifié la Vendée. On croit qu'il fut empoisonné.

1er *avril* (12 germinal an III). **Billaud-Varenne.** né en 1760, mourut dans l'île de Haïti, en 1819, après vingt ans de séjour forcé en Guyane. Malgré son exaltation révolutionnaire, il fut un de ceux qui contribuèrent à la chute de Robespierre.

— **Barrère** de Vieuzac, né à Tarbes en 1755 et mort en 1841, dénonça Danton pour son modérantisme et Hébert pour ses opinions anarchiques. Il vécut longtemps réfugié en Belgique.

4 *avril* (15 germinal an III). Quand un agriculteur emprunte des bestiaux à condition de donner au prêteur une partie des veaux, poulains, ânons, etc., qui naîtront, ou une portion de l'argent retiré de la vente de quelques têtes de gros ou de petit bétail, il conclut un bail à *cheptel*.

5 *avril* (16 germinal an III). **Cambon,** né à Montpellier en 1734, mourut réfugié à Bruxelles en 1820. Il avait voté la mort de Louis XVI sans appel et sans sursis. Sous le Directoire et un peu auparavant, il s'était signalé comme financier habile et intelligent; député durant les Cent-Jours, il fut banni comme régicide.

— **Lecointre** de Versailles, mourut ignoré en 1805, à l'âge de 55 ans, après avoir contribué successivement à la chute des Girondins, puis à celle de Robespierre.

20 *mai* (1er prairial an III). **Bourbotte** avait voté la mort de Louis XVI sans appel et sans sursis. Envoyé par la Convention en Vendée, il écrivit : « on « ferait beaucoup de chemin dans ces contrées « avant de rencontrer un homme et une chau- « mière. Nous n'avons laissé derrière nous que des « cadavres et des ruines. » Bourbotte fut condamné à mort pour participation à la révolte du 1er prairial an III (20 mai 1795). Il mourut avec une rare intrépidité.

— **Delmas,** né près de Tulle, en 1768, fut tué, le 18 octobre 1813, à la bataille de Leipzig, par un boulet de canon. Il avait été disgracié par Napoléon pour avoir traité le Concordat de *capucinade*. Il s'était distingué sous les ordres de Lecourbe et de Moreau.

23 *mai* (4 prairial an III). **Ferrand** ou **Ferraud,** conventionnel qui avait voté la mort de Louis XVI, fut tué d'un coup de pistolet, le 20 mai 1795, en voulant arrêter la populace, qui forçait les portes

de la Convention. Sa tête fut mise au bout d'une pique et portée sous les yeux de Boissy-d'Anglas, qui présidait la séance avec un courage imperturbable.

27 et 28 *mai* (8 et 9 prairial an III). **Ruhl**, alsacien, avait déclaré que la nation anglaise s'était couverte de gloire, en faisant décapiter Charles I⁰ʳ. En 1794, il brisa la sainte ampoule à Reims. Condamné à mort, il se fit sauter la cervelle, pour ne pas être guillotiné.

— **Prieur-Duvernois** ou **Prieur de la Côte-d'Or** échappa au supplice et ne mourut qu'en 1832. Il avait voté la mort du roi, ce qui le fit bannir en 1816. Membre du comité de salut public, il avait été, en sa qualité d'ex-officier du génie, chargé de tout ce qui concernait le matériel des mines. Il contribua à l'introduction du système métrique et à la création de l'Ecole polytechnique.

— Le corse **Salicetti**, mort en 1809, étant ministre de la police à Naples, sous le roi Murat, se fit tellement détester qu'on tenta de le faire sauter dans sa maison.

— **Thirion**, mourut en 1814, d'autres disent en 1816. Proscrit comme régicide, il s'empoisonna.

— **Panis**, mort en 1833, avait pris part aux septembrisades et contribué à la chûte de Robespierre. Banni en 1816, il revint en 1830.

— **Jean Bon Saint-André**, né à Montauban, en 1749, mourut en 1813. Pasteur protestant, il vota la mort du roi, assista au combat naval du 1⁰ʳ juin 1794 et fut nommé préfet par Napoléon.

— Elie **Lacoste** mourut en 1803. Il avait rédigé le rapport contre le baron de Batz et *la conspiration de l'étranger*. Médecin à Montagnac (Dordogne), il tua en duel un noble du Périgord. Il vota la mort de Louis XVI et contribua au renversement de Robespierre.

— Louis de **La Vicomterie** de Saint-Samson vota la mort du roi et mourut à Paris en 1809.

1⁰ʳ *juin* (13 prairial an III). **Mallarmé** mourut en 1835. Commissaire de la Convention, il avait commis de grandes cruautés dans les départements de l'Est. Il contribua à la chute de Robespierre.

25 *juin* (7 messidor an III). **Lagrange**, né à Turin en 1736, mourut à Paris en 1813. On le regarde comme un des plus grands mathématiciens des temps modernes.

— Le marquis de **Laplace,** né en 1749 et mort en 1827, fut un astronome éminent, connu surtout par sa *mécanique céleste.*

— **Lalande**, né à Bourg (Ain), en 1732, mourut en 1807. Il fut, comme astronome, l'émule de Laplace.

— **Cassini**, astronome comme ses ancêtres et italien d'origine, mourut en 1845.

— **Méchain**, né à Laon en 1741 et mort en 1805, découvrit plusieurs comètes.

— **Delambre**, connu par son *Histoire de l'Astronomie*, naquit à Amiens, en 1749 et mourut en 1822.

— **Borda,** né à Dax en 1733 et mort en 1799, inventa *le cercle de réflexion* et fit faire des progrès à la physique.

— **Bougainville**, célèbre par ses voyages et savant géomètre, naquit à Paris en 1729 et mourut en 1811.

30 *juin* (12 messidor). La fille de Louis XVI, plus tard la duchesse d'Angoulême, fut échangée à Bâle contre Bancal, Camus, Quinette et Drouet, le maître de poste qui empêcha la fuite de Louis XVI.

13 *juillet* (25 messidor an III). On sait que, le 14 juillet 1789, les Parisiens insurgés prirent et détruisirent la Bastille.

14 *juillet* (26 messidor an III). La **tontine** dut son nom à l'italien Tonti, qui l'avait inventée vers 1650.

24 *juillet* (6 thermidor an III). **Merlin,** de Thionville. né en 1762 et mort en 1833, s'illustra au siège de Mayence, aida au renversement de Robespierre et fut disgrâcié pour n'avoir pas voté le consulat à vie de Napoléon-Bonaparte.

8 *août* (21 thermidor an III). Ce **Dupin** est peut-être

le baron Dupin, né à Metz en 1767 et mort en 1828.

— **Fouché**, de Nantes, qui servit et trahit tour à tour Napoléon, naquit en 1763 et mourut à Trieste en 1820. Ce fut lui, dit-on, qui conseilla l'arrestation et l'exécution du duc d'Enghien.

24 *août* (7 fructidor an III). **Joseph Chénier**, dont le frère **André** avait été guillotiné en 1794, naquit à Constantinople en 1764 et mourut à Paris en 1811. Il fit les paroles du *Chant du Départ* et de la chanson *Veillons au salut de l'Empire*. Quelques-unes de ses tragédies furent jouées avec succès.

16 *octobre* (24 vendémiaire an IV). **Rovère** mourut, déporté, en Guyane (1798). Né à Bonnieux, en 1748, il présida, avec Jourdan Coupe-Tête, aux massacres de la Glacière ; il était du parti royaliste, quand on le déporta.

— **Saladin**, mort vers 1819, avait été girondin. Condamné à la déportation, comme royaliste, il parvint à s'évader.

22 *octobre* (30 vendémiaire an IV). **Aubry**, qui avait destitué le général Bonaparte, comme terroriste, s'échappa de la Guyane, et mourut en Angleterre (1802).

— **Lomont** mourut vers 1830. Lors du procès de Louis XVI, il se récusa comme juge, ce qui était hardi, à cette époque-là.

— **Miranda**, né au Pérou en 1750, mourut en prison à Cadix (1816). Il avait fait insurger le Vénézuela (Amérique du Sud) contre les Espagnols.

3 *novembre* (12 brumaire an IV). **Aubert-Dubayet** mourut en Louisiane (1797).

— **Truguet** mort amiral en 1839, était né à Toulon en 1752. Louis XVIII le nomma pair de France en 1819.

1796

22 *avril* (3 floréal an IV). Le 11 avril, Bonaparte avait été vainqueur à Montenotte ; le 14, à Millesimo ; le 15, à Dego ; le 22 à Mondovi.

28 *avril* (9 floréal an IV). **Valazé** était noble. Né à
Alençon en 1751, il fut condamné à mort, le 30
octobre 1793 et se poignarda pour éviter l'échafaud. Son vote avait été favorable à Louis XVI.
C'est à l'audience même, où on venait de le con-
damner à mort, que Valazé se poignarda. Son voisin le voyant frissonner et pâlir, lui dit : « Tu trem-
bles, Valazé? — Non, répondit-il, mais je meurs. »
Et il expira un instant après. Son fils devint général dans le corps du génie.
— **Carra**, girondin, vota la mort de Louis XVI et
fut guillotiné, le 1er novembre 1793, à l'âge de 50
ans. Il avait publié des *Mémoires historiques sur la
Bastille* et rédigé avec succès un journal républicain intitulé *Annales patriotiques*. Il avait fait
admettre dans la garde nationale les sans-culottes
armés de piques.
— **Gorsas**, girondin, guillotiné en 1793, avait publié une satire intitulée l'*Ane promeneur*. Rédacteur du *Courrier de Versailles*, il avait, par le récit
du banquet des gardes du corps, provoqué les désordres des 5 et 6 octobre 1789. Dans le procès du
roi, il avait voté pour la détention et l'appel au
peuple.
— **Brissot** de Warville, né près de Chartres en 1754,
était fils d'un pâtissier. Girondin et rédacteur du
Patriote français, il fit déclarer la guerre à l'Angleterre et à la Hollande. Il fut guillotiné, le 31
octobre 1793. On a de lui un *Voyage aux Etats-
Unis*.
— **Camille Desmoulins**, que son bégaiement n'empêcha pas de devenir orateur populaire, fut guillotiné le 5 avril 1794. Il était né à Guise (Aisne),
avait voté la mort du roi et déclaré, lors de son
propre procès, qu'il avait l'âge du *sans-culotte
Jésus*. Sa femme, fille naturelle de l'abbé Terray,
lui avait apporté en dot 6,000 livres de rentes. Con-
disciple de Robespierre, puis secrétaire de Danton,
il était membre du club des Cordeliers, et, dit-on,
orléaniste au fond du cœur.
— **Buzot**, Girondin, fut, après la proscription des

siens, trouvé mort avec Péthion, dans un champ près de Bordeaux (1793).

— **Barbaroux,** natif de Marseille, fut guillotiné comme girondin, le 25 août 1794. Sa beauté avait dit-on, touché le cœur de Mme Roland. Il avait, le 10 août 1792, combattu les gardes de Louis XVI.

4 *mai* (15 floréal an IV). **Gensonné,** guillotiné comme girondin, avait dit aux Robespierristes : « Si vous avez sauvé la patrie, c'est comme les « oies du Capitole. »

7 *août* (20 thermidor an IV). Le duché de Wurtemberg devint un royaume en 1806, par la puissante volonté de **Napoléon.**

24 *octobre* (3 brumaire an V). Le roi des Deux-Siciles était alors **Ferdinand Ier,** mort en 1825.

18 *novembre* (28 brumaire an V). Ce prince, nommé Don **Ferdinand,** était d'origine espagnole ; il mourut en 1802.

1797 (an V et an VI).

16 *janvier* (27 nivôse an V). Le **Loing,** qui prend sa source dans le Nivernais, se jette dans la Seine entre Melun et Montereau.

26 *janvier* (7 pluviôse an V). **Augereau,** né à Paris en 1757, était fils d'un maçon. Il se distingua en Espagne, en Italie, en Allemagne. On verra, en 1815, comment Napoléon jugeait sa conduite. Il mourut, en 1816, avec les titres de maréchal de France et de duc de Castiglione.

6 *février* (18 pluviôse an V). **Louis XVIII,** frère de Louis XVI, s'appela d'abord comte de Provence. Né à Versailles en 1755, il mourut le 16 septembre 1824. Gros, impotent, il n'avait presque pas l'usage de ses jambes. Il eut pour successeur son frère Charles X.

28 *avril* (9 floréal an V). Dans sa proclamation du 9 mars 1797, Bonaparte disait à ses soldats : « Vous avez chassé les Anglais de Livourne, de

Gênes, de la Corse, etc. » La Corse avait été reconquise définitivement, le 22 octobre 1796.

19 *avril* (19 floréal an V). **Tolentino** est une petite ville située à environ 170 kilomètres au Nord-Est de Rome. Pie VI fut obligé, dans cette occasion, de renoncer à Avignon et au Comtat-Venaissin, de payer à la France trente millions de francs, et de lui livrer des tableaux et des statues d'une valeur considérable.

20 *mai* (1er prairial an V). **Marmontel,** né à Bord, dans le Limousin, en 1728 et mort en 1799, est connu par ses *Incas,* ses *contes moraux, Zémire et Azor* (paroles de l'opéra de), son *Bélisaire,* une *histoire de la Régence,* des *mémoires,* etc.

— Le comte de **Laboulaye-Marillac,** mourut en 1824, à l'âge de 50 ans. Il s'était occupé particulièrement de chimie.

— **Thouret,** médecin distingué, frère du constituant, qui avait été guillotiné en 1794, mourut en 1810, après avoir été directeur de l'École de médecine de Paris.

— **Royer-Collard** joua un rôle important sous le règne de Charles X et mourut en 1845. Mais il est probable que celui dont il est ici question était Royer-Collard, mort en 1825, après s'être distingué dans la carrière médicale.

— **Villaret-Joyeuse,** mort en 1812 avec le titre d'amiral, était né à Auch en 1750. Il éprouva des revers en combattant les Anglais.

— Camille **Jourdan,** né à Lyon en 1771 et mort en 1821, était cousin de Casimir Périer.

— **Boissy d'Anglas,** né dans le Vivarais, en 1756, mourut en 1826. Exalté constituant, il se montra conventionnel modéré. Il mourut pair de France et membre de l'Institut.

— **Tarbé,** né à Sens en 1756, mourut en 1804.

26 *mai* (7 prairial an V). **Barthélemy,** neveu de l'auteur du *Voyage du jeune Anacharsis,* naquit à Aubagne (Bouches-du-Rhône) en 1750 et mourut en 1830, avec le titre de pair de France. Il avait, en 1795, négocié les deux paix de Bâle.

— **Letourneur** mourut en 1817, banni comme régicide. Il était né à Granville (Manche).

16 *juin* (28 prairial an V) **Bonaparte** (Joseph), frère aîné de Napoléon Ier et ex-roi d'Espagne, mourut, réfugié aux Etats-Unis, en 1845. Il portait alors le nom de comte de Survilliers.

7 *juillet* (19 messidor an V) **Toussaint-Louverture**, arrêté en violation de la foi jurée, mourut en 1803, captif au fort de Joux (Doubs)

16 *juillet* (28 messidor an V) François **de Neufchâteau** mourut en 1828 avec le titre de membre de l'Académie française. C'était un habile administrateur.

— Le prince de **Talleyrand-Périgord**, habile diplomate, fut d'abord évêque d'Autun. Il mourut en 1838. On lui prête ce propos : « La parole a été donnée à l'homme pour déguiser sa pensée. »

31 *août* (14 fructidor an V) **Bade** forme aujourd'hui un grand-duché.

5 *septembre* (19 fructidor an V) **Bourdon**, de l'Oise, mourut la même année, déporté en Guyane. Il avait contribué à renverser Danton et Robespierre.

— **Pastoret** (marquis de), né en 1756 et mort en 1840, fut un savant jurisconsulte. Il était, lors de son décès, membre de l'Académie française, de l'Académie des inscriptions et belles-lettres et de l'Académie des sciences morales et politiques. Il a laissé plusieurs ouvrages de législation comparée.

— **Siméon**, mort pair de France en 1842, était né en 1749.

— **Barbé-Marbois**, né à Metz en 1745, mourut en 1837, après avoir rempli, entre autres charges, celle de premier président de la Cour des Comptes.

— **Laffont-Ladébat**, né à Bordeaux en 1746, mourut en 1829.

— **Portalis**, né en 1746, mourut en 1807. C'était un savant jurisconsulte.

— **Tronçon** où **Tronson du Coudray** mourut en Guyane l'an 1798. Il était né à Reims en 1750.

— **Carnot**, surnommé l'organisateur de la victoire, naquit à Nolay (Côte-d'Or) en 1753 et mourut exilé

à Magdebourg, en 1823. Membre de la Législative
puis de la Convention, il vota la mort du roi, défendit glorieusement Anvers et reçut de Napoléon
ce compliment honorable : « Je vous ai connu trop
tard. »

— **Suard,** né à Besançon en 1734 et mort en 1817,
fut secrétaire perpétuel de l'Académie française.

— **Ramel** fut assassiné en 1815 par les verdets de
Toulouse, en représailles de l'affaire de Castelnau-
Montratier (1791).

19 *septembre* (2ᵉ jour complémentaire de l'an V).

— **Marceau** (le général) se distingua contre les Vendéens, les Prussiens et les Autrichiens. Il fut tué
dans la forêt de Hochsteinbach, en 1795, par un
Tyrolien. Kleber l'estimait beaucoup. Né à
Chartres en 1769, Marceau était général de brigade
à l'âge de 22 ans.

24 *septembre* (9 vendémiaire an VI). **Lambrechts,**
né à Saint-Trond, en Belgique, l'an 1753, mourut
à Paris en 1823. Il était député en 1819.

10 *décembre* (16 frimaire an VI). **Ossian,** barde
écossais, vivait au 3ᵉ siècle de l'ère chrétienne. En
1762, Macpherson publia ses poësies, dont l'au-
thenticité a été vivement contestée.

— **Campo Formio** est un village du Frioul, près
d'Udine.

— **Joubert,** intrépide général, né à Pont de Vaux
(Ain), en 1769, fut tué à l'âge de 30 ans, en combattant Souvarow à Novi, le 15 août 1799. C'était
un noble caractère.

1798

15 *mai* (26 floréal an VI) **Treilhard,** savant jurisconsulte, né à Brives en 1743, mourut en 1810. Napoléon le fit comte. Il avait voté la mort de
Louis XVI avec sursis.

— **Lecarlier,** mort en 1799, avait frappé la ville de
Berne d'une contribution de 16 millions.

25 *mai* (6 prairial an VI) **Lucien Bonaparte**, frère
puîné de Napoléon était né en 1775. Il portait le
titre de prince de Canino quand il mourut à Londres, en 1840. On s'est demandé jusqu'à quel point
son républicanisme était sincère.

26 *mai* (7 prairial an VI) **Argand**, chimiste génevois
mort en 1803, inventa les lampes à courant d'air.

— Les deux frères, Joseph et Etienne **Montgolfier**,
d'Annonay (Ardèche), dont le 1er mourut en 1810
et le 2e en 1799, ont attaché leur nom à l'invention
des ballons aérostatiques et du bélier hydraulique.

6 *décembre* (16 frimaire an VI) Le roi de **Sardaigne**
était alors Charles-Emmanuel IV, qui mourut
en 1819.

1799

12 *avril* (23 germinal an VII) **Masséna**, surnommé
l'enfant chéri de la victoire, naquit à Nice en 1758
et mourut en 1817, avec les titres de maréchal et
de prince d'Essling. Il se distingua en Italie, en
Suisse et en Allemagne : mais il fut moins heu-
reux en Espagne et en Portugal.

26 *avril* (7 floréal an VII) **Fulton**, né en Pensylvanie,
vers 1767 et mort en 1815, réussit le premier à
construire et à utiliser un bateau à vapeur. Toutefois cet honneur lui est disputé par le marquis
de Jouffroi.

16 *mai* (27 floréal an VII) **Rewbell**, né à Colmar,
en 1746, mourut en 1816.

17 *juin* (29 prairial an VII) **Gohier**, né en 1746,
mourut en 1830. Il eut, sur sa demande expresse,
un enterrement civil.

19 *juin* (1er messidor an VII) **Roger Ducos**, ayant
voté la mort de Louis XVI, fut banni et mourut
en 1816.

20 *juin* (2 messidor an VII). Le général **Moulin** mourut en 1810 ; il s'était distingué contre les Vendéens.

2 *juillet* (14 messidor an VII) **Bernadotte,** né à Pau en 1764, mourut roi de Suède, en 1844, à l'âge de 80 ans. Napoléon l'avait nommé maréchal et prince de Ponte Corvo. En 1813, il se battit contre les Français, à la tête des Suédois et fut vainqueur; aussi échoua-t-il en 1814, dans son projet de se faire proclamer roi de France. Ses descendants règnent encore en Suède.

14 *septembre* (28 fructidor an VII) **Dubois-Crancé,** né à Charleville, en 1747, mourut en 1814. Il prit Lyon en 1793 et fut disgracié pour s'être opposé au 18 brumaire.

10 *novembre* (16 brumaire an VIII) **Aréna,** corse de naissance et adjudant-général, fut exécuté, le 31 janvier 1804, comme convaincu d'avoir voulu attenter aux jours du Premier consul, avec Ceracchi, Topino-Lebrun, Demerville et Diana.

24 *décembre* (3 nivôse an VIII) **Berthollet,** célèbre chimiste, naquit à Annecy en 1748 et mourut en 1822.

— **Cabanis,** médecin et philosophe, naquit en 1757 et mourut en 1822.

— **Destutt de Tracy,** né en 1754 et mort en 1836, fut un philosophe de l'école de Condillac.

— **Ducis,** poëte tragique, né en 1733 et mort en 1816, imita particulièrement Shakespeare.

— **Lacépède,** naturaliste, continuateur de Buffon, naquit à Agen en 1756 et mourut en 1825.

— **Monge,** éminent géomètre, naquit à Beaune en 1745 et mourut en 1818.

— **Volney,** voyageur et philosophe, naquit en 1757 et mourut en 1820. Il fit un roman philosophique sous le nom de *ruines de Palmyre.*

— **Clément de Ris**, né en 1750, mourut en 1827.

— **Darcet,** célèbre chimiste, mourut en 1801. Il était né en 1725.

— **Daubenton,** savant naturaliste, fut l'ami et un des continuateurs de Buffon. Né en 1716, il mourut en 1800.

— **Vien,** peintre distingué, est plus connu par son

élève David que par lui-même. Né en 1716, il mourut en 1809.

25 *décembre* (4 nivôse an VIII) **Brune**, maréchal, né à Brives en 1763, et assassiné à Avignon en 1815, est connu surtout par les défaites qu'il fit essuyer aux Anglais en Hollande.

— **Dejean**, mort pair de France en 1824, était né à Castelnaudary, en 1749.

— **Marmont**, duc de Raguse, dépopularisé depuis juillet 1830, s'était distingué dans toutes les guerres avant 1815. Le duc d'Angoulême lui reprocha, dit-on, d'avoir trahi les Bourbons comme il avait trahi Napoléon. Né en 1774, Marmont mourut en 1852.

— **Gant(h)eaume** mourut, en 1818, avec le grade de vice-amiral. Il était né en 1755.

— **Chaptal**, né en 1756 et mort en 1833, se distingua comme chimiste.

— **Regnaud de Saint-Jean d'Angély**, né en 1769 mourut en 1819.

— **Fourcroy** fut un chimiste distingué. Né à Paris en 1755, il mourut en 1809.

25 *décembre* (5 nivôse an VIII) **Abrial**, né en 1750, mourut en 1828.

— **Cochon**, comte de Lapparent, né en Vendée (1750), mourut en 1825. On a de lui une *Description du département de la Vienne* (1802).

— **Clavier**, savant helléniste, né à Lyon en 1762 et mort en 1817, il est connu par son *Histoire des premiers temps de la Grèce*. Sa fille épousa Paul-Louis Courier.

— **Benjamin Constant** de Rebecque, né à Lausanne, en 1767, se fit naturaliser français et se signala surtout, de 1820 à 1830, comme journaliste et comme député de l'opposition. Il mourut le 8 décembre 1830, peu de temps après avoir accepté 100.000 francs de Louis-Philippe, comme Mirabeau avait accepté l'argent de Louis XVI.

— **Ginguené**, connu par son *Histoire littéraire de l'Italie*, naquit à Rennes en 1748 et mourut en 1815.

— **Laromiguière**, philosophé éminent naquit dans
le Rouergue en 1756, et mourut en 1837. Il fut professeur de philosophie à la Faculté des lettres de
Paris.

1800

18 *février* (29 pluviôse an VIII) Louis-Marie, vicomte
de **Noailles**, né en 1756, combattit pour les États-
Unis, émigra en 1792, rentra en France sous le
Consulat et mourut, en 1804, des blessures qu'il
avait reçues en combattant les nègres insurgés de
Saint-Domingue.

2 *mars* (11 ventôse an VIII) Le comte **Français**
de Nantes, était né dans le Dauphiné en 1753 et
mourut en 1836. Il fut député de la Loire-Inférieure, directeur général des droits-réunis et pair
de France.

— **Verninac** de Saint-Maur, né à Gourdon (Lot)
en 1763, mourut en 1822. Son fils mourut avec le
grade de contre-amiral.

— Le comte **Beugnot**, mourut en 1835. Il a laissé
des mémoires.

— **Pelet**, de la Lozère, né en 1789 mourut en 1842,
avec les titres de comte et de pair de France.

15 *mars* (24 ventôse an VIII) Le général Lemichaud
d'**Arçon** mourut le 1er juillet 1800, peu de temps
après avoir été nommé sénateur. Au siège de Gibraltar (1782), il avait employé des batteries flot-
tantes qui n'eurent pas de succès.

3 *avril* (13 germinal an VIII) **Henrion de Pansey**
né en 1742 et mort en 1829, fut un savant jurisconsulte.

— **Target**, né en 1733 et mort en 1807, avait refusé
de défendre Louis XVI.

— **Tronchet**, né en 1726 et mort en 1806, avait été
au contraire un des défenseurs de ce monarque.

24 *juin* (5 messidor an VIII) Le général **Desaix**,
qui s'était distingué particulièrement en Égypte,

fut tué le 24 juin 1800, à la bataille de Marengo. Il
était né en 1768.

2 *septembre* (15 fructidor an VIII). Le maréchal de
Turenne, né à Sedan en 1611, fut tué par un
boulet de canon en 1675.

5 *septembre* (18 fructidor an VIII) **La Tour d'Auvergne**, dit le premier grenadier de France, naquit
en 1743 et fut tué, en 1800, sur le champ de bataille
près de Neubourg.

8 *octobre* (16 vendémiaire an IX) Le maréchal
Berthier, prince de Neufchâtel, était né à Versailles, en 1752. Il fut tué ou se tua en Allemagne (1815).

26 *octobre* (4 brumaire an IX) **Lacretelle** aîné
naquit à Metz en 1751 et mourut en 1824. On a
de lui plusieurs histoires estimées.

1801

23 *janvier* (3 pluviôse an IX) **Jacquard** ou **Jacquart**, célèbre mécanicien, naquit à Lyon en 1752
et mourut en 1834.

15 *mars* (24 ventôse an IX) Le pont des Arts et celui
d'Austerlitz furent construits par l'architecte Demoustiers, mort en 1803. Le premier fut terminé
par Dillon en 1804 et le second, par Becquey-Beaupré, en 1806.

29 *mars* (8 germinal an IX) Le maréchal **Pérignon**
né à Grenade, près Toulouse, en 1754, mourut en
1818. Il s'était distingué contre les Espagnols, de
1793 à 1795.

19 *avril* (29 germinal an IX) Bachasson, comte de
Montalivet, naquit à Sarreguemines en 1766 et
mourut pair de France, en 1823.

3 *octobre* (11 vendémiaire an X) L'amiral **Décrès**,
né à Château-Vilain (Haute-Marne), en 1765, mourut en 1820.

8 *décembre* (7 frimaire an X) L'électeur Maximilien
fut fait roi de Bavière par Napoléon en 1806. Il

mourut en 1824, après avoir marié sa fille au prince
Eugène de Beauharnais.

9 *décembre* (18 frimaire an X) L'empereur de Russie
était alors Paul Iᵉʳ, qui fut assassiné la même année.

10 *décembre* (19 frimaire an X) Le prince régent de
Portugal fut plus tard le roi Jean VI (1816-1826).

1802

3 *février* (14 pluviôse an X) Le marquis de **Fontanes**
naquit à Niort en 1761 et mourut en 1821.

12 *mars* (21 ventôse an X) Le comte de **Rœderer**,
né à Metz en 1754, mourut pair de France en 1835.

27 *mars* (6 germinal an X) Le comte **Daru**, né à
Montpellier en 1767, mourut en 1829. On a de lui
une *histoire de Venise* et une *histoire de Bretagne*.
Son fils, qui joua aussi un certain rôle politique,
est mort en avril 1877.

— **Koch**, savant historien, naquit à Bouxwiller
(Alsace), en 1767 et mourut en 1813.

— Deux frères **Pictet** de Genève, morts l'un en 1824
et l'autre en 1825, se firent remarquer comme na-
turalistes, agronomes, etc.

13 *avril* (23 germinal an X) **Mounier**, né à Grenoble,
en 1759 et mort en 1806, proposa le célèbre serment
du jeu de paume ; cependant il émigra, dès 1790 et
ne rentra en France qu'après le 18 brumaire.

— **Lameth** (Alexandre), né à Paris en 1763, mourut
en 1819. Comme ses deux frères, Théodore et
Charles il prit les armes en faveur de l'indépendance des États-Unis. Il partagea la fuite de Lafayette et sa captivité à Olmütz. Il était, lors de
sa mort, député de l'opposition. Charles Lameth
mourut en 1833 après avoir été, avant juillet 1833
un des 221. Théodore Lameth mourut en 1837.
Les Lameth étaient de famille noble.

17 *avril* (27 germinal an X) **Dacier**, né à Valognes
en 1742, et mort en 1833, fut membre de l'académie française et de l'académie des inscriptions et

belles-lettres. Il a laissé des traductions et des ouvrages d'histoire.

17 *mai* (27 floréal an X) **Menou**, né en 1750 et mort en 1810, ne sut pas défendre l'Égypte contre les Anglais. Malgré son inhabileté, Napoléon ne le disgrâcia pas; il ne lui confia toutefois que des postes secondaires.

19 *mai* (29 floréal an X) **L'Ourcq** se jette dans la Marne près de Lisy.

26 *mai* (6 prairial an X) L'île de **Sainte-Lucie**, au sud de la Martinique, appartient aujourd'hui aux Anglais.

17 *juin* (22 prairial an X) Le corsaire, qui fit le plus de mal aux Anglais, de 1793 à 1815, fut **Surcouf**, de la famille de Duguay-Trouin. Né à St-Malô, en 1773, il mourut en 1827.

20 *août* (2 fructidor an X) **Pie VII** (Chiaramonti), né en 1740, mourut en 1823. Élu pape en 1800, il sacra Napoléon le 2 décembre 1804, se brouilla avec lui en 1808 et recouvra ses États en 1814.

11 *septembre* (24 fructidor an X) Les deux **Doires** (Doria baltea et Doria riparia) sont des affluents du Pô. Il en est de même de la **Sézia** ou Sésia et du **Tanaro** grossi de la **Stura**.

14 *septembre* (27 fructidor an X) **Regnier**, mort en 1824, avec le titre de duc de Massa, était né en 1746. Il se distingua surtout par sa docilité aux ordres de Napoléon.

— Le cardinal **Dubelloy** ou de **Belloy**, mourut presque centenaire en 1808.

1803

3 *janvier* (13 nivôse an XI) Le maréchal **Rochambeau** naquit à Vendôme en 1725 et mourut en 1807. Il avait contribué aux défaites des Anglais combattant les insurgés des États-Unis. Son fils fut tué à la bataille de Leipzig en 1813.

14 *janvier* (24 nivôse an **XI**) **Garnerin**, célèbre aéro-
naute, mourut en 1823.

2 *février* (13 pluviôse an **XI**) **L'Ile de France**
nommée Cerné par les Portugais et Maurice par
les Hollandais, appartient aujourd'hui aux Anglais.

20 *février* (1ᵉʳ ventôse an **XI**) L'île de **Tabago**, où
le tabac fut découvert en 1560, appartient de même
aux Anglais.

1804

29 *février* (9 ventôse an **XII**) Georges **Cadoudal**,
célèbre conspirateur royaliste, fut arrêté à Paris
le 9 mars 1804, condamné à mort le 11 mai et exécuté le 25 juin avec onze de ses complices.

11 *mai* (21 floréal an **XII**) Les maisons **Sayn-Witt-**
genstein et **Nesselrode** sont établies partie en
Allemagne, partie en Russie. Un **Wittgenstein**
combattit Napoléon en 1812 et 1813 et les Turcs en
1828, avec le grade de feld-maréchal. Un **Nessel-**
rode fut longtemps chancelier en Russie.

18 *mai* (28 floréal an **XII**) Louis **Bonaparte**, frère
de Napoléon Iᵉʳ, fut fait roi de Hollande, mais ab-
diqua, parce qu'il refusait de se faire l'instrument
servile des volontés de son puissant frère. Il eut
de Hortense de Beauharnais un fils, qui fut, depuis,
Napoléon III. Louis Bonaparte mourut en 1846.

— **Lebrun**, que Napoléon Iᵉʳ fit duc de Plaisance,
consul, archi-trésorier, gouverneur de la Ligurie,
puis de la Hollande, était né en 1739, et mourut
en 1827. Il réorganisa nos finances et contribua à
la création de la Cour des comptes.

19 *mai* (29 floréal an **XII**) **Muraire**, né en 1750,
mourut en 1837.

22 *juin* (3 messidor an **XII**) Les pères de la foi, **Pac-**
canaristes, etc., n'étaient autres que les Jésuites, supprimés par Clément XIV, et rétablis par
Pie VII.

6 *juillet* (17 messidor an XII) L'amiral **Bruix**, né à St-Domingue en 1759, mourut en 1805.

— **Latouche-Tréville**, mourut en 1804, il était né à Rochefort en 1745.

— **Marescot**, né à Tours en 1758, mourut en 1832. Il fut disgrâcié pour avoir signé la capitulation de Baylen.

— **Gouvion Saint-Cyr**, maréchal de France lors de sa mort (1830) était né à Toul en 1764. Il se distingua en Russie (1812) et se rallia des premiers à Louis XVIII.

— **Beauharnais** (le prince Eugène de) était fils du vicomte de Beauharnais, guillotiné le 23 juillet 1794, pour n'avoir pas empêché les Allemands de reprendre Mayence. Sa mère fut l'Impératrice Joséphine. Eugène de Beauharnais fut vice-roi d'Italie, épousa une fille du roi de Bavière et mourut en 1824 ; on l'appelait alors duc de Leuchtemberg.

— **Baraguay d'Hilliers**, dont le fils fut nommé maréchal par Napoléon III, mourut à Berlin en 1812. Il avait alors le grade de général de division.

— **Junot**, maréchal duc d'Abrantès, naquit en 1771 et mourut aliéné, dit-on, en 1813, peut-être par suite de ses revers en Portugal.

15 *décembre* (24 frimaire an XIII) **Daunou**, savant historien, naquit en 1761 et mourut en 1840. Il était, en 1819, professeur d'histoire au collége de France. Parmi ses ouvrages, on remarque son *Essai historique sur la puissance temporelle des papes.*

— **Camus**, né en 1740 et mort en 1804, est surtout connu par sa traduction de l'histoire naturelle d'Aristote.

1805

2 *mars* (11 ventôse an XIII), **Jérome Bonaparte**, le plus jeune des frères de Napoléon Ier, épousa la princesse Catherine de Wurtemberg, après avoir

été forcé de répudier une Américaine (Miss Pàter-
son), qu'il avait épousée aux Etats-Unis. De son
second mariage sont nés le prince Napoléon et la
princesse Mathilde. Jérome Bonaparte mourut
sous le règne de Napoléon III, en 1860.

27 *mars* (6 germinal an XIII). Le prince **Borghèse**,
né à Rome en 1775, mourut en 1832, 7 ans après
sa femme Pauline Bonaparte.

9 *septembre* (22 fructidor an XIII) Le *Calendrier grégorien* doit son nom au pape Grégoire XIII
(1572-1585), qui le fit adopter.

7 *décembre* (16 frimaire an XIV). **Austerlitz**, où le
2 décembre 1805, Napoléon vainquit les Russes
et les Autrichiens confédérés, est une petite ville
de Moravie (empire austro-hongrois).

23 *décembre* (2 nivôse an XIV) **Schönbrunn** (belle
fontaine), près de Vienne est le Fontainebleau de
l'Autriche.

26 *décembre* (5 nivôse an XIV) **Presbourg** est une
des anciennes capitales de la Hongrie.

— La principale ville du **Brisgau** est Fribourg,
qu'il ne faut pas confondre avec le Fribourg de
Suisse.

1806

15 *mars*, **Joachim Murat**, fils d'un aubergiste,
naquit à Labastide (Lot) en 1771 et fut exécuté au
Pizzo, le 8 octobre 1815, pour avoir tenté de re-
monter sur le trône de Naples, que Napoléon Iᵉʳ
lui avait donné. Murat, père de Lucien Murat,
avait épousé Caroline Bonaparte.

30 *mars*, la Dalmatie, l'Istrie, le Frioul appartiennent à l'empire austro-hongrois; Cadore, Bellune,
Conegliano, Trévise, Feltre ou Feltri, Bassano,
et Rovigo font partie du royaume d'Italie. **Soult**,
maréchal et duc de Dalmatie, passait pour un
habile tacticien. Il fut ministre de la guerre
sous le règne de Louis-Philippe et mourut en 1852.

— **Bessières**, duc d'Istrie, était né à Preyssac (Lot) en 1768. Il gagna en 1808, sur les Espagnols la bataille de Medina del rio seco. Il fut tué à Rippach le 1ᵉʳ mai 1813. **Duroc**, l'Héphestion d'un nouvel Alexandre, était duc de Frioul, lorsqu'il fut tué à Reichenbach en 1813. — **Victor**, duc de Bellune, mourut en 1841. — **Mortier**, duc de Trévise, qui avait conquis le Hanovre, en 1803, périt victime de la machine Fieschi, en 1835, à côté du roi Louis-Philippe. — **Clarke**, duc de Feltre, né en 1769, mourut en 1818. — **Maret**, duc de Bassano, fut le serviteur dévoué de Napoléon Iᵉʳ, comme son fils le fut de Napoléon III. Maret mourut en 1839. — **Caulaincourt**, duc de Vicence, mourut en 1827. Son frère avait été tué à la Moskowa. — **Arrighi**, duc de Padoue a été ministre de Napoléon III. Nompère de **Champagny**, duc de Cadore, né en 1756, mourut en 1834. — **Savary**, duc de Rovigo, né en 1774, mourut en 1843. Trop dévoué à Napoléon Iᵉʳ, il avait fait exécuter la sentence portée contre le duc d'Enghien (21 mars 1804).

1807

28 *mai*. Le maréchal **Lefebvre** naquit à Rouffach (Haut-Rhin) en 1755 et mourut en 1820.

7 *juillet*. **Tilsitt** est une ville de Prusse au Nord-Est de Kœnigsberg.

— la **Westphalie**, province de la Prusse actuelle a pour villes principales Arensbourg, Munster, etc.

1808

24 *mai*. Le **Taro**, affluent de la rive droite, se jette dans le Pô entre Plaisance et Guastalla.

— **L'Ombrone** prend sa source au Nord-Est de

Sienne en Toscane et se jette directement dans
la mer, au Sud-Est de l'île d'Elbe.

4 septembre. **Sélim III**, dont parle Napoléon, fut
sultan des Turcs de 1789 à 1807.

1809

3 mars. Elisa **Bonaparte**, sœur de Napoléon,
épousa le prince Bacciochi, fut duchesse de Lucques, puis gouverna la Toscane et mourut en 1820.
Son mari lui survécut 21 ans. Elisa Bonaparte
était née en 1777.

— **Molé** (nous retrouverons le comte) ministre de
Louis-Philippe. **Champlâtreux** est un beau château dans le département de Seine-et-Oise, à
5 kilomètres de Luzarches. Le comte Molé, né à
Paris en 1781, mourut en 1855.

16 décembre. **Joséphine** Tascher de la Pagerie
naquit à la Martinique en 1761, eut de son premier mariage, le prince Eugène de Beauharnais
et la reine Hortense, épousa Napoléon en 1796
et mourut à la Malmaison le 19 mai 1814.

— **Letizia Bonaparte**, née Ramolino, mère de
Napoléon, était née à Ajaccio en 1750 ; elle mourut
à Rome, en 1840.

1810

17 février. Napoléon et Pie VII étaient en désaccord
au point que, le 11 juin 1809, le pontife excom-
munia formellement l'empereur des Français.

25 mars. **Marie-Louise**, fille de François Ier empereur d'Autriche, mourut en 1847, après s'être re-
mariée secrètement avec le comte de Neipperg.
Elle était, lors de son décès, duchesse de Parme.

19 juillet. Il serait intéressant de rechercher si
Duplat eut la priorité sur Sennefelder, que

les Allemands regardent comme l'inventeur de la lithographie. Sennefelder naquit à Prague en 1771 et mourut en 1834. Ses biographes disent qu'il introduisit la lithographie en France dès l'année 1802.

1813

5 *février*. **Napoléon II**, qui ne régna jamais que nominalement, était fils de Napoléon Ier et de Marie-Louise d'Autriche. Il fut à sa naissance (20 mars 1811) nommé roi de Rome. Emmené en Autriche, en 1814, il y reçut le titre de duc de Reichstadt et mourut en 1832.

7 *avril*. L'amiral **Verhuel** mourut en 1845. Il était Hollandais de naissance.

18 *novembre*. **Bertrand** accompagna plus tard Napoléon à l'île Sainte-Hélène et mourut en 1844.

— **Suchet**, duc d'Albuféra, fut un des généraux français qui réussirent le mieux contre les Espagnols (1808-1814). Né à Lyon en 1772, il mourut en 1826. Napoléon, qui l'estimait beaucoup, le nomma maréchal. Louis XVIII lui donna la pairie.

1814

1er *avril*. Le comte de **Bournonville**, que Louis XVIII nomma maréchal de France, s'était distingué contre les Autrichiens en 1792-1793. Né en 1752, il mourut en 1821.

— Le duc de **Dalberg**, né en Hesse, l'an 1745, fut naturalisé français, et mourut en 1817.

2 *avril*. Le général comte **Dessoles** naquit à Auch en 1767 et mourut en 1820.

— **Don Carlos**, frère de Ferdinand VII, disputa, en 1833, le trône d'Espagne à sa nièce Isabelle II et finit par être vaincu.

— **Ferdinand VII**, roi d'Espagne de 1814 à 1833, était fils de Charles IV. Il allait peut-être finir comme Louis XVI, lorsqu'en 1823, le duc d'Angoulême le délivra à la tête de l'armée française.

3 *avril*. **Dupont**, général, d'abord habile, mais tristement célèbre plus tard par sa capitulation de Baylen, (22 juillet 1808) était né en 1765 et mourut en 1840.

— Le baron **Malouet** mourut en 1814; il était né en 1749, à Rouen.

— Le baron **Louis**, habile financier, naquit à Toul en 1855 et mourut en 1837.

— Le comte **Anglès**, né à Grenoble en 1780, mourut en 1828.

— M. de **Bourrienne**, d'abord l'ami, puis le détracteur de Napoléon Ier, a laissé des mémoires intéressants, mais remplis de partialité. Né à Sens en 1769, il mourut en 1824.

7 *avril*. **Figuières** ou **Figuères** est une petite ville de Catalogne.

— **Michaud** aîné, se fit connaître par son poëme du *Printemps d'un proscrit*, par son *Histoire des croisades* et par sa *Biographie universelle*. Né à Bourg (Ain) en 1767, il mourut en 1839.

14 *avril*. Le comte d'**Artois** fut, de 1824 à 1830, le roi Charles X. Sous Louis XVIII, on l'appela Monsieur.

22 *avril*. **Mathieu de Montmorency** mourut en 1826 avec le titre de duc de **Montmorency-Laval**.

— Jules de **Polignac**, qui, par son royalisme exagéré, contribua tant à la chute de Charles X, mourut en 1847.

25 *avril*. **Napoléon-Vendée**, puis **Bourbon-Vendée**, porte aujourd'hui son nom primitif de la Roche-sur-Yon.

6 *mai*. Les corps de *partisans* répondaient aux *francs-tireurs* de la guerre de 1870-1871.

— **Ney**, né à Sarrelouis (Prusse) en 1769, fut, le 7 décembre 1815, fusillé comme ayant trahi les Bourbons. Sa vie militaire est généralement connue. Napoléon Ier l'avait nommé prince de la Moskowa.

— **Macdonald**, né à Sedan en 1765 et mort en 1840, était duc de Tarente et maréchal de France. A Sainte-Hélène, Napoléon Ier regretta de ne pas l'avoir apprécié à sa juste valeur.

—10 *mai.* Le prince de **Bourbon-Condé**, m ort en 1818 avait commandé le corps d'émigrés connu sous le nom d'armée de Condé. Il était père du prince de Bourbon-Condé, mort énigmatiquement, le 30 août 1830, et grand-père du duc d'Enghien, fusillé en 1804.

13 *mai.* **Dambray**, né à Rouen en 1760, mourut en 1829.

15 *mai.* Le duc d'**Angoulême**, fils de Charles X et frère du duc de Berry, mourut en 1844, après avoir pris le titre de Louis XIX.

— Le duc de **Berry**, assassiné par Louvel, le 13 février 1820, fut le père du comte de Chambord. Il était né en 1778.

— Le duc d'**Orléans** fut plus tard le roi Louis-Philippe, mort en Angleterre l'an 1850 et reposant aujourd'hui dans les caveaux de Dreux.

25 *mai.* **Quiberon** est un village et une presqu'île du Morbihan. Hoche y défit les royalistes, le 21 juillet 1795.

4 *juin.* Le duc de **Richelieu**, homme d'un rare et beau caractère, naquit à Paris en 1766 et mourut en 1822. Il contribua puissamment à alléger les désastres de 1814 et 1815.

— Le duc de **Mortemart** mourut en 1823.

— Le duc de **Larochefoucauld-Liancourt** mourut en 1827.

— Le comte de **Chasseloup-Laubat**, mort en 1833, s'était signalé comme général du génie.

10 *juin.* Le comte de **Villeneuve-Bargemont**, né en 1771 en mort en 1829, se distingua par ses publications historiques.

11 *juin.* Le vicomte **Laisné** ou **Lainé** naquit à Bordeaux en 1767 et mourut en 1835.

29 *juin.* De **Gérando**, mort en 1842, s'était fait un nom par ses écrits philosophiques.

— Georges **Cuvier**, naturaliste éminent, naquit à Montbéliard en 1769 et mourut en 1832.

— M. de **Chauvelin** mourut en 1832, après avoir été député de l'opposition.

24 *octobre*. **Auger** fut secrétaire perpétuel de l'académie française. On a de lui un *Commentaire sur Molière* en 9 volumes. Né en 1773, il se noya volontairement, à ce que l'on croit, en 1829.

— Lorsque **Campenon** se présenta pour être académicien, on fit contre lui ce vers : « Se peut-il qu'au fauteuil *Campenon campe ? Non.* » Ce vers à jeu de mots ne l'empêcha pas d'être élu. Né en 1782, il mourut en 1843.

— **Delvincourt**, né en 1762 et mort en 1831, fut doyen de la faculté de droit de Paris. Il laissa plusieurs ouvrages de jurisprudence.

— **Lemontey**, né à Lyon en 1762 et mort en 1826, est connu par son *Histoire de la régence* et par son *Essai sur l'établissement monarchique de Louis XIV.*

— **Silvestre de Sacy**, célèbre orientaliste, connu surtout par sa *grammaire arabe*, naquit à Paris en 1759 et mourut en 1838.

— **Vanderbourg** (de), né à Saintes en 1765 et mort en 1857, mystifia spirituellement le monde littéraire par la composition des *poésies de Clotilde de Surville.*

— Le comte **Corvetto**, né à Gênes en 1756, mourut en 1822.

1815

1ᵉʳ *mars*. Le duc de **Castiglione** était le maréchal Augereau.

— Le duc de **Raguse** était Marmont.

— Louis XVIII avait déclaré publiquement qu'après Dieu, c'était le prince régent d'Angleterre qui lui avait donné la couronne de France.

11 *mars*. Louis XVIII affectait de nommer Napo-

léon *Buonaparte* pour faire croire que son adversaire était italien et non français.

13 *mars*. Par chambre des *communes*, Napoléon entendait la chambre des représentants qui ne l'avait pas soutenu avec beaucoup de chaleur.

— *L'Assemblée du champ de mai* était renouvelée des époques mérovingienne et carlovingienne, surtout de cette dernière, car Napoléon se comparait volontiers à Charlemagne.

20 *mars*. **Gaudin** duc de Gaëte, était né à Saint-Denis en 1756. Il mourut en 1841. Financier habile et intègre, il rendit de loyaux services à Napoléon qui le nomma duc de Gaëte en 1809. Gaëte, dans l'ancien royaume de Naples, est une des plus fortes places du royaume d'Italie.

— Le duc d'Otrante (ville de l'Italie méridionale) était **Fouché**. Le duc de Vicence était **Caulaincourt**.

10 *juin*. **Cavaignac**, père d'Eugène Cavaignac connu par le rôle politique qu'il joua en 1848, était né à Gourdon (Lot) en 1762 et mourut, exilé comme régicide à Bruxelles en 1829.

11 *juillet*. Le comte Viénot de **Vaublanc** né à Saint-Domingue en 1755, mourut en 1845. Il fut membre de l'Assemblée législative en 1791 et fit toujours preuve d'un royalisme immodéré.

— M. de **Tocqueville**, dont il est ici question, était le père de celui qui est connu par son ouvrage sur la démocratie aux Etats-Unis.

14 *juillet*. M. de **Barante**, connu surtout par son *Histoire des ducs de Bourgogne*, naquit à Riom en 1782 et mourut en 1866.

24 *juillet*. Le comte de **Latour-Maubourg** mourut en 1831.

— Le duc de **Praslin**, dont il est ici question, mourut en 1839.

— **Dantzig**, ville jadis polonaise, appartient aujourd'hui au royaume de Prusse ou à l'empire d'Allemagne.

— **Elchingen** est un village de Bavière ; **Albuféra**, une ville d'Espagne, près de Valence.

— Le général, comte de **Labédoyère**, fut fusillé le 19 août 1815.

— **Mouton-Duvernet** (le général), fut fusillé en 1816.

— **Grouchy** mourut maréchal de France en 1847.

—**Clausel** mourut aussi maréchal de France en 1843, après avoir été gouverneur général de l'Algérie.

— Le général **Drouot** mourut en 1847. Napoléon Ier avait pour son caractère une estime extraordinaire.

— **Cambronne**, dont la valeur est devenue proverbiale, mourut général de brigade en 1842.

— **Exelmans** ou **Excelmans** mourut en 1852 avec le grade de maréchal de France.

— **Boulay de la Meurthe**, père, mourut en 1840, et son fils, en 1859.

— **Thibaudeau**, mort en 1854, a laissé plusieurs ouvrages historiques sur la France depuis 1789 jusqu'en 1815.

—**Vandamme** mourut en 1830 avec le grade de général de division ; il était né dans le département du Nord.

— Le général **Lamarque**, connu surtout par la prise de l'île de Caprées ou Capri sur les Anglais et par son ardente opposition faite à Charles X et à Louis-Philippe, mourut en 1832. Son enterrement fut signalé par l'insurrection des 5 et 6 juin.

— **Mouton**, comte de **Lobau** (île du Danube), mourut en 1838 avec le titre de maréchal de France. Napoléon Ier disait de lui : « Mon mouton est un vrai lion. »

— **Arnault**, connu par sa tragédie de *Marius à Minturnes*, mourut en 1834, après avoir été membre de l'Académie française.

— **Merlin**, dit de **Douai**, pour le distinguer de Merlin de Thionville, naquit à Arleux près de Cambrai en 1754 et mourut en 1838. Il fut pendant 13 ans procureur général près la cour de Cassation. Son fils fut nommé pair de France en 1838. Ayant voté la mort de Louis XVI, Merlin de Douai fut proscrit en 1816 et ne rentra en France qu'après la révolution de 1830.

26 juillet. Le marquis **Law de Lauriston**, né à Pondichéry eu 1768, mourut en 1828 avec le grade de maréchal de France que Louis XVIII lui avait conféré. Lauriston avait fidèlement servi Napoléon Ier.

—Le comte **Lanjuinais**, né à Rennes en 1753, mourut en 1827, 73 départements le portèrent au Conseil des Anciens. Il fut membre de l'académie des inscriptions et belles-lettres.

— Le vicomte de **Châteaubriand**, l'un de nos écrivains les plus éminents, naquit à St-Malo en 1768 et mourut à Paris en 1848. Les autres détails de sa vie sont généralement connus.

— Le duc de **Doudeauville**, de la célèbre maison de Larochefoucauld, naquit à Paris en 1765 et mourut en 1841.

— **Oudinot**, duc de **Reggio** et maréchal de France, naquit à Bar-le-Duc en 1767 et mourut en 1847. L'un de ses fils fut tué en Algérie (1835) en combattant les Arabes.

— **Ternaux**, né à Sedan en 1765 et mort en 1833, est connu pour avoir, le premier en France, fabriqué des cachemires imitant ceux de l'Inde.

— **Ravez** naquit à Rive-de-Gier en 1770 et mourut en 1849.

— **Bertin de Vaux**, fondateur (1799-1800) du *Journal des Débats*, naquit en 1766 et mourut en 1841.

— **Foy** (le général), né à Ham en 1775 et mort en 1825, fut un des orateurs les plus éloquents de la chambre des députés, sous la Restauration. On a de lui une *Histoire de la guerre d'Espagne* (1808-1814). Après sa mort, le parti libéral ouvrit, en faveur de sa famille, une souscription qui s'éleva à un million.

17 août. Le marquis de **Dreux-Brézé** naquit en 1762 et mourut en 1829, après avoir été grand-maître des cérémonies sous Louis XVI et sous Louis XVIII. Il eut de la fille du général marquis de Custine plusieurs fils, dont l'un devint pair de France et un autre évêque de Moulins.

— Le marquis de **Chabannes**, né en 1770, mourut en 1835.

— En 1793, mourut le duc **de Lauzun**, de la famille des **Gontaut-Biron**, dont un membre a été ambassadeur de France à Berlin.

— De **Sèze** (le comte) naquit à Bordeaux en 1748 et mourut en 1828. Il avait défendu Louis XVI devant la Convention et remplacé Ducis à l'Académie française.

— **Choiseul-Gouffier** (le comte de), né à Paris en 1752 et mort en 1817, est connu par son *voyage pittoresque en Grèce*.

— **Crillon** (le duc de), héritier d'un nom illustre, naquit à Paris en 1748 et mourut en 1820.

— La famille **d'Haussonville** est connue par la publication d'ouvrages historiques et par son dévouement à la cause de l'Alsace-Lorraine.

— Henri de **Larochejacquelein**, le célèbre chef vendéen, fut tué en 1794. Son frère, Louis, périt (1815) en combattant les Napoléonistes ; Henri de Larochejacquelein accepta, en 1852, de Napoléon III le titre de sénateur.

— Le baron **Séguier** naquit à Paris en 1768 et mourut en 1848. Il fut longtemps premier président de la cour d'appel de Paris.

23 *septembre*. La petite ville de **la Flèche** (Sarthe) est connue par son prytanée, où les jeunes fils d'officiers se préparent pour entrer à l'école militaire de **St-Cyr** (Seine-et-Oise). Cette dernière école est établie dans les bâtiments du couvent fondé par Mme de Maintenon pour recevoir primitivement des demoiselles nobles.

26 *septembre*. Le marquis de **Jaucourt**, né en 1757, mourut en 1852.

— Le duc **Pasquier**, né en 1767, mourut en 1862, après avoir adopté son petit-neveu, le duc **d'Audiffret-Pasquier**, qui a été président du Sénat.

12 *octobre*. Le duc de **Broglie**, né en 1785, mourut en 1870.

1816

14 *février*. Lord **Castlereagh**, né en 1769, se tua volontairement en 1822. Il avait, comme ministre des affaires étrangères, puissamment contribué à la chûte de Napoléon Ier.

— **Wellington** (Arthur Wellesley, duc de), né en 1769, mourut en 1852. Il remporta plusieurs victoires sur les Français en Espagne, et gagna la bataille de Waterloo (18 juin 1815), grâce au concours des Prussiens.

— Il y a aujourd'hui **Philippeville** en Belgique et **Philippeville** en Algérie. Il s'agit ici de la ville belge.

— **Marienbourg** est pareillement une ville de Belgique, de même que **Bouillon**, dont le nom rappelle le célèbre chef de la 1re croisade.

— **Saarlouis** ou **Sarrelouis**, patrie de Ney, appartient aux Prussiens depuis 1815 ; **Huningue, Thionville** et **Bitche** (Alsace-Lorraine), depuis 1870; **Bentheim** et **Steinfurt** font semblablement partie de la monarchie prussienne.

16 *mai*. M. **Guizot** est mort en 1874.

9 *juin*. L'antique maison de **Hohenlohe** a des possessions en Bavière, en Wurtemberg et probablement aussi en Prusse. Un prince de **Hohenlohe** est en ce moment ambassadeur de Prusse à Paris.

3 *juillet*. Le duc de **Coigny** mourut en 1821 ; son fils, le marquis de **Coigny** en 1816, et son petit-fils en 1865.

— Le maréchal de **Vioménil** mourut en 1827, à l'âge de 93 ans.

5 *septembre*. **Maine de Biran**, né à Bergerac en 1766 et mort en 1824, est connu surtout par ses écrits philosophiques.

— Le comte **Bastard de Lestang** mourut en 1844.

— Le marquis d'**Autichamp**, lieutenant-général, mourut en 1831.

— Le comte de **Serre**, né en 1776, mourut en 1824. Il avait des idées libérales et parlait avec une grande éloquence.

— La famille de **Grammont** est originaire de la Franche-Comté et la famille de **Gramont**, de la Navarre.

31 *décembre*. Deux botanistes du nom de **Jussieu**, le père et le fils, moururent, le premier en 1836 et le second en 1853.

— Le botaniste **Mirbel** mourut en 1854.

— Le médecin **Sue**, mort en 1830, était le père du célèbre romancier Eugène Sue.

— **Dupuytren**, chirurgien célèbre, né à Pierre-Buffière (Hte-Vienne) en 1775, mourut en 1835.

— **Quatremère de Quincy**, savant archéologue, naquit à Paris en 1755 et mourut en 1849.

— Le baron de **Prony**, illustre ingénieur, naquit en 1755 à Chamelet (Rhône) et mourut en 1839.

— **Brongniart**, minéralogiste et géologue, né en 1770, mourut en 1847. Il était fils de l'architecte de la Bourse de Paris.

— **Girodet-Trioson**, peintre distingué, naquit à Montargis en 1767 et mourut en 1824.

— **Gérard**, connu par son tableau du sacre de Charles X., naquit à Rome en 1770 et mourut en 1837.

— Le sculpteur **Lemot**, né à Lyon en 1775, mourut à Paris en 1827.

— **Didot** (Léon), célèbre imprimeur, né en 1761, mourut en 1854. Firmin Didot, né en 1764, mourut en 1836.

— **Collin de Bar** est connu par son *Histoire de l'Indostan*. Né à Pondichéry en 1768, il mourut en 1820.

1817

24 *janvier*. **Bellart**, né en 1761 et mort en 1826, fut un habile et éloquent avocat.

6 *juin*. Le comte **Roy**, surnommé par ses admira-

teurs le roi des finances, naquit en 1765 et mourut en 1847.

1818

31 *janvier*. Le duc **Decazes**, né en 1780 dans le département de la Gironde, s'attacha d'abord à la fortune de Louis Bonaparte, roi de Hollande, puis à celle de Louis XVIII. Il mourut en 1860, après avoir fondé Decazeville dans l'Aveyron.

15 *juillet*. **Gay-Lussac**, célèbre physicien, naquit en 1778 et mourut en 1850.

29 *décembre*. Le baron Antoine **Portal** naquit à Gaillac (Tarn), en 1742 et mourut en 1832. Il a laissé une *Histoire de l'anatomie et de la chirurgie*.

—Un autre **Portal**, qui fut ministre de la marine, de 1818 à 1821, était né en 1765 et mourut en 1845.

1819

5 *mars*. Le comte d'**Argout**, habile administrateur et financier, naquit en 1732 et mourut en 1858.

— Le général comte **Claparède** naquit en 1774 et mourut en 1842.

— Le comte de **Montalembert**, né en 1777, mourut en 1831 avec le titre de pair de France. Son fils, qui fut semblablement pair et qui se signala par son mélange de libéralisme et de ferveur catholique, naquit en 1810 et mourut en 1870.

— Le général comte **Reille** naquit à Antibes en 1775 et mourut en 1860.

— **Rapp**, l'intrépide aide-de-camp de Napoléon Ier, naquit à Colmar en 1772 et mourut en 1821.

— Le maréchal **Davoust**, duc d'Auerstaëdt et prince d'Eckmühl, naquit en 1770 à Annoux (Yonne) et mourut en 1823.

5 *avril*. **Raoul Rochette**, savant archéologue, né en 1789, mourut en 1854.

— **Pariset**, intrépide médecin, qui brava la fièvre jaune en Espagne et la peste en Egypte, naquit en 1770 et mourut en 1847.

24 *septembre*. M. de **Quélen**, mort (1839) archevêque de Paris et membre de l'Académie française, était né en 1778.

— **Samosate**, aujourd'hui Sémisat, ville de Syrie, sur l'Euphrate, fut la patrie de Lucien, le Voltaire de l'antiquité.

21 *novembre*. **Fabre**, de l'Aude, né à Carcassonne en 1755, mourut en 1832.

— **Gassendi**, général d'artillerie, puis conseiller d'Etat et pair, naquit à Digne en 1748 et mourut en 1828.

— Le comte de **Ségur**, né en 1753, mourut en 1830. On a de lui d'intéressants mémoires. Son fils, mort en 1873, a laissé des ouvrages historiques qui eurent beaucoup de succès.

— Le général de **Casabianca**, né à Vescovato, (Corse), mourut en 1825.

8 *décembre*. **Courvoisier**, né en 1775, mourut en 1835.

1820

1er *avril*. L'abbé d'**Andrezel**, né en 1757, mourut en 1825.

— **Mazure**, connu par son *Histoire de la Révolution de* 1688, naquit en 1776 et mourut en 1828.

22 *juillet*. L'abbé **Nicolle**, né en 1758, mourut en 1835.

— **Rendu**, né en 1778, mourut en 1860. Il fut inspecteur général de l'Université.

— **Poisson**, savant géomètre, naquit à Pithiviers en 1781 et mourut en 1840.

1821

19 *novembre.* Le comte de **Villèle**, naquit à Toulouse en 1773 et mourut en 1854.

— Il y eut 3 **Cubières**, qui jouèrent un certain rôle : le 1er mourut en 1821 ; le 2me, frère du 1er, en 1820 et le 3e, fils du 1er, en 1853.

— Le vicomte de **Bonald**, connu par ses œuvres philosophico-catholiques, naquit en 1754 et mourut en 1840. Son 4e fils devint archevêque de Lyon et mourut en 1870.

14 *décembre.* Le comte de **Peyronnet**, né à Bordeaux en 1775, mourut en 1853.

—Le marquis, puis duc de **Clermont-Tonnerre**, né en 1780, mourut en 1865.

1822

3 *janvier.* M. de **Vatimesnil**, né en 1789, mourut en 1860. Les professeurs de l'Université, dont il améliora le sort, ont conservé de lui un souvenir sympathique.

7 *janvier.* Le **Sénégal,** colonie française sur la côte occidentale d'Afrique, doit son nom au fleuve qui l'arrose. C'est une des contrées les plus chaudes du globe. Il fait avec la métropole pour 40 millions de commerce par an.

3 *avril.* Le royaume de **Wurtemberg**, qui a pour capitale Stuttgart, a de 2 à 3 millions d'habitants. On peut le considérer depuis la guerre de 1870-1871 comme un état vassal de la Prusse.

1er *mai.* François **Arago**, célèbre astronome, naquit en 1786 à Estagel (Pyrénées-Orientales) et mourut à Paris en 1853. A sa famille appartiennent Jacques, Etienne et Emmanuel Arago.

1er *juin*. L'abbé de **Frayssinous**, naquit en 1765 dans l'Aveyron et mourut en 1842.

8 *juin*. Le comte de **La Bourdonnaye**, né en 1767, mourut en 1839.

— Le comte **Chabrol de Crousol**, né en 1771, mourut en 1836.

3 *octobre*. **Erard**, célèbre facteur de pianos, naquit à Strasbourg en 1752 et mourut en 1831.

31 *octobre*. Mgr de **Boulogne**, prédicateur distingué, naquit en 1747 et mourut en 1825.

— Mgr de **Latil** naquit en 1761 et mourut en 1839.

— **Hermopolis** est ou plutôt était une ville d'Egypte.

— Le général de **Bordesoulle** naquit en 1771 et mourut en 1837.

1823

2 *février*. M. de **Martignac** eût empêché la révolution de 1830, si Charles X ne lui eût pas retiré le portefeuille de ministre. Né à Bordeaux en 1778, cet habile homme d'Etat mourut en 1832.

9 *octobre*. Le maréchal **Molitor**, né en 1770, mourut en 1849. Ses états de services furent très-brillants.

— Le général baron de **Dumas**, naquit en 1764 et mourut en 1828.

— Le comte **Guilleminot**, né en 1775 et mort en 1840, fut longtemps ambassadeur de France à Constantinople. Il avait été nommé général de division en 1813.

— Le maréchal comte de **Bourmont** naquit en 1773 et mourut en 1846 ; s'il eût suivi Louis XVIII à Gand au lieu d'accepter un commandement durant les Cent Jours et de quitter Napoléon avant la bataille de Waterloo, il n'y aurait que des éloges à lui décerner, car il était aussi brave qu'habile.

23 *décembre*. Le comte de **Puységur** naquit en 1752 et mourut en 1825.

— **Dode de la Brunnerie**, né en 1775, mourut en 1851.

—Le comte de **Marcellus**, qui apporta en France la Vénus de Milo, naquit en 1795 et mourut en 1861.

24 décembre. Le général **Donnadieu** naquit en 1777 et mourut en 1849.

— Le maréchal de **Castellane**, né en 1798, mourut en 1862. Il fut nommé général de division après le siège de la citadelle d'Anvers en 1832. Il mourut sénateur.

—Le duc de **Noailles** naquit en 1739 et mourut en 1824. Un comte de Noailles naquit en 1783 et mourut en 1835.

— Le duc de **Crussol**, né en 1756, mourut en 1843.

— Le marquis de **Rivière** naquit en 1765 et mourut en 1828.

—Le duc de **Duras**, né en 1770, mourut en 1836. Sa femme, née de Kersaint, est connue par ses deux romans d'Ourika et d'Édouard. Elle mourut en 1828.

— L'abbé duc de **Rohan-Chabot**, né en 1788, mourut en 1833.

— Le duc de **Fitzjames**, descendant illégitime des Stuarts naquit en 1776 et mourut en 1838.

1825

10 avril. On entend par **baraterie** le vol commis par le capitaine ou l'équipage d'un navire marchand au préjudice des armateurs.

8 juin. La **Voire** est un affluent de l'Aube, qui, à son tour, est un affluent de la Seine.

23 septembre. La date du 16 octobre est l'anniversaire de la mort tragique de la reine Marie-Antoinette, veuve de Louis XVI.

1826

21 janvier. **Walkenaër**, savant géographe, naturaliste et historien, naquit en 1771 et mourut en 1852.

30 *août*. La **Martinique**, île du groupe des Antilles, a environ 150,000 habitants, dont 18,000 blancs, 30,000 mulâtres et 110,000 nègres. Elle produit du sucre, du café, du cacao, du tabac, etc.

— La **Guadeloupe**, voisine de la Martinique, a une population égale et pareille à celle de la Martinique. Ses productions sont aussi à peu près les mêmes.

4 *octobre*. Le **Brésil**, contrée aussi grande que l'Europe, occupe l'est et le centre de l'Amérique méridionale. C'est une ancienne colonie portugaise, formant aujourd'hui un état indépendant. Sa capitale est Rio de Janeiro.

5 *novembre*. Mgr de **Cheverus**, né en 1798 et mort en 1836, a été comparé à Fénelon pour sa bonté d'âme et sa générosité.

1827

18 *juillet*. **Berchoux**, né en 1765 et mort en 1839, est connu par son poëme sur la gastronomie.

1ᵉʳ *août*. Les **chouans** formaient la portion démocratique des insurgés de la Vendée. Leur nom vient dit-on, du chat-huant, dont ils imitaient le cri, pour s'avertir les uns les autres.

30 *septembre*. L'île **Bourbon**, appelée aujourd'hui **La Réunion**, est située à l'est de Madagascar, dans la Mer des Indes. Elle a environ 200,000 habitants, dont 150,000 nègres ou Indous (coolies).

5 *novembre*. De **Belleyme**, qui a laissé une mémoire généralement honorée, naquit en 1797 et mourut en 1862.

— Le comte de **Montbel**, né à Toulouse en 1787, mourut en 1861.

— du **Sommerard**, né en 1779 et mort en 1842, forma la belle collection d'antiquités, qui est aujourd'hui connue sous le nom de Musée de Cluny. Son fils en est le directeur actuel.

—Le vicomte **Dambray**, né en 1760, mourut en 1829.
— De **Martainville**, journaliste et auteur dramatique, naquit en 1777 et mourut en 1830.

1828

4 *janvier*. **Portalis**, né en 1746, mourut en 1807. Son
fils, dont il s'agit ici, naquit en 1778 et mourut en
1858. D'autres membres de la famille parvinrent à
des charges considérables.
— Le comte de **Corbière**(s), né en 1767, mourut en
1853.
20 *janvier*. **Schwilgné**, né en 1776, restaura et per-
fectionna la célèbre horloge astronomique de la
cathédrale de Strasbourg.
25 *février*. Casimir **Périer**, éminent député et ministre, né à Grenoble en 1777, fut enlevé par le
choléra en 1832.
3 *mars*. L'abbé **Feutrier**, mort évêque de Beauvais
en 1830, était né en 1785.
16 *juin*. Les Ordonnances, en date de ce jour, étaient
dirigées principalement contre les Jésuites.
20 *juillet*. La **Guyane** occupe la partie Nord-est de
l'Amérique méridionale. Elle se partage en Guyane
française, Guyane anglaise et Guyane hollandaise.
13 *novembre*. Le marquis de **Villeneuve** Trans, naquit en 1784 et mourut en 1850, après avoir publié
une *Histoire du roi René* et une *Histoire de
Saint-Louis*. Son frère, le vicomte de **Villeneuve**
Bargemont, pareillement né en 1784 et mort en
1850, fut préfet, puis député. On a de lui une *Histoire du paupérisme*, qui le fit entrer à l'Académie
des Sciences morales et politiques.

1829

1ᵉʳ *février*. Le maréchal **Sébastiani**, né près de Bastia

(Corse) en 1775, mourut en 1851. Sa fille fut assassinée par son mari, le duc de Praslin. En 1807, Sébastiani avait défendu victorieusement Constantinople contre une escadre anglaise.

22 *février*. Le maréchal **Maison**, né en 1770, mourut en 1840. Il est connu surtout par sa campagne de Morée (1828).

8 *août*. L'amiral de **Rigny** naquit en 1783 et mourut en 1835. Il se distingua particulièrement à la bataille de Navarin (1827), où il aida les Russes et les Anglais à détruire la flotte Turco-Egyptienne.

23 *août*. Le baron d'**Haussez** naquit en 1778 et mourut en 1854. On a de lui plusieurs relations de voyages.

18 *novembre*. Le comte de **Guernon-Ranville**, né en 1786, mourut en 1866.

1830

27 *janvier*. Le maréchal **Vallée**, né en 1783, mourut en 1846, après avoir pris Constantine.

25 *mars*. Le vicomte de **Champagny**, duc de Cadore, naquit en 1756, et mourut en 1834.

19 *mai*. De **Chantelauze** naquit en 1787 et mourut en 1859.

— Le baron **Capelle**, né en 1775, mourut en 1843.

6 *juin*. Le général d'**Hautpoul**-Salette naquit en 1754 et mourut en 1807. — La comtesse d'**Hautpoul**, morte en 1837, a laissé un *Cours de littérature* estimé. — Le marquis d'**Hautpoul**, né en 1780, mourut en 1854. — Son frère, le comte d'**Hautpoul**, né en 1789 et mort en 1865, avec le titre de grand référendaire du Sénat, fut pendant quelque temps ministre de la guerre.

— **Berryer**, avocat et député célèbre par son éloquence, naquit en 1790 et mourut en 1868. Son père, mort en 1841, avait été aussi un avocat distingué.

— L'amiral **Mackau**, né en 1788, mourut en 1855.

— Le comte **Chabrol de Volvic**, frère du comte Cha-

brol de Crussol, naquit en 1773 et mourut en 1843.
—Le maréchal **Victor**, duc de Bellune, naquit en
1766 et mourut en 1848. Son fils mourut sénateur
en 1858.
14 *juillet*. L'amiral **Duperré** naquit en 1775 et mourut en 1846.
27 *juillet*. **Villemain**, savant et éloquent professeur,
naquit à Paris en 1790, et mourut en 1870.
— **Persil**, né en 1785, mourut en 1870.
— Benjamin **Delessert** naquit en 1783 et mourut
en 1847.
27 *juillet*. Le maréchal **Gérard** naquit en 1773 et
mourut en 1852. Son principal exploit fut la prise
de la citadelle d'Anvers sur les Hollandais (1831).
Il s'était déjà distingué d'ailleurs sous Napoléon Ier.
—Jacques **Laffitte** naquit à Bayonne en 1766 et mourut en 1844. Riche financier, il contribua puissamment à la révolution de 1830. Sa fille épousa un fils
du maréchal Ney.
— **Dugas-Montbel**, à qui nous devons la meilleure
traduction d'Homère, naquit en 1776 et mourut
en 1834.
— Alexandre **de Laborde**, naquit en 1774 et
mourut en 1842. On a de lui surtout d'instruc-
tives relations de voyages.
— Eusèbe **Salverte**, né en 1774, mort en 1839. On
a de lui *Éloge philosophique de Diderot*, *Tableau littéraire de la France au XVIIIe siècle*, *Essai sur la
magie, les prodiges et les miracles*, etc.
— **Bavoux**, professeur de Droit, né en 1774, mourut
en 1848.
— Charles **Dupin**, économiste distingué et frère de
Dupin aîné, naquit en 1784 et mourut en 1873.
— **Dupin** aîné, célèbre avocat, naquit en 1783 et mourut en 1865.
— Le général **Lafayette** naquit en 1757 et mourut
en 1834. Aide-de-camp de Washington, il aida les
Etats-Unis à secouer le joug de l'Angleterre. Après
avoir contribué à faire monter Louis-Philippe sur
le trône il se brouilla avec ce monarque.

— Georges **Lafayette**, fils du précédent, naquit en 1797 et mourut en 1849.

— **Kératry**, père de celui qui a joué un rôle en 1870-1871, naquit en 1769 et mourut en 1859. Il a laissé des ouvrages philosophiques, un roman intitulé *Le dernier des Beaumanoir*, etc. De 1818 à 1830, il fut député de l'opposition.

— Jacques **Odier**, riche banquier, donna sa fille en mariage au général Eugène Cavaignac, qui fut, pendant cinq ou six mois de l'année 1848, chef du pouvoir exécutif.

29 *juillet*. **Audry de Puyraveau**, député de l'opposition en 1829, naquit en 1783 et vivait encore lors de la révolution de 1848 ; il fut alors nommé membre de l'Assemblée Constituante.

— **Schonen**, député de l'opposition, fut un des commissaires que le gouvernement de juillet chargea d'accompagner Charles X, de Rambouillet à Cherbourg, où le monarque déchu s'embarqua pour l'Écosse.

— **Mauguin**, avocat distingué et député, faisant partie de l'opposition libérale avancée, naquit à Dijon en 1785 et mourut en 1854.

31 *juillet*. **Dupont**, de l'Eure, né en 1767, mort en 1855. Il est connu surtout par l'honorabilité de son caractère.

— **Bignon**, né en 1778 et mort en 1842, est connu par une *Histoire de France sous Napoléon Ier*.

— **Cunin-Gridaine**, manufacturier de Sedan, puis ministre de l'agriculture et du commerce de 1837 à 1848, était né en 1778 et mourut en 1859.

— **Corcelles** (de) fit une vive opposition à Charles X, comme membre de la Chambre des députés. Son fils a aussi joué un certain rôle politique de 1837 à 1851.

— **Koechlin** (Jacques), fabricant de Mulhouse, naquit en 1770 et mourut en 1834. De 1820 à 1830, il fut député du Haut-Rhin et siégea constamment sur les bancs de la gauche.

— **Labbey de Pompières**, député de l'opposition sous Charles X, est connu surtout pour avoir traité don Miguel, roi de Portugal, de monstre bipède, ce qu'approuvèrent fort les journalistes anglais qui prirent ce Labbey pour un ecclésiastique. Né en 1751, il mourut en 1831.

— **Cormenin** (le vicomte), naquit en 1788 et mourut en 1868. Il est connu par les pamphlets qu'il dirigea contre Louis-Philippe, par son *Droit administratif*, ses *Études sur les orateurs parlementaires*, etc.

— Le général **Paixhans**, inventeur des canons-obusiers qui portent son nom, naquit à Metz en 1783 et mourut en 1854. On a de lui un ouvrage intitulé *Force et faiblesse de la France* ainsi que des *Considérations sur l'artillerie*.

— **Nau de Champlouis**, fut préfet du Bas-Rhin, puis d'autres départements.

1ᵉʳ *août*. **Girod**, de l'Ain, né en 1753, mort en 1839. Son fils naquit en 1781 et mourut en 1847.

2 *août*. **Henri V**, né le 29 septembre 1820, était fils du duc de Berry. D'abord appelé duc de Bordeaux, il est pour les républicains et les bonapartistes le comte de Chambord, pour les légitimistes, le roi de droit Henri V.

3 *août*. Le duc de **Chartres** fut bientôt après le duc d'Orléans. Il était généralement aimé lorsqu'en 1842, il périt victime d'un accident de voiture. Il s'était distingué par sa bravoure au siége d'Anvers et plus tard en Algérie.

— Le duc de **Nemours** fût devenu roi des Belges sans l'opposition du roi son père, qui craignait qu'une nouvelle coalition ne se formât contre la France.

6 *août*. Amédée **Thierry**, frère de l'éminent historien Augustin Thierry, suivit de même la carrière historique et publia entre autres ouvrages une *Histoire des Gaulois*. Né en 1797, il mourut en 1873 avec le titre de membre de l'Académie des sciences morales et politiques. Augustin Thierry, né en 1795, était mort en 1856.

— **Romieu**, né en 1800, mort en 1855. Il est connu par ses folies de jeunesse et par deux ouvrages dont l'un est intitulé *Le Spectre rouge* (1851) et l'autre *L'ère des Césars* (1853).

20 *août.* Pamphile **Lacroix** (le général), fut plus connu par l'ardeur de son royalisme que par ses exploits sur les champs de bataille. Il fit notamment assez triste figure durant la campagne de 1823. Né en 1774, il mourut en 1842.

— Le duc de **Mouchy**, dont il est ici question, était le père du duc de Mouchy, gendre du prince Lucien Murat et encore vivant aujourd'hui. Né en 1808, il mourut en 1854.

— La famille **Polignac** joua un rôle sous Louis XIV, Louis XV et Charles X. Un Polignac mourut à Saint-Pétersbourg en 1817 ; un autre mourut en 1847 ; quant au ministre téméraire de Charles X, il mourut paisiblement en 1847, à l'âge de 67 ans.

— Le baron de **Kentzinger**, d'origine badoise, était maire de Strasbourg vers 1828. Son frère, officier supérieur dans l'armée française, se distingua dans la guerre d'Espagne (1823).

1831

12 *mars.* **Champollion** jeune, né à Figeac (Lot), en 1790, et mort en 1832, s'est illustré par la découverte de l'art de déchiffrer les hiéroglyphes de l'ancienne Égypte.

— Jean-Baptiste **Say**, célèbre économiste, naquit à Lyon en 1767 et mourut en 1832. On a de lui un *Traité d'économie politique*, dont il publia des abrégés pour les mettre à la portée de toutes les bourses et de toutes les intelligences.

— **Lerminier**, né en 1803 et mort en 1857, est connu par son *Introduction générale à la science du droit*, par les articles qu'il inséra dans la *Revue des Deux-Mondes*, etc.

13 *mars.* **Barthe**, né en 1795, mourut en 1863, après avoir été avocat, procureur du roi, président de la

Chambre, député, ministre, président de la Cour des comptes, etc.

19 *août.* **Lacordaire**, célèbre prédicateur dominicain, naquit en 1802 et mourut en 1861. Il n'eut pas de succès à l'Assemblée constituante, où il siégea à la Montagne.

19 *novembre.* Le prince de la **Moscowa**, fils du maréchal Ney et gendre de Jacques Laffitte, naquit en 1803 et mourut en 1857. Sa fille épousa M. de Persigny.

1832

9 *janvier.* **Jouffroy**, éminent philosophe de l'école de Cousin, naquit en 1796 et mourut en 1842. On a de lui la *Traduction de Dugald-Stewart et de Reid*, un *Cours de droit naturel*, des *Mélanges philosophiques*, etc.

—**Burnouf** (Eugène), fils du latiniste et helléniste de ce nom qui mourut en 1844, à l'âge de 69 ans, naquit en 1801 et mourut en 1852, après avoir été professeur de sanscrit au collége de France. Il a laissé de nombreux et savants ouvrages de linguistique.

11 *septembre.* **Pondichéry**, principale ville de l'Inde française a une population de 40,000 âmes, avec un lycée, une cour d'appel, un jardin botanique, etc.

11 *octobre*, Le général **Berthezène**, né en 1775 et mort en 1847, avait pris en 1830, les batteries de Sidi-Ferruch et gagné la bataille de Staouéli. Il a laissé des *Souvenirs militaires de la République et de l'Empire.*

—Le général **Brayer** commandait, en 1833, la 5e division militaire à Strasbourg. Il avait épousé la fille du comte Marchand, ex-valet de chambre de Napoléon Ier. Il mourut en 1840.

— Victor **Cousin**, philosophe éminent et biographe remarquable, naquit à Paris en 1782 et mourut en

1867. On a de lui une *Histoire générale de la philosophie*, une *Histoire de Mme de Longueville*, etc. Il fut membre de l'Académie française et de celle des sciences morales et politiques.

—Le général **Haxo**, surnommé le Vauban du 19e siècle, naquit à Lunéville, en 1774 et mourut en 1838. Il augmenta les défenses de Grenoble, Belfort, Besançon, Lyon, le fort l'Ecluse, etc.

— L'amiral **Jurien-Lagravière** publia en 1860, *Souvenirs d'un amiral*. Son père, le vice-amiral, était mort en 1849.

— Le général **Lallemand**, né à Metz, en 1774 et mort en 1839, avait vainement tenté, en 1815, de fonder au Texas une colonie de réfugiés français, à laquelle il avait donné le nom de Champ d'asile.

— Le comte de **Montlosier**, né à Clermont-Ferrand en 1774 et mort en 1838, est connu par ses *Lettres contre les jésuites* et par différentes publications historiques.

—Le général **Neigre**, après s'être distingué en Algérie, fut tué, à Paris, dans les journées de juin 1848.

—Le maréchal **Ornano**, né à Ajaccio en 1784, mourut en 1863. Il fit la guerre dans l'île de Saint-Domingue, se trouva à la bataille d'Austerlitz, etc. Il fut nommé pair de France en 1832 et maréchal en 1865.

—L'amiral **Roussin**, naquit à Dijon en 1781 et mourut en 1854. De 1811 à 1814, il fit plusieurs captures sur les Anglais. En 1831, il força l'entrée du Tage réputée inexpugnable.

—Le baron **Thénard**, célèbre chimiste, né en 1777 et mort en 1857, fut professeur à l'Ecole polytechnique et au collége de France, député de 1828 à 1832, pair de France, etc. Il est connu par son *Traité élémentaire de chimie théorique et pratique*.

26 *octobre*. **Naudet**, un de nos plus savants latinistes, est membre de l'Académie des inscriptions et belles lettres. L'âge n'a pas éteint chez lui la passion pour les études historiques, qui ont été la base de sa renommée. M. Naudet est né en 1786.

1833

6 *mars.* Le comte **Reinhard**, né dans le Wurtemberg en 1761, mourut en 1838. Il entra au service de la France dès l'année 1792. Il fut de 1815 à 1829 ministre de France près la diète de Francfort.

26 *juillet.* Les îles **St-Pierre** et **Miquelon**, voisines de la grande île de Terre-Neuve, appartiennent à la France, ont une grande importance par leurs pêcheries et renferment environ 3,000 habitants.

6 *octobre.* **Jacquemont**, né en 1801, mort en 1832. On a de lui un *Voyage dans l'Inde, pendant les années 1828-1832*, ouvrage instructif et spirituel.

1834

19 *mai.* Le vice-amiral **Jacob**, naquit en 1768 et mourut en 1864. En 1805, il avait inventé les signaux sémaphoriques. Il fut, de 1823 à 1826, gouverneur de la Guadeloupe.

23 *mai.* **Orfila**, savant médecin, né à Mahon, dans l'île de Minorque, en 1787, mourut à Paris en 1853. Il est connu par ses *Éléments de chimie*, son *Traité de médecine légale*, etc.

5 *juin.* Le **Venezuela** (la petite Venise) est une république du nord de l'Amérique méridionale. Les principales villes sont Caracas et la Guayra. La population est d'environ 1,570,000 habitants. On vante l'excellence du cacao fourni par cette contrée.

— La **Nlle Grenade**, appelée aussi **Colombie**, est située dans le nord-ouest de l'Amérique méridionale. Elle a 3 millions d'habitants. Sa capitale est Santa-Fé de Bogota.

22 *juillet.* **Drouet**, comte d'Erlon, né à Reims en 1765, mourut en 1844. Il fit toutes les guerres de la Répu-

blique et de l'Empire, gouverna l'Algérie de 1834 à
1835 et fut nommé maréchal en 1843.

10 *octobre*. **Lesurques** fut guillotiné en 1796, comme
accusé d'avoir assassiné le courrier de Lyon. Il était
probablement innocent, mais ce qui trompa ses
juges fut son étonnante ressemblance avec Dubosc
dont la culpabilité fut reconnue plus tard. Lesurques était né en 1764.

10 *novembre*. **Bresson** (le comte Charles), diplomate,
né en 1788, se donna, dit-on, la mort en 1847, pour
une cause qui est restée inconnue; il était alors
ambassadeur à Naples. Il avait négocié le mariage
du duc de Montpensier avec la sœur de la reine d'Espagne Isabelle II.

—Le général **Bernard** naquit à Dôle en 1779 et mourut en 1839. Aide-de-camp de Napoléon Iᵉʳ, il quitta
la France sous le règne de Louis XVIII et fortifia
plusieurs villes des Etats-Unis, où il dirigea aussi
la construction de plusieurs canaux.

— **Passy** (Hippolyte), naquit en 1793.

— Le comte **Duchâtel**, né en 1803, mort en 1867,
avait été rédacteur du *Globe*. Il fut ensuite député, conseiller d'Etat, ministre et membre de
l'Académie des sciences morales et politiques.

1835

14 *juin*. La France paya aux Etats-Unis une indemnité de 25 millions, pour dédommager les armateurs américains, dont Napoléon Iᵉʳ, à tort ou à
raison, avait fait saisir les bâtiments.

28 *juillet*. **Fieschi**, corse de naissance, voulant tuer
Louis-Philippe, combina ensemble (machine infernale), une vingtaine de canons de fusil, qu'il
déchargea simultanément. Il fut guillotiné en punition de cet attentat.

11 *septembre*. Le comte **Damremont** fut tué au siége
de Constantine, le 12 octobre 1837. Il était né à
Chaumont (Haute-Marne), en 1783.

— Le comte de **Rambuteau**, né en 1781, et mort en 1869, pourrait être surnommé le préfet-modèle. Préfet de la Seine, de 1833 à 1848, il a mérité que son nom fût donné à une rue de Paris.

1836

22 *février*. **Sauzet** naquit à Lyon en 1800.

23 *février*. Le baron **Fain**, né en 1778 et mort en 1837, est connu par ses *Manuscrits de l'an III* (1795), *de* 1812, *de* 1813, *de* 1814. En 1834, il fut élu député.

31 *mars*. **Pascal Paoli**, voulant que la Corse, sa patrie, fût indépendante des Français, aussi bien que des Génois opposa aux conquérants, une résistance aussi honorable qu'impuissante. Né en 1726, il mourut en 1807.

6 *septembre*. L'amiral de **Rosamel**, naquit en 1774, mourut en 1848.

— De **Gasparin**, fils du conventionnel de ce nom, naquit en 1783 et mourut en 1862. Il fit la campagne de 1806 contre la Prusse, puis se livra à l'agronomie. Il fut successivement préfet, pair de France, ministre et membre de l'Académie des sciences.

8 *septembre*. Charles de **Rémusat**, membre de l'Institut, ancien ministre, né en 1797. mourut peu de temps après s'être vu préférer Barodet par les électeurs de Paris.

19 *septembre*. **Martin**, du Nord, ministre de Louis-Philippe, ternit la fin de sa vie par des désordres qui amenèrent sa disgrâce et sa mort. Né en 1790. à Douai, il mourut en 1847.

— Le grand-duché de **Mecklembourg-Schwérin**, aujourd'hui Etat vassal de la Prusse, a environ 560,000 habitants. Les villes principales sont Schwérin, Rostock, Wismar, Güstrow, Parchim, etc.

1er *novembre*. Le général **Voirol** résista à Napoléon III lors de l'échauffourée de Strasbourg.

— **Pouillet**, physicien distingué, naquit en 1791 et

mourut en 1868. Elève de l'école normale supérieure, il devint membre de l'Académie des sciences, professeur à la Sorbonne et député.

1837

15 *avril.* De **Salvandy**, né en 1795, mourut en 1850.
On a de lui un roman historique *Dom Alonzo ou
l'Espagne contemporaine,* une *Histoire de la Pologne,* etc. Il fut membre de l'Académie française.
— **Lacave-Laplagne,** né en 1786, mourut en 1857.
8 *mai.* **Boireau** et **Meunier,** attentèrent tous deux
aux jours de Louis-Philippe· ou des princes de sa
famille.
26 *juillet.* La **Bolivie,** qui doit son nom à Bolivar, le
Washington des colonies espagnoles de l'Amérique, est située dans l'Amérique méridionale ; elle
compte environ deux millions d'habitants. Sa capitale est Chuquisaca.

1838

2 *avril.* Le général **Daumesnil,** surnommé la jambe
de bois, dut à sa rare bravoure une popularité
extrême. Né à Périgueux en 1776, il mourut en
1852. « Je vous rendrai Vincennes, dit-il aux
« Alliés, en 1814, quand vous me rendrez ma
« jambe. »
19 *juin.* La comtesse de **Lipona** (Napoli), était la
veuve de l'ex-roi de Naples Joachim Murat et,
comme Caroline Bonaparte, la sœur de Napoléon Ier.
8 *août.* **Rossi,** né à Carrare en 1787, fut assassiné à
Rome, en 1848, par un républicain fanatique. En
1853, il fut nommé professeur d'économie au collège de France. En septembre 1848, Pie IX le
nomma son premier ministre.

1839

12 *mai*. Le général **Schneider**, né en 1789, mourut en 1847. Il se distingua au siége de Saragosse, dans la campagne de Russie, dans la place de Dantzig, dans la campagne d'Espagne (1823), dans celle de Morée (1828), etc.

14 *mai*. Ce jour-là **Barbès** tenta un mouvement républicain qui échoua et valut à son auteur une longue détention. Napoléon III lui rendit la liberté.

7 *août*. **Daguerre**, inventeur du Daguerréotype et propagateur du Diorama, naquit en 1787, à Cormeilles (Seine-et-Oise) et mourut en 1851.

—**Niépce**, qui partage avec Daguerre la gloire d'avoir inventé la photographie, naquit en 1765 et mourut en 1833.

7 *novembre*. **Etienne**, né en 1778, et mort en 1845, fit les paroles des opéras de *Cendrillon, Jeannot et Colin, Joconde, Aladin ou la Lampe merveilleuse*, etc. Il fut aussi un des rédacteurs de la *Minerve*.

— **Lebrun** est connu par sa tragédie de *Marie Stuart*, imitée de Schiller. Ce poëte est né en 1785.

—**Viennet**, membre de l'Académie française, auteur de fables estimées et d'œuvres diverses en prose et en vers, naquit en 1777 et mourut en 1868, à l'âge de 91 ans.

1840

16 *juin*. Monseigneur **Sibour**, né en 1792, fut nommé archevêque de Paris en 1848 et assassiné le 3 janvier 1857, dans l'église Saint-Etienne du Mont par un prêtre interdit nommé Verger.

1ᵉʳ *mars*. **Vivien**, né en 1799 à Paris et mort en 1854, fut d'abord avocat, puis procureur-général, préfet

de police, ministre et membre de l'Académie des
sciences morales et politiques.

— **Despans-Cubières** (voir *Cubière*), 19 novembre
1821 (notes).

— **Gouin**, né en 1792 et mort en 1872, fut banquier
et député de 1831 à 1848. Sous Napoléon III, il fit
partie du Corps législatif.

— Le comte **Jaubert**, né en 1789, était le neveu du
comte Jaubert, né en 1758 et mort en 1822. Celui-
ci aurait péri comme Girondin, si la chûte de Robespierre ne l'eût sauvé.

2 *mars*. Léon de **Malleville**, né à Montauban en
1803, fut député et ministre avant le coup d'Etat du
2 décembre 1851, qui le décida à rentrer dans la
vie privée.

— **Billault**, né en 1805 et mort en 1862, fut d'abord
avocat à Nantes, puis député, membre de la Constituante, président du Corps législatif, ministre,
etc. Il était doué d'une grande éloquence.

24 *juin*. Le **Texas**, d'abord fraction indocile du
Mexique, a été annexé aux Etats-Unis, en 1845. La
population est de plus de 800.000 âmes. Ce pays,
qui a pour capitale Austin, est sans cesse désolé
par les irruptions de pillards mexicains.

9 *août*. **Napoléon III**, né en 1808, et mort en 1873,
était fils de Louis Bonaparte, roi de Hollande
et de Hortense de Beauharnais. Après avoir en 1836
et en 1840, fait deux tentatives infructueuses pour
s'emparer du pouvoir, il fut nommé président de
la République le 10 décembre 1848 et empereur en
1852.

29 *décembre*. Le maréchal **Bugeaud**, connu surtout
par sa victoire de l'Isly sur les Marocains, par la dé-
faite finale d'Abd-el-Kader, etc., naquit en 1784 et
mourut en 1849.

1841

16 *octobre*. **Buenos-Ayres**, ville ainsi nommée à cause

de sa salubrité, est la capitale de la république argentine. Bâtie sur les bords du Rio de la Plata, elle a 180,000 habitants, dont la moitié se compose d'Italiens et de Français.

19 *octobre*. **Hébert**, né en 1799, fut ministre sous Louis-Phillippe.

25 *décembre*. Le baron de **Bourgoing**, né en 1748, mort en 1811. Son fils, dont il est ici question, naquit en 1791 et mourut en 1864.

— Le général **Gourgaud**, né en 1793 et mort en 1852 accompagna à Sainte-Hélène Napoléon Ier, qu'il servit sur les champs de bataille depuis 1805 jusqu'en 1815.

— Amédée **Jaubert**, orientaliste distingué, auteur d'une *Grammaire turque*, d'un *Voyage en Arménie et en Perse*, etc, naquit à Aix en Provence et mourut en 1847, à l'âge de 68 ans. En 1818, il importa en France des chèvres d'Angora et du Thibet.

1842

4 *janvier*. **Bichat**, fut un médecin distingué, connu par de nombreux et savants ouvrages, tels que le *Traité des membranes*, les *Recherches physiologiques sur la vie et la mort*, l'*Anatomie générale*, etc. Né en 1771, il mourut en 1802.

7 *février*. **L'Inde française**, peuplée d'environ 260,000 âmes, renferme les villes de Pondichéry, Karikal, Yanaon, Mahé et Chandernagor.

25 *février*. L'île de **Terre-Neuve**, en anglais Newfoundland, a 600 kilomètres de long sur 275 de large. Elle appartient aux Anglais comme dépendance de la Nouvelle-Bretagne. La France a le droit de pêcher sur le grand banc, au Nord et à l'Ouest.

27 *décembre*. Le général de **Feuchères**, né en 1785 et mort en 1857, légua 100,000 francs à l'armée pour récompenser tous les ans les enfants de troupe les plus méritants.

1843

28 *avril.* Les îles **Marquises**, dites aussi archipel de Mindanao et Nouka-Hiva, sont situées dans le Grand Océan. Les Français en ont pris possession en 1842. La population est d'environ 20,000 habitants.

24 *juillet.* **Fermat** (Pierre de), éminent mathématicien, naquit à Beaumont de Lomagne, près de Montauban en 1601 et mourut en 1665. On peut le regarder comme l'inventeur du calcul différentiel.

16 *décembre.* **Dumon**, qui fut ministre des travaux publics, en 1843, puis ministre des finances, était né en 1797 et mourut en 1872. Il fut avocat, député, conseiller d'Etat et membre de l'Académie des sciences morales et politiques.

1844

4 *décembre.* **Ninive**, capitale de l'ancienne Assyrie était située sur les bords du Tigre. Il n'en reste plus aujourd'hui que des ruines plus ou moins apparentes. Cette ville devait son nom à Ninus, qui l'avait fondée.

7 *décembre.* Le **Maroc**, royaume ou empire, situé à l'ouest de l'Algérie, qu'il égale, s'il ne la surpasse en grandeur, a de 8 à 9 millions d'habitants. Ses principales villes sont Maroc, Fez, Tanger, Mogador, etc.

1845

22 *mars.* La **République de l'Équateur**, ainsi

nommée de sa situation géographique, se trouve
presque au centre de l'Amérique méridionnale, un
peu vers le nord. Elle a pour capitale Quito. La
population est d'environ 1,100,000 âmes.

16 *juillet*, **Vicat**, né en 1786 et mort en 1861, entra à l'école polytechnique, puis dans les ponts et
chaussées et retrouva le secret du ciment hydraulique dont se servaient les anciens Romains.

1846

3 *juillet*. **Botta**, qui fut consul d'abord à Alexandrie, puis à Mossoul, est fils du savant historien,
Botta, né en Piémont (1760) et mort à Paris en 1837.

— **Flandin**, peintre et voyageur distingué, naquit à
Naples en 1809.

4 *juillet*.**Flourens**, physiologiste, né en 1794 et mort
en 1867, membre de l'Académie des sciences, puis
professeur d'anatomie au muséum, enfin membre
de l'Académie française et professeur au collège de
France.

— De **Lagrené**, diplomate connu pour avoir été le
premier ambassadeur de France en Chine, naquit
en 1800 et mourut en 1862. Il fut pair de France,
puis député à l'Assemblée législative.

— **Poinsot**, illustre mathématicien, né en 1777,
mort en 1859. On a de lui *Éléments de statique* et
plusieurs mémoires relatifs à la géométrie et à l'astronomie.

— **Troplong**, né en 1795 et mort en 1863, fut
successivement substitut, procureur du roi, procureur général, président de la Chambre, pair,
président de la Cour d'appel de Paris, président
du Sénat, etc.

22 *juillet*, **Mascate**, ville de l'Arabie orientale est
gouvernée par un prince qui porte le titre d'iman et
réside à Zanzibar. Mascate est un port important
sur le golfe persique. Cette ville a environ 60,000
habitants.

11 *juin.* **Moorat**, savant et opulent arménien, né en 1760 et mort en 1816, fonda à ses frais le collége qui porte son nom. Il avait fait ses étudęs chez les Mékhitaristes de Venise.

25 *novembre.* **Dupré de St-Maur**, a été l'un des colons les plus habiles et les plus persévérants de l'Algérie.

9 *décembre.* **Mayotte**, île voisine de Madagascar, a environ 25,000 habitants arabes, nègres, français, etc. Elle a été achetée par la France en 1843.

1847

3 *avril.* Le **Gd-duché de Mecklembourg-Strélitz**, Etat vassal de la Prusse, a environ 100,000 habitants. Les villes principales sont Neu-Strélitz, Stargard et Ratzebourg.

6 *mai.* Le **Gd-duché d'Oldenbourg**, Etat aujourd'hui vassal de la Prusse, a environ 320,000 habitants. La capitale est Oldenbourg. Ce pays est borné au nord par la mer du Nord.

9 *mai.* Le général **Trézel**, né en 1780 et mort en 1860, perdit l'œil gauche à Waterloo, se distingua en Algérie, fut nommé pair de France, etc.

— Le duc de **Montebello**, fils du maréchal Lannes, naquit en 1801, fut ambassadeur en Suisse et à Naples.

— **Jayr**, né en 1801, fut préfet, pair, ministre et administrateur du chemin de fer de l'Est.

1848

24 *février.* Alphonse de **Lamartine**, né à Mâcon en 1790, mourut en 1869. D'abord légitimiste, il finit par devenir républicain. Il est célèbre par ses poésies, et par son *Histoire des Girondins* et joua un rôle politique en 1848.

— **Ledru-Rollin**, mort depuis les événements de 1870-1871, ne joua plus dans l'Assemblée législative le rôle qu'il avait joué avant et après 1848. Son éloquence l'avait presque entièremeut abandonné vers la fin de sa vie.

—**Garnier-Pagès**, né à Marseille en 1801 mort en 1841. Il fut, durant les dernières années de sa vie, un des chefs du parti radical de la Chambre des députés. Garnier-Pagès, dont il est ici question, est le frère cadet du précédent. Il est né à Marseille en 1805.

—**Marie**, né en 1797 et mort en 1871, fut d'abord avocat, puis député de l'opposition et enfin ministre.

—Armand **Marrast**, né à Saint-Gaudens (Haute-Garonne) en 1802, mourut en 1852. Il était, en 1826, maître d'études à l'Ecole préparatoire, redevenue en 1830 l'école normale supérieure. Il fut, en 1848, président de l'Assemblée constituante.

—**Goudchaux** (Michel), né à Nancy en 1797, mourut en 1862. Il fut tour à tour banquier, payeur, journaliste, ministre des finances député, etc. Réélu député en 1857, il refusa de prêter serment et fut déclaré démissionnaire.

—Le général **Bedeau**, né près de Nantes en 1804, mourut en 1863. Il se distingua surtout en Algérie, fut blessé aux journées de juin 1848 et banni lors du coup d'Etat. Il ne rentra en France qu'après 1860.

—**Bethmont**, éloquent avocat, né en 1804, mourut en 1860. Député de Paris en 1842, il fut nommé ministre en 1848. Son fils fait aujourd'hui partie de la Chambre des députés.

25 *février*. Le général **Subervie**, né en 1772, mourut en 1856. Il avait fait les campagnes d'Egypte, de Russie et de Belgique (1815). Depuis 1852, il vécut dans la retraite.

—Le général **Duvivier**, né en 1794, fut tué dans les journées de juin 1848. Il s'était distingué en Algérie, pays sur lequel il publia différents ouvrages.

1849

2 *juin*. **Odilon Barrot**, mort il y a quelques années,

était né en 1791. Il a laissé des mémoires sur sa carrière politique, passée presque entièrement dans une opposition assez modérée contre Louis-Philippe.

— Le général **Rullière** ou **Rulhière**, parent de l'historien de ce nom, naquit en 1787 et mourut en 1862. Il fit les guerres d'Espagne, d'Allemagne, de Russie, de Belgique, d'Espagne en 1823, de Morée et d'Algérie.

— De **Tracy**, fils du philosophe Destutt de Tracy, naquit en 1781 et mourut en 1864. Il assista à la bataille d'Austerlitz et abandonna le service en 1818 avec le grade de colonel. On a de lui *Lettres sur l'agriculture*.

— **Lacrosse** (le baron), fils du contre-amiral de ce nom, naquit en 1796 et mourut en 1865. Retiré du service en 1815 avec le grade de capitaine, il fut plus tard député, ministre et sénateur.

31 *octobre*. De **Rayneval**, diplomate, né en 1818 et mort en 1858, était fils d'un diplomate. Il fut peu de temps avant sa mort, ambassadeur en Russie.

— Ferdinand **Barrot**, frère d'Odilon Barrot, fut nommé sénateur par Napoléon III.

— Achille **Fould**, israélite de même que Michel Goudchaux, naquit en 1800 et mourut en 1867. Il fut d'abord banquier, puis député et enfin ministre.

— L'amiral **Romain des Fossés** naquit en 1798 et mourut en 1864.

1850

15 *mars*. **Baroche**, né à Paris en 1802 et mort en 1870 après la chûte de Napoléon III, fut successivement avocat, député, procureur-général, ministre et sénateur.

22 *mars*. La république de **Costa-Rica**, située dans l'Amérique centrale, a pour capitale San José. On y trouve encore la ville de Cartago. Ce pays, qui renferme plusieurs volcans, a environ 135,000 habitants.

— La république de **Guatemala**, située comme la précédente, dans l'Amérique centrale, a environ 1,200,000 habitants. La capitale se nomme la Nouvelle Guatemala.

31 *mai*. Cette loi diminua de plusieurs millions le nombre des électeurs et facilita le coup d'État du 2 décembre 1851.

13 *juin*. Le général **Regnault** naquit en 1788 et se distingua en Prusse, en Pologne et en Espagne.

1ᵉʳ *septembre*. **Libri-Carrucci**, mathématicien, né à Florence en 1803 et mort en 1869, se déshonora par les vols qu'il commit dans les bibliothèques de France, à la faveur de son titre d'inspecteur général. Il fut condamné par contumace en 1850.

1851

9 *janvier*. Le maréchal **Regnault de St Jean d'Angely**, fils de l'homme politique qui était né en 1762 et mort en 1819, naquit en 1794 et mourut en 1870. Il s'était distingué à Waterloo, en Morée, en Belgique et en Italie.

— **Ducos** (Théodore), naquit à Bordeaux en 1801 et mourut en 1855. Il fut successivement député, ministre de la marine et sénateur. Il supprima les bagnes, fit occuper la Nouvelle-Calédonie et prescrivit plusieurs expéditions qui agrandirent la colonie du Sénégal.

— **Bonjean** fut une des plus regrettables victimes de la commune de 1871, d'autant plus qu'il s'était montré le plus progressiste des sénateurs. Né en 1804 à Valence (Drôme), il a publié divers ouvrages relatifs à la jurisprudence.

24 *janvier*. **Brénier**, diplomate, naquit vers 1806, fut consul général à Varsovie, ambassadeur à Naples, etc.

— **Randon** (le maréchal), né à Grenoble en 1795, mort en 1871. Il se distingua en 1812 et 1813, et, devenu gouverneur de l'Algérie, il subjugua la grande Kabylie.

— Le vice-amiral **Vaillant**, né en 1793, mourut en 1858. Il se distingua à Saint-Jean d'Ulloa contre les Mexicains et à Montevideo contre Rosas.

— **Vaïsse**, né en 1793, fut préfet de plusieurs déparments, tels que les Pyrénées - Orientales, le Nord, etc.

— **Schneider**, célèbre industriel, mort depuis peu, a en quelque sorte fondé la prospérité du Creusot, un de nos meilleurs établissements métallurgiques.

— De **Germiny** (le comte), naquit en 1799, devint conseiller d'Etat, épousa la fille du ministre Humann, fut successivement gouverneur du Crédit foncier et de la Banque de France, etc.

20 *avril*. **Chasseloup-Laubat** (le comte), fils du célèbre ingénieur de ce nom, naquit en 1805 et mourut en 1873.

— Léon **Faucher**, né à Limoges en 1803, mourut en 1854. Comme Armand Marrast, il fut maître d'études dans sa jeunesse. Il publia des articles d'économie politique dans le *Temps*, le *Courrier Français*, le *Constitutionnel*, la *Revue des Deux Mondes*, etc.

8 *août*. **Sérapis** était un dieu égyptien sur lequel on trouve des détails, particulièrement dans les écrits de Tacite.

26 *octobre*. **Turgot**, naquit en 1796, fut ambassadeur en Espagne, en Suisse, etc.

— Le maréchal **Leroy de St Arnaud**, né à Paris en 1798, mort en Crimée dans l'année 1854. Il s'était distingué en Algérie par sa bravoure et son habileté. Ce fut lui principalement qui gagna en Crimée la bataille de l'Alma.

— **Fortoul**, né à Digne en 1811, mort en 1856. Il fut successivement journaliste, professeur aux Facultés des lettres de Toulouse et d'Aix, enfin ministre de l'instruction publique.

2 *décembre*. **de Morny**, né en 1811 et mort en 1863, prit la plus grande part au coup d'Etat du 2 décembre 1851. Il fut successivement officier en Al-

gérie, fabricant en Auvergne, député, ministre de l'intérieur et président du Corps législatif.

— De **Goulard** est mort il y a quelques années, après avoir été ministre.

1852

22 *janvier*. De **Maupas**, né en 1818, prit une grande part au coup d'État du 2 décembre 1851. Napoléon III le nomma sénateur, commandeur de la Légion d'honneur, etc.

— **Fialin de Persigny**, le *fidus Achates* de Napoléon III, naquit en 1808 et mourut en 1871. Il prit part aux échauffourées de Strasbourg (1836) et de Boulogne (1840).

— La duchesse d'**Orléans**, née princesse de Mecklembourg-Schwérin, se fit généralement aimer et respecter. Elle mourut en 1858 à l'âge de 44 ans.

26 *janvier*. Elie de **Beaumont**, mort il y a quelques années, fut un géologue distingué. Né en 1798, il fut nommé secrétaire perpétuel de l'Académie des sciences.

— **Delangle**, né en 1797 et mort en 1869, fut successivement avocat-général à la Cour de cassation, procureur-général, député, premier président de la Cour d'appel, ministre de l'intérieur, puis de la justice, enfin vice-président du Sénat.

— **Vaudrey** (le colonel d'artillerie), seconda Napoléon III lors de l'échauffourée de Strasbourg, en 1836. Il mourut en 1857, après avoir été général de brigade, gouverneur des Tuileries et sénateur.

30 *janvier*. **Nossi-Bé**, petite île voisine de Madagascar, a été occupée par les Français en 1841. Elle a environ 15,000 habitants et produit du sucre, du café, de l'indigo, du riz, etc.

— L'île de **Ste-Marie**, occupée par les Français d'abord en 1750, puis en 1820 et 1822, n'est guère qu'à une dizaine de kilomètres de la grande île de

Madagascar. Elle a environ 6,000 habitants. Le
chef-lieu est Port-Louis.

29 *juin*. La **Sologne** forme une partie des départements du Cher, de Loir-et-Cher et du Loiret. Les
eaux, n'y ayant pas d'écoulement, donnent naissance à des marais qui rendent la contrée malsaine.

8 *juillet*. **Murillo**, célèbre peintre espagnol, naquit
à Séville en 1618 et mourut en 1682.

19 *octobre*. Le **duché de Brunswick**, État aujour-
d'hui vassal de la Prusse, compte environ 310,000
habitants; sa capitale, Brunswick, en a 50,000.

— Le **grand-duché de Hesse-Darmstadt** a environ 853,000 habitants. Ses villes principales sont
Darmstadt, Mayence, Offenbach, Giessen, Worms,
etc.

— Le **landgraviat de Hesse-Hombourg** a été annexé par la Prusse en 1866 ainsi que l'électorat de
Hesse, bien plus considérable que le landgraviat.

2 *décembre*. Le maréchal **Magnan**, né en 1791, mourut en 1865. Il avait pris part aux guerres d'Espagne, de Portugal, de Belgique, d'Algérie, etc.

1853

4 *mars*. Le marquis de **Boissy**, né en 1798, se fit
remarquer au Sénat surtout par une espèce d'a-
charnement contre l'Angleterre, acharnement qui,
par bonheur, ne devint pas contagieux.

27 *avril*. Depuis 1866, la Prusse s'est annexé le Hanovre, la Hesse électorale, le duché de Nassau, et
des fractions de la Bavière et du grand-duché de
Hesse-Darmstadt.

28 *mai*. Philippe de **Girard**, né en 1775 et mort en
1845, inventa le moyen de filer le lin à la mécanique; mais l'ingratitude humaine ne lui accorda
que des récompenses posthumes.

23 *juin*. Prosper **Mérimée**, littérateur célèbre,
membre de l'Académie française, né en 1803, mort
à Cannes en 1870.

1854

2 *février.* Le **Paraguay** dans l'Amérique du Sud, a pour capitale l'Assomption. Ce pays de 1,400,000 âmes, vient de s'épuiser dans une lutte infructueuse contre le Brésil.

— La **République argentine**, ainsi nommée du Rio de la Plata (fleuve de l'argent), qui la traverse dans toute son étendue, a pour ville principale Buénos-Ayres, ainsi nommée à cause de la pureté de l'air qu'on y respire.

11 *mars.* Le maréchal **Vaillant**, né à Dijon en 1790, mourut en 1872. Il prit part aux campagnes de 1812-1815, au siège d'Anvers, aux campagnes d'Algérie, à l'expédition de Rome (1849), à la guerre d'Italie (1859), etc.

31 *mai.* Les plus illustres condamnés auxquels on appliqua la peine de la mort civile, furent les membres du ministère Polignac, immédiatement après la révolution de juillet 1830.

5 *juillet.* **Mésopotamie** (la), c'est-à-dire la contrée située entre les fleuves l'Euphrate et le Tigre, s'appelle aujourd'hui Al-Djezireh; elle appartient à la Turquie.

— **Médie** (la), contrée située au midi de la Mer Caspienne, s'appelle aujourd'hui Aderbaïdjan et Irak-Adjémy; elle fait partie du royaume de Perse, dont la capitale Téhéran se trouve dans l'Irak-Adjémy.

4 *décembre.* Le prince **Poniatowski**, cousin issu de germain du prince Poniatowski, maréchal de France, qui se noya accidentellement dans l'Elster, en 1813 et qui lui-même était neveu du dernier roi qu'ait eu l'infortunée Pologne, le prince Poniatowski, dont il est ici question, est un compositeur de talent.

1855

26 *avril*. Colonna **Walewski**, fils naturel de Napoléon Ier, naquit en 1810 et mourut en 1868, après
avoir été successivement officier d'ordonnance du
maréchal Gérard, directeur des affaires arabes à
Oran, journaliste, auteur dramatique, ambassadeur et ministre.

4 *août*. **Jecker**, financier suisse, a été une des principales causes de la guerre du Mexique. Il fut vers
la fin de l'insurrection de 1871 fusillé avec les ôtages.

28 *avril*. **Kars** est une ville forte de l'Arménie
turque, non loin de la partie de l'Arménie, qui a
été conquise par les Russes. La population de
Kars est d'environ 12,000 âmes.

— Les îles d'**Aland**, voisines de la Suède, appartiennent à la Russie. Elles ont environ 15,000 habitants.

1er *juillet*. **Valenciennes**, naturaliste distingué, né en
1794, mourut en 1865. On a de lui une *Histoire naturelle des poissons* et d'autres écrits scientifiques.

22 *juillet*. Le maréchal **Pélissier** naquit en 1792 à
Maromme (Seine-Inférieure), et mourut en 1864
après avoir fait preuve d'habileté et de bravoure
en Algérie. Il contribua puissamment à la prise de
Sébastopol.

18 *octobre*. La République de **Libéria** a été fondée,
en 1821, par ceux des habitants des États-Unis qui
désiraient l'abolition de l'esclavage. Cet État, portion de la Guinée, a conservé son indépendance et
renferme environ 425,000 nègres, tous parfaitement
libres.

1856

14 *février*. Le **Honduras**, république d'origine espagnole, est un des petits États qui se partagent

l'Amérique centrale. Sa population est de 360,000
âmes environ. Sa capitale est Comayagua.

— Le royaume de **Siam** ou de Thay, situé dans l'Asie
orientale, a six millions d'habitants. Sa capitale
est Bangkok. On y regarde les éléphants blancs
comme des animaux sacrés.

28 *mars*. La **Sénégambie**, arrosée par les fleuves
Sénégal et Gambie, est en partie indépendante, en
partie soumise soit aux Anglais, soit aux Français
On évalue la population à 12 millions d'âmes.

30 *mai*. Le **Sund**, détroit qui sépare le Danemark
d'avec la Suède, a 100 kilomètres de long sur une
largeur qui varie de 4 à 25 kilomètres. En 1853, il
y passa 21,613 navires.

— Les **Belts** (grand et petit) sont deux bras de mer
dans le voisinage du Danemark et de la Suède.

9 *juin*. **Haussmann**, étant préfet de la Seine, sous
Napoléon III, commença les grands travaux, qui
ont fait de Paris une ville nouvelle et que le gouvernement actuel poursuit avec ardeur. Le baron
Haussmann est né à Paris le 27 mars 1809.

— Le maréchal **Niel**, né à Muret (Haute-Garonne) en
1802, mourut en 1869. Il se distingua en Crimée, fut
nommé ministre de la guerre, etc. On a de lui le
*Siége de Sébastopol, Journal des opérations mili-
taires*.

12 *août*. Le général **Daumas**, né en 1803, mourut en
1871. Il est connu surtout par ses ouvrages sur
l'Algérie, tels que *le Sahara algérien, la grande
Kabylie, les chevaux du Sahara*, etc.

16 *novembre*. De **Royer** naquit en 1808. Membre de la
magistrature depuis 1832, il parvint aux fonctions
de procureur-général à la Cour de cassation et fut
nommé sénateur en 1859. Il mourut en décembre 1877.

1858

1ᵉʳ *février*. Mgr **Morlot**, archevêque de Paris et cardinal, mourut en 1862. Il était né à Langres en 1795. Napoléon III le nomma membre du conseil de régence et du conseil privé.

7 février. Le général **Espinasse** fut tué sur le champ de bataille, en 1859, durant la guerre d'Italie.

21 *mai*. Alcide **d'Orbigny**, savant naturaliste, né en 1802 et mort en 1858, est connu par *son Voyage pittoresque dans les deux Amériques* et par d'autres écrits.

— Jacques **Cœur**, né vers 1400 et mort en 1456, fut le Rothschild de son temps. Il possédait 6 navires et employait 300 agents pour ses relations commerciales avec différentes contrées de l'Europe, de l'Asie et de l'Afrique.

1859

8 *mai*. **Thouvenel** (Edouard-Antoine), habile diplomate, né à Verdun en 1818 mourut en 1866. On a de lui un récit de voyages intitulé *Hongrie et Valachie*.

16 *août*. Le général **Renault**, né en 1807 mourut en 1870, après s'être distingué en Algérie et en Italie. Il fut blessé mortellement par les Prussiens, lors du siège de Paris.

— Le maréchal **Forey**, né en 1804, mourut en 1872, après avoir pris part à la conquête d'Alger en 1830, à la campagne de Crimée, puis à celles d'Italie et du Mexique.

— Le vice-amiral **Tréhouart** dut le grade de contre-amiral à la bravoure et à l'habileté dont il fit preuve au combat d'Obligado (république argentine), en 1846.

14 *novembre*. De **Saulcy** (M.) est connu par ses ouvrages historiques et philosophiques relatifs principalement à la Terre-Sainte. Il est né en 1807.

1860

14 *janvier.* La **Nouvelle-Calédonie**, noyau d'un groupe d'îles, à l'est de l'Australie, a été occupée plutôt que conquise par les Français, le 24 septembre 1853. La ville principale est Nouméa.

— **Taïti**, anciennement **O'taïti**, île du groupe de la Société, dans l'Océanie, a été occupée, en 1843, par les Français, qui furent obligés de livrer des combats sanglants aux indigènes. Aujourd'hui l'île, dont la capitale est Papéiti, accepte la domination ou plutôt le protectorat de la France.

21 *janvier.* La **république de Nicaragua**, portion de l'Amérique centrale, a environ 350.000 habitants. Il est probable qu'on y creusera un canal qui sera pour le Nouveau-Monde ce que le canal de Suez est pour l'ancien. Un contre-projet a en vue l'isthme de Darien.

— Les îles **Sandwich**, où le capitaine Cook fut tué, forment aujourd'hui un royaume, où domine l'influence des Anglais et celle des États-Unis. On y trouve un volcan d'une puissance remarquable.

— La **république de San-Salvador**, portion de l'Amérique centrale, compte 600,000 habitants. Cette contrée volcanique vit sa capitale San Salvador presque détruite par un tremblement de terre en 1839.

— Le **Japon**, État de 34 à 36 millions d'habitants, forme un groupe d'îles grandes et petites, à l'est de l'Asie, à laquelle il appartient géographiquement. Depuis quelques années, ce pays se civilise rapidement à l'Européenne.

14 *mars.* L'amiral **Rigault de Genouilly** s'empara, le 17 février 1859, de la ville de Saïgon, en Cochinchine.

1861

16 *mars.* Le vicomte de **Laguéronnière**, mort ré-

cemment, est connu par ses *portraits politiques*.
D'abord légitimiste, il se rallia à Napoléon III, qui
le combla de faveurs.

30 *mars*. Ce prélat s'était attaqué à la personne
même de l'empereur.

12 *juin*. Le maréchal **Bosquet**, né en 1810, mourut
en 1861. Il se distingua en Algérie et en Crimée.

1862

26 *février*. Le **Pérou**, qui occupe une grande partie
du littoral ouest de l'Amérique du sud, a pour capitale Lima, dont le port est le Callao. Cette contrée, jadis gouvernée par les Incas, renferme
encore les villes d'Aréquipa, Cuzco, etc. La population est de 2,500,000 âmes.

25 *mai*. **Ingres**, peintre illustre, naquit à Montauban
en 1780 et mourut en 1867.

— **Chaix d'Est-Ange**, mort récemment, fut un avocat distingué, qui finit par se rallier complètement
à la cause de Napoléon III. Il était né en 1800.

6 *juillet*. Fromental **Halévy**, né à Paris en 1799, mourut en 1862. On a de ce compositeur éminent *Charles VI, la Juive, l'Eclair, la Reine de Chypre,*
etc.

1863

11 *avril*. **Madagascar**, grande île dans la partie
méridionale de la mer des Indes, a environ 5 millions d'habitants. Les Français la possédèrent au
XVIIe siècle, mais n'ont pu s'y maintenir. Cette
île, aujourd'hui indépendante, a 1,700 kilomètres
de long sur 600 de large.

1er *juillet*. Le royaume d'**Annam** a pour capitale
Hué. On évalue la population de cette contrée à
une douzaine de millions d'habitants. Les Fran-

çais lui ont enlevé la Cochinchine, devenue une de nos colonies les plus florissantes.

1864

20 *avril*. **Maximilien**, empereur du Mexique, de 1864 à 1867, était né en 1832. Ce frère de l'empereur d'Autriche, François-Joseph, fut, comme on le sait, fusillé par l'ordre de Juarès, qui ne survécut pas longtemps à sa victime.

1865

31 *janvier*. Le **Zollverein** (union douanière), fut, pour le commerce et l'industrie, le prélude de la conquête de l'Allemagne par la Prusse. Cette puissance a été aussi habile que les petits États germaniques se sont montrés faibles et imprévoyants, de l'avis de Wuttke.

28 *avril*. **Sainte-Beuve**, mort sénateur, peu de temps avant la guerre de 1870-1871, fut un prosateur distingué On a de lui des ouvrages littéraires et philosophiques, dont on admire le style châtié. Il était né en 1804.

— L'amiral **Bouet-Willaumez**, né en 1808, assista au bombardement de Mogador, fut gouverneur du Sénégal, prit part à la campagne de Crimée, etc.

— Le général **Vinoy**, qui sauva sa division après le désastre de Sedan, est aujourd'hui grand-chancelier de la Légion d'honneur.

1866

28 *mars*. **Volta**, inventeur de la pile qui porte son nom, naquit à Côme en 1745 et mourut en

1827. On lui doit aussi l'électrophore, le condensateur électrique, etc. Napoléon Ier le combla d'honneurs.

2 *août*. Cette mesure fut motivée par un article de Prévost-Paradol.

1867

13 *avril*. La **Sarre** ou **Saar**, affluent de la Moselle, a donné son nom aux villes de Sarrebourg (forteresse de la Sarre), Sarrebrück (pont sur la Sarre), Sarreguemines (bouches de la Sarre), Sarre-union, Sarrelouis, etc.

23 *novembre*. L'**Uruguay**, république du Sud de l'Amérique méridionale, a pour capitale Montevideo. La population est de 390,000 âmes, dont un grand nombre de Français et d'Italiens.

1868

29 *février*. Le **Cambodge**, contrée de l'Indo-Chine, touche à la Cochinchine et reconnaît le protectorat français. La capitale est Odong. Ce pays, arrosé par le May-Kong, a un million d'habitants.

12 *mars*. Pour avoir battu les Garibaldiens à Mentana.

1869

11 *septembre*. La **Côte d'Or**, dont il est ici question, est une contrée de l'Afrique occidentale, célèbre par sa poudre d'or.

1870

18 *mai.* Le chiffre de 376,601 apprit malheureusement aux Prussiens quel effectif la France pourrait leur opposer.

4 *septembre*, **Dorian**, mort depuis quelques années, joua, un rôle assez important dans l'organisation de la défense de Paris contre les Prussiens,

25 *octobre.* L'emprunt dit Morgan, vient d'être remboursé indirectement.

1871

21 *mars.* La Commune de Paris avait commencé le 18 mars 1871.

6 *juin.* Mgr **Darboy**, archevêque de Paris, fusillé comme ôtage par les communards, était né en 1813. On a de lui les *Femmes de la Bible*, *Vie de Saint-Thomas Becket*, etc.

7 *octobre.* Ce décret avait pour but de diminuer le fâcheux effet produit sur les Musulmans de l'Algérie par la naturalisation en masse des Israélites.

12 *octobre.* **Casimir Périer**, fils, est mort vers 1876, après avoir été ministre comme son père, que le choléra emporta en 1832.

1873

25 *mai.* **Beulé**, dont la mort récente est attribuée à un suicide, provoqué par une ambition déçue dans ses espérances, s'était fait remarquer par des ouvrages relatifs à l'histoire et particulièrement à l'archéologie. Il était né en 1826.

18 *juillet*. La **Birmanie**, empire Birman ou empire
d'Ava, est une contrée de l'Indo-Chine. Elle compte 4 millions d'habitants et a pour capitale Man-
delay.

20 *août*. **Marie-Galante**. dépendance administrative de la Guadeloupe, a 14,000 habitants et produit du café, du sucre, du coton, etc. Les Français
s'y établirent en 1647.

1 8 7 4

16 *janvier*. Le maréchal **Bazaine**, devait être en-
fermé dans le fort de l'île Sainte-Marguerite.

14 *juin*. La **république dominicaine**, se compose de
la partie de l'île Saint Domingue qui, avant 1789,
appartenait aux Espagnols.

18 *juillet*. M. **Pasteur** avait trouve le moyen
d'empêcher les vins de s'aigrir. Ce savant chimiste est né en 1822.

1 8 7 5

13 *mai*. Le comte de **Jarnac** venait de mourir,
universellement regretté.

1 8 7 6

10 *mars*. M. **Ricard** est mort peu de temps après sa
nomination.

25 *octobre*. M. **Lesourd** est mort au commencement de l'année 1877, dans un âge peu avancé.

1 8 7 7

4 *mars*. Les élections consulaires ont pour but la

nomination de juges pour les tribunaux de commerce.

1878

10 *février*. **Claude Bernard**, éminent physiologiste, naquit à Saint-Julien près Villefranche, le 12 juillet 1813 et mourut le 19 février 1878. Il était membre de l'Académie des sciences, ainsi que de l'Académie française.

— **Ledru-Rollin**, né en 1807, mourut en 1874.

11 *août* 1878. **Naudet**, savant latiniste et historien érudit, naquit en 1786 et mourut dans la première moitié du mois d'août 1877. Il est connu surtout par sa traduction de Plaute et par ses notices historiques relatives à l'administration de l'empire romain (1).

— L'ex-reine d'Espagne, **Christine**, veuve du roi Ferdinand VII et mère de la reine Isabelle II, était une princesse napolitaine, née en 1806. Elle mourut en août 1878.

— Le général de **La Hitte**, ex-ministre, mourut en septembre 1878.

— **Dupanloup**, évêque d'Orléans, mort le 10 octobre 1878, était né en Savoie, dans l'année 1802. Il a laissé un grand nombre d'écrits relatifs à la théologie et à la politique.

— **Garnier-Pagès** est mort à la fin d'octobre 1878.

— **Rouland** est mort dans la première moitié du mois de décembre 1878.

---

(1) Ces nouveaux renseignements viennent se joindre à ceux qui ont déjà été donnés sur M. Naudet dans le présent ouvrage. (Voir l'*Index général*).

1879

11 *janvier*. La **Colombie** est composée des régions du Nord-Ouest de l'Amérique méridionale.

13 *janvier*. M. **Gresley**, né en 1819, entra à l'Ecole Polytechnique. Il était, en 1840, officier d'état-major.

15 *janvier*. M. **Challemel-Lacour** est né à Avranches en 1827. Il entra en 1846 à l'Ecole normale supérieure, fut nommé agrégé de philosophie, en 1849, s'opposa vivement au coup d'Etat du 2 décembre 1851, fut expulsé de France et professa brillamment en Belgique, en Suisse, etc.

22 *janvier*. **Rouland**, naquit à Yvetot, en 1806. Il était procureur-général près la Cour impériale de Paris, lorsque Napoléon III le nomma (1856) ministre de l'instruction publique et des cultes. En 1863, Rouland devint président du conseil d'Etat et, en 1864, gouverneur de la Banque de France.

23 *janvier*. Le vice-amiral **Touchard**, né à Versailles en 1810, prit part à la conquête d'Alger et à celle de Bône. Il fit à bord de la *Bonite* un voyage autour du monde. Il accompagna, en 1840, le prince de Joinville à Sainte-Hélène. Il assista à la prise de Mogador, puis au siége de Sébastopol. Il a écrit dans la *Revue maritime et coloniale*, ainsi que dans la *Revue des Deux-Mondes*.

26 *janvier*. M. **Hérold**, fils du célèbre compositeur de musique, est né à Paris, en 1828. En 1854 il était avocat à la Cour de cassation et au conseil d'Etat.

— **Ferdinand Duval** est né à Paris en 1829. Il a été secrétaire de M. Dufaure, alors ministre, et préfet de la Gironde, en 1871.

30 *janvier*. **Jules Grévy** est né à Mont-Sous-Vaudrey (Jura) en 1813. Il fut un des combattants de Juillet 1830. En 1848 il fut envoyé à l'Assemblée constituante par plus de 65,000 électeurs. Voulant pour gouverner la République un président du

conseil toujours révocable et non un président élu pour tant et tant d'années, il vit son célèbre amendement repoussé, le 7 octobre 1848, par 643 voix contre 158. En 1866, il fut élu bâtonnier de l'ordre des avocats.

— Le maréchal de **Mac-Mahon**, duc de Magenta, est né à Sully (Saône-et-Loire) en 1808. Il entra à Saint-Cyr en 1825, assista à la prise d'Alger, au siège de la citadelle d'Anvers, à l'assaut de Constantine, à la prise de Malakoff, à l'expédition de la Kabylie en 1857, à la bataille de Magenta (4 juin 1859),etc.

— Le général **Chanzy** est né à Novart (Ardennes) en 1823. Il fit les campagnes d'Italie et de Syrie. En 1870, ses exploits à Coulmiers et à Patay furent suivis de revers alors peut-être inévitables.

4 *février*. William-Henri **Waddington** qu'il ne faut pas confondre avec son cousin, le philosophe Charles Waddington, est né près de Dreux en 1826. Savant distingué et homme d'Etat honorable, il fut envoyé en 1871 à l'Assemblée nationale par plus de 69,000 électeurs de l'Aisne. Il a été depuis plusieurs fois ministre.

— M. de **Marcère** est né à Domfront (Aisne) en 1826. En 1871, il fut envoyé à l'Assemblée nationale par 205,000 électeurs du département du Nord.

— M. Léon **Say**, économiste distingué, fils et petit-fils d'économistes, est né en 1826. Il a été député, préfet de la Seine, etc.

— M. **Jauréguiberry** est né en 1815. Il se distingua à la bataille de Patay.

— M. Jules **Ferry** est né à Saint-Dié (Vosges) en 1832. Il a été rédacteur de la *Gazette des Tribunaux* et du *Temps*. Député au Corps législatif vers la fin du règne de Napoléon III, il fut au 4 septembre 1870, membre du gouvernement de la défense nationale. Dans la séance du 20 janvier 1879, la Chambre des députés vota, par 208 voix contre 116, un ordre du jour proposé par M. Jules Ferry et conçu en ces termes : « La Chambre des députés, « confiante dans les déclarations du Gouvernement

« convaincue que le Cabinet, désormais en posses-
« sion de sa pleine liberté d'action, n'hésitera pas
« à donner à la majorité républicaine les satisfac-
« tions légitimes qu'elle réclame depuis si long-
« temps, au nom du pays, notamment en ce qui
« concerne le personnel administratif et judiciaire,
« passe à l'ordre du jour. »
— M. Charles de **Freycinet**, travailleur infatigable,
est né en 1829. Brillant élève de l'Ecole Polytechnique et, depuis, ministre des travaux publics, il a
donné à la construction des chemins de fer un essor
presqu'incroyable.
— Ulysse **Trélat** était né en 1795 à Montargis. Il
se signala par sa résistance au gouvernement de
Louis-Philippe.
— M. **Cochery**, né à Paris en 1830, fut en 1869,
membre du Corps législatif.
— M. **Goblet** est né à Aire (Pas-de-Calais), en 1828.
Il fut successivement procureur-général et membre de l'Assemblée nationale où l'envoyèrent plus
de 75,000 électeurs de la Somme.
— M. **Turquet** est né à Senlis (Oise), en 1836. Le 8 février 1871, plus de 47,000 électeurs de l'Aisne l'envoyèrent à l'Assemblée nationale.
— M. **Sadi-Carnot**, petit-fils du célèbre conventionnel, est né à Limoges en 1837.
— On lit dans le message du président **Grévy**, lu aux
Chambres, le 6 février 1879 : « Je n'entrerai jamais
« en lutte contre la volonté nationale, exprimée par
« ses organes constitutionnels. »
— Un décret du 12 février mit en disponibilité 9 généraux de division, savoir : le duc d'Aumale, Bourbaki, Deligny, Douay, Cambriels, Clinchant, etc.
Cambriels fut replacé à Clermont-Ferrand et Clinchant à Châlons. Le duc d'Aumale, Deligny et
Douay furent nommés inspecteurs des corps d'armées, pour l'année 1879.
14 *février*. M. le comte de **Montalivet**, ex-ministre
de Louis-Philippe, est aujourdhui rallié à la République. Il est né à Valence (Drôme) en 1801.
19 *février*. M. **Magne** était né à Périgueux en 1806.
Il fut ministre sous Napoléon III.

23 *février*. M. le vice-amiral **Pothuau**, né en 1815, s'est distingué au premier siège de Paris, en 1870.

— M. **Teisserenc de Bort** est né à Châteauroux, en 1814.

2 *mars*. M. Etienne **Arago** est né à Perpignan en 1802. C'est le frère du savant astronome ; lui-même s'est fait remarquer comme auteur dramatique.

5 *mars*. M. **Tirard** est né à Genève en 1827.

10 *mars*. M. **Laboulaye** est né à Paris en 1831.

— Dans sa séance du 13 mars 1879, la Chambre des députés, vota par 217 voix pour et 135 contre, l'ordre du jour motivé, proposé par M. Rameau et conçu en ces termes : « La Chambre livre au juge-« ment de la conscience nationale, qui les a déjà so-« lennellement réprouvés, les desseins et les actes « criminels des ministres du 17 (sic) mai et du 23 « novembre 1877 et invite le Ministre de l'intérieur « à faire afficher cette résolution dans toutes les « communes de France. »

16 *mars*. Albert **Grévy**, frère puîné du président de la République, est né en 1823. Il fut élu représentant le 8 février 1872, par plus de 96,000 électeurs du Doubs.

— **Sydney** est une des principales villes du continent australien.

14 *avril*. Le Tamoul est une des langues parlées dans l'Indoustan

1er *mai*. Anatole de la **Forge**, né à Paris en 1821, a vaillamment défendu Saint-Quentin contre les Prussiens, en 1870.

25 *mai*. Le vice-amiral **Saisset**, né en 1810, se distingua au premier siège de Paris.

16 *juin*. Les deux Chambres, réunies en congrès, votèrent le retour du Gouvernement à Paris par 526 voix contre 249 (J. O.).

8 *juillet*. Clément **Duvernois** mourut à l'âge de 43 ans, ex-journaliste et ex-ministre. Il était né à Paris, en 1836.

3 *août*. La république de (San) **Salvador** est située dans l'Amérique centrale.

9 *août*. La loi relative aux écoles normales primaires

stipule : tout département en devra avoir une au
moins, soit de garçons, soit de filles. Deux départements limitrophes pourront s'entendre l'un avec
l'autre à ce sujet.

2 *août*. Un décret démonétise, à partir du 1ᵉʳ janvier
1880, les pièces tant pontificales que royales italiennes de 20 et 50 centimes, de 1 et 2 francs.

5 *septembre*. Le baron **Taylor**, mort sénateur, après
avoir fondé plusieurs associations artistiques et
autres, était né à Bruxelles en 1789.

28 *novembre*. M. Léon **Gambetta** est né à Cahors
(Lot) en 1838.

— Michel **Chevalier**, naquit à Limoges en 1806,
entra à l'Ecole Polytechnique en 1824, fut professeur d'économie politique au collège de France, sénateur, etc.

28 *décembre*. M. **Cazot**, né à Alais en 1821, fut per-
sécuté par les hommes du 2 décembre 1851. Il a été
nommé sénateur inamovible en 1875.

— M. **Varroy**, ancien élève de l'Ecole Polytechnique,
puis de l'Ecole des Ponts-et-Chaussées, a été nommé sénateur inamovible, en 1876, par les électeurs
de Meurthe-et-Moselle. Il est âgé de 53 ans.

— M. **Magnin** a 55 ans. Il est sénateur inamovible
depuis 1875. Il a été représentant de la Côte-d'Or
au Corps législatif et à l'Assemblée nationale.

— Le général **Farre** est âgé de 63 ans.

30 *décembre*. M. **Constans**, né à Béziers en 1833,
est député de la Haute-Garonne et professeur-
agrégé de droit à la faculté de Toulouse.

— M. **Wilson** est député d'Indre-et-Loire depuis
l'année 1869.

INDEX ALPHABÉTIQUE

A

Abancourt, 2 janvier 1869.

Abattoirs, 1828.

Abbatucci, 22 janvier 1852, 12 novembre 1857.

Abbeville, 10 janvier 1816, 21 avril 1819, 30 décembre 1836, 25 octobre 1842, 30 janvier 1847, 10 mai 1852, 20 décembre 1856, 11 janvier 1862, 15 janvier 1867, 3 janvier 1868, 16 janvier 1869, 17 décembre 1872, 20 janvier 1873.

Abd-el-Kader. — Notes : 29 décembre 1840.

Abd-ul-Hamid. 2 octobre 1876.

Abondance, 25 juin 1860.

Abonnements, 4 mai 1879.

Abordages, 25 octobre 1862, 4 novembre 1879.

Aboville (d'), 14 septembre 1802, 5 novembre 1827.

Abrantès. — Notes : 6 juillet 1804.

Abrial, 25 décembre 1799, 14 septembre 1802. — Notes : 25 décembre 1799.

Abscon, 9 juillet 1835.

Absents, 15 mars 1803.

Abus (appels comme d'), 4 mars 1835, 30 décembre 1838, 8 novembre 1843, 6 avril 1857, 30 mars 1861, 8 février 1865, 17 mai et 13 décembre 1879.

Académies, 8 août 1793, 20 décembre 1820, 6 septembre 1822, 17 mars 1854.

Académie de médecine, 18 octobre 1829, 15 septembre 1833, 8 septembre 1856, 15 mai 1870.

Académie des inscriptions & belles-lettres, 24 décembre 1828, 6 février 1839. — Notes : 5 septembre 1797, 17 avril 1802, 26 juillet 1815, 26 octobre 1832.

Académie des sciences, 4 août 1855. — Notes : 6 septembre 1836, 1er novembre 1836, 4 juillet 1846. — Notes de l'année 1878.

Académie des sciences morales & politiques, 26 octobre 1832, 5 mars 1833, mars 1840. — Notes : 13 novembre 1828, 11 octobre 1832, 6 août 1830, 16 décembre 1843.

Académie française, — Notes : 4-11 août 1789, 5 septembre 1797, 17 avril 1802, 24 octobre 1814, 17 août 1815, 24 septembre 1819, 15 avril 1837, 4 juillet 1846. — Notes de l'année 1878.

Accapareurs, 26 juillet 1793.

Accusés, octobre 1789.

Achette, 6 juillet 1862.

Achiet, 3 janvier 1868.
Achille, 10 décembre 1797.
Aciers, 11 janvier 1827.
Acqui, 6 juin 1805.
Acquigny, 2 janvier 1869.
Acquisitions, 14 janvier 1831, 8 juillet 1852.
Acte additionnel, 22 avril 1815.
Actes de l'état-civil, 9 mai 1800, 8 avril 1802, 11 mars 1803, 12 mars 1804, février 1872, 30 décembre 1873, 17 février 1875, 16 et 19 juin 1875, 5 septembre 1876.
Aderbaïdjan. — Notes : 5 juillet 1854.
Adjoints, 17 février 1800, 4 août 1802, 24 novembre 1803, 21 mars 1831, 7 juillet 1852, 4 novembre 1870, 12 février 1874, 26 janvier, 1er, 7, 9, 17, 23, 27 février, 2, 11, 15, 22, 23, 29 mars, 10, 13, 16, 17, 24, 25, 28 avril, 8, 10 et 16 mai, 10, 19, 28, 29 et 30 juin, 1er, 2, 5, 6, 8, 10, 12, 13, 14, 19, 20, 24, 25, 28 juillet, 2, 5, 10, 12, 14, 16, 17, 20, 25, 26, 29, 30 août, 4, 8, 13, 20, 23, 27 septembre, 3, 11, 18, 31 octobre, 4, 10, 15, 18, 23 novembre, 30 décembre 1877, 1er janvier, 2 et 3 janvier. 4, 5, 22 et 31 janvier, 1er. 2, 5, 7, 8, 10, 12, 13, 15, 16, 18, 19, 20, 21, 22, 23, 24, 26, 27 et 28 février, 1er, 4, 7, 8, 9, 10, 12, 13, 14, 16, 17, 19, 20, 21, 27 et 29 mars, 5, 7, 14, 18, 21, 25 avril, 5, 8, 12, 19, 23, 27 mai, 4, 8, 17, 23, 30 juin, 8, 15, 21, 26 et 31 juillet, 6, 11, 15, 27 août, 10, 17, 20, 25 septembre, 1er, 13, 20, 27, 30 octobre, 7, 18, 20, 24, 27 novembre, 1er, 6, 13, 14, 16, 22 et 29 décembre 1878, 8, 11, 12, 18, 27 et 31 janvier, 9, 15, 16, 18, 22, 26 et 28 février, 2, 7, 9, 11, 12, 17, 18, 20, 23 et 24 mars, 1er, 10, 12, 20, 24, 25 et 30 avril, 5, 11, 16, 21, 23 et 25 mai, 1er, 5, 8, 14, 20, 25 et 30 juin, 6, 9, 11, 16, 19, 22 et 23 juillet, 1er, 7, 10, 11, 15, 20, 24 et 30 août, 5, 10, 19, 23 et 25 septembre, 2, 9, 18, 22 et 31 octobre, 7, 13, 20, 21, 26 et 29 novembre, 2, 6, 9, 14, 22, 26 et 27 décembre 1879.
Adoption, 23 mars 1803, 18 mai 1804.
Adour, 31 mai 1846.
Adresse, 19 janvier 1867.
Aérostats, 26 septembre 1870.
Affiches, Afficheurs, 4 octobre 1797, 7-10 décembre 1830, 8 avril 1831, 25 août 1852.
Afrique, 21 mars 1831. — Notes : 7 janvier 1822, 21 mai 1858, 11 septembre 1869.
Agbeil, 25 novembre 1846.
Agde, 20 août 1802, 3 janvier 1863, 17 janvier 1867.
Agen, 1801, 25 janvier 1810, 6 novembre 1813, 11 février 1820, 11 mai 1832, 30 décembre 1836, 25 octobre 1842, 30 janvier 1847, 10 mai 1852; 17 mars 1854, 21 juillet 1856, 20 décembre 1856, 26 juin 1858, 11 janvier 1862, 15 et 17 janvier 1867. — Notes : 24 décembre 1799.
Agents de change, 8 mai 1791, 29 mai 1816, 3 juillet 1816, 1er octobre 1862, 6 juin 1879.
Agier, 7 mars 1830.
Agrégations, Agrégés, 29 juin 1863, 27 novembre 1864, 2 novembre 1875, 28 juin 1879.
Agriculture, 25 février 1795, 8 juin 1796, 14 mars 1803, 14 décembre 1815, 25 août 1836, 2 juin 1849, 20 mars 1851, 25 jan-

vier 1852, 20 mai 1857, 11 juillet 1868, 18 novembre 1869
28 février 1872, 5 août 1875, 12 août 1876, 11 septembre 1877
18 mars, 23 mars, 30 mars, 31 mars, 18 juillet, 7 août, 28 décembre 1878, 16 juin et 1er octobre 1879.

Aiguebelle, 25 juin 1860.

Aigues-Mortes, 12 janvier 1861.

Aillevilliers, 21 juin 1873, 8 août 1879.

Aime, 25 juin 1860.

Ain, 17 mars 1824, 21 février 1827, 4 janvier 1842, 14 août 1874,
29 février 1876.—Notes : 25 juin 1795, 10 décembre 1797, 7 avril
1814, 1er août 1830.

Aïn-el-Arba, 20 janvier 1858.

Aïn-M'lila, 17 juillet 1879.

Aire, 3 janvier 1822, 14 août 1822, 29 juillet 1829, 17 janvier 1867.
— Notes : 4 février 1879.

Aisne, 22 décembre 1808, 24 janvier 1811, 8 mai 1812, 22 mai
1825, 21 février 1827, 5 mai 1833, 19 juillet 1837, 8 juillet
1840, 8 février 1848, 8 juillet 1861, 15 juin 1867, 12 janvier 1870
26 septembre 1876, 7 avril 1879. — Notes : 28 avril 1796,
4 février 1879.

Aix (Bouches-du-Rhône), 28 novembre 1803, 2 avril 1804, 25
janvier 1807, 25 janvier 1810, 11 juillet 1814-1816, 11 février
1820, 21 décembre 1825, 15 mars 1827, 9 janvier 1832, 11 mai
1832, 1er décembre 1835, 25 octobre 1842, 13 juin 1843, 11 juin
1846, 30 janvier 1847, 10 mai 1852, 20 décembre 1856, 11 janvier 1862, 4 mars 1863, 30 décembre 1865, 15 juin 1867, 17 mai
1879. — Notes : 15 septembre 1797, 26 octobre 1851.

Aix-la-Chapelle (en allemand, **Aachen**), 11 septembre 1804,
26 octobre 1818.

Aix-les-Bains, 25 juin 1860, 3 janvier 1863.

Ajaccio, 22 mai 1804, 19 avril 1811-1816, 9 mai 1836, 9 août
1839, 30 janvier 1847, 11 mai 1852, 20 décembre 1856, 11 janvier
1862, 15 janvier 1867, 19 juin 1878. — Notes : 16 décembre
1809, 11 octobre 1832.

Akbou, 24 avril 1874.

Alais, 6 janvier 1811, 15 mars 1827, 11 mai 1832, 29 juin 1833,
30 décembre 1830, 25 octobre 1842, 22 septembre 1843, 30 janvier 1847, 10 mai 1852, 7 juin 1854, 20 décembre 1856, 11 janvier 1862, 15 et 17 janvier 1867, 23 mars 1875, 14 décembre 1875,
27 mars 1878. — Notes : 28 décembre 1879.

Aland (les îles d'), 28 avril 1856. — Notes : 28 avril 1856.

Albens, 25 juin 1860.

Albert, ouvrier, 24 et 28 février 1848.

Albertville, 25 juin 1860, 21 juin 1875.

Albigny, 30 avril 1862.

Albuféra (duc d'), 18 novembre 1813, 24 juillet 1815, 5 mars
1819. — Notes : 18 novembre 1813, 24 juillet 1815.

Alby, 1801, 10 janvier 1816, 15 mars 1827, 11 mai 1832, 4 mars
1833, 30 décembre 1836, 25 octobre 1842, 30 janvier 1847, 10 mai
1852, 4 mars 1854, 20 décembre 1856, 11 janvier et 21 octobre
1862, 4 mars 1863, 15 et 17 janvier 1867, 5 mai 1869, 11 janvier
et 10 mai 1872, 20 janvier 1876.

Alcool, Alcoolisme, 14 juillet 1855, 23 janvier 1873.

Al-Djézireh, 5 juillet 1854.
Alençon, 2 février 1809, 28 avril 1813, 15 janvier 1814, 15 mars 1827, 11 mai 1832, 30 décembre 1836, 25 octobre 1842. 10 septembre 1846, 30 janvier 1847, 10 mai 1852, 20 décembre 1856, 11 janvier 1862, 6 janvier 1864, 15 janvier 1867, 12 janvier 1870. — Notes : 28 avril 1796.
Alexandrie (d'Egypte), 5 décembre 1863.—Notes : 2 juillet 1846.
Alexandrie (d'Italie), 1803.
Alfort, 6 juin 1832, 11 avril 1866, 18 février 1874.
Alger, Algérie, 15 février 1799, 24 juillet 1820, 9 et 21 mars 1831, 17 février 1832, 17 octobre 1833, 22 juillet et 10 septembre 1834, 14 septembre, 7 et 25 décembre 1835, 13 février 1837, 25 août et 31 octobre 1838, 21 août 1839, 28 février et 7 décembre 1841, 26 septembre et 26 décembre 1842, 17 juillet 1843, 4 septembre et 1er octobre 1844, 17 janvier, 15 avril, 19 juillet, 23 août, 31 octobre et 9 novembre 1845, 2 janvier 1846, 5 juin et 28 septembre 1847, 24 février, 19 et 21 septembre 1848, 12 et 24 janvier, et 19 mars 1850, 11 janvier et 4 août 1851-1852, 23 mars, 16 octobre et 7 décembre 1853, 4 février 1854, 23 avril 1855, 6 février 1856, 4 août et 5 décembre 1857, 20 janvier 1858, 16 février, 12 mars et 14 septembre 1859, 14 et 21 janvier, et 20 juin 1860, 30 mars 1861, 4 mars et 22 avril 1863, 7 juillet et 26 décembre 1864, 4 mars 1865, 13 et 27 décembre 1866, 9 janvier et 17 juillet 1867, 15 et 18 janvier, 5 février et 24 mars 1868, 18 août, 3 septembre, 24 et 26 août 1870, 21 juin et 7 octobre 1871, 4 avril 1872, 10 juin, 11 et 26 juillet, 11, 28 et 29 septembre, et 23 décembre 1873, 4 janvier, 1er et 12 février, 10 mars, 24 avril, 7 mai, 15 et 17 juillet, 8 août, 2 et 19 septembre, 21 novembre, 12, 18 et 31 décembre 1874, 18 janvier, 22 avril, 15 et 31 août, 10 novembre et 17 décembre 1875, 30 juin et 1er juillet, 21 août et 5 octobre 1876, 27 janvier, 12 février, 24 février, 9 mars, 18 avril, 8 mai, 23 mai, 18 septembre, 20 septembre, 1er octobre, 15 novembre 1878, 11 janvier, 4 et 16 février, 3, 12, 16, 25 et 27 mars, 10 et 24 avril, 3, 14 et 27 mai, 5 et 8 juin, 9, 14, 17, 18 et 22 juillet, 2, 11 et 16 août, 16, 23 et 28 septembre, 17 octobre, 8 novembre, 20 et 31 décembre 1879. — Notes : 24 et 26 juillet 1815, 14 février 1816, 3 août 1830, 11 octobre 1832, 22 juillet 1834, 7 décembre 1844, 9 mai 1847, 24 et 25 février 1848, 2 juin 1849, 24 janvier, 26 octobre et 2 décembre 1851, 2 décembre 1852, 11 mars 1854, 22 juillet 1856, 12 août 1857, 16 août 1859, 12 juin 1861, 7 octobre 1871, 9 février, 4, 15 et 31 mars, 7, 16, 27 et 28 avril, 8 mai, 15 novembre 1877, 3, 8, 21 décembre 1878, 23 et 30 janvier 1879.
Algésiras, 28 juillet 1801.
Aliénations (de biens), 14 janvier 1831.
Aliénés, 30 juin 1838, 18 décembre 1839, 16 août 1874.
Aligre (le marquis d'), 17 août 1815, 6 juin 1830.
Allard, 1er juin 1795, 8 juillet 1818.
Allemagne, 20 avril 1792, 12 mars 1799, 11 mai 1804, 26 décembre 1805, 4 mars 1833, 15 janvier 1855, 19 février 1862, 31 janvier et 11 novembre 1865, 26 janvier, 2 mars, 14 et 24 mai, et 6 juillet 1872, 19 et 26 mars, et 11 octobre 1873, 15 mai et 10 octo-

bre 1874, 24 août, 18 novembre, 16 et 24 décembre 1875,
13 janvier 1876, 12 août, 10 décembre, 26 et 27 décembre 1877,
15 novembre 1879. — Notes : 20 avril 1792, 26 janvier 1797,
12 avril 1799, 8 octobre 1800, 11 mai 1804, 24 juillet 1815, 2
juin 1849, 31 janvier 1865.

Alletz, 13 mars 1800.

Allier, 18 janvier 1811, 14 janvier 1813, 15 novembre 1832,
6 mai 1843.

Allonville (d'), 12 juillet 1815.

Allumettes, 2 août 1872, 1er et 28 janvier, et 31 juillet 1875,
27 juin 1877.

Alma (l'). — Notes : 26 octobre 1851.

Alpes, 4 et 14 février 1793, 3 mars 1795, 13 avril 1802, 3 août
1804, 6 novembre 1804, 30 décembre 1836, 7 décembre 1851,
4 janvier 1852, 24 octobre 1860, 4 août 1862, 3 janvier 1863,
31 décembre 1872, 16 janvier et 24 août 1874, 26 mars 1875, 31
octobre 1877, 29 octobre 1879.

Alpines (les), 7 juin 1826.

Alsace-Lorraine, 1er mars 1815, 2 mars et 21 juin 1871, 8 décembre 1872, 30 juin 1873, 8 et 23 janvier 1874, 31 mars 1877,
15 juillet 1879. — Notes : 27 mai 1795, 27 mars 1802, 17 août
1815, 14 février 1816.

Amagne, 17 janvier 1867, 7 avril 1879.

Ambarès, 3 février 1877.

Ambassadeurs, 22 juillet 1876.

Ambérieux, 17 janvier 1867.

Ambert (ville d'), 23 mars 1874.

Ambulances, 29 janvier 1823.

Amérique, 26 juillet 1820, 16 juillet 1840. — Notes : 22 octobre
1795, 5 juin 1834, 26 juillet 1837, 22 mars 1850, 2 février 1854,
14 février 1857, 21 mai 1858, 21 janvier 1860, 26 février 1862,
23 novembre 1867, 11 janvier et 3 août 1879.

Ami-Argand, 26 mai 1798.

Amiens, 1799-1801, 27 mars 1802, 24 décembre 1802-1803, 22 juin
1804, 2 février 1809, 5 avril 1813, 15 janvier et 26 octobre 1814,
9 juin 1815, 18 janvier 1816, 11 février 1820, 5 décembre 1824,
15 mars 1827, 11 mai 1832, 30 décembre 1836, 14 février 1841,
25 octobre 1842, 30 janvier 1847, 10 mai et 7 juillet 1852, 20
décembre 1856, 11 janvier 1862, 19 décembre 1866, 15 janvier
1867, 31 décembre 1872, 19 juin 1875, 31 octobre 1877.—Notes :
25 juin 1795.

Amiraux, 18 mai 1804, 4 août 1824.

Ammoniac, 23 novembre 1825.

Amnisties, 2 décembre 1794, 26 avril 1802, 2 juin 1804, 13 janvier 1815, 12 janvier 1816, 13 août 1817, 1er décembre 1819,
7 octobre 1820, 28 mai 1825, 2 août 1830, 31 mai 1831, 8 et 30
mai 1837, 16 août 1859, 14 août 1869, 4 septembre 1870, 3 avril
1878. 3 mars 1879.

Amortissement, 11 septembre 1808, 28 avril 1816, 6 juin 1817,
1er mai 1825, 28 avril 1831, 10 juin et 4 août 1833, 23 novembre 1841, 12 décembre 1847, 11 juillet 1866.

Amplepuis, 6 janvier 1811.

Amsterdam. — Notes : 3 mars 1795.

Anarchistes, 1er avril 1798.

Andelys (les), 1801.

Andigné (d'), 5 novembre 1827.

André, de la Lozère, 5 septembre 1816.

Andrezel (d'), 1er avril 1820. — Notes : 1er avril 1820.

Andrezieux, 27 août 1828.

Andrieux, 5 mars 1879.

Anduze, 4 mars 1854, 19 décembre 1870, 27 mars 1874.

Anet, 1801.

Angers, 1803, 2 avril 1804, 18 janvier 1811, 26 février 1817, 11 février 1820, 23 septembre 1822, 25 juin 1823, 6 janvier 1825, 31 décembre 1826, 15 mars 1827, 11 mai 1831, 30 décembre 1836, 14 février 1841, 25 octobre 1842, 30 janvier 1847, 8 février, 25 avril et 21 juin 1850, 10 mai 1852, 30 mars 1855, 20 décembre 1856, 11 janvier 1862, 30 décembre 1865, 15 janvier 1867, 16 avril 1870, 4 janvier 1871, 12 janvier 1874, 31 octobre 1877.

Anglés, 1er avril 1814, 29 septembre 1815, 5 septembre 1816. — Notes : 3 avril 1814.

Anglet, 25 janvier 1865.

Angleterre, 1er février 1793, 12 septembre 1796, 31 octobre 1796, 28 avril 1797, 11 juin 1797, 10 décembre 1797, 6 juillet 1798, 9 novembre 1801, 22 novembre 1801, 3 janvier 1802, 27 mars 1802, 22 mai 1803, 16 janvier 1804, 29 février 1804, 25 mai 1804, 7 et 9 juillet 1807, 4 septembre 1808, 1er et 29 mars 1815, 15 juin et 17 décembre 1818, 3 mars 1824, 7 octobre 1833, 19 avril et 8 juin 1839, 3 avril 1843, 19 décembre 1850, 27 mai 1853, 4 janvier, 27 mars et 21 avril 1854, 9 mars et 19 décembre 1855, 20 novembre 1856, 28 mars 1857, 18 août et 26 octobre 1860, 22 mai et 20 novembre 1861, 17 mai 1862, 13 mai 1865, 27 octobre 1866, 15 mars et 23 décembre 1873, 4 et 29 janvier, et 29 août 1874, 22 juin, 6 août et 3 septembre 1875, 20 mars 1876, 12 octobre et 23 novembre 1879. — Notes : 1er février 1793, 27 mai et 22 octobre 1795, 28 avril 1796, 28 avril et 20 mai 1797, 25 décembre 1799, 17 et 26 mai, et 11 juin 1802, 3 janvier, 2 et 20 février 1803, 15 mai 1814, 1er mars et 24 juillet 1815, 1er avril 1820, 20 juillet 1828, 1er février et 8 août 1829, 11 octobre 1832, 25 février 1842, 4 mars 1853, 28 mars 1857, 18 mars, 4 et 10 avril 1878.

Angora. — Notes : 25 décembre 1841.

Angoulême, 1801, 2 avril 1804, 25 janvier 1810, 15 mars 1827, 11 mai 1832, 30 décembre 1836, 31 mars et 6 octobre 1840, 25 octobre 1842, 30 janvier et 9 juin 1847, 10 mai 1852, 20 décembre 1856, 11 janvier et 6 juillet 1862, 15 janvier 1867, 3 juillet 1874, 24 avril et 2 décembre 1875, 10 décembre 1877.

Angoulême (duc d'), 15 et 18 mai 1814, 26 juillet 1815, 31 janvier et 4 septembre 1816, 17 septembre 1822, 2 août 1830. — Notes : 25 décembre 1799, 2 avril et 15 mai 1814.

Angoulême (duchesse d'), 30 juin 1795. — Notes : 30 juin 1795.

Anhalt-Bernbourg, 18 mars 1813.

Anizy, 2 juillet 1872.

Annam (royaume ou empire d'), 1er juillet 1863, 4 août 1874, 6 juillet 1875, 27 février 1876, 4 décembre 1879. — Notes : 1er juillet 1863.

Annecy, 30 mai 1814, 25 juin et 22 décembre 1860, 11 janvier 1862, 3 janvier 1863, 8 avril 1865, 15 janvier 1867, 23 mars 1874, 11 janvier 1875. — Notes : 24 décembre 1799.

Annemasse, 25 juin 1860, 23 mars 1874.

Annonay, 2 avril 1804, 30 janvier 1847, 10 mai 1852, 20 décembre 1856, 27 mars 1858, 25 juin 1860, 11 janvier 1862, 3 janvier 1863, 15 janvier 1867. — Notes : 26 mai 1798.

Annoux. — Notes : 5 mars 1819.

Annulation de décrets, 4 février et 25 mars 1871.

Anoblissement, 15 octobre 1829.

Anséatiques (villes), 4 juillet 1811.

Anthès (d'), 1er avril 1840.

Antibes, 5 mars 1819, 11 avril 1827, 27 novembre 1864.

Antilles, 12 juillet 1837, 5 mars 1874, 9 janvier 1877, 7 septembre 1878. — Notes : 30 août 1826.

Antiques (objets), 8 juin 1795.

Antoing, 23 mars 1878.

Anvers, 1er octobre 1795, 1801, 24 décembre 1802. — Notes : 29 juin 1794, 5 septembre 1797, 24 décembre 1823, 27 juillet et 3 août 1830, 11 mars 1854, 30 janvier 1879.

Anzin, 9 juillet 1835, 31 janvier 1841, 12 janvier 1870.

Apanages, 6 avril 1791, 18 juillet 1824, 15 janvier 1825.

Appel au peuple, 14 janvier 1852.

Appels judiciaires, 13 juin 1856.

Apprentis, 22 février 1851.

Approuague (l'), 20 mai 1857.

Apremont, 29 juin 1873.

Arabes (langue et peuple), 24 octobre 1814, 26 juillet 1815, 4 mars 1865, 12 avril 1879.

Arago (famille), 1er mai 1822, 24 et 25 février 1848, 4 septembre 1870, 6 février 1871, 2 mars 1879. — Notes : 1er mai 1822, 2 mars 1879.

Arbitrage, 17 juillet 1856.

Arbois. — Notes : 3 mars 1795.

Arbres, 11 avril 1796, 12 mai 1825.

Arches, 17 janvier 1867.

Archevêques, 8 avril 1802, 4 juin 1814, 9 avril 1817, 23 décembre 1823, 10 janvier, 20 mars et 5 décembre 1824, 24 janvier 1829, 19 octobre 1831, 25 mai 1832, 21 mars 1837, 16 janvier 1840, 2 décembre 1841, 8 janvier 1853, 15 mai 1859, 8 février 1865, 9 janvier 1867, 11 janvier 1872, 17 mai 1879.

Archichanceliers, 18 mai 1804.

Architecture, 31 août 1795.

Architrésoriers, 18 mai 1804.

Archives, 13 septembre 1790, 15 décembre 1804, 22 décembre 1855.

Arçon (Le Michaud d'). — Notes : 15 mars 1800.

Arcy-sur-Aube, 1er mars 1815.

Ardèche, 20 mai 1797, 25 janvier 1810, 10 mars 1825, 1er juin 1828, 30 décembre 1836, 12 septembre 1851, 27 mars 1858. — Notes : 26 mai 1798.

Ardennes, 29 juin 1794, 24 janvier 1811, 5 août 1821, 19 janvier 1825, 18 mai 1828. — Notes : 30 janvier 1879.

8   A (SUITE).

Ardoisières, 25 juin 1823.
Aremberg (d'), 5 novembre 1827, 6 juin 1830.
Aréna, 10 novembre 1799. — Notes : 10 novembre 1799.
Arensberg. — Notes : 7 juillet 1807.
Aréquipa. — Notes : 26 février 1862.
Argand. — Notes : 26 mai 1798.
Argent (nom d'une localité), 17 juin 1874.
Argent (métal), 30 août 1795, 11 novembre 1796, 9 novembre
  1797, 5 août 1876, 31 janvier et 27 juillet 1878.
Argentan, 13 juin 1829.
Argenteuil, 1846.
Argentine (République), 2 février 1854, 2 décembre 1874,
  16 et 24 décembre 1875. — Notes : 2 février 1854, 16 août
  1859.
Argout (comte d'), 29 juin 1814, 14 juillet 1815, 5 février 1817, 5
  mars 1819, 13 mars 1831, 31 décembre 1832, 4 avril 1834, 18 jan-
  vier et 5 septembre 1836, 10 juin 1857. — Notes : 5 mars 1819.
Ariége, 21 février 1809, 21 février 1827, 25 mai 1843, 23 août 1858.
Aristote. — Notes : 15 décembre 1804.
Arles, 6 janvier 1814, 14 août 1822, 15 mars 1827, 11 mai 1832,
  30 décembre 1836, 31 juillet 1838, 25 octobre 1842, 22 juin 1845,
  30 janvier 1847, 10 mai 1852, 20 décembre 1856, 7 août 1861,
  11 janvier 1862, 4 mars 1863, 15 janvier 1867.
Arleux. — Notes : 24 juillet 1815.
Arlon. — Notes : 29 juin 1794.
Armée, 15 février 1794, 21 février 1794, 29 juin 1794, 3 août 1794,
  8 août 1794, 13 août 1794, 19 août 1794, 22 août 1794, 3 avril
  1795, 17 avril 1796, 2 juillet, 6 septembre et 4 décembre 1797,
  5 septembre 1798, 9 septembre 1799, 13 décembre 1799, 8 mars
  1800, 5 mars 1803, 15 avril 1805, 7 décembre 1805, 30 juin 1810,
  8 mars 1811, 24 février et 27 août 1814, 16 juillet et 23 octobre
  1815, 13 janvier et 29 juillet 1817, 2 août 1818, 13 juillet et 11
  octobre 1820, 30 janvier 1821, 8 et 29 janvier, 5 février et 9
  avril 1823, 18 septembre 1824, 27 février, 4 mai et 21 décembre 1825, 5 juin 1828, 24 mai 1829, 7 mai 1831, 17 février 1832,
  5 juillet 1833, 7 janvier 1834, 21 mai 1836, 28 février et 16 mars
  1838, 8 septembre 1841, 11 janvier et 27 décembre 1842, 10 mai
  1844, 2 décembre 1851, 29 février 1852, 14 janvier 1853, 14 février 1854, 24 janvier 1855, 26 avril 1856, 17 mars 1858, 14 janvier 1860, 25 juin 1861, 1er décembre 1862, 13 octobre 1870, 24
  juillet 1873, 20 mai, 10 août et 25 octobre 1874, 5 janvier, 13
  mars, 18 mai, 29 mai, 6 novembre, 4 et 15 décembre 1875, 21
  janvier et 21 août 1876, 5 et 22 juin, 31 août 1878, 17 août
  1879. — Notes : 29 juin, 8 et 12 août 1794.
Armements, 12 août 1840, 24 septembre et 20 octobre 1870.
Arménie, 11 juin 1846. — Notes : 25 décembre 1841, 28 mars
  1845, 11 juin 1846, 28 avril 1856.
Armentières, 19 janvier 1825, 20 décembre 1856, 11 janvier 1862,
  21 novembre 1866, 15 janvier 1867, 12 janvier 1870, 15 septembre 1871, 7 avril 1879.
Armentieu, 10 octobre 1839.
Armes, 19 août 1792, 20 mai 1795, 14 décembre 1810, 24 juillet
  1816, 9 juillet 1817, 7 juillet 1819, 12 avril 1829, 24 mai 1834, 12

mai 1858, 14 janvier 1860, 28 mai 1864, 22 avril 1868, 1er et 4 septembre 1870.

Armuriers, 23 avril 1823, 14 février 1854.

Arnault, 24 juillet 1815. — Notes : 24 juillet 1815.

Arno (l'), 24 mai 1808.

Arras, 1801, 4 janvier 1815, 15 mars 1827, 11 mai 1832, 30 décembre 1836, 14 février 1841, 25 octobre 1842, 30 janvier 1847, 1er mai 1852, 20 décembre 1856, 11 janvier 1862, 14 juin 1864, 27 août 1872. — Notes : 27 juillet 1794.

Arrérages, 13 octobre 1819.

Arrestations, 1er mars 1852.

Arrighi, 18 mars 1806. — Notes : 18 mars 1806.

Arrondissements, 9 février 1795, 30 janvier 1847, 15 janvier 1867.

Arsenaux, 24 octobre 1795, 24 juillet 1816, 3 mai 1839, 7 décembre 1846.

Artillerie, 7 mai 1795, 14 mai 1797, 3 janvier 1800, 13 avril 1801, 4 août 1801, 17 janvier 1803, 23 mars 1803, 5 mai 1803, 6 juillet 1804, 30 août 1815, 21 février 1816, 17 décembre 1817, 13 février, 1er mai, 4 et 25 décembre 1822, 5 août 1829, 31 décembre 1830, 10 février, 5 juin et 5 août 1831, 19 janvier, 17 février et 6 juin 1832, 18 septembre 1833, 14 septembre 1835, 4 janvier 1842, 30 avril 1844, 14 février 1854, 14 janvier 1860, 3 novembre 1870, 4 décembre 1873, 20 janvier et 21 mai 1874. — Notes : 31 juil let 1830.

Artigoyte (d'), 1er juin 1795.

Artisans, 27 juin 1794.

Artistes, 8 octobre 1794, 31 août 1795.

Artois (le comte d'), 14 et 22 avril, et 2 mai 1814. — Notes : 14 avril 1814.

Arts et métiers, 25 février 1795, 25 février 1803, 26 février 1817. 26 juin 1823.

Arzew, 6 février 1856, 2 mai 1874.

Asiatique (société), 15 avril 1829.

Asie, 21 mai 1858, 21 janvier 1860.

Asiles, 8 mars 1855.

Asnières, 1846.

Assemblée nationale, 1789 passim, 1848 passim, 1871 passim, 15 septembre et 1er octobre 1870, 29 janvier 1871, 1er mai 1872, 15 juin 1875.

Assignats, 22 avril et 12 octobre 1790, 1er et 29 janvier, et 3 août 1792, 11 et 23 avril, 1er et 24 août, 5 septembre et 22 octobre 1793, 6 janvier, 10 mai et 19 juin 1794, 22 janvier, 17 mai, 1er août, 26 octobre, 6 novembre, 10 et 23 décembre 1795, 19 février et 28 mai 1796, 12 août 1807.

Assinie, 11 septembre 1869.

Assistance judiciaire, Assistance publique, 19 mars 1793, 22 janvier 1851, 16 janvier 1854, 7 mai et 8 juin 1870.

Associations, 10 avril 1834, 25 février 1848. 21 juin 1865.

Assurances, 4 septembre 1816, 22 juillet 1818, 11 février 1819, 1er septembre 1819, 30 mai 1821, 22 janvier et 11 juillet 1868.

Assyrie, 14 décembre 1844, 1er janvier 1874.

Astronomie, 8 avril 1796, 16 mars et 28 décembre 1878.

Ateliers nationaux & autres, 12 avril 1803, 26 février 1848, 10 février 1849.

Athènes, 11 septembre 1846, 15 décembre 1852, 9 février 1859, 26 novembre 1874.

Attroupements, 3 août 1791, 10 avril 1831.

Aubagne, 4 mars 1863. — Notes : 26 mai 1797.

Aubaine, 18 août 1790, 19 février 1806, 14 décembre 1810, 3 octobre 1811, 7 août 1812, 10 juillet 1814, 10 septembre 1817. — Notes : 18 août 1790.

Aube. 16 juin 1808, 24 janvier 1811, 8 juin 1825, 11 décembre 1864. — Notes : 8 juin 1823.

Aubenas, 17 janvier 1867.

Aubert-Dubayet, 3 novembre 1795. — Notes : 3 novembre 1795.

Aubigné, 17 janvier 1867.

Aubry, 22 octobre 1795 — Notes : 22 octobre 1795.

Aubusson, 2 avril 1804, 11 mars 1834.

Auch, 1801, 15 janvier 1823, 15 mars 1827, 24 janvier 1829, 18 octobre 1833, 30 décembre 1836, 30 janvier 1847, 10 mai 1852, 20 décembre 1856, 17 juin 1865, 15 janvier 1867, 18 mars 1879. — Notes : 20 mai 1797, 2 avril 1814.

Aude, 9 juin 1815, 21 novembre 1819, 2 août 1876. — Notes : 21 novembre 1819.

Andiffret (marquis d'), 6 juin 1830, 3 octobre 1837, 12 décembre 1851, 26 janvier 1852.

Auditeurs, 22 mars 1813, 16 mars 1870, 7 mai, 16 et 25 juillet, et 14 août 1879.

Andouard, 3 avril 1822.

Audry de Puyraveau, 29 juillet 1830.

Anerstaedt. — Notes : 5 mars 1819.

Auger, 24 octobre 1814, 1er avril 1820.—Notes : 24 octobre 1814.

Augereau, 26 janvier 1797, 6 mai 1814 — Notes : 22 août 1794, 26 janvier 1797, 1er mars 1815.

Augsbourg (confession d'), 26 décembre 1805, 2 août 1879.

Aumale (ville d'Algérie), 7 décembre 1853.

Aumale (duc d'), 13 septembre 1841, 11 septembre 1847. — Notes : 12 février 1879.

Aumôniers, 1er octobre 1814, 24 juillet 1816, 16 juillet 1831, 14 février 1854, 24 janvier 1855, 20 mai 1874.

Aunay-sur-Odon, 5 juin 1872.

Auneau, 31 juillet 1871.

Auray, 15 juillet 1879.

Aurelle de Paladine (Mme d'), 22 juin 1878.

Aurillac, 30 décembre 1836, 30 janvier 1847, 10 mai 1852, 20 décembre 1856, 11 janvier 1862, 15 janvier 1867, 3 janvier 1868, 15 novembre 1873. — Notes : 25 novembre 1794.

Austerlitz, 7 décembre 1805. — Notes : 3 mars 1795, 15 mars 1801, 7 décembre 1805, 11 octobre 1832, 2 juin 1849.

Australie, 14 juin 1860, 23 décembre 1873. — Notes : 16 mars 1879.

Auteuil, 16 juin 1859.

Autichamp (d'), 5 septembre 1816. — Notes : 5 septembre 1816.

Autriche, Austro-Hongrie, 30 juin 1795, 3 novembre 1797, 6 mai 1799, 19 mars 1801, 26 décembre 1805, 20 décembre 1810,

3 et 15 juin 1818, 31 juillet 1825, 19 avril 1839, 25 juillet et 30 décembre 1841, 27 mai 1853, 21 avril 1854, 2 février 1856, 31 octobre 1857, 3 mai 1859, 27 novembre 1859, 31 janvier et 11 novembre 1865, 19 décembre 1866, 23 mai 1868, 12 mai, 9, 16 et 24 décembre 1875, 20 mars 1876, 13 juin et 7 juillet 1878, 14 février et 28 décembre 1879. — Notes : 20 avril 1792, 12 août 1794, 3 mars 1795, 19 septembre 1797, 7 décembre 1805, 30 mars 1806, 5 février 1813, 1rr avril 1814.

Autun, 23 décembre 1823, 30 décembre 1836, 25 octobre 1842, 30 janvier 1847, 1C mai 1852, 20 décembre 1856-1859, 11 janvier 1862, 15 janvier 1867. — Notes : 16 juillet 1797.

Auvergne. — Notes : 2 décembre 1851.

Auxerre, 25 janvier 1810, 15 mars 1827, 11 mai 1832, 25 octobre 1842, 30 janvier 1847, 10 mai 1852, 25 janvier 1853, 20 décembre 1856, 11 janvier 1862, 4 mars 1863, 15 janvier et 1er février 1867, 3 janvier 1868.

Auxonne, 1846.

Ava. — Notes : 18 juillet 1873.

Avallon, 4 mars 1863.

Avancement dans l'armée, la marine, etc., 29 octobre 1790, 7 janvier et 27 avril 1791, 19 juillet 1794, 3 avril 1795, 2 août 1818, 17 mars 1824, 21 décembre 1825, 6 juin 1830, 19 janvier 1832, 14 mai 1837, 16 mars 1838, 13 octobre 1870, 10 janvier 1872. — Notes : 19 avril 1797, 25 décembre 1799.

Avellanada, 2 décembre 1874

Avesne-le-Comte, 14 février 1816, 23 août 1858, 3 juin 1876.

Aveyron, 31 janvier 1818, 1er juin 1822, 7 décembre 1851, 16 avril 1870.

Avignon, 14 septembre 1791-1801, 24 décembre 1802-1803, 2 février 1808, 5 avril 1813, 19 octobre 1821, 11 mai 1832, 30 décembre 1836, 15 septembre 1840, 25 octobre 1842, 24 juillet 1843, 8 mars 1845-1846, 30 janvier 1847, 27 février et 21 juin 1850, 10 mai 1852, 20 décembre 1856, 15 mars 1857, 11 janvier 1862, 15 janvier 1867, 3 janvier 1868, 2 janvier 1869, 31 décembre 1872, 8 novembre 1877.

Avocats, 4 décembre 1809, 14 décembre 1810, 3 octobre 1811, 7 août 1812, 7 février 1813, 10 juillet 1814, 10 septembre 1817, 20 novembre 1822.

Avoués, 20 mars 1791, 26 mai et 24 octobre 1793, 4 décembre 1800, 18 février 1801, 23 avril 1818, 18 août 1819, 19 janvier et 11 février 1820, 16 juillet et 26 novembre 1823, 2 juin 1824, 26 janvier 1825, 17 juillet et 15 août 1831, 12 août 1832, 3 juillet 1878.

Avricourt, 3 janvier 1868.

B

Babey, 6 juin 1830.

Bacciochi. — Notes : 3 mars 1809.

Baccalauréats ès-lettres & ès-sciences, 17 février 1809, 17 octobre 1821, 13 juin 1830, 18 janvier 1831, 9 août 1836, 16 novembre 1849, 23 août 1858, 27 novembre 1864, 9 avril et 25 juillet 1874.

Baccarat, 2 juillet 1879.

Bacot, 12 juillet 1815.

Bacs, bateaux à voiles, bateaux à vapeur, 2 mai 1792, 26 et 27 novembre 1798, 7 juillet 1819, 11 décembre 1822, 2 avril 1823, 15 avril 1829, 30 mai 1831, 2 juillet et 14 septembre 1835, 24 mai et 16 juillet 1840, 22 mai 1843, 17 janvier 1846, 21 juillet 1856. — Notes : 26 avril 1799.

Bade (grand-duché de), 31 août 1796, 11 mai 1804, 26 décembre 1805, 5 juin 1822, 1er décembre 1824, 3 octobre 1835, 31 ma. 1840, 25 juillet 1841, 4 février 1854, 8 janvier et 7 mars 1868r — Notes : 31 août 1797, 20 août 1830.

Badonviller, 2 juillet 1879.

Bagages, 25 juillet 1795.

Bagnes, 20 août 1828.

Bail, Baux, 5 juin 1791, 4 avril 1795, 20 juillet 1798.

Bailleul (il existe plusieurs villes de ce nom), 5 juin 1810-1819, 30 janvier 1847, 10 mai 1852, 20 décembre 1856, 11 janvier 1862, 15 janvier 1867.

Bailly, 26 décembre 1824. — Notes : 4-11 août 1789.

Bains, 3 janvier 1852.

Bâle, 5 avril, 17 mai et 1er août 1795, 12 septembra 1835, 6 mars 1838, 30 août 1845. — Notes : 23 mars 1793, 30 juin 1795, 26 mai 1797.

Balances, 20 janvier 1828.

Baleine (pêche de la), 30 décembre 1801, 8 février 1816, 24 février 1825, 6 décembre 1829, 22 avril 1832, 9 ruillet 1836, 25 juin 1841.

Ballons aérostatiques, 28 septembre 1870.—Notes : 26 mai 1798.

Bally, 3 avril 1822.

Bals, 21 avril 1797.

Bancal. — Notes : 30 juin 1795.

Bangkok. — Notes : 14 février 1857.

Banneville (marquis de), 23 novembre 1877.

Banqueroutiers, 14 décembre 1789, 28 mai 1838,

Banques, Banquiers, 8 mai 1791, 25 avril 1795, 19 janvier 1800, 14 avril 1803, 22 avril 1806, 16 janvier 1808, 6 avril et 4 juillet 1820, 6 décembre 1831, 17 mai 1834, 29 juin 1835, 6 mai et 29 juin 1836, 25 août et 16 octobre 1837, 19 janvier et 11 juin 1838, 4 août 1839, 31 mars et 30 juin 1840, 25 mars et 21 août 1841, 19 juillet 1845, 28 avril 1846, 27 avril et 5 juillet 1848, 10 juillet et 22 décembre 1849, 21 juin 1850, 21 janvier, 11 juillet et 4 août 1851, 7 juillet et 17 novembre 1852, 2 février et 23 mars 1853, 6 février et 29 novembre 1856, 9 et 17 juin 1857, 26 juin 1858, 12 mars 1859, 13 et 25 juin 1860, 30 mars 1861, 5 juillet 1863, 8 avril 1865, 28 février 1866, 1er février 1867, 15 janvier et 29 février 1868, 30 janvier 1869, 22 janvier, 14 août, 3 septembre et 26 octobre 1870, 4 avril 1872, 27 janvier et 15 novembre 1873, 26 janvier, 31 mars, 24 juin, 3 et 5 août 1874, 6 et 21 janvier, 22 avril, 16 août, 9 et 15 décembre 1875, 4 février, 24

août et 28 septembre 1876, 22 janvier et 20 novembre 1879. —
Notes : 24 janvier 1851, 22 janvier 1879.

Bapaume, 9 janvier 1832, 3 janvier 1868, 1er décembre 1874.

Baptêmes, 26 mai 1856.

Baradelle, 8 juillet 1818.

Baraguay d'Hilliers, 6 juillet 1804, 2 décembre 1851, 26 janvier 1852, 8 juin 1878. — Notes : 3 avril 1814.

Barail (de), 29 mai 1873.

Barairo, 23 janvier 1879.

Barante (de), 14 juillet, 26 septembre et 18 octobre 1815, 5 mars 1819. — Notes : 14 juillet 1815.

Baraterie, 10 avril 1825. — Notes : 10 avril 1825.

Barbaroux, 28 avril 1796. — Notes : 28 avril 1796.

Barbé-Marbois, 5 septembre 1797, 26 décembre 1799, 24 février et 27 septembre 1801. — Notes : 5 septembre 1797.

Barbès. — Notes : 14 mai 1839.

Barbier, 8 septembre 1856.

Barcelone, 3 avril 1822.

Bardes. — Notes : 10 décembre 1797.

Bardoux, 13 décembre 1877, 15 septembre, 21 novembre et 19 décembre 1878.

Baréges, 19 juin 1804.

Barfleur, 16 et 17 août 1877.

Bar-le-Duc, 26 octobre 1814, 15 mars 1827, 11 mai 1832, 30 décembre 1836, 25 octobre 1842, 30 janvier 1847, 10 mai 1852, 17 mars 1854, 20 décembre 1856, 17 juin 1857, 11 janvier 1862, 15 anvier 1867. — Notes : 26 juillet 1815.

Baroche, 15 mars 1850, 10 avril 1851, 11 février 1852, 1er février 1858, 3 décembre 1860, 23 juin 1863. — Notes : 15 mars 1850.

Baroncourt, 25 juillet 1879.

Barr, 1er août 1860.

Barras (le vicomte ou comte de), 27 juillet 1794, 6 novembre 1795, 10 décembre 1797. — Notes : 27 juillet 1794.

Barreau, 14 décembre 1810, 20 novembre 1822, 1er mars 1852.

Barrère, 1er avril 1795. — Notes : 1er avril 1795.

Barrot (Ferdinand), 31 octobre 1849, 4 mars 1853. — Notes : 31 octobre 1849.

Barrot (Odilon), 2 juin 1849. — Notes : 2 juin 1849.

Bar-sur-Aube, 10 mai 1851.

Bar-sur-Seine, 26 août 1865.

Barthe, 13 mars 1831, 11 octobre 1832, 4 avril 1834, 15 avril 1837, 31 mars 1839, 26 janvier 1852, 1er février 1863.—Notes : 13 mars 1831.

Barthélemy, 26 mai et 5 septembre 1797, 26 décembre 1799. — Notes : 26 mai 1797.

Bas-Rhin (voir **Rhin** (bas).

Bassano (ducs de), 18 mars 1806, 15 août 1809, 5 juin 1810, 17 avril 1811, 20 novembre 1813, 24 juillet 1815, 19 novembre 1831, 10 novembre 1834. — Notes : 30 mars 1806.

Bastard de Lestang, 5 septembre 1816. — Notes : 5 septembre 1816.

Bastènes, 10 octobre 1839.

Bastia, 16 octobre 1822, 30 décembre 1836, 25 octobre 1842, 22 février 1843, 30 janvier 1847, 10 mai 1852, 26 juin 1858, 11 janvier 1862, 15 janvier 1867, 19 juin 1878. — Notes : 1er février 1829.

Bastide (Jules), 4 mars 1879.

Bastille, 13 juillet 1795, 26 avril 1833. — Notes : 13 juillet 1795, 28 avril 1796.

Batave (République), (voir **Hollande**), 27 mars 1802.

Batbie, 25 mai 1873.

Batignolles (les), 30 décembre 1836, 25 octobre 1842, 30 janvier 1847, 10 mai 1852, 20 décembre 1856, 16 juin 1859.

Batna, 7 décembre 1853.

Batz (baron de), 15 juin 1794. — Notes : 14 (15) juin 1794, 27 mai 1795.

Baude, 25 octobre 1876.

Baudot, 1er juin 1795.

Baudus (de), 1er avril 1820.

Bausset-Roquefort (de), 21 décembre 1825.

Bautzen. — Notes : 3 mars 1795.

Bavai, 11 septembre 1873.

Bavière, 8 décembre 1801, 11 mai 1804, 26 décembre 1805, 22 août 1821, 9 mai 1827, 25 juillet 1841, 25 juin 1847, 7 février 1853, 20 janvier 1858, 7 mars et 27 juin 1868, 14 avril 1869, 8 juin 1870. — Notes : 14 mars 1793, 8 décembre 1801, 6 juillet 1804, 9 juin 1816, 27 avril 1853.

Bavoux, 27 juillet 1830. — Notes : 27 juillet 1830.

Bayeux, 15 mars 1827, 11 mai 1832.

Baylen. — Notes : 6 juillet 1804, 3 avril 1814.

Bayonne, 1799, 1801, 24 décembre 1802, 15 mars 1827, 20 février et 11 mai 1832, 30 décembre 1836, 16 novembre 1837, 21 juin 1838, 25 octobre 1842, 30 janvier 1847, 10 mai et 24 août 1852, 21 juillet et 20 décembre 1856, 26 juin 1858, 11 janvier 1862, 15 janvier 1867, 14 mars 1874, 21 juin 1875. — Notes : 27 juillet 1830.

Bazaine (maréchal), 16 janvier 1874.

Bazancourt, 3 janvier 1868.

Bazas, 30 juin 1819, 4 mars 1863.

Beaucaire, 29 juin 1833, 10 mai 1852, 20 décembre 1856, 27 février 1869, 24 mars 1876.

Beaufort, 4 août 1868.

Beaufranchet, 20 juillet 1800.

Beaugency, 8 février 1848, 6 janvier 1864, 15 juin 1867.

Beauharnais (famille de), 6 juillet 1804. — Notes : 18 mai et 6 juillet 1804, 9 août 1840.

Beaujeu, 3 janvier 1868.

Beaumont (Elie de), 26 janvier 1852. — Notes : 26 janvier 1852.

Beaumont de Lomagne. — Notes : 24 juillet 1843.

Beaune, 30 décembre 1836, 25 octobre 1842, 30 janvier 1847, 10 mai 1852, 20 décembre 1856, 11 janvier 1862, 9 janvier 1864, 15 janvier 1867. — Notes : 24 décembre 1799.

Beaune-la-Rolande, 17 juin 1874.

Beaupréau, 7 juillet 1859, 22 janvier 1870.

Beaurepaire, 24 décembre 1823.

Beautiran, 4 octobre 1877.

Beauvais, 1799, 2 avril 1804, 15 janvier 1823, 15 mars 1827, 3 mars 1828, 24 janvier 1829, 11 mai 1832, 30 décembre 1836, 25 octobre 1842, 30 janvier 1847, 10 mai 1852, 20 décembre 1856,

11 janvier 1861, 15 janvier 1867. — Notes : 3 mars 1828.
Beaux-Arts, 25 février 1795, 14 décembre 1815, 23 mai 1874, 16 avril et 5 décembre 1876, 9 septembre et 31 décembre 1878.
Bec d'Allier, 14 août 1822-1846.
Becquey, 23 août 1815, 5 septembre 1816.
Becquey-Beaupré, 15 mars 1801.
Bédarieux, 1818, 23 mars 1874.
Bedeau (le général), 24 février 1848. — Notes : 24 février 1848.
Béhic, 23 juin 1863.
Belfort ou **Béfort**, 25 janvier 1853, 6 juillet 1862, 4 janvier, 21 juin et 18 juillet 1873, 22 avril 1875. — Notes : 11 octobre 1832, 24 mai 1877.
Belges, Belgique, 30 septembre 1794, 3 novembre 1797, 19 mars 1801, 8 avril 1814, 19 décembre 1834, 20 août 1836, 19 mai 1837, 19 août 1839, 13 août 1842, 3 juillet et 5 août 1846, 9 décembre 1847, 25 janvier et 7 février 1853, 2 et 4 février 1854, 22 février 1855, 2 février et 12 avril 1856, 30 mai 1857, 20 janvier 1858, 5 janvier 1859, 12 janvier 1861, 4 mars 1863, 13 mai et 11 novembre 1865, 14 juillet et 19 décembre 1866, 4 mars et 27 juillet 1868, 20 février et 14 avril 1869, 8 juin 1870, 15 mars et 29 juillet 1873, 24 février, 21 mars 1874, 20 mars, 3 et 26 avril, 10 juin, 24 juillet et 3 août, 17, 29 et 24 décembre 1875, 9, 16 septembre et 25 octobre 1876, 1er et 6 janvier, 30 juillet, 24 octobre, 18 et 28 décembre 1879. — Notes : 2 mars 1793, 1er avril 1795, 24 septembre 1797, 14 février 1816, 3 août 1830, 25 février 1848, 2 juin 1849, 9 janvier 1851 et 2 décembre 1852, 28 mars et 24 décembre 1878, 15 janvier 1879.
Bélier hydraulique, 21 mai 1798. — Notes : 26 mai 1798.
Bellard ou **Bellart**, 24 janvier 1817, 8 décembre 1819. — Notes : 24 janvier 1817.
Bellegarde, 25 mars 1877.
Belles-lettres, 25 février 1795, 30 mars 1855.
Belleville (Paris), 30 décembre 1836, 25 octobre 1842, 30 janvier 1847, 10 mai 1852, 20 décembre 1856, 16 juin 1859, 6 décembre 1870.
Belleville (Rhône), 3 janvier 1868.
Belley, 22 juin 1804, 17 mars 1824.
Belleyme (de), 5 novembre 1827, 6 janvier 1828. — Notes : 5 novembre 1827.
Belloy (de). — Notes : 14 septembre 1802.
Bellune (ducs de), 18 mars 1806, 26 juillet et 12 octobre 1815, 14 décembre 1821, 6 juin 1830, 8 février 1853. — Notes : 30 mars 1806, 6 juin 1830.
Belts (les), 30 mars 1857. — Notes : 30 mars 1857.
Bénéfices, 4 août 1789. — Notes : 4-11 août 1789.
Bénévent (duc de), 5 juin 1806, 13 mai et 4 juin 1814.
Beni-Saff, 15 mars 1877.
Benjamin-Constant (de Rebecque), 24 décembre 1799, 26 décembre 1799, 27 juillet 1830. — Notes : 26 décembre 1799.
Bentheim et Steinfurt, 14 février 1816. — Notes : 14 février 1816.
Bérard (commune), 20 janvier 1858.
Berbis (de), 1er février 1819.
Berchoux, 18 juillet 1827. — Notes : 18 juillet 1827.

Berchtolsgaden, 14 octobre 1809.
Bercy, 10 mai 1852, 20 décembre 1856, 16 juin 1859.
Bérenger, 18 mai 1873.
Berg, 15 mars 1806, 12 janvier 1812.
Bergerac, 25 janvier 1807, 26 mars 1823, 30 janvier 1847, 10 mai 1852, 20 décembre 1856, 12 janvier 1861, 11 janvier 1862, 15 janvier 1867. — Notes : 5 septembre 1816.
Bergues, 3 janvier 1822, 1er février 1867.
Berguette, 15 septembre 1871.
Berjonpont d'Ouilly, 12 janvier 1870.
Berlin, 21 novembre 1806, 23 décembre 1877, 5 septembre 1878. — Notes : 6 juillet 1804, 17 août 1815.
Bernadotte, 2 juillet 1799, 24 janvier 1800, 5 juin 1806. — Notes : 2 juillet 1799.
Bernard (général), 11 novembre 1834, 19 septembre 1836. — Notes : 11 novembre 1834.
Bernard (Claude), 17 mars 1854, 6 mai 1869, 10 et 13 février 1878. — Notes : 10 février 1878.
Bernay, 11 avril 1827.
Berne, 30 août 1845. — Notes : 15 mai 1798.
Berry (duc de), 15 mai 1814, 26 juillet 1815, 28 mars 1816. — Notes : 15 mai 1814, 2 août 1830.
Berryer, 6 juin 1830. — Notes : 6 juin 1830.
Berthezène, 11 octobre 1832. — Notes · 11 octobre 1832.
Berthier (maréchal), 8 octobre 1800, 18 mars 1806, 17 août 1815. — Notes : 8 octobre 1800.
Berthollet, 24 décembre 1799, 22 mai 1804.— Notes : 24 décembre 1799.
Bertin de Vaux, 26 juillet et 29 septembre 1815, 24 décembre 1823, 27 juillet 1830, 11 octobre 1832. — Notes : 26 juillet 1815.
Bertrand, 18 novembre 1813, 13 avril 1845.—Notes : 18 novembre 1813.
Besançon, 9 mars 1796-1802, 2 avril 1804, 2 février 1809, 5 avril 1813-1816, 18 janvier 1816, 12 mai 1819, 11 février 1820, 17 septembre et 23 décembre 1823, 18 janvier 1826, 15 mars 1827, 11 mai 1832, 30 décembre 1836, 14 février et 22 août 1841, 25 octobre 1842, 15 février 1845, 30 janvier 1847, 12 février et 10 mai 1852, 25 janvier 1853, 20 décembre 1856, 27 juillet 1859, 1er août 1860, 11 janvier 1862, 8 février 1865, 15 janvier 1867, 3 janvier 1868, 31 décembre 1872, 22 juillet, 10 août et 25 novembre 1874, 31 octobre 1877, 11 mars 1878, 15 juillet 1879. — Notes : 3 mars 1795, 5 septembre 1797, 11 octobre 1832.
Bessarabie, 28 avril 1856.
Bessèges, 7 juin 1854.
Bessières, 18 mars 1806, 18 novembre 1813, 17 août 1815. — Notes : 30 mars 1806.
Bestiaux, 5 juin 1791, 4 juillet 1830, 7 août 1878.
Béthéniville, 3 janvier 1868.
Bethmont, 24 février 1848. — Notes : 24 février 1848.
Béthune, 3 janvier 1868, 27 août 1872.
Betteraves, 15 janvier 1812.
Beugnot, 2 mars 1800, 3 avril, 13 mai et 29 juin 1814, 26 juillet

1815, 5 septembre 1816, 6 juin et 12 novembre 1817, 27 janvier 1830, 25 décembre 1841. — Notes : 2 mars 1800.

Beulé, 25 mai 1873.— Notes : 25 mai 1873.

Beurnonville (le maréchal comte de), 1er avril 1814, 3 juillet 1816. — Notes : 1er avril 1814.

Beurre, 23 novembre 1825.

Béziers, 1802, 15 mars 1827, 11 mai 1832, 30 décembre 1836. 25 octobre 1842, 30 janvier 1847, 10 mai 1852, 20 décembre 1856, 15 janvier 1867, 12 mai 1868, 31 décembre 1872, 31 octobre 1877. — Notes : 30 décembre 1879.

Biarritz, 23 juin 1875.

Bibliothèques, 3 mars et 8 juin 1795, 14 novembre 1832, 24 avril 1833, 22 février et 2 juillet 1839, 3 août 1841, 15 mai 1870, 21 avril 1875.

Biegat, 4 janvier 1842. — Notes : 4 janvier 1842.

Bienfaisance, 2 juin 1804.

Bien-Hoa, 1er juillet 1863.

Biens communaux, ecclésiastiques, nationaux, privés, etc., 4 novembre 1789, 10 juin 1793, 20 avril 1795, 21 mai 1797, 25 janvier et 31 octobre 1804.

Bifurcation des études, 7 février 1862.

Bignon (localité). — Notes : 12 septembre 1794.

Bignon, 31 juillet 1830, 26 octobre 1832.—Notes : 31 juillet 1830.

Bigorie de Laschamps (de), 28 janvier 1871.

Billaud-Varennes, 1er avril 1795. — Notes : 27 juillet 1794, 1er avril 1795.

Billault, 2 mars 1840, 9 mars 1852, 25 janvier 1853, 23 juin et 4 décembre 1854, 1er novembre 1859, 26 novembre 1860, 23 juin et 18 octobre 1863, 9 mars 1864. — Notes : 1er mars 1840.

Billet (le colonel), 15 mars 1872.

Billets de banque, 14 mars 1804, 10 juin 1847, 6 août 1850, 12 août 1870.

Billom, 17 mars 1824, 10 juin 1873.

Bineau, 31 octobre 1849, 22 janvier 1852.

Biographies, 7 avril 1814.

Birmanie, 18 juillet 1873, 11 juin 1874. — Notes : 18 juillet 1873.

Bir-Rabala, 20 janvier 1858.

Biscuits, 7 août 1816.

Biskra, 28 avril 1874.

Bisson, 17 mai 1828.

Bitche, 14 février 1816. — Notes : 14 février 1816.

Bitume, 10 octobre 1839.

Blanc (Louis), 24 et 28 février 1848.

Blanc-Misserou, 26 octobre 1871.

Blanco, 12 juin 1879.

Blavet, 14 août 1822.

Blaye, 15 janvier 1823, 13 février 1869.

Blés, 21 septembre 1789, 8 mai 1812, 29 septembre 1870.

Blesmes, 26 mars 1852.

Blessés, 26 février 1848, 14 juillet 1865.

Blidah, 4 mars 1863.

Blocus continental, 21 novembre 1806, 23 février 1810.

Blois, 1801, 7 avril 1824, 15 mars 1827, 11 mai 1832, 30 décembre

1836, 25 octobre 1842, 22 juin 1845, 30 janvier 1847, 20 décembre 1856, 15 janvier 1867, 30 janvier 1869.

Blondel, 26 octobre 1851.

Blum, 7 avril 1830.

Bo, 8 et 9 août 1795.

Bohbio, 7 juin 1805.

Bodet (Mathieu), 20 juillet 1874.

Bœufs, 4 avril 1795.

Bohême, 14 octobre 1809.

Boireau, 8 mai 1837. — Notes : 8 mai 1837.

Bois, 3 novembre 1789, 28 août 1816, 28 juillet 1824, 1829, 1830, 25 mars 1831.

Bois-le-duc, 24 avril 1810.

Boisleux, 11 décembre 1874.

Boissons, 5 mai 1806, 21 décembre 1808, 5 janvier 1813, 8 décembre 1814, 17 octobre 1830, 22 mars 1833, 31 décembre 1873, 31 mars 1878.

Boissy (marquis de), 4 mars 1853. — Notes : 4 mars 1853.

Boissy d'Anglas, 20 mai et 5 septembre 1797, 26 décembre 1799, 18 février 1800, 25 mars 1801, 24 juillet et 17 août 1815.—Notes : 23 mai 1795.

Boissy St-Léger, 2 janvier 1869.

Boittelle, 20 février 1866.

Bolbec, 20 avril 1813, 1818.

Bolivar. — Notes : 26 juillet 1837.

Bolivie, 26 juillet 1837, 12 mai 1874 — Notes : 26 juillet 1837.

Bonald (famille de), 19 novembre 1821, 9 janvier et 8 juin 1822, 2 février, 23 et 24 décembre 1823, 5 novembre 1827, 6 juin 1830. — Notes : 19 novembre 1821.

Bonaparte (Caroline). — Notes : 15 mars 1806, 19 juin 1838.

Bonaparte (Elisa), 3 mars 1809. — Notes : 16 décembre 1809.

Bonaparte (famille), 11 octobre 1848, 21 juin 1853.

Bonaparte (Jérôme), 2 mars 1805, 7 juillet 1807, 26 juillet 1827. — Notes : 2 mars 1805.

Bonaparte (Joseph), 16 juin 1797, 26 décembre 1799, 5 mai 1800, 28 septembre 1803, 18 mai 1804, 18 mars 1806, 28 janvier 1814, 26 juillet 1821. — Notes : 16 juin 1797.

Bonaparte (Létizia), 16 décembre 1809. — Notes : 16 décembre 1809.

Bonaparte (Louis), 18 mai 1804, 5 juin 1806, 9 juillet et 13 décembre 1810. — Notes : 18 mai 1804, 31 janvier 1818.

Bonaparte (Lucien), 25 mai 1798, 25 décembre 1799, 27 mars 1802, 28 septembre 1803. -- Notes : 25 mai 1798. — Son fils 26 janvier 1852.

Bonaparte (voir aussi **Napoléon I**er), 5 octobre 1795, 17 avril 1796, 26 janvier et 10 décembre 1797, 9 et 10 novembre, 13 et 24 décembre 1799, 2 août 1802.

Bonaparte (Pauline), 27 mars 1805. — Notes : 27 mars 1805.

Bonapartistes. — Notes : 2 août 1830.

Bone (Algérie), 14 mai 1874, 27 mai 1879.—Notes : 23 janvier 1879.

Bonite (la). — Notes : 23 janvier 1879.

Bonjean, 9 janvier, 3, 12 et 27 décembre 1851, 11 février 1852, 16 février 1855. — Notes : 9 janvier 1851.

Bonn (Prusse), 1803.
Bonneville, 13 et 25 juin 1860.
Bonnieux. — Notes : 16 octobre 1795.
Bons au porteur, 29 avril 1814.
Bons du Trésor, 11 mars 1854, 11 octobre 1870.
Borax, 30 janvier 1867.
Borda, 25 juin 1795. — Notes : 25 juin 1795
Bord ou **Bort**. — Notes : 20 mai 1797.
Bordeaux, 12 mai 1799, 1801, 24 décembre 1802, 1802, 18 mai 1804,
6 mars 1805, 30 juin 1806, 25 avril 1808, 17 mai 1809, 18 janvier
1811, 22 décembre 1812, 21 février et 5 mars 1814, 26 mai 1815,
18 janvier 1816, 1816, 29 octobre 1817, 10 avril et 22 juillet 1818,
24 mars 1819, 11 février et 14 août 1820, 26 novembre 1823, 5
novembre 1826, 15 mars 1827, 19 janvier et 11 mai 1832, 30 décembre 1836, 17 juillet 1837, 24 août 1838, 9 janvier et 25 octobre 1842, 26 juillet 1844, 21 juin 1846, 30 janvier 1847, 10 mai et
24 août 1852, 1er novembre 1853, 15 janvier 1855, 20 décembre 1856, 11 septembre 1859, 11 janvier 1862, 15 janvier 1867, 6
juin 1868, 2 janvier 1869, 8 et 17 décembre 1870, 8, 28 et 31 janvier, et 6 février 1871, 17 février 1872, 4 janvier 1873, 4 novembre 1876, 6 octobre et 8 novembre 1877, 16 mars 1878, 29 janvier, 1er mars et 28 octobre 1879.— Notes : 28 avril 1796, 5 septembre 1797, 17 août 1815, 14 décembre 1821, 2 février 1823,
2 août 1830, 9 janvier 1851.
Bordeaux (le duc de), 7 octobre 1820, 23 septembre 1824.
Bordesoulle ou **Bordesoult**, 17 septembre 1822, 9 octobre 1823.
— Notes : 31 octobre 1822.
Bordj-Ménaïel, 24 avril 1874.
Borel (général), 13 décembre 1877.
Borghèse, 27 màrs 1805, 18 mars 1806. — Notes : 27 mars 1805.
Borrero, 5 mars 1876.
Bosphore, 30 décembre 1841.
Bosquet (maréchal), 9 février 1856, 12 juin 1861. — Notes : 12
juin 1861.
Boston, 7 juillet 1819.
Botanique, 31 mars 1878.
Botta, 3 juillet 1846. — Notes : 3 juillet 1846.
Bouc, 14 août 1822, 31 juillet 1838, 15 décembre 1870.
Bouchage (du), 23 décembre 1823.
Bouchain, 14 février 1816.
Bouchers, Boucheries, 30 septembre 1802, 6 février 1811, 28
décembre 1815, 9 avril 1823, 12 janvier 1825, 18 octobre 1829,
24 février 1858.
Bouches à feu, 24 avril 1837.
Bouches-du-Rhône, 20 décembre 1800, 3 août 1804, 11 juil-
let 1814, 18 juin 1829, 13 juin 1843, 26 mai 1874, 5 avril 1876, 6
mars 1879. — Notes : 26 mai 1797.
Boudet, 23 juin 1863, 28 mars 1865.
Bouët-Willaumez (le vice-amiral, comte), 28 avril 1865. — No-
tes : 28 avril 1865.
Bouffarik, 5 décembre 1867.
Bougainville, 25 juin 1795. — Notes : 25 juin 1795.
Bougie, 23 avril 1855.

Bougies, 8 janvier 1874.

Bouillé (de), 5 novembre 1827.

Bouillerie (de la), 30 juin 1824, 5 février 1826. — Le fils (?) 25 mai 1873.

Bouilleurs de cru, 17 décembre 1875.

Bouillon, 14 février 1816. — Notes : 14 février 1816.

Bouïta, 25 mars 1879.

Boulanger, 27 juillet 1794.

Boulangers, 22 décembre 1812, 5 avril 1813, 6 janvier et 11 juillet 1814, 4 janvier, 22 mai et 21 décembre 1815, 10 janvier 1816, 3 janvier 1822, 15 janvier 1823, 7 avril 1824, 22 mai 1825, 18 janvier 1826, 11 avril 1827, 7 mai 1853, 1er novembre 1854, 20 janvier 1855, 30 janvier 1856.

Boulay (de la Meurthe), père et fils, 20 mai 1797, 25 décembre 1799, 24 juillet 1815. — Notes : 24 juillet 1815.

Bouline, 12 mars 1848.

Boulogne (Mgr. de), 31 octobre 1822. — Notes : 31 octobre 1822.

Boulogne-sur-mer, 1801, 12 mai 1819, 27 novembre 1822, 21 juillet 1824, 15 mars 1827, 28 juin 1829, 11 mai 1832, 24 janvier 1835, 30 décembre 1836, 7 avril et 19 juillet 1837, 9 août 1839, 25 octobre 1842, 26 juillet 1844, 30 janvier 1847, 10 mai 1852, 26 avril et 20 décembre 1856, 15 janvier 1867, 23 décembre 1879. — Notes : 22 janvier 1852, corps de l'ouvrage 28 octobre 1871, 4 janvier 1873, 28 avril et 8 novembre 1877, 19 juin 1878.

Boulogne-sur-Seine, 2 mai 1855, 20 décembre 1856, 11 janvier 1862, 15 janvier 1867.

Bourbaki. — Notes : 12 février 1879.

Bourbeau, 17 juillet 1869.

Bourbon (île, voir aussi **Réunion**), 19 mars 1793, 22 novembre 1819, 21 août 1825, 30 septembre 1827, 6 juillet 1830, 10 juillet 1831, 22 août 1833, 16 avril et 12 juillet 1837, 22 juin et 22 novembre 1841. — Notes : 30 septembre 1827.

Bourbon (palais), 4 juin 1814, 20 juin 1827.

Bourbon-Condé (prince de), 12 juillet 1833. — Notes : 10 mai 1814.

Bourbon l'Archambault, 4 août 1878.

Bourbonnais, 3 janvier 1868.

Bourbons, 8 juin 1871. — Notes : 3 mars 1795, 25 décembre 1799, 6 mai 1814.

Bourbon-Vendée (voir **Napoléon-Vendée** et **La Roche-sur-Yon**), 25 avril 1814. — Notes : 25 avril 1814.

Bourbotte, 20 mai 1795. — Notes : 20 mai 1795.

Bourck (le comte), 9 octobre 1823.

Bourdeau, 24 décembre 1823, 14 mai 1829.

Bourdon (de l'Oise), 5 septembre 1797. — Notes : 5 septembre 1797.

Bourdonnaye (de la), 8 juin 1822, 8 août 1829, 17 janvier et 6 juin 1830.

Bourg, 25 janvier, 20 avril et 11 juin 1810, 15 juillet 1811, 20 mars 1813, 23 septembre 1814, 10 mai 1852, 17 mars 1854, 20 décembre 1856, 11 janvier 1862, 4 mars 1863, 15 et 17 janvier 1867. — Notes : 25 juin 1795, 7 avril 1814.

Bourg d'Oisans, 2 octobre 1822.

Bourges, 1803, 18 janvier 1816, 11 février, 20 mars et 5 décembre 1820, 15 mars 1827, 11 mai 1832, 30 décembre 1836, 25 octobre 1842, 26 juillet 1844, 30 janvier 1847, 10 mai 1852, 20 décembre 1856, 21 mai 1858, 11 janvier 1862, 15 janvier 1867, 22 janvier 1870, 4 janvier 1873, 17 juin 1874, 29 et 30 juillet, 8 novembre 1877.

Bourg-la-Reine, 7 octobre 1812.

Bourgogne, 1er mars 1815, 14 juin 1822, 5 avril 1829, 7 avril 1830, 15 juin 1878. — Notes : 14 juillet 1815.

Bourgoin, 27 février et 27 novembre 1864.

Bourgoing (baron, puis comte de), 25 décembre 1841, 12 mai 1875. — Notes : 25 décembre 1841.

Bourg St-Maurice, 25 juin 1860.

Bourmont (de), 9 octobre 1823, 8 août 1829, 11 avril et 14 juillet 1830. — Notes : 9 octobre 1823.

Bourreaux, 23 novembre 1793, 7 octobre 1832, 9 mars 1849, 25 novembre 1870.

Bourrienne (de), 3 avril 1814, 26 juillet 1815. — Notes : 3 avril 1814.

Bourses de commerce, 25 avril 1795, 30 août 1795, 19 avril 1801, 16 juin 1802, 1802, 1803, 7 décembre 1805, 18 novembre 1818, 12 novembre 1823, 6 janvier 1825, 2 janvier 1851, 17 décembre 1856, 22 novembre 1861, 16 avril 1864, 8 juin et 5 juillet 1871, 3 février 1872, 2 octobre et 26 novembre 1875, 7 mars 1877.

Bourses scolaires, 22 novembre 1801, 30 septembre 1807, 25 décembre 1819, 28 août 1827, 21 janvier 1829, 7 février 1852, 18 décembre 1867.

Bouzaréah, 3 mars 1879.

Bouxwiller, 2 janvier 1869. — Notes : 27 mars 1802.

Bozel, 25 juin 1860.

Brame, 9 août 1870, 1er février 1878.

Brantôme, 8 mars 1812.

Brayer, 11 octobre 1832. — Notes : 11 octobre 1832.

Bréant, 15 novembre 1853.

Bréda. — Notes : 29 juin 1794.

Breil, 24 octobre 1870.

Brème, 9 juin et 20 septembre 1837.

Brénier, 24 janvier 1851. — Notes : 24 janvier 1851.

Brésil, 4 octobre 1826, 16 août 1829, 8 septembre 1860, 17 mars 1861, 1er août 1874, 24 décembre 1875, 23 mai 1876. — Notes : 4 octobre 1826, 2 février 1854.

Bresse, 4 janvier 1842.

Bresson, 10 novembre 1834. — Notes : 10 novembre 1834.

Bressuire, 4 mars 1863, 3 janvier 1866.

Brest, 3 mars 1795, 1799, 1800, 26 juillet 1802, 7 avril 1814, 3 janvier 1821, 14 août 1822, 11 août 1824, 22 novembre 1826, 15 mars 1827, 1er novembre 1830, 11 mai 1832, 4 mai 1833, 30 décembre 1836, 17 août 1837, 9 août 1839, 25 octobre 1842, 30 janvier 1847, 21 septembre 1848, 31 mars 1851, 10 mai 1852, 20 décembre 1856, 26 juin 1860, 11 janvier et 15 novembre 1862, 2 octobre 1865, 15 janvier 1867, 5 mai 1869, 5 janvier et 13 août 1870, 31 décembre 1872, 31 octobre 1877.

Bretagne, 27 mars 1802, 22 novembre 1870.
Brevets d'invention, 7 janvier et 25 mai 1791, 5 juillet 1844, 30 mai 1856, 11 avril 1878.
Brézé, 17 août 1815.
Briare, 14 août 1822.
Brie-comte-Robert, 2 janvier 1869.
Brigandage, 18 janvier et 30 mars 1798, 12 juillet et 13 août 1799, 22 novembre et 20 décembre 1800, 1801, 22 novembre 1801, 10 avril 1812.
Brignoles, 24 février 1825.
Brillat-Savarin, 3-8 avril 1800.
Brionne, 16 mars 1851.
Brioude, 13 février 1869, 23 mars 1875.
Briouze, 3 janvier 1868.
Brisgau, 26 décembre 1805. — Notes : 26 décembre 1805.
Brissac, 24 décembre 1823.
Brissot, 28 avril 1796. — Notes : 28 avril 1796.
Britanniques (îles) (voir **Angleterre**), 21 novembre 1806, 22 janvier 1852, 21 janvier 1860, 18 juin 1870, 29 juillet 1873, 3 juillet 1879.
Brives, 3 janvier 1822, 24 février 1825, 4 mars 1863, 15 janvier 1867, 24 mars 1879. — Notes : 15 mai 1798, 25 décembre 1799.
Broglie (ducs de), 4 juin 1814, 12 octobre 1815, 5 septembre 1816, 11 octobre 1832, 12 mars 1835, 25 mai et 26 novembre 1873, 18 mai 1877. — Notes : 12 octobre 1815.
Brongniard ou **Brongniart,** 31 décembre 1816. — Notes : 31 décembre 1816.
Brostaret, 23 janvier 1802.
Brou, 31 juillet 1871.
Broussonnet, 31 décembre 1816.
Bruges, 1er octobre 1795, 1801-1803.
Bruix, 6 juillet 1804. — Notes : 6 juillet 1804.
Brune, 25 décembre 1799. — Notes : 25 décembre 1799.
Brunet, 18 mai 1877.
Brunswick (duché et ville de), 19 octobre 1852, 27 avril 1853. — Notes : 19 octobre 1852.
Bruxelles, 1er octobre 1795, 1801, 1802, 24 décembre 1802, 28 septembre 1803, 18 mai 1804, 4 juin 1876, 29 mars 1878. — Notes : 29 juin 1794, 5 avril et 10 juin 1795, 5 septembre 1879.
Bruyères, 3 janvier 1868
Bucey-lès-Gy, 11 décembre 1874.
Budget, 9 novembre 1795, 6 novembre 1796, 30 septembre 1797, 1er décembre 1798, 21 janvier 1800, 25 mars 1803, 25 février et 27 novembre 1804, 21 février 1805, 24 avril 1806, 15 septembre 1807, 25 novembre 1808, 7 octobre 1809, 15 janvier, 20 avril et 11 juin 1810, 15 juillet 1811, 20 mars 1813, 7 juin et 23 septembre 1814, 16 mars, 28 avril et 6 juillet 1816, 25 mars 1817, 27 juin 1819, 28 mai et 23 juillet 1820, 23 avril et 31 juillet 1821, 31 mars 1822, 8 avril 1823, 13 juillet 1824, 21 mai 1825, 21 juin 1826, 6 juin 1827, 6 août 1828, 26 juillet 1829, 29 janvier 1831, 31 janvier et 24 avril 1833, 4 mai 1834, 14 juin 1835, 9 juillet 1836, 8 juillet 1837, 10 juin 1838, 3 août 1839, 6 juin 1840, 15 janvier 1841, 3 mai 1842, 6 juin 1843, 22 mars 1844, 20 avril 1845, 3 juillet

1846, 12 juillet 1847, 20 juillet et 8 décembre 1848, 8 mars 1850,
29 juin 1852, 28 mai 1853, 8 mai 1854, 4 avril 1855, 25 juin 1856,
3 juin 1857, 6 mai 1858, 16 juin 1859, 3 juillet 1861, 28 mars et
27 mai 1863, 8 juin et 24 décembre 1864, 19 mai 1866, 8 mai 1867.
30 mai 1868, 24 avril 1869, 17 juillet et 3 août 1870, 29 décembre 1873, 20 mai et 25 août 1874, 16 août, 16 novembre et 19
décembre 1875, 30 janvier, 14 septembre et 26 décembre 1876,
12. 27 et 31 mars, et 14 juin 1878, 29 avril et 21 décembre 1879,
Buenos-Aires, 16 octobre 1841. — Notes : 16 octobre 1841.
Buffet, 29 décembre 1848. 10 avril 1851, 2 janvier 1870, 17 et 25
février 1871, 11 mars 1875.
Buffon. — Notes : 24 décembre 1799.
Bugeaud, 29 décembre 1840, 31 juillet 1843, 12 février 1855. —
Notes : 29 décembre 1840.
Bulles, 8 avril 1802.
Bulletin des lois, 18 juin 1812.
Buonaparté, 11 mars 1815, 5 août 1879.
Bureaux de bienfaisance, 1804, 23 décembre 1809, 2 juillet
1816, 1818, 31 octobre 1821, 4 mai 1825, 29 avril 1831, 22 septem-
bre 1855.
Bureau des longitudes, 25 juin 1795, 30 janvier 1854, 15 mars
1874.
Burnouf (famille), 9 janvier 1832, 28 mai 1853. — Notes : 9 jan-
vier 1832.
Busigny, 3 juillet 1879.
Busoni, 14 mai 1817.
Busson-Billault, 9 août 1870.
Buzot, 28 avril 1796. — Notes : 28 avril 1796.
Buzy, 15 juin 1878.

C

Cabanis, 24 décembre 1799. — Notes : 24 décembre 1799.
Cabotage, 25 octobre 1806, 21 juin 1836, 24 février 1847.
Cachemires, 26 juillet 1815.
Cachot, 12 mars 1848.
Cadastre, 23 septembre 1791.
Cadavres, 24 septembre 1798.
Cadis, 8 août 1874.
Cadix. — Notes : 22 octobre 1795.
Cadore (duc de), 18 mai 1806, 15 août 1809, 28 janvier 1814. —
Notes ; 30 mars 1806, 25 mars 1830.
Cadoudal, 29 février 1804, 12 octobre 1814. — Notes : 29 février
1804.
Caen, 1801-1803, 2 avril 1804, 2 février 1809, 29 juin 1811, 15 jan-
vier 1814, 11 février 1820, 21 août 1822, 21 juillet 1824, 15 mars
1827, 16 décembre 1829, 11 mars 1832, 30 décembre 1836, 19
juillet 1837, 24 août 1838, 14 février et 21 août 1841, 25 octobre 1842, 30 janvier 1847, 20 décembre 1856, 1er août 1860

11 janvier 1862, 4 mars 1863, 15 janvier 1867, 5 juin et 31 décembre 1872, 29 décembre 1873, 4 et 12 janvier 1874, 9 octobre 1875, 20 septembre et 8 novembre 1877, 15 et 19 juin 1878.

Café, 28 avril 1874.

Cahors, 1803, 25 janvier 1810, 18 janvier 1816, 15 mars 1827, 11 mai 1832, 30 décembre 1836, 25 octobre 1842, 30 janvier 1847, 10 mai 1852, 20 décembre 1856, 11 janvier 1862, 4 mars 1863, 15 janvier 1867, 15 novembre 1873, 24 mars et 7 avril 1879. — Notes : 28 novembre 1879.

Caillaux, 22 mai 1874, 10 mars 1875, 17 mai 1877.

Caisses d'épargnes, 25 juin et 29 juillet 1818, 24 mars 1819, 30 mars 1820, 3 janvier 1821, 16 janvier 1822, 6 mars 1828, 27 janvier 1830, 16 juillet 1833, 5 juin 1835, 31 mai 1837, 22 juin 1845, 30 juin 1851, 15 avril 1852, 7 mai 1853, 2 mai 1874, 17 mars et 13 juin 1875, 13 juillet et 11 décembre 1876, 7 mars, 10 et 24 mai, 30 juin, 26 octobre, 30 novembre 1877, 27 janvier, 13 février, 30 mai et 21 décembre 1878, 30 janvier, 16 mai, 23 août, 29 octobre et 5 décembre 1879.

Caisse des offrandes nationales, 29 août 1879.

Caisse de retraite pour la vieillesse, 18 juin 1850, 7 mai 1853, 7 juillet 1856, 12 juin 1861, 15 juillet 1879.

Calais, 1799, 9 décembre 1799, 18 novembre 1818, 19 janvier 1825, 1er juin 1828, 11 mai et 24 juin 1832, 30 décembre 1836, 7 avril et 19 juillet 1837, 9 août 1839, 25 octobre 1842, 26 juillet 1844, 30 janvier 1847, 10 mai 1852, 2 février 1855, 20 décembre 1856, 11 janvier 1862, 15 janvier 1867, 3 janvier 1868, 15 septembre 1871, 29 décembre 1875, 27 octobre 1877, 23 décembre 1879.

Cale, 12 mars 1848.

Calendriers, 5 octobre 1793, 9 septembre 1805. — Notes : 5 octobre 1793, 9 septembre 1805.

Calfats, 2 décembre 1879.

Calmon, 31 mai 1829, 2 avril et 4 août 1830.

Calvados, 30 mars 1820, 3 janvier 1822, 1er juin 1828, 29 juillet 1829, 9 janvier 1832, 6 mai 1843, 27 mars 1858, 12 janvier 1870, 30 janvier 1874, 22 mai 1878.

Cambacérès, 20 juillet, 9 et 11 novembre 1799, 18 mai 1804, 16 décembre 1809, 15 mars 1827, 15 janvier 1867, 2 mai 1873. — Notes : 27 juin 1794.

Camboge, 29 février 1868.

Cambon, 5 avril 1795. — Notes : 5 avril 1795, 27 juillet 1874.

Cambrai, 4 mai 1812, 15 mars et 24 juillet 1815, 14 février 1816, 11 mai 1832, 30 décembre 1836, 2 décembre 1841, 25 octobre 1842, 30 janvier 1847, 10 mai 1852, 20 décembre 1856, 11 janvier 1862, 13 juillet 1875, 23 mars 1878.

Cambriels, — Notes : 12 février 1879.

Cambronne, 24 juillet 1815. — Notes : 24 juillet 1815.

Campana (musée), 2 juillet 1861.

Campenon, 24 octobre 1814. — Notes : 24 octobre 1814.

Campo-Formio, 3 novembre et 3 décembre 1797. — Notes : 10 décembre 1797.

Camus, 15 décembre 1804. — Notes : 30 juin 1795, 15 décembre 1804.

Canada, 27 mars 1875.

Canaples, 19 juin 1875.

Canaques, 3 novembre 1878, 1er janvier 1879.

Canaux, 12 octobre 1796, 16 janvier 1797, 23 décembre 1809, 22 février 1813, 5 août 1821, 14 août 1822, 18 janvier et 7 juin 1826, 29 mai 1827, 5 et 15 avril, et 29 juillet 1829, 7 avril et 11 octobre 1830, 20 février et 22 avril 1832, 17 juin 1836, 17 et 19 juillet, et 26 décembre 1837, 3 et 31 juillet 1838, 8 juillet 1840, 24 août 1852, 5 août 1857, 20 mai 1863, 13 avril 1867, 3 janvier, 4 mars et 4 juillet 1868, 27 mai 1874, 6 juin 1875, 24 mars, 16 septembre et 13 octobre 1876, 23 juin et 20 septembre 1877, 15 juin 1878, 3, 7 et 8 avril, 31 juillet et 8 août 1879.

Cancer, 8 septembre 1856.

Canclaux, 3 mars 1795, 22 octobre 1804. —Notes : 3 mars 1795.

Canino (voir Lucien Bonaparte), 25 mai 1798.

Cannes, 19 juillet 1837.

Canonniers, 28 mai 1803, 1er juillet 1814, 17 octobre 1833.

Canrobert, 17 août 1855.

Cantal, 14 janvier 1813, 1er juin 1828.

Cantons, 4 août 1802, 30 janvier 1847, 15 janvier 1867, 8 avril 1879.

Capdenac, 7 avril 1879.

Cap de Bonne-Espérance, 2 mai 1790, 27 mars 1802.

Capelle (baron), 19 mai 1830. — Notes : 19 mai 1830.

Capitaines de la marine marchande, 7 août 1825.

Capitole, 4 mai 1796.

Capitulations, 26 juillet et 28 août 1792, 1er mai 1812.

Caprée ou Capri. — Notes : 24 juillet 1815.

Caraïtes. — Notes : 16 janvier 1790.

Caraman (de), 5 novembre 1827, 6 juin 1830.

Carcan, 6 octobre 1791.

Carcaradec (de), 6 juin 1830.

Carcassonne, 1801, 24 décembre 1802, 2 février 1808, 15 mars 1827, 11 mai 1832, 30 décembre 1836, 30 janvier 1847, 20 mai 1852, 12 mars 1853, 29 novembre et 20 décembre 1856, 11 janvier 1862, 4 mars 1863, 15 janvier 1867, 20 janvier 1873. — Notes : 21 novembre 1819.

Cardinaux, 9 avril 1814, 24 septembre 1819, 3 mars 1840, 8 février 1865.

Cardonnel (de), 31 mars 1824.

Carentan, 10 février et 13 juin 1874.

Carhaix, 5 septembre 1800.

Carignan, 17 janvier 1867.

Carinthie, 14 octobre 1809.

Carlos (don). — Notes : 2 avril 1814.

Carlovingiens. — Notes : 13 mars 1815.

Carmaux, 4 mars 1854, 27 décembre 1879.

Carniole, 14 octobre 1809.

Carnot (famille), 5 septembre 1797, 8 octobre 1800, 27 mars 1802, 20 mars et 24 juillet 1815, 24 février 1848, 22 novembre 1877. — Notes : 5 septembre 1797, 4 février 1879. (Voir aussi **Sadi-Carnot**).

Carpentras, 30 janvier 1847, 10 mai et 9 juillet 1852, 20 décembre 1856, 11 janvier 1862, 15 janvier 1867.

Carra, 28 avril 1796. — Notes : 28 avril 1796.

Carrier, 25 novembre 1794. — Notes : 27 juillet 1794 et 25 novembre 1794.

Carrières, 21 avril 1810, 20 novembre 1822, 2 janvier 1874.

Carteret, 10 février et 13 juin 1874.

Cartes à jouer, cartes postales, etc., 16 juin 1795, 18 mai 1798, 25 janvier 1873.

Carton, 13 avril 1828, 16 août 1873.

Casabianca (famille), 24 décembre 1799, 22 mai 1804, 21 novembre 1819, 26 octobre et 23 novembre 1851, 22 janvier et 28 juillet 1852. — Notes : 21 novembre 1819.

Casernes, 4 août 1874, 1874.

Cassaigne, 7 février 1877.

Cassini, 25 juin 1795. — Notes : 25 juin 1795.

Castelbajac (de), 28 mai 1822, 4 août 1824, 5 novembre 1827.

Castellane (de), 24 décembre 1823, 2 décembre 1852. — Notes : 24 décembre 1823.

Castelnaudary, 30 décembre 1836. — Notes : 25 décembre 1799.

Castelnau-lès-Lez, 20 septembre 1877.

Castelnau-Montratier. — Notes : 5 septembre 1797.

Castets, 3 juillet 1848.

Castiglione, 1er mars 1815. — Notes : 26 janvier 1797, 1er mars 1815.

Castlereagh (lord), 14 février 1816. — Notes : 14 février 1816.

Castres, 1801, 2 avril 1804, 26 février 1823, 15 mars 1827, 11 mai 1832, 30 décembre 1836, 25 octobre 1842, 1846, 30 janvier 1847, 10 mai 1852, 20 décembre 1856, 11 janvier et 30 avril 1862, 4 mars 1863, 28 février 1866, 15 janvier 1867.

Castries (de), 5 novembre 1827.

Catalogne. — Notes : 7 avril 1814.

Catéchisme, 8 avril 1802, 4 avril 1806.

Cathédrales, 25 juin 1841, 22 mars 1852.

Caulaincourt (famille), 18 mars 1806. — Notes : 30 mars 1806, 20 mars 1815.

Caulnes, 15 juin 1878.

Cautionnements, 26 juillet 1800, 14 février 1804, 8 avril 1831, 18 novembre 1835, 16 juillet 1850, 7 octobre 1870, 6 juillet 1871, 5 mars et 4 septembre 1874.

Caux (de), 5 novembre 1827, 4 janvier 1828, 8 août 1829.

Cavaignac (famille), 10 juin 1815, 24 février et 7 août 1848 — Notes : 10 juin 1815.

Cavalerie, 30 août 1815, 26 février 1823, 19 janvier 1831, 14 juin 1853.

Cayenne, 22 novembre 1819, 25 décembre 1867, 17 octobre 1878.

Cazaux, 10 février 1874.

Caze (de), 12 juillet 1815, (est-ce celui qui fut le favori de Louis XVIII?).

Cazot, 12 septembre 1870, 28 décembre 1879. — Notes : 28 décembre 1879.

Censeurs, Censure, 5 février 1810, 21 et 24 octobre 1814, 24 mars et 8 août 1815, 1er avril 1820, 26 juillet 1821, 16 août et 29 septembre 1824, 24 juin 1827, 14 août 1830, 30 septembre 1870.

Cent-gardes, 29 février 1856, 17 mars 1858.

Cent-suisses, 15 juillei 1814, 13 mars 1815.

Ceracchi. – Notes : 18 novembre 1799.

Cercy ou **Cerey-la-Tour**, 4 mars 1863, 3 janvier 1868.

Céréales, 16 juillet 1819, 15 avril 1832, 28 janvier 1847, 14 septembre 1873.

Cerné. – Notes : 2 février 1803.

Certificats, 20 septembre 1794, 5 août 1795, 21 août 1806.

César (Jules), 10 décembre 1797.

Cette, 1801, 15 mars 1827, 11 mai 1832, 9 juillet 1836, 9 août 1839, 25 octobre 1842, 21 juin et 30 décembre 1846, 30 janvier 1847, 4 avril 1850, 10 mai et 24 août 1852, 20 décembre 1856, 11 janvier 1862, 15 janvier 1867.

Ceva, 6 juin 1805.

Ceyrat, 4 janvier 1801.

Chabannes (le marquis de), 17 août 1815. – Notes : 17 août 1815.

Chabaud-Latour (famille), 20 mai 1797, 26 décembre 1799, 16 décembre 1819, 20 juillet 1874.

Chabrol (familles), **de Crousol** et **de Volvic**, 29 juin 1814, 8 juin 1822, 4 décembre 1823, 4 août 1824, 8 août 1829, 6 juin 1830. – Notes : 8 juin 1822, 6 juin 1830.

Chaillot. – Notes : 27 juillet 1794.

Chaix-d'Estange, 28 mai 1862, 22 janvier 1867.

Chalabre, 2 août 1876.

Chalais (prince de), 4 juin 1814.

Challemel-Lacour, 15 janvier 1879. – Notes : 15 janvier 1879.

Châlons-sur-Marne, 25 septembre 1795, 1799, 30 juillet 1804, 2 février 1809, 4 juin 1814, 26 février 1817, 26 juin 1823, 6 juillet 1825, 9 mars et 31 décembre 1826, 15 mars 1827, 11 mai et 23 septembre 1832, 30 décembre 1836, 25 octobre 1842, 8 novembre 1843, 30 janvier 1847, 8 février 1850, 10 mai 1852, 20 décembre 1856, 11 janvier 1862, 14 juin 1864, 30 décembre 1865, 15 janvier 1867, 3 janvier 1868, 21 et 28 mai 1874.

Châlons-sur-Saône, 1803, 11 mai 1832, 30 décembre 1836, 15 mars 1837, 20 août et 25 octobre 1842, 30 janvier 1847, 10 mai 1852, 20 décembre 1856, 25 juin 1860, 11 janvier 1862, 15 et 17 janvier 1867.

Chambéry, 30 mai 1814, 13 et 25 juin, et 22 décembre 1860, 11 janvier 1862, 22 avril 1863, 8 avril 1865, 15 janvier 1867.

Chambord (comte de). – Notes : 14 juin 1794, 15 mai 1814.

Chambres consultatives des arts & manufactures, 2 avril 1804, 10 juin 1815, 8 avril et 16 juin 1832, 24 mars 1835, 12 avril 1842, 20 février 1843, 26 mai 1846, 1856, 20 mai 1857, 23 août 1858, 10 décembre 1859, 3 août 1862, 16 octobre 1863, 27 février 1864, 7 janvier 1865, 21 novembre 1866, 2 août 1876.

Chambres de commerce, 24 décembre 1802, 1803, 7 février 1809, 22 janvier 1817, 12 mai 1819, 14 mars et 18 avril 1821, 21 juin 1826, 1er juin 1828, 16 juin 1832, 15 janvier 1833, 19 novembre et 15 décembre 1836, 23 mars 1838, 20 août 1842, 22 février 1843, 25 janvier 1844, 21 octobre 1848, 19 mars 1850, 31 mars 1851, 1856, 6 février 1856, 3 juin 1860, 9 janvier 1864, 6 mai 1868, 11 avril 1870, 13 novembre 1871, 11 décembre 1877.

Chambres parlementaires. —Notes : 13 mars 1815, 6 novembre 1879.

Chamelet. — Notes : 31 décembre 1816.

Chamisso (de), 6 juin 1830.

Chamoux, 25 juin 1860.

Champ de mai, 13 mars 1815. — Notes : 13 mars 1815.

Champagne, 1er mars 1815.

Champagny (Nompère de), 10 mars 1806, 15 août 1809, 25 mars 1830. — Notes : 30 mars 1806, 25 mars 1830.

Champaubert, 1er mars 1815.

Champigneulles, 21 juin 1873.

Champlâtreux, 13 octobre 1809. — Notes : 3 mars 1809.

Champollion (jeune), 12 mars 1831, 24 avril 1833.

Champs, 5 juin 1791.

Champs-Élysées, 20 août 1828.

Champy, février 1810.

Chancelleries, 6 novembre 1842.

Changarnier (non le général), 20 mai 1797.

Change, changeurs, 25 avril 1795, 30 juin 1835.

Chanoines, 20 mai 1818.

Chantelauze (de), 19 mai 1830. — Notes : 19 mai 1830.

Chantilly, 1800.

Chants patriotiques, 13 décembre 1797. — Notes : 24 août 1795.

Chanzy (de), 10 juin 1873, 30 janvier et 23 février 1879. — Notes : 30 janvier 1879.

Chappe, — Notes : 30 août 1794.

Chaptal (comte), 25 décembre 1799, 21 janvier 1801, 25 mars 1810, 5 mars 1819. — Notes : 25 décembre 1797.

Charbonnier, 27 et 28 mai 1795.

Charcuterie, 9 avril 1823, 25 février 1848.

Charente, 1803, 8 décembre 1810, 15 octobre 1826, 18 mai 1828, 1er juin 1828, 19 juillet 1837.

Charente-Inférieure, 20 février 1803, 8 décembre 1810, 23 janvier 1813, 18 avril 1821, 15 janvier 1823, 1er juin 1828, 24 août 1833, 21 mai 1861, 1er février 1867.

Charité, 19 décembre 1790.

Charlemagne. — Notes : 13 mars 1815.

Charlemont, 14 février 1816.

Charleroi, 29 juin 1794.

Charles X, 13 juin, 31 juillet et 2 août 1830, 15 mars 1831, 10 avril 1832, 8 avril 1834. — Notes : 6 février et 20 mai 1797, 14 et 22 avril, et 15 mai 1814, 24 juillet 1815, 31 décembre 1816. 2 février 1823.

Charles-Emmanuel IV. — Notes : 6 décembre 1793.

Charles Ier (d'Angleterre). — Notes : 27 mai 1795.

Charles IV (d'Espagne), 2 avril 1814.

Charles VII, 1er mars 1815.

Charleville, 15 janvier 1867. — Notes : 14 septembre 1799.

Charlieu, 21 février 1855.

Charmes, 3 janvier 1868.

Charonne, 20 décembre 1856, 16 juin 1859.

Charpentiers, 2 décembre 1879.

Chars, 3 janvier 1868.

Chartes constitutionnelles, école des Chartes, 5 septembre 1816, 25 octobre 1820, 11 novembre 1829, 13 juin, 25 juillet et 14 août 1830, 1er mars 1832.

Chartres, 31 octobre 1822, 15 mars 1827, 11 mai 1832, 30 décembre 1836, 25 octobre 1842, 30 janvier 1847, 1847, 10 mai 1852, 20 décembre 1856, 15 janvier 1867, 22 janvier 1870, 31 juillet 1871. — Notes : 4-11 août 1789, 28 avril 1796, 19 septembre 1797.

Chartres (duc de), 3 août 1832.

Chasse, 4 août 1789, 30 avril 1790, 19 octobre 1796, 7 février 1797, 4 mai 1812, 24 juin 1832, 30 mai 1837, 3 mai 1844, 20 juin 1845, 22 janvier 1874.

Chasseloup-Laubat (famille), 4 juin 1814, 10 avril et 2 décembre 1851, 17 juillet 1869. — Notes : 4 juin 1814.

Chassepot de Chapelaine, 14 juillet 1815.

Chasseurs, 6 juillet 1804, 21 mars 1831, 27 août 1839, 19 juillet 1842, 14 janvier 1853, 24 janvier 1855.

Châtaignes, 29 janvier 1847.

Châteaubourg, 26 mai 1879.

Châteaubriant (vicomte de), 26 juillet et 17 août 1815, 22 décembre 1822, 18 juillet 1879. — Notes : 26 juillet 1815.

Châteaubriand ou Châteaubriant (ville de), 3 avril 1878. — Notes : 23 février 1879.

Châteaudun, 20 octobre 1870.

Châteaulin, 2 mai 1855, 4 mars 1863.

Châteauneuf, 31 juillet 1871.

Châteauroux, 15 mars 1827, 11 mai 1832, 20 décembre 1836, 21 août 1841, 25 octobre 1842, 30 janvier 1847, 18 mai 1852, 12 mars 1853, 20 décembre 1856, 24 mars 1858, 11 janvier 1862, 15 janvier 1867.

Château-Salins, 3 janvier 1868.

Château-Thierry, 1er mars 1815, 13 février 1836.

Château-Vieux, 20 mai 1797.

Château-Vilain, — Notes : 3 octobre 1801.

Châtellerault, 1801-1802, 30 janvier 1847, 10 mai 1852, 20 décembre 1856, 11 janvier 1862, 16 juillet 1869. .

Châtillon-sur-Seine, 4 mars 1853, 26 août 1865.

Chaudières à vapeur, 25 janvier 1865.

Chaudordy (comte de), 4 septembre 1874, 12 décembre 1878.

Chaumont, 8 juin 1844, 4 mars 1863, 8 avril 1865.

Chauny, 23 avril 1856, 2 juillet 1872.

Chauvelin (marquis de), 29 juin 1814. — Notes : 29 juin 1814.

Chavagnes-en-Pailliers, 24 février 1825.

Cheminées, 25 juillet 1795.

Chemins de fer, 5 février 1823, 27 août 1828, 7 avril 1830, 7 juin 1832, 26 avril et 29 juin 1833, 9 juillet 1835, 6 juin et 9 juillet 1836, 17 juillet et 26 décembre 1837, 6 mars 1838, 16 juillet 1840, 11 juin 1842, 24 juillet 1843, 7 et 26 juillet 1844, 8 mars 1845-1846, 15 novembre 1846-1847, 20 mars 1848, 10 décembre 1851, 12 et 25 février, 8 juillet et 24 août 1852, 25 janvier et 1er novembre 1853, 4 mars, 7 juin et 17 octobre 1854, 13 janvier, 2 mai et 14 juillet 1855, 23 avril et 21 juillet 1856, 12 mai 1858, 3 août 1859, 20 juin et 1er août 1860, 12 janvier 1861, 6 juillet

1862, 4 mars 1863, 23 janvier, 14 juin, 11 juillet, 13 août et 10 septembre 1864, 8 avril, 17 juin, 12 juillet, 26 et 30 août 1865, 17 janvier 1867, 3 janvier 1868, 2 janvier 1869, 12 janvier et 23 octobre 1870, 31 juillet, 30 août, 15 septembre et 26 octobre 1871, 3 avril, 5 juin, 2 juillet et 5 novembre 1872, 12 et 20 janvier, 11 mars, 2 mai, 10, 21 et 29 juin, 7 juillet, 11 et 14 septembre et 10 octobre 1873, 2, 8 et 13 janvier, 7 et 10 février, 7, 21, 23, 24, 26 et 27 mars, 11 avril, 2, 14, 22, 27 et 28 mai, 13 et 17 juin, 3 et 22 juillet, 1er août et 28 octobre, 22, 24, 25 et 30 novembre, 1er et 11 décembre 1874, 17 janvier, 23 mars et 24 avril, 19 et 21 juin, 13 et 24 juillet, 3 et 6 août, 30 novembre, 2, 4 et 13 décembre 1875, 12 et 18 janvier, 16 mars, 3 juin et 26 septembre 1876, 6 janvier, 3 et 25 février, 25 et 27 mars, 8 avril, 9 et 24 juin, 17 juillet, 16 et 19 août, 4 octobre, 14 décembre 1877, 2 et 3 janvier, 10, 23 et 28 mars, 3 avril, 19 et 27 mai, 12, 19 et 20 juin, 19, 20, 26 et 27 décembre 1878, 6 et 22 janvier, 12, 21, 24, 27 et 29 mars, 2 et 7 avril, 7 mai, 20 juin, 2, 13, 15, 17, 18, 19, 28 et 31 juillet, 8 et 9 août, 25 octobre, 27 et 30 décembre 1879. — Notes : 4 février 1879.

Chemins vicinaux, 28 juillet 1824, 21 mai 1836, 11 juillet 1868, 21 juillet 1870, 25 juillet 1873, 26 mars 1874, 23 mars 1875, 11 avril 1879.

Chénier (André et Joseph), 24 août 1795, 26 décembre 1799. — Notes : 24 août 1795.

Chennevières (marquis de), 28 mai 1878.

Cheptel, 4 avril 1795, 20 juillet 1798. — Notes : 4 avril 1795.

Chèques, 14 juin 1865.

Cher, 8 décembre 1810, 9 mai 1827, 21 mai 1858, 22 août 1870.

Cherbourg, 3 mars 1795, 1801, 16 janvier 1804, 19 juillet 1811, 15 mars 1827, 11 mai 1832, 15 et 30 décembre 1836, 7 avril 1837, 21 juin 1838, 25 octobre 1842, 1846, 30 janvier 1847, 14 avril et 8 juillet 1851, 10 mai 1852, 20 décembre 1856, 11 janvier 1862, 13 août 1870, 31 décembre 1871, 31 octobre 1877, 15 juin 1878.

Cherchell, 20 juin 1860.

Chevalerie (ordres de), 6 août 1791.

Chevalier (Michel), 14 mars 1860, 28 novembre 1879. — Notes : 28 novembre 1879.

Chevandier de Valdrôme, 2 janvier 1870 (mort à la fin de l'année 1878).

Chevau-légers, 15 juin 1814.

Chevaux, 31 novembre 1789, 4 avril et 25 juillet 1795, 21 avril 1797, 7 avril 1819, 1er août 1874, 22 décembre 1879.

Chéverus (de), 5 novembre 1826. — Notes : 5 novembre 1826.

Chevreau (Henri), 9 août 1870.

Chèvres, 10 décembre 1877.

Chiavari, 6 juin 1805, 1er septembre 1856.

Chicorée, 12 juillet 1877.

Chiens, 2 mai 1855, 28 décembre 1874.

Chilhaud de la Rigaudie, 31 mars et 26 décembre 1824, 5 février 1826.

Chili, 15 mars 1850, 15 mars 1853, 15 mai 1861.

Chilleau (de), 31 octobre 1822.

Chimay, 30 mai 1814.

Chimie, 25 février 1795, 25 octobre 1801.

Chine, 18 janvier 1826, 22 octobre 1843, 22 novembre 1845, 8 juillet 1852, 12 et 23 jauvier 1861, 18 octobre 1862, 28 avril 1869, 11 janvier 1879.

Chinon, 18 janvier 1826.

Chirurgiens, 4 août 1819, 12 janvier 1853.

Chocolats, 18 octobre 1873.

Choiseul-Gouffier (comte de), 17 août 1815. — Notes : 17 août 1815.

Choiseul-Praslin (ducs de), 24 décembre 1799, 6 avril 1845.

Choléra, 16 août 1831, 15 novembre 1853, 27 juin 1854. — Notes : 25 février 1828.

Cholet, 21 août 1822, 30 janvier 1847, 10 mai 1852, 20 décembre 1856, 7 juillet 1859, 31 juillet 1860, 11 janvier 1862, 16 janvier 1867, 8 avril 1877.

Chouans, 19 septembre et 28 décembre 1799, 17 août 1831. — Notes : 1er août 1827.

Christine, 19 février 1847. — Notes de l'année 1878.

Christophle, 9 mars 1876.

Chronométrie, 16 mars 1878.

Churchward, 2 février 1855.

Cicéron. — Notes : octobre 1789.

Cidre, 11 mars 1827.

Cierges, 26 décembre 1813.

Cigares, 5 mai 1830.

Cimetières, 6 décembre 1843.

Circonstances atténuantes, 28 avril 1832.

Cire, 23 janvier 1821.

Cirey, 3 janvier 1868.

Cisalpine (république), 3 novembre 1797, 17 mars 1798, 16 juin 1799.

Cissey (général de), 25 mai 1873, 22 mai 1874, 10 mars 1875, 9 mars 1876.

Civisme, 10 septembre 1794, 5 août 1795.

Civrac (de), 6 juin 1830.

Civray, 6 janvier 1866.

Clairvaux, 16 juin 1808, 2 février 1809, 24 janvier 1811.

Claparède (comte), 5 mars 1819, 6 juin 1830. — Notes : 5 mars 1819.

Clarke, 18 mars 1806, 15 août 1809. — Notes : 18 mars 1806.

Clary, 26 décembre 1799.

Clausel ou **Clauzel**, 24 juillet 1815, 31 juillet 1830, 30 juillet 1831, 8 juillet 1835. — Notes : 24 juillet 1815.

Clavier, 26 décembre 1799, 24 octobre 1814. — Notes : 26 décembre 1799.

Clebsattel, 2 février 1855.

Clément de Ris (comtes), 24 décembre 1799, 24 juillet 1815, 2 novembre 1819. — Notes : 24 décembre 1799.

Clément XIV. — Notes : 22 juin 1804.

Clergé, 8 janvier 1803, 25 février 1810, 6 novembre 1813, 2 janvier 1817, 14 janvier 1831.

Clermont-Ferrand, 1801-1803, 18 janvier 1816, 21 juin 1826, 15 mars 1827, 11 mai 1832, 30 décembre 1836, 30 décembre

1818, 14 février et 21 août 1841, 25 octobre 1842, 26 juillet 1844, 1846, 30 janvier 1847, 10 mai 1852, 20 décembre 1856, 11 janvier 1862, 4 mars 1863, 15 janvier 1867, 3 janvier 1868, 31 décembre 1872, 8 octobre 1875, 31 octobre 1877, 29 décembre 1878.

Clermont (Hérault), 20 février 1810, 3 janvier 1863.

Clermont-Tonnerre (de), 14 décembre 1821, 4 août 1824. — Notes : 14 décembre 1821.

Clèves, 15 mars 1806.

Clichy, 20 décembre 1856, 11 janvier 1862, 15 janvier 1867.

Cloches, 21 mai 1795.

Clotilde (princesse), 28 février 1859.

Clubs, 23 août 1795, 25 juillet 1797, 28 juillet 1848, 19 juin 1849, 22 janvier 1871.

Cluny, 24 juillet 1843, 28 mars 1866, 8 janvier 1874. — Notes : 5 novembre 1827.

Cluses, 25 juin 1860.

Coalitions, 17 juin 1791, 27 novembre 1849.

Cocardes, 21 mai 1795, 13 avril 1814, 1er août 1830.

Cochery, 4 février et 28 décembre 1879. — Notes : 4 février 1879.

Cochin, 24 décembre 1823, 5 novembre 1827.

Cochinchine, 28 avril et 22 septembre 1869, 10 février 1873, 21 février, 31 mars et 14 août 1874, 15 mai 1875, 2 juin et 4 juillet 1876, 8 janvier 1877, 14 mai, 29 juin, 7 novembre et 4 décembre 1879.

Cochon de Lapparent, 26 décembre 1799. — Notes : 26 décembre 1799.

Code civil, 21 mars 1804, 16 avril 1832. — Notes : 27 juin 1794.

Code criminel, 24 mai 1821.

Code de commerce, 10 septembre 1807, 19 mars 1817, 30 août 1818, 10 mars 1825, 31 janvier 1841, 14 juin 1854, 3 mai et 2 juillet 1862, 6 mai 1863, 20 février 1872, 7 décembre 1876.

Code de procédure civile, 14 avril 1806, 10 mars 1825, 8 août 1842, 21 mai 1858, 3 mai 1862.

Code d'instruction criminelle, 28 avril 1832, 9 septembre 1835, 10 juin 1853, 21 mars et 4 avril 1855, 17 juillet 1856, 27 janvier 1873, 28 juin 1877.

Code forestier, 21 mai 1827, 4 mai 1837, 18 juin 1859.

Code maritime, 26 mars 1804.

Code militaire, 19 octobre 1791, 11 mai 1792, 12 mai 1793, 27 juillet 1793, 22 janvier 1794, 18 septembre et 27 octobre 1795, 3 et 11 novembre 1796, 9 et 10 octobre, 5 et 8 novembre, et 1er et 4 décembre 1797, 12 octobre 1803, 15 juillet 1829, 9 juillet 1857.

Code Napoléon, 2 août 1868.

Code pénal, 6 octobre 1791, 25 octobre 1795, 12 février 1810, 25 juin 1824, 28 avril 1832, 9 septembre 1835, 10 juin 1853, 28 mai 1858, 13 mai 1863, 25 mai 1864, 9 janvier 1877.

Cœur (Jacques), 21 mai 1858.

Coffinhal, 5 août 1794, 3-8 avril 1800. — Notes : 5 août 1794.

Cognac, 11 décembre 1877.

Cohortes de garde nationale, 14 mars 1812.

Coigny (duc de), 3 juillet 1816. — Notes : 3 juillet 1816.

Coislin (de), 23 décembre 1823, 5 novembre 1827.

Collége de France, 12 mars 1831, 9 janvier 1832, 25 juin 1840, 28 juin 1841, 2 septembre 1844, 1er septembre 1850, 3 juillet 1857, 1er octobre 1871, 1er février 1873, 1er janvier 1874, 31 décembre 1876, 27 mars 1878 et 10 mars 1879. — Notes : 15 décembre 1804, 28 novembre 1879.

Collèges, 3 avril 1796, 31 janvier 1816, 25 décembre 1819, 12 octobre 1821, 22 janvier 1824, 16 mai 1830, 16 juillet 1831, 15 novembre 1832, 24 août et 18 octobre 1833, 24 janvier et 10 février 1835, 11 octobre 1836, 6 octobre 1840, 12 novembre 1841, 6 mai 1843, 8 juin 1844, 11 juin 1845, 10 septembre 1846, 21 septembre 1848, 21 décembre 1850, 10 mai 1851, 8 janvier 1853, 13 juin, 21 juillet et 22 octobre 1860, 7 août 1861, 4 août 1862, 3 janvier 1863, 27 novembre 1864, 6 janvier 1866, 13 février 1869, 18 août 1870, 8 mars 1872, 30 janvier 1874.

Collin de Bar, 31 décembre 1816. — Notes : 31 décembre 1816.

Collisions, 10 août 1839.

Collonges, 4 mars 1863.

Collot d'Herbois, 1er avril 1795. — Notes : 14 juin 1794.

Colmar, 22 mai 1804, 11 février 1820, 15 mars 1827, 11 mai 1832, 30 décembre 1836, 25 octobre 1842, 30 janvier 1847, 10 mai 1852, 2 janvier 1869. — Notes : 5 mars 1819.

Cologne, 1803, 16 septembre 1804, 3 mai 1806.

Colombey, 12 juillet 1879.

Colombie, 7 juin 1874, 31 mai 1876, 11 janvier 1879. — Notes 11 janvier 1879.

Colombiers, 4 août 1789.

Colonies, 17 juillet 1791, 1er janvier 1798, 12 avril 1799, 15 août 1821, 13 août 1823, 6 janvier 1824, 17 avril 1825, 17 et 31 août 1828, 12 juillet 1832, 24 avril, 13 mai et 4 août 1833, 29 avril 1836, 12 juillet 1837, 11 juin 1839, 5 janvier et 31 octobre 1840, 18 juillet 1845, 18 mai et 8 novembre 1846, 9 août 1847, 30 avril 1849, 7 août 1850, 11 juillet 1851, 13 février 1852, 27 janvier 1855, 28 juin 1856, 8 août et 23 septembre 1873, 10 juin 1874, 27 avril 1877, 11 janvier, 6 mai, 7 septembre, 13 novembre et 24 décembre 1878, 12 et 30 janvier, 19 février, 10 mai, 16 juin, 23 juillet, 27 septembre, 19 novembre 1879.

Colonne de juillet, 26 juillet 1839.

Colonne Vendôme, 8 avril 1831, 30 mai 1873.

Colportage, 9 mars 1878.

Combe, 18 mars 1840.

Combles, 15 juin 1829.

Combleux, 17 juin 1836.

Combrée, 26 mars 1823.

Comètes. — Notes : 25 juin 1795.

Comices, 20 mars et 2 décembre 1851, 23 avril 1870.

Comines, 26 mars 1874.

Comités, 31 juillet et 24 août 1794, 10 juin 1814.

Commentry, 4 mars 1863.

Commerce, 2 mai et 24 août 1790, 1er août 1791, 25 février et 26 avril 1795, 14 mars 1808, 22 juin 1811, 8 février 1812, 14 décembre 1815, 22 février et 23 août 1819, 18 avril 1821, 3 janvier 1822, 6 janvier 1824, 1er novembre 1826, 3 et 10 juin 1829,

31 juillet et 17 octobre 1830, 6 novembre 1831, 24 décembre 1832, 15 janvier 1838, 31 mars 1835, 19 septembre 1836, 26 juillet 1837, 25 novembre 1838, 3 mars 1840, 30 juin et 3 septembre 1841, 5 avril et 13 août 1842, 28 août 1843, 29 juin 1844, 28 mars, 11 août et 22 novembre 1845, 5 août, 1er octobre et 17 novembre 1846, 15 et 20 mars, et 30 décembre 1850, 11 et 25 janvier, 8 février, 1er et 27 mars, et 2 juin 1852, 15 mars 1853, 2 février 1854, 6 février et 18 octobre 1856, 14 février et 20 mai 1857, 21 janvier, 13 juin et 26 octobre 1860, 12 janvier 1861, 26 février et 17 mai 1862, 11 avril 1863, 20 janvier et 28 novembre 1864, 31 janvier, 25 mars, 13 mai, 26 juillet et 15 août 1865, 13 juin, 27 octobre et 19 décembre 1866, 17 et 27 juillet, et 5 octobre 1867, 30 janvier et 18 novembre 1869, 13 août, 10 septembre et 15 décembre 1870, 8 juin et 5 juillet 1871, 18 et 29 juillet, et 15 octobre 1873, 29 janvier, 1er avril et 17 juin 1874, 6 juillet 1875, 8 janvier, 27 février et 20 mars 1876, 12 juillet et 23 décembre 1876, 4 et 28 mars 1878, 4 et 14 février, 5 et 26 avril, 21 mai, 25 juin, 14 et 31 juillet, 4, 23 et 25 août, 1er et 19 octobre, et 27 novembre 1879.

Commissaires, commissariats, commissions, 8 juin 1792, 17 janvier 1795, 13 mars 1800, 18 mars et 10 septembre 1801, 19 juillet 1815, 26 juin 1816, 3 janvier 1835, 1836, 11 octobre 1836, 1837, 18 juin 1843, 12 décembre 1851, 1er mars 1852, 12 et 17 janvier 1853, 30 décembre 1868, 28 janvier 1871, 23 juillet 1873, 11 mars 1874.

Communes, 10 juin 1793, 28 juillet et 7 octobre 1794, 16 mai 1797, 2 décembre 1798, 1801-1802-1803, 7 avril 1803, 1804, 12 août 1806, 13 mars 1815, 23 avril 1823, 30 janvier 1847, 6 février 1856, 20 janvier 1858, 20 juin 1860, 6 février 1861, 15 janvier 1867, 15 mars 1872, 7 mars 1874, 2 juillet et 23 décembre 1876.

Compagnies, 22 octobre 1795, 1er avril 1818, 14 janvier 1860, 30 janvier 1874.

Compiègne, 10 mai 1852, 20 décembre 1856, 11 janvier 1862, 15 janvier 1867, 14 décembre 1877.

Complémentaires (jours), 24 août 1795.

Compositeurs de musique, 19 juillet 1793.

Comptabilité, 12 février 1792, 23 août 1793, 16 février 1795, 1er septembre 1798, 18 novembre 1817, 8 novembre 1820, 14 septembre 1822, 10 décembre 1823, 4 décembre 1836, 31 mai 1838, 10 mai 1844, 25 janvier et 13 décembre 1845, 4 janvier et 29 avril 1854, 29 septembre 1855, 30 novembre 1857, 31 mai et 1er décembre 1862, 8 décembre 1870, 6 avril et 19 novembre 1871, 22 septembre 1876, 8 septembre 1876.

Comptoirs d'escompte, 10 juin 1853, 7 avril 1872.

Comtat-Venaissin. — Notes : 17 avril 1797.

Concarneau, 23 juillet 1879.

Concessions de terres, 5 juin 1847, 11 janvier 1851, 5 mars 1856, 15 juillet 1874, 1er octobre 1878.

Conciles, 8 avril 1802, 8 janvier 1853.

Concours agricoles, 27 mai 1879.

Concordats, 8 avril 1802, 13 février 1813. — Notes : 20 mai 1795.

Condamnations, octobre 1789, 9 juin 1795, 28 juin 1833.

Condé (ville), 30 août 1794, 14 février 1816, 24 janvier 1835.

Condé (prince de), 10 mai 1814.

Condé-sur-Huisme, 12 janvier 1870.

Condé-sur-Noireau, 9 janvier 1832, 30 janvier 1874.

Condillac. — Notes : 24 décembre 1799.

Condamnations, 2 janvier 1869.

Condorcet (marquis de), 1er mai 1874.

Conegliano, 18 mars 1806, 24 juillet 1815, 5 mars 1819, 17 décembre 1833. — Notes : 30 mars 1806.

Confédération du Rhin, 11 décembre 1806, 29 janvier, 7 et 9 juillet 1807.

Confession d'Augsbourg, 2 août 1879.

Confiscation, janvier 1790, 22 octobre 1793.

Conflandey, 8 avril 1879.

Conflits, 12 juin 1828, 4 février 1850.

Confolens, 3 juillet 1874.

Congés, 10 août 1875, 1er août 1879.

Connétable, 18 mai 1804.

Consarbrück. — Notes : 29 juin 1794.

Conscription, conscrits, 5 et 24 septembre 1798, 28 juin 1799, 24 janvier et 8 mars 1800, 6 août 1802, 20 février, 14 mars et 16 septembre 1803, 29 décembre 1804, 17 janvier, 26 août et 2 septembre 1805, 4 et 18 décembre 1806, 7 avril 1807, 21 janvier 1808, 25 avril et 5 octobre 1809, 13 décembre 1810, 20 décembre 1811, 12 janvier et 1er septembre 1812, 11 janvier 1813, 26 mars 1814, 4 avril 1814, 26 août 1818, 28 avril 1819, 3 mars 1820, 4 avril 1821, 23 janvier, 3 juillet, 20 et 27 novembre 1822, 2 février et 7 mai 1823, 15 décembre 1824, 26 octobre 1825, 2 janvier et 19 novembre 1826, 28 avril et 19 novembre 1827, 11 mai 1828, 1er février 1829, 17 janvier, 11 octobre et 11 décembre 1830, 10 mars et 14 mai 1831, 8 février 1832, 12 avril 1833, 5 mai 1834, 26 juin 1835, 8 mai 1837, 27 avril 1838, 26 juin 1839, 19 avril et 12 août 1840, 26 mars 1841, 12 juin 1843, 14 février 1854, 24 janvier 1855, 25 juin 1856, 8 avril 1857, 17 mars 1858, 28 avril 1859, 14 janvier 1860, 21 mars et 11 juillet 1868, 15 avril 1869, 21 avril 1870, 5 septembre 1871.

Conseils d'arrondissements, 18 et 20 août 1790, 17 février 1800, 26 mars 1817, 22 juin et 20 août 1833, 10 mai 1838, 7 juillet 1852, 23 juillet et 25 décembre 1870, 15 octobre 1877.

Conseils de guerre, 14 octobre 1870, 21 mai 1872, 26 juillet et 2 août 1873.

Conseils de préfectures, 17 février et 21 avril 1800, 30 décembre 1862, 21 juin 1865, 22 février, 11 mars, 9, 12 et 28 mai, 3 et 14 juin, 4, 7, 12 et 26 juillet, 3, 7 et 26 août, 2, 6 et 9 septembre, 23 octobre, 5, 10, 18 et 27 novembre 1877, 16, 23 et 30 janvier, 3 février, 24 mars, 8 avril, 11 mai, 26 et 31 juillet, 23 août et 3 novembre 1878, 2 et 3 janvier, 13 avril, 4 mai, 8 juillet, 11 octobre 1879.

Conseils de révision, 5 juin 1828.

Conseil des Anciens & des Cinq-Cents, de 1795 à 1799 passim. — Notes : 26 juillet 1815.

Conseil d'Etat, 26 décembre 1799, 8 avril 1802, 18 mai et 22 juin 1804, 16 juillet 1805, 11 juin et 22 juillet 1806, 4 et 26 décembre 1809, 7 avril 1811, 26 décembre 1813, 29 juin et 10 juillet 1814,

23 août 1815, 19 avril 1817, 8 janvier 1823, 26 août 1824, 18 janvier 1826, 5 novembre 1828, 12 mars 1831, 24 avril 1832, 18 septembre 1839, 19 juin 1840, 2 novembre 1846, 19 juillet 1848, 3 mars et 9 mai 1849, 15 juin 1850, 2 décembre 1851, 25 janvier et 11 février 1852, 25 novembre 1853, 3 février 1861, 5 février 1867, 8 novembre 1869, 16 mars et 19 septembre 1870, 31 janvier 1871, 24 mai 1872, 1ᵉʳ août 1874, 19 février, 21 et 24 juillet, et 9 décembre 1878, 13, 15, 16, 25 et 27 juillet, 2 et 14 août 1879.

Conseils généraux, 18 et 20 août 1790, 17 février 1800-1803, 26 mars 1817, 22 juin 1833, 10 mai 1838, 7 juillet 1852, 18 juillet 1866, 25 juillet, 5 et 14 novembre, 12 et 25 décembre 1870, 10 août 1871, 23 février 1872, 28 mars et 26 mai 1874, 22 mai, 4 et 15 août 1875, 5 octobre et 21 décembre 1876, 6 mars, 15 octobre 1877, 4 février, 20 septembre, 8 novembre 1879.

Conseils judiciaires, 29 mars 1803.

Conseils municipaux, 14 décembre 1789, 17 février 1800, 4 août 1802, 1803, 21 mars 1831, 7 juillet 1852, 24 juillet 1867, 18 et 20 septembre 1870.

Conseil privé, 19 septembre 1815, 20 février 1820, 9 janvier 1822, 1ᵉʳ février 1858, 4 janvier 1860, 31 mars 1863.

Conservatoires de musique, 3 août 1795, 31 août 1832, 9 septembre 1878.

Conservatoire des arts & métiers, 10 octobre 1794, 16 avril 1817, 25 novembre 1819, 31 août 1828, 25 août 1836, 26 septembre 1839, 12 mars 1853, 8 août 1876.

Consignations judiciaires, 28 juillet 1875.

Consignations (dépôts et), 28 avril et 3 juillet 1816, 6 juin 1817, 11 février 1820.

Conspirations, 29 octobre 1815, 12 février 1817.

Constance (ville de), 26 décembre 1805.

Constans, 30 décembre 1879. — Notes : 30 décembre 1879.

Constantine, 18 mars 1840, 9 juillet 1849, 24 janvier 1850, 7 décembre 1853, 4 février 1854, 23 avril 1855, 6 février 1856, 20 janvier 1858, 20 juin 1860, 4 mars 1863, 9 janvier 1867, 21 novembre et 12 décembre 1874, 28 mars, 10 avril, 23 septembre 1879. — Notes : 27 janvier 1870, 15 décembre 1875 et 21 janvier 1877, 30 janvier 1879.

Constantinople, 12 mai 1875, 2 et 3 janvier 1878. — Notes : 24 août 1975, 9 octobre 1823, 1ᵉʳ février 1829.

Constituants de 1789, 17 avril 1879.

Constitutions, 23 septembre 1795, 4 août 1802, 4 novembre 1848, 14 et 26 janvier 1852, 14 mars 1867, 8 septembre 1869, 16 juillet 1875, 21 juin 1879.

Consulats, Consuls, 10 novembre 1799, 18 mai 1804, 15 décembre 1815, 20 août et 23 octobre 1833, 26 avril 1845.

Contes, 24 octobre 1860.

Contrainte par corps, 25 août 1792, 9 mars 1793, 14 mars 1797, 4, 18 et 23 avril 1798, 13 février 1804, 17 avril 1832, 13 décembre 1843, 21 janvier 1851, 2 mai 1861, 22 juillet 1867.

Contrats, 7 février 1804, 17 juillet 1856.

Contrebande, 26 juin 1835.

Contrefaçon, 28 juillet 1824, 28 mars 1852.

Contributions, 1ᵉʳ décembre 1790, 18 février 1791, 28 août 1791,

5 juin 1794, 25 juillet 1795, 12 novembre 1797, 23 novembre et 23 décembre 1798, 20 juin et 20 décembre 1799, 8 mars 1800, 18 mars, 7 mai et 4 août 1800, 17 mai 1814, 16 août 1815, 3 janvier 1821, 4 décembre 1822, 26 mars et 18 avril 1831, 1836, 7 février 1866, 19 mars 1869, 4 septembre 1871, 24 juin, 30 et 31 décembre 1873, 21 novembre et 1er décembre 1874, 5 juin 1875, 12 août 1876, 9 janvier et 19 décembre 1877, 30 juillet, 8 et 12 novembre 1879.

Contumaces, 22 juillet 1794, 13 décembre 1799.

Convention de Genève, 14 juillet 1865.

Conventions consulaires, 19 décembre 1866, 27 juillet 1867. 1er avril 1874, 24 février 1878, 3 août 1879.

Convention nationale, 1792-1795, passim.

Conventions postales, 21 août 1821, 3 avril et 5 juin 1822, 1er décembre 1824, 31 juillet 1825, 8 mars 1829, 7 octobre 1833, 3 octobre 1835, 20 août, 30 septembre et 14 décembre 1836, 31 mars 1838, 5 septembre 1840, 25 juillet 1841, 15 juin 1842, 3 avril 1843, 30 août 1845, 20 mars, 25 juin et 9 décembre 1847, 8 mai 1848, 16 mars 1850, 8 février et 10 mai 1851, 15 février 1852, 25 juin 1852, 15 décembre 1854, 20 novembre 1856, 31 octobre 1857, 20 janvier 1858, 30 septembre 1859, 8 septembre 1860, 19 février 1862, 6 juin 1866, 28 juillet et 18 décembre 1867, 8 janvier, 19 février et 7 mars 1868, 2 juin 1869, 18 juin 1870, 14 mai 1872, 18 mars 1873, 19 mars, 15 mai, 25 juin et 13 juillet 1874. (Voir aussi *Postes*).

Coolies, 18 août 1860.

Coolidge, 7 juillet 1819.

Copenhague, 29 mars 1878, 31 mai 1879.

Corail, 8 mai 1877.

Corbières (comte de) 19 novembre et 14 décembre 1821, 4 janvier 1828, 6 juin 1830. — Notes : 4 janvier 1828.

Corbin, 26 octobre 1851.

Corcelles, 31 juillet 1830.

Corday (Charlotte). — Notes : 12 septembre 1794.

Cordeliers. — Notes : 28 avril 1796.

Cordon sanitaire, 27 septembre 1821.

Cormenin (vicomte de), 31 juillet 1830, 27 février 1848. — Notes : 31 juillet 1830.

Corne, 20 mai 1797.

Cornimont, 25 février 1877.

Coruudet, 20 mai 1797, 24 décembre 1799.

Corps d'armée, 28 septembre 1873.

Corps francs, 20 juillet 1815, 11 octobre 1870.

Corps législatif, de 1795 à 1799 passim, 14 septembre 1791, 13 décembre 1799, de 1852 à 1870 passim, 14 janvier et 2 février 1852, 3 février 1861, 29 décembre 1862, 19 janvier et 5 février 1867, 8 novembre 1869, 4 septembre 1870.

Corrèze, 14 janvier 1813, 3 janvier 1822, 24 février 1825, 9 mai 1827, 18 avril 1863, 23 décembre 1868.

Corsaires, 10 août 1795, 22 mai 1803, 16 janvier 1804, 29 mars 1805. — Notes : 11 juin 1802.

Corse, janvier 1790, 11 août 1793, 8 octobre 1794, 28 avril et 6 décembre 1797, 10 septembre 1808, 19 avril 1811, 10 octobre

1814, 6 novembre 1822, 26 juin 1835, 31 mars 1836, 17 juin 1845, 17 octobre 1851, 10 juin 1853, 2 juin 1855, 1er septembre 1856, 17 mars et 12 mai 1858, 18 mai 1870. — Notes : 27 mai 1795, 28 avril 1797, 10 novembre 1799, 21 novembre 1819, 1er février 1829.

Corté, 31 mars 1836, 17 octobre 1851, 31 mai 1853, 17 mars 1858, 19 juin 1878, 30 décembre 1879.

Corveissiat, 29 février 1876.

Corvetto (comte), décembre 1814, 23 août 1815. — Notes : 24 octobre 1814.

Costa-Rica, 20 mars 1850, 1er décembre 1877.

Costumes, 25 octobre 1795, 23 décembre 1802.

Côte-d'Or (Afrique), 11 septembre 1869.

Côte-d'Or (France), 18 septembre 1807, 24 janvier 1811, 8 février 1812, 9 janvier 1864. — Notes : 5 septembre 1797.

Côtes-du-Nord, 16 janvier 1800, 25 mai et 3 août 1804, 14 décembre 1832, 1er février 1867, 26 avril 1879.

Coton, 26 juillet 1820, 8 avril 1829, 16 octobre 1863, 5 mai 1860, 31 janvier 1863, 9 janvier 1870, 11 et 14 septembre 1879.

Cottier, 14 mai 1817.

Coucy (de), 31 octobre 1822.

Coulmiers. — Notes : 30 janvier 1879.

Coulogne, 27 octobre 1877.

Coulommiers, 21 juin 1873.

Coup d'état, 2 décembre 1851, 29 février 1852.

Coups de cordes, 12 mars 1848.

Courbevoie, 11 janvier 1862.

Courcelles-sur-Nied, 2 janvier 1869.

Cour de cassation, 1er décembre 1790, 8 juillet 1793, 27 septembre et 24 octobre 1795, 3, 8 avril et 24 mai 1800, 19 mai 1804, 15 février 1815, 10 septembre 1817, 15 janvier 1826, 24 avril 1832, 1er avril 1837, 12 décembre 1870, 4 mars et 18 avril 1877. — Notes : 24 juillet 1815.

Cour des comptes, 16 septembre 1807, 27 février 1815, 29 juillet 1827, 28 février 1842, 17 novembre 1846, 2 février 1850, 15 janvier et 19 mars 1852, 14 septembre 1876, 12 mars, 3 avril 1878, 7 et 29 mai, 8 juin 1879. — Notes : 5 septembre 1797, 18 mai 1804.

Couronne, 30 janvier 1810.

Couronnement, 10 juillet 1804.

Cours, 21 mars 1879.

Courrier (Paul-Louis). — Notes : 26 décembre 1799.

Cours d'appel, cours impériales, cours royales, 24 août 1790, 17 août 1803, 16 février 1807, 3 octobre 1811, 7 août 1812, 18 septembre 1815-1816, 23 avril 1818, 18 août 1819, 19 janvier 1820, 16 juillet 1823, 22 mai et 13 juillet 1825, 24 septembre 1828, 11 septembre 1832, 27 juin 1843, 22 avril 1863, 28 avril 1869, 3 juillet 1873, 23 septembre 1877.

Cours d'assises, 21 janvier et 17 novembre 1797, 18 mai 1798, 4 mars 1831, 9 septembre 1835.

Courserolles, 29 juillet 1829.

Courseulles, 12 janvier 1873.

Cours martiales, 17 octobre 1791, 23 janvier 1794.

Courson (de), 6 juin 1830.
Cours prévôtales, 20 décembre 1815.
Courtarvel (de), 5 février 1826.
Courtiers, 3 juillet 1816, 9 avril 1819, 13 octobre 1842, 18 juillet et 13 décembre 1866, 17 janvier et 1ᵉʳ février 1867.
Courtrai, 1799. — Notes : 29 juin 1794.
Courvoisier (de), 8 décembre 1819, 5 novembre 1827, 8 août 1829. — Notes : 8 décembre 1819.
Cousans (de), 2 février 1823.
Cousin (Victor), 11 et 26 octobre 1832, 1ᵉʳ mars 1840.
Cousin de Montauban, 6 mars 1861, 9 août 1870, 9 janvier 1878.
Coutances, 1800, 2 février 1809, 12 mars 1853, 3 janvier 1868.
Couthon, 27 juillet 1794. — Notes : 27 juillet 1794.
Coutras, 6 juillet 1862.
Couvents, 1818, 14 janvier 1831.
Craonne, 1ᵉʳ mars 1815.
Cravant, 4 mars 1863.
Créanciers, 11 juin 1795, 14 février 1816, 22 août 1822.
Crécy-Moutiers, 6 janvier 1877.
Crédit foncier, 6 juillet 1824, 28 février 1852, 7 mai 1853, 28 juin 1856, 16 août 1859, 26 février 1862, 18 avril et 7 août 1869, 23 janvier et 30 septembre 1877, 31 juillet 1879.
Crédits extraordinaires, 14 et 24 décembre 1879.
Crédits supplémentaires, 2 janvier 1795, 6 novembre 1870, 13 février, 29 et 30 juin, 8 juillet et 28 décembre 1877, 27 février, 31 mars, 7, 11, 12, 13 et 16 avril, 15 et 22 mai, 7 et 20 juin, 28 et 30 décembre 1878.
Creil, 8 mars 1845.
Crémieux, 24 février 1848, 4, 12, 16, 20, 23, 24, 28 et 30 septembre, 2, 11 et 25 octobre, 5, 6, 14 et 25 novembre, 12, 15, 17, 19, et 25 décembre 1870.
Crest, 3 août 1859, 22 avril 1874.
Cretel ou **Crevel,** 10 juin 1840.
Creuse, 20 mai 1797, 25 janvier 1807, 14 janvier 1813, 26 mars 1823, 9 mai 1827, 11 mars 1834.
Crieurs publics, 10 décembre 1830, 8 avril 1831, 16 février 1834.
Crillon (duc de), 17 août 1815. — Notes : 17 août 1815.
Crimes, 28 mai 1836, 7 mars 1868.
Cris séditieux, 9 novembre 1815.
Crisenoy (M. de), 8 novembre 1879.
Croatie, 14 octobre 1809, 23 avril 1814.
Croisades, 7 avril 1814.
Croisières, 24 juin 1808.
Croix de juillet, 30 avril 1833.
Croy (de), 31 octobre 1822, 31 mai 1879.
Crozat, 5 août 1821, 29 mai 1827.
Crussol (de), 24 décembre 1823, 5 novembre 1827. — Notes : 24 décembre 1823.
Cubières (voir **Despans-Cubières**). — Notes : 19 novembre 1821.
Cuirassiers, 6 juillet 1804.

Cuirs, 3 janvier 1795.
Cuivre, 26 juillet 1826, 26 juin 1830.
Cultes, 21 février et 29 septembre 1795, 6 avril 1796, 8 avril 1802, 6 juillet 1804, 2 mai 1814, 22 mars 1852, 9 mars 1876.
Cumont (de), 22 mai 1874.
Cumul, 5 août 1794, 2 juillet et 2 septembre 1795, 13 mars 1848.
Cunin-Gridaine, 31 juillet 1830, 12 mai 1839, 29 octobre 1840. — Notes : 31 juillet 1830.
Cures, 4 novembre 1789, 8 avril 1802, 21 novembre 1827.
Cusset, 6 mai 1843.
Custine (marquis de), 17 août 1815.
Cuvier (Georges). 29 juin 1814, 23 août 1815, 19 novembre 1831, 24 avril 1833. — Notes : 29 juin 1814.
Cyclones, 31 mai 1879.

D

Dabou, 11 septembre 1869.
Dacier, 17 avril 1802, 31 décembre 1816, 26 octobre 1832. — Notes : 17 avril 1802.
Daguerre, 7 août 1839.
Dalberg (duc de), 1er avril 1814. — Notes : 1er avril 1814.
Dalmas, 16 février 1807.
Dalmatie, 18 mars 1806, 5 novembre 1827. — Notes : 30 mars 1806.
Damas (de), 9 octobre 1823, 4 août 1824, 5 novembre 1827, 6 juin 1830. — Notes : 9 octobre 1823.
Dambray, 13 mai 1814, 17 août 1815, 5 novembre 1827, 17 décembre 1829. — Notes : 13 mai 1814, 5 novembre 1827.
Dammartin, 1801.
Damrémont (comte de), 11 septembre 1835, 12 février 1837, 21 mars 1838.
Danemark, 10 juillet 1813, 24 décembre 1834, 5 avril 1842, 11 novembre 1865, 28 juillet 1867, 9 et 16 décembre 1875, 25 octobre 1876, 4 et 8 avril 1878.
Dangier, 18 décembre 1818.
Danton. — Notes : 1er avril 1795, 28 avril 1796, 5 septembre 1797.
Danube, 7 avril 1799, 7 avril 1866, 2 août 1868. — Notes : 24 juillet 1815.
Danzig, 28 mai et 7 juillet 1807, 24 juillet 1815, 5 mars 1819. — Notes : 24 juillet 1815.
Dappes (vallée des), 10 février 1811, 28 mars 1863.
Darboy, 6 juin 1871.
Darcet, 24 décembre 1799. — Notes : 24 décembre 1799.
Darçon (voir **d'Arçon**), 15 mars 1800.
Dardanelles, 30 décembre 1841.
Daru (famille), 27 mars 1802, 17 avril 1811, 20 novembre 1813,

5 mars 1819, 30 juin 1824, 2 janvier 1870. — Notes : 27 mars 1802.
Daubenton, 24 décembre 1799. — Notes : 24 décembre 1799.
Daudet, 3 février 1874.
Daumas, 12 août 1867.
Daumesnil, 2 avril 1838.
Daunou, 15 décembre 1804, 27 juillet 1830, 26 octobre 1832, 7 novembre 1839. — Notes : 15 décembre 1804.
Dauphiné, 13 mars 1815. — Notes : 2 mars 1800.
David (le peintre ?), 19 avril 1837, 1er novembre 1851. — Notes : 24 décembre 1799.
David (Jérôme), 9 août 1870.
Davillier, 25 février 1836.
Davoust, 5 mars 1819.
Dax, 25 juin 1795.
Daya, 7 février 1877.
Deauville, 29 mars 1879.
Débiteurs, dettes, 14 décembre 1789, 9 mars 1793, 12 mars 1801, 14 novembre 1808, 21 décembre 1814.
Décadis, 15 septembre 1794, 30 août 1798.
Decazes (famille), (voir aussi **de Caze**), 31 janvier et 29 décembre 1818, 19 novembre 1819, 20 février 1820, 26 novembre 1873, 22 mai 1874, 10 mars 1875, 9 mars 1876. — Notes : 31 janvier 1818.
Decazeville, 31 janvier 1818.
Décentralisation, 25 mars 1852, 6 février 1856, 13 avril 1861,
Déchy, 2 janvier 1869.
Décorations, 16 avril 1824, 13 juin 1853.
Décrès, 3 octobre 1801. — Notes · 3 octobre 1801.
Défense du pays, 5 mars 1814.
Dégo, 22 avril 1796.
Dejean, 25 décembre 1799. — Notes : 25 décembre 1799.
Delaborde (Alexandre), 27 juillet 1830.
Delalot, 25 février 1828, 1er février 1829, 7 mars 1830.
Delambre, 25 juin 1795. — Notes : 25 juin 1795.
Delangle, 26 janvier 1852, 14 juin 1858, 5 mai 1859.
Delaveau, 20 décembre 1821.
Delessert (Benjamin), 27 juillet 1830. — Notes : 27 juillet 1830.
Deligny. — Notes : 12 février 1879.
Délits & peines, janvier 1790, 12 avril 1796, 27 janvier 1801.
Delle, 21 juin 1873. — Notes : 3 mars 1795.
Delmas, 20 mai 1795. — Notes : 20 mai 1795.
Delvincourt, 24 octobre 1814. — Notes : 24 octobre 1814.
Demerville, — Notes : 10 novembre 1799.
Demoustiers. — Notes : 15 mars 1801.
Denain, 9 juillet 1835, 31 janvier 1841, 11 janvier 1862, 15 janvier 1867.
Denfert-Rochereau (Mme), 22 juin 1878.
Denrées, 26 septembre 1793, 9 novembre 1794.
Denormandie, 22 janvier 1879.
Déoder, 8 juillet 1818.
Départements, 14 mars 1790, 27 mars 1791, 2 décembre 1798, 1812, 19 juillet 1815, 8 mai 1816, 23 octobre 1820, 8 décembre

1824, 21 février et 9 mai 1827, 18 mai et 1er juin 1828, 1832, 1er janvier 1836, 1837, 30 janvier 1847, 15 janvier 1867, 7 avril 1873.

Dépêches, 2 février 1855.

Dépenses (imprévues), 6 novembre 1831.

Depeyre (Octave), 26 novembre 1873.

Déportation, 23 avril 1793, 11 avril 1794, 1er avril et 6 septembre 1795, 4 mars 1796, 7 septembre 1797, 22 janvier 1835, 8 juin 1850, 25 mars 1873.

Dépôts (de tous genres), 14 mars 1804, 18 janvier 1805, 28 avril et 3 juillet 1816, 6 juin 1817, 4 août 1833, 19 janvier 1835, 15 septembre 1848.

Députés, 27 février 1792, 26 septembre 1795, 4 juin 1798, 4 et 10 juin 1814, 13 juillet 1815, 5 septembre 1816, 5 février 1817, 16 décembre 1819, 9 juin 1824, 13 juin et 14 août 1830, 19 avril 1831, 24 février 1848, 29 mai 1857, 13 juillet 1866, 9 mars 1872, 18 février 1873, 25 février et 30 novembre, et 29 décembre 1875, 19 juillet, 13 août et 11 octobre 1876, 19 mai et 25 juin 1877.

Dérogeance, 4 et 11 août 1789.

Desaix, 24 juin et 20 juillet 1800. — Notes : 24 juin 1800.

Désarmement, 23 mai 1795.

Desbassayns (Mme), 4 août 1805.

Descilligny, 25 mai et 26 novembre 1873.

Déserteurs, désertion, 25 décembre 1795, 23 novembre 1803, 14 mars 1805, 28 février 1809, 12 janvier et 5 avril 1811, 12 janvier 1812, 14 juin 1813, 4 janvier 1814, 22 novembre 1820, 20 octobre 1821, 3 décembre 1823, 9 mai 1827, 21 septembre 1828, 25 février 1848, 4 janvier 1854, 17 mai 1856.

Desfourneaux, 7 juillet 1797.

Desmoulins (Camille), 28 avril 1796. — Notes : 28 avril 1796.

Despans-Cubières (voir **Cubières**), 1er mars 1840, 5 mai 1847.

Desservants, 9 avril 1817, 20 mai 1818.

Dessin, 12 juillet 1879.

Dessinateurs, 19 juillet 1793, 25 février 1795.

Dessoles, 2 avril 1814, 29 décembre 1818. — Notes : 2 avril 1814.

Destutt de Tracy, 24 décembre 1799, 26 octobre 1832. — Notes : 24 décembre 1799.

Détenus, 16 décembre 1794, 22 janvier 1835, 27 décembre 1843, 25 février 1848.

Détournements, 23 janvier 1802.

Détraction, diffamation, 2 décembre 1811, 18 mars 1813, 14 juillet 1819.

Dette publique, 24 août 1793, 12 mai 1794, 30 septembre, 14 et 28 décembre 1797, 17 février et 6 mars 1798, 15 octobre 1800, 21 mars 1801, 22 février et 12 mai 1802, 2 mai et 10 juin 1814, 15 juin 1818, 14 avril 1819, 1er mai 1825, 27 mars 1875.

Deuil public, 19 janvier 1816, 26 janvier 1833.

Deule, 13 octobre 1876.

Deux-Nèthes, 1er octobre 1795.

Deux-Siciles, 24 octobre 1796, 6 décembre 1798.

Dévelle, 4 février 1879.

Devès, 4 décembre 1879.

Devienne, 28 janvier 1871.
Devinck, 27 décembre 1851.
Deys, 24 juillet 1820.
Diana. — Notes : 10 novembre 1799.
Diderot. — Notes : 27 juillet 1830.
Didier (Henri), 24 octobre 1870.
Didot (famille), 31 décembre 1816, 27 juillet 1830. — Notes : 31 décembre 1816.
Die, 5 décembre 1879.
Dieppe, 1799, 1801, 24 mars 1821, 15 mars 1827, 13 octobre 1831, 11 msi 1832, 30 décembre 1836, 7 avril et 19 juillet 1837, 6 mars 1838, 9 août 1839, 25 octobre 1842, 30 janvier 1847, 10 mai 1852, 20 décembre 1856, 11 janvier 1862, 15 janvier 1867, 7 février 1869, 11 mars 1873.
Diffamation (voir **Détraction**).
Digne, 2 février 1809, 16 janvier 1840, 3 janvier 1868, 22 avril 1875. — Notes : 21 novembre 1819.
Digoin, 14 août 1822, 29 mai 1827, 11 octobre 1830.
Digues, 15 juillet 1819.
Dijon, 1799, 1801, 1803, 22 mai 1804, 5 avril 1813, 1816, 11 février 1820, 6 février et 3 juillet 1822, 15 mars 1827, 16 février 1831, 11 mai 1832, 30 décembre 1836, 12 décembre 1837, 24 août 1838, 4 août 1839, 14 février 1841, 25 octobre 1842, 1846, 30 janvier 1847, 12 février et 10 mai 1852, 20 décembre 1856, 11 janvier 1862, 4 mars 1863, 15 janvier 1867, 31 décembre 1872, 31 octobre 1877. — Notes : 29 juillet 1830.
Diligences, 25 juillet 1795, 23 décembre 1797, 4 février 1820.
Dillon. — Notes : 15 mars 1801.
Dimanches, 2 avril et 3 mai 1802, 18 novembre 1814.
Dimes, 4 août 1789.
Dinh-Tung, 1er juillet 1863.
Diocèses, 25 août 1819, 19 octobre 1821, 31 octobre 1822, 10 août et 10 octobre 1874.
Diplomatie, 21 avril 1830.
Diplomatique (corps), 9 février 1879.
Directoire exécutif, du 23 septembre 1795 au 9 novembre 1799 passim.
Discipline, 29 octobre 1790, 1er avril 1818, 17 février 1832.
Disette, 1er avril et 21 mai 1795, 13 août 1817.
Dissolution de la Chambre des députés, 13 juillet 1815, 5 septembre 1816, 24 décembre 1823, 5 novembre 1827, 16 mai et 25 juillet 1830, 31 mai 1831, 25 mai 1834, 2 février 1839, 12 juin 1842, 6 juillet 1846, 29 mai 1857, 7 mai 1863, 27 avril 1869, 25 juin 1877.
Distilleries, 28 août 1876, 20 juillet 1878, 21 septembre 1879.
Districts (arrondissements), 9 février 1795.
Dives, 29 mars 1879.
Divorce, 20 septembre 1792, 23 avril et 13 mai 1794, 17 septembre 1797, 21 mars 1803, 30 mars 1806, 16 décembre 1809, 8 mai 1816.
Djeddah, 20 avril 1859.
Docks, 24 novembre 1874.
Doctorat, 17 février 1809, 29 décembre 1878.

Dode de la Brunerie, 23 décembre 1823, 12 août 1840, 17 septembre 1847. — Notes : 23 décembre 1823.

Doire, 11 septembre 1802, 3 août 1804. — Notes : 11 septembre 1802.

Dôle, 18 janvier 1811, 26 mars 1823, 30 décembre 1836-1848, 30 janvier 1847, 12 février et 10 mai 1852, 20 décembre 1856, 11 janvier 1862, 15 janvier 1867.

Dollars, 1er juillet 1863.

Dollfuss (Nicolas), 25 actobre 1801.

Domaine, 3 juin et 21 septembre 1790, 27 mai 1791, 17 octobre 1798, 12 mars 1820, 20 juin 1860.

Dombidau de Crouseilles, 10 avril 1851.

Domestiques, 26 juillet 1795, 13 décembre 1799, 3 octobre 1810.

Domfront, 21 juillet 1860. — Notes : 4 février 1879.

Domicile, 14 mars 1803.

Dominicaine (République), 1er août 1795, 2 juin 1852, 14 juin 1874, 12 juin 1879.

Dompierre d'Hornoy (de), 25 mai 1873

Don, 7 avril 1879.

Donations, 6 janvier et 26 août 1794, 1801, 1802, 3 mai 1803, 1804, 1817, 14 janvier 1831, 26 janvier 1875.

Don Carlos, 2 avril 1814.

Donchéry, 17 janvier 1867.

Donnadieu (général), 24 décembre 1823, 20 août 1830. — Notes : 24 décembre 1823.

Dons patriotiques, 1803.

Donzics, 11 septembre 1873.

Dordogne, 25 janvier 1807, 8 mars 1812, 19 juillet 1837, 12 novembre 1849, 23 décembre 1868. — Notes : 27 mai 1795.

Dorian, 4 septembre 1870.

Doryphora, 15 juillet, 28 décembre 1878, 2 août 1879.

Dormelles, 1801.

Dosse, 28 septembre 1877.

Dotations, 28 mars 1816, 26 juillet 1821, 24 janvier 1855, 18 mars 1857.

Douai, 1801, 1802, 11 juillet 1814, 1816, 18 janvier 1816, 11 février 1820, 19 janvier 1825, 15 mars 1827, 11 mai 1832, 30 décembre 1836, 25 octobre 1842, 3 juillet 1846, 30 janvier 1847, 10 mai 1852, 20 décembre 1856, 11 janvier et 3 août 1862, 28 avril 1865, 15 janvier 1867, 13 juillet, 3 août et 1er septembre 1875, 27 mars 1878. — Notes : 24 juillet 1815.

Douanes, 15 mai 1791, 12 avril 1797, 28 avril 1799, 28 avril 1803, 13 mars 1804, 21 janvier et 6 février 1805, 30 avril 1806, 18 octobre 1810, 17 décembre 1814, 27 mars et 10 octobre 1817, 21 avril 1818, 7 juin 1820, 30 janvier, 23 avril et 27 juillet 1822, 13 juillet 1825, 17 mai 1826, 25 octobre 1829, 29 juin 1833, 8 juillet 1834, 10 octobre 1835, 2 juillet 1836, 16 avril 1837, 23 juillet 1838, 6 mai 1841, 9 juin 1845, 16 juillet 1855, 18 avril 1857, 18 juin 1859, 16 mai 1863, 1er mai 1867, 11 juillet 1868, 19 mars 1869, 4 juillet 1873, 2 avril 1875.

Douarnenès, 23 juillet 1879.

Douay. — Notes : 12 février 1879.

Doubs, 12 avril 1842. — Notes : 7 juillet 1797, 16 mars 1879.

Doudeauville (famille), 26 juillet 1815, 26 décembre 1821, 9 janvier 1822, 24 décembre 1823, 5 novembre 1827, 6 juin 1830. — Notes : 26 juillet 1815.

Doullens, 22 janvier 1835, 1er septembre 1856.

Dour, 23 mars 1878.

Dourdan, 25 janvier 1807.

Douvaine, 25 juin 1860.

Douvres, 2 février 1855.

Dra-el-Mizan, 23 avril 1874.

Dragons, 6 juillet 1804.

Draguignan, 3 janvier 1822, 3 août 1859, 11 janvier 1862.

Drainage, 10 juin 1854, 17 juillet 1856.

Drapeaux, 26 janvier 1797, 1er août 1830.

Draps, 21 septembre 1807.

Dresde. — Notes : 20 avril 1792, 3 mars 1795.

Dreux, 2 janvier 1869, 31 juillet 1871. — Notes : 15 mai 1814, 4 février 1879.

Dreux-Brézé (de), 6 juin 1830. — Notes : 17 août 1815.

Droit, droits, 14 septembre 1791, 17 juillet 1793, 25 février 1795, 8 mars 1803, 13 et 26 mars 1804, 22 mars 1805, 29 décembre 1810, 8 février 1812, 16 mars 1813, 27 avril et 10 mai 1814, 13 janvier 1815, 26 octobre 1879. — Notes : 30 décembre 1879.

Drôme, 1803, 14 mai 1813, 24 février 1825, 18 mai 1828, 5 août 1857, 31 décembre 1866, 16 janvier 1869, 22 avril et 27 mai 1874, 30 janvier, 4 décembre, 5 décembre 1879. — Notes : 14 février 1879.

Drouet d'Erlon, 22 juillet 1834, 9 avril 1843.

Autre **Drouet**. — Notes : 30 juin 1795.

Drouot, 24 juillet 1815. — Notes : 24 juillet 1815.

Drouyn de Lhuys, 9 janvier, 2 et 12 décembre 1851, 26 janvier et 28 juillet 1852, 7 mai 1855, 7 mai 1863.

Dubelloy, 14 septembre 1802. — Notes : 14 septembre 1802.

Dubois-Crancé, 14 septembre 1799. — Notes : 14 septembre 1799.

Dubouchage (voir aussi **du Bouchage**), 14 juillet 1815.

Ducatel, 4 janvier 1801.

Duchâtel (famille), 18 novembre 1834, 6 septembre 1836, 12 mai 1839, 29 octobre 1840, 25 octobre 1876, 29 mars 1878. — Notes : 19 juin 1799.

Ducis, 24 décembre 1799. — Notes : 24 décembre 1799, 17 août 1815.

Ducos (Roger), et autre (?) 19 juin et 10 novembre 1799, 9 janvier et 3 décembre 1851, 9 juin 1855.

Dudon, 24 décembre 1823, 5 novembre 1827.

Dufaure, 12 mai 1839, 2 juin 1849, 19 février 1871, 10 mars 1875, 9 mars 1876, 13 et 15 décembre 1877, 10 et 25 novembre, et 9 décembre 1878. — Notes : 26 janvier 1879.

Dufrais(s)e, 27 juillet 1794.

Dugas-Montbel, 27 juillet 1830. — Notes : 27 juillet 1830.

Duguay-Trouin. — Notes : 11 juin 1802.

Duingt, 25 juin 1860

Dumas, 27 juillet 1794. — Notes : 27 juillet 1794.

Dumas (le chimiste), 31 octobre 1849, 2 décembre 1851, 26 janvier 1852.

Dumon, 16 décembre 1843, 9 mai 1847.
Dunes, 2 juillet 1801, 15 juillet 1819.
Dunez, 25 décembre 1867.
Dunkerque, 1799, 1801, 24 décembre 1802, 11 juillet 1814, 15 mars 1827, 11 mai 1832, 30 décembre 1836, 25 octobre 1842, 26 juillet 1844, 30 janvier 1847, 10 mai 1852, 20 décembre 1856, 11 juin 1862, 10 mai 1865, 15 janvier 1867, 12 janvier 1870, 15 septembre 1871, 31 décembre 1872, 4 et 14 décembre 1875, 31 octobre 1877.
Dupanloup. — Notes de l'année 1878.
Duperré, 14 juillet 1830, 18 novembre 1834, 12 mai 1839, 29 octobre 1840, 7 février 1843, 8 août 1847, 7 avril et 19 juillet 1857. — Notes : 14 juillet 1830.
Dupin, 8 et 9 août 1795. — Notes : 8 août 1795.
Dupin (aîné), 27 juillet 1830, 26 octobre 1832, 27 novembre 1857. — Notes : 27 juillet 1830.
Dupin (Charles), 27 juillet 1830, 26 octobre 1832, 10 novembre 1834, 3 octobre 1837, 26 janvier 1852. — Notes : 27 juillet 1830.
Duplat, 19 juillet 1810. — Notes : 19 juillet 1810.
Dupont (général), 3 avril, 6 et 13 mai 1814, 26 juillet 1815, 18 décembre 1818, 6 juin 1830. — Notes : 3 avril 1814.
Dupont de l'Eure, 31 juillet et 3 août 1830, 24 février 1848. — Notes : 31 juillet 1830.
Dupré de St-Maur, 25 novembre 1846.
Dupuytren, 31 décembre 1816, 5 juillet 1835. — Notes : 31 décembre 1816.
Duquesnel, 21 novembre 1879.
Duras (duc de), 24 décembre 1823, 5 novembre 1827. — Notes : 24 décembre 1823.
Durfort, 17 août 1815.
Duroc, 18 mars 1806, 13 avril 1845. — Notes : 30 mars 1806.
Duruy, 23 juin 1863, 6 mai 1869.
Dusommerard. — Notes : 5 novembre 1827.
Dutilleul, 23 novembre 1877.
Duval, 29 octobre 1798.
Duval (Ferdinand), 26 janvier 1879. — Notes : 26 janvier 1879.
Duval (Raoul), 28 janvier 1871.
Duvergier de Hauranne, 14 novembre 1816, 31 juillet 1830, 17 juillet 1869.
Duvernois (Clément), 9 août 1870. — Notes : 8 juillet 1879.
Duvivier, 25 février 1848, 26 mars 1877.
Dyle, 1er octobre 1795, 1802.
Dynamite, 31 mai et 27 septembre 1873. 8 et 31 mars, et 8 avril et 24 août 1875, 29 février et 25 septembre 1876, 26 avril, 12 mai, 2 juillet et 8 décembre 1877, 18 décembre 1878, 27 janvier et 20 juin 1879.

E

Eaux, 18 mai 1799, 13 juin 1823, 14 juillet 1856, 28 janvier 1860,

12 juillet 1873, 15 août 1874, 11 septembre 1877, 4 août 1878.

Ecclésiastiques, 23 avril 1793, 11 avril 1794.

Echafauds, 1er avril 1795.

Echanges, 7 mars 1804, 22 mars 1813.

Echantillons, 25 janvier 1873, 15 mai 1874, 22 novembre 1875.

Echelles du Levant & de Barbarie, 29 juillet 1791, 18 avril 1835, 28 mai 1836.

Eckmühl, 5 mars 1819. — Notes : 5 mars 1819.

Eclaron, 2 mars 1879.

Ecluses, 17 août 1853.

Ecole d'application de Metz, aujourd'hui à Fontainebleau, 22 février 1826.

Ecole d'Athènes, 11 septembre 1846. 7 août 1850, 15 décembre 1852, 9 février 1859 (voir aussi **Athènes**).

Ecole centrale des Arts & Manufactures, 19 juin 1857.

Ecole de Rome, 13 novembre 1792, 30 août 1828.

Ecole des Chartes, 1er mars 1832, 31 décembre 1846, 15 mai 1870.

Ecole des hautes études, 31 juillet 1868.

Ecole des hautes études ecclésiastiques, 20 juillet 1825.

Ecole forestière, 1er décembre 1824.

Ecole navale, 1er novembre 1830, 4 mai 1833.

Ecole normale supérieure, 30 octobre 1794, 6 septembre 1822, 6 août 1830. — Notes : 2 août 1879.

Ecole polytechnique, 28 septembre 1794, 1er septembre et 23 octobre 1795, 16 décembre 1799, 4 septembre 1816, 17 septembre et 20 octobre 1822, 6 août 1830, 25 novembre 1831, 6 juin 1832, 30 octobre 1832, 11 et 17 août, et 30 octobre 1844, 2 décembre 1846, 11 novembre 1848, 1er novembre 1852, 30 novembre 1863, 15 avril 1873, 19 décembre 1878, 4 février 1879. — Notes : 27 mai 1795, 4 février et 28 novembre 1879.

Ecoles en général, 1804, 1er juin 1878.

Ecoles centrales, 25 février et 7 avril 1795.

Ecoles d'artillerie, 8 juillet 1818.

Ecoles (voir facultés) de droit, 13 mars et 21 septembre 1804.

Ecoles de filles (voir aussi écoles primaires), 31 octobre 1821.

Ecoles d'équitation, 23 décembre 1814, 20 mars 1822, 5 novembre 1823, 11 novembre 1824, 10 mars 1825, 22 janvier 1827, 7 novembre 1845.

Ecole des arts & métiers, 6 juillet 1825, 31 décembre 1826, 23 septembre 1832, 13 juin 1843, 19 décembre 1848, 30 décembre 1865, 5 novembre 1873.

Ecoles des Beaux-Arts, 13 novembre 1863, 23 mai 1874.

Ecoles d'hydrographie, 7 août 1825.

Ecoles militaires (voir St-Cyr et La Flèche), 28 janvier 1803, 31 décembre 1817, 10 juin 1818.

Ecoles normales primaires, 30 août 1842, 12 février 1843, 24 mars 1847, 24 mars 1851, 30 mars 1855, 13 juin 1860, 21 mai 1861, 28 mars et 2 juillet 1866, 18 décembre 1874.

Ecoles primaires, 17 novembre 1794, 23 juin 1836, 17 décembre 1839, 11 janvier 1850, 12 mars 1853, 10 avril 1867.

Ecoles secondaires, 12 octobre 1803.

Ecoles vétérinaires, 18 avril 1795, 1er septembre 1825, 26 juillet 1826, 20 juin 1827, 6 juin et 10 juillet 1832, 11 avril 1866, 18 juin 1873, 18 février 1874 (voir aussi **vétérinaires**).

Economie politique, 25 février 1795.

Ecossais, 7 août 1801, 17 décembre 1818, 3 mars 1824, 9 janvier 1852. — Notes : 10 décembre 1797.

Ecouen, 14 août 1857.

Ecouis, 30 juin 1819.

Effiat (d'), 5 novembre 1827.

Egalité, 10 juin 1814.

Eglises, 23 avril 1796, 1804, 14 février 1810, 1818, 24 juillet 1873.

Egreville, 1801.

Egypte, 22 novembre 1801, 17 décembre 1875. — Notes : 24 juin 1800, 17 mai 1802, 31 octobre 1822, 8 août 1829.

Elbe (fleuve), 4 juillet 1811.

Elbe (île), 26 août 1802. — Notes : 24 mai 1808.

Elbeuf, 2 avril 1804, 15 janvier 1814, 21 avril 1819, 15 mars 1827, 22 février 1829, 11 mai 1832, 30 décembre 1836, 6 mars 1838, 25 octobre 1842, 30 janvier 1847, 10 mai 1852, 20 décembre 1856, 11 janvier 1862, 15 janvier 1867, 2 janvier 1869.

Elchingen, 24 juillet 1815. — Notes : 24 juillet 1815.

Elections, 14 décembre 1789, 14 septembre 1791, 22 et 30 août, 23 septembre, 14 et 17 décembre 1795, 23 février et 5 septembre 1797, 22 et 26 mars 1798, 7 février 1800, 4 mars 1801, 4 août 1802, 18 mai et 6 novembre 1804, 13 mai 1806, 10 juillet 1814, 13 et 26 juillet 1815, 5 septembre 1816, 5 février 1817, 25 mars 1818, 29 juin et 25 octobre 1820, 16 mai 1821, 24 décembre 1823, 5 novembre 1827, 2 juillet 1828, 25 juillet et 14 août 1830, 19 avril 1831, 22 juin 1833, 28 octobre 1848, 15 mars 1849, 8, 23 et 24 septembre 1870, 29 et 31 janvier, et 14 avril 1871, 18 février 1873, 7 juillet et 10 septembre 1874, 30 novembre et 29 décembre 1875, 13 janvier 1876, 4 mars, 25 juin, 19 et 22 septembre, 12 et 15 octobre, et 25 décembre 1877, 9 octobre et 21 décembre 1878.

Elysée (palais de l'), 22 juin 1815.

Elysées (Champs), 20 août 1828.

Emancipation, 26 mars 1803.

Embaucheurs, 25 décembre 1795, 22 février 1797, 13 août 1769, 6 juillet 1804.

Embrun, 21 juillet 1866.

Emeutes, 21 mars 1795.

Emigration, 13 février 1852, 15 janvier 1855, 18 juillet 1860, 9 mars 1861, 14 mars 1874.

Emigrés, 12 février, 14 août, 2, 12 et 14 septembre, et 9 octobre 1792, 28 mars et 7 décembre 1793, 26 octobre et 15 novembre 1794, 20 avril, 24 juillet et 22 septembre 1795, 26 février 1796, 6 juillet 1798, 1799, 13 août et 9 décembre 1799, 26 février et 3 mai 1800, 13 mars 1815, 27 avril 1825. — Notés : 20 avril 1792, 10 mai 1814.

Empire, 18 mai 1804. — Notes : 16 juin 1790.

Employés, 17 juin 1795, 20 et 25 octobre, et 22 décembre 1796, 26 septembre 1798, 19 octobre 1800.

Emprisonnement, octobre 1789.

Emprunts, 6 juin 1793, 14 juillet, 11 et 16 décembre 1795, 25 et 28 juin 1799, 10 décembre 1808, 12 mars 1810, 13 septembre et 23 décembre 1815, 14 mai et 29 octobre 1817, 20 mai et 19 août 1818, 21 juillet 1824, 19 juin 1828, 6 décembre 1829, 20 et 25 mars, et 21 avril 1831, 1832, 7 juillet 1832, 14 juin et 9 juillet 1833, 24 avril 1838, 26 juillet 1839, 18 septembre 1841, 24 juillet 1843, 1er et 8 août 1847, 4 août 1851, 11 mars 1854, 20 janvier, 9 mars, 2 mai et 11 juillet 1855, 30 janvier 1856, 2 mai 1859, 1er août 1860, 30 décembre 1863, 12 juillet 1865, 1er août et 10 décembre 1868, 12 août et 25 octobre 1870, 20 juin 1871, 15 juillet 1872, 21 mars et 24 décembre 1874, 8 janvier, 18 mars et 31 mai 1875, 27 juin et 15 juillet 1876, 20 février et 27 mars 1877, 10 juillet, 3 août et 23 décembre 1879.

Ems, 4 juillet 1811.

Enchères, 25 juin 1841.

Enfants, 28 juin et 12 novembre 1793, 17 décembre 1796, 20 mars 1797, 26 juillet 1800, 4 février 1805, 19 janvier 1811, 17 février 1832, 10 juillet 1837, 22 mars 1841, 26 février 1848, 5 août et 10 décembre 1850, 17 mars 1858, 5 mai 1869, 19 mai, 3 juin, 7 et 23 décembre 1874, 8 janvier et 28 mars 1875, 28 février 1877, 24 septembre 1879.

Engagements, 20 mai 1818, 17 février 1832, 15 janvier 1837, 4 février 1854, 10 août 1868, 29 avril 1869, 30 novembre 1872, 18 juin, 31 octobre et 1er décembre 1873.

Enghien (duc d').— Notes: 8 août 1795, 30 mars 1806, 10 mai 1814.

Enghien-les-Bains, 10 septembre 1864.

Engrais, 28 juillet 1867.

Enquêtes, 22 novembre 1877.

Enregistrement, 19 décembre 1790, 11 mars, 15 et 21 mai 1791, 14 août 1793, 9 juillet 1794, 12 décembre 1798, 20 septembre 1801, 21 janvier 1804, 3 janvier 1821, 16 juin 1824, 8 septembre 1830, 29 février 1872, 19 février 1874, 21 juin 1875.

Enrôlements, 5 septembre 1798.

Enseignement, 15 mars 1850, 16 octobre 1856, 21 juin 1865, 28 mars et 31 décembre 1866, 17 janvier et 10 avril 1867, 4 août 1868, 27 février 1869, 18 août 1870, 12 juillet 1875, 25 janvier 1876, 27 janvier 1877, 20 décembre 1879.

Enterrements, 18 août 1811, 26 décembre 1813. — Notes: 17 juin 1799.

Entrepôts, 25 juin 1802, 1803, 16 septembre et 1er octobre 1804, 10 mai 1805, 9 février 1832, 22 mars et 9 août 1833, 26 juin 1835, 12 juillet 1837, 31 août 1838, 16 septembre 1840, 11 février 1842, 17 juillet 1851, 5 avril 1852, 11 décembre 1853, 3 juillet 1857, 13 mars 1858, 13 juin 1860, 19 décembre 1866, 5 janvier 1870, 15 avril et 1er septembre 1873, 11 janvier et 4 mars 1875.

Epéhy, 2 mai 1873.

Epernai, 11 janvier 1862, 15 janvier 1867.

Epinac, 7 avril 1830, 17 juillet 1837.

Epinal, 1799, 2 février 1809, 25 octobre 1842, 30 janvier 1847, 10 mai 1852, 20 décembre 1856, 1er août 1860, 11 janvier 1862, 4 mars 1863, 15 janvier 1867, 3 janvier et 29 février 1868, 5 juillet 1871, 1er septembre 1873.

Epinay, 27 août 1872.

Epizooties, 15 juillet 1797, 30 juin 1866, 11 et 12 mai 1877.

Epône, 7 mai 1879.

Epoux (voir **Mariage**), 16 avril 1796.

Equateur (république de l'), 28 mars 1845, 26 avril 1856, 5 mars 1876.

Equilly, 8 août 1803.

Erard, 9 octobre 1822. — Notes : 9 octobre 1822.

Ermenonville. — Notes : 15 septembre 1794.

Ermont, 7 juillet 1873.

Ernoul, 25 mai 1873.

Esclaves, 16 octobre 1791, 4 février 1794, 12 juillet 1832, 4 août 1833, 29 avril 1836, 11 juin 1839, 5 janvier 1840, 18 juillet 1845, 18 mai 1846, 9 août 1847, 30 avril 1849.

Escaut, 1er octobre 1795, 15 mai 1810.

Espagne, 7 mars 1793, 1er août 1795, 12 septembre 1796, 27 mars 1802, 4 septembre 1808, 7 et 23 avril 1814, 15 juin 1818, 27 septembre 1821, 22 août 1822, 10 avril et 9 octobre 1823, 30 juin 1824, 5 mai 1830, 8 mai 1849, 29 janvier 1851, 4 février 1854, 22 février 1855, 12 avril 1856, 24 août 1857, 4 avril et 30 septembre 1859, 27 février et 20 novembre 1861, 18 mars 1862, 29 avril et 1er juillet 1863, 26 juillet et 11 novembre 1865, 25 janvier 1869, 20 janvier 1873, 4 septembre 1874, 17 et 24 décembre 1875, 20 juillet 1876, 28 mars et 1er juillet 1878. — Notes : 22 août 1794, 3 mars et 22 octobre 1795, 18 novembre 1796, 16 juin 1797, 12 avril 1799, 29 mars 1801, 30 mars 1806, 18 novembre 1813, 2 avril 1814, 26 juillet 1815, 14 février 1816, 5 avril 1819.

Espinasse, 7 février 1858.

Espions, 6 juillet 1804.

Esprémesnil (d'), 15 juin 1794. — Notes : 14 juin 1794.

Essling, 12 avril 1799.

Esthétique, 27 mars 1878.

Est de la France, 1er juin 1795.

Estampes, 9 janvier 1828.

Estrées-Saint-Denis, 14 décembre 1871.

Etain, 25 juillet 1879.

Etang, 23 janvier 1864.

Etapes, 20 décembre 1837, 14 janvier 1853, 12 juin 1867, 19 mai 1869.

Etaples, 14 juin 1864, 3 janvier 1868, 27 août 1872.

Etat de siège, 1832, 10 juin 1833, 13 juin et 9 août 1849, 12 septembre, 2 et 7 décembre 1851, 4 janvier 1852, 26 juillet, 13 et 22 août, et 7 septembre 1870, 2 janvier et 4 avril 1876, 3 avril 1878.

Etat-major, 8 octobre 1800, 24 décembre 1811, 6 novembre 1813, 6 mai 1818, 23 février 1833, 27 juillet 1835, 4 août 1839, 17 juin 1841, 29 février 1852, 12 janvier 1853, 14 janvier 1860.

Etats pontificaux, 5 octobre 1857.

Etats-Unis, 6 décembre 1801, 16 janvier 1804, 23 mars 1810, 24 juin et 3 septembre 1822, 14 juin 1835, 18 mai 1836, 2 février 1838, 9 novembre 1843, 25 juin et 11 septembre 1853, 4 mars 1859, 27 octobre 1866, 28 juillet 1869, 4 janvier, 25 juin et 23 décembre 1874, 27 mars et 7 décembre 1875. — Notes : 7 mars

1795, 28 avril 1796, 16 juin 1797, 18 février 1800, 13 avril 1802, 3 janvier 1803, 11 juillet 1815.

Etienne, 7 novembre 1839.

Ethnographie, 19 novembre 1877.

Etiquette, 13 juillet et 27 novembre 1804.

Etrangers, 2 mai et 13 juin 1790, 12 mars et 24 décembre 1796, 27 mars 1797, 18 avril 1798, 26 juillet 1821, 23 octobre 1833, 5 mars 1859, 16 septembre et 24 octobre 1870, 16 décembre 1874.

Etriers-lanternes, 2 septembre 1815.

Eugène de Beauharnais (le prince).— Notes : 8 décembre 1801, 16 décembre 1809.

Eugénie (l'impératrice), 17 mars 1854.

Euphrate. — Notes : 24 septembre 1819.

Eure, 20 mai 1797, 5 janvier 1812, 5 février 1817, 30 juin 1819, 11 avril 1827, 16 mars 1851, 11 décembre 1864, 17 janvier 1867, 18 août 1870, 31 juillet 1879. — Notes : 31 juillet 1830.

Eure-&-Loir, 20 mai 1797, 1803, 5 janvier et 8 mai 1812, 21 février 1827, 31 juillet 1871.

Europe, 20 mai 1795.

Evacuation, 26 octobre 1818, 6 juillet 1872, 19 mars 1873.

Evasions, 3 novembre 1793.

Evêchés, évêques, 8 avril 1802, 28 mars 1805, 9 avril 1817, 23 décembre 1820, 19 octobre 1821, 23 décembre 1823, 24 janvier 1829, 25 mai 1832, 4 mars 1835, 25 août et 30 décembre 1838, 8 novembre 1843, 18 décembre 1850, 8 janvier 1853, 30 août 1855, 6 avril 1857, 30 mars 1861, 8 février 1865, 9 janvier 1867.

Eveillard (Mlle), 20 avril 1859.

Evêques, 13 décembre 1879.

Evian, 25 juin 1860.

Evreux, 2 avril 1804, 25 janvier 1810, 11 juillet 1814, 24 juillet 1815, 5 décembre 1824, 9 décembre 1827, 2 février et 30 décembre 1836, 25 octobre 1842, 30 janvier 1847, 10 mai 1852, 17 mars 1854, 20 décembre 1856, 11 janvier 1862, 28 février 1866, 15 janvier 1867, 2 janvier 1869.

Evron, 3 janvier 1863.

Examens, 3 juillet 1806, 26 mars 1877.

Ex(c)elmans, 24 juillet 1815, 19 novembre 1831, 10 mars 1851, 28 mai 1853. — Notes : 3 juillet 1815.

Exécutions, 6 octobre 1791.

Exil, 11 novembre 1799.

Explosions, 12 août 1874, 31 juillet 1875.

Exportations, 21 septembre 1789, 22 août 1791, 1er et 6 août 1796, 13 janvier 1797, 12 janvier 1810, 3 février 1819, 28 août 1820, 15 janvier 1823, 20 décembre 1824, 23 novembre 1825, 11 janvier 1827, 17 janvier 1830, 15 avril 1832, 26 avril 1833, 1er novembre 1836, 25 novembre 1838, 28 et 29 janvier 1847. (Voir aussi **Douanes**).

Expositions, 26 juin 1795, 4 mars 1801, 15 février 1806, 13 janvier 1819, 29 janvier 1823, 4 octobre 1826, 4 octobre 1833, 17 janvier et 22 juin 1853, 6 avril 1854, 20 janvier 1855, 4 janvier 1862, 1er février 1865, 5 et 16 avril, 29 juillet et 20 octobre 1876, 8 avril et 20 octobre 1877, 31 décembre 1878, 20 décembre 1879

Exposition universelle de 1878, 18 mai, 11, 22 et 26 juin, 24 juillet, 12 septembre, 22, 24 et 25 octobre 1878.

Expropriations, 19 mars 1804, 8 mars 1810, 14 août 1830, 30 mars 1831, 7 juillet et 18 septembre 1833, 3 mai 1841, 31 mars 1874.

Expulsions, 27 juin 1868, 16 septembre 1870.

Extradition, 11 décembre 1820, 20 octobre 1821, 19 décembre 1834, 23 mai 1838, 13 février, 9 et 10 novembre 1843, 7 novembre 1844, 11 et 30 août 1845, 3 avril, 6 mai et 30 septembre 1847, 27 novembre 1850, 29 et 31 janvier, et 22 juillet 1851, 10 août 1852, 10 mars 1853, 4 janvier et 11 novembre 1854, 2 février et 17 mai 1856, 4 mars 1859, 15 mai 1861, 14 avril 1869, 8 janvier 1870, 24 juillet 1873, 20 mars, 3 avril et 18 décembre 1875, 13 janvier 1876, 10 avril, 8 juin et 1er juillet 1878.

F

Fabre, 21 novembre 1819.

Fabre d'Eglantine, — Notes : 5 octobre 1793.

Fabre de l'Aude, 21 novembre 1819.

Fabriques, 3 novembre 1793, 24 juin et 10 novembre 1796, 12 avril 1803, 12 janvier 1825, 15 février 1862.

Facteurs de la halle, 26 janvier 1878.

Facultés de droit, 4 juin 1809, 5 février 1817, 24 mars 1819, 5 juillet et 4 octobre 1820, 2 avril 1821, 6 septembre 1822, 22 septembre 1824, 27 septembre et 16 décembre 1829, 29 mai et 6 août 1830, 16 février 1831, 9 janvier 1832, 7 janvier 1834, 1er décembre 1835, 9 août 1836, 12 décembre 1837, 17 mars et 25 juin 1840, 8 décembre 1852, 17 mars 1854, 9 janvier 1864, 28 avril 1865, 27 janvier 1869, 8 mars 1872, 25 septembre 1874, 1er septembre et 29 octobre 1875, 25 janvier 1876, 27 mars 1877, 2 décembre 1878. — Notes : 24 octobre 1814.

Facultés de médecine, 5 juillet 1820, 21 novembre 1822, 2 février 1823, 12 décembre 1824, 6 août 1830, 18 janvier et 16 février 1831, 5 juillet 1835, 9 août et 25 octobre 1836, 12 décembre 1837, 21 avril 1845, 17 mars 1854, 16 avril 1862, 9 mars 1870, 6 janvier 1874, 13 et 23 janvier 1876, 18 mars, 24 avril et 15 septembre 1877, 20 juin et 28 décembre 1879. — Notes : 20 mai 1797.

Facultés des lettres, 18 janvier 1816, 24 août 1838, 1840, 15 février 1845, 11 juin 1846, 24 mars 1847, 24 novembre 1852, 8 mars 1872, 29 décembre 1873, 12 janvier 1874, 2 novembre 1875, 11 janvier, 8 mars, 31 octobre et 17 novembre 1876, 2 décembre 1878. — Notes : 26 décembre 1799.

Facultés des sciences, 9 décembre 1833, 24 août et 20 décembre 1838, 10 mars 1839, 1840, 25 juin 1840, 15 février 1845, 11 juin 1846, 17 mars 1854, 8 mars 1872, 30 mars, 1er septembre, 8 octobre et 2 novembre 1875, 25 janvier et 31 octobre 1876, 15 juillet 1877.

Facultés de théologie, 27 mars 1877.

Fagot-de-Baune, 22 janvier 1817.
Faillis, faillites, 14 décembre 1789, 12 octobre 1794, 13 décembre 1799, 28 mai 1838, 7 septembre 1870.
Failly (le général de), 12 mars 1868.
Fain (le baron), 23 février 1836.
Fains, 25 janvier 1810.
Falaise, 3 janvier 1822, 15 mars 1827, 20 mai 1857, 12 janvier 1870.
Falloux (de), 2 juin 1849.
Familles, 19 janvier 1805, 30 mars 1806, 28 février 1859.
Fampoux, 8 mars 1845.
Farines, 21 septembre 1789, 11 septembre 1793, 4 et 5 juin 1795, 10 avril 1812, 7 août et 22 novembre 1816, 16 juillet 1819, 17 janvier 1830, 24 février 1847, 29 septembre 1870, 29 août 1873.
Farre, 28 décembre 1879. — Notes : 28 décembre 1879.
Faubert, 4 avril 1879.
Faucher (Léon), 10 avril 1851.
Fausse monnaie, 22 octobre et 22 novembre 1793.
Faverger, 25 juin 1860.
Favre (Jules), 4 septembre et 4 octobre 1870, 19 février 1871.
Faye, 23 novembre 1877.
Fays-Billot, 30 janvier 1879.
Fécamp, 7 avril 1837, 25 janvier 1844, 30 janvier 1847, 12 mai 1852, 13 mars 1858, 11 janvier 1862, 15 janvier 1867.
Fécules, 29 janvier et 24 février 1847.
Felletin, 25 janvier 1807, 26 mars 1833.
Feltre, 18 mars 1806, 15 août 1809, 3 juillet 1816. — Notes : 30 mars 1806.
Femmes, 30 avril 1793, 12 avril, 21 et 23 mai 1795.
Fénelon, 5 novembre 1826.
Fénétranges, 16 avril 1856.
Féodalité, 17 juillet 1793, janvier 1868.
Ferdinand Ier. — Notes : 24 octobre 1796.
Ferdinand III, 13 février 1795. — Notes : 13 février 1795.
Ferdinand VII, 2 avril 1814. — Notes : 2 avril 1814 et de l'année 1878.
Ferdinand (don), 18 novembre 1796.
Fermat, 24 juillet 1843.
Ferrand ou **Ferraud**, 21 et 23 mai 1795. — Notes : 23 mai 1795.
Ferrand, 20 mai 1797.
Ferronnais (comte de la) ou **Ferronnays**, 17 août 1815, 4 janvier 1828.
Ferry (Jules), 4 et 6 septembre 1870, 4 février, 14 mai, 31 octobre, 21 novembre, 28 décembre 1879. — Notes : 4 février 1879.
Fers, 11 janvier 1827, 9 janvier 1870.
Fêtes, 9 mars, 16 avril, 8 juin, 14 et 16 août 1796, 1er février 1798, 24 décembre 1799, 19 février 1806, 18 novembre 1814, 6 juillet 1831 et 16 février 1852.
Feuchères (baron de), 27 décembre 1842.
Feutrier, 3 mars 1828. — Notes : 3 mars 1828.
Feux d'artifice, 21 avril 1797.
Feux grisous, 27 mars 1877.
Fieschi, 4 septembre 1835. — Notes : 30 mars 1806.

Fièvre jaune, 27 septembre 1821. — Notes : 5 avril 1819.
Figuières, 7 avril 1814. — Notes : 7 avril 1814.
Filiation, 23 mars 1803.
Filles (écoles de), 31 octobre 1821, 23 juin 1836.
Finances, 13 novembre 1791, 2 janvier 1795, 28 avril 1816, 15 mai 1818, 22 janvier 1825, 29 novembre 1829, 21 août 1839, 2 janvier 1846, 7 mai 1853, 27 janvier 1855, 15 novembre 1873. (Voir **Budgets**).
Finistère, 5 septembre 1800-1803, 6 novembre 1804, 5 janvier 1812, 26 mars 1823, 15 janvier 1833, 10 février 1835, 11 octobre 1836, 3 janvier 1863.
Fitch (John), 2 mai 1792.
Fitz-James (duc de), 4 juin 1814, 24 décembre 1823. — Notes : 24 décembre 1823.
Flahault (de), 26 janvier 1852.
Flandin, 3 juillet 1846.
Flaugergues, 26 juillet 1815.
Flers, 9 juin 1847, 25 juin et 1er août 1860, 11 janvier 1862, 4 mars 1853, 13 août 1864, 15 janvier 1867, 2 juillet 1873.
Fleurus, 29 juin 1794, 3 mars 1795.
Flocon, 24 février 1848.
Floréal (voir **Calendrier républicain**).
Flourens, 4 juillet 1846.
Foires, 1801-1802-1803.
Foin, 23 août 1858.
Foix, 16 août 1859, 20 janvier 1873, 2 août 1875.
Fonctionnaires publics (voir aussi **Employés**), 6 avril 1795, 4 mars et 22 décembre 1796, 16 mai et 16 décembre 1799, 9 août 1806, 5 juillet 1850, 9 mars et 1er mai 1872, 20 octobre 1877.
Fonderies, 23 novembre 1836, 24 avril 1837, 24 septembre 1841.
Fonds secrets, 1er novembre 1792.
Fontainebleau, 28 janvier 1803, 13 février 1813, 11 avril 1814, 2 octobre 1822, 10 mai 1852, 20 décembre 1866, 11 janvier 1862, 15 janvier 1867.
Fontanes (le marquis de), 3 février 1802, 17 mars 1808, 5 février 1810, 26 juillet 1813, 8 juillet 1861, 1er mai 1874. — Notes : 3 février 1802.
Fontarabie. — Notes : 8 août 1794.
Fontenai-le-Comte, 15 juillet 1879.
Fontenai ou **Fontenay-le-Peuple** (le comte), 1799, 18 janvier 1826, 15 octobre 1872.
Fontes, 24 avril 1837, 9 janvier 1870.
Fontevrault, 18 octobre 1804.
Forbach, 17 janvier 1867.
Forcade-la-Roquette (de), 26 novembre 1860, 6 mars 1861, 20 janvier 1867, 17 décembre 1868, 17 juillet 1869.
Forçats, 29 octobre 1803, 10 mars et 5 août 1805, 17 juillet 1806, 16 février 1827.
Forestier, 27 et 28 mai 1795.
Forestier (Code) et **Forestiers** (gardes), 21 mai 1827, 4 mai 1837, 18 juin 1859, 2 avril 1875.
Forestière (école), 1er décembre 1824.
Forêts, 3 novembre 1789, 25 décembre 1790, 29 septembre 1791.

1er octobre 1795, 19 octobre 1796, 6 et 26 janvier 1801-1802, 19 mars 1808, 7 janvier 1805, 11 octobre 1820, 26 août 1824, 17 et 24 juillet 1832, 9 juillet 1833, 30 mai 1837, 20 juin 1845, 21 décembre 1877.

Forge (Anatole de la), 15 mai 1878, 1er et 2 mai 1879. — Notes : 1er et 2 mai 1879.

Forges, 23 novembre 1836, 24 septembre 1841.

Formerie, 10 mai 1877.

Fornier de Saint-Lary, 14 novembre 1816.

Fort de France, 16 avril 1864.

Fortifications, 10 juillet 1791, 31 mai 1829, 27 mars et 17 juillet 1874.

Fort-Louis, 14 février 1816.

Fort-National, 23 avril 1874.

Fortoul, 26 octobre et 3 décembre 1851, 11 août 1856.

Fosses d'aisance, 24 septembre 1819.

Fouché, 8 et 9 août 1795, 20 juillet 1799, 14 septembre 1802, 28 septembre 1803, 10 juillet 1804, 15 août 1809. — Notes : 8 août 1795, 20 mars 1815.

Fougères, 30 août 1865, 2 janvier 1869, 11 avril 1870.

Fouilleuse, 10 février 1873.

Fould, 31 octobre 1849, 10 avril et 3 décembre 1851, 26 janvier et 28 juillet 1852, 27 mars 1854, 1er février 1855, 23 novembre 1860.

Fouquier-Tainville, 1er août 1794. — Notes : 1er août 1794.

Fourcroy, 25 décembre 1799. — Notes : 25 décembre 1799.

Fourichon, 4, 6, 20, 24, 28 et 30 septembre, 11 et 25 octobre, 5, 6 et 14 novembre, 12, 15, 17, 19 et 25 décembre 1870, 9 mars 1876.

Fournier l'américain, 4 janvier 1801.

Fournier (le diplomate), 2 et 3 janvier 1878.

Fourtou (de), 18 mai et 24 novembre 1873, 23 mai 1874, 18 mai et 12 octobre 1877.

Foy (le général), 26 juillet 1815. — Notes : 26 juillet 1815.

Frais de représentation, 24 juin 1850.

Frais de route (pour militaires), 12 juin 1867, 19 mai 1869.

Français (comte de Nantes), 2 mars et 22 septembre 1800, 29 juin 1814. — Notes : 2 mars 1800.

France, 27 mars 1816, 31 octobre 1877.

France (île de), 22 novembre 1801, 2 février 1803. — Notes : 2 février 1803.

Francfort-sur-Main, 10 mars 1853, 26 janvier 1872. — Notes : 29 juin 1794.

Franche-Comté, 1er mars 1815. — Notes : 15 septembre 1816.

Franchises postales, 16 juin 1800, 6 août 1817, 14 décembre 1825, 4 juillet 1828, 17 novembre 1844, 16 mai 1847.

François, 3 avril 1822.

François de Neufchâteau (comte), 16 juillet et 9 septembre 1797, 17 juin 1798, 24 décembre 1799, 19 et 22 mai 1804. — Notes : 16 juillet 1797.

François II d'Allemagne ou **François Ier d'Autriche**. — Notes : 20 avril 1792, 13 février 1795.

Francs (corps), 20 juillet 1815. — Notes : 6 mai 1814.

Francs-tireurs, 28 septembre 1870.

Fraudes, 27 mars 1851, 27 juillet 1867.
Frayssinous (l'abbé de), 1er juin et 31 octobre 1822, 26 août 1824. — Notes : 1er juin 1822.
Frédéric-Guillaume II de Prusse. — Notes : 20 avril 1792.
Fréjus. — Notes : 4, 13 août 1789.
Frémy, 13 mars 1800, 23 janvier 1877.
Frenelles-la-Grande, 2 juillet 1879.
Fréron. — Notes : 1er août 1794.
Freycinet (de), 14 octobre 1870, 13 décembre 1877, 2 et 3 janvier, 16 janvier, 19 et 20 décembre 1878, 4 février, 26, 27, 28 et 31 décembre 1879. — Notes : 4 février 1879.
Frias, 12 mai 1874. — Notes : 12 mai 1874.
Fribourg-en-Brisgau, 26 décembre 1805.
Fribourg-en-Suisse, 26 décembre 1805.
Frimaire (voir **Calendrier républicain**).
Frioul, 18 mars 1806. — Notes : 10 décembre 1797, 30 mars 1806.
Frochot, 2 mars 1800.
Fromont, 7 septembre et 28 novembre 1795, 22 novembre 1816.
Frontières, 25 janvier 1869, 26 mars 1875.
Frouard, 2 juillet 1879.
Fructidor (voir **Calendrier républicain**).
Fuies. — Notes : 4, 11 août 1789.
Fulminate de mercure, 30 octobre 1836.
Fulton, 2 mai 1792, 26 avril 1799. — Notes : 26 avril 1799.
Funérailles, 9 juin 1855, 11 août 1856, 12 novembre 1857, 9 mars 1864, 19 octobre 1866, 2 mars 1869, 6 juin et 27 décembre 1871.
Furnes. — Notes : 12 janvier 1870.
Fusils, 23 décembre 1805, 6 mai 1840.
Fusz, 16 juillet 1828.
Fuveau, 4 mars 1863.

G

Gabella hæreditaria, 2 décembre 1811.
Gabon (le), 20 août 1879.
Gabriac (le marquis de), 25 octobre 1876, 29 mars 1878.
Gabriel, 4 janvier 1801.
Gabry, 7 juillet 1819.
Gadeaux, 6 avril 1854.
Gaëte, 15 août 1809, 20 mars 1815, 6 avril 1820. — Notes : 20 mars 1815.
Gaillac, 14 décembre 1831, 4 mars 1833. — Notes : 29 décembre 1818.
Gallion, 5 janvier 1812.
Gallicane (église), 8 avril 1802.
Gallicie, 14 octobre 1809.
Galy-Cazalat, 2 février 1836.

Gamaches, 2 janvier 1869.

Gambetta (Léon), 4 septembre, 5, 11, 14, 22, 23, 25, octobre, 5, 6, 14 novembre, 25 décembre 1870, 28 novembre 1879. — Notes : 28 novembre 1879.

Gand, 1er octobre 1795, 1801, 1803. — Notes : 9 octobre 1823.

Gannat, 15 novembre 1830, 4 mars 1863.

Gantheaume, 25 décembre 1799, 17 août 1815. — Notes : 25 décembre 1799.

Gap, 25 janvier 1810, 3 janvier 1868, 2 janvier 1869, 16 août 1875.

Gard, 20 mai 1797, 8 février 1812, 5 février 1817, 15 janvier 1823, 22 septembre 1843, 7 décembre 1851, 4 mars et 7 juin 1854, 27 février 1869, 19 décembre 1870, 27 mars 1874, 27 mars 1878, 20 juin 1879.

Garde de Paris, 12 mars 1856, 22 octobre 1859.

Garde du Directoire, 21 juillet 1797.

Garde impériale, 18 mai 1804, 25 avril 1809, 13 mars 1815, 14 février 1854, 24 janvier 1855.

Garde mobile, 31 juillet 1830, 25 février 1848, 24 janvier 1849, 28 janvier 1850, 17 septembre 1870.

Garde municipale (la garde de Paris ou garde républicaine sous un autre nom), 4 octobre 1802, 17 mai 1809, 27 décembre 1831, 17 février 1832, 24 août 1838, 18 juillet 1839, 1er juillet 1841, 24 février 1848, 29 février 1852.

Garde nationale, 14 octobre 1792, 6 août 1794, 1er avril, 29 mai et 16 juin 1795, 22 mars 1796, 12 et 30 août 1797, 2 mai 1799, 24 septembre 1805, 13 mars 1812, 5 avril 1813, 15 mars, 13 mai et 16 juillet 1814, 9 octobre et 27 décembre 1815, 17 juillet 1816, 30 septembre 1818, 19 janvier 1825, 29 et 31 juillet 1830, 18 février, 22 mars et 31 mai 1831, 19 avril et 16 juin 1832, 14 juillet 1837, 11 juillet 1849, 13 juin et 1er septembre 1851, 11 janvier 1852, 1er février et 28 mars 1868, 7, 12 et 18 août, 2 et 12 septembre, 12 octobre et 8 novembre 1870, 25 août 1871.

Garde royale, 15 juin 1814, 1er septembre 1815, 26 juillet 1820, 26 décembre 1822, 6 décembre 1826.

Gardes champêtres, 8 juillet 1795, 12 septembre 1801, 11 juin 1806, 29 novembre 1820.

Gardes de la porte (du roi), 15 juillet 1814.

Gardes du corps, 23 mai 1814, 25 septembre 1815.

Gardes d'honneur, 11 janvier 1813.

Gardes forestiers, 27 août 1831.

Garennes, 4-11 août 1789.

Garnerin, 14 janvier 1803. — Notes : 14 janvier 1803.

Garnier-Pagès, 24 février 1848, 4 septembre 1870. — Notes de l'année 1878.

Garnisaires, 9 janvier 1877.

Garonne, 26 avril 1832, 3 juillet 1838, 25 février et 18 mars 1848, 24 août 1852.

Garonne (Haute-), 5 septembre 1799, 9 juin 1815, 5 février 1817, 18 avril 1821, 20 octobre 1822, 21 février et 9 mai 1827, 9 août 1870. — Notes : 31 décembre 1879.

Gascogne, 2 juillet 1801, 19 juin 1837, 28 avril 1858.

Gaspard, 4 janvier 1801.

Gasparin (de), 6 septembre 1836.

Gassendi, 21 novembre 1819. — Notes : 21 novembre 1819.
Gatinais (le). — Notes : 21 septembre 1794.
Gaudin, 15 août 1809. — Notes : 20 mars 1815.
Gaule, 27 mars 1816.
Gault, 22 octobre 1795.
Gautier, 25 février 1828.
Gave de Pau (le), 20 février 1867.
Gay-Lussac, 15 juillet 1818, 7 mars 1839.
Gazette des tribunaux, 4 février 1879.
Gaz hydrogène, 10 juillet 1816, 8 juillet 1818, 18 décembre 1822,
    17 août 1824, 27 janvier 1846, 11 juillet 1873.
Gazomètres, 9 février 1867.
Gendarmerie, 6 janvier et 13 février 1795, 13 février et 9 dé-
    cembre 1797, 17 avril 1798, 31 juillet 1801, 11 juin et 4 août
    1806, 10 avril 1813, 11 juillet 1814, 10 septembre 1815, 29 octo-
    bre 1820, 12 août 1831, 23 février 1834, 30 avril 1841, 10 avril
    1843, 14 février 1854, 24 janvier 1855, 14 janvier 1860, 18 février
    1863, 15 mars 1872, 21 et 26 février 1874, 30 janvier, 21 novem-
    bre, 2 décembre 1879.
Généraux, 20 août 1830, 14 octobre 1870.
Gênes, 6 juin 1805. — Notes : 28 avril 1797, 24 octobre 1814.
Genève, 17 mai et 24 août 1798-1799, 24 décembre 1802, 9 octo-
    bre 1822, 30 août 1845, 25 janvier 1853, 8 juin 1859, 14 juillet
    1865. — Notes : 15 septembre 1794, 26 mai 1798, 27 mars 1802,
    5 mars 1879.
Génie, 5 août 1794, 4 mars 1795, 5 janvier 1800, 6 juillet 1804,
    2 septembre 1814, 6 septembre 1815, 17 décembre 1817, 18
    août 1819, 13 février et 1er mai 1822, 19 septembre 1824, 13 dé-
    cembre 1829, 5 juin et 7 septembre 1831, 2 mars 1838, 4 jan-
    vier et 14 février 1854, 22 décembre 1873, 9 septembre 1876.
Gens de lettres, 8 octobre 1794.
Gensonné, 4 mars 1796. — Notes : 4 mars 1796.
Gentilly, 30 janvier 1847, 10 mai 1852, 20 décembre 1856.
Geôliers, 3 novembre 1793.
Géologie, 3 avril 1832.
Georges Ier, 5 janvier 1864.
Georges III. — Notes : 1er février 1793.
Georges IV. — Notes : 1er février 1793.
Gérando (de), 29 juin 1814, 23 août 1815, 26 octobre 1832, 3 oc-
    tobre 1837. — Notes : 29 juin 1814.
Gérard (le peintre), 31 décembre 1816. — Notes : 31 décembre
    1816.
Gérard (le maréchal), 27 et 31 juillet, et 1er août 1830, 18 juillet
    1834, 4 février 1836. — Notes : 27 juillet 1830.
Gérardmer, 3 décembre 1875.
Gerle (Dom), 15 juin 1794. — Notes : 15 juin 1794.
Germinal (voir **Calendrier républicain.**)
Germiny (de), 24 janvier 1851, 10 juin 1858, 7 mai 1863.
Gers, 9 juin 1815, 17 mars 1824, 31 mai 1846, 7 décembre 1851, 31
    décembre 1860.
Gertruydemberg. — Notes : 29 juin 1794.
Gibraltar, 15 mars 1800.
Gicquel des Touches, 24 mai 1877.

Gien, 15 janvier 1823, 17 juin 1874.

Gigot, 18 décembre 1877.

Gilbert de Voisin, 29 juin 1874.

Gilly-sur-Loire, 3 janvier 1863.

Gin-Ding, 1er juillet 1863.

Ginguené, 26 décembre 1799. — Notes : 26 décembre 1799.

Girard (Philippe de), 28 mai 1853.

Giraud (Charles), 24 janvier, 26 octobre et 12 décembre 1850.

Girod (de l'Ain), 26 décembre 1799, 1er août 1830, 27 avril et 11 octobre 1832. — Notes : 1er août 1830.

Girerd, 4 février et 30 décembre 1879.

Girodet-Trioson, 31 décembre 1816. — Notes : 31 décembre 1816.

Gironde, 1803, 30 juin 1819, 15 janvier 1823, 4 mars 1833, 7 février 1834, 17 novembre 1854, 12 janvier 1870, 16 mars 1876. — Notes : 31 janvier 1818, 26 janvier 1879.

Girondins. — Notes : 27 juillet 1794, 5 avril et 16 octobre 1795, 28 avril et 4 mai 1796.

Giroux, 8 juillet 1818.

Gisors, 1801, 17 janvier 1867.

Givet, 14 février 1816.

Glais-Bizoin, 15, 20, 24, 28 et 30 septembre, 11 et 25 octobre, 5, 6 et 14 novembre, 12, 15, 17, 19 et 25 décembre 1870, (mort en novembre 1877).

Glos-Montfort, 22 novembre 1874.

Goblet, 4 février, 12 décembre 1879. — Notes : 4 février 1879.

Gohier, 17 juin 1799. — Notes : 17 juin 1799.

Golo, 11 août 1793, 3 août et 6 novembre 1804, 19 avril 1811.

Gondrecourt, 6 novembre 1872.

Gontaut-Biron (de), 17 août 1815, 6 juin 1830. — Notes : 17 août 1815.

Gonzalez, 14 juin 1874.

Gorcy, 7 août 1875, 23 mars 1878.

Gorsas, 28 avril 1796. — Notes : 28 avril 1796.

Goudchaux, 24 février 1848.

Gouin, 1er mars 1840.

Goulard (de), 2 décembre 1851.

Goupil-Prefeln, 2-8 avril 1800.

Goupy, 14 mai 1817.

Gourdan, 2 octobre 1822.

Gourdes, 30 août 1826.

Gourdon. — Notes : 2 mars 1800, 2 juin 1815.

Gourgaud (le général), 25 décembre 1841.

Gouvernement, 1er novembre 1870, 19 mars 1873.

Gouvion de Saint-Cyr (le maréchal), 6 juillet 1804, 26 septembre 1815, 5, 12 septembre 1818. — Notes : 6 juillet 1804.

Gouy-d'Arcy ou d'Arsy (de), 5 novembre 1827, 6 juin 1830.

Goyon (de), 10 juin 1814, 5 février 1817.

Graeff, 23 novembre 1877.

Grains, 21 septembre 1789, 11 septembre 1793, 22 janvier, 4 et 5 juin, 29 septembre et 14 novembre 1795, 10 avril 1812, 7 août et 22 novembre 1816, 16 juillet 1819, 4 juillet et 31 août 1821, 17 janvier et 20 octobre 1830, 24 février 1847, 29 août 1873.

Graisse, 23 janvier 1821.

Graissessac, 12 mai 1858.

Grâles, 1er janvier, 17 janvier, 9 mai, 6 juillet et 26 novembre 1879.

Grammaire, 25 février 1795.

Grammont et Gramont (familles), 4 juin 1814, 5 septembre 1816, 19 novembre 1831, 15 mai 1870. — Notes : 5 septembre 1816.

Grand-Bassam, 11 septembre 1869.

Grande-Bretagne, 26 janvier 1826, 22 mars 1833, 17 juin 1836, 9 juin 1837, 27 août 1839, 30 décembre 1841, 13 février 1843, 28 janvier 1846, 4 janvier 1876. (Voir aussi **Angleterre, Britanniques** (Iles).

Grandperret, 9 août 1870.

Granger, 20 décembre 1876.

Granges, 3 décembre 1875.

Granville, 21 octobre 1818, 29 juillet 1829, 19 juillet et 17 août 1837, 30 janvier 1847, 10 mai 1852, 20 décembre 1856, 11 janvier 1862, 15 janvier 1867. — Notes : 26 mai 1797.

Grasse, 6 janvier 1814, 15 mars 1827, 11 mai 1832, 24 mai 1835, 30 décembre 1836, 25 octobre 1842, 10 mai 1852, 20 décembre 1856, 24 octobre 1860, 11 janvier 1862, 15 janvier 1867.

Gratifications, 29 novembre 1789.

Gravelines, 3 janvier 1868, 18 janvier 1873, 14 décembre 1875.

Graville l'heure, 30 janvier 1847, 10 mai 1852.

Gravure, 30 août 1828.

Gray, 23 mars 1838-1846, 12 février et 26 mars 1852, 26 janvier 1853, 1er août 1860, 8 décembre 1874.

Grèce, 14 juin, 9 juillet et 1er octobre 1833, 31 mars et 24 avril 1838, 26 juillet 1839, 24 juillet 1843, 5 et 20 janvier 1864, 11 novembre 1865, 28 juillet 1867, 4 décembre 1868, 9 décembre 1875, 25 octobre 1876, 2 février, 3 mars et 24 décembre 1878, 1er janvier et 30 juillet 1879. — Notes : 26 décembre 1799, 17 août 1815.

Greffes, Greffiers, 24 août 1790, 26 mai 1793, 18 mai 1798, 11 mars, 16 avril et 8 juin 1799, 27 juin 1800, 12 juillet 1808, 6 janvier 1814, 17 juillet 1825, 8 février 1829, 9 juin 1831, 24 mai 1854, 19 mars 1864, 24 novembre 1871, 24 novembre 1875, 31 juillet 1879.

Grégoire XIII. — Notes : 9 septembre 1805.

Grêle, 30 mai 1821, 3 juillet 1822.

Grenade (en France).— Notes : 29 mars 1801.

Grenelle, 31 août 1794, 20 décembre 1856, 16 juin 1859.

Grenoble, 1799, 18 février 1800, 1801, 1803, 2 avril 1804, 1816, 18 janvier 1816, 11 février 1820, 2 avril 1821, 22 septembre 1824, 15 mars 1827, 9 janvier et 11 mai 1832, 30 décembre 1836, 12 décembre 1837, 24 août et 20 décembre 1838, 31 mars 1840, 14 février 1841, 1846, 30 janvier et 24 mars 1847, 10 mai 1852, 13 janvier 1855, 21 juillet et 20 décembre 1856, 11 janvier 1862, 9 mars 1863, 31 décembre 1866, 15 janvier 1867, 2 janvier 1864, 31 décembre 1872, 8 octobre 1873, 31 octobre 1877, 13 décembre 1879. — Notes : 13 avril 1802, 3 avril 1814, 25 février 1828.

Gresley, 13 janvier, 4 février, 29 août 1879. — Notes : 13 janvier 1879.

Gressier, 17 décembre 1868, 17 juillet 1869.

Grésy (Jules), 25 juin 1860, 30 janvier, 9 février, 25 décembre 1879. — Notes : 30 janvier, 6 février 1879,

Grèves, 17 juin 1791, 26 octobre 1795, 27 novembre 1849.

Grévy (Albert), 16 mars, 16 septembre 1879. — Notes : 16 mars 1879.

Grévy (Jules), 22 novembre 1877.

Grimaudet de Rochebouet (de), 23 novembre 1877.

Grivart, 22 mai 1874, 10 mars 1875, 30 septembre 1877.

Grouchy, 24 juillet 1815, 11 octobre 1832, 26 janvier 1852. — Notes : 24 juillet 1815.

Gruaux, 29 janvier et 24 février 1847.

Guadeloupe (la), 19 avril 1801, 20 février 1803, 14 octobre 1813, 22 novembre 1819, 5 février et 30 août 1826, 9 février et 4 juillet 1827, 24 septembre 1828, 25 octobre 1829, 19 juillet 1830. 22 août 1833, 31 août 1838, 9 juillet 1839, 25 juin et 22 novembre 1841, 19 mars 1843, 18 décembre 1850, 22 juin 1853, 16 janvier 1854, 27 janvier 1855, 5 juillet 1863, 4 juillet 1866, 7 mars 1874, 6 mars 1877, 2 mars 1878, 11 mai et 7 novembre 1879, — Notes : 30 août 1826.

Guano, 17 mai 1865, 30 janvier 1867.

Guardia (Thomas), 1er décembre 1877.

Guastalla, 19 février et 18 mars 1806. — Notes : 24 mai 1808.

Guatémala, 20 mars 1850.

Guebwiller, 6 juillet 1862.

Guelma, 9 juin 1849, 21 janvier et 7 mai 1874, 26 mars 1877.

Guelt-Zerga, 16 février 1859.

Guérande, 26 mars 1823, 17 mars 1824.

Guéret, 11 août 1869.

Guernon-Ranville (de), 18 novembre 1829. — Notes : 18 novembre 1829.

Guerre, 21 juillet 1870, 11 avril 1878.

Guides, 29 février 1852.

Guillaume (commune), 24 octobre 1860.

Guillaume (M,), 28 mai 1878.

Guillaume IV. — Notes : 1er février 1793.

Guilleminot (comte), 9 octobre 1823. — Notes : 9 octobre 1823.

Guillermo, 12 juin 1879.

Guillotin. — Notes : 25 mars 1792.

Guillotine, 25 mars 1792.

Guines, 27 octobre 1877, 23 décembre 1879.

Guise, 9 juin 1843, 12 janvier 1870. — Notes : 28 avril 1796.

Guizot, 24 mai et 24 octobre 1814, 14 juillet 1815, 16 mai 1816, 27 et 31 juillet, et 1er août 1830, 11 et 26 octobre 1832, 6 septembre 1836, 29 octobre 1840, 19 septembre 1847. — Notes : 16 mai 1816.

Guyane, 4 septembre 1797, 6 septembre 1800, 20 février 1803, 20 juillet, 27 août et 21 décembre 1828, 22 août 1833, 24 mai 1840, 25 juin et 22 novembre 1841, 23 mars 1853, 16 janvier 1854, 20 mai 1857, 5 juillet 1863, 3 mars et 14 août 1874, 8 avril et 15 novembre 1879. — Notes : 14 juin 1794, 3 mars,

1er avril], 16 et 22 octobre 1795, 5 septembre 1797, 20 juillet 1828.
Guyot-Montpeyroux, 4 septembre 1870.

H

Habeneck, 13 septembre 1878.
Hachepaille, 16 février 1827.
Haguenau, 30 janvier 1847, 1er août 1860.
Hainaut, 2 mars 1793. — Notes : 2 mai 1793.
Haironville, 6 janvier 1877.
Haïti, 12 février 1838, 10 juillet 1841, 20 décembre 1854, 4 avril 1879. — Notes : 1er avril 1795.
Halévy (Fromental), 6 juillet 1862.
Halgan, 24 décembre 1823, 30 juin 1824.
Halluin, 15 janvier 1861.
Ham, 1er avril 1795. — Notes : 26 juillet 1815.
Hambourg, 15 février 1818, 9 juin 1837.
Hamel-Bazère, 20 décembre 1876.
Hames-Boucre, 27 octobre 1877.
Hanovre, 16 janvier 1804, 27 avril 1853. — Notes : 30 mars 1806.
Haras, 22 mars 1795, 4 juillet 1806, 16 janvier 1825, 20 juin 1827, 10 décembre 1833, 17 juin 1852, 19 décembre 1860, 15 mai 1870, 29 mai 1874.
Harcourt (marquis d'), 12 mai 1875.
Harengs, 8 octobre 1810, 14 août 1816, 4 janvier 1822, 3 janvier 1828, 9 janvier 1832.
Harper, 10 août 1839.
Hatry, 24 décembre 1799.
Hausmann (le baron), 9 juin 1857.
Haussez (baron d'), 23 août 1829. — Notes : 23 août 1829.
Haussonville (d'), 17 août 1815, 31 mars 1877. — Notes : 17 août 1815.
Haute cour de justice, 2 août 1796.
Hautpoul (d'), 6 juin 1830, 31 octobre 1849. — Notes : 6 juin 1830.
Haxo, 11 octobre 1832.
Hazebrouck, 8 mars 1845, 19 décembre 1866, 6 mars 1867, 12 janvier 1870.
Hébert, 19 octobre 1841, 14 mars 1847. — Notes : 1er avril 1795.
Heeckeren (baron de), 1er avril 1840, 2 décembre 1851.
Helvétie, 7 avril 1799.
Hély d'Oissel, 31 juillet 1830.
Henri V, 2 août 1830.
Henrion de Pansey, 3, 8 avril 1800, 3 avril et 29 juin 1814. — Notes : 3 avril 1800.
Henriot, 27 juillet 1794. — Notes : 27 juillet 1794.
Henri VI, 1er mars 1815.

Hentsch-Blanc, 14 mai 1817.

Hérault, 20 mai 1797, 20 août 1802, 1803, 20 février 1810, 26 mars 1823, 15 août 1831, 24 mars 1847, 7 décembre 1851, 3 janvier 1863, 7 janvier 1865, 2 juillet et 20 septembre 1877.

Herbouville (d'), 2 octobre 1815.

Héricart de Thury, 24 décembre 1823, 5 novembre 1827, 6 juin 1830.

Hermopolis, 21 octobre 1822. — Notes : 31 octobre 1822.

Hérold, 1er février 1871, 26 janvier 1879. — Notes : 26 janvier 1879.

Hesse en général, 1er avril 1814.

Hesse-Cassel ou **Hesse électorale**, 11 mai 1804.

Hesse-Darmstadt (grand-duché de), 11 mai 1804, 19 octobre 1852, 10 mars 1853, 14 avril 1869.

Hesse-Hombourg (landgraviat de), 19 octobre 1852, 10 mars 1853.

Hillil, 8 janvier 1859.

Hindoustani, 12 et 14 avril 1879.

Hippodromes, 24 août 1854, 2 mai 1855.

Hirigoyen, 13 avril 1828.

Hirson, 7 avril et 31 juillet 1879.

Histoire, 25 février 1795, 27 mars 1816, 20 avril 1864.

Histoire naturelle, 25 février 1795.

Hoche, 3 mars 1795, 27 septembre, 11 novembre et 10 décembre 1797. — Notes : 3 mars 1795, 25 mai 1814.

Hochsteinbach. — Notes : 19 septembre 1797.

Hohenlohe-Bartenstein (prince de), 11 mai 1804, 9 juin 1816, 8 mars et 5 novembre 1827. — Notes : 9 juin 1816.

Hollande, 1er février 1793, 21 mai 1795, 5 juin 1806, 7 et 9 juillet 1807, 9 juillet et 13 septembre 1810, 23 avril 1814, 29 juillet 1818, 14 décembre 1836, 10 juin 1840, 30 juin 1841, 7 novembre 1844, 15 février 1852, 25 janvier 1853, 20 juillet et 10 août 1855, 5 janvier 1859, 22 juillet 1863, 15 août 1865, 27 octobre 1866, 19 février 1868, 2 septembre 1874. — Notes : 1er février 1793, 28 avril 1796, 25 décembre 1799, 2 février 1803, 18 mai 1804, 7 avril 1813, 31 janvier 1818, 20 juillet 1828, 20 j. 'c. 1830. (Voir aussi **Pays-Bas**).

Homère, 27 juillet 1830.

Hondschoot. — Notes : 29 juin 1794.

Honduras, 14 février 1857.

Honfleur, 1801, 3 janvier 1822, 7 avril et 19 juillet 1837, 21 octobre 1848, 26 juillet 1873.

Hongrie. — Notes : 26 décembre 1805.

Hôpitaux & hospices, 22 janvier 1792, 21 février, 11 juillet, 4 décembre 1794, 2 juillet 1799, 1801, 1802, 4 mars 1803, 1804, 28 janvier 1804, 18 et 22 mars 1813, 1er octobre 1814, 30 décembre 1814-1818, 18 février 1818, 31 octobre 1821, 18 septembre 1824, 4 mai 1825, 22 janvier 1831, 28 juin 1833, 23 avril 1850, 7 août 1851, 31 décembre 1874, 7 juillet 1877, 2 août 1879, 5 août 1879.

Horlogerie, 14 mars 1793, 19 septembre 1821, 27 juillet 1859.

Hortense (la reine), 18 mai 1804.

Hostens, 4 octobre 1877.

Houille, 1801, 17 janvier 1867.
Hua, 13 mars 1800.
Hugo (Victor), 13 avril 1845.
Huiles, 31 décembre 1873, 25 juin 1879.
Huissiers, 10 août 1800, 14 juin 1813, 10 juillet 1814, 12 février
   1817, 19 janvier et 11 février 1820, 17 juillet et 14 décembre
   1831, 6 octobre 1832, 13 février 1836, 24 novembre 1871, 13 dé-
   cembre 1879,
Hubin, 15 juin 1875.
Humann, 5 août 1829, 11 octobre 1832.
Humbert de Sesmaisons, 5 novembre 1827, 18 novembre
   1834, 3 octobre 1837, 29 octobre 1840, 25 avril 1842.
Hunebourg, 15 août 1809.
Huningue, 14 février 1816. — Notes : 14 février 1816.
Hussards, 4 février 1805, 23 décembre 1809, 6 juin 1880, 7 août
   1851.
Hyde de Neuville, 25 février et 3 mars 1828.
Hydraulique (bélier), 21 mai 1798.
Hydrochlorate, 11 mars 1829.
Hydrographie, 7 août 1825, 18 janvier 1877.
Hydromel, 9 février 1856.
Hyères, 15 janvier 1823, 11 mai 1832, 11 janvier 1862, 15 janvier
   1867.
Hygiène, 25 février 1795, 22 avril et 8 octobre 1879.
Hypothèques, 27 mai 1791, 27 juin 1795, 11 janvier 1796, 1er no-
   vembre 1798, 11 mars 1799, 28 janvier et 19 mars 1804, 23 mars
   1855, 10 décembre 1874, 17 décembre 1878.

I

Iconoclastes. — Notes : 6 juin 1793.
Ile rousse, 9 août 1839.
Ille, 15 août 1822.
Ille-&-Vilaine, 16 janvier et 11 avril 1800, 13 avril 1801, 5
   janvier 1811, 19 septembre 1833, 1er février 1867, 11 avril 1870.
   — Notes : 10 mai 1797, s6 mai 1879.
Illyriens, 23 avril 1814.
Impératrice Eugénie (l'), 23 juillet 1870.
Importations, 22 août 1791, 31 octobre 1796, 11 janvier 1810,
   22 novembre 1816, 9 janvier 1818, 16 juillet 1819, 26 juillet
   1820, 4 juillet 1821, 5 février et 26 juillet 1826, 11 janvier 1827,
   17 janvier 1830, 15 avril 1832, 26 avril 1833, 25 novembre 1838,
   28 janvier et 24 février 1847, 7 juillet 1856, 9 janvier 1870, 25
   et 31 juillet, 29 août, 29 septembre et 18 octobre 1873.
Impositions, impôts (voir aussi **Contributions**), 4 août
   1789, 11 novembre 1813, 2 mai et 10 juin 1814, 1837, 21 mars
   1874.
Imprimeries, imprimés, imprimeurs, 5 février 1810, 2 février 1811, 11 juillet 1812, 21 octobre 1814, 28 décembre 1814,

12 janvier 1820, 22 mars 1852, 25 juin 1856, 15 mars 1863, 10 septembre 1870, 25 janvier 1873.

Incendies, incendiaires, 12 mars 1806, 10 avril 1812, 17 juillet et 12 août 1874, 5 août 1875.

Inde française, 12 mars, 21 mai, 24 juin et 15 novembre 1879.

Indemnités, 17 et 27 avril 1825, 6 janvier 1831, 3 avril 1833, 12 février 1838, 30 avril 1849, 20 décembre 1854, 4 mars 1865, 7 avril 1873, 20 mars et 28 juillet 1874, 22 juin 1874.

Indemnité de route, 20 juin et 17 août 1879.

Indes-orientales, 2 mai 1790, 18 octobre 1804, 8 juin et 31 juillet 1839, 23 juillet 1840, 7 février 1842, 30 septembre 1843, 22 juin 1853, 7 février 1866, 14 août 1874, 4 février, 11 mars et 19 décembre 1877. — Notes : 26 juillet 1815, 31 décembre 1816.

Indigents, 18 juin et 8 juillet 1793, 21 avril 1797, 11 décembre 1879.

Indo-Chine, 3 juillet 1861, 11 janvier 1875.

Indostan. — Notes : 14 avril 1879.

Indre, 8 décembre 1810, 1er juin 1828, 11 juin 1844.

Indre-&-Loire, 18 janvier 1826, 15 juin 1875.

Indret, 30 mars 1835, 1er octobre 1844.

Industrie, 25 novembre 1819, 6 novembre 1831, 11 juillet 1868, 18 novembre 1869, 11 septembre et 1er octobre 1879.

Infirmes, infirmiers, 26 juin 1794, 12 janvier 1853, 4 juillet 1876.

Ingénieurs, 6 mars 1795, 18 novembre 1810, 22 octobre 1817, 9 janvier 1818, 26 mars 1826, 7 mars 1868. (Voir aussi **Ponts-& chaussées**), 19 décembre 1878.

Ingouville, 30 janvier 1847, 10 mai 1852.

Ingres, 25 mai 1862.

Inhumations, 23 juillet 1805. (Voir **Enterrements**).

Inondations, 11 juillet 1847, 7 juin 1856, 28 juin 1875, 30 décembre 1878.

Inscription maritime, 26 octobre 1795, 8 avril 1876.

Inscriptions, inscriptions et belles-lettres (voir **Académies**), 8 juin 1795, 24 décembre 1828.

Inspecteurs, 26 février 1835.

Institut, 4 et 8 avril 1796, 4 mars 1802, 23 janvier 1803, 20 mars 1816, 14 avril 1855, 11 août 1859, 15 mai 1870. (Voir **Académies**).

Instituteurs, 4 février 1794, 20 septembre 1795, 11 janvier 1850, 26 juillet et 12 octobre 1870, 19 juillet 1875, 15 janvier 1877.

Institutrices, 26 juillet 1870, 19 juillet 1875.

Instruction publique (voir **Écoles**), 16 février 1794, 25 octobre 1795, 22 novembre 1801, 1er mai 1802, 20 février 1803, 4 juin 1809, 17 février 1815, 29 février 1816, 22 juillet, 4 octobre et 1er novembre 1820, 27 février 1821, 8 avril 1824, 21 avril et 16 janvier 1828, 26 mars 1829, 14 février 1830, 28 juin et 16 juillet 1833, 26 février 1835, 7 février 1852, 12 mars 1853, 17 mars 1854, 30 mars 1855, 19 mars 1873, 1er juillet 1876, 6 janvier et 11 décembre 1877.

Insurgés, 27 mai 1834, 24 janvier 1850, 6 janvier, 3 mai, 28 juin, 7 décembre 1877.

Intendants militaires (voir **Commissaires des guerres**), 17 janvier 1795, 29 juillet 1817, 27 septembre 1820, 18 septembre 1822, 10 juin 1829, 10 juin 1835, 28 février 1838, 7 octobre 1850, 14 janvier 1863.

Interdiction, 13 décembre 1799, 29 mars 1803.

Intérêt, 3 septembre 1807, 7 décembre 1835.

Internationale (société), 23 mars 1872.

Internements, 11 novembre 1799.

Interprètes, 13 octobre 1842, 11 janvier 1851, 4 février 1854, 13 décembre 1879.

Invalides, 17 avril et 13 mai 1791, 16 mai 1792, 4 avril 1795, 18 mars 1798, 29 décembre 1799, 25 août, 2 septembre et 10 décembre 1800, 25 mars 1811, 3 janvier et 22 mai 1816, 24 juin 1829, 14 décembre 1831, 17 décembre 1833, 10 juin 1840, 13 avril 1845, 27 février 1850, 4 janvier 1854, 29 juin 1863. — Notes : 3 mars 1795.

Ioniennes (îles), 3 novembre 1797, 20 janvier 1864.

Irlandais, 7 août 1801, 17 décembre 1818, 3 mars 1824.

Irrigations, 29 avril 1845, 11 juillet 1847, 24 mars 1876.

Isabelle II, 19 février 1847.—Notes : 2 avril 1814 et de l'année 1878.

Isère, 8 mars 1812, 2 octobre 1822, 7 avril et 26 mai 1824, 29 janvier 1825, 1er juin 1828, 27 février et 27 novembre 1864, 7 avril 1866, 2 janvier 1869, 4, 6 et 24 août 1874, 13 juillet 1876, 13 février 1878, 22 janvier 1879.

Iseure, 18 janvier 1811.

Israélites (voir aussi **Juifs**), 18 mars 1808, 25 mai 1844, 9 novembre 1845, 29 août 1862, 24 octobre 1870, 7 octobre 1871.

Issoudun, 15 mars 1827, 11 mai 1832, 30 décembre 1836, 25 octobre 1842, 30 janvier 1847, 10 mai 1852, 20 décembre 1856, 11 janvier 1862, 15 janvier 1867.

Istrie, 24 octobre 1809, 18 novembre 1813. — Notes : 30 mars 1806.

Italie, 3 mars 1795, 22 avril 1796, 10 décembre 1797, 17 mars 1798, 14 et 15 août, et 8 septembre 1799, 7 juin 1805, 19 février 1806, 28 février 1809, 12 janvier 1812, 27 mai 1853, 15 janvier 1855, 11 août 1859, 8 septembre 1860, 24 septembre 1862, 20 janvier 1864, 13 mai et 11 novembre 1865, 14 juillet 1866, 22 février 1868, 2 juin 1869, 8 janvier et 7 mai 1870, 24 juillet 1873, 18 juin, 3 et 15 juillet 1874, 17 février, 26 mars, 26 avril, 9 et 16 décembre 1875, 22 juillet 1876, 24 décembre 1878, 1er janvier, 14 février, 30 juillet et 28 décembre 1879. — Notes : 26 janvier 1797, 12 avril 1799, 6 juillet 1804, 30 mars 1806, 20 mars 1815, 24 décembre 1878, 1er et 31 janvier, 14 février, 30 juillet et 28 décembre 1879.

Ivrognerie, 23 janvier 1873.

Ivry (Seine), 20 décembre 1856, 15 janvier 1867.

.J

Jacob, 19 mai 1834.

Jacobins, 12 novembre 1794, 20 mai 1795.

Jacquart, 23 janvier 1801. — Notes : 23 janvier 1801.'

Jacquemont (Victor), 6 octobre 1833.

Jacquinot de Pampelune, 24 décembre 1823, 5 novembre 1827.

Jaegerschmid, 25 octobre 1801.

Japon, 21 janvier 1860, 19 mars 1862, 21 juin 1865, 27 octobre 1866, 24 mai 1868, 28 avril 1869, 11 juin 1874.

Jardin des plantes de Paris, 10 juin 1793.

Jardin (ex-page), 15 juin 1794.

Jarnac (de), 29 août 1874.

Jarville, 21 juin 1873.

Jaubert, 1er mai 1840, 25 décembre 1841.

Jaucourt (marquis de), 1er avril 1814, 26 septembre 1815. — Notes : 26 septembre 1815.

Jaugeage, 24 mai 1873.

Jauréguiberry, 4 février et 28 décembre 1879. — Notes : 4 février 1879.

Jaurès, 12 décembre 1878.

Javogues, 1er juin 1795.

Jayr, 9 mai 1847.

Jean Bon Saint.-André, 27 et 28 mai 1795. — Notes : 27 mai 1795.

Jean VI. — Notes : 10 décembre 1801.

Jecker, 4 août 1855.

Jem(m)ap(p)es, 2 mars 1793, 1er octobre 1795. — Notes : 29 juin 1794.

Jemappes (Algérie), 20 juin 1860.

Jessains, 12 mars 1879.

Jésuites. — Notes : 22 juin 1804, 16 juin 1828

Jésus (compagnies de), 21 octobre 1795.

Jésus-Christ. — Notes : 28 avril 1796.

Jeunepin, 7 juillet 1819.

Jeunesse, 9 mars 1796,

Jeux (maisons de), 24 juin 1803.

Joanne, 7 avril 1819.

Joinville (le prince de), 26 mai 1846. — Notes : 23 janvier 1879.

Joinville (Algérie), 4 décembre 1846.

Jolly, 4 janvier 1801.

Jordan (Camille), 20 mai et 5 septembre 1797, 18 février 1800, 5 septembre 1816, 12 novembre 1817. — Notes : 20 mai 1797.

Joséphine (l'impératrice), 16 décembre 1809. — Notes : 16 décembre 1809.

Jouarii, 3 avril 1822.

Joubert, 10 décembre 1797, 11 août 1800. — Notes : 10 décembre 1797.

Jouffroy (le marquis de), 26 avril 1799.

Jouffroy, 9 janvier 1832.

Jourdan coupe-têtes. — Notes : 16 octobre 1795.

Jourdan (maréchal), 3 mars 1795, 20 mai 1797, 5 mars 1819, 18 février 1834. — Notes : 3 mars 1795.

Journaux, 25 décembre 1796, 5 et 8 septembre, 4 octobre, 3 et 6 décembre 1797, 17 janvier et 29 mai 1800, 5 février 1810, 8 août 1815, 28 février et 30 décembre 1817, 31 mars 1820, 15 août 1824, 18 juillet 1828, 8 avril 1831, 18 novembre 1835, 13 janvier 1858, 20 octobre 1860, 2 juillet 1861, 2 août 1866, 13 novembre 1867, 5 septembre et 7 octobre 1870, 22 janvier, 15 avril et 6 juillet 1871, 15 février 1872, 1873, 3 février et 9 septembre 1874, 23 novembre 1875. — Notes : 26 juillet 1815, 23 janvier et 4 février 1879.

Journées de travail, 16 janvier 1790.

Jours complémentaires, 24 août 1795.

Joux (fort de). — Notes : 7 juillet 1797.

Judiciaires (consignations), 28 juillet 1875.

Jugements, 19 octobre 1869.

Juges, 14 décembre 1789, 24 août 1790, 14 juin 1793, 15 octobre 1794, 13 décembre 1795, 7 août 1796, 20 juin 1806, 12 octobre 1807, 2 mai et 10 juin 1814, 16 juin et 17 août 1824, 2 novembre 1846, 1er mars 1852, 16 septembre 1861, 12 novembre 1868, 3 mars 1874, 10, 14, 17. 21 et 23 janvier, 4, 19 et 22 février, 4 11, 15 et 27 mars, 7, 18 et 27 avril, 2 et 26 mai, 1, 4, 8, 15, 17 et 31 juillet, 3, 8 et 15 août, 9, 18 et 23 septembre, 12 octobre, 17, 19 et 28 novembre, 2, 6, 7, 9 et 21 décembre 1877.

Juges de Paix, 24 août et 26 octobre 1790, 30 janvier et 18 juillet 1791, 16 septembre 1792, 22 octobre 1793, 20 septembre 1795, 31 mai 1798, 26 février 1799, 20 mars 1801, 1802, 4 août 1802, 1er novembre 1826, 25 mai 1838, 21 juin 1845, 6 juillet 1850, 7 décembre 1853, 4 février et 29 mai 1854, 23 avril et 2 mai 1855, 5 décembre 1857, 20 juin 1860, 6 janvier 1874, 15 mai et 25 novembre 1875, 7 février et 7 avril 1877, 31 mars 1878, 8 et 12 janvier, 1er, 25, 26 et 30 mars, 9, 20 et 27 avril, 9, 14, 16, 21 et 25 mai, 1er, 8, 15 et 21 juin, 2, 17 et 18 juillet, 15, 16 et 31 août, 18 octobre, 14 et 26 novembre, 12 et 13 décembre 1879.

Juifs (voir **Israélites**), janvier et 7 août 1790, 30 mai 1806, 20 juillet 1808. — Notes : 16 janvier 1790.

Juigné (de), 6 juin 1830.

Juillet, 30 avril 1831, 14 juillet 1840.

Juin, 13 juin 1850. — Notes : 24 juillet 1815, 5 et 6 juin 1832.

Junot, 6 juillet 1804. — Notes : 6 juillet 1804.

Jura, 23 mars 1793, 20 mai 1797, 10 février 1811, 26 mars 1823, 21 février 1827, 31 mars 1835. — Notes : 23 mars 1793, 30 janvier 1879.

Jurés, jury, 24 août 1790, 29 septembre 1791, 27 février 1792, 16 août 1793, 25 et 30 mars 1797, 18 octobre 1802, 28 février et 3 août 1804, 10 septembre 1808, 2 mai 1827, 2 juillet 1828, 11 septembre 1830, 4 mars 1831, 28 avril 1832, 7 août 1848, 4 juin 1853, 21 novembre 1872, 31 juillet 1875.

Jurien-Lagravière, 11 octobre 1832.

Jus albinagii, 2 décembre 1811.

Jussieu (de), 31 décembre 1816, 6 juin 1837. — Notes : 31 décembre 1816.

Justice, 4 août 1789, 24 juin 1798, 25 janvier 1805, 5 septembre 1807, 20 avril 1810, 18 juin 1812, 7 avril 1813, 3 novembre 1819, 16 janvier, 4 et 14 février 1854, 20 mai 1857, 4 juin 1858, 29 août 1874, 9 janvier et 31 décembre 1875, 12 octobre et 27 novembre 1876, 6 mars et 19 novembre 1877, 2 avril et 29 juin 1879.

K

Kabylie, 29 août 1874, 18 janvier 1875, 13 décembre 1879. — Notes : 30 janvier 1879.
Kadis, 5 février 1868. (Voir aussi **Cadis**).
Kaléïdoscopes, 8 juillet 1818.
Kars, 28 avril 1856.
Kellermann (famille), 3 mars 1795, 24 décembre 1799, 22 mai 1804, 22 avril 1814. — Notes : 3 mars 1795.
Kentzinger (de), 20 août 1830.
Kératry (famille de), 27 juillet 1830, 22 octobre 1870. — Notes : 27 juillet 1830.
Kergorlay (de), 2 février et 24 décembre 1823, 5 novembre 1827.
Kersaint, 24 décembre 1823.
Kléber. — Notes : 19 septembre 1797.
Koch, 27 mars 1802. — Notes : 27 mars 1802.
Koechlin, 31 juillet 1830. — Notes : 31 juillet 1830.
Kœnigsberg. — Notes : 7 juillet 1807.
Korsakoff. — Notes : 3 mars 1795.
Krantz, 6 août 1876.
Kuyper, 10 juin 1840.

L

La Bassée, 14 août 1822, 29 juillet 1829, 4 mars 1863.
Labastide, 15 mars 1806.
Labbey de Pompières, 31 juillet 1830.
Labédoyère (comte de), 24 juillet 1815. — Notes : 24 juillet 1815.
Laborde (Alexandre). — Notes : 27 juillet 1830.
Laboulaye, 10 mars 1879. — Notes : 10 mars 1879.
Laboullaye-Marillac (comte de), 20 mai 1797. — Notes : 20 mai 1797.
Labourdonnaye (comte de). — Notes : 8 juin 1822.
Labove-Delille, 13 avril 1828.
Labretonnière (de), 24 décembre 1823.
La Calle, 6 février 1856.
Lacanau, 4 octobre 1877.
Lacave-Laplagne, 15 avril 1837, 25 avril 1842.
Lacépède (comte de), 24 décembre 1799, 22 mai 1804, 1er juillet 1807, 24 juillet 1815, 5 mars 1819. — Notes : 24 décembre 1799.
La Chambre, 25 juin 1860.
La Chapelle Saint-Denis, 30 janvier 1847, 10 mai 1852, 20 décembre 1856, 16 juin 1859.

La Charité-sur-Loire, 2 février 1809.

La Châtre, 10 juin 1873, 28 juillet 1879.

La Ciotat, 7 août 1861.

La Cluse, 17 janvier 1867, 25 mars 1877.

Lacordaire, 19 août 1831.

Lacoste (Elie), 27 et 28 mai 1795. — Notes : 27 mai 1795.

Lacretelle, 26 octobre 1800, 24 octobre 1814. — Notes : 26 octobre 1800.

Lacroix (Pamphile), 20 août 1830.

La Croix de bois. — Notes : 29 juin 1794.

La Croix-Rousse, 15 janvier 1823, 30 décembre 1836, 25 octobre 1842, 30 janvier 1847, 24 mars et 10 mai 1852, 12 janvier 1861.

Lacrosse, 2 juin 1849, 26 octobre 1851.

Ladmiral ou **Lamiral**. — Notes : 14 juin 1794.

Ladoucette (de), 2 décembre 1851, 26 janvier 1852.

La Farc (de), 31 octobre 1822.

Lafayette (famille), 27 et 31 juillet 1830. — Notes : 13 avril 1802, 27 juillet 1830.

La Fère, 15 mars 1815, 6 janvier 1877.

La Ferté-Gaucher, 21 juin 1873, 2 avril 1879.

La Ferté-Macé, 21 février et 2 juin 1855, 3 janvier 1868.

Laffitte (Jacques), 27 et 29 juillet 1830. — Notes : 27 juillet 1830.

Laffont-Ladebat, 5 septembre 1797. — Notes : 5 septembre 1797.

La Flèche, 23 septembre 1814, 23 septembre 1815, 12 avril 1831, 14 janvier 1853, 8 novembre 1859, 17 janvier 1867. — Notes : 23 septembre 1815,

La Fosse Saint-René, 2 janvier 1869.

Lagarde (le général), 21 novembre 1815, 10 janvier 1816.

Lagny, 2 janvier 1874.

Lagrange, 25 juin 1795, 24 décembre 1799. — Notes : 25 juin 1795.

Lagrené (de), 4 juillet 1846.

La Guéronnière (vicomte de), 6 mars 1861.

La Guillotière, 15 janvier 1823, 15 mars 1827, 11 mai 1832, 30 décembre 1836, 25 octobre 1842, 30 janvier 1847, 24 mars et 10 mai 1852.

La Havane, 5 mai 1830.

La Haye, 31 mai 1879.

La Hitte (de). — Notes de l'année 1878.

La Hougue, 7 avril 1837.

Laindet-Lalande, 28 juillet 1801.

Laines, 28 août 1820, 14 mars 1823, 20 décembre 1824, 26 juillet 1826, 5 mai 1860.

Laisné ou **Lainé** (vicomte), 11 juin 1814, 22 octobre 1815, 7 mai 1816, 4 octobre 1820, 23 décembre 1823, 8 décembre 1839. — Notes : 11 juin 1814.

Laity, 12 août 1857.

Lalande, 25 juin 1795. — Notes : 5 octobre 1793, 25 juin 1795.

Lallemand, 11 octobre 1830.

Lallemand, 24 octobre 1870.

Lallemant (frères). 24 juillet 1815.

Lally-Tollendal (le comte de), 4 et 11 août 1789, 26 juillet et 17 août 1815. — Notes : 4 et 11 août 1789.

La Loupe, 31 juillet 1871.

La Madragne de Podestat, 3 janvier 1868.

La Malmaison. — Notes : 16 décembre 1809.

Lamarque (le général), 24 juillet 1815. — Notes : 24 juillet 1815.

Lamartine (de), 24 février 1848, 8 mai 1867, 2 mars 1869.

Lamartinière (école), 1er octobre 1833.

Lambessa, 24 janvier 1850.

Lambézellec, 30 janvier 1847, 10 mai 1852, 10 décembre 1856, 15 janvier 1867.

Lambrecht, 17 février et 17 décembre 1871.

Lambrechts, 24 septembre 1797, 24 décembre 1799, décembre 1814. — Notes : 24 septembre 1797.

Lameth (Alexandre de), 13 avril 1802, 3 mai 1804, 15 juillet 1814, 31 juillet 1830. — Notes : 13 avril 1802.

Lampes. — Notes : 26 mai 1798.

La Mure. 16 mai 1879.

Lamy, 22 novembre 1877.

Landau, 14 mars 1793, 30 mai 1814, 14 février 1816. — Notes : 14 mars 1793.

Landerneau, 11 octobre 1836, 19 juillet 1837, 4 mars 1863.

Landes, 9 juin 1815, 10 octobre 1839, 19 juin 1857, 18 avril 1858, 15 décembre 1875, 16 mars 1876.

Landrécies, 14 février 1816.

Landrieux, 5 avril 1819.

Langogne, 24 février 1825.

Langres, 1799, 4 juin 1814, 2 juin 1824, 10 mai 1852, 20 décembre 1856, 4 mars 1863.

Langues, 25 février et 30 mars 1795, 22 mai 1838, 2 septembre 1844, 17 novembre 1864, 24 mai 1868, 8 novembre 1869, 15 mai 1870, 31 décembre 1876.

Languève (de), 26 décembre 1824.

Lanjuinais, 26 juillet 1815, 2 juin 1849. — Notes : 26 juillet 1815.

Lannes, 17 août 1815.

Lanslebourg, 25 juin 1860.

Laon, 2 février 1809, 10 mai 1852, 20 décembre 1856, 11 janvier 1862, 15 janvier 1867, 4 mars 1875. — Notes : 25 juin 1795.

Laplace (marquis de), 25 juin 1795, 24 décembre 1799, 15 juin 1842. — Notes : 25 juin 1795.

Larcy (de), 17 février 1871, 26 novembre 1873.

Laroche, 25 janvier 1833.

Larochefoucauld (famille), 4 juin 1814, 5 septembre 1816, 15 octobre 1826. — Notes : 4 juin 1814, 26 juillet 1815.

Larochejacquelein (famille), 17 août 1815, 26 janvier 1852. — Notes : 17 août 1815.

La Rochelle, 1799, 11 novembre 1799, 1800, 1801, 1803, 18 janvier et 29 juin 1811, 5 avril 1813, 11 mai 1832, 30 décembre 1836, 16 novembre 1837, 9 août 1839, 25 octobre 1842, 30 janvier 1847, 10 mai 1852, 2 février 1853, 20 décembre 1856, 11 janvier 1862, 15 janvier 1867, 2 janvier 1869.

La Roche-sur-Yon, 25 avril 1814, 27 septembre 1870, 4 février 1876, 27 avril 1877.

Laromiguière, 26 décembre 1793, 26 octobre 1832. — Notes : 26 décembre 1799.

Laruns, 15 juin 1878.

La Sauve, 2 janvier 1869.

La Seyne, 15 janvier 1867.

Lasseube, 13 juin 1875.

Lasteyrie (Ferdinand de), 12 mai 1879.

Lastours (de), 6 juin 1830.

La Teste, 7 février 1874.

Latil (Msr de), 31 octobre 1822. — Notes : 31 octobre 1822.

Latouche-Tréville, 6 juillet 1804. — Notes : 6 juillet 1804.

La Tour d'Auvergne (famille), 5 septembre 1800, 17 juillet 1869, 9 août 1870. — Notes : 5 septembre 1800.

La Tour du Pin, 7 avril 1866.

La Tour-Maubourg (le comte de). 24 juillet 1815, 5 mars et 19 novembre 1819. — Notes : 24 avril 1815.

La Tremblade, 11 août 1873.

Laurier, 14 septembre 1870.

Lauriston (Law de), 26 juillet et 17 août 1815, 6 juin 1823. — Notes : 26 juillet 1815.

Lausanne. — Notes : 26 décembre 1799.

Lauzun (duc de). — Notes : 17 août 1815.

Laval, 22 janvier 1817, 9 mars 1826, 15 mars 1827, 11 mai 1832, 30 décembre 1836, 12 novembre 1841, 25 octobre 1842, 30 janvier 1847, 10 mai 1852, 30 août 1855, 17 juin 1857, 1er août 1860, 11 janvier 1862, 4 mars 1863, 15 janvier 1867.

Lavalette, 27 juillet 1794.

Laval-Montmorency (famille), 15 juin 1794, 9 janvier 1822, 24 avril 1829.

Laveline, 17 janvier 1867.

Lavernarède, 20 juin 1879.

La Vicomterie (de), 27 et 28 mai 1795. — Notes : 27 mai 1795.

Lavoirs, 3 janvier 1822.

Lavoisier. — Notes : 5 août 1794.

Lazarets, 24 décembre 1850.

Lebas, 27 juillet 1794, 13 mars 1800. — Notes : 27 juillet 1794.

Le Biot, 25 juin 1850.

Lebœuf (le maréchal), 21 août 1869, 2 janvier 1870.

Lebon (Joseph), 2 août 1794. 10 juillet 1795. — Notes : 12 août 1794.

Lebrun, 18 mai 1804, 7 novembre 1839. — Notes : 18 mai 1804.

Lecarlier, 15 mai et 29 octobre 1798. — Notes : 15 mai 1798.

Le Châtelard, 25 juin 1860.

Lechartier, 13 avril 1828.

Lecointre, 5 avril 1795, — Notes : 5 avril 1795.

Lecomte (le général), 15 mai 1872.

Lecourbe. — Notes : 20 mai 1795.

Le Creusot ou **Creuzot**, 26 décembre 1837, 20 décembre 1856, 11 janvier 1862, 15 janvier 1867.

Le Croisic, 9 août 1839, 12 novembre 1850, 3 janvier 1868.

Le Crotoy, 19 juillet 1837.

Lectoure, 31 décembre 1866.

Ledru-Rollin, 24 février 1848. — Notes de l'année 1878.

Lefebvre (le maréchal), 4 janvier 1801, 28 mai 1807, 5 mars 1819. — Notes : 28 mai 1807.

Lefebvre-Duruflé, 23 novembre et 3 décembre 1851, 28 juillet 1852 (mort en 1877).

Le Flô, 4 septembre 1870, 19 février 1871.

Le Gabon, 11 septembre 1869.

Légations, 22 juillet 1876.

Légion d'honneur, 19 mai, 2 et 12 juillet 1802, 15 mars et 6 juillet 1804, 31 janvier 1805, 17 février 1815, 16 mars 1816, 6 juillet 1820, 26 mai 1824, 3 et 6 août 1830, 11 septembre 1831, 17 avril 1832, 24 mars 1851, 29 février 1852, 31 janvier et 28 octobre 1870, 20 mars et 25 juillet 1873, 14 avril 1874, 24 et 25 octobre 1878, 28 février, 10 juin, 28 novembre 1879.

Légion étrangère, 8 septembre 1799, 6 septembre 1815, 9 juin 1816, 9 mars 1831, 16 décembre 1835.

Légion romaine, 28 août 1866.

Légions en général, 16 juillet et 3 août 1815, 23 octobre 1820.

Législatif (Corps), 14 septembre 1791. (Voir **Corps législatif**).

Législation, 4 décembre 1873.

Legs, 2 juin 1817, 1818, 29 juillet 1821, 14 janvier 1831.

Légumes, 17 janvier 1830, 24 février 1847.

Le Hâvre, 26 juillet 1800, 1801, 24 décembre 1802, 23 mai 1818, 14 mars 1821, 16 janvier 1822, 14 mars 1827, 28 juin 1829, 11 mai 1832, 30 décembre 1836, 7 avril et 25 août 1837, 9 août 1839, 11 juin et 25 octobre 1842, 30 janvier et 25 avril 1847, 27 avril 1848, 10 mai 1852, 4 mars 1854, 15 janvier 1855, 20 décembre 1856, 8 juillet 1861, 11 janvier 1862, 15 janvier 1869, 7 septembre 1870, 31 décembre 1872, 18 janvier et 11 mars 1873, 5 août 1874, 31 octobre 1877, 4 août 1879.

Leipzig. — Notes : 20 mai 1795, 3 janvier 1803.

Lejeune, 1er juin 1795.

Le Lagoin, 20 février 1867.

Lemaire d'Angerville, 18 janvier 1829.

Léman (lac), 25 août 1798, 1803.

Le Mans. (Voir **Mans** (le).

Lemontey, 24 octobre 1814. — Notes : 24 octobre 1814.

Lemot, 31 décembre 1816. — Notes : 31 décembre 1816.

Le Myre de Villers, 14 mai 1879.

Lens, 11 janvier 1862, 7 avril 1879.

(Le) Neubourg, 22 novembre 1874.

Léopold II, 20 avril 1792.

Lepelletier, 5 octobre 1795, 23 novembre 1877.

Lepère, 4 février, 4 mars et 28 décembre 1879.

Le Pont-Maugis, 17 janvier 1867.

Le Pouzin, 17 janvier 1867.

Le Puy, 2 avril 1804, 18 janvier 1826, 15 mars 1827, 16 mai 1830, 30 décembre 1836, 25 octobre, 23 mai 1843, 30 janvier 1847, 10 mai 1852, 20 décembre 1856, 11 janvier 1862, 15 janvier 1867, 26 janvier 1874, 24 mars 1879.

Lerminier, 12 mars 1831.
Lérouville, 3 janvier 1868, 8 août et 25 octobre 1879.
Leroux (Alfred), 17 juillet 1869.
Le Royer, 4 février, 24 et 25 août, 28 novembre et 12 décembre 1879.
Leroy de Saint-Arnaud, 26 octobre et 3 décembre 1851, 2 décembre 1852, 11 mars 1854.
Les Andelys, 22 novembre 1874.
L'Escarène, 24 octobre 1860.
Lesneveu, 10 février 1835.
Lesourd, 25 octobre 1876.
Lesparre, 4 octobre 1877.
Les Sables d'Olonne, 8 février 1812, 7 avril 1824, 4 mars 1863.
Lessert (de), 14 juillet 1815.
Lesurques, 10 octobre 1834.
Le Thillot, 21 juin 1873.
Le Tourneur, 26 mai 1797. — Notes : 26 mai 1797.
Lettres (gens de), **belles-lettres**, 8 octobre 1794, 25 février 1795.
Lettres de change, 19 mars 1817.
Lettres-patentes, octobre 1789, 16 janvier et 3 juin 1790.
Leuchtenberg (duc de). — Notes : 6 juillet 1804.
Levallois-Perret, 15 janvier 1867.
Levant, 21 septembre 1807.
Levasseur, 6 avril 1795.
Levens, 24 octobre 1860.
Leverrier, 2 décembre 1851, 26 janvier 1852 (mort en 1877).
Lévis-Mirepoix, 5 novembre 1827.
Lezan, 27 mars 1874.
Liamone, 11 août 1793, 16 juin 1797, 25 mars 1798, 3 août 1804, 19 avril 1811.
Libéria, 10 octobre 1856.
Liberté, 5 juillet 1796, 12 février 1817, 26 mars 1820, 14 juillet 1865, 12 uillet 1875.
Libos, 4 mars 1862.
Libourne, 1803, 5 août 1821, 30 janvier 1847, 10 mai 1852, 20 décembre 1856, 12 janvier 1861, 11 janvier 1862, 15 janvier 1867, 30 août 1871.
Librairie, 5 février 1810, 11 juillet 1812, 21 octobre 1814, 13 décembre 1842, 10 septembre 1870.
Libri, 1er septembre 1850.
Licence, 17 février 1809.
Liège, 1er octobre 1795, 1803, 28 septembre 1803, 2 avril 1804. — Notes : 29 juin 1794.
Ligny-le-Châtel, 4 avril 1830.
Ligurie, 6 juin 1805. — Notes : 18 mai 1804.
Lille, 1793, 1801, 24 décembre 1802, 20 février 1810, 5 avril 1813, 15 janvier et 30 décembre 1814, 15 mars 1815, 15 mars 1827, 11 mai 1832, 29 juin et 30 décembre 1836, 25 octobre 1842, 11 juin 1845, 3 juillet 1846, 30 janvier 1847, 27 avril 1848, 10 mai et 12 août 1852, 20 décembre 1856, 11 janvier 1862, 4 mars 1863, 11 juillet 1864, 15 janvier 1867, 3 janvier 1868, 31 décembre 1872, 15 avril et 18 octobre 1873, 26 mars et 19 décembre 1874, 12 novem-

bre 1875, 27 mars, 12 et 31 octobre 1877, 31 mars 1878, 29 novembre 1879.

Limoges, 24 avril 1795, 1799-1802-1803, 2 février 1809, 8 décembre 1810, 21 décembre 1815, 18 janvier 1816, 11 février 1820, 19 janvier 1825, 15 mars 1827, 11 mai 1832, 30 décembre 1836, 16 novembre 1837, 14 février 1841, 25 octobre 1842, 26 juillet 1844, 1846, 30 janvier 1847, 10 juillet 1849, 10 mai 1852, 20 décembre 1856, 11 janvier 1862, 15 janvier 1867, 31 décembre 1872, 3 juillet 1874, 31 octobre 1877. — Notes : 3 mars 1795, 4 février et 28 novembre 1879.

Limours, 4 mars 1863.

Limousin. — Notes : 20 mai 1797.

Limoux, 11 juin 1809.

Lin, 28 mai 1853.

Linange, 1er mai 1804.

Linares Alcantara, 3 mai 1877.

Lipana (comtesse de), 19 juin 1838.

Lippe-Detmold, 18 mars 1813.

Liqueurs, 24 juin 1824.

Lisieux, 15 mars 1827, 11 mai 1832, 30 décembre 1836, 25 octobre 1842, 30 janvier 1847, 20 décembre 1856, 27 mars 1858, 11 janvier et 10 mai 1862, 15 janvier 1867, 12 janvier 1870.

L'Isle, 5 août 1821.

Liste civile, 1er juin 1791, 8 novembre 1814, 15 janvier 1825, 15 mars 1831, 2 mars 1832, 8 avril 1834, 25 février 1848, 22 janvier et 1er avril 1852, 7 octobre 1870.

Lisy. — Notes : 19 mai 1802.

Lithographie, 19 juillet 1810, 8 octobre 1817. — Notes : 19 juillet 1810.

Littéraires (sociétés), 8 août 1793.

Livourne. — Notes : 28 avril 1797.

Livres, 9 janvier 1828.

Livrets, 22 juin 1854, 30 avril 1855.

Loano. — Notes : 3 mars 1795.

Lobau (maréchal, comte de), 24 juillet 1815, 27 et 29 juillet 1830, 30 juillet 1831, 27 juillet 1833. — Notes : 24 juillet 1815.

Lodève, 2 avril 1804, 20 février 1810, 15 août 1831, 30 décembre 1836, 25 octobre 1842, 30 janvier 1847, 10 mai 1852, 20 décembre 1856, 12 janvier 1862, 15 janvier 1867.

Lods, 22 juillet 1794.

Logements de militaires, 7 avril 1790.

Loges (les), 14 août 1857.

Logique, 25 février 1795, 29 juin 1863.

Loing (le), 16 janvier 1797, 23 décembre 1809, 16 mars 1810, 22 février 1813. — Notes : 16 juin 1797.

Loir-&-Cher, 1803, 20 novembre 1822, 15 janvier 1823, 8 février 1848, 16 mars 1851.

Loire, 19 novembre 1793, 1803, 2 février 1809, 6 janvier 1811, 14 janvier 1813, 25 juin 1818, 15 janvier 1823, 1er juin 1828, 8 avril 1832, 31 mars 1835, 17 juin 1836, 8 janvier 1853, 21 février et 25 juillet 1855, 9 janvier 1864, 12 décembre 1870, 8 janvier et 20 septembre 1874.

Loire (Haute-), 25 janvier 1810, 14 janvier 1813, 9 mai 1827. — Notes : 15 et 30 mars 1806, 10 juin 1815.

Loire - Inférieure, 16 janvier et 21 avril 1800, 26 février 1823, 17 mars 1824, 21 février 1827, 3 juin 1832, 30 mars 1839, 1er octobre 1844, 7 avril 1866, 5 janvier 1875. — Notes : 2 mars 1800.

Loiret, 1803, 24 janvier 1811, 15 janvier 1823, 1er juin 1828.

Lois, 30 juillet 1828, 7 avril 1876.

Lombardie, 27 novembre 1859.

Lomont, 22 octobre 1795. — Notes : 22 octobre 1795.

Londres, 19 avril 1839, 7 mai 1855, 5 et 20 janvier 1864, 1er juin 1867, 12 mai 1875, 23 février 1879. — Notes : 16 janvier 1790, 25 mai 1798.

Longchamps, 24 août 1854.

Longitudes (bureau des), 25 juin 1795.

Longwy, 14 février 1816.

Lons-le-Saulnier, 3 janvier 1822, 30 août 1842, 3 février 1863, 21 mars 1868.

Loos, 8 mars 1812.

Lorencez (de), 5 novembre 1827.

Lorgeril (de), 5 novembre 1827.

Lorient, 1799, 26 juillet 1800, 1801, 5 avril 1813, 15 mars 1827, 11 mai 1832, 30 décembre 1836, 19 juillet 1837, 25 octobre 1842, 30 janvier 1847, 10 mai 1852, 20 décembre 1856, 11 janvier 1862, 3 février 1863, 15 janvier et 1er février 1867, 13 août 1870, 31 décembre 1872, 31 octobre 1877.

Lorraine, 1er mars 1815, 2 mars 1871.

Laon, 10 novembre 1808, 21 février 1827, 19 juillet 1837, 7 décembre 1851, 28 novembre 1879.

Lot-&-Garonne, 15 janvier 1833, 7 décembre 1851.

Loteries, 19 août et 15 novembre 1793, 18 avril 1795, 8 octobre 1797, 26 mars 1798, 26 septembre 1800, 25 septembre 1813, 22 février 1829, 21 mai 1836, 24 juillet et 12 septembre 1878, 7 et 31 décembre 1879.

Loudéac, 14 décembre 1831.

Louis (le baron), 3 avril et 13 mai 1814, 26 septembre 1815, 29 décembre 1818, 31 juillet et 1er août 1830, 13 mars 1831, 11 octobre 1832. — Notes : 3 avril 1814.

Louis (le fort), 14 février 1816.

Louis XVIII, 6 février et 7 septembre 1797, 2 mai et 21 décembre 1814, 6, 11, 15 et 29 mars, et 1er septembre 1815, 25 octobre et 1er novembre 1820. — Notes : 4-11 août 1789, 27 juin 1794, 3 mars et 3 novembre 1795, 6 février 1797, 6 juillet 1804, 18 novembre 1813, 1er et 14 avril 1844, 1er et 13 mars, 26 juillet et 17 août 1815, 3 janvier 1818, 9 octobre 1823.

Louis XIX. — Notes : 15 mai 1814.

Louisiane, 16 janvier 1804. — Notes : 3 novembre 1795.

Louis-Napoléon, 20 décembre 1848, 2 décembre 1851, 14 janvier 1852.

Louis-Philippe, 6 août 1830, 28 juillet 1835, 25 juin 1836, 16 octobre 1840. — Notes : 26 décembre 1799, 30 mars 1806, 3 mars 1809, 15 mai 1814, 24 juillet 1815, 31 juillet 1830, 4 et 14 février 1879.

Louis XIV. — Notes : 23 octobre 1814.

Louis XV. — Notes : 10 janvier 1795.

Louis XVI, 10 janvier 1795, 13 mai 1825, 20 août 1828. — Notes : 27 juin 1794, 10 janvier, 5 avril, 20, 23 et 27 mai, 30 juin et 22 octobre 1795, 28 avril 1796, 6 février, 26 mai et 5 septembre 1797, 15 mai 1798, 19 juin et 26 décembre 1799, 3 avril 1800, 10 juin et 24 juillet, 17 août et 23 septembre 1815.

Loups, 1er mars 1795, 28 juin 1797.

Lourdoueix, 1er avril 1820.

Louvain, 2 avril 1804.

Louvel. — Notes : 15 mai 1814.

Louvet, 2 janvier 1870.

Louviers, 2 avril 1804, 15 janvier 1814, 26 février 1823, 6 mars 1838, 30 janvier 1847, 10 mai 1852, 20 décembre 1856, 11 janvier 1862, 15 janvier 1867.

Louvre, 29 janvier 1823, 4 octobre 1826, 4 octobre 1849, 12 mars 1852.

Loyers, 21 avril 1871, 11 janvier 1872.

Lozère, 24 février 1825, 10 mai 1851, 24 juillet 1872. — Notes : 2 mars 1800.

Lübeck, 9 juin 1837, 30 septembre 1847.

Lucien (de Samosate). — Notes : 24 septembre 1819.

Luçon, 2 février 1809.

Lucques, 10 novembre 1843. — Notes : 3 mars 1809.

Lunas, 7 juillet 1877.

Lunel, 12 janvier 1861, 3 janvier et 4 mars 1863.

Lunéville, 19 mars 1801, 11 mai 1804, 9 juin 1816, 15 mars 1827, 11 mai 1832, 22 mars 1835, 30 décembre 1836, 25 octobre 1842, 30 janvier 1847, 4 mars 1854, 20 décembre 1856, 1er août 1860, 11 janvier 1862, 25 janvier 1867.

Luré, 21 juin 1873.

Lur-Saluces (de), 5 novembre 1827, 6 juin 1830.

Lusignan, 7 mars 1877.

Luthériens, 22 juillet 1806.

Luxembourg (tant palais que grand-duché). 1er octobre 1795, 10 décembre 1797, 19 avril 1801, 4 juin 1814, 28 février 1848, 15 février 1852, 13 juin 1856, 27 février 1861, 1er juin et 28 décembre 1867, 7 mars 1868, 8 juin 1870, 17 juin et 18 décembre 1875, 13 janvier 1876, 20 mars 1879.

Luzarches, 20 janvier 1873. — Notes : 3 mars 1809.

Luzy, 30 novembre 1877.

Lycées, 1802-1803, janvier 1803, 2 mai 1811, 21 septembre 1848, 21 décembre 1850, 12 mars 1853, 17 mars 1854, 31 mars 1858, 27 juillet et 3 septembre 1859, 13 juin et 22 octobre 1860, 3 juillet 1861, 21 octobre 1862, 3 février et 29 juin 1863, 6 août et 27 novembre 1864, 11 août, 11 et 25 décembre 1869, 18 juillet 1873, 9 et 23 janvier, 14 mars, 1er mai et 30 décembre 1874, 2 septembre 1879. (Voir aussi **Collèges**).

Lyon, 7 octobre 1794, 19 avril 1795, 28 décembre 1800-1801, 28 janvier 1801-1802, 24 décembre 1802, 18 mai 1804, 6 mars et 10 mai 1805, 18 mars et 3 juillet 1806, 16 janvier 1808, 5 avril 1813, 1er et 13 mars 1815, 18 janvier 1816, 11 février 1820, 16 janvier 1822, 9 avril 1823, 15 mars et 9 mai 1827, 7 juin 1831, 11 mai 1831, 1er octobre et 9 décembre 1833, 15 avril 1834, 29 juin 1835, 30 décembre 1836, 24 août 1838, 14 février et 23 avril 1841, 25 octobre 1842, 26 juillet 1844, 8 mars 1845-1846, 30 janvier 1847, 27 avril 1848, 13 juin 1849, 24 mars, 10 mai et 9 juillet 1852, 25 janvier et 31 mai 1853, 21 juillet et 20 décembre 1856, 11 janvier 1862, 11 avril 1866, 15 janvier, 6 mars et 31 décembre 1867, 3 juin 1868, 4 avril 1873, 8 décembre 1874, 5 janvier, 29 octobre 1875, 11 et 25 janvier, 31 octobre et 5 décembre 1876, 25 avril, 19 août, 31 octobre 1877, 11 mars et 13 mai 1878, 17 mai et 23 décembre 1879. — Notes : 31 décembre 1816.

Lys (la), 1er octobre 1795.

M

Macdonald (le maréchal), 6 mai 1814, 15 mars 1815. — Notes : 6 mai 1814.

Machecoul, 5 août 1872, 2 avril 1877.

Machines, 9 octobre 1822, 29 octobre 1823, 20 janvier et 13 avril 1828, 10 juin 1845, 21 juillet 1856. — Notes : 2 août 1794.

Mackau (l'amiral, baron de), 6 juin 1830, 20 juillet 1841, 24 juillet 1843. — Notes : 6 juin 1830.

Mac-Mahon (le maréchal, duc de Magenta), 5 novembre 1827, 9 février 1856, 20 janvier 1858, 7 juillet 1864, 24 mai et 24 novembre 1873, 4 décembre 1874, 13 janvier 1876, 17 mai, 29 juillet, 19 septembre et 12 octobre 1877, 8 et 15 janvier, 16 février, 7, 14 et 28 mars, 4 et 14 avril, 19, 23 et 28 mai, 30 juin, 21 juillet, 11 et 23 août, 22 octobre, 3, 6, 13, 22 et 29 novembre, 15 et 26 décembre 1878, 30 janvier 1879. — Notes : 30 janvier 1879.

Mâcon, 15 mars 1827, 11 mai 1832, 30 décembre 1836, 12 novembre 1841, 25 octobre 1842, 30 janvier et 24 mars 1847, 10 mai 1852, 20 décembre 1856, 11 janvier 1862, 15 janvier 1867, 13 novembre 1871, 19 juin 1878.

Macpherson. — Notes : 10 décembre 1797.

Madagascar, 11 avril 1863, 17 mars 1869. — Notes : 20 septembre 1827.

Madame mère (de Napoléon Ier), 25 décembre 1810.

Madrid, 22 décembre 1808, 12 décembre 1878.

Maestricht, 1er octobre 1795, 2 avril 1804.

Magdebourg. — Notes : 5 septembre 1797.

Magenta. — Notes : 30 janvier 1879.

Magistrats (voir **Juges & procureurs**), 5, 11, 23 et 27 janvier, 6, 17 et 27 février, 1er, 5, 8 et 17 mars, 14 et 29 avril, 1er, 6 et 19 mai, 2, 7, 16, 23 et 30 juin, 7 et 24 juillet, 11, 19 et 25 août, 7 septembre, 9, 20, 25 et 30 octobre, 6, 13, 15 et 20 novembre, 4, 6, 8, 20, 24 et 25 décembre 1878, 8, 12, 30 et 31 janvier, 4, 9, 12, 14, 19, 23 et 28 février, 12, 16, 23, 27 et 30 mars, 2, 6, 9, 13, 20, 24, 27 et 28 avril, 9, 10, 16 et 25 mai, 1er, 8, 13 et 21 juin, 2, 20 et 23 juillet, 15 et 31 août, 27 septembre, 18,

22, 24, 26 et 29 octobre, 2, 14, 19, 21 et 23 novembre, 16 et 17 décembre 1879.

Magnan (le maréchal), 2 décembre 1852.

Magne, 9 janvier, 2 et 3 décembre 1851, 26 janvier et 28 juillet 1852, 23 juin 1853, 3 février 1855, 26 novembre 1860, 31 mars 1863, 13 novembre 1867, 17 juillet 1869, 9 août 1870, 25 mai et 26 novembre 1873, 22 mai 1874, 19 février 1879. — Notes : 19 février 1879.

Magnin, 4 septembre 1870, 28 décembre 1879. — Notes : 28 décembre 1879.

Magny, 3 juin 1868.

Mahé, 1er mars 1879.

Maine, 17 juin 1836.

Maine de Biran, 5 septembre et 18 octobre 1816, 24 décembre 1823. — Notes : 5 septembre 1816.

Maine-&-Loire, 18 octobre 1804, 18 juin 1814, 21 août 1822, 26 mars 1823, 9 mai 1827, 3 juin 1832, 7 juillet 1859, 1er février 1867, 4 août 1868, 22 janvier 1870, 28 octobre 1874, 21 décembre 1878, 27 janvier 1879.

Maintenon (Mme de). — Notes : 23 septembre 1815. — Corps de l'ouvrage : 31 juillet 1871.

Maires & Mairies (voir aussi **Adjoints**), 14 décembre 1789, 3 janvier 1791, 21 octobre et 14 décembre 1795, 17 février 1800, 22 janvier 1801, 4 août 1802, 24 novembre 1803, 23 décembre 1809, 22 mars 1813, 5 mars 1814, 21 mars 1831, 7 juillet 1852, 4 novembre et 16 décembre 1870, 20 janvier et 12 février 1874, 26 janvier, 1er, 7, 9, 17, 23 et 27 février, 11, 15, 22, 23 et 29 mars, 10, 13, 16, 17, 24, 25 et 28 avril, 8 et 27 mai, 10, 11, 14, 19, 28, 29 et 30 juin, 1er, 2, 5, 6, 8, 10, 11, 13, 14, 19, 20, 24, 25, 28 juillet, 2, 5, 7, 10, 12, 14, 16, 25, 26, 29 et 30 août, 4, 8, 13, 20, 23 et 27 septembre, 3, 11, 18 et 31 octobre, 4, 10, 15, 18 et 23 novembre, et 30 décembre 1877, 1er, 2, 3, 4, 5, 22 et 31 janvier, 1er, 2, 5, 7, 8, 10, 12, 13, 15, 16, 18, 19, 20, 21, 22, 23, 24, 26, 27 et 28 février, 1er, 4, 7, 8, 9, 10, 12, 13, 14, 15, 17, 19, 20, 21, 27 et 29 mars, 5, 7, 14, 18, 21 et 25 avril, 5, 8, 12, 19, 23 et 27 mai, 4, 8, 17, 23 et 30 juin, 8, 15, 21, 26 et 31 juillet, 6, 11, 15 et 27 août, 10, 17, 20 et 25 septembre, 1er, 13, 20, 27 et 30 octobre, 7, 18, 20, 23 et 27 novembre, 1er, 6, 13, 14, 16, 22 et 29 décembre 1878, 1er, 8, 12, 18 et 31 janvier, 4, 9, 15, 16, 22, 26 et 28 février, 9, 11, 17, 18, 20 et 24 mars, 1er, 7, 12, 20, 25 et 30 avril, 3, 5, 11, 16, 21, 23 et 25 mai, 1er, 8, 14, 20, 25 et 30 juin, 6, 11, 16, 19, 22 et 23 juillet, 1er, 2, 7, 10, 15, 20, 24 et 30 août, 5, 19, 23, 25 et 28 septembre, 2, 9, 18, 22 et 31 octobre, 7, 13, 20, 26 et 29 novembre, 2, 6, 9, 14, 22, 26 et 27 décembre 1879.

Maïs, 22 novembre 1816, 28 janvier 1847.

Maison (le maréchal), 22 février 1829, 30 avril 1835. — Notes : 22 février 1829.

Maîtrises, 17 mars et 28 juillet 1791.

Majorats, 1er mars 1808, 9 avril et 13 octobre 1809, février, 3 et 25 mars 1810, 24 août 1812, 7 août 1815, 25 août 1817, 2 février 1819-1810, 14 août 1820, 12 mai 1835.

Majorité, 29 mars 1803.

Malakoff, 22 juillet 1856. — Notes : 30 janvier 1879.

Malartic (de), 24 février 1824, 5 novembre 1827.
Malesherbes, 8 avril 1865.
Maleville (Léon de), 5 février 1810, 29 juin 1814, 18 et 26 juillet 1815, 20 mars 1840, 2 avril 1879.
Malfaiteurs, 26 mai 1838, 13 février et 10 novembre 1843, 7 novembre 1844, 14 avril 1869, 8 janvier 1870.
Malines, 2 avril 1804. — Notes : 29 juin 1794.
Mallarmé, 1er juin 1795. — Notes : 1er juin 1795.
Malles-postes, 25 juillet 1795.
Malleville, 3-8 avril 1800, 19 mai 1804.
Malouet, 3 avril et 13 mai 1814, 12 juillet 1815. — Notes : 3 avril 1818.
Malte, 27 mars 1802.
Mamers, 4 mai 1812, 17 janvier 1867.
Manche, 8 août 1803, 22 mai 1804, 25 mars 1805, 21 octobre 1818, 21 février 1827, 12 mars 1853, 20 décembre 1876. — Notes : 26 mai 1797.
Mandats, 14 septembre 1791, 19 et 27 mars, 7 et 24 mai 1796, 18 mars 1804, 18 novembre 1875.
Mandements, 23 décembre 1820.
Mangin, 24 décembre 1823, 13 août 1829.
Mangini, 29 février 1876.
Manicamp (canal). 5 août 1821.
Manjot, 23 janvier 1827.
Manosqne, 4 août 1862.
Mans (le), 8 mars 1812, 15 mars 1827, 11 mai 1832, 30 décembre 1836, 24 octobre 1842, 28 avril 1846, 30 janvier 1847, 21 décembre 1850, 10 mai et 8 juillet 1852, 20 décembre 1856, 11 janvier 1862, 18 avril 1863, 15 janvier 1867, 3 janvier 1868, 5 mai 1869, 31 décembre 1872, 31 octobre 1877.
Manufactures, 19 août 1792, 24 juin et 30 octobre 1796, 12 avril 1803, 15 octobre 1810, 22 juin 1811, 15 janvier 1814, 14 décembre 1815, 23 août 1819, 28 mars 1875, 28 février 1877.
Maquereaux, 8 octobre 1810, 4 août 1816.
Marais, 5 janvier 1791, 21 février 1824, 24 août 1833, 6 février 1861.
Marat, 12 septembre 1794. — Notes : 12 septembre 1794.
Marceau, 19 septembre 1797. — Notes : 19 septembre 1797.
Marcellus (comte de), 23 décembre 1823. — Notes : 23 décembre 1823.
Marcenais, 30 août 1871.
Marcère (de), 15 mai 1876, 13 et 15 décembre 1877, 4 février 1879.
Marchand, 4 janvier 1801.
Marchandises, 26 septembre 1793, 16 octobre 1794, 1er août 1796, 14 janvier 1797, 28 mai 1858, 12 août 1875.
Marciac, 17 mars 1824.
Marcilly, 8 juillet 1840, 3 avril 1879.
Maréchaux de France, 21 juillet 1820.
Marengo, 11 septembre 1802, 3 août 1804. — Notes : 3 mars 1795, 24 juin 1800.
Marennes, 18 avril 1821.
Marescot, 6 juillet 1804. — Notes : 6 juillet 1804.
Maret (duc de Bassano), 18 mars 1806, 5 août 1809, 15 juin 1810. — Notes : 30 mars 1806.

Mariages, 14 septembre 1791, 3 mai 1802, 17 mars 1803, 10 février 1804, 2 mars et 16 juillet 1805, 30 mars 1806, 27 décembre 1831, 10 juillet et 10 décembre 1850, 24 octobre 1879.

Marie (avocat et ministre), 24 février 1848.

Marie-Antoinette, 23 septembre 1825. — Notes : 20 avril 1792, 10 janvier 1795, 23 septembre 1825.

Marie-Caroline (duchesse de Berry), 28 mars 1816.

Marie-Galante, 20 août 1873.

Marie-Louise, 25 mars et 5 juin 1810, 30 mars et 2 novembre 1813, 23 janvier 1814. — Notes : 20 avril 1792, 25 mars 1810, 5 février 1813.

Marienbourg, 14 février 1816. — Notes : 14 février 1816.

Marine (tant marchande que militaire), 22 août 1790, 15 et 20 mai, 10 août et 12 octobre 1791, 5 janvier, 19 juin et 6 décembre 1794, 17 février, 4 avril et 25 octobre 1795, 9 et 29 septembre 1799, 27 avril, 26 juillet, 25 septembre, 29 octobre et 14 décembre 1800, 1801, 14 mars 1803, 27 mai 1804, 22 juillet et 12 novembre 1806, 12 janvier et 17 avril 1812, 25 mai, 6, 8 et 15 juin, 1er juillet 1814, 10 août 1815, 21 février, 22 mai et 28 août 1816, 22 octobre 1817, 9 janvier 1818, 31 octobre 1819, 19 novembre 1822, 17 mars et 11 août 1824, 7 août et 2 octobre 1825, 25 octobre 1826, 16 février et 31 octobre 1827, 29 juin et 14 décembre 1828, 28 mai 1829, 1er et 30 mars, 14 et 30 mai, 11 juin, 1er juillet et 7 septembre 1831, 19 janvier 1832, 3 janvier, 17 juillet et 14 décembre 1835, 12 octobre, 23 novembre et 29 décembre 1836, 31 janvier, 1er février, 24 avril, 14 mai et 9 octobre 1837, 2 mars et 20 novembre 1838, 30 mars, 3 mai, 21 août et 26 septembre 1839, 24 mai 1840, 17 juin et 24 septembre 1841, 4 janvier 1842, 30 avril, 14 juin et 28 décembre 1844, 3 juillet, 8 septembre et 7 décembre 1846, 21 mars et 22 juin 1847, 28 février et 12 mars 1848, 15 août et 19 octobre 1851, 21 février 1852, 12 janvier 1853, 4 janvier 1854, 5 juin, 4 août et 29 septembre 1855, 5 juin 1856, 26 janvier 1857, 4 juin 1858, 7 avril 1860, 21 juin 1861, 28 juin 1862, 19 mai 1866, 10 avril 1869, 3 février 1872, 18 juin 1873, 28 mars, 22 juin et 22 novembre 1874, 4 juillet et 9 septembre 1876, 6 janvier, 12 et 22 mars, 28 et 30 juin 1877, 23 juillet, 18 août 1879.

Marins (corps de l'ouvrage), 7 janvier 1877, 31 mars, 7 avril et 30 juin 1878. — Notes : 24 juillet 1815.

Marlet, 4 janvier 1801.

Marmande, 2 décembre 1875.

Marmont (maréchal, duc de Raguse), 25 décembre 1799. — Notes : 25 décembre 1799, 1er mars 1815.

Marmontel, 20 mai 1797. — Notes : 20 mai 1797.

Marne, 20 mai 1797, 24 janvier 1811, 9 mai 1827, 1er juin 1828, 19 juillet 1837, 8 juillet 1840, 8 février et 3 juillet 1848, 3 avril 1879. — Notes : 19 mai 1802.

Marne (Haute-), 24 janvier 1811, 2 juin 1824, 1ce juin 1828, 8 juin 1844, 26 mai 1846, 8 avril 1865, 26 décembre 1878, 30 janvier et 8 avril 1879. — Notes : 30 octobre 1801.

Maroc, 7 décembre 1844, 23 août 1845, 6 février 1856, 25 octobre 1876, 25 décembre 1879.

Marques de fabriques, 23 septembre 1818, 28 juillet 1869, 11 juin 1870, 8 août, 11 octobre et 26 novembre 1873, 25 juin et 3 juillet 1874, 20 mars et 19 juillet 1876.

Marquises (Iles), 28 avril 1843, 14 janvier 1860.

Marrast (Armand), 24 février 1848.

Marrons, 29 janvier 1847.

Marsanges, 23 mars 1875.

Marseille, 1er août 1791, 23 décembre 1798, 1801, 1802, 25 juin et 24 décembre 1802, 6 mars 1805, 20 février 1810, 22 décembre 1812, 16 décembre 1814, 11 mars et 10 juin 1815, 10 septembre 1817, 3 janvier 1821, 15 mars 1827, 11 mai 1832, 29 juin 1835, 20 décembre 1836, 9 août 1839, 14 février 1841, 25 octobre 1842, 24 juillet 1843, 30 janvier 1847, 27 avril 1848, 4 avril 1850, 22 mars et 10 mai 1852, 20 décembre 1856, 11 janvier 1862, 4 mars 1863, 18 mai 1864, 15 janvier et 31 décembre 1867, 3 janvier 1868, 22 février, 10 mars et 31 décembre 1872, 5 et 27 août 1874, 8 janvier et 1er septembre 1875, 28 janvier 1876, 20 février et 31 octobre 1877, 25 juin 1879. — Notes : 28 avril 1796.

Martainville (de), 5 novembre 1827. — Notes : 5 novembre 1827.

Martel, 12 décembre 1876.

Martignac (de), 2 février, 25 juin et 24 décembre 1823, 4 août 1824, 5 novembre 1827, 4 janvier 1828, 8 août 1829, 6 juin 1830. — Notes : 2 février 1823.

Martigues, 10 juin 1829, 12 janvier 1870.

Martigues-Ferrières, 6 mars 1879.

Martin (du Nord), 19 septembre 1836, 29 octobre 1840, 14 mars 1847.

Martin-Feuillée, 4 mars et 30 décembre 1879.

Martinique (la), 22 novembre 1801, 26 mai 1802, 20 février 1803, 22 novembre 1819, 5 février et 30 août 1826, 9 février et 4 juillet 1827, 24 septembre 1828, 25 octobre 1829, 22 août 1833, 31 août 1838, 25 juin et 22 novembre 1841, 18 décembre 1850, 22 juin 1853, 16 janvier 1854, 27 janvier 1855, 5 juillet 1863, 16 avril 1864, 4 juillet 1866, 14 août 1874, 6 mars et 16 mai 1877, 7 novembre 1879. — Notes : 20 mai 1802, 16 décembre 1809, 30 août 1826.

Marvejols, 10 mai 1851, 24 juillet 1872, 20 janvier 1873.

Mascara, 23 avril 1855, 22 janvier 1874.

Mascate, 22 juillet 1845, 8 juillet 1862.

Masquiou, 11 décembre 1874.

Massa di Carrara, 15 août 1800, 23 novembre 1813, 14 juillet 1815. — Notes : 14 septembre 1802.

Massals, 17 mars 1854, 11 janvier 1872.

Masséna, 12 avril 1799, décembre 1814. — Notes : 3 mars 1795, 12 avril 1799.

Massot, 28 janvier 1871.

Maternelle (Société de la Charité), 25 juillet 1811, 1814.

Mathématiques, 25 février 1795.

Mathilde (la princesse), 2 mars 1805.

Matières premières, 25 juillet 1873.

Matte-Servolex, 25 juin 1860.

Maubeuge, 14 février 1815, 15 janvier 1823, 11 janvier 1862, 15 janvier 1867. — Notes : 29 juin 1794.

Mauguin, 29 juillet 1830. — Notes : 29 juillet 1830.

Maupas (de), 22 janvier 1852.

Maurice (Ile). — Notes : 22 février 1803.

Maximilien (empereur du Mexique), 20 avril 1864.

Maximilien Ier (roi de Bavière), 8 décembre 1801.

Maximum, 11 et 26 septembre 1793, 24 et 29 décembre 1794, 8 mai 1812.

Mayence, 1802, 24 décembre 1802, 12 avril 1803, 21 septembre et 1er octobre 1806, 2 novembre 1813. — Notes : 29 juin 1794, 24 juillet 1795, 6 juillet 1804.

Mayenne, 1er juin 1832, 20 mai 1840, 31 mai 1846, 20 décembre 1856, 5 janvier 1857, 1er août 1860, 11 janvier 1862, 3 janvier et 4 mars 1863, 13 août 1864, 15 janvier 1867, 6 juin 1875.

Mayotte, 9 décembre 1846, 30 janvier 1852, 5 mars 1856, 25 juillet 1877, 25 octobre 1879.

Mazamet, 26 avril et 20 décembre 1856, 11 janvier 1862, 4 mars et 16 octobre 1863, 15 janvier 1867, 23 mars 1874.

Mazet, 3 avril 1822.

Mazure, 1er avril 1820. — Notes : 1er avril 1820.

Meaux, 2 février 1809, 20 décembre 1856, 11 janvier 1862, 15 janvier 1867, 28 septembre 1876.

Meaux (M. de), 17 mai et 26 octobre 1877.

Mécanique, 10 juin 1845.

Méchain, 25 juin 1795. — Notes : 25 juin 1795.

Méchin, 31 juillet 1830.

Mecklembourg - Schwérin et **Mecklembourg - Strélitz** (grands-duchés de), 7 juillet 1807, 28 mai 1812, 18 mars 1813, 19 septembre 1836, 3 avril 1847.

Médailles, 8 juin 1795, 30 août 1830, 22 janvier 1852, 12 août 1857, 22 août 1859, 14 janvier 1860, 23 janvier 1861, 29 août 1863, 20 mars 1873, 9 mai et 22 juin 1874, 22 décembre 1879.

Médéah, 9 juin 1849.

Médecine (voir **Académie de médecine** et **Facultés de médecine**), 10 mars et 9 juin 1803, 20 décembre 1820, 3 avril 1822, 18 octobre 1829, 15 septembre 1833, 1er avril 1835, 25 juin 1840, 14 février et 30 octobre 1841, 9 janvier 1842, 15 janvier 1843, 12 août 1852, 12 mars 1853, 8 septembre 1856, 4 août 1857, 23 août 1858, 31 décembre 1866, 31 décembre 1867, 6 juin 1868, 12 et 22 janvier, 27 août, 8 et 19 décembre 1874, 12 novembre 1875, 3 et 28 juin, et 15 octobre 1879. (Voir **Facultés** et **Académie de médecine**).

Médic, 5 juillet 1852.

Medina del rio seco.— Notes : 30 mars 1806.

Mège, 15 mai 1870, 27 janvier 1878.

Melbourne, 20 décembre 1879.

Melun, 24 janvier 1811, 10 mai 1852, 20 décembre 1856, 11 janvier 1862, 15 janvier 1867. — Notes : 16 janvier 1797.

Melvil-Bloncourt, 7 mars et 16 décembre 1874.

Mémoires, 4 mars 1835.

Memphis, 8 août 1851.

Menaces, 10 avril 1812.

Mende, 26 juillet 1815, 27 septembre 1864, 20 janvier 1873, 6 janvier 1875, 24 mars 1879.

Mendiants, mendicité. 13 juin 1790, 15 octobre 1793, 18 septembre 1797, 5 juillet et 22 décembre 1808, 2 février 1809, 25 janvier 1810, 18 janvier 1811, 8 mars 1812, 14 mai 1813, 11 juin 1844, 17 octobre 1847, 8 février 1848, 21 décembre 1859, 11 avril 1868, 8 juillet 1861, 30 avril 1862, 18 avril 1863, 6 janvier 1864, 25 janvier 1865, 15 juin 1867, 21 mars et 23 décembre 1868, 5 mai 1869.

Menin, 26 mars 1874. — Notes : 29 juin 1794.

Menou, 17 mai 1802. — Notes : 17 mai 1802.

Menton, 24 octobre 1860, 13 février 1861, 3 janvier 1863.

Mer Méditerranée, 6 juillet 1804, 24 mai 1808, 2 juillet 1835, 23 février 1839, 14 juin 1842, 24 février 1847, 8 juillet 1851.

Mer Noire, 28 avril 1856.

Mercure, 30 octobre 1836.

Merlin, 3 avril 1822.

Merlin de Douai, 24 juillet 1815. — Notes : 24 juillet 1815.

Merlin de Thionville, 24 juillet 1795. — Notes : 24 juillet 1795.

Mérovingiens. — Notes : 13 mars 1815.

Mérimée (Prosper), 23 juin 1853.

Méry-sur-Oise, 7 juillet 1873.

Mésopotamie, 5 juillet 1862.

Messageries (voir aussi **Diligences**), 19 janvier et 10 avril 1791, 24 juillet 1793, 20 août et 27 décembre 1795, 19 mars 1802, 1er septembre 1804, 2 juillet 1808, 4 février 1820, 3 mai 1851, 10 août 1852, 2 septembre et 11 novembre 1875.

Messages, 27 mars 1854, 4 décembre 1874, 19 mai et 17 juin 1877.

Messempré, 17 janvier 1867.

Mesures (poids et), 18 décembre 1825, 17 avril 1839, 24 décembre 1875.

Météorologie, 30 mars 1872, 11 mars et 15 mai 1878.

Métiers, 25 février 1795.

Métrique (système) (voir **Poids & mesures**), 1er août 1793, 4 juin 1837.

Metternich (prince de), 11 mai 1804.

Metz, 1799, 1802, 1803, 25 janvier 1807-1814, 2 septembre et 30 décembre 1814-1816, 18 janvier 1816, 11 février 1820, 22 février 1826, 15 mai 1827, 4 juin 1831, 11 mai 1832, 30 décembre 1836, 30 janvier 1847, 4 mars 1863, 10 août 1874. — Notes : 8 août 1795, 5 septembre 1797, 26 octobre 1800, 12 mars 1802.

Meudon, 25 octobre 1800, 15 avril 1879.

Meunier, 8 mai 1837.

Meurthe, 20 mai 1797, 16 avril 1856, 27 février 1869.

Meurthe-&-Moselle, 7 mai 1874, 24 juillet 1875, 27 mars, 28 avril 1879. — Notes : 28 décembre 1879.

Meuse, 29 juin 1794, 3 mars et 1er octobre 1795, 19 juillet 1837, 24 janvier 1841, 6 novembre 1872.

Meuse inférieure, 1802, décembre 1814.

Mexique, 9 mars 1839, 20 novembre 1861, 29 août 1863, 20 avril 1864, 10 décembre 1868.

Mèze, 17 janvier 1867.

Mézières, 14 février 1816.

Mézy (Dupleix de), 12 juillet 1815, 13 novembre 1816.

Mezzana, 30 décembre 1879.
Michaud, 7 avril 1814. — Notes : 7 avril 1814.
Middelbourg, 15 mai 1810.
Midi de la France, 1er septembre 1815, 4 décembre 1875.
Milan, 10 mai 1805, 23 septembre 1810, 14 août 1862.
Milhau ou Millau, 30 décembre 1836, 10 mai 1852, 20 décembre 1856, 11 janvier 1862, 4 mars 1863, 15 janvier 1867, 19 avril 1870, 20 janvier 1873.
Millianah, 23 avril 1855, 18 décembre 1874.
Militaires, 12 juillet 1873, 29 janvier 1879.
Millesimo. — Notes : 22 avril 1796.
Milliards, 27 avril 1828, 2 mars 1871.
Milo (Vénus de). — Notes : 23 décembre 1823.
Mines, 28 juillet 1791, 19 septembre 1794, 21 avril et 18 novembre 1810, 6 mai 1811, 3 janvier 1813, 2 août et 5 décembre 1816, 25 juin 1818, 19 mai 1830, 7 mars 1831, 8 juin 1832, 9 juillet 1835, 2 mars 1836, 27 avril 1838, 10 octobre 1839, 31 janvier 1841, 25 mai et 22 septembre 1843, 12 janvier 1850, 17 juin 1856, 20 mai 1857, 17 janvier 1867-1868, 10 février, 20 mars et 4 avril 1874, 23 mars 1875, 27 mars 1878.
Ministères, 26 mai 1791, 2 octobre 1795, 3 janvier 1796, 25 décembre 1800, 21 juillet 1801, 21 septembre 1812, 10 juin 1814, 23 août 1819, 17 août 1824, 19 mai 1830, 23 janvier 1832, 11 octobre 1832, 2 mai 1836, 25 novembre 1837, 25 janvier et 13 décembre 1845, 18 août 1856, 20 mai 1857, 20 avril et 26 décembre 1864, 19 janvier et 13 novembre 1867, 17 juillet et 8 septembre 1869, 23 août et 5 septembre 1870, 31 janvier et 19 novembre 1871, 19 mars 1873, 9 mars 1876, 8 février 1877.
Minorité, 26 mars 1803.
Minturnes. — Notes : 24 juillet 1815.
Miquelon (île), 26 juillet 1833, 18 septembre 1844, 30 juillet 1873, 28 septembre 1874, 30 juillet 1879.
Mirabeau, 12 septembre 1794. — Notes : 12 septembre 1794, 26 décembre 1799.
Miramas, 12 avril 1875.
Miranda, 22 octobre 1795, 5 septembre 1797. — Notes : 22 octobre 1795.
Mirbel, 31 décembre 1816. — Notes : 31 décembre 1816.
Mirecourt, 7 avril 1824, 17 juillet 1831, 7 mars 1874.
Missionnaires, 3 février et 25 septembre 1816, 13 septembre 1822, 25 décembre 1830.
Mitho, 1er juillet 1863.
Mléta, 20 janvier 1858.
Mobilisation, 2 et 8 novembre 1870.
Modane, 25 juin 1860, 31 juillet 1879.
Mogador. — Notes : 23 janvier 1879.
Moissac, 26 mars 1823, 15 mars 1827, 11 mai 1832, 30 décembre 1836, 25 octobre 1842, 30 juin 1847, 10 mai 1852, 20 décembre 1856, 11 janvier 1862.
Moldavie, 28 avril 1836.
Molé (le comte), 13 octobre 1809, 20 novembre 1813, 22 février 1814, 21 mars, 26 juillet et 17 août 1815, 6 septembre 1835. — Notes : 3 mars 1809.

Molière, 22 mars 1840. — Notes : 24 octobre 1814.
Molitor (le maréchal), 9 octobre 1823. — Notes : 9 octobre 1823.
Molsheim, 1er août 1860.
Monaco, 14 février 1793, 13 février 1861, 1er février 1877.
Monceaux, 16 juin 1859.
Moncey (le maréchal), 3 mars 1795, 18 mars 1806, 29 août 1815,
5 mars 1819. — Notes : 3 mars 1795.
Moncontour, 7 avril 1879.
Mondovi (Algérie), 20 juin 1860.
Mondovi (Italie). — Notes : 22 avril 1796.
Monestier, 1er juin 1795.
Monge, 24 décembre 1799, 28 septembre 1803. — Notes : 24 dé-
cembre 1799.
Monistrol, 25 janvier 1810.
Monnaies, 27 mai 1791, 7 septembre 1792, 17 avril, 15 août,
15 octobre et 29 novembre 1795, 10 mars et 22 décembre 1796,
23 décembre 1798, 17 février 1799, 11 août 1800, 28 mars et
30 mai 1803, 30 août 1826, 14 juin 1829, 16 novembre 1837, 10
juillet 1845, 15 septembre 1849, 20 avril et 6 mai 1852, 12
janvier 1854, 14 juillet 1866, 13 février 1872, 11 mars 1873, 8 janvier et 31 décembre 1874, 26 avril 1875, 5 août 1876, 1er janvier,
2 août, 22 décembre 1879. — Notes : 2 août 1879.
Mons, 1er octobre 1795, 1801, 2 avril 1804. — Notes : 2 mars 1793.
Monsieur (plus tard Charles X), 15 mai et 15 juillet 1814, 26
juillet 1815, 5 août 1821.
Monta(i)gnac, (de), 22 mai 1874, 10 mars 1875. — Notes : 2
mai 1795.
Montalembert (comtes de), 5 mars 1819, 19 août 1831. —
Notes : 5 mars 1819.
Montalicu-Vercieu, 4 août 1874, 22 janvier 1879.
Montalivet (famille Bachasson, comtes de), 19 avril 1801, 1er octobre 1809, 5 mars 1819, 13 mars 1831, 7 avril et 11 octobre
1832, 22 février 1836, 15 avril 1837, 31 mars 1839, 14 février
1879. — Notes : 19 avril 1801, 14 février 1879.
Montargis. — Notes : 31 décembre 1816, 4 février 1879.
Montauban, 1801, 4 novembre 1808, 2 février 1809, 15 mars 1827,
11 mai 1832, 30 décembre 1836, 25 août 1842, 30 janvier 1847,
10 mai 1852, 20 décembre 1856, 11 janvier 1862, 27 novembre
1864, 15 janvier et 1er février 1867, 24 mars 1879. — Notes :
27 mai 1795.
Montaut, 8 janvier 1853.
Montbazin, 17 janvier 1867.
Montbel (baron, puis comte de), 5 novembre 1827, 8 août et
18 novembre 1829, 19 mai 1830. — Notes : 5 novembre 1827.
Montbéliard, 12 avril 1842, 8 avril 1879. — Notes : 29 juin 1814.
Mont-Blanc, 27 novembre 1792.
Montbrison, 1829, 26 avril 1833, 25 juillet 1855, 4 mars 1863,
3 janvier 1868.
Montcenis, 16 janvier 1804.
Montebello (le duc de), 9 mai 1847.
Montélimar, 20 décembre 1856, 11 janvier 1862, 31 décembre
1866, 15 janvier 1867.
Mont-de-Marsan, 21 juillet 1856, 15 décembre 1875.

Mont-Dore, 15 août 1874.
Montenotte. — Notes : 22 avril 1796.
Montereau, 1er mars 1815, 1847, 27 mars 1852, 3 avril 1879. —
  Notes : 16 juin 1797.
Montesquiou (l'abbé de), 4 août 1789, 1er avril et 13 mai 1814,
  2 août 1815, 24 décembre 1823. — Notes : 4 août 1789.
Montgolfier, (frères), 26 mai 1798. — Notes : 26 mai 1798.
Monthermé, 17 janvier 1867.
Mont(h)yon (de), 29 juillet 1823, 23 août 1829.
Montlosier (comte de), 11 octobre 1832, 30 décembre 1838.
Montluçon, 17 mai 1854, 20 décembre 1856, 10 décembre 1859,
  11 janvier 1862, 15 janvier 1867, 3 janvier 1868, 24 mars 1874.
Montmartre, 30 janvier 1847, 10 mai 1852, 20 décembre 1856, 16
  juin 1859, 24 juillet 1873.
Montmédy, 14 février 1816, 6 janvier 1879.
Montmélian, 25 juin 1860, 4 mars 1863.
Montmirail, 1er mars 1815.
Montmorency (ville), 20 septembre 1864.
Montmorency-Laval (duc de). — Notes : 14 juin 1794, 22 avril
  1814.
Montmorency (Mathieu de), 22 avril et 4 juin 1814, 17 août
  1815, 14 décembre 1821, 24 décembre 1823, 31 mars et 26 dé-
  cembre 1824, 5 février 1826, 5 novembre 1827, 6 juin 1830. —
  Notes : 22 avril 1814.
Mont-Napoléon, 23 septembre 1810.
Montolieu, 2 janvier 1869.
Montpellier, 4 décembre 1794, 20 septembre 1795, 1801, 24 décembre 1802-1803, 22 mai 1804, 2 février 1809, 7 février 1813,
  21 décembre 1815, 18 janvier 1816, 11 février 1820, 12 décembre
  1824, 15 mars 1827, 11 mai 1832, 9 juillet, 24 octobre et 30 décembre 1836, 19 janvier et 24 août 1838, 15 juillet 1840, 25 octobre 1842, 7 juillet 1844, 30 janvier et 24 mars 1847, 10 mai
  1852, 20 décembre 1856, 11 janvier 1862, 15 et 17 janvier 1869,
  31 décembre 1872, 6 janvier 1874, 15 mai, 20 septembre et 31
  octobre 1877. — Notes : 27 juin 1794, 5 avril 1795, 27 mars 1802.
Montreuil-Bellay, 7 avril 1879.
Montreuil-sous-Laon, 8 février 1848, 8 juillet 1861, 15 juin
  1867.
Montrond, 20 avril 1833.
Montrouge, 20 décembre 1856.
Monts, 3 janvier 1868.
Monts-de-piété, 6 février et 13 juillet 1804, 27 juillet 1805, 30
  juin 1806, 3 décembre 1813, 31 octobre 1821, 6 février et 27 no-
  vembre 1822, 18 juin et 17 septembre 1823, 22 novembre 1826,
  6 mars 1828, 31 décembre 1830, 13 octobre 1831, 24 juillet
  1832, 5 mai 1833, 19 mars 1834, 22 mars 1835, 24 février 1848,
  24 juin 1852, 14 août 1862, 1er février 1867.
Mont-Saint-Michel, 20 octobre 1863, 2 janvier 1869, 25 avril 1874.
Montsouris, 13 février 1873.
Mont Terrible, 23 mars 1793.
Monuments publics, 14 décembre 1815.
Moorat, 11 juin 1846.
Moravie. — Notes : 7 décembre 1805.

Morbihan, 20 mai 1797, '16 janvier et 21 avril 1800, 3 août et
6 novembre 1804, 5 janvier 1812. — Notes : 25 mai 1814.
Moreau, 3 mars 1795, 27 février 1816. — Notes : 3 mars et 20 mai
1795.
Morée, 22 février 1829. — Notes : 22 février 1829.
Morelle, 3 avril 1822.
Morgan, 18 mars et 31 mai 1875.
Morlaix, 1799, 1801, 15 janvier 1833, 31 janvier 1847, 10 mai 1852,
20 décembre 1856, 11 janvier 1862, 3 janvier 1863, 15 janvier
1867, 23 juillet 1879. — Notes : 3 mars 1795.
Morlot (Mgr), 1er février 1858.
Mormans, 1er mars 1815.
Morny (de), 2 et 3 décembre 1851, 26 janvier 1852, 12 novembre
1854, 10 novembre 1855, 14 décembre 1856, 2 juillet 1857, 1er fé-
vrier 1858, 24 juin 1858, 29 juin 1859, 9 juin 1860, 7 juin 1861,
7 juin 1862, 23 juin 1863, 14 juin 1864.
Mort (la), 29 décembre 1801, 31 mai 1854.
Morteau, 22 juillet et 25 novembre 1874, 15 juillet 1879.
Mortemart (duc de), 4 juin 1814, 17 août et 9 octobre 1815,
24 décembre 1823. — Notes : 4 juin 1814.
Mortier (le maréchal), 18 mars 1806, 22 avril 1814, 15 mars 1815,
5 mars 1819. — Notes : 30 mars 1806.
Morue, 8 mars 1802, 4 février 1803, 13 février 1815, 8 février 1816,
21 octobre 1818, 21 novembre 1821, 24 février 1825, 6 décembre
1829, 22 avril 1832, 9 juillet et 2 septembre 1836, 25 juin 1841,
25 février 1842, 9 janvier 1852, 10 juin 1879.
Moscou, 15 octobre 1812.
Moselle, 29 juin 1794, 3 mars 1795, 5 février 1817, 17 janvier
1867, 26 juillet 1870, 20 janvier 1873. — Notes : 12 août 1794.
Moskowa (prince de la), 19 août 1831, 16 août 1859. — Notes :
30 mars 1806, 6 mai 1814.
Mostaganem, 6 février 1856, 8 mars 1872.
Motte-Chalançon (la), 24 février 1825.
Mouchy (ducs de), 5 septembre 1816, 6 juin et 20 août 1830, 12 dé-
cembre 1851.
Moulin (le général), 20 juin 1799. — Notes : 20 juin 1799.
Moulins, 28 juillet 1824.
Moulins (ville), 1802, 2 avril 1804, 22 mai 1815, 15 mars 1827,
15 août 1831, 4 mars 1835, 20 décembre 1836, 25 octobre 1842,
30 janvier 1847, 22 mars et 10 mai 1852, 17 octobre 1854, 16 oc-
tobre et 20 décembre 1856, 6 avril 1857, 11 janvier 1862, 8 fé-
vrier 1865, 15 janvier 1867, 29 février 1868. — Notes : 17 août
1815.
Mounier, 13 avril 1802. — Notes : 13 avril 1802.
Mousquetaires, 15 juin 1814.
Moûtiers de Tarentaise, 25 juin et 22 décembre 1860, 21 juin
1875.
Mouton (voir **Loban**). — Notes : 24 juillet 1815.
Mouton-Duvernet, 24 juillet 1815. — Notes : 24 juillet 1815.
Moutons, 10 décembre 1877.
Mouzon, 2 février 1809, 17 janvier 1867.
Mulets, 25 juillet 1795, 29 janvier 1823.
Mulhouse, 8 mars 1798, 2 avril 1804, 2 février 1808, 9 août 1833,

12 septembre 1835, 30 décembre 1836, 27 juillet 1837-1846, 30 janvier 1847, 25 janvier 1853, 31 décembre 1866. — Notes : 31 juillet 1830.

Municipalités (voir **Communes**), 8 août 1821, 21 mars 1831, 20 avril 1834, 18 juillet 1837, 5 mai 1855, 27 décembre 1866, 22 juillet 1870.

Münster. — Notes : 7 juillet 1807.

Muraire, 19 mai 1804. — Notes : 19 mai 1804.

Murat (Joachim), 15 mars 1805, 22 février 1814, 26 juillet 1821. — Notes : 27 mai 1795, 15 mars 1806.

Murat (Lucien), 10 avril 1878. — Notes : 15 mars 1806.

Murcie, 7 et 11 décembre 1879.

Muriate de potasse, 9 février 1856.

Murillo, 8 juillet 1852.

Musée Campana, 2 juillet 1861.

Musées, 19 novembre 1877, 2 mars et 14 mai 1879.

Muséum (de Paris), 6 octobre 1833, 25 février 1863, 23 janvier 1874, 6 janvier 1877.

Musique, 14 janvier 1860.

Musulmans, 17 juillet 1843, 20 mai 1857, 13 décembre 1866, 15 août 1875, 27 avril 1877.

Mutilation, 11 octobre 1820.

Mutzig, 1er août 1860, 12 janvier 1870.

N

Namur, 1er octobre 1795-1801. — Notes : 29 juin 1794.

Nançois-le-Petit, 6 novembre 1872.

Nancy, 1803, 18 mai 1804, 3 août 1808, 7 août 1812, 22 mai 1815-1816, 18 janvier 1816, 11 février 1820, 30 mai 1821, 1er décembre 1824, 15 mars et 5 avril 1827, 11 mai 1832, 19 mars 1834, 30 décembre 1836, 31 juillet 1838, 25 octobre 1842, 15 janvier 1843, 30 janvier 1847, 10 mai 1852, 25 janvier et 2 février 1853, 20 décembre 1856, 11 janvier 1862, 9 janvier 1864, 15 janvier 1867, 3 janvier 1868, 3 février, 8 mars et 31 décembre 1872, 10 août et 25 septembre 1874, 31 octobre 1877, 19 juin 1878.

Nangis, 1801.

Nankins, 18 octobre 1804.

Nansouty (de), 5 novembre 1827.

Nantes, 25 novembre 1794, 8 et 9 août 1795, 28 mai 1799, 24 décembre 1802-1803, 2 février 1809, 5 avril et 3 décembre 1813, 3 janvier 1821, 14 août 1822, 21 juillet 1824, 15 mars 1827, 11 mai 1832, 30 décembre 1836, 16 novembre 1837, 9 août 1839, 20 mai 1840, 14 février 1841, 13 et 25 octobre 1842, 26 juillet 1844, 30 janvier 1847, 12 novembre 1850, 10 mai 1852, 30 mars et 2 mai 1855, 20 décembre 1856, 11 janvier 1862, 15 janvier et 31 décembre 1867, 5 août et 31 décembre 1872, 8 avril, 23 août et 31 octobre 1877, 19 juin 1878, 18 juillet 1879. — Notes : 25 novembre 1794, 3 mars et 8 août 1795, 2 mars 1800.

Nantissements, 16 mars 1804.

Naples, 9 février 1799, 18 mars 1806, 7 et 9 juillet 1807, 22 février 1814. — Notes : 27 mai 1795, 15 mars 1806, 20 mars 1815.

Napoléon Ier, 3, 4 et 11 avril 1814, 1er, 6, 11, 15 mars et 22 juin 1815, 26 juillet 1821, 8 avril 1831, 10 juin 1840, 1er juillet 1843, 5 août et 7 septembre 1854. — Notes : 27 juin et 27 juillet 1794, 3, 20 et 27 mai, 24 juillet, 8 août et 22 octobre 1795, 22 avril et 7 août 1796, 26 janvier, 28 avril, 16 juin et 5 septembre 1797, 15 et 25 mai 1798, 2 juillet et 25 décembre 1799, 8 décembre 1801, 17 mai, 20 août et 14 septembre 1802, 11 et 18 mai 1804, 2 mars et 7 décembre 1805, 15 et 30 mars 1806, 4 septembre 1808, 3 mars et 16 décembre 1809, 17 février 1810, 5 février et 18 novembre 1813, 3 avril et 6 mai 1814, 13 et 20 mars, 24 et 26 juillet 1815, 14 février 1816, 5 mars 1819, 9 octobre 1823, 27 et 31 juillet 1830.

Napoléon II, 5 février 1813, 22 juin 1815. — Notes : 5 février 1813.

Napoléon (le prince), 20 janvier et 1er février 1858, 28 février 1859. — Notes : 2 mars 1805.

Napoléon III (voir aussi **Louis-Napoléon**), 7 novembre 1852. — Notes : 18 mai et 6 juillet 1804, 2 mars 1805, 30 mars 1806, 22 janvier et 19 février 1879.

Napoléon (IV), 1er juin 1879.

Napoléon-Vendée (voir **Bourbon-Vendée** et **La Roche-sur-Yon**), 25 avril 1814, 6 juillet 1860, 4 mars 1863, 28 janvier 1865, 27 septembre 1870. — Notes : 25 avril 1814.

Napoléonville (ou **Pontivy**), 3 mai 1855, 4 mars 1863.

Narbonne, 1802, 26 mars 1823, 15 mars 1827, 11 mai 1832, 30 décembre 1836, 25 octobre 1842, 30 janvier 1847, 10 mai et 24 août 1852, 20 décembre 1856, 11 janvier 1862, 15 janvier 1867, 11 avril 1870.

Narbonne-Pelet, 9 janvier 1822.

Nassau, 27 avril 1853. — Notes : 1er février 1793.

Naturalisation, 2 mai 1790, 18 octobre 1802, 19 février 1808-1828, 6 mars 1833, 23 mai 1834, 8 août 1838, 3 décembre 1849, 7 février 1851, 4 mai 1865, 29 juin 1867, 12 septembre et 24 octobre 1870, 10 juin 1874.

Nau de Champlouis, 31 juillet 1830.

Naudet, 26 octobre 1832. — Notes de l'année 1878.

Nanfrages, 3 juillet 1879.

Naval (collège), 31 janvier 1816.

Navarin. — Notes : 8 août 1829.

Navarre. — Notes : 5 septembre 1816.

Navigation, Navires, 13 août 1791, 12 octobre 1796, 17 janvier 1797, 26 novembre 1798, 31 juillet 1816, 4 août 1819, 4 mars 1833, 9 juillet et 19 septembre 1834, 13 février et 19 juillet 1837, 30 juin et 3 septembre 1841, 5 avril et 13 octobre 1842, 28 août 1843, 29 juin 1844, 28 mars, 12 août et 22 novembre 1845, 31 mai, 1er octobre et 17 novembre 1846, 24 février 1847, 15 et 20 mars 1850, 21 août 1852-1858, 19 décembre 1866, 9 février 1867, 24 mai 1873, 29 mars, 1er avril, 17 juin et 10 décembre 1874, 13 octobre 1876, 16 janvier 1878.

Nègres, 26 mai 1815, 6 janvier 1817.

Neiges, 11 octobre 1832.

Neipperg (comte de), 25 mars 1810.
Nélaton, 14 août 1868.
Nemours (duc de), 3 août 1830, 13 septembre 1841.
Nemours (Algérie), 4 décembre 1846.
Néris, 4 août 1878.
Nesselrode (de), 11 mai 1804. — Notes : 11 mai 1804.
Nestor, 10 décembre 1797.
Nèthes (Deux), 1er octobre 1795-1802.
Neubourg. — Notes : 5 septembre 1800. (Voir (le) **Neubourg**).
Neufchâtel (Suisse), 18 mars 1806, 30 août 1845, 19 juin 1857.
— Notes : 12 septembre 1794, 8 octobre 1800.
Neufchâteau, 3 janvier 1863.
Neufchâtel, 18 avril 1821.
Neufmoûtiers, 2 janvier 1874.
Neuilly, 30 janvier 1847. 10 mai 1852, 20 décembre 1856, 11 janvier 1862, 15 janvier 1867.
Nevers, 2 avril 1804, 7 décembre 1805, 15 mars 1827, 11 mai 1832, 30 décembre 1836, 30 août et 26 octobre 1842, 30 janvier et 17 octobre 1847, 10 mai 1852, 2 février 1853, 20 décembre 1856, 22 octobre 1860, 11 janvier 1862, 4 mars 1863, 15 janvier 1867.
New-York, 25 avril 1847. — Notes : 16 janvier 1790.
Ney (le maréchal), 6 et 20 mai 1814, 24 juillet et 29 août 1815.
— Notes : 6 mai 1814, 14 février 1816, 27 juillet 1830.
Nicaragua, 21 janvier 1860, 26 avril 1879.
Nice, 31 janvier et 4 février 1793-1801-1803, 27 novembre 1859, 11 et 13 juin, 24 octobre et 22 décembre 1860, 11 janvier 1862, 16 avril 1864, 15 janvier 1867, 31 décembre 1872, 27 novembre 1874, 31 octobre 1877, 15 octobre 1879. — Notes : 12 avril 1790.
Nicolay (de), 10 juin 1814, 12 juillet 1815, 24 décembre 1823, 5 novembre 1827.
Nicol(l)e (l'abbé), 22 juillet 1820.— Notes : 28 juillet 1820.
Niederbronn, 1er août 1860, 4 mars 1863.
Niel (le maréchal), 9 juin 1857, 20 janvier 1867, 17 juillet 1869.
Niepce, 7 août 1839.
Nieuwerkerque (le comte de), 20 janvier 1855.
Nièvre, Nivernais, 24 janvier 1811, 14 août 1822, 21 janvier 1826, 21 mai 1861, 22 août 1870, 30 novembre 1877. — Notes : 16 janvier 1797.
Nîmes, 1801, 24 décembre 1802-1803, 27 septembre 1807, 25 janvier 1810, 6 novembre 1813, 6 janvier 1814, 21 novembre 1815, 10 et 18 janvier 1816, 11 février 1820, 15 janvier 1823, 15 mars 1827, 6 mars 1828, 11 mai 1832, 30 décembre 1836, 15 juillet 1840, 25 octobre 1842, 7 juillet 1844, 30 janvier 1847, 10 mai et 11 décembre 1852, 20 décembre 1856, 11 janvier 1862, 15 janvier 1867, 13 avril 1872, 31 décembre 1872, 31 octobre 1877, 1er mars 1879.
Ninive, 4 décembre 1844, 18 novembre 1845, 3 juillet 1846.
Niort, 1801-1818, 15 mars 1827, 11 mai 1832, 30 décembre 1836, 30 janvier 1847, 18 mai 1852, 20 décembre 1856, 31 mars 1858, 8 juillet 1861, 11 janvier 1862, 28 février 1866, 16 janvier 1867, 3 janvier 1868, 7 avril 1879. — Notes : 3 février 1802.

Nitrique (acide), 1er novembre 1836.
Nitro-glycérine, 24 août 1875, 29 février et 25 septembre 1876, 26 avril et 31 mai 1877.
Nivôse (voir **Calendrier républicain**).
Nizan, 12 janvier 1870.
Noailles (de), 18 février 1800, 4 juin 1814, 24 décembre 1823. — Notes : 27 juillet 1794, 18 février 1800.
Noblesse, 24 juin 1792, 2 mai 1814, 11 mars 1815, 24 janvier 1852. — Notes : 4 et 11 août 1789.
Noé (comte de), 5 novembre 1827.
Nogent-le-Rotrou, 3 avril 1872.
Nolay. — Notes : 5 septembre 1797.
Noményn, 2 juillet 1879.
Noms, 1er avril 1803.
Nonancourt, 31 juillet 1871.
Nouméa, 8 mars 1879.
Nord, 29 juin 1794, 3 mars 1795, 8 mars et 4 mai 1812, 2 mai 1814, 14 juillet 1821, 3 janvier 1822, 15 janvier 1823, 19 janvier 1825, 24 janvier 1835, 18 juillet 1844, 23 août 1858, 21 novembre 1866, 1er février 1867, 2 janvier 1869, 18 mai 1870, 1er décembre 1874, 17 janvier et 22 novembre 1875, 12 janvier 1876. — Notes : 24 juillet 1815.
Nord libre, 30 août 1794.
Normales (Écoles), 9 août 1879. — Notes : 9 août 1879.
Nossi-Bé, 30 janvier 1852, 29 février 1860, 25 juillet 1877, 25 octobre 1879.
Notaire, Notariat, 6 octobre 1791, 26 mai, 22 octobre et 8 novembre 1793, 10 octobre 1794, 16 mars et 24 décembre 1803, 21 août 1806, 26 juin 1815, 4 janvier et 21 juin 1843, 19 novembre 1864, 22 septembre 1869, 14 août 1870, 5 mars 1874.
Notre-Dame-de-la-Salette, 13 décembre 1879.
Nouvelle-Calédonie, 14 janvier 1860, 28 novembre 1866, 13 mars 1868, 25 mars 1873, 3 mars, 3 août et 12 décembre 1874, 9 décembre 1875, 27 janvier et 3 novembre 1878, 8 et 27 mars, 2 avril et 28 novembre 1879.
Nouvelle-Galles du Sud, 4 janvier 1874.
Nouvelle-Grenade, 5 juin 1834, 3 septembre 1841, 1er octobre 1846, 22 juillet 1851, 10 août 1852, 14 février 1857.
Novi, 6 juin 1805. — Notes : 10 décembre 1797.
Numéraire, 7 mai 1797.
Nourrices, 30 juin 1806.
Noyelles, 17 octobre 1854.
Noyon, 18 janvier 1811.
Nouvelle-Zélande, 4 janvier 1874.
Nyons, 30 janvier 1879.

O

Oasis, 28 avril 1874.
Obélisque de Louxor. — Notes : 27 juillet 1794.

Obligations, 14 mai et 29 octobre 1817, 25 mars 1831.

Observatoires, 30 janvier 1854, 3 avril 1868, 10 et 30 mars 1872, 13 février 1873, 6 septembre 1875, 15 avril et 31 octobre 1879.

Occupation étrangère, 14 février 1816.

Océan Atlantique, 6 juillet 1804, 24 février 1847.

Océanie, 18 août 1868, 11 mars 1877.

Octrois, 1er mai 1791, 18 et 24 octobre 1798, 1799, 12 et 28 mai 1799, 17 mai 1809, 8 février 1812, 9 décembre 1814, 23 décembre 1818, 10 juillet 1827, 4 juillet 1830, 22 juillet 1831, 17 août 1832, 2 mai 1855, 12 février et 9 septembre 1870.

Odéon, 21 novembre 1879.

Odier (Antoine), 27 juillet 1830, 12 décembre 1851.

Officiers, 12 décembre 1815, 20 mai 1818, 15 août 1821, 5 février 1823, 2 novembre 1828, 8 février 1829, 19 mai 1834, 25 juillet 1839, 3 novembre 1870, 11 octobre 1877, 31 août 1878, 17 août 1879.

Officiers de santé (militaires), 4 décembre 1794, 1er décembre 1797, 7 février 1798, 29 septembre 1799, 1er décembre 1803, 12 août 1836, 19 octobre 1841, 29 février 1852, 12 juin 1856, 27 avril 1864, 23 août 1873.

Officiers ministériels, 14 août 1870.

Offrandes nationales, 14 janvier 1860.

Oies. — Notes : 4 mai 1796.

Oise, 24 janvier 1811, 8 mai 1812, 1819, 24 février 1825, 1er juin 1828, 6 avril 1854, 10 mai et 17 juillet 1877, 7 avril 1879. — Notes : 5 septembre 1797.

Oldenbourg (grand-duché d'), 7 juillet 1807, 6 mai 1847, 27 avril 1853, 7 mars 1868.

Oléron, 6 septembre 1800, 26 mars 1823, 9 août 1839.

Ollivier, 31 mars 1824, 2 janvier 1870.

Olmütz. — Notes : 13 avril 1802.

Oloron, 15 janvier 1833, 11 janvier 1862, 23 mars 1874.

Ombrone, 24 mai 1808. — Notes : 24 mai 1808.

Omnibus, 22 juillet 1829.

Opéra (grand), 13 août 1811, 14 mai 1856, 29 septembre 1860, 28 mars 1874, 19 mai et 16 octobre 1877.

Opéra-Comique, 31 juillet 1879.

Or, 30 août 1795, 11 novembre 1796, 9 et 12 novembre 1797, 12 janvier 1854, 27 juillet 1878.

Oran, 12 août 1836, 8 et 25 novembre et 4 décembre 1846, 19 février 1847, 7 décembre 1853, 23 avril 1855, 5 décembre 1857, 20 janvier 1858, 8 janvier et 16 février 1859, 4 mars 186), 9 janvier 1867, 2 mai, 21 et 30 novembre, et 12 décembre 1874, 21 janvier, 7 février et 15 mars 1877, 3 avril 1879.

Orange, 9 mars 1826, 20 décembre 1856, 11 janvier 1862, 15 janvier 1867. — Notes : 1er février 1793.

Orbec, 6 mai 1843, 12 janvier 1870.

Orbigny (Alcide d'), 21 mai 1858.

Orchies, 3 août 1875.

Ordonnances, 27 mars 1816.

Ordres étrangers, 9 mai 1874.

Ordinaire, 4 septembre 1870.

Orfila, 23 mai 1834.

Orge, 22 novembre 1816.
Orgues de Barbarie, 16 mai 1866.
Orléanistes. — Notes : 28 avril 1796.
Orléans (ville), 16 janvier 1797, 1801, 1803, 23 décembre 1809, 16 mars 1810, 6 janvier 1811, 22 février et 14 mai 1813, 11 juillet 1814, 1816, 18 janvier 1816, 11 février 1820, 21 juillet 1824, 15 mars 1827, 6 mars et 11 juin 1838, 15 juillet 1840, 25 octobre 1842, 15 janvier et 12 février 1843, 26 juillet 1844, 30 janvier 1847, 20 mars et 27 avril 1848, 10 mai 1852, 20 décembre 1856, 11 janvier 1862, 14 juin 1864, 15 janvier 1867, 3 janvier 1868, 2 janvier 1869, 31 décembre 1872, 28 mai 1874, 31 octobre 1877. — Notes de l'année 1878.
Orléans (ducs d'), 15 mai 1814, 10 décembre 1823, 18 juillet 1824, 29 et 31 juillet, et 3 août 1830, 11 mai 1832, 7 mai 1837, 27 août 1839, 13 septembre 1841, 18 juillet 1842. — Notes : 15 mai 1814.
Orléans (duchesse d'), 20 juillet 1842, 22 janvier 1855.
Orléans (famille d'), 22 janvier 1852, 10 juillet 1856, 21 décembre 1872, 28 mars 1874.
Orléansville, 23 avril 1855, 6 février 1856.
Ormoy-Villers, 14 décembre 1877.
Ornano, 11 octobre 1832.
Orne, 1809, 5 janvier 1812, 3 juin 1829, 9 juin 1847, 8 février 1848, 21 février et 2 juin 1855, 26 juin 1860, 7 octobre 1863, 2 juillet 1873.
Orphelins, 25 août 1831.
Orsay, 4 mars 1863.
Ossian, 10 décembre 1797. — Notes : 10 décembre 1797.
Ostende, 1801, 1803, 12 janvier 1870. — Notes : 29 juin 1794.
Otages, 13 novembre 1799, 15 mars 1872.
Otrante, 15 août 1809, 20 mars 1815. — Notes : 20 mars 1815.
Ottomans, 4 septembre 1808.
Oudinot, 28 mai 1853. — Notes : 26 juillet 1815.
Ouest, 3 mars 1795, 10 juin et 12 novembre 1833, 23 février 1834, 21 juin 1846, 4 décembre 1875, 18 janvier 1876.
Ouled-Mimoun, 20 janvier 1858.
Ourcq, 19 mai 1802, 12 mars 1810, 20 mai 1818, 10 décembre 1823, 18 juillet 1824, 6 juin 1836. — Notes : 19 mai 1802.
Ourthe, 1er octobre 1795, 1802.
Outremer (couleur d'), 7 juillet 1856.
Ouvrard, 30 juin 1824.
Ouvriers, 26 février et 1er décembre 1803, 15 janvier 1814, 19 février 1823, 3 mai 1839, 24 mai 1840, 25 mai et 22 septembre 1843, 7 décembre 1846, 25 février 1848, 14 février et 22 juin 1854, 30 avril 1855, 28 juin 1877.
Ozenne, 23 novembre 1877.

P

Paccanaristes, 22 juin 1804. — Notes : 22 juin 1804.
Padoue, 18 mars 1806, 5 mai et 1er novembre 1859. — Notes : 30 mars 1806.

Paimbœuf, 13 octobre 1842, 12 novembre 1850, 5 août 1872.

Paimpol, 17 août 1837.

Pains, 7 août 1816.

Pairs, Pairie, 4 et 10 juin 1814, 13 mars, 1er juin, 24 juillet, 17 et 20 août 1815, 25 août 1817, 5 mars et 21 novembre 1819, 1820, 21 août 1820, 20 mars 1824, 21 décembre 1825, 5 novembre 1826, 5 novembre 1827, 27 janvier, 3 et 14 août 1830, 19 août, 19 novembre et 29 décembre 1831, 15 avril 1834, 28 juillet 1835, 25 juin 1836, 14 mai 1839, 9 août et 16 octobre 1840, 13 septembre et 19 octobre 1841, 24 février 1848.

Paix, 2 mars 1871, 26 janvier 1872.

Paixhans, 31 juillet 1830. — Notes : 31 juillet 1830.

Palais, 18 juillet 1824, 12 mars 1852, 6 juin 1857, 28 mai 1878.

Palavas, 17 janvier 1867.

Palikao, 9 août 1870, 9 janvier 1878.

Palmyre. — Notes : 23 décembre 1799.

Pandectes, 2 décembre 1878.

Panis, 27 et 28 mai 1795. — Notes : 27 mai 1795.

Panoramas, 26 avril 1799.

Panthéon, 12 et 15 septembre 1794, 20 février 1806, 6 décembre 1851, 22 mars 1852.

Pantin, 3 janvier 1868.

Paoli, 31 mars 1836, 17 octobre 1851, 31 mai 1853.

Pape (M.), 19 juillet 1826.

Papes (les), 29 avril 1797, 8 avril 1802. — Notes : 15 décembre 1804, 29 mars 1878.

Papeterie, Papier, 25 septembre 1796, 2 juillet 1801, 13 avril 1828, 25 janvier et 16 août 1873.

Paquebots, 23 février 1839, 14 juin 1841, 20 avril 1845, 25 avril 1847, 3 juillet 1861.

Parachûtes, 14 janvier 1803.

Paraguay, 2 février 1854, 24 juin 1877, 23 janvier 1879.

Parallaxe du soleil, 27 mars 1877.

Parieu (Esquirou de), 31 octobre 1849, 2 janvier 1870.

Paris, 4 février 1791, 10 juin 1793, 28 juillet, 6 et 31 août, 10 octobre et 12 novembre 1794, 6 janvier, 1er et 25 avril, 20 et 21 mai, 3 août, 20 septembre et 11 octobre 1795, 17 mars 1796, 22 juillet 1797, 18 et 24 octobre 1798, 9 et 10 novembre 1799, 15 mars, 6 juillet et 7 août 1801, 12 mai, 30 septembre et 4 octobre 1802, 1803, 17 août et 24 novembre 1803, 22 mai 1804, 30 juin 1806, 16 février 1807, 27 octobre et 10 décembre 1808, 12 mars et 19 juillet 1810, 30 janvier et 18 septembre 1811, 10 avril et 5 décembre 1813, 6 et 15 janvier, et 30 mai 1814, 4 janvier, 1er et 13 mars, 28 juin, 13 et 18 septembre, et 9 octobre 1815, 14 février, 29 mai, 2 et 10 juillet, 4 septembre et 5 décembre 1816, 12 février et 14 mars 1817, 18 février, 20 mai, 29 juillet, 19 août et 28 décembre 1818, 11 février, 24 mars, 18 août, 1er et 24 septembre, et 25 novembre 1819, 19 janvier et 20 décembre 1820, 5 août et 7 novembre 1821, 6 septembre, 31 octobre et 21 novembre 1822, 2 février, 16 juillet, 12 novembre, 10 et 23 décembre 1823, 29 décembre 1824, 12 et 30 janvier, 22 mai et 20 juillet 1825, 15 mars et 12 juillet 1827, 20 août 1828, 12 mars et 18 octobre 1829, 4, 28 et 29 juillet, et 31 décembre 1830, 10 et 16 février, 20 mars, 29 avril, 22 juillet et 18 octobre 1831, 20 janvier, 29 mars, 11 et 25 mai, 6 et 29 juin, 17 et 31 août 1832, 22 mars, 4 et 6 octobre 1833, 7 janvier et 15 avril 1834, 5 juillet 1835, 30 décembre 1836, 6 mars et 24 août 1838, 18 juillet 1839, 16 janvier, 25 juin, 15 juillet et 12 août 1840, 3 avril, 1er juillet et 23 septembre 1841, 4 janvier, 11 juin et 25 octobre 1842, 17 juin et 22 octobre 1843, 26 juillet, 2 et 5 août 1844, 20 juin 1845, 1846, 11 juin et 3 juillet 1846, 30 janvier, 9 juin et 1er août 1847, 24 et 25 février, 18 et 20 mars 1848, 13 juin et 11 juillet 1849, 8 et 27 février, 27 avril et 4 août 1850, 20 juillet et 10 décembre 1851, 26 mars, 10 mai, 8 juillet, 24 novembre et 8 décembre 1852, 8 et 25 janvier, et 7 mai 1853, 30 janvier, 17 mars, 17 septembre et 1er novembre 1854, 20 janvier, 10 février et 2 mai 1855, 30 janvier, 17 juin, 31 octobre, 17 et 20 décembre 1856, 1er et 24 février, et 27 mars 1858, 16 juin, 27 juillet, 11 septembre, 31 octobre et 7 décembre 1859, 1er août 1860, 11 janvier et 16 avril, 1862, 25 février et 13 novembre 1863, 13 août 1864, 12 juillet et 12 novembre 1865, 23 juin et 5 décembre 1866, 15 janvier 1867, 3 avril, 31 juillet et 30 décembre 1868, 18 avril 1869, 9 mars, 17 août, 2, 9, 12, 18, 23, 26, 29 et 30 septembre, 1er, 4, 7, 10 et 11 octobre, 1er, 4, 8 et 24 novembre, 6 et 16 décembre 1870, 22 et 29 janvier, 1er et 4 février, et 6 juin 1871, février, 10 et 15 mars, 7 avril et 31 décembre 1872, 13 février, 7 avril, 26 juillet, 18 octobre et 30 décembre 1873, 7, 11, 21, 27 et 28 mars, 9 septembre, 1er et 24 décembre 1874, 5 et 8 janvier, 30 mars, 5 et 16 juin, et 6 septembre 1875, 13 janvier, 8 mars, 5 avril, 27 juin, 15 et 29 juillet, et 28 octobre 1876, 20 février, 27 mars, 23 août et 31 octobre 1877, 6 et 8 avril, 15 mai, 29 juillet, 8 août, 25, 28 et 30 décembre 1878, 29 janvier, 28 février, 7, 11, 18, 20, 23 et 24 mars, 7 et 21 avril, 21 juin, 22 et 31 juillet, 31 octobre, 21 et 29 novembre 1879. — Notes : 4 et 11 août 1789, 3 mars, 27 mai, 25 juin, 13 juillet et 24 août 1795, 26 janvier, 20 mai et 24 septembre 1797, 25 décembre 1799, 15 mars 1801, 13 avril 1802, 29 février 1804, 3 mars 1809, 4 juin et 24 octobre 1814, 26 juillet 1815, 9 juin et 31 décembre 1816, 24 septembre 1819, 27 juillet 1830, 26 janvier, 23 février, 10 mars, 1er et 25 mai, 16 juin et 8 juillet 1879.

Paris (M.), 17 mai 1877.

Pariset, 5 avril 1819, 3 avril 1822. — Notes : 5 avril 1819.

Parme, 18 novembre 1795, 19 février 1806, 24 mai 1808. — Notes : 27 juin 1794, 25 mars 1810.

Parra (M.), 31 mai 1876.

Parthenay, 6 janvier 1866.

Partisans, 16 mai 1814. — Notes : 16 mai 1814.

Pascal (Frédéric), 3 décembre 1851.

Pas-de-Calais, 20 mai 1797, 22 mai 1804, 15 juillet 1819, 3 janvier 1822, 29 juillet 1829, 9 janvier 1832, 24 janvier 1835, 17 janvier 1867, 3 janvier 1868, 2 janvier 1869, 13 janvier et 11 décembre 1874, 17 janvier 1875, 26 septembre 1876.

Pasquier (le baron, puis duc), 22 avril et 16 mai 1814, 26 septembre 1815, 5 septembre et 12 novembre 1816, 19 juin 1817, 19 novembre 1819, 24 septembre 1821, 3 août 1830. — Notes : 26 septembre 1815.

Passeports, 13 juin 1790, 28 mars 1792, 26 février et 24 décembre 1796, 1ᵉʳ avril et 19 octobre 1797, 11 juillet 1810.
Passy (Hippolyte), 10 novembre 1834, 22 février 1836, 12 mai 1839, 16 décembre 1843.
Passy (ville), 10 mai 1852, 20 décembre 1856, 16 juin 1859.
Pasteur (M.), 18 juillet 1874.
Pastorales, 10 janvier 1824.
Pastoret (le marquis de), 5 septembre 1797, 26 décembre 1799, 18 février 1800, 14 décembre 1809, 4 juin 1814, 26 juillet 1815, 5 novembre 1827, 17 décembre 1829, 3 août 1830, 26 octobre 1832, 26 janvier 1852. — Notes : 5 septembre 1797.
Patay, 3 avril 1872.
Patentes, 17 mars 1791, 22 juillet 1795, 23 août et 30 octobre 1796, 28 octobre 1797, 22 octobre 1798, 25 octobre 1806, 25 avril 1844, 9 avril 1872.
Paternelle (autorité), **Paternité,** 23 et 24 mars 1803, 6 décembre 1850.
Patriotiques (chants), 13 décembre 1797.
Pat(t)erson. — Notes : 2 mai 1805.
Pau, 1803-1816, 18 janvier 1816, 11 février 1820, 15 mars 1827, 30 décembre 1836, 25 octobre 1842, 30 janvier 1847, 10 mai 1852, 20 décembre 1856, 11 janvier 1862, 15 janvier et 20 février 1867, 11 décembre 1870, 23 mars 1874. — Notes : 2 juillet 1799.
Paul Iᵉʳ. — Notes : 9 décembre 1801.
Paupérisme, Pauvres, 4 novembre 1789. — Notes : 13 novembre 1828.
Pavage, 23 juin 1866.
Pavée de Vendeuvre, février 1810.
Pavillons des navires, 3 décembre 1817.
Payeurs, 1ᵉʳ novembre 1829.
Pays-Bas (voir **Hollande**), 20 octobre 1821, 17 décembre 1875, 4 janvier et 10 août 1876.
Pays étrangers, 26 juillet 1821, 27 juin 1866.
Péages, 3 janvier 1802, 1828.
Peaux, 26 juillet 1828.
Pêches, Pêcheries, Pêcheurs, 12 décembre 1790, 16 juillet 1798, 25 octobre 1806, 8 octobre 1810, 13 février 1815, 8 février et 14 août 1816, 21 octobre 1818, 21 novembre 1821, 4 janvier 1822, 24 février 1825, 15 avril et 6 décembre 1829, 11 juillet 1835, 9 juillet et 2 septembre 1836, 30 mai 1837, 27 août 1839, 6 juin 1840, 25 juin 1841, 25 février 1842, 22 juillet 1851, 9 janvier 1852, 4 avril 1857, 10 mai 1862, 31 mai 1865, 25 janvier et 27 juin 1868, 3 août 1870, 12 janvier 1875, 10 juin 1879.
Peine de mort, 26 février 1848.
Peintres, 19 juillet 1793, 31 août 1795.
Pelet (de la Lozère), 2 mars 1800, 29 juin 1814, 5 mars 1819, 22 février 1836, 1ᵉʳ mars 1840. — Notes : 2 mars 1800.
Pélissier (le maréchal, duc de Malakoff), 22 juillet 1856, 18 mars 1857, 1ᵉʳ février 1858, 23 juillet 1859.
Pelletan (Eugène), 4 septembre 1870.
Pelouze, 27 décembre 1851.
Pehin, 2 décembre 1846.

Pénitenciers, 17 février 1832, 1er septembre 1856, 24 décembre 1869, 10 février 1873.

Pensions de retraite, 22 août 1790, 4 avril 1795, 26 et 27 mars 1798, 28 avril et 29 août 1803, 18 mars 1813, 27 août 1814, 1er août 1815, 13 juillet 1820, 16 juin 1824, 12 janvier 1825, 12 mai 1826, 20 juin 1827, 24 janvier et 4 août 1828, 10 octobre 1829, 11 et 18 avril, 2 juillet et 8 septembre 1831, 17 février 1832, 7 mai 1853, 26, 28 avril et 17 juillet 1856, 25 juin 1861, 27 mars 1867, 10 avril et 5 mai 1869, 15 mars 1872, 29 mai 1875, 28 octobre 1877, 21 et 22 juin 1878, 17 août 1879.

Pensylvanie. — Notes : 26 avril 1799.

Percepteurs, 14 décembre 1789, 29 janvier, 5, 13, 15, 19, 20, 21, 22, 25, 26 et 28 mars, 1er, 3, 7, 10, 11. 18, 19 et 25 avril, 1er, 3, 4, 7, 11, 13, 15, 25 et 30 mai, 1er, 7, 8, 10, 12, 13, 17, 18, 19, 21 et 25 juin, 4, 5, 12, 16 et 22 juillet, 13, 21, 22, 24, 27 et 31 août, 21, 27 et 30 novembre, 3, 7, 21, 29 et 31 décembre 1879. (Voir **Contributions**).

Péremptions, 20 décembre 1879.

Perez, 7 juin 1874.

Pères de la Foi, 22 juin 1804.

Périer (Casimir, père et fils), 25 février 1828, 1er février 1829, 7 mars, 27, 29 et 31 juillet 1830, 13 mars 1831, 11 octobre 1871, 18 mai 1873. — Notes : 2 mai 1797, 25 février 1828.

Pérignon (le maréchal), 29 mars 1801, 22 avril 1804. — Notes : 29 mars 1801.

Périgord (le cardinal et la province de), 24 septembre 1819. — Notes : 27 mai 1795.

Périgueux, 5 août 1821, 30 décembre 1836, 25 octobre 1842, 11 juin 1845, 30 janvier 1847, 20 mai 1852, 20 décembre 1856, 11 janvier 1862, 15 janvier et 1er février 1867.

Péronne, 15 juillet 1829, 29 avril 1878.

Pérou, 26 février 1862, 17 mai 1865, 30 janvier 1867, 16 et 18 décembre 1875, 7 août et 27 octobre 1876, 29 mai 1877. — Notes : 22 octobre 1795.

Perpignan, 6 janvier 1814, 3 avril 1822, 15 mars 1827, 11 mai 1832, 30 décembre 1836, 16 novembre 1837, 25 octobre 1842, 30 janvier 1847, 2 janvier 1851, 10 mai et 24 août 1852, 20 décembre 1856, 13 mars 1858, 11 janvier 1862, 4 mars 1863, 15 janvier et 1er février 1867, 22 juin 1870, 8 février et 22 décembre 1873, 27 mai 1874.

Perregaux, 20 janvier 1858.

Perret, 1er juillet 1851.

Perse, 14 février 1857, 8 juillet 1873, 9 décembre 1875.

Persigny (de), 22 et 26 janvier 1852, 7 mai 1855, 1er février 1858, 26 novembre 1860, 9 septembre 1863.

Persil, 27 juillet 1830, 4 avril 1834, 6 septembre 1836, 7 novembre 1839. — Notes : 27 juillet 1830.

Peruwelz, 12 janvier 1870.

Pessard, 15 mai 1878.

Peste, 27 septembre 1821. — Notes : 5 avril 1819.

Pét(h)ion de Villeneuve, 4 août 1789, 28 avril 1796. — Notes : 4-11 août 1789.

Pétitions, 22 mai 1791, 16 octobre 1794, 14 août 1830.

Pétrins mécaniques, 1830.
Pétrole, 18 avril 1866, 1er février 1872, 18 juin 1873.
Peyronnet (le comte de), 14 décembre 1821, 4 janvier 1828, 19 mai 1830. — Notes : 14 décembre 1821.
Pézenas, 1801, 17 janvier 1867.
Phares, 17 août 1853.
Pharmacie, 11 avril 1803, 18 mars 1813, 7 janvier 1834, 25 juin 1840, 14 février 1841, 9 janvier 1842, 15 janvier 1843, 12 août 1852, 12 mars 1853, 1er juillet 1856, 4 août 1857, 31 décembre 1866, 31 décembre 1867, 6 juin 1868, 23 août 1873, 12 janvier, 4 février, 27 août, 8 et 19 décembre 1874, 4 juillet et 12 novembre 1875, 24 avril 1877, 20 juillet 1878.
Pharmaciens, 3 juin 1879.
Phénix (Compagnie du), 1er septembre 1819.
Philadelphie, 2 mai 1792, 21 juin 1875, 8 avril 1877.
Philippeville (d'Algérie), 4 mars 1863, 22 avril et 17 décembre 1875.
Philippeville (de Belgique), 14 février 1816. — Notes : 14 février 1816.
Philosophie, 29 juin 1863.
Phylloxéra, 22 juillet 1874, 29 novembre 1876, 15 juillet et 28 décembre 1878, 6 janvier et 2 août 1879.
Physique, 25 février 1795.
Pianos, 9 octobre 1822, 19 juillet 1826. — Notes : 9 octobre 1822.
Piastres, 30 août 1826.
Picard (Ernest), 4 septembre 1870, 19 février 1871.
Pichegru, 3 mars et 1er avril 1795, 3 avril 1796, 20 mai et 5 septembre 1797, 27 février 1816. — Notes : 3 mars 1795.
Pictet (les frères), 27 mars 1802. — Notes : 27 mars 1802.
Pie IX, 25 octobre 1876.
Pie VII, 20 août 1802, 2 avril 1814. — Notes : 20 août 1802, 22 juin 1804, 27 février 1810.
Pie VI, 24 avril 1797.
Piémont, 15 août 1799, 10 septembre 1808. (Voir **Italie** et **Sardaigne**).
Pierre Buffière. — Notes : 31 décembre 1816.
Pierrelatte, 5 août 1857.
Piétri (famille), 2 mars 1800, 9 juin 1857.
Pigeons, 4 août 1789, 24 novembre 1870, 8 janvier 1871.
Pilnitz, 20 avril 1792. — Notes : 20 avril 1792.
Pilotage, Pilotes, 12 décembre 1806, 27 août 1828, 26 juillet 1829, 11 octobre 1836, 7 avril et 17 août 1837, 4 juillet 1873, 30 juin et 28 août 1874..
Pinard, 3 novembre 1867.
Piouniers, 11 octobre 1820.
Piraterie, 10 avril 1825.
Pisciculture, 20 septembre 1868, 30 janvier 1869.
Pistolets, 23 février 1837.
Pithiviers, 8 avril 1865. — Notes : 28 juillet 1820.
Pizzo (le). — Notes : 15 mars 1806.
Placards, 21 janvier et 22 novembre 1797.
Places, 10 juillet 1791, 10 juillet 1851, 14 janvier 1853, 13 octobre 1863.

Plaisance (Italie), 18 novembre 1796, 19 février 1806, 24 mai 1808, 22 avril 1814, 24 juillet 1815, 5 mars 1819. — Notes : 18 mai 1804, 24 mai 1808.

Planelli-Lavalette, 18 décembre 1818.

Plâtre, 22 mars 1813.

Platzberg. — Notes : 12 août 1794.

Plante. — Notes de l'année 1878.

Plébiscite, 2 et 31 décembre 1851, 7 novembre 1852, 22 avril, 18 mai et 18 juin 1870.

Plichon, 15 mai 1870.

Ploërmel, 15 juin 1878.

Plomb, 26 juillet 1828.

Plongeons, 18 janvier 1829.

Pluviôse (voir **Calendrier républicain**).

Pô (le), 11 septembre 1802, 6 novembre 1804. — Notes : 11 septembre 1802, 24 mai 1808.

Poêles, 25 juillet 1795.

Poids & mesures, 18 décembre 1825, 17 avril 1839, 16 décembre 1875, 28 octobre 1876, 28 septembre 1877.

Poinçons, 11 novembre 1796, 19 avril 1837, 26 novembre 1873, 25 juin 1874, 27 juillet 1878.

Poinsot, 4 juillet 1846.

Poiré, 11 mars 1827.

Poiret, 24 décembre 1799.

Poisons, 19 juillet 1845, 29 octobre 1846.

Poisson, 22 juillet 1820, 1er mai 1822, 30 octobre 1837. — Notes : 28 juillet 1820.

Poissy, 18 janvier 1811, 3 octobre 1821.

Poitiers, 1799-1803, 25 janvier 1807, 2 février 1809, 22 mai 1815, 18 janvier 1816, 11 février et 23 décembre 1820, 21 juillet 1824, 15 mars 1827, 9 janvier et 11 mai 1832, 30 décembre 1836, 14 février 1841, 25 octobre 1842, 15 février 1845, 30 janvier 1847, 10 mai 1852, 29 novembre et 20 décembre 1856, 30 mars 1861. 11 janvier 1862, 15 janvier 1867, 3 janvier 1868, 12 décembre 1870, 31 décembre 1872, 12 août 1874, 8 octobre 1875, 31 octobre 1877.

Poix (duc de), 4 juin 1814.

Police, 22 juillet, 29 septembre et 6 octobre 1791, 23 mai 1792, 10 octobre 1794, 20 octobre 1795, 2 janvier 1796, 16 mai et 28 octobre 1798, 1er juillet, 25 et 27 octobre 1800, 15 septembre 1802, 10 juillet 1804, 10 septembre 1805, 21 janvier et 25 mars, 11, 16 mai 1814, 8 août 1815, 29 décembre 1818, 28 mars 1852, 17 janvier 1853, 17 septembre 1854, 27 février 1858, 10 octobre 1859, 30 mai 1868, 27 janvier 1873, 20 et 23 janvier 1874, 30 août 1875, 25 décembre 1878, 13 février, 5 mars et 21 mai 1879.

Polignac (famille), 22 avril et 4 juin 1814, 17 août 1815, 24 décembre 1823, 5 novembre 1827, 8 août et 17 novembre 1829, 20 août 1830. — Notes : 22 avril 1814.

Polignan, 2 octobre 1822.

Polonais, 10 février 1800.

Polytechnique (voir **École polytechnique**).

Poméranie, 23 février 1810.

Pommes de terre, 24 février 1847, 27 mars 1875, 12 août 1877, 15 novembre 1879.

Pompes funèbres, 18 août 1811.

Pompiers (voir aussi **Sapeurs-Pompiers**), 6 juillet 1801, 5 avril 1851, 17 avril et 29 juillet 1878.

Pondichéry, 11 septembre 1832, 16 janvier 1854, 5 mars et 20 juin 1878.— Notes : 26 juillet 1815.

Poniatowski (prince), 4 décembre 1854.

Pons, 15 juin 1794, 26 mars 1823, 11 août 1873.

Ponsard, 20 mai 1797.

Pont-Audemer, 11 décembre 1864.

Pontcroix, 26 mars 1823.

Pont de Beauvoisin (Savoie), 25 juin 1860, 13 février 1878.

Pont de Pany, 18 janvier 1826.

Pont de Vaux, 11 août 1800. — Notes : 10 décembre 1797.

Ponte-Corvo, 5 juin 1806. — Notes : 12 juillet 1799.

Pontificaux (Etats), 5 novembre 1867.

Pontivy, 1799-1803.

Pont Saint-Vincent, 1er août 1872.

Ponts & chaussées, 17 janvier et 17 avril 1791, 6 mars et 23 octobre 1795, 15 mars 1801, 3 janvier 1802, 25 août 1804, 10 avril 1818-1828, 19 mai 1830, 18 octobre 1831, 8 juin 1832-1834-1836, 2 mars 1836-1837, 9 janvier 1840, 25 juin 1841, 25 avril et 30 novembre 1850, 23 août 1851, 17 juin 1854, 21 décembre 1859, 7 mars 1868, 23 septembre 1873, 19 décembre 1878, 30 octobre 1879. — Notes : 15 mars 1801.

Poperinghe, 12 janvier 1870.

Population, 5 septembre 1816, 16 janvier 1822, 15 mars 1827, 11 mai 1832, 30 décembre 1836, 25 octobre 1842, 30 janvier 1847, 10 mai 1852, 20 décembre 1856, 11 janvier 1862, 15 janvier 1867, 31 décembre 1872. 27 août 1876, 31 octobre 1877, 4 mai 1878.

Pornic, 5 août 1872.

Porrentruy, 23 mars 1793. — Notes : 23 mars 1793.

Portal (le baron), 29 décembre 1818.—Notes : 29 décembre 1818.

Portalis (famille), 5 septembre 1797, 26 décembre 1799, 18 février et 22 septembre 1800, 8 octobre 1801, 18 juillet 1804, 5 février 1810, 29 juillet 1814, 23 août 1815, 4 janvier 1828, 14 mai 1829. — Notes : 5 septembre 1797, 4 janvier 1828.

Port aux perches, 6 juin 1836.

Port Boulet, 15 juin 1878.

Port d'armes, 11 juillet 1810, 17 juillet 1816.

Port de Bouc, 12 avril 1875, 6 mars 1879.

Port de Diles, 15 juin 1878.

Port d'Isigny, 15 juin 1878.

Portendic, 28 mars 1857.

Portes & fenêtres (voir **Contributions**), 24 novembre 1793.

Port Sainte-Marie, 2 janvier 1869.

Ports, 13 août et 12 octobre 1791, 24 octobre 1795, 13 mai 1818, 1er novembre 1826, 18 novembre 1827, 17 décembre 1828, 4 janvier 1854, 14 décembre 1875, 15 mars 1877, 28 juillet 1879.

Portugal, 10 décembre 1801, 23 avril 1814, 15 février 1840, 30 juin 1851, 15 mars 1853, 11 novembre 1854, 27 février 1861, 6 juin 1866, 27 juillet 1867, 9 et 16 décembre 1875, 14 juillet et 27 novembre 1879. — Notes : 12 avril 1799, 10 décembre 1801, 2 février 1803, 6 juillet 1804, 4 octobre 1826.

Port-Vendres, 19 juillet 1837, 20 janvier 1873, 29 février 1876.
Posen, 12 décembre 1806, 29 janvier 1807.
Postales (conventions) (voir aussi **Poste aux lettres**), 22
     août 1821, 31 juillet 1826, 8 mars 1829, 7 octobre 1833, 3 octo-
     bre 1835, 20 août, 30 septembre et 14 décembre 1836, 31 mars
     1838, 5 mars 1840, 25 juillet 1841, 15 juin 1842, 3 avril 1843, 28
     juillet et 30 août 1845, 8 mai 1849, 15 février 1852, 15 décembre
     1854, 20 novembre 1856, 6 juin 1866, 18 décembre 1867, 8 jan-
     vier, 19 février et 7 novembre 1868, 2 juin 1869, 19 mars, 15
     juillet et 1er août 1874.
Postales (franchises), 18 juin 1800, 6 août 1817, 14 décembre
     1825, 6 juillet 1828, 17 novembre 1844, 16 mai 1847.
Postale (réforme), 24 août 1848, 20 mai 1854.
Poste aux chevaux, 29 décembre 1794, 21 juillet, 27 et 28 dé-
     cembre 1795, 9 décembre 1798, 20 mai 1799, 6 novembre 1827,
     1er mars 1829, 25 décembre 1839.
Poste aux lettres, 22 août 1791, 24 juillet 1793, 16 janvier,
     21 juillet, 27 et 28 décembre 1795, 16 mars et 18 décembre 1799,
     16 juin 1801, 9 janvier 1822, 15 mars et 30 novembre 1827, 3 juin
     et 4 juillet 1829, 10 janvier 1830, 17 juin 1836, 20 avril 1845,
     4 juillet 1849, 8 juillet 1851, 22 juin 1853, 4 juin 1859, 18 octobre
     1862, 21 juin 1865, 26 décembre 1868, 26 septembre 1870, 24 août
     1871, 25 janvier, 6 et 23 décembre 1873, 4 janvier 1874, 3 août,
     31 octobre, 18 et 23 novembre 1875, 13 janvier, 10 juillet, 7 août
     et 21 septembre 1876, 24 et 29 mars, 23 mai et 29 décembre
     1877.
Postes & télégraphes, 27 février, 15 mars, 4, 6, 10 et 19 avril,
     8 et 13 juin, 2 et 7 juillet, et 19 novembre 1878, 14 janvier, 4 fé-
     vrier, 18 et 27 mars, 5 avril, 4, 10 et 17 mai, 16 juin, 16 août,
     22 novembre, 18 décembre 1879.
Pothuau, 19 février 1871, 13 décembre 1877, 23 février 1879. —
     Notes : 23 février 1879.
Pottet, 12 avril 1829.
Poudres de guerre & autres, 19 octobre 1791, 31 août 1794,
     30 août 1797, 16 février 1800, 12 février 1805, 15 juillet 1818,
     16 mars 1819, 25 juin 1823, 19 juillet 1829, 26 février 1839, 4 sep-
     tembre 1844, 25 juillet 1873, 27 février 1877.
Pouillet, 9 novembre 1836.
Poupart de Neuflize, 24 décembre 1823.
Pouvoirs publics, 16 juillet 1875.
Pouyer-Quertier, 25 février 1871.
Prades, 4 août 1863, 8 février 1873, 27 mai 1874.
Prado (M.), 27 octobre 1876.
Prague. — Notes : 19 juillet 1810.
Prairial (voir **Calendrier républicain**).
Praslin (ducs de), 24 juillet 1815, 21 novembre 1819. — Notes :
     24 juillet 1815, 1er février 1829. (Voir **Pairs** de France.)
Préfets (d'abord **Administrateurs** de départements), 14 juin
     1793, 15 octobre 1794, 17 avril et 7 septembre 1795, 7 et 12 mars
     1796, 17 février et 22 novembre 1800, 5 février 1810, 22 mars
     1811, 10 juin 1814, 12 et 14 juillet 1815, 26 mars 1817, 22 et
     29 novembre 1820, 15 mai 1822, 27 décembre 1826, 23 septem-
     bre 1829, 1er mai 1832, 11 juillet 1833, 11 janvier 1850, 27 et

28 mars 1852, 30 décembre 1862, 31 janvier 1871, 6 janvier, 19 avril, 20, 22 et 28 mai, 13 juin, 4 et 14 juillet, 19 et 31 décembre 1877, 24 février et 26 juillet 1878, 8, 16, 24, 26 et 28 mars, 4 mai, 4 septembre et 3 décembre 1879.

Prénoms, 1er avril et 13 août 1803.

Prés, 28 juillet 1821.

Presbourg, 26 décembre 1805. — Notes : 26 décembre 1805.

Presbytères, 3 mars 1825.

Prescription, 23 juillet 1794, 15 mars 1804, 20 décembre 1879.

Premiers-maîtres, 2 décembre 1879.

Président de la République, 24 juin 1850, 25 février 1875.

Presse (voir **Journaux**), 14 septembre 1791, 17 avril 1796, 21 octobre 1814, 28 février et 30 décembre 1817, 27 mai 1819, 17 mars 1822, 25 juillet, 2 août, 8 octobre, 29 novembre et 14 décembre 1830, 8 avril 1831, 9 septembre 1835, 11 août 1848, 27 juillet 1849, 7 août 1850, 17 février 1852, 5 juillet 1863, 8 juin 1865, 11 mai 1868, 29 décembre 1875, 3 avril et 15 mai 1878, 1er mai 1879.

Prêtres, 6 septembre 1795, 15 décembre 1799, 23 décembre 1820, 9 janvier 1853.

Prêts, 9 mars 1804, 27 août 1828, 17 octobre 1830.

Preuilly, 15 juin 1878, 30 juillet 1879.

Prensz, 10 juillet 1816.

Preuszisch-Eylau, 16 février 1807.

Prévôtales (cours), 18 octobre 1810, 20 décembre 1815.

Preyssac. — Notes : 30 mars 1806.

Prieur-Duvernois, 27 et 28 mai 1795. — Notes : 27 mai 1795.

Prilly (Mgr de), 8 novembre 1843.

Primaires (voir **Écoles primaires**), 17 novembre 1794, 16 octobre 1837.

Primes, 27 juillet 1793, 1er mars 1795, 8 février et 22 novembre 1816, 14 mai et 29 octobre 1817, 21 octobre 1818, 3 février 1819, 26 juillet et 20 août 1820, 18 janvier 1823, 20 décembre 1824, 24 février et 23 novembre 1825, 2 septembre et 1er novembre 1836.

Prince impérial (le), 26 mai 1856, 6 août 1864.

Prises, 1er octobre 1793, 3 janvier et 11 juin 1802, 28 novembre 1861.

Prisonniers de guerre, 7 août 1792, 23 février 1811.

Prisons, 17 août 1803, 3 mars et 8 décembre 1810, 24 janvier 1811, 5 janvier 1812, 4 janvier 1813, 2 avril 1817, 3 octobre 1821, 6 juin 1830, 8 septembre 1832, 27 décembre 1843, 9 janvier 1849, 25 février 1852, 17 mars 1858, 20 octobre 1863, 21 juillet 1866, 24 décembre 1869, 18 décembre 1874, 5 juin 1875.

Privas, 24 mars 1835, 11 avril 1839, 3 août 1859.

Privilèges, **Privilégiés**, 4-11 août 1789. — Notes : 29 novembre 1789.

Prix (récompenses), 11 septembre 1804, 17 mars 1840, 13 février 1872.

Procédures, **Procès**, **Procureurs généraux**, 21 octobre 1791, 16 octobre 1822, 29 juin 1867.

Procurations, 10 mars 1804.

Procureurs généraux, 3 août et 23 septembre 1877.

Professeurs (voir **Facultés, Lycées, Collèges**, etc.), 9 mars 1826, 24 août 1833, 12 octobre 1870.

Prohibitions, 29 avril 1831.

Projectiles, 30 décembre 1868.

Prony (baron de), 31 décembre 1816, 11 septembre 1835. — Notes : 31 décembre 1816.

Propriété de tout genre, 19 juillet 1793, 9 octobre 1794, 20 mai 1795, 27 janvier 1804, 10 juin 1814, 28 août 1843, 3 août et 1er octobre 1844, 13 mai 1846, 30 décembre 1850, 11 janvier et 30 juin 1851, 22 janvier et 19 octobre 1852, 27 avril 1853, 16 janvier, 4 février et 8 avril 1854, 10 août 1855, 13 juin 1856, 8 janvier 1859, 12 janvier et 22 mai 1861, 24 septembre 1862, 22 avril 1863, 28 novembre 1864, 31 janvier 1865, 14 juillet et 19 décembre 1866, 27 juillet et 5 novembre 1867, 20 février 1869, 24 juillet 1873, 3 septembre 1875, 14 juillet et 8 octobre 1879.

Prorogation des Chambres, 19 mars 1830, 27 juillet 1873.

Protection des animaux, 2 juillet 1850.

Protestants, 8 avril 1802, 22 mars 1827, 12 mars 1829, 19 janvier 1832, 22 mars 1852, 8 janvier 1853, 14 septembre 1859, 19 décembre 1870, 13 avril 1872, 7 mars 1874, 27 mars 1877. — Notes : 27 mai 1795.

Provence, 25 janvier 1810. — Notes : 27 juillet 1794, 6 février 1797.

Provinces-Unies (voir **Hollande, Pays-Bas**), 1er février 1793, 21 mai 1795.

Provins, 2 juin 1824, 28 juillet 1852.

Prud'hommes (conseils de), 16 avril et 24 août 1790, 18 mars et 3 juillet 1806, 20 juin 1807, 2 février 1808, 11 juin 1809, 20 février 1810, 6 janvier 1811, 4 mai 1812, 28 avril 1813, 26 octobre 1814-1818, 21 avril 1819, 14 juillet 1821, 21 août 1822, 26 février 1823, 26 mai 1824, 19 janvier 1825, 9 mars 1826, 5 avril 1827, 15 juillet 1829, 9 janvier 1832, 11 mars 1834, 30 mai 1835, 2 février 1836, 11 avril 1839, 20 mai 1840, 23 mai 1843, 18 juillet 1844, 9 juin 1847, 4 avril 1850, 1er juin 1853, 4 mars 1854, 21 février et 16 mars 1855, 26 avril 1856, 27 mars 1858, 27 juillet 1859, 8 décembre 1862, 7 octobre 1863, 11 décembre 1864, 10 mai 1865, 7 avril 1866, 6 mars 1867, 16 juillet 1869, 2 juillet 1873, 16 mars, 4, 6 et 12 août, et 27 novembre 1874, 20 janvier 1876, 5 mars 1877, 29 avril 1878.

Prusse, 20 avril 1792, 5 avril et 17 mai 1795, 11 mai 1804, 7 octobre 1806, 7 et 9 juillet 1807, 2 décembre 1811, 9 avril 1814, 6 février et 15 juin 1818, 21 septembre 1828, 30 septembre 1836, 19 avril 1839, 30 août 1845, 7 février et 25 juin 1853, 22 février 1855, 19 juin 1857, 20 janvier 1858, 5 janvier 1859, 31 janvier 1865, 19 décembre 1866, 17 janvier 1867. — Notes : 20 avril 1792, 12 août 1794, 3 mars 1795, 19 septembre 1797, 7 juillet 1807, 6 mai 1814, 24 juillet 1815, 14 février 1816, 3 avril 1822.

Prytanée, 22 mars 1800.

Psychologie, 25 février 1795.

Puget-Théniers, 24 octobre 1860.

Pulo-Condor, 1er juillet 1863.

Pupilles de la marine, 15 novembre 1862.

Puy-de-Dôme, 14 janvier 1813, 17 mars 1814, 21 février 1817, 18 mai 1828, 11 avril 1860, 30 mars 1872.

P (SUITE).

Puységur (le marquis de), 23 décembre 1823. — Notes : 23 décembre 1823.

Pyrénées (Basses, Hautes et Orientales), 8 et 22 août 1794, 3 mars 1795, 1802, 19 juin 1804, 9 juin 1815, 29 janvier et 23 avril 1823, 20 février 1832, 15 janvier 1833, 11 janvier 1862, 25 janvier 1865, 20 février 1867, 13 août et 14 novembre 1870, 13 juin 1875.

Q

Quadruple alliance, 9 décembre 1834.

Quarantaines, 27 septembre 1821.

Quatremère de Quincy, 20 mai et 5 septembre 1797, 26 décembre 1799, 24 octobre 1814, 31 décembre 1816. — Notes : 31 décembre 1816.

Queich, 14 mars 1793.

Quélen (Mgr de), 24 septembre 1819, 31 octobre 1822. — Notes : 24 septembre 1819.

Quesnoi (le), 14 février 1816.

Questeurs, 16 décembre 1819.

Question (torture), octobre 1789. — Notes : octobre 1789.

Quiberon, 25 mai 1814, 15 juillet 1879. — Notes : 14 juin 1794, 25 mai 1814.

Quillan, 4 mars 1863, 20 janvier 1873.

Quimper, 15 mars 1827, 17 août 1837, 30 janvier 1847, 10 mai 1852, 20 décembre 1856, 11 janvier 1862, 15 janvier 1867, 22 juillet 1879.

Quimperlé, 6 août 1830.

Quinette, 30 juin 1795.

Quinquina, 3 février 1879.

Quinsonas (de), 5 novembre 1827.

Quintin, 26 avril 1879.

R

Rabastens, 21 juillet 1856.

Rabbins, 21 mai 1802, 8 février 1831.

Rabès, 28 décembre 1868.

Rabioux, 17 janvier 1867.

Radicaux, 22 mars 1798.

Rage (ou hydrophobie), 8 septembre 1856.

Raguse (voir **Marmont**), 1er mars et 26 juillet 1815. — Notes : 25 décembre 1799, 1er mars 1815.

Rambervillers, 3 janvier 1868.

Rambouillet, 19 juillet 1811.

Rambuteau (comte de), 8 janvier 1814, 11 septembre 1835.
Rameau. — Notes : 13 mars 1879.
Ramel, 5 septembre 1797. — Notes : 5 septembre 1797.
Ramolino. — Notes : 16 décembre 1809.
Ranc, 16 décembre 1874.
Rance, 14 août 1822.
Rancié, 25 mai 1843.
Rancogne (de), 5 novembre 1827.
Rançon, 14 février 1816.
Randon (le maréchal), 24 janvier 1851, 5 mai 1859.
Raoul Rochette, 5 avril 1819. — Notes : 5 avril 1819.
Rapatriements, 7 avril 1860.
Rapp, 5 mars 1819. — Notes : 5 mars 1819.
Rastadt, 6 mai 1799.
Raucourt, 17 janvier 1867.
Rauzan, 25 septembre 1816.
Ravez, 26 juillet 1815, 5 septembre 1816, 24 janvier et 16 avril 1817, 18 décembre 1818, 8 décembre 1819, 19 novembre 1821, 8 juin 1822, 2 février et 24 décembre 1823, 31 mars et 26 décembre 1824, 5 février 1826, 5 novembre 1827, 10 août 1829, 6 juin 1830. — Notes : 26 juillet 1815.
Rayneval (de), 31 octobre 1849.
Ré (île de), 6 septembre 1800.
Rebès, 18 avril 1863
Reboisement, 28 juillet 1860, 27 avril 1861, 30 juillet et 24 août 1874.
Recensement, 27 juin 1794.
Receveurs des finances, 29 novembre 1829, 24 juillet 1878, 27 janvier, 26 février, 2, 15 et 21 mars, 2 et 11 avril, 8 juin, 27 juillet et 22 août 1879.
Receveurs-percepteurs, 7 et 21 avril, et 21 novembre 1879.
Récoltes, 28 juin 1794.
Récompenses, 25 décembre 1799, 5 avril 1801, 2 février 1819, 13 décembre 1830, 22 mars 1846, 12 juin 1861, 28 mars 1866, 18 juillet 1874.
Recrutement, 18 mars 1818, 9 juin 1824, 17 février 1832, 1er janvier 1835, 1er février 1868, 27 juillet 1872, 9 et 31 décembre 1875.
Recteurs (d'académie,) 17 mars 1854.
Rédhibitoires (vices), 20 mai 1838.
Redon, 9 août 1839.
Réélections, 12 septembre 1830.
Réforme, 28 avril et 29 août 1803, 15 juin 1812, 5 février 1823, 2 novembre 1828, 8 février 1829, 20 mai 1854, 3 juillet 1879.
Réfractaires, 28 février 1809, 12 janvier et 5 avril 1811, 12 janvier 1812.
Refuge (maisons de), 25 décembre 1810, 29 juin 1811.
Réfugiés, 30 septembre et 8 octobre 1794, 17 avril, 16 juin et 15 août 1799, 19 juillet et 23 décembre 1831, 21 avril 1832.
Régence, 30 août 1842, 17 juillet 1856, 1er février 1858, 23 février 1870.
Régent (le). — Notes : 24 octobre 1814.
Reggio (voir **Oudinot**), 26 juillet et 9 octobre 1815, et 6 juin 1830. — Notes : 26 juillet 1815.

Régiments, 21 décembre 1808, 12 mai 1814, 23 octobre 1820, 2 février 1823, 17 août 1828, 19 février et 4 mai 1831, 14 février 1854, 24 février 1855, 1856, 29 septembre 1873.

Registres de l'état civil, 26 novembre 1823.

Regnaud-de-Saint-Jean d'Angély (famille), 25 décembre 1799, 6 juillet 1804, 24 juillet 1815, 9 janvier 1851. — Notes : 25 décembre 1799.

Regnault (le général), 13 juin 1850.

Regnier, 14 septembre 1802, 15 août 1809. — Notes : 14 septembre 1802.

Réhabilitation, 8 janvier 1823, 1er mars 1852, 19 mars 1864, 7 septembre 1870.

Reichenbach. — Notes : 30 mars 1806.

Reichshoffen, 1er août 1860.

Reichstadt (le duc de). — Notes : 5 février 1813.

Reignier, 25 juin 1860.

Reille, 5 mars 1819, 17 septembre 1847. — Notes : 5 mars 1819.

Reims, 1799, 1801, 1803, 2 avril 1804, 11 juin 1809, 15 janvier et 4 juin 1814, 4 janvier et 1er mars 1815, 22 janvier 1817, 30 mars 1820, 19 octobre 1821, 6 février et 31 octobre 1822, 28 mai 1825, 15 mars 1827, 11 mars 1832, 6 mai et 30 décembre 1836, 25 octobre 1842, 30 janvier 1847, 10 mai 1852, 12 mars 1853, 20 décembre 1856, 11 janvier 1862, 4 mars 1863, 15 janvier 1867, 31 décembre 1872, et 6 juin 1879, 31 octobre 1877. — Notes : 27 mai 1795, 5 septembre 1797.

Reine des Belges (la), 19 mai 1837.

Reinhard (le comte), 6 mars 1833.

Religieuses & religieux, nonnes & moines, 19 février 1790, 23 avril 1793, 16 juin 1801, 1803, 8 août 1803, 22 juin et 30 juillet 1804, 25 mars 1805, 25 janvier 1807, 3 août 1808, 18 février 1809, 5 juin 1810, 6 janvier 1811, 18 février 1812, 5 janvier 1813, 1816, 1817, 20 mai 1818, 1819, 10 mars, 24 mai et 17 août 1825, 29 janvier 1826, 3 janvier 1827, 13 janvier 1828, 1829, 4 avril 1830, 19 septembre 1833, 1834, 1835, 1836, 1837, 1838, 1839, 1840, 1841, 1842, 1843, 1844, 1845, 1846, 1847, 1848, 1849, 1850, 1851, 1852, 1853, 1854, 1855, 1856, 1857, 1858, 1859, 1860, 1861, 1862, 1863, 1864, 1865, 12 septembre et 13 décembre 1866, 17 janvier 1867, 1868, 1869, 1870, 1871; 17 et 22 février, 10 mai, 24 juillet, 15 octobre et 17 décembre 1872, 1873, 1874, 1875, 3 mars et 26 mai 1879.

Religions (voir **Cultes**), 14 septembre 1791, 10 juin 1814.

Remèdes secrets, 18 août 1810.

Remiremont, 1er août 1860, 3 août 1862, 4 mars 1863, 21 juin 1873, 25 février 1877.

Remonte, 11 avril 1831, 17 février 1832, 12 novembre 1835, 29 mai 1874.

Remplacement, 14 août 1816, 14 novembre 1821, 28 janvier 1837, 24 janvier 1855, 16 juillet 1870.

Rémuzat (de), 12 juillet 1815, 5 février 1817, 8 septembre 1836, 1er mars 1840, 2 août 1871.

Renaud (Cécile), 15 juin 1794. — Notes : 14 juin 1794.

Renault, 16 août 1859.

Rendu. 28 juillet 1820. — Notes : 22 juillet 1820.

René (le roi). — Notes : 13 novembre 1828.

Rengagements, 17 février 1832, 15 janvier 1837, 24 janvier 1855, 29 avril 1869, 18 juin 1873.

Rennes, 1801, 1803, 2 avril 1804, 2 février 1809, 21 juin 1811, 5 janvier 1812, 4 janvier 1815, 1816, 18 janvier 1816, 5 février 1817, 11 février 1820, 15 mars 1827, 27 janvier 1830, 16 février 1831, 11 mai 1832, 30 décembre 1836, 12 décembre 1837, 24 août 1838, 25 juin 1840, 14 février 1841, 25 octobre 1842, 25 juillet 1844, 30 janvier 1847, 21 juin 1850, 10 mai 1852, 20 décembre 1856, 15 mai 1859, 11 janvier et 8 décembre 1862, 15 janvier 1867, 31 décembre 1872, 12 janvier 1874, 31 octobre 1877, 31 mars et 3 avril 1878. — Notes : 26 juillet 1795, 26 décembre 1799.

Renouard de Bussierre, 5 août 1821, 6 juin 1830.

Renouard, 28 janvier 1877.

Rentes, 4 août 1789, 13 mai 1794, 14 mars 1852.

Représentants du peuple, 28 juillet et 13 août 1794, 1er et 4 avril, 20, 27 et 28 mai, 1er et 30 juin, 8, 9 et 30 août, 26 septembre, 17 et 23 octobre 1795, 1er juin 1815, 21 janvier 1851.

République, 20 septembre 1792, 24 février 1848, 4 septembre 1870.

Réquisitions, 9 novembre 1794, 22 janvier 1795, 20 décembre 1799, 1er octobre 1870, 3 juillet 1877, 20 décembre 1878, 25 février 1879.

Réserve, 14 mai 1805, 5 juillet 1833, 1er janvier 1836. (Voir **Armée**).

Restitutions, 9 juin 1795.

Réthel, 19 janvier 1825.

Retraite, 29 octobre 1800.

Réunion (île de la) (voir **Bourbon**), 19 mars 1793, 22 novembre 1801, 2 février 1803, 18 décembre 1850, 12 juillet 1851, 16 janvier 1854, 27 janvier 1855, 18 août 1860, 5 juillet 1863, 4 juillet 1866, 4 juillet 1873, 9 janvier, 6 mars et 24 juin 1877, 31 mai et 7 novembre 1879. — Notes : 30 septembre 1827.

Réunions publiques, 6 juin 1868.

Reusz (principautés de), 27 avril 1853.

Révolte, 9 novembre 1815.

Revues, 29 janvier et 15 mars 1800, 25 décembre 1837.

Rewbell, 16 mai 1799. — Notes : 16 mai 1799.

Rhin (Bas et Haut), 14 mars 1793, 3 mars 1795, 1802, 11 décembre 1806, 29 janvier 1807, 24 avril 1810, 22 avril 1823, 4 mars 1833, 3 juillet 1838, 17 janvier 1867, 2 janvier 1869, 29 juillet 1870. — Notes : 28 mars 1807, 31 juillet 1830.

Rhône, 19 novembre 1793, 20 mai 1797, 11 juin 1809, 6 janvier 1811, 14 janvier 1813, 26 janvier 1825, 9 janvier 1832, 31 mai 1846, 4 avril 1850, 30 avril 1862, 3 janvier et 6 mai 1868, 17 décembre 1872, 1er août 1874, 3 décembre 1875, 4 avril 1876, 13 mai 1878. — Notes : 31 décembre 1816.

Riant (Léon), 29 mai 1877.

Ricard, 9 mars 1876.

Richard (Maurice), 2 janvier 1870.

Richelieu (le duc de), 4 juin 1814, 4 février 1816, 2 février 1819, 20 février et 14 août 1820. — Notes : 4 juin 1814.

Rigault de Genouilly, 14 mars 1860, 20 janvier 1867, 17 juillet 1869, 2 janvier et 3 août 1870.

Rigny (de), 8 août 1827, 31 juillet 1830, 13 mars 1831, 4 avril et 18 novembre 1834. — Notes : 8 août 1829.

Rio Janeiro. — Notes : 4 octobre 1826.

Riom, 14 janvier 1813, 11 février 1820, 15 mars 1827, 11 mai 1832, 13 décembre 1836, 25 octobre 1842, 30 janvier 1847, 10 mai 1852, 20 décembre 1856.

Rio Salado, 14 février 1859.

Rippach. — Notes : 30 mars 1806.

Rivecourt, 14 décembre 1877.

Rive de Gier, 25 juin 1818, 8 avril 1832, 25 octobre 1842, 30 janvier 1847, 10 mai 1852, 20 décembre 1856. — Notes : 26 juillet 1815.

Rivière (le marquis de), 24 décembre 1823, 5 novembre 1827. — Notes : 24 décembre 1823.

Rivières, 4 mars 1868.

Riz, 22 novembre 1816, 24 février 1847.

Roanne, 2 avril 1804, 5 février 1823, 21 mai 1827, 27 août 1828, 11 octobre 1830, 31 mars 1835, 25 octobre 1842, 23 mai 1843, 30 janvier 1847, 10 mai 1852, 20 décembre 1856, 11 janvier 1862, 9 janvier 1864, 15 janvier 1867, 8 janvier 1874.

Robespierre (Maximilien), 27 juillet et 9 novembre 1794. — Notes : 14 et 27 juin, 27 juillet 1794, 5 avril, 27 mai, 1er juin et 24 juillet 1795, 28 avril et 24 mai 1796, 5 septembre 1797.

Robespierre (jeune), 27 juillet 1794. — Notes : 27 juillet 1794.

Rochambeau, 3 janvier 1803. — Notes : 3 janvier 1803.

Roche (la), 25 juin 1860.

Rochefort, 1799, 26 juillet 1800, 1801, 16 janvier 1804, 6 janvier et 7 avril 1814, 15 mars 1827, 11 mai 1832, 30 décembre 1836, 9 août 1839, 25 octobre 1842, 30 janvier 1847, 10 mai 1852, 20 décembre 1856, 11 janvier et 6 juillet 1862, 15 janvier 1867, 2 janvier 1869, 13 août 1870. — Notes : 6 juillet 1804.

Rochefort (de, 4 septembre et 8 novembre 1870.

Rochette (la), 25 juin 1860.

Rocroy, 14 février 1816.

Rodez, 1801-1803, 30 janvier 1847, 10 mai 1852, 20 décembre 1856, 8 juillet 1861, 11 janvier 1862, 4 mars 1863, 15 janvier et 1er février 1867, 20 janvier 1873 et 27 décembre 1879.

Rœderer (comte), 12 mars et 14 septembre 1802, 11 octobre 1832. — Notes : 12 mars 1802.

Roër, 3 mai 1804.

Roger de Damas, 22 avril 1814.

Roger-Ducos, 19 juin et 22 novembre 1799.

Rohan (famille de), 15 juin 1794, 24 décembre 1823, 11 septembre 1835, 29 août 1874. — Notes : 24 décembre 1823.

Rohault de Fleury, 17 septembre 1822.

Roisel, 15 juillet 1829.

Roland (Mme). — Notes : 28 avril 1796.

Rollé, 20 janvier 1828.

Romain des Fossés, 31 octobre 1849.

Romaine (légion), 28 août 1866.

Romains (Etats), 17 février 1810.
Romans (ville), 10 mai 1852, 20 décembre 1856, 11 janvier 1862, 15 janvier 1867.
Rome, 9 février 1799, 30 août 1828, 1er juillet 1851, 13 février 1872. — Notes : 19 avril 1797, 16 décembre 1809, 5 février 1813, 31 décembre 1826.
Romieu, 6 août 1830.
Romilly-sur-Seine, 11 décembre 1864.
Romme, 24 mai 1795. — Notes : 23 novembre 1792.
Romorantin, 16 mars 1851.
Roquebrune, 13 février 1861.
Roquesteron, 24 octobre 1860.
Roquossels, 17 janvier 1867.
Rosamel (de), 6 septembre 1836, 7 novembre 1839.
Roscoff, 22 juillet 1879.
Rosières, 4 août 1805.
Rosparden, 22 juillet 1879.
Rossi, 8 août 1838, 7 novembre 1839.
Rossignol, 2 août 1794, 4 janvier 1801. — Notes : 2 août 1794.
Rothschild (famille), 14 mai 1817.
Roubaix, 2 avril 1804, 20 février 1810, 15 mars 1827, 11 mai 1832, 30 décembre 1836, 25 octobre 1842, 30 janvier 1847, 10 mai 1852, 20 décembre 1856, 11 janvier 1862, 15 janvier et 1er février 1867, 30 janvier 1869, 15 septembre 1871, 31 décembre 1872, 30 septembre 1875, 16 septembre 1876, 31 octobre 1877.
Rouen, 1799, 1801, 1802, 24 décembre 1802-1803, 20 juin 1807, 16 janvier 1808, 5 avril 1813, 15 janvier 1814, 9 juin 1815, 18 janvier 1816, 22 juillet 1818, 11 février et 30 mars 1820, 14 mars 1821, 13 juillet 1825, 22 novembre 1826, 15 mars 1827, 11 mai 1832, 30 décembre 1836, 7 avril 1837, 6 mars 1838, 9 août 1839, 15 juillet 1840, 14 février 1841, 11 juin et 25 octobre 1842, 22 juin 1845-1846, 30 janvier 1847, 27 avril 1848, 10 mai et 8 juillet 1852, 30 mars 1855, 20 décembre 1856, 11 janvier 1862, 15 janvier 1867, 3 janvier 1868, 2 janvier 1869, 31 décembre 1872, 11 mars 1873, 14 décembre 1875, 31 octobre 1877, 6 avril et 19 juin 1878. — Notes : 3 avril et 13 mai 1814.
Rouergue. — Notes : 26 décembre 1799.
Rouffach. — Notes : 28 mai 1807.
Rougemont-le-Château, 24 mai 1877.
Rouher, 31 octobre 1849, 10 avril, 2 et 3 décembre 1851, 11 février 1852, 3 février 1855, 9 février 1856, 23 juin et 18 octobre 1863, 20 janvier 1867, 16 mars 1869.
Roulage, 19 mai 1802, 23 juin 1806, 22 novembre 1820, 24 mai 1837, 30 mai 1851, 10 août 1852.
Rouland, 13 août 1856, 14 novembre 1859, 18 octobre 1863, 28 septembre 1864, 22 janvier 1879. — Notes de l'année 1878, 22 janvier 1879.
Roumanie, 28 avril 1856, 7 octobre 1858.
Rousseau (Jean-Jacques), 15 septembre 1794. — Notes : 15 septembre 1794.
Roussin (le vice-amiral), 11 octobre 1832, 4 avril 1834, 1er mars 1840, 7 février et 24 juillet 1843, 23 novembre 1877.
Roussy (de), 25 octobre 1870.

Routes, 28 mars 1800, 15 janvier et 29 août 1801, 16 décembre 1811, 14 juillet 1812, 12 mai 1825-1828, 1er juin 1828, 12 novembre 1833.

Rouval, 14 octobre 1803.

Rouvier, 22 novembre 1877.

Rovère, 16 octobre 1795. — Notes : 16 octobre 1795.

Rovigo (duc de), 18 mars 1806, 24 juillet 1815. — Notes : 30 mars 1806.

Roy, 6 juin et 12 novembre 1817, 7 décembre 1818 19 novembre 1819, 4 janvier 1828. — Notes : 6 juin 1817.

Royalistes, 27 juillet 1794, 25 septembre. 5 et 21 octobre, et 5 novembre 1795, 5 et 7 septembre 1797, 22 et 29 mars, et 1er avril 1798, 3 et 5 septembre 1799, 24 février et 4 avril 1815.

Royan, 11 août 1873.

Royauté, 10 juin 1814.

Roye, 14 décembre 1877.

Royer (de), 16 novembre 1857, 5 mai 1859, 1er février 1863.

Royer-Collard, 20 mai 1797, 29 juin 1814, 23 août 1815, 5 septembre 1816, 24 janvier et 12 novembre 1817, 25 février 1828, 1er février 1829, 7 mars 1830. — Notes : 20 mai 1797.

Rues, 26 mars 1852.

Ruffec, 17 juillet 1831, 3 janvier 1868.

Ruffieux, 25 juin 1860.

Ruhl, 27 et 28 mai 1795. — Notes : 27 mai 1795.

Rulhière, 2 juin 1849.

Rumilly, 25 juin 1860, 21 mai 1861.

Ruremonde. — Notes : 29 juin 1794.

Russie, 9 décembre 1801, 7 juillet 1807, 4 septembre 1808, 14 octobre 1809, 8 avril 1814, 15 juin 1818, 19 avril 1839, 31 décembre 1841, 17 novembre 1846, 27 mars et 21 avril 1854, 9 mars 1855, 28 avril 1856, 14 février 1857, 22 mai 1861, 25 février 1865, 11 juin 1870, 18 mars 1873, 19 mars, 1er avril et 17 juin 1874, 9 et 16 décembre 1875. — Notes : 9 décembre 1801, 11 mai et 6 juillet 1804, 7 décembre 1805, 8 août 1829.

S

Saarbrück ou **Sarrebrück**, 30 mai 1814, 17 janvier 1867.

Saarlouis ou **Sarrelouis**, 14 février 1816. — Notes : 6 mai 1814, 14 février 1816.

Sablé, 27 février 1879.

Sablonnière, 22 janvier 1879.

Sabran (de), 5 novembre 1827.

Sacre (de Charles X), 4 mai 1825.

Sacrilège (loi contre le), 20 avril 1825, 11 octobre 1830.

Sacy (Sylvestre de), 24 octobre 1811, 11 octobre 1832. — Notes : 24 octobre 1811.

Sadi-Carnot, 28 août 1878, 4 février et 30 décembre 1879. — Notes : 4 février 1879.

Saglio, 5 août 1821.
Sahara, 13 julllet 1879.
Saïda, 2 mai 1874.
Saïgon, 28 avril 1869, 4 août 1874, 15 mai et 6 juillet 1875, 8 janvier 1877.
Sainte-Adelaïde, 4 décembre 1846.
Saint-Albin (de), 6 juin 1830.
Saint-Amand, 11 janvier 1862, 15 janvier 1837, 26 octobre 1871, 23 mars 1878.
Saint-Ambroix, 7 juin 1854.
Saint-Amour, 1800.
Saint-Antoine, 1er septembre 1856.
Saint-Barthélemy, 2 mars 1878.
Saint-Brieuc, 29 juin 1811, 12 mai 1819, 30 décembre 1836, 17 août 1837, 25 octobre 1842, 30 janvier 1847, 10 mai 1852, 11 janvier 1862, 4 mars 1863, 15 janvier et 1er février 1867.
Saint-Calais, 17 janvier 1867, 31 juillet 1871.
Saint-Chamond, 2 avril 1804, 6 janvier 1811, 15 janvier 1823, 20 décembre 1856, 15 janvier 1857.
Saint-Chinian, 17 janvier 1867.
Saint-Ciers-la-Lande, 3 février 1877.
Saint-Cloud, 9 novembre 1799, 25 octobre 1800, 2 juin 1804.
Saint-Cloud (Algérie), 4 décembre 1846, 6 juillet 1850.
Saint-Cricq (de), 17 août et 5 octobre 1815, 5 septembre 1816, 24 décembre 1823, 4 et 20 janvier 1828.
Saint-Cyr, 8 octobre 1803, 23 septembre 1814, 23 septembre 1815, 26 septembre 1821, 17 février 1832, 21 octobre 1840, 7 mai 1841, 11 août 1850, 14 janvier 1853, 14 février 1854, 24 janvier 1855.— Notes : 23 septembre 1815.
Saint-Denis (Seine), 20 février 1806, 9 mars, 16 mai et 23 décembre 1816, 30 janvier 1847, 22 mars et 10 mai 1852, 22 décembre 1853, 14 août 1857, 11 janvier 1862, 15 janvier 1867, 3 janvier 1868, 24 novembre 1874, 31 octobre 1877. — Notes : 20 mars 1815.
Saint-Denis du Sig, 5 décembre 1857, 4 mars 1863.
Saint-Denis-lès-Martel, 3 janvier 1860.
Saint-Dié, 1er août 1860, 15 janvier 1867, 10 août 1874, 5 mars 1877.
Saint-Dizier, 2 février 1809, 1er mars 1815, 1846, 26 mars 1852, 15 janvier 1867, 8 avril 1879.
Saint-Domingue (voir aussi **Haïti**), 1er août 1795, 7 juillet 1797, 22 novembre 1801, 3 janvier 1803, 17 avril 1825, 20 septembre 1828, 6 janvier 1831, 10 juin 1848. — Notes : 18 février 1800, 8 juillet 1804, 11 juillet 1815.
Saint-Esprit, 3 février et 9 juin 1816.
Saint-Esprit-lès-Bayonne, 3 janvier 1801.
Sainte-Aldegonde (de), 5 novembre 1827.
Sainte-Amaranthe (de), 15 juin 1794. — Notes : 27 juillet 1794.
Sainte-Barbe, 4 décembre 1846.
Sainte-Barbe de Tlélan, 30 novembre 1874.
Sainte-Beuve, 28 avril 1865.
Sainte Garde des Champs, 17 mars 1824.
Sainte-Hélène. — Notes : 18 novembre 1813, 6 mai 1814.

Sainte-Lucie (île), 26 mai 1802, 20 février 1803. — Notes : 26 mai 1802.

Sainte-Marguerite (île), 16 janvier 1874.

Sainte-Marie-aux-Mines, 30 décembre 1836, 30 janvier 1847, 4 mars 1863, 17 janvier 1867.

Sainte-Marie de Madagascar, 30 janvier 1852.

Saintes, 1799, 15 mars 1827. 30 juin 1847, 10 mars 1852, 20 décembre 1856, 11 janvier et 16 juillet 1862, 15 janvier 1867. — Notes : 25 mars 1792, 24 octobre 1814.

Saint-Étienne (Alpes-Maritimes), 24 octobre 1860.

Saint-Étienne (Loire), 1802, 2 avril 1804, 20 février 1810, 2 août 1816, 5 février 1823, 15 mars 1827, 7 mars et 7 juin 1831, 11 mai 1832, 15 avril 1834, 10 mai 1836, 11 février et 25 octobre 1842, 30 janvier 1847, 10 mai 1852, 25 juillet 1855, 20 décembre 1856, 11 janvier 1862, 28 mai 1864, 15 janvier 1867, 31 décembre 1872, 31 octobre 1877.

Saint-Eugène, 4 décembre 1846.

Saint-Félix de Valence, 1803.

Saint-Gall, 20 mars 1847.

Saint-Gaudens, 18 avril 1821.

Saint-Génis, 25 juin 1860.

Saint-Génix-d'Aoste, 19 août 1877.

Saint-Germain-en-Laye, 11 juillet 1814, 21 juillet 1824, 15 mars 1827, 11 mai et 24 juillet 1832, 9 juillet 1835, 30 décembre 1836, 25 octobre 1842, 10 mai 1852, 11 janvier 1862, 15 janvier 1867.

Saint-Germer, 24 février 1825.

Saint-Gervais, 25 juin 1860.

Saint-Gilles, 15 janvier 1823, 19 juillet 1837.

Saint-Gobin ou **Gobain**, 23 avril 1856.

Saint-Hippolyte, 8 février 1812, 27 décembre 1879.

Saint-Honoré (rue) à Paris), 18 juillet 1824.

Saint-Jean-d'Angély, 23 janvier 1813, 15 janvier 1823.

Saint-Jean-de-Losne, 8 février 1812, 18 janvier 1826.

Saint-Jean-de-Maurienne, 25 juin et 22 décembre 1860.

Saint-Jean en Royans, 16 janvier 1869.

Saint-Jeorre, 25 juin 1860.

Saint-Julien, 25 juin 1860. — Notes de l'année 1879.

Saint-Junien, 10 mai 1865.

Saint-Just, 27 juillet 1794. — Notes : 27 juillet 1794.

Saint-Laurent de la Monga. — Notes : 22 août 1794.

Saint-Lazare, 3 février 1816.

Saint-Leu (Algérie), 4 décembre 1846.

Saint-Lizier, 2 février 1809.

Saint-Lô, 25 mars 1805, 28 janvier 1854, 29 novembre 1856.

Saint-Louis, 9 août 1820, 4 décembre 1846. — Notes : 13 novembre 1828.

Saint-Maixent, 2 février 1809, 17 mars 1824.

Saint-Malo, 1801, 11 juin 1802, 1803, 17 juillet 1831, 19 juillet et 17 août 1837, 30 janvier 1847, 28 décembre 1856, 11 janvier 1862, 15 janvier 1867. — Notes : 11 juin 1802, 26 juillet 1815.

Saint-Martin, 11 mai 1879.

Saint-Martin (canal), 5 août 1821.

Saint-Martin de Ré, 15 janvier 1823.

Saint-Martin-Lantosque, 24 octobre 1860.

Saint-Maur, 25 janvier 1853.

Saint-Maurice, 21 juin 1873.

Saint-Michel, 9 juin et 31 décembre 1816, 25 juin 1860.

Saint-Nazaire, 12 novembre 1850, 3 juillet 1857, 11 janvier 1862, 7 avril 1866, 15 janvier 1867, 3 et 22 janvier 1868, 5 janvier 1875, 21 mai et 18 juillet 1879.

Saint-Omer, 1801, 15 mars 1827. 11 mai 1832, 30 décembre 1836, 25 octobre 1842, 11 juin 1845, 30 janvier 1847, 10 mai 1852, 20 décembre 1856, 11 janvier 1862, 10 mai 1865, 15 septembre 1871.

Saint-Ouen, 2 mai 1814, 24 novembre 1874.

Saint-Pétersbourg, 30 décembre 1868, 9 décembre 1875, 25 juin 1876, 23 février 1979.

Saint-Pierre, 30 juillet 1879.

Saint-Pierre (île), 26 juillet 1833, 18 septembre 1844, 30 juillet 1873, 28 septembre 1874.

Saint-Pierre d'Albigny, 25 juin 1860.

Saint-Pierre-lès-Calais, 30 janvier 1847, 10 mai 1852, 20 décembre 1856, 11 janvier 1862, 15 janvier 1867, 27 octobre 1877

Saint-Pierre-sur-Dives, 22 mai 1878.

Saint-Pons, 26 mars 1823, 7 janvier 1863.

Saint-Quentin, 2 avril 1804, 2 février 1808, 23 décembre 1809, 15 janvier 1814, 21 décembre 1815, 21 juillet 1824, 15 mars et 29 mai 1827, 11 mai 1832, 5 mai 1833, 30 décembre 1836, 16 octobre 1837, 25 octobre 1842, 8 mars 1845, 30 janvier 1847, 10 mai 1852, 12 mars 1853, 20 décembre 1856, 11 janvier 1862, 15 janvier 1867, 12 janvier 1870, 31 décembre 1872, 8 novembre 1877. — Notes : 1er mai 1879.

Saint-Rambert, 13 janvier 1855, 4 mars 1863.

Saint-Rémy, 12 janvier 1870.

Saint-Robert, 8 mars 1812.

Saint-Sauveur, 24 octobre 1860.

Saint-Sébastien. — Notes : 8 août 1794.

Saint-Servan, 19 septembre 1833, 19 juillet 1837, 25 octobre 1842, 20 décembre 1856, 11 janvier 1862, 15 janvier 1867.

Saint-Siége (le), 31 mars 1838.

Saint-Symphorien, 12 janvier 1870, 24 mars 1876, 4 octobre 1877.

Saint-Trond, décembre 1814. — Notes : 24 septembre 1797.

Saint-Valéry-sur-Somme, 7 avril et 19 juillet 1837, 17 octobre 1854.

Saint-Victor, 21 mars 1879.

Saint-Vallier (comte de), 23 décembre 1877.

Saint-Waast-le-Haut, 9 juillet 1835, 31 janvier 1841.

Saint-Yon, 25 janvier 1810.

Saint-Yrieix, 21 juillet 1860.

Sainville, 31 juillet 1871.

Saisies, 24 mai 1842.

Saisset, 25 mai 1879. — Notes : 25 mai 1879.

Salaberry (de), 24 décembre 1823.

Saladin, 16 octobre 1795, 18 février 1800. — Notes : 16 octobre 1795.

Salette (Notre-Dame de la), 13 décembre 1879.

Salicet(t)i, 27 et 28 mai 1795. — Notes : 27 mai 1795.

Salins, 31 mars 1835, 1846, 12 février 1852.

Sallanches, 25 juin 1860.

Salles d'asile, 22 décembre 1837, 17 mars 1854, 21 mars 1855, 25 mars 1879.

Salm (principauté de), 2 mars 1793.

Salpêtre, 19 octobre 1791. 30 août 1797, 16 février 1800, 16 mars 1813, 15 juillet 1818, 10 mars 1819, 19 juillet 1829, 26 février 1839.

Salubrité (cordon et police sanitaires), 15 octobre 1810, 27 septembre 1821, 3 mars 1822, 9 février 1825, 5 novembre 1826, 20 septembre 1828, 13 avril 1850. 27 mai 1853, 4 février 1854, 31 décembre 1866, 27 février 1877.

Salvandy (de), 15 avril 1837, 1er février 1845, 11 septembre 1846.

Salverte (Eusèbe), 27 juillet 1830.— Notes : 27 juillet 1830.

Salzbourg, 14 octobre 1809.

Samaëns, 25 juin 1860.

Sambre, 29 juin 1794, 3 mars et 1er octobre 1795.

Samosate, 24 septembre 1819. — Notes : 24 septembre 1819.

San Fernando, 19 février 1847.

Sandwich (îles), 21 janvier 1860.

San Salvador, 21 janvier 1860, 11 mai et 27 octobre 1876, 3 août 1879. — Notes : 3 août 1879.

Sanscrit, 9 janvier 1832.

Sans-culotides (jours), 12 et 20 septembre 1794, 24 août 1795.

Santenay, 23 janvier 1864.

Santé (officiers de, médecins et chirurgiens militaires), 4 décembre 1797, 14 février 1798, 29 septembre 1799, 17 juillet 1835.

Saône (la), 3 avril 1879.

Saône (Haute et Saône-et-Loire), 20 mai 1797, 1801, 24 janvier 1811, 7 avril et 6 août 1830, 19 juillet 1837, 8 juillet 1840, 30 avril 1862, 31 décembre 1866, 8 et 16 janvier, et 11 décembre 1874.

Sapeurs-Pompiers, 18 septembre 1811, 7 novembre 1821, 29 décembre 1824, 20 janvier 1832, 23 septembre 1841, 10 février 1855, 31 octobre 1856, 7 décembre 1859, 5 décembre 1866, 29 décembre 1875.

Sardaigne, 19 mai 1796, 26 octobre 1797, 6 décembre 1798, 6 novembre 1817, 11 décembre 1820, 26 septembre 1835, 31 mars et 23 mai 1838, 5 septembre 1840, 28 août 1843, 13 mai 1846, 30 décembre 1850, 8 février 1851, 2 juin 1852, 7 février 1853, 9 mars 1855, 12 avril 1856, 5 janvier et 3 mai 1859, 14 janvier 1860, 31 mars 1861. — Notes : 6 décembre 1798. (Voir **Italie**.)

Sarlat, 12 novembre 1849.

Sarralbe, 2 janvier 1869.

Sarrasin, 28 janvier 1847.

Sarre ou **Saar**, 13 avril 1867.

Sarrebourg, 3 janvier 1868, 27 février 1869.

Sarreguemines, 7 janvier 1867, 3 janvier 1868, 2 janvier 1869. — Notes : 19 avril 1801.

Sarthe, 5 avril 1795, 4 mai 1812, 22 avril 1814, 21 février 1827, 31 mai 1846, 11 avril 1874. — Notes : 23 septembre 1815.

Sartine, 15 juin 1794.

Sartoris, 9 juillet 1817.

Sathonay, 12 janvier 1861, 4 mars 1863, 1er août 1874.
Saulcy (de), 14 novembre 1859.
Saumur, 9 avril et 23 décembre 1814, 20 mars 1822, 11 novem-
  bre 1824, 10 mars 1825, 22 janvier 1827, 11 mai 1832, 30 décem-
  bre 1836, 25 octobre 1842, 7 novembre 1845, 30 janvier 1847,
  10 mai 1852, 14 janvier 1853, 20 décembre 1856, 11 janvier 1862,
  15 janvier 1867.
Saussay-la-Vache, 22 novembre 1874.
Sauvetage, 21 octobre 1818, 20 décembre 1871.
Sauzet, 22 février 1836.
Savants, 8 octobre 1794.
Savary, 18 mars 1806. — Notes : 30 mars 1806.
Savenay, 22 janvier 1868.
Savigneux, 2 février 1809.
Savoie, 27 novembre 1792, 27 novembre 1859, 11, 13 et 25 juin
  1860, 21 mai 1861, 21 juin 1875. — Notes de l'année 1878.
Savoie-Rollin, 8 décembre 1819.
Savon, 8 janvier 1874.
Savone, 6 juin 1805.
Savy-Berlette, 3 juin 1876.
Saxe (royaume et grands-duchés), 11 décembre 1806, 27 et
  29 janvier, et 7 juillet 1807, 27 novembre 1850, 31 janvier 1851,
  27 avril 1853, 13 juin 1856 et 23 mars 1868.
Say (famille), 12 mars 1831, 10 mars 1875, 9 mars 1876, 13 dé-
  cembre 1877, 4 février 1879.
Sayn-Wittgenstein, 11 mai 1804. — Notes : 11 mai 1804.
Scaferlati, 28 mai 1879.
Sceau des titres, 8 janvier 1859.
Sceaux, 3 août 1844.
Schérer, 3 mars 1795. — Notes : 3 mars 1795.
Scheveningen, 10 juin 1840.
Schlestadt, 4 mars 1863.
Schirmeck, 12 janvier 1870.
Schneider (du Creuzot), 24 janvier et 12 décembre 1851, 2 avril
  1867, 18 mars 1868, 16 mars 1869.
Schneider (le général), 12 mai 1839.
Schœnbrunn, 23 décembre 1805, 15 août 1809. — Notes : 23 dé-
  cembre 1805.
Schonen, 29 juillet 1830.
Schwarzbourg (principautés de), 18 mars 1813, 4 février 1854.
Schwickardi, 2 septembre 1815.
Schwilgué, 20 janvier 1828. — Notes : 20 janvier 1828.
Sciences, 30 mars 1855.
Sculpture, 31 août 1795.
Sébastiani, 1er février 1829, 7 mars et 27 juillet 1830, 21 octobre
  1840. — Notes : 1er février 1829.
Sébastopol. — Notes : 23 janvier 1879.
Séclin, 13 octobre 1876.
Secours (sociétés de), 15 juillet 1850, 14 juin 1851, 26 mars 1852.
Secrétaires, 17 février 1800.
Secrétaires généraux de préfecture, 22 février, 29 mai,
  13 juin, 4 et 12 juillet, 2 septembre, 23 octobre et 5 novembre,
  26, 27 et 31 décembre 1877, 8 et 23 janvier, 8 et 30 avril, 26 juil-

let et 18 septembre, 3 novembre et 12 décembre 1878, 2 janvier, 17 février, 8, 16, 24 et 26 mars, 4 mai, 8 juillet, 4 septembre, 11 octobre et 3 décembre 1879.

Sedan, 1799, 2 avril 1804, 2 février 1808, 14 février 1816, 15 mars 1827, 11 mai 1832, 30 décembre 1836, 25 octobre 1842, 30 janvier 1847, 10 mai 1852, 20 décembre 1856, 17 juin 1857, 11 janvier 1862, 15 janvier 1867, 3 janvier 1868, 8 août et 25 octobre 1879. — Notes : 2 septembre 1800, 6 mai 1814, 26 juillet 1815, 30 juillet 1830.

Séditieux, 18 juillet 1791.

Segré, 18 juillet 1879.

Segris, 2 janvier et 14 avril 1870.

Séguier, 9 avril 1809, 29 juin 1814, 17 août 1815. — Notes : 17 août 1815.

Seguin (Armand), 3 janvier 1795, 2 juillet 1801. — Notes : 3 janvier 1795.

Ségur (de), 21 novembre 1819. — Notes : 21 novembre 1819.

Ségur-d'Aguesseau, 4 juin et 25 octobre 1814.

Seigle, 22 novembre 1816.

Seigneuriales (redevances), 17 juillet 1793.

Seine (voir **Paris**), 29 mai 1797, 25 octobre 1800, 12 mai 1802, 22 décembre 1808, 6 février 1811, 8 mai et 7 octobre 1812, 22 mars 1813, 31 juillet 1821, 8 juin 1825, 9 mai 1827, 20 avril 1834, 30 décembre 1836, 14 et 29 juillet 1837, 8 juillet 1840, 31 mai 1846, 6 avril et 1er novembre 1854, 20 décembre 1856, 10 octobre 1859, 11 janvier 1862, 18 mai et 6 septembre 1870, 20 décembre 1871, 31 décembre 1872, 11 mars et 16 août 1874, 22 mars 1875, 4 avril 1876, 15 et 20 octobre 1877, 6 avril 1878, 26 janvier et 3 avril 1879. — Notes : 16 janvier 1797, 8 juin 1823.

Seine-&-Marne, 1801, 23 janvier 1811, 8 mai 1812, 2 juin 1825.

Seine-&-Oise, 23 janvier 1802, 25 janvier 1807, 24 janvier 1811, 8 mai 1812, 22 mars 1813, 14 juin 1826, 11 avril 1860, 21 mars 1871, 10 février 1873, 4 avril 1876, 17 juillet 1877. — Notes : 3 mars 1809, 23 septembre 1815.

Seine-Inférieure, 25 mai 1804, 25 janvier 1810, 5 janvier 1812, 28 avril 1813, 18 avril 1821, 25 janvier 1844.

Sel, 11 juin 1806, 11 novembre 1813, 19 juin et 31 juillet 1816, 8 juin 1822, 26 juin 1830, 17 juin 1840.

Sélim (III), 4 septembre 1808. — Notes : 4 septembre 1808.

Selligue, 9 octobre 1822.

Séminaires (grands et petits), 14 mars 1804, 23 janvier 1813, 5 juin 1816-1818, 30 juin 1819, 30 mars 1820, 2 octobre 1822, 26 mars 1823, 17 mars 1824, 24 février 1825, 15 octobre 1826, 16 juin et 20 août 1828-1829, 4 mars 1835, 9 novembre 1836, 12 novembre 1849, 28 juin 1854, 2 juin 1855, 16 avril 1856, 5 janvier 1857, 11 janvier 1862, 16 janvier 1869, 22 janvier 1870, 11 janvier 1872, 22 avril 1874.

Semoirs, 14 octobre 1803.

Semur, 18 janvier 1811, 2 octobre 1822.

Sénat, Sénateurs, Sénatoreries, Sénatus-consultes, Majorats, etc., 13 décembre 1799, 4 août 1802, 4 janvier, 28 septembre et 30 novembre 1803, 18 et 19 mai 1804, 26 décembre 1813, 4 juin 1814, 28 mai 1829, 14 janvier 1852, 3 février 1861,

19 janvier et 5 février 1867, 8 septembre et 8 novembre 1869, 23 avril et 4 septembre 1870, 31 janvier 1871, 24 et 25 février, et 13 août 1875, 19 juillet, 13 août et 11 octobre 1876, 19 mai, 17 et 25 juin 1877, 9 octobre 1878.

Sénégal, 28 mars 1802, 7 janvier et 25 décembre 1822, 12 juillet 1831, 24 mai 1837, 7 septembre 1840, 25 novembre 1842, 27 mars 1844, 26 avril 1845, 4 décembre 1847, 8 février 1852, 23 mars et 22 juin 1853, 16 janvier 1854, 20 mai 1857, 10 août 1872, 26 février et 3 mars 1874, 15 et 20 octobre 1877, 6 avril 1878, 26 janvier et 3 avril 1879. — Notes : 16 janvier 1797, 8 juin 1823.

Sénégambie, 28 mars 1857.

Sennefelder.— Notes : 19 juillet 1810.

Senonches, 31 juillet 1871.

Sens, 19 octobre 1821, 3 janvier et 31 octobre 1822, 30 janvier 1847, 10 mai 1852, 17 mars 1854, 20 décembre 1856, 15 janvier 1867. — Notes : 20 mai 1797.

Septembrisades. — Notes : 14 juin et 27 juillet 1794, 27 mai 1795.

Sépultures (voir **Enterrements**), 12 juin 1804.

Sequestre, 14 mars 1804, 31 octobre 1845, 1er novembre 1853, 8 février 1873.

Sérapis, 8 août 1851.

Sergent, 1er juin 1795.

Sergents de ville, 15 mars 1872.

Serinettes, 16 mai 1866.

Serment, 14 décembre 1789, 9 mars 1796, 30 juillet, 16 novembre et 28 décembre 1799, 26 avril 1802, 18 mai 1804, 31 août 1830, 8 mars 1852, 7 février 1858, 5 et 11 septembre 1870.

Serres (de), 5 septembre 1816, 24 janvier et 12 novembre 1817, 18 et 29 décembre 1828. — Notes : 5 septembre 1816.

Service militaire, 23 février 1796.

Servie, 28 avril 1856.

Serviteurs, 14 décembre 1789.

Servitudes, 31 janvier 1804, 17 juillet 1819, 1er août 1821, 10 juillet 1851, 14 janvier 1853, 8 mars 1862.

Sésia (la), 3 août 1804. — Notes : 11 septembre 1802.

Session parlementaire, 22 décembre 1878.

Sétif, 14 février 1854, 20 juin 1860, 21 janvier 1874, 15 décembre 1875, 26 mars 1877.

Sévérac, 20 janvier 1873.

Sèvres (ville), 25 octobre 1800.

Sèvres (département des Deux-), 3 février 1802, 2 février 1809, 17 mars 1824, 18 mai 1828, 3 juin 1832, 24 janvier 1833, 6 janvier 1866.

Seyne (la), 11 janvier 1862, 20 octobre 1879.

Seyssel, 26 juin 1860.

Sézanne, 2 avril 1879.

Sèze (de), 17 août 1815, 24 décembre 1823, novembre 1827, 6 juin 1830. — Notes : 17 août 1815.

Sézia (la), 3 août 1804.

Shah de Perse (le), 8 juillet 1873.

Shakespeare. — Notes : 24 décembre 1799.

Shang-Haï, 18 octobre 1862.

Siam (royaume de), 14 février 1837, 29 février 1868, 28 avril 1869
Sibour, 16 janvier 1840.
Siciles (royaume des Deux-), 24 octobre 1796, 6 décembre 1798,
    7 décembre 1801, 28 mars 1816, 1er juin 1818, 14 février 1838, 15
    juin 1842, 11 août 1845, — Notes : 24 octobre 1796.
Sidi-bel-Abbès, 7 décembre 1853, 30 novembre 1874.
Sienne. — Notes : 24 mai 1808.
Sieyès, 4 août 1789, 16 mai, 18 novembre et 22 décembre 1799.
    — Notes : 4-11 août 1789.
Signaux, 30 juin 1874 et 18 septembre 1874, 23 mars 1878.
Sillé-le-Guillaume, 27 décembre 1879.
Siméon, 5 septembre 1797, 26 décembre 1799, 2 mai 1814, 21 fé-
    vrier 1820. — Notes : 5 septembre 1797.
Simon (Jules, dit Suisse), 4 septembre 1870, 19 février 1871, 12
    décembre 1876, 17 mai 1877.
Simplon, 16 janvier 1804, 12 novembre 1810.
Singer, 22 mars 1846.
Sociétés, 8 mars 1804, 15 avril 1829, 17 juillet 1856, 30 mai 1857,
    27 février 1861, 22 juillet 1863, 25 février 1865, 19 décembre 1866,
    24 juillet 1867, 23 mai 1868, 14 juin 1872, 26 janvier et 10 dé-
    cembre 1875.
Sœurs de charité, 3 avril 1822.
Soie, 11 septembre 1879.
Soieries, 23 avril 1841.
Soissons, 22 mai 1825, 30 janvier 1847, 10 décembre 1856, 11
    janvier 1862, 15 janvier 1867.
Soleil (compagnies du), 21 octobre 1795.
Solde, 11 février 1791, 20 juillet 1794, 17 février et 14 septembre
    1795, 12, 25 et 30 mai, et 17 juillet 1797, 21 mai et 10 septembre
    1800, 21 août 1801, 16 novembre 1802, 16 mai et 30 décembre
    1810, 11 décembre 1822, 17 mars 1824, 16 septembre 1834, 25 dé-
    cembre 1837, 5 décembre 1840, 19 octobre 1851, 14 janvier 1853,
    24 janvier 1855, 17 et 18 août 1879.
Solidarité, 6 septembre 1871.
Sologne, 29 juin 1852, 15 octobre 1861.
Sombreuil (famille), 15 juin 1794. — Notes : 14 juin 1794.
Somme, 5 janvier 1812, 15 juillet 1814, 10 juin 1815, 15 juillet
    1829, 22 janvier 1835, 1er septembre 1856, 26 septembre 1876, 29
    avril 1878.
Sommerard (du), 5 novembre 1827, 24 juillet 1843.
Songis, 6 juillet 1804.
Sorbonne, 2 mai 1855.
Sore, 16 mars 1876.
Sospello, 24 octobre 1860.
Sottevast, 3 janvier 1868.
Sotteville, 15 janvier 1867.
Soudes, 8 juin 1822.
Soufre, 3 février 1819.
Souillac, 7 janvier 1876, 24 mars 1879.
Soukharas, 20 janvier 1858, 27 mars 1877.
Soult, 18 mars 1806, 24 juillet 1815, 5 novembre 1827, 11 octo-
    bre 1832, 12 mai 1839, 19 octobre 1840, 26 septembre 1847. —
    Notes : 30 mars 1806.

Soumain, 15 septembre 1871.
Sourdeval, 1800.
Sourds-muets, 11 septembre 1859.
Souscriptions. — Notes : 26 juillet 1815.
Sous-inspecteurs, 13 novembre 1837, 17 décembre 1839.
Sous-officiers, 14 janvier 1853, 24 juillet 1873, 10 juillet, 28 octobre et 11 décembre 1874, 15 avril, 24 mai et 31 décembre 1875, 18 août 1879.
Sous-préfets, 17 avril 1795, 19 juillet 1801, 20 décembre 1815, 26 mars 1817, 29 novembre 1820, 21 janvier 1874, 22 février, 11 mars, 19 avril, 11, 12 et 28 mai, 2, 3, 13, 16 et 21 juin, 4, 8, 12, 14 et 26 juillet, 14 août, 9 et 20 septembre, 23 octobre, 15, 18 et 20 novembre, et 31 décembre 1877, 8 et 30 avril, 26 juillet et 3 novembre 1878, 2 janvier, 8, 26 et 28 mars, 4 et 9 mai, 1er juin, 8 juillet, 4 et 5 septembre, 11 octobre et 3 décembre 1879.
Sous-secrétaires d'Etat, 9 mai 1816.
Souvaroff. — Notes : 10 décembre 1797.
Souveraineté du peuple, 8 février 1798.
Spahis, 10 septembre 1834, 12 août 1836, 7 décembre 1841, 13 février 1852, 6 janvier 1874.
Spectacles, 21 avril 1797.
Spire. — Notes : 29 juin 1794.
Spiritueux, 29 février 1868.
Stadion, 11 mai 1804.
Stathouders, 1er février 1793. — Notes : 1er février 1793.
Steinbourg, 2 janvier 1869.
Steinfurt. — Notes : 14 février 1816.
Strasbourg, 4 décembre 1794, 20 septembre 1795-1801-1802, 24 décembre 1802-1803, 30 décembre 1814, 5 août 1821, 31 octobre 1822, 15 mars 1827, 30 décembre 1836, 12 décembre 1837, 6 mars, 3 juillet et 24 août 1838, 25 octobre 1841, 2 août 1844, 30 janvier 1847, 25 février et 10 mai 1852, 20 décembre 1856, 1er août 1860, 11 janvier 1862, 8 mars 1872, 10 août 1874, 27 mars 1877. — Notes : 3 mars 1795, 8 octobre 1822, 20 janvier 1828.
Stuarts. — Notes : 24 décembre 1823.
Stuttgart. — Notes : 3 avril 1822.
Stura (la), 11 septembre 1802, 3 août 1804. — Notes : 11 septembre 1802.
Suard, 5 septembre 1797, 18 février 1800, 31 décembre 1816. — Notes : 5 septembre 1797.
Subervie, 25 février 1848.
Subsistances, 21 mai 1795, 4 et 5 juin 1795.
Substituts, 17 octobre 1878.
Substitutions, 27 août 1794, 17 mai 1826, 17 mars 1858.
Successions, 15 avril 1791, 6 janvier et 26 août 1794, 6 février 1797, 19 avril 1803, 26 décembre 1842, 27 janvier 1855, 1er avril et 20 juin 1874.
Succursales, 30 septembre 1807, 25 août 1819.
Suchet, 18 novembre 1813, 5 mars 1819, 31 mai 1853. — Notes : 18 novembre 1813.
Sucres, 15 janvier 1823, 26 avril 1833, 8 juillet 1834, 18 juillet 1837, 4 juillet 1838, 9 juillet 1839, 3 juillet 1840, 16 août 1842, 2

juillet et 7 août 1843, 13 juin et 1ᵉʳ septembre 1851, 28 juin
1856, 7 mai 1864, 7 novembre 1868, 3 janvier 1870, 28 avril 1874,
4 mars, 22 juin, 29 juillet et 24 août, et 30 décembre 1875, 4 janvier et 12 février 1876.
Sudre, 18 janvier 1829.
Sue, 31 décembre 1816. — Notes : 31 décembre 1816.
Suède-Norwège, 3 avril 1796, 1ᵉʳ novembre 1805, 23 février 1810,
14 octobre 1813, 20 août 1836, 15 décembre 1854, 19 décembre
1855, 17 mai 1856, 25 mars et 13 mai 1865, 18 décembre 1867, 8
janvier 1870, 14 juin 1872, 16 et 17 décembre 1875, 2, 4 et 18
mars, 8 juin et 2 juillet 1878, 27 novembre 1879. — Notes : 2
juillet 1799.
Suez, 4 juillet 1868.
Suffrage universel, 31 mai 1850, 2 décembre 1851.
Suif, 23 janvier 1821.
Suisse, 8 mars et 9 septembre 1798, 18 mars 1806, 10 février 1811,
15 mai 1814, 18 juillet 1816, 3 juin 1818, 23 septembre 1824, 13
mai 1825, 23 septembre 1827, 20 août et 31 décembre 1828, 8
mars 1829, 12 septembre 1835, 16 mars 1850, 7 février 1853, 15
janvier 1855, 12 avril 1856, 19 juin 1857, 5 janvier 1859, 27 février 1861, 28 mars 1863, 28 novembre 1864, 14 juillet 1866, 3
janvier 1868, 19 octobre 1869, 8 janvier 1870, 18 juin et 25 novembre 1874, 26 avril, 22 juin, 9 et 16 décembre 1875, 23 et 31
mars, et 24 décembre 1878, 1ᵉʳ et 15 janvier, 15 et 30 juillet, 2
décembre 1879. — Notes : 12 septembre 1794, 12 avril 1799, 15
janvier 1879.
Suleau (de), 2 avril 1830.
Sulfates, 26 juillet 1826.
Sulfurique (acide), 1ᵉʳ novembre 1836.
Sund (le), 30 mai 1857.
Sureouf. — Notes : 11 juin 1802.
Suresne, 4 août 1805.
Surville (Clotilde de). — Notes : 24 octobre 1814.
Survilliers (comte de), 16 juin 1797.
Suspects, 17 septembre 1793, 5 août 1794, 16 janvier 1795.
Sydney, 16 mars 1879. — Notes : 16 mars 1879.
Syndicales (associations), 21 juin 1865.
Synodes, 8 janvier 1853.
Syrie. — Notes : 24 septembre 1819.
Système métrique (voir aussi **Poids & mesures**), 1ᵉʳ août
1793. — Notes : 27 mai 1795.

T

Tabac, 23 avril 1791, 12 novembre 1798, 16 juin 1808, 24 décembre 1814, 28 avril 1819, 17 juin 1824, 2 février 1826, 1832, 12 février 1835, 23 avril 1840, 17 novembre 1854, 24 mars 1858, 21
juin 1862, 22 avril 1863, 28 novembre 1873, 1ᵉʳ décembre 1875,
28 mai 1879. — Notes : 20 février 1803.

Tabago, 20 février 1803. — Notes : 20 février 1803.
Tachard (A.), 4 septembre 1870.
Taëls, 1er juillet 1863.
Tailhand, 22 mai 1874.
Taille militaire, 14 janvier 1860.
Taine, 13 mars 1800.
Taïti, 14 janvier 1860.
Takitount, 23 avril 1874.
Talleyrand-Périgord (le prince de), 16 juillet et 10 décembre
   1797, 22 novembre 1799, 20 août 1802, 5 juin 1806, 1er avril 1814.
   — Notes : 16 juillet 1797, 26 septembre 1815, 26 octobre
   1832.
Talhouet (le marquis de), 2 janvier 1870.
Tallien. — Notes : 27 juillet 1794.
Tamoul, 14 avril 1879. — Notes : 14 avril 1879.
Tanaro, 11 septembre 1802, 3 août 1804. — Notes : 11 septembre
   1802.
Taninges, 25 juin 1860.
Tannage, 3 janvier 1795.
Tarare, 11 juin 1809, 10 mai 1852, 20 décembre 1856, 11 janvier
   1862, 5 janvier 1867, 6 mai 1868.
Tarascon, 15 mars 1827, 11 mai 1832, 30 décembre 1836, 25 oc-
   tobre 1842, 30 janvier 1847, 10 mai 1852, 20 décembre 1856, 11
   janvier 1862, 15 janvier 1867, 12 janvier 1870, 20 janvier 1873.
Tarbé, 20 mai 1797. — Notes : 20 mai 1797.
Tarbes, 2 avril 1804, 30 décembre 1836, 25 octobre 1842, 30 jan-
   vier 1847, 10 mai 1852, 12 mars 1853, 21 juillet et 20 décembre
   1856, 11 janvier 1862, 15 janvier 1867, 15 novembre 1873. — No-
   tes : 1er avril 1795.
Tarente, 30 juin 1824. — Notes : 6 mai 1814.
Target, 3 et 8 avril 1800. — Notes : 3 avril 1800.
Tarifs, 14 mars 1873.
Tarn, 17 mars 1824, 1er juin 1828, 14 décembre 1831, 4 mars 1833,
   19 juillet 1837, 26 avril 1856, 11 avril 1860, 16 octobre 1863, 11
   janvier 1872. — Notes : 29 décembre 1818.
Tarn-&-Garonne, 4 novembre 1808, 21 décembre 1859.
Taro, 2 mai 1808. — Notes : 24 mai 1808.
Tascher de la Pagerie, 26 janvier 1852. — Notes : 16 décem-
   bre 1809.
Testemain, 20 janvier 1828.
Taylor (le baron), 6 mars 1869.
Teisserenc de Bort, 9 mars 1876, 18 décembre 1877, 30 mai et
   22 octobre 1878.
Télégraphes, 30 août 1794, 24 août 1833, 2 mai 1837, 11 août et
   23 novembre 1844, 8 juillet 1846, 8 février, 12 et 29 novembre,
   et 19 décembre 1850, 27 décembre 1851, 17 juin 1852, 7 février
   1853, 1er juin 1854, 22 février 1855, 12 avril et 21 juillet 1856, 29
   novembre 1858, 15 janvier 1859, 20 juin 1860, 22 mai et 3 juillet 1861, 29 avril 1863, 13 août 1864, 31 janvier et 11 novembre
   1865, 13 juin 1866, 4 juillet, 12 et 31 décembre 1868, 25 mai et
   30 septembre 1870. 6 décembre 1873, 16 avril et 9 décembre
   1875, 25 juin et 10 juillet 1876, 26 et 27 décembre 1877, 27 février, 20 mars, 7 et 19 avril 1878. — Notes : 30 août 1794.

Téléphonie, 18 janvier 1829.

Témoins, 28 janvier 1794, 30 mai 1796.

Temple, 20 mai 1795.

Temzoura, 20 janvier 1858.

Ténès, 9 juillet 1849.

Teniet-el-Had, 20 janvier 1858.

Ternaux, 26 juillet 1815, 27 juillet 1830. — Notes : 26 juillet 1815.

Terre-Neuve, 4 février 1803, 13 février 1815, 21 novembre 1821, 25 février 1842, 9 janvier 1852, 4 avril 1857.

Terray (l'abbé). — Notes : 28 avril 1796.

Terres, 28 juin 1824, 6 février 1861.

Testaments, 3 mai 1803.

Teste (M.), 10 novembre 1834, 12 mai 1839, 29 octobre 1840, 16 décembre 1843.

Teste (la), 17 juillet 1837, 1er novembre 1853.

Teterchen, 2 janvier 1869.

Texas, 24 juin 1840.

Thann, 17 juillet 1837.

Théâtres, 19 janvier 1791, 8 juin 1806, 29 juillet 1807, 13 août 1811, 15 octobre 1812, 8 décembre 1824, 29 août 1847, 27 avril et 30 juillet 1850, 19 novembre 1859, 6 janvier 1864.

Thénard, 11 octobre 1832.

Théos (Catherine), 15 juin 1794. — Notes : 15 juin 1794.

Thermidor (voir **Calendrier républicain**).

Thibaudeau, 22 septembre 1800, 24 juillet 1815 — Notes : 24 juillet 1815.

Thierry (Amédée), 6 août 1830, 18 janvier 1860.

Thiers (M.), 11 octobre et 31 décembre 1832, 4 avril et 18 novembre 1834, 22 février 1836, 1er mars 1840, 17 et 19 février, 26 mai et 3 juin 1871, 24 mai 1873, 5 et 7 septembre 1877.

Thiers (ville), 2 février 1808, 15 mars 1827, 30 janvier 1847, 10 mai 1852, 20 décembre 1856, 11 janvier 1862, 15 janvier 1867, 23 mars 1874.

Thionville, 24 juillet 1795, 14 février 1816, 4 mars 1863. — Notes : 24 juillet 1795, 24 juillet 1815, 14 février 1816.

Thirion, 27 et 28 mai 1795. — Notes : 27 mai 1795.

Thisy, 4 avril 1850.

Thomé (Thomas), 24 décembre 1799.

Thones, 25 juin 1860.

Thonon, 25 juin 1860, 4 mars 1863.

Thorens, 25 juin 1860.

Thorigny (de), 26 octobre 1851, 4 mars 1853.

Thouret, 20 mai 1797. — Notes : 20 mai 1797.

Thourette, 4 janvier 1842.

Thouvenel (de), 8 mai 1859, 4 janvier 1860, 19 octobre 1866.

Tiby, 29 mars 1878.

Tilsitt, 7 juillet 1807. — Notes : 7 juillet 1807.

Timbre, 18 février, 11 mars, 15 et 27 mai 1791, 3 juillet 1795, 5 octobre 1797, 3 mai et 3 novembre 1798, 14 mars 1804, 16 juin 1824, 16 juillet 1850, 11 mars et 30 décembre 1873, 19 février 1874, 2 septembre 1877.

Tinchebray, 7 octobre 1863.

Tirailleurs (algériens), 27 août 1839, 7 décembre 1841, 13 février 1852.

Tirlemont. — Notes : 29 juin 1794.

Tissot, 25 octobre 1876.

Tissus, 30 juin 1873.

Titres au porteur, 1er mars 1808, 15 juin 1872, 10 avril 1874.

Tizi-Ouzou, 20 janvier 1858, 10 mars 1874.

Tlemcen, 9 juillet 1849, 20 juin 1860, 18 août 1870, 21 janvier 1874, 22 avril 1875.

Tocqueville (de), 18 juin 1814, 11 juillet 1815, 5 février 1817, 14 juin 1826, 5 novembre 1827, 6 juin 1830, 2 juin 1849. — Notes : 11 juillet 1815.

Tolentino, 29 avril 1797. — Notes : 19 avril 1797.

Tombes, 4 avril 1873.

Tonnerre, février 1850.

Tontine, 14 juillet 1795. — Notes : 14 juillet 1795.

Topino Lebrun. — Notes : 10 novembre 1799.

Tortone, 6 juin 1805.

Torture ou Question. — Notes : octobre 1789.

Toscane, 13 février 1795, 12 mars 1799, 24 mai 1808, 3 mars 1809, 9 juin 1837, 10 mai 1851, 15 mars 1853. — Notes : 13 février 1795, 24 mars 1808, 3 mars 1809.

Touage, 6 avril 1854.

Toul, 20 janvier 1873. — Notes : 6 juillet 1804, 3 avril 1814.

Toulon, 11 juin 1797, 26 juillet 1800, 1801, 11 juillet 1814, 31 octobre 1821, 11 août 1824, 15 mars 1827, 30 mai 1831, 11 mai 1832, 15 janvier 1833, 14 septembre 1835, 30 décembre 1836, 21 juin 1838, 25 octobre 1842, 1845, 30 janvier 1847, 10 mai 1852, 2 février 1853, 20 décembre 1856, 3 août 1859, 8 juillet 1861, 11 janvier 1862, 15 janvier 1867, 31 décembre 1872, 6 février et 31 octobre 1877. — Notes : 27 juillet 1794, 3 novembre 1795.

Toulon-sur-Arron, 1801.

Toulouse, 1799, 1801, 24 décembre 1802, 1803, 8 janvier 1811, 1816, 11 février 1820, 26 juin 1823, 10 janvier et 7 avril 1824, 6 juillet 1825, 15 mars 1827, 27 août 1828, 27 septembre 1829, 20 février et 11 mai 1832, 9 août 1833, 30 décembre 1836, 16 novembre et 12 décembre 1837, 11 juin, 3 juillet et 20 décembre 1838, 10 mars 1839, 14 février 1841, 25 octobre 1842, 30 janvier 1847, 2 avril 1848, 4 avril 1850, 10 mai 1852, 21 juillet et 20 décembre 1856, 11 janvier 1862, 17 juin 1865, 11 avril 1866, 15 janvier 1867, 31 décembre 1872, 25 janvier et 17 novembre 1876. — Notes : 5 septembre 1797, 29 mars 1801, 5 novembre 1827. — Corps de l'ouvrage : 31 octobre 1877.

Tourcoing, 2 avril 1804, 14 juillet 1821, 15 mars 1827, 11 mai 1832, 30 décembre 1836, 25 octobre 1842, 30 janvier 1847, 17 juillet 1851, 10 mai 1852, 20 décembre 1856, 11 janvier 1862, 15 janvier et 1er février 1867, 15 septembre 1871, 31 décembre 1872, 26 mars 1874, 22 novembre 1875, 31 octobre 1877.

Tour du Pin (la), 1801.

Tournai, 1801, 2 avril 1804, 4 mars 1863. — Notes : 29 juin 1794.

Tournon-Saint-Martin, 10 juin 1873.

Tournus, 31 décembre 1866.

Tourny, 1800.

Tours, 1799-1801 et 24 décembre 1802, 8 janvier 1811, 6 janvier 1814-1818, 14 août et 30 octobre 1822, 15 mars 1827, 16 mars 1830, 11 mai 1832, 30 décembre 1836, 25 octobre 1842, 26 juillet 1844, 30 janvier 1847, 10 mai 1852, 20 décembre 1856, 17 juin 1857, 11 janvier 1862, 15 janvier 1867, 3 janvier 1868, 16, 24, 27, 28 et 30 septembre, 1er, 2, 4, 11, 12, 13, 14, 20, 22, 24 et 26 octobre, 2, 5, 6, 14 et 25 novembre 1870, 31 décembre 1872, 24 mars 1874, 30 octobre 1877. — Notes : 6 juillet 1804.

Toury, 31 juillet 1871.

Toussaint-Louverture, 7 juillet 1797. — Notes : 7 juillet 1797.

Tracy (de), 2 juin 1849.

Train (dans l'armée), 18 décembre 1822, 29 février 1852, 14 janvier 1860.

Traite des nègres, 27 juillet 1793, 29 mars 1815, 15 avril et 24 juin 1818, 25 avril 1827, 4 mars 1831, 22 mars 1833, 24 décembre 1834, 26 septembre 1835, 20 août 1836, 9 juin 1837, 14 février 1838, 10 juillet 1841, 28 juin 1846.

Traités de paix, 12 janvier 1858.

Tramways, 18 octobre 1873, 5 juin 1875, 20 février, 28 avril, 15 mai, 23 août, 20 septembre, 12 et 27 octobre 1877.

Transactions, 20 mars 1804.|

Transit, 29 avril 1831, 9 février 1832, 25 janvier 1853, 2 octobre 1865.

Transportés, 1er mars 1852, 29 août 1855.

Travail, 25 février 1848, 9 janvier 1849, 25 février 1852, 22 septembre 1855, 11 janvier 1868.

Travaux forcés, 30 mai 1814.

Travaux publics, 28 décembre 1828, 19 mai 1830, 6 novembre 1831, 16 août 1853, 20 mai 1857.

Tréhouart (le vice-amiral), 16 août 1859.

Treilhard, 15 mai 1798, 17 juin 1799. — Notes : 15 mai 1798.

Trélazé, 21 décembre 1878.

Tréport, 2 janvier 1869.

Trèves, 28 septembre 1803. — Notes : 12 août 1794.

Trévise, 18 mars 1806, 24 juillet 1815, 5 mars 1819, 11 septembre 1831, 18 novembre 1834, 4 mars 1853. — Notes : 30 mars 1806.

Trévoux, 14 août 1874.

Trézet, 9 mai 1847.

Triaucourt, 6 janvier 1877.

Tribunat, 13 décembre 1799.

Tribunaux (voir **Juges**), 24 août et 29 octobre 1790, 4 février, 1er mars et 23 septembre 1791, 23 janvier, 10 et 14 juin, 1er août, 10 octobre et 23 décembre 1794, 31 mai 1795, 18 mai 1798, 11 mars 1799, 18 mars 1800, 12 octobre 1807, 30 mars 1808, 6 octobre 1809, 6 juillet et 18 août 1810, 12 janvier 1811, 8 février, 10 avril et 2 juillet 1812, 16 juin 1815, 19 janvier, 11 février 1820, 31 juillet 1821, 16 octobre 1822, 29 janvier, 24 février et 14 mai 1823, 2 juin 1824, 1er novembre 1826, 16 février et 9 décembre 1827, 20 juillet 1828, 22 février, 3 et 10 juin 1829, 6 juillet 1830, 15 janvier et 26 juillet 1833, 31 mars 1835, 13 février 1836, 11 avril 1838, 7 juillet 1839, 3 mars 1840, 7 février 1842, 25 février 1848, 9 juillet 1849, 1er mars 1852, 6 février 1856, 29 février, 13 et 20 juin 1860, 13 décembre 1866, 18 août

1868, 30 janvier et 11 septembre 1869, 15 décembre 1870, 27 janvier 1873, 10 et 31 mars 1874, 7 janvier 1876.

Trieste, 14 octobre 1809. — Notes : 8 août 1795, 3 mars 1809.

Trinité (l'île de la), 27 mars 1802.

Tripoli, 15 février 1799.

Trippstadt. — Notes : 12 août 1794.

Trochu, 4 septembre 1870.

Tronchet, 3, 8 avril 1800, 27 février 1801. — Notes : 3 avril 1800.

Tronçon ou **Tronson Ducoudray,** 5 septembre 1797. — Notes : 5 septembre 1797.

Troplong, 4 juillet 1846, 26 janvier 1852, 4 décembre 1854, 24 décembre 1855, 14 décembre 1856, 26 décembre 1857, 1er février 1858, 24 décembre 1859, 9 juin 1860, 7 juin 1861, 14 décembre 1863, 14 juin 1864, 1er septembre 1865, 9 juin 1866, 19 décembre 1868, 2 mars 1869.

Troyes, 1799-1802, 2 avril 1804, 24 février 1808, 5 avril 1813, 24 février 1814, 22 janvier 1817, 3 janvier 1821, 31 octobre 1822, 15 mars 1827, 30 décembre 1836, 8 juillet 1840, 25 juin 1841, 25 octobre 1842, 30 janvier 1847, 21 janvier 1851, 27 mars et 10 mai 1852, 12 mars 1853, 20 décembre 1856, 11 janvier 1862, 15 janvier 1867, 31 décembre 1872, 31 octobre 1877.

Truguet, 4 novembre 1795. — Notes : 3 novembre 1795.

Tuileries, 20 mars 1815, 24 février 1848, 4 octobre 1849, 12 mars 1852.

Tulle, 30 janvier 1847, 10 mai 1852, 20 décembre 1856, 11 janvier 1862, 4 mars 1863, 15 janvier 1867, 3 janvier 1868, 22 avril 1873, 18 décembre 1878. — Notes : 20 mai 1795.

Tunis, 25 mai 1795, 15 février 1799, 6 février 1856.

Turenne, 2 septembre 1800. — Notes : 2 septembre 1800.

Turgot, 26 octobre et 3 décembre 1851, 28 juillet 1852.

Turin, 1802, 24 décembre 1802, 9 juin 1803, 1803, 18 mai 1804. — Notes : 25 juin 1795.

Turquie, 22 novembre 1801, 25 novembre 1838, 30 décembre 1841, 11 et 27 mars, et 21 avril 1854, 9 mars 1855, 28 avril 1856, 12 janvier 1861, 27 juin 1868, 9 et 16 décembre 1875. — Notes : 11 mai 1804, 8 août 1829.

Tutèle, 23 et 26 mars 1803, 4 février 1805.

Tyrol, 26 décembre 1805. — Notes : 19 septembre 1797.

U

Ucciani, 19 juin 1878.

Udine. — Notes : 10 décembre 1797.

Ugines, 25 juin 1860.

Ulm. — Notes : 19 juin 1799.

Uniformes, 27 mai 1804, 19 août 1836.

Université, 18 mai 1806, 17 mars et 17 septembre 1808, 15 novembre 1811, 1er avril 1830.

Uriarte (don Iginio), 24 juin 1877.

Uruguay, 23 novembre 1867, 15 octobre 1873, 13 juillet 1874, 20 mars 1875, 25 octobre 1877.

Usages commerciaux, 13 juin 1866.

Usufruit, 30 janvier 1804.

Usure, 18 janvier 1814, 19 décembre 1850.

Usurpateur (l'), 24 juillet et 10 août 1815, 12 janvier 1816.

Utelle, 24 octobre 1860.

Uzès (le duc d'), 4 juin 1814.

V

Vacances, 23 septembre 1791.

Vaches, 3 novembre 1789.

Vadier. — Notes : 27 juillet 1794.

Vaillant (le contre-amiral), 24 janvier 1851.

Vaillant (le maréchal), 11 mars 1854, 4 décembre 1860, 18 juillet 1869, 2 janvier 1870.

Vaise, 15 janvier 1823, 24 mars 1852.

Vaïsse, 24 janvier 1851.

Vaisseaux, 17 juillet 1791, 5 février 1794. (Voir **Marine**).

Valais, 12 novembre 1810.

Valazé, 28 avril 1796. — Notes : 28 avril 1796.

Val-de-Grâce, 30 décembre 1814, 29 février 1852.

Valence, 14 mai 1813, 15 mars 1827, 11 mai 1832, 30 décembre 1836, 25 octobre 1842, 30 janvier 1847, 10 mars 1852, 21 juillet et 20 décembre 1856, 11 janvier 1862, 15 janvier 1867, 29 février 1868.

Valence (Espagne), 24 juillet 1815.

Valenciennes, 1801, 2 avril 1804, 14 février 1816, 15 mars 1827, 11 mai 1832, 30 mai 1835, 30 décembre 1836, 25 octobre 1842, 28 avril et 3 juillet 1846, 30 janvier 1847, 5 avril et 10 mai 1852, 1er juillet et 20 décembre 1856, 11 janvier et 6 juillet 1862, 11 juillet 1864, 16 janvier 1867, 11 septembre 1873.

Valérien (Mont-), 13 septembre 1822.

Valette (le marquis de la), 28 mars 1865, 17 décembre 1868.

Valeurs mobilières, 29 juin 1872.

Valle, 11 mai 1876.

Vallée (le maréchal), 27 janvier 1830, 11 septembre 1835, 11 novembre 1837. — Notes : 27 janvier 1830.

Valmy. — Notes : 29 juin 1794, 3 mars 1795.

Valognes.—Notes : 17 avril 1802.— Corps de l'ouvrage : 16 et 17 août 1877.

Valon (de), 24 décembre 1823, 5 novembre 1827, 6 juin 1830.

Vandalisme, 6 juin 1793.

Vandamme, 14 juillet 1815. — Notes : 24 juillet 1815.

Vanderbourg, 24 octobre 1814. — Notes : 24 octobre 1814.

Vandœuvre (Pavée de), 24 décembre 1823, 5 novembre 1827.

Vanille, 13 mars 1874.

Vannes, 1802, 15 mars 1827, 30 décembre 1836, 19 juillet 1837,

25 octobre 1842, 30 janvier 1847, 10 mai 1852, 20 décembre 1856, 15 janvier 1867, 20 janvier 1874.

Vanves, 6 août 1864.

Vapeur, 7 mai 1823, 25 mai 1828, 23 septembre 1829, 25 mars 1830, 2 février 1833, 22 mai 1843.

Var, 20 décembre 1800, 3 août 1804, 6 mars 1815, 24 février 1825, 7 décembre 1851, 24 octobre 1860, 13 août et 17 décembre 1870.

Varela, 20 mars 1875.

Varsovie, 7 juillet 1807.

Varzy, 21 mai 1861.

Vatimesnil (de), 29 janvier 1822, 24 décembre 1823, 5 novembre 1827, 1er et 10 février 1828, 31 juillet 1830. — Notes : 3 janvier 1822.

Vatelottes, 22 juin 1804, 3 août 1808.

Vaublanc (de), 12 juillet 1815, 19 novembre 1821, 8 juin 1822, 24 décembre 1823, 30 juin 1824, 5 novembre 1827. — Notes : 11 juillet 1815.

Vauchamp, 1er mars 1815.

Vaucluse, 25 juin 1793, 3 août 1804, 17 mars 1824, 9 mars 1826, 7 décembre 1851, 9 juillet 1852, 5 novembre 1870.

Vaud (pays de), 30 août 1845.

Vaudray, 26 janvier 1852.

Vaugirard, 30 janvier 1847, 10 mai 1852, 20 décembre 1856, 16 juin 1859.

Vaulchier (de), 14 juillet 1815, 24 décembre 1823, 20 mars et 4 août 1824, 5 novembre 1827, 13 novembre 1828, 6 juin 1830.

Veilleuses horloges, 7 juillet 1819.

Vénalité (des offices), 4, 11 août 1789.

Vendée, Vendéens, 25 novembre et 2 décembre 1794, 11 décembre 1797, 28 décembre 1799, 16 janvier 1804, 3 décembre 1823, 29 décembre 1824, 24 février 1825, 18 janvier 1826, 1er août 1827, 17 août 1831, 3 juin 1832, 12 juillet et 24 août 1833, 19 juillet 1837, 15 octobre 1872, 11 avril 1874, 8 février 1876. — Notes : 2 août 1794, 3 mars et 20 mai 1795, 19 novembre 1797, 20 juin 1799. — Corps de l'ouvrage : 10 juin 1877.

Vendémiaire (voir **Calendrier républicain**).

Vendes, 3 janvier 1868.

Vendôme, 15 janvier 1823. — Notes : 3 janvier 1803.

Vendôme (colonne), 3 avril 1839, 30 mai 1875.

Vénétie, 3 novembre 1797, 19 mars 1801.

Vénézuéla, 5 juin 1824, 20 juin 1844, 2 février 1853, 12 août 1857, 31 mai 1877. — Notes : 22 octobre 1795.

Venise, 26 décembre 1805. — Notes : 27 mars 1802.

Ventes, 31 octobre 1796, 6 mars 1804, 9 avril 1809, 2 juin et 10 octobre 1841, 26 janvier 1878.

Ventôse (voir **Calendrier républicain**).

Vénus de Milo (la). — Notes : 23 décembre 1823.

Verdets. — Notes : 5 septembre 1797.

Verdon, 9 août 1839.

Verdun, 30 décembre 1836, 25 octobre 1842, 3 janvier 1847, 10 mai 1852, 20 décembre 1856, 11 janvier 1862, 15 janvier 1867. — Notes : 29 juin 1794.

Verhuel, 7 avril 1813, décembre 1814, 5 mars 1819. — Notes : 7 avril 1813.

Verneuil, 18 août 1870, 31 juillet 1871.

Verninac de Saint-Maur, 2 mars 1800. — Notes : 2 mars 1800.

Verronnet, 17 janvier 1867.

Versailles, 5 et 18 avril 1795, 22 avril 1796, 1799, 1803, 29 juin 1811, 5 avril 1813, 28 décembre 1815, 5 novembre 1823, 11 novembre 1824, 15 mars 1827, 11 mai 1832, 9 juillet et 30 décembre 1836, 25 octobre 1842, 1847, 30 janvier 1847, 15 juin 1850, 10 mai 1852, 20 décembre 1856, 11 janvier 1862, 15 janvier 1867, 2 et 10 mars, et 8 juin 1871, 4 janvier et 8 juillet 1873, 31 octobre 1877. — Notes : 10 janvier, 3 mars et 5 avril 1795, 6 février 1797, 8 octobre 1800.

Vertaizon, 10 juin 1873.

Verviers, 2 avril 1804.

Vescovato. — Notes : 21 novembre 1819.

Vésinet, 8 mars 1855, 28 août 1858.

Vesoul, 2 février 1809, 3 septembre 1859, 1er août 1860.

Vétérans, 9 décembre 1796, 18 mai 1814, 8 avril 1823, 8 janvier 1840.

Vétérinaires, 18 avril 1795, 15 janvier 1813, 6 juillet et 1er septembre 1825, 26 juillet 1826, 6 juin et 10 juillet 1832, 18 mars 1843, 14 janvier 1860, 11 avril 1866, 18 juin 1873, 18 février 1874, 2 avril 1875, 18 avril 1878.

Veuves, 26 juin 1794, 28 juillet 1801, 13 juillet 1820, 1er avril 1830, 26 avril 1836, 15 mars 1872.

Vézelise, 3 janvier 1868, 7 mars 1874.

Viandes, 25 février 1848.

Vic, 3 janvier 1868.

Vicaires généraux, 20 mai 1818, 8 janvier 1853.

Vicat, 16 juillet 1845.

Vice-consuls, 15 décembre 1815.

Vicence, 18 mars 1806, 20 novembre 1813, 22 février 1814, 20 mars 1815. — Notes : 30 mars 1806, 20 mars 1815.

Vices rédhibitoires, 20 mai 1818.

Vichy, 23 mars 1874 et passim.

Vicinaux (chemins), 21 juillet 1870, 25 juillet 1873, 26 mars 1874, 23 mars 1875.

Vico, 2 juin 1855.

Victor, 18 mars 1806. — Notes : 30 mars 1805, 6 juin 1830.

Victor-Emmanuel, 9 mars 1855, 28 février 1859, 9 janvier 1878.

Victoria. — Notes : 1er février 1793.

Vieillard, 3 et 8 avril 1800, 5 avril 1819.

Vieillards, 28 juin 1793, 26 juin 1794, 14 août 1796, 5 mai 1869.

Viellart, 19 mai 1804.

Vien, 24 décembre 1799. — Notes : 24 décembre 1799.

Vienne (la), 6 janvier 1866, 7 mars 1877. — Notes : 26 décembre 1799.

Vienne (Haute-), 20 mai 1797, 8 décembre 1810, 10 mai 1865. — Notes : 31 décembre 1816.

Vienne (Autriche), 14 octobre 1809, 12 mai 1875. — Notes : 23 décembre 1805.

Vienne (Isère), 7 avril et 26 mai 1824, 26 janvier 1825, 15 mars 1827, 17 juillet 1831, 11 mai 1832, 30 décembre 1836, 25 octobre 1842, 30 janvier 1847, 10 mai 1852, 20 décembre 1856, 11 janvier 1862, 15 janvier 1867, 6 août 1874.

Viennet, 7 novembre 1839.
Vigan (le), 4 mars 1863.
Villaret-Joyeuse, 20 mai 1797, 5 septembre 1799. — Notes: 20 mai 1797.
Villars, 24 octobre 1860.
Villebois, 17 janvier 1867, 2 janvier 1869.
Villefranche (Rhône), 26 janvier 1825, 9 juin 1832, 20 décembre 1856, 11 janvier 1862, 17 décembre 1872. — Notes de l'année 1878.
Villefranche (Aveyron), 20 décembre 1856, 11 janvier 1862.
Villefranche (Alpes-Maritimes), 24 octobre 1860.
Villèle (famille de), 19 novembre et 14 décembre 1821, 4 septembre 1822, 5 décembre 1824, 4 janvier 1828, 6 juin 1830. — Notes : 19 novembre 1821.
Villemain, 27 juillet 1830, 11 octobre 1832, 12 mai 1839, 29 octobre 1840, 1er février 1845. — Notes : 27 juillet 1830.
Villemanzy (de), 30 juin 1824.
Villeneuve d'Agen ou **Villeneuve-sur-Lot**, 15 janvier 1833, 30 décembre 1836, 25 octobre 1842, 30 janvier 1847, 10 mai 1852, 20 décembre 1856, 11 janvier 1862, 15 janvier 1867.
Villeneuve (de), 13 novembre 1828. — Notes : 13 novembre 1828.
Villeneuve-Bargemant (de), 18 juin 1814. — Notes : 10 juin 1814.
Villers-Cotterets, 17 mai 1804, 22 décembre 1808, 6 juin 1836.
Villette (la), 19 mai 1802, 30 janvier 1847, 10 mai 1852, 20 décembre 1856, 16 juin 1859.
Villiers-le-Sec, 30 mars 1820.
Vimeira. — Notes : 3 mars 1795.
Vimoutiers, 3 juin 1829.
Vinaigre, 1er août 1875.
Vincennes, 8 mars 1855, 28 mai 1858, 11 janvier 1862, 15 janvier 1867.
Vinoy, 28 avril 1865, 6 avril 1871.
Vins, 5 décembre 1813, 19 août 1818, 24 juin 1824, 29 février 1868.
Viomesnil (maréchal de), 3 juillet 1816. — Notes : 3 juillet 1816.
Vire, 26 octobre 1814, 31 mai 1846.
Virements de fonds, 1867, 1870, 4 septembre 1871.
Virieu, 13 juillet 1876.
Visites, 6 juillet 1798, 13 août 1799, 22 mars 1833.
Vitré, 30 août 1865, 4 avril 1878.
Vitrolles (de), 27 janvier 1830.
Vitry, 3 juillet 1830.
Vivien, 1er mars 1840.
Viviers, 10 mars 1825.
Vivres, 25 février 1848.
Vœux monastiques, 19 février 1790.
Voghera, 6 juin 1806.
Vogué (de), 24 décembre 1823, 12 mai 1875.
Voire (la), 8 juin 1825. — Notes : 8 juin 1825.
Voirie, 27 octobre 1808.
Voirol, 1er novembre 1836.
Voiron, 15 janvier 1867.

Voisin, 10 février 1876, 18 décembre 1877.
Voitures, 25 juillet 1795, 28 décembre 1797, 22 novembre 1820, 27 septembre 1827, 20 janvier et 16 juillet 1828, 28 juin 1829.
Voleurs, 23 janvier 1828.
Volney, 24 décembre 1799. — Notes : 24 décembre 1799.
Volontaires, 25 octobre 1826.
Volta, 28 mars 1866.
Voltaire. — Notes : 15 septembre 1794, 24 septembre 1819.
Vosges, 2 mars 1793, 7 avril 1824, 1er juin 1828, 31 décembre 1866, 17 janvier 1867, 3 janvier 1868, 7 mars 1874, 9 décembre 1875.
Voûte (la), 25 janvier 1810.
Vouziers, 17 janvier 1867, 29 juin 1873.
Voves, 31 juillet 1871.
Voyageurs, 16 octobre 1794.
Voyer d'Argenson, 2 mai 1814.
Voysin de Gartempe, 1er avril 1820.
Vigne-aux-Bois, 17 janvier 1867.
Vuitry, 28 septembre 1864.

W

Waddington, 18 mai 1873, 9 mars 1876, 18 décembre 1877.
Wagram, 4 juin 1814.
Wahl, 12 septembre 1835.
Walkenaer, 21 juin 1826. — Notes : 21 juin 1826.
Waldeck, 18 mars 1813.
Walewski, 26 avril et 7 mai 1855, 23 novembre 1860, 23 juin 1863, 1er septembre 1865, 9 juin 1866, 22 janvier 1867.
Wallon, 14 mars 1875.
Warrants, 12 septembre 1877.
Wasselonne, 1er août 1860.
Waterloo. — Notes : 3 mars 1795, 14 février 1816, 9 octobre 1823.
Watignies. — Notes : 29 juin 1794.
Wattrelos, 20 décembre 1856, 11 janvier 1862, 15 janvier 1867.
Wazemmes, 30 janvier 1847, 10 mai 1852, 20 décembre 1856.
Welche, 23 novembre 1877.
Wellington, 14 février 1816. — Notes : 14 février 1816.
Weser, 4 juillet 1811.
Westphalie, 7 et 9 juillet 1807. — Notes : 7 juillet 1807.
Willach, 14 octobre 1809.
Wimille, 20 décembre 1856.
Winsor, 8 juillet 1818.
Wisches, 12 janvier 1870.
Wissembourg, 25 février 1852.
Wittgenstein. — Notes : 11 mai 1804,
Worms. — Notes : 29 juin 1794.
Worms de Romilly, 14 mai 1817,

Wurtemberg, 7 août 1796, 11 mai 1804, 26 décembre 1805, 3 avril 1822, 6 mars 1834, 10 mars 1853.—Notes : 7 août 1796, 2 mars 1805, 9 juin 1816, 3 avril 1822.

Y

Yenne, 25 juin 1860.
Yokohama, 21 juin 1865.
Yonne, 20 mai 1797, 24 janvier 1811, 3 janvier 1822, 4 avril 1830, 19 juillet 1837, 8 juillet 1840, 31 mai 1846. — Notes : 5 mars 1819.
Ypres. — Notes : 29 juin 1794.
Yvetot, 4 avril 1850.

Z

Zangiacomi, 3, 8 avril 1800.
Zollverein, 31 jaavier 1865.
Zoologie, 1er juillet 1856.
Zouaves, 21 mars 1831, 25 décembre 1835, 20 mars 1837, 13 février 1852, 14 février 1854.
Zuldivar, 27 octobre 1876.
Zurich, 30 août 1845. — Notes : 3 mars 1795.